Ana Luiza Maia **Nevares**
Marília Pedroso **Xavier**
Silvia Felipe **Marzagão**
COORDENADORAS

Coronavírus
Impactos no Direito de Família e Sucessões

Prefácio de **Giselda Maria Fernandes Novaes Hironaka**

Ana Carla Harmatiuk Matos • **Ana Carolina** Brochado Teixeira • **Ana Luiza** Maia Nevares • **Ana Monica** Anselmo de Amorim • **Ana Paula** de Oliveira Antunes • **Anderson** Schreiber • **Caio** Ribeiro Pires • **Camila** Werneck de Souza Dias • **Cláudia** Stein Vieira • **Daniel** Bucar • **Daniela** de Carvalho Mucilo • **Daniele** Chaves Teixeira • **Débora Vanessa** Caús Brandão • **Diana** Poppe • **Eleonora** G. Saltão de Q. Mattos • **Elisa** Cruz • **Eroulths** Cortiano Junior • **Fernanda** Leão Barretto • **Fernanda** Tartuce • **Glicia** Brazil • **Gustavo** Tepedino • **Heloisa Helena** Barboza • **José Fernando** Simão • **Joyceane** Bezerra de Menezes • **Juliana** Maggi Lima • **Larissa** Tenfen Silva • **Letícia** Ziggiotti de Oliveira • **Líbera** Copetti de Moura • **Lígia** Ziggiotti de Oliveira • **Luciana** Brasileiro • **Luciana** Faísca Nahas • **Luciana** Pedroso Xavier • **Maici** Barboza dos Santos Colombo • **Marcello** Uriel Kairalla • **Marcos** Ehrhardt Júnior • **Maria Carla** Moutinho Nery • **Maria Rita** de Holanda • **Marília** Pedroso Xavier • **Mário Luiz** Delgado • **Patrícia** Fontanella • **Renata** Silva Ferrara • **Renata** Vilela Multedo • **Ricardo** Calderón • **Rosana** Ribeiro da Silva • **Rose** Melo Vencelau Meireles • **Silvana** do Monte Moreira • **Silvia** Felipe Marzagão • **Simone** Tassinari • **Vitor** Almeida • **Viviane** Girardi • **Zeno** Veloso

Dados Internacionais de Catalogação na Publicação (CIP) de acordo com ISBD

C822   Coronavírus: impactos no Direito de Família e Sucessões / Ana Carla Harmatiuk Matos ... [et al.] ; coordenado por Ana Luiza Maia Nevares, Luciana Pedroso Xavier, Silvia Felipe Marzagão. - Indaiatuba, SP : Editora Foco, 2020.

392 p. ; 17cm x 24cm.

Inclui bibliografia e índice.

ISBN: 978-65-5515-073-5

1. Direito. 2. Coronavírus. 3. Direito de Família. 4. Sucessões. I. Matos, Ana Carla Harmatiuk. II. Teixeira, Ana Carolina Brochado. III. Nevares, Ana Luiza Maia. IV. Amorim, Ana Monica Anselmo de. V. Antunes, Ana Paula de Oliveira. VI. Schreiber, Anderson. VII. Pires, Caio Ribeiro. VIII. Dias, Camila Werneck de Souza. IX. Vieira, Cláudia Stein. X. Bucar, Daniel. XI. Mucilo, Daniela de Carvalho. XII. Teixeira, Daniele Chaves. XIII. Brandão, Débora Vanessa Caús. XIV. Poppe, Diana. XV. Mattos, Eleonora G. Saltão de Q. XVI. Cortiano Junior, Elisa Cruz, Eroulths. XVII. Barretto, Fernanda Leão. XVIII. Tartuce, Fernanda. XIX. Novaes, Giselda Maria Fernandes. XX. Hironaka. XXI. Brazil, Glicia. XXII. Tepedino, Gustavo. XXIII. Barboza, Heloisa Helena. XXIV. Simão, José Fernando. XXV. Menezes, Joyceane Bezerra de. XXVI. Lima, Juliana Maggi. XXVII. Silva, Larissa Tenfen. XXVIII. Oliveira, Letícia Ziggiotti de. XXIX. Moura, Líbera Copetti de. XXX. Oliveira, Lígia Ziggiotti de. XXXI. Brasileiro, Luciana. XXXII. Nahas, Luciana Faísca. XXXIII. Xavier, Luciana Pedroso. XXXIV. Colombo, Maici Barboza dos Santos. XXXV. Kairalla, Marcello Uriel. XXXVI. Ehrhardt Júnior, Marcos. XXXVII. Nery, Maria Carla Moutinho. XXXVIII. Holanda, Maria Rita de. XXXIX. Xavier, Marília Pedroso. XXXX. Delgado, Mário Luiz. XXXXI. Fontanella, Patrícia. XXXXII. Ferrara, Renata Silva. XXXXIII. Multedo, Renata Vilela. XXXXIV. Calderón, Ricardo. XXXXV. Silva, Rosana Ribeiro da. XXXXVI. Meireles, Rose Melo Vencelau. XXXXVII. Moreira, Silvana do Monte. XXXXVIII. Marzagão, Silvia Felipe. XXXXIX. Tassinari, Simone. XXXXX. Almeida, Vitor. XXXXXI. Girardi, Viviane. XXXXXII. Veloso, Zeno. XXXXXIII. Título.

2020-1088

CDD 342616   CDU 347.61

Elaborado por Vagner Rodolfo da Silva - CRB-8/9410

Índices para Catálogo Sistemático:

1. Direito de Família 342.16

2. Direito de Família 347.61

Ana Luiza Maia **Nevares**
Marília Pedroso **Xavier**
Silvia Felipe **Marzagão**
COORDENADORAS

Coronavírus
Impactos no Direito de Família e Sucessões

Prefácio de **Giselda Maria Fernandes Novaes Hironaka**

Ana Carla Harmatiuk Matos • **Ana Carolina** Brochado Teixeira • **Ana Luiza** Maia Nevares • **Ana Monica** Anselmo de Amorim • **Ana Paula** de Oliveira Antunes • **Anderson** Schreiber • **Caio** Ribeiro Pires • **Camila** Werneck de Souza Dias • **Cláudia** Stein Vieira • **Daniel** Bucar • **Daniela** de Carvalho Mucilo • **Daniele** Chaves Teixeira • **Débora Vanessa** Caús Brandão • **Diana** Poppe • **Eleonora** G. Saltão de Q. Mattos • **Elisa** Cruz • **Eroulths** Cortiano Junior • **Fernanda** Leão Barretto • **Fernanda** Tartuce • **Glicia** Brazil • **Gustavo** Tepedino • **Heloisa Helena** Barboza • **José Fernando** Simão • **Joyceane** Bezerra de Menezes • **Juliana** Maggi Lima • **Larissa** Tenfen Silva • **Letícia** Ziggiotti de Oliveira • **Líbera** Copetti de Moura • **Lígia** Ziggiotti de Oliveira • **Luciana** Brasileiro • **Luciana** Faísca Nahas • **Luciana** Pedroso Xavier • **Maici** Barboza dos Santos Colombo • **Marcello** Uriel Kairalla • **Marcos** Ehrhardt Júnior • **Maria Carla** Moutinho Nery • **Maria Rita** de Holanda • **Marília** Pedroso Xavier • **Mário Luiz** Delgado • **Patrícia** Fontanella • **Renata** Silva Ferrara • **Renata** Vilela Multedo • **Ricardo** Calderón • **Rosana** Ribeiro da Silva • **Rose** Melo Vencelau Meireles • **Silvana** do Monte Moreira • **Silvia** Felipe Marzagão • **Simone** Tassinari • **Vitor** Almeida • **Viviane** Girardi • **Zeno** Veloso

2020 © Editora Foco

Coordenadoras: Ana Luiza Maia Nevares, Marília Pedroso Xavier e Silvia Felipe Marzagão

Autores: Ana Carla Harmatiuk Matos, Ana Carolina Brochado Teixeira, Ana Luiza Maia Nevares, Ana Monica Anselmo de Amorim, Ana Paula de Oliveira Antunes, Anderson Schreiber, Caio Ribeiro Pires, Camila Werneck de Souza Dias, Cláudia Stein Vieira, Daniel Bucar, Daniela de Carvalho Mucilo, Daniele Chaves Teixeira, Débora Vanessa Caús Brandão, Diana Poppe, Eleonora G. Saltão de Q. Mattos, Elisa Cruz, Eroulths Cortiano Junior, Fernanda Leão Barretto, Fernanda Tartuce, Glicia Brazil, Gustavo Tepedino, Heloisa Helena Barboza, José Fernando Simão, Joyceane Bezerra de Menezes, Juliana Maggi Lima, Larissa Tenfen Silva, Letícia Ziggiotti de Oliveira, Líbera Copetti de Moura, Lígia Ziggiotti de Oliveira, Luciana Brasileiro, Luciana Faísca Nahas, Luciana Pedroso Xavier, Maici Barboza dos Santos Colombo, Marcello Uriel Kairalla, Marcos Ehrhardt Júnior, Maria Carla Moutinho Nery, Maria Rita de Holanda, Marília Pedroso Xavier, Mário Luiz Delgado, Patrícia Fontanella, Renata Silva Ferrara, Renata Vilela Multedo, Ricardo Calderón, Rosana Ribeiro da Silva, Rose Melo Vencelau Meireles, Silvana do Monte Moreira, Silvia Felipe Marzagão, Simone Tassinari, Vitor Almeida, Viviane Girardi e Zeno Veloso

Diretor Acadêmico: Leonardo Pereira

Editor: Roberta Densa

Assistente Editorial: Paula Morishita

Revisora Sênior: Georgia Renata Dias

Capa Criação: Leonardo Hermano

Diagramação: Ladislau Lima e Aparecida Lima

Impressão: FORMA CERTA

DIREITOS AUTORAIS: É proibida a reprodução parcial ou total desta publicação, por qualquer forma ou meio, sem a prévia autorização da Editora FOCO, com exceção do teor das questões de concursos públicos que, por serem atos oficiais, não são protegidas como Direitos Autorais, na forma do Artigo 8º, IV, da Lei 9.610/1998. Referida vedação se estende às características gráficas da obra e sua editoração. A punição para a violação dos Direitos Autorais é crime previsto no Artigo 184 do Código Penal e as sanções civis às violações dos Direitos Autorais estão previstas nos Artigos 101 a 110 da Lei 9.610/1998. Os comentários das questões são de responsabilidade dos autores.

NOTAS DA EDITORA:

Atualizações e erratas: A presente obra é vendida como está, atualizada até a data do seu fechamento, informação que consta na página II do livro. Havendo a publicação de legislação de suma relevância, a editora, de forma discricionária, se empenhará em disponibilizar atualização futura.

Erratas: A Editora se compromete a disponibilizar no site www.editorafoco.com.br, na seção Atualizações, eventuais erratas por razões de erros técnicos ou de conteúdo. Solicitamos, outrossim, que o leitor faça a gentileza de colaborar com a perfeição da obra, comunicando eventual erro encontrado por meio de mensagem para contato@editorafoco.com.br. O acesso será disponibilizado durante a vigência da edição da obra.

Impresso no Brasil (05.2020) – Data de Fechamento (05.2020)

2020

Todos os direitos reservados à
Editora Foco Jurídico Ltda.

Rua Nove de Julho, 1779 – Vila Areal
CEP 13333-070 – Indaiatuba – SP

E-mail: contato@editorafoco.com.br
www.editorafoco.com.br

PREFÁCIO

Sempre que sou convidada a prefaciar um livro, é como se fosse a primeira vez. A honra e o entusiasmo são tão grandes que se desbordam em felicidade, o que tão bem veio para dar vida e cores a este outono de 2020, quando o Brasil e o mundo enfrentam a mais grave e maior pandemia de todos os tempos.

Sei que já disse e também que já disseram, mas vou dizer mais uma vez: prefaciar um livro é como batizar uma criança; porque o livro é como um filho para quem o escreve, e prefaciá-lo é o mesmo que batizá-lo e assumir, por esta razão toda a responsabilidade pelo sucesso desta "criança". Sinto-me assim.

Por isso, quando as organizadoras – Ana Luiza Maia Nevares, Marília Pedroso Xavier e Silvia Felipe Marzagão – desta formidável e atualíssima obra denominada *"Coronavírus: impactos no Direito de Família e Sucessões*, me enviaram o convite, não pude pensar duas vezes, e aqui estou, para agradecer e para homenagear a todos, coordenadoras e autores. A obra coletiva será publicada pela Editora Foco. É um livro que foi escrito e publicado durante a chamada quarentena, assim exigida pela Covid-19.

Pessoalmente vi nascer a obra. Participei das discussões que precederam os capítulos que hoje a formam. Vi o entusiasmo dos autores e a dedicação das coordenadoras. É realmente um bálsamo que nos afaga, neste difícil período. Difícil para as pessoas, difícil para os profissionais da saúde, difícil para nós outros, da área jurídica, porque já conseguimos "antecipar ou prever" a torrente de conflitos que se dará na realidade pós--pandêmica e dos quais, na maior parte das vezes, resultará uma "pandemia de ações", como disse o Professor Paulo Nalin, recentemente.

Foi assim que nasceu a ideia de produzir, com rapidez, esta obra coletiva. Sim, porque diante de problemas e desafios novos, diante de tantas dúvidas e poucas soluções, nada mais efetivo que o poder do coletivo. Duas cabeças, já diziam os antigos, pensam melhor do que uma. E é esse o espírito desta obra: explorar, ao máximo, a força da união de pessoas que vivem o Direito das Famílias e das Sucessões.

De fato, tão logo a pandemia se instalou no início deste ano, 2020, as dúvidas e incerteza tomaram de assalto os juristas. Como agir diante de circunstâncias não experimentadas contemporaneamente? Como dar solução a problemas até então sequer cogitados pela humanidade?

No ímpeto de trazer soluções, alguns projetos de lei emergenciais foram criados. Dentre eles foi destaque, para os familiaristas e sucessionistas, o PL 1627/2020, que dispunha sobre o Regime Jurídico Emergencial e Transitório das relações jurídicas de Direito de Família e das Sucessões no período da pandemia causada pelo coronavírus SARS-CoV2 (CoVid-19).

Apresentado no Senado Federal pela Senadora Soraya Thronicke, o projeto tinha como objetivo trazer algum norte ao Direito de Famílias e das Sucessões diante da pandemia.

O texto legislativo tratou de questões afetas ao casamento, convivência de filhos com genitores, alimentos, idosos e, por fim, questões sucessórias. Diante da contemporaneidade da matéria e de suas incertezas, não tardou para que as inquietações trouxessem angústias e dúvidas àqueles ligados à área.

Foi assim que, durante o feriado de Páscoa, mais de 40 professoras, advogadas, defensoras, juristas e doutrinadoras, de todo o Brasil, se reuniram e, por horas, se puseram a discutir o novo texto legal posto na Casa legislativa. Pensaram, debateram, aprimoraram o projeto e, juntas, redigiram um projeto substitutivo a ser levado à Senadora.

O substitutivo, contudo, sequer chegou a ser apresentado. O Projeto de Lei 1627/20, diante da volatilidade do ambiente pandêmico, teve como destino o seu fim: a pedido da própria Senadora foi retirado de pauta. Amadurecendo a ideia, chegou-se a conclusão – ao menos neste capítulo da crise – que não era a hora de se legislar acerca de relações familiares.

Contudo, a riqueza do debate, a complementação das ideias e o pulsar do coletivo, tão fortes, tão amplos, não podiam terminar por ali e ganharam, por assim dizer, vida própria: o livro *Coronavírus: impactos no Direito das Famílias e de Sucessões*. Ana Luiza Maia Nevares, Marília Pedroso Xavier e Silvia Felipe Marzagão ponderaram – com razão – que a magnitude da produção de um coletivo tão rico e diversificado, não poderia se restringir às longas discussões que aconteceram naqueles dias. Merecia ter vida.

Nascia assim a ideia de eternizar, sob a forma de livro, o produto daquilo que, de melhor, trouxe a estas extraordinárias pessoas, o desafiador período de isolamento social e distanciamento físico: a aproximação virtual. É certo que a riqueza argumentativa e as sofisticadas problematizações feitas nos debates serviram de convite para que tudo isso fosse compartilhado com a comunidade jurídica brasileira.

Para a construção final dessa obra, juntaram-se ao referido grupo de doutrinadoras convidados externos que certamente abrilhantam ainda mais as refinadas reflexões levadas a efeito.

O livro, sem dúvida, será verdadeiro marco teórico para o enfrentamento das questões atinentes ao direito das famílias e sucessões, auxiliando todos os operadores do direito a desvelar as complexas e dramáticas realidades criadas pelo momento pandêmico.

Giselda Maria Fernandes Novaes Hironaka

Professora Titular de Direito Civil da Faculdade de Direito da USP. Fundadora e Diretora Nacional (Sudeste) do IBDFAM.

APRESENTAÇÃO

A presente obra vem a lume em um dos momentos mais dramáticos e desafiadores já experimentados pela sociedade contemporânea. Todos os dias, a mesma liturgia se repete: são amplamente noticiados os números exponenciais de contaminações e óbitos provocados pelo coronavírus.

Os efeitos da pandemia também são verificados no campo da economia. Trabalhadores do mundo todo se veem desempregados, comerciantes não têm perspectivas de quando a clientela retornará, profissionais liberais tardam a receber novas demandas de serviço.

Com esse contexto permeando todo o tecido social, a família, tida por muitos em sua acepção clássica como "célula-base da sociedade" não poderia ficar imune. Toda essa complexidade é vivida e experienciada pela família brasileira. Assim, é certo que para além do doloroso enfretamento do luto, a própria necessidade imperativa de isolamento social também gerou inúmeros impactos em temas atinentes à conjugalidade e à parentalidade.

A gravidade desses tempos exige que seu enfrentamento seja levado a sério. Os profissionais de todas as áreas, apesar de exaustos, são chamados a contribuir com seus mais nobres conhecimentos para tentar abrandar os efeitos nefastos desse período. É sob essa ótica que a presente obra foi concebida.

Sua gênese ocorreu na Páscoa, tradicional feriado católico que carrega consigo a ideia de renovação e de esperança. Um grupo formado por cerca de quarenta civilistas debateu com muito entusiasmo o tema, naquele momento catalisado pela existência de um projeto de lei específico sobre o regime jurídico emergencial e transitório das relações de Direito de Família e das Sucessões no período da pandemia do Coronavírus (Covid-19). É fato que o referido projeto não se tornou lei vigente; porém, as discussões entabuladas fizeram nascer um objetivo genuíno de compartilhar tais reflexões com toda a comunidade jurídica. Nesse percurso, outros doutrinadores renomados foram convidados para agregar importantes lições vertidas nesse livro.

As perguntas a serem respondidas sobre o tema não são poucas. A complexidade pode ser traduzida no afã de perquirir, afinal de contas, sobre como trazer estabilidade em um período tão volátil. Some-se a isso a missão de decidir sobre questões tão sensíveis e delicadas que não encontram guarida em nenhum precedente judicial e em que todos os casos parecem ser *casos difíceis*.

Por isso, buscou-se apresentar uma obra que efetivamente fornecesse bases sólidas para bem auxiliar no deslinde dessas controvérsias no campo do Direito das Famílias e Sucessões. Para tanto, parte-se de cinco eixos temáticos: i) Família, sucessão e pandemia: reflexões e desafios; ii) Contornos da conjugalidade no isolamento social; iii) Responsabilidade Parental e Convivência Familiar; iv) Alimentos: Solidariedade e Responsabilidade; v) Transmissão sucessória e seu planejamento.

É com imensa satisfação que concluímos a coordenação deste trabalho, fruto do esforço conjunto de civilistas de escol, com os votos de que possa contribuir para um Direito das Famílias e das Sucessões mais justo e solidário, capaz de superar um potencial colapso do Poder Judiciário que se avizinha (diante de enxurradas de demandas).

Cabe registrar um agradecimento especial para Ana Paula Borges Kingeski, Camila Grubert e Sabrina de Paula Nascimento pelo auxílio na organização final da obra. Por fim, consigna-se nossa gratidão à Editora Foco, na pessoa de sua editora jurídica Roberta Densa, pelo apoio integral desde o momento de concepção deste livro.

As coordenadoras.

SUMÁRIO

PREFÁCIO
Giselda Maria Fernandes Novaes Hironaka V

APRESENTAÇÃO VII

PARTE I
FAMÍLIA, SUCESSÃO E PANDEMIA:
REFLEXÕES E DESAFIOS

DIREITO DE FAMÍLIA EM TEMPOS DE PANDEMIA: HORA DE ESCOLHAS TRÁGI-
CAS. UMA REFLEXÃO DE 7 DE ABRIL DE 2020
José Fernando Simão 3

AS PROPOSTAS LEGISLATIVAS PARA ENFRENTAR A PANDEMIA E O LEGADO
DO VÍRUS PARA O FUTURO DO DIREITO DE FAMÍLIA E DAS SUCESSÕES
Mário Luiz Delgado 11

UMA AGENDA PARA O DIREITO DE FAMÍLIA PÓS-PANDEMIA
Gustavo Tepedino e Ana Carolina Brochado Teixeira 25

UM CONVITE AOS MÉTODOS CONSENSUAIS DE RESOLUÇÃO DE CONFLITOS
Rose Melo Vencelau Meireles... 33

DIREITO DAS FAMÍLIAS E DAS SUCESSÕES: REFLEXÕES EM TEMPOS DE PANDEMIA
Zeno Veloso e Marcello Uriel Kairalla 43

PARTE II
CONTORNOS DA CONJUGALIDADE
NO ISOLAMENTO SOCIAL

A REALIZAÇÃO DE CASAMENTOS NO PERÍODO DE PANDEMIA
Luciana Faísca Nahas e Patrícia Fontanella.. 55

A CONVENIÊNCIA DE LEGISLAÇÃO EXCEPCIONAL PARA OS CASAMENTOS
EM TEMPO DE COVID-19
Cláudia Stein Vieira e Débora Vanessa Caús Brandão 69

CORONAVÍRUS: IMPACTOS NO DIREITO DE FAMÍLIA E SUCESSÕES

A COABITAÇÃO EM TEMPOS DE PANDEMIA PODE SER ELEMENTO CARACTERIZADOR DE UNIÃO ESTÁVEL?

Ana Carolina Brochado Teixeira e Eleonora G. Saltão de Q. Mattos 77

A CHAMADA UNIÃO ESTÁVEL VIRTUAL: TRANSFORMAÇÕES DO DIREITO DE FAMÍLIA À LUZ DA PANDEMIA

Anderson Schreiber 85

O AMOR EM TEMPOS DE PANDEMIA: EFEITOS NOS RELACIONAMENTOS AFETIVOS

Ricardo Calderón 93

UMA EPIDEMIA EM MEIO À PANDEMIA: REFLEXÕES SOBRE A VIOLÊNCIA DOMÉSTICA EM TEMPOS DE ISOLAMENTO

Juliana Maggi Lima 103

AGRAVAMENTO DA DESIGUALDADE MATERIAL DE GÊNERO NAS RELAÇÕES FAMILIARES DURANTE O ISOLAMENTO

Maria Rita de Holanda 117

DA PANDEMIA AO PANDEMÔNIO: QUAL O PAPEL DOS CONDOMÍNIOS EDILÍCIOS NA PREVENÇÃO E REPRESSÃO DA VIOLÊNCIA DOMÉSTICA FAMILIAR?

Luciana Pedroso Xavier e Maria Carla Moutinho Nery 131

SEPARAÇÃO DE CORPOS E AFASTAMENTO EM TEMPO DE PANDEMIA: UMA SOLUÇÃO INTERMEDIÁRIA

Camila Werneck de Souza Dias e Renata Silva Ferrara 141

COMO A UTILIZAÇÃO DA TECNOLOGIA IMPACTA NAS RELAÇÕES FAMILIARES EM TEMPOS DE PANDEMIA DA COVID-19?

Marcos Ehrhardt Júnior 151

PARTE III
RESPONSABILIDADE PARENTAL E CONVIVÊNCIA FAMILIAR

EXIGÊNCIAS DE MAIOR RESPONSABILIDADE PARENTAL E AJUSTES SOBRE CONVIVÊNCIA FAMILIAR NO CONTEXTO DA PANDEMIA

Fernanda Tartuce e Simone Tassinari 163

OS IMPACTOS DO COVID-19 NO DIREITO DE FAMÍLIA E A FRATURA DO DIÁLOGO E DA EMPATIA

Joyceane Bezerra de Menezes e Ana Monica Anselmo de Amorim 173

EXERCÍCIO DO DIREITO À CONVIVÊNCIA FAMILIAR EM SITUAÇÕES EXTREMAS: PRINCÍPIO DO MELHOR INTERESSE DA CRIANÇA E COLISÃO DE DIREITOS FUNDAMENTAIS

Líbera Copetti de Moura e Maici Barboza dos Santos Colombo........................ 201

OS LIMITES DA INTERVENÇÃO DO ESTADO NA RESPONSABILIDADE PARENTAL EM TEMPOS DE PANDEMIA

Renata Vilela Multedo e Diana Poppe 213

ISOLAMENTO SOCIAL E O IMPACTO SOBRE AS MULHERES E SOBRE O DIREITO DE CONVIVÊNCIA

Viviane Girardi.. 225

EFEITOS DO CONVÍVIO VIRTUAL PARA O VÍNCULO DE AFETO DOS VULNERÁVEIS

Glicia Brazil 243

CONSTRUÇÃO DE CONVIVÊNCIA PARENTAL ADEQUADA EM TEMPOS DE COVID-19: ENTRE DEMANDAS JURÍDICAS E RECOMENDAÇÕES MÉDICAS

Ana Carla Harmatiuk Matos, Lígia Ziggiotti de Oliveira e Letícia Ziggiotti de Oliveira 257

GUARDA E CONVIVÊNCIA EM SITUAÇÕES EXCEPCIONAIS: A PREVALÊNCIA DO CUIDADO SOBRE A CONVIVÊNCIA FÍSICA

Elisa Cruz 269

O RISCO DA PANDEMIA CRIAR FILHOS DESCARTÁVEIS

Silvana do Monte Moreira e Rosana Ribeiro da Silva.................................... 281

A CONVIVÊNCIA ENTRE AVÓS IDOSOS E NETOS NO CONTEXTO DA PANDEMIA DA COVID-19 NO BRASIL

Larissa Tenfen Silva e Ana Paula de Oliveira Antunes..................................... 291

PARTE IV
ALIMENTOS: SOLIDARIEDADE E RESPONSABILIDADE

ALIMENTOS: ANÁLISE MULTIFACETADA E PROPOSTA DE AGENDA PARA O FUTURO PÓS PANDÊMICO

Fernanda Leão Barretto, Luciana Brasileiro, Marília Pedroso Xavier e Silvia Felipe Marzagão 305

ALIMENTOS LEGAIS E TRIBUTAÇÃO: NOTAS SOB A SOMBRA DE UMA CRISE ECONÔMICO-SANITÁRIA

Daniel Bucar e Caio Ribeiro Pires 319

PARTE V
TRANSMISSÃO SUCESSÓRIA E SEU PLANEJAMENTO

COVID-19 E PLANEJAMENTO SUCESSÓRIO: NÃO HÁ MAIS MOMENTO PARA POSTERGAR

Daniela de Carvalho Mucilo e Daniele Chaves Teixeira..................................... 333

COMO TESTAR EM MOMENTO DE PANDEMIA E ISOLAMENTO SOCIAL?

Ana Luiza Maia Nevares.. 351

MORTES INVISÍVEIS EM TEMPOS INSÓLITOS DA PANDEMIA DA COVID-19: IMPACTOS SOFRIDOS PELAS FAMÍLIAS

Heloisa Helena Barboza e Vitor Almeida.. 359

MORTE INDIVIDUAL, MORTE COLETIVA: UM ENSAIO

Eroulths Cortiano Junior 373

PARTE I
FAMÍLIA, SUCESSÃO E PANDEMIA: REFLEXÕES E DESAFIOS

DIREITO DE FAMÍLIA EM TEMPOS DE PANDEMIA: HORA DE ESCOLHAS TRÁGICAS. UMA REFLEXÃO DE 7 DE ABRIL DE 2020

José Fernando Simão

Livre-docente, doutor e mestre pela Faculdade de Direito da Universidade de São Paulo. Professor Associado do Departamento de Direito civil da Faculdade de Direito da USP. Vice-Presidente do IBDFAM/SP. Diretor Nacional do IBDFAM. Advogado e parecerista.

"Imagine um Peru que é alimentado diariamente. Cada refeição servida reforçará a crença do pássaro que a regra geral da vida é ser alimentado diariamente por membros amigáveis da raça humana que 'zelam por seu melhor interesse' como diria um político. Na tarde da quarta-feira que antecede o Dia de Ação de Graças algo inesperado acontecerá ao peru. *Ele estará sujeito a uma revisão de suas crenças*" Nassim Taleb, A lógica do Cisne Negro.

"Vítimas de *coronavírus* na Itália terão acesso negado a *tratamento intensivo* caso tenham 80 anos ou mais ou sejam *vítimas* de graves *problemas de saúde* com necessidade de *leito de UTI*. É o que propõe um *documento* preparado por uma unidade de gerenciamento de crises em Turim, ao qual o jornal *The Telegraph* afirma ter tido acesso. *Alguns pacientes que não receberem tratamento intensivo serão deixados para morrer*, temem os médicos".[1]

Sumário: I. Introdução – contextualização necessária. II. O direito de família. 1. Direito à convivência. 2. Alimentos e prisão do devedor. III. Conclusão.

I. INTRODUÇÃO – CONTEXTUALIZAÇÃO NECESSÁRIA

O dia 13 de março de 2020 foi, para o Brasil, o último dia de uma antiga realidade que vou chamar de Realidade A. A Realidade A era pautada por um sonho, vivíamos um sonho de abundância e felicidade perpétuas em que o adjetivo INCURÁVEL tinha sido riscado do Dicionário.

Na realidade A, o direito de família era o da filosofia dos estetas: belo e fantasioso. Cheio de glamour e de premissas frágeis. Na época de abundância, em que o *homo sapiens* se sente eterno, há muito espaço para a filosofia e pela busca da felicidade em um mundo hedonista[2].

---

1. https://www.em.com.br/app/noticia/internacional/2020/03/17/interna_internacional,1129623/coronavirus-na--italia-vitimas-acima-de-80-anos-serao-deixadas-morrer.shtml. Notícia de 17 de março de 2020.
2. São tempos em que as pessoas adiaram seus casamentos e, assustadoramente, seus divórcios!

Mario Delgado me lembrava, por telefone, a obra Homo Deus de Yuval Harari[3]. É obra que deve ser lida por todos não só por sua excelência, como também por produzir mudanças indeléveis ao leitor. A premissa da obra é que a humanidade padecia historicamente de três males: a guerra, a peste e a fome.

Como os três males estavam sob controle, debelados ou muito atenuados em termos globais, Harari diz que "depois de assegurar vários níveis de prosperidade, saúde e harmonia e tendo em conta a nossa História e valores atuais, é provável que os novos objetivos da humanidade sejam a imortalidade, a felicidade e a divindade. Tendo reduzido a mortalidade causada pela fome, pelas epidemias e pela violência, teremos como desiderato a vitória sobre o envelhecimento e, até, sobre a morte. Tendo resgatado as pessoas da miséria abjeta, o objetivo passará a ser o de as tornar verdadeiramente felizes. E tendo elevado a humanidade acima do nível animalesco da luta pela sobrevivência, procuraremos transformar os humanos em deuses e fazer do *HOMO SAPIENS* o *HOMO DEUS*".

Em 13 de março vivemos o último dia daquela Belle Époque. A realidade A acabou e começou a B, que é temporária, fugaz, mas persiste. O *homo sapiens* percebe que, antes de ser feliz, ele precisa sobreviver e a pandemia mostra que a simples sobrevivência deixa de ser óbvia. O ser humano se vê, repentinamente, em contato com sua animalidade por conta da inevitabilidade da disseminação de uma doença mortalmente perigosa.

Problema que se coloca na Realidade B é que as pessoas, vivendo um autoengano (típico do homo sapiens que precisa criar narrativas para sobreviver), assumindo uma negação de que a era da euforia e da abundância acabou (de maneira definitiva?), prosseguem repetindo velhas máximas da Realidade A e, juridicamente, prosseguem repetindo os mantras dessa velha e já extinta Realidade. Vivemos, então, a síndrome do Peru descrita por Taleb (vide citação no início dessas linhas)[4]. As nossas crenças precisam ser revistas, ainda que na hora do último suspiro quando o carrasco vier com a faca para decapitar o peru no dia de Ação de Graças.

É compreensível a negação e a dificuldade pela qual passamos. Vivemos com a pandemia o fenômeno chamado de Cisne Negro. A metáfora de Taleb é genial. Havia uma crença europeia arraigada e inquestionável que todos os cisnes eram brancos (*Cygnus olor*). Isso porque a espécie europeia de cisne efetivamente o é. Essa crença inabalável desmorona quando os europeus se deparam com o cisne australiano (*Cygnus atratus*), que é negro.

É nesse momento de abalo de crenças, de realidade aparente imutável, que vale ler o pensamento de Taleb: "O Cisne Negro é um Outlier, pois está fora do âmbito das expectativas comuns, já que nada no passado pode apontar convincentemente para a sua possibilidade. Segundo, ele exerce um impacto extremo. Terceiro, apesar de ser um outlier, a natureza humana faz com que desenvolvamos explicações para sua ocorrência após o evento, tornando-o explicável e previsível".

---

3. HARARI, Yuval Noah. Homo Deus: uma breve história do amanhã. Tradução de Paulo Geiger. 1ª edição, São Paulo: Companhia das Letras, 2016.
4. TALEB, Nassim Nicholas. A lógica do Cisne Negro: o impacto do altamente improvável. Traduzido por Marcelo Schild. 5ª ed. Rio de Janeiro: Best Seller, 2011.

Admitindo, então, que estamos na Realidade B, que nossas crenças inabaláveis ruíram e que esse novo mundo exige do Direito, em especial do Direito de Família, uma nova concepção e novos paradigmas, vamos a duas questões jurídicas pontuais: convivência com crianças e adolescentes e a prestação alimentar.

II. O DIREITO DE FAMÍLIA

O Direito de Família da Realidade A era pautado por uma crença de que conseguíamos conciliar interesses antagônicos sem nenhum ou com muito pouco sofrimento. Era voz corrente em parte considerável da doutrina que o direito de convivência entre pais e filhos deveria ser buscado a qualquer custo, pois isso atende ao melhor interesse da criança e dos adolescentes e lhes garantem uma formação saudável.

Assim, se possível for, que o pai tenha contato com seus filhos não apenas aos fins de semana (pai nas horas vagas), mas também durante a semana. Da mesma forma, o convívio contínuo com avós é saudável para todos, crianças e idosos (art. 1.589, parágrafo único do CC). Os alimentos tinham de ser pagos para garantir a subsistência da criança e, se não pagos, prendia-se o devedor como forma de coerção tranquilamente aceita por parte considerável da doutrina por força do preceito constitucional autorizativo (art. 5º, inc. LXVII). Outra máxima constante era a seguinte: o valor da pensão não se altera pelo fato de a criança residir com ambos os pais, já que a escola, o curso de inglês e o clube não mudam de valor por força de residência alternada.

Esse direito pensado para a Realidade A ruiu, em grande medida, e agora foram impostas escolhas trágicas, que ainda não conseguem aceitar os "operadores". São escolhas trágicas de um mundo pandêmico e de confinamento. A Covid-19 é cruel, pois, em sua democracia tanatológica, é transmitida, muitas vezes, por quem mais amamos, por meio dos gestos de afeto e de carinho: beijos, abraços, toques.

1. Direito à convivência

Pelas experiências vivenciadas na advocacia de família e pelos debates com colegas advogados, nota-se que, no Brasil, a guarda ainda é materna, com direito de visitas do pai. É guarda unilateral que, às vezes, é chamada de compartilhada pelo simples fato de o pai, uma vez por semana, jantar e/ou pernoitar com a criança.

Em termos fáticos, sem o preciosismo terminológico que não pauta a realidade do direito de família, quando do fim da conjugalidade, crianças e adolescentes, em regra, vivem grande parte do tempo com a mãe e veem o pai uma vez por semana e em fins de semana alternados. Nesse momento de pandemia e confinamento surgem questões que desafiam o modelo tradicional.

Se você está pensando que a solução não existe e que cada caso é um caso e que depende do caso concreto, do bom-senso e acordo entre os pais, sugiro que leia diretamente a conclusão das presentes linhas (item III).

A primeira é a seguinte: deve-se suspender provisoriamente o sistema de deslocamento das crianças em tempos de pandemia mantendo-as apenas com a mãe, pois com ela já residem. A resposta é positiva. Isso, evidentemente, gera prejuízos para o pai e para os filhos por força de uma redução temporária de convívio. Sim, é verdade, mas são tempos de escolhas trágicas. O jogo na realidade B é de perde-perde. Isso pode ser compensado no futuro. O pai alijado, provisória e momentaneamente, do convívio físico com os filhos, pode, nas férias, ficar mais tempo com eles como forma de "matar as saudades" e recuperar parte do tempo perdido.

Pode-se, ainda, seguir a sugestão de João Aguirre, nesse momento de suspensão de aulas presenciais e de ensino à distância. Permitir às crianças que residam 15 dias com o pai e 15 dias com a mãe, já que boa parte das pessoas se encontra em home office. Isso tem duas vantagens: a criança convive com pai e mãe e não fica afastada de nenhum deles por período longo, o deslocamento se dará duas vezes por mês apenas (o que o confinamento permite), e ajuda pai e mãe a produzirem em home office, pois terão 15 dias do mês sem a preocupação com os cuidados que os filhos exigem.

E no caso de pai ou mãe que sejam, profissionais da saúde e que tenham contato com pessoas infectadas diuturnamente? Nessa hipótese, pelo bem estar da criança, cabe a suspensão das visitas ou mudança de residência até que cesse a pandemia. A criança pode deixar de morar com a mãe e ir morar com o pai, ou deixar de visitar fisicamente o pai e ficar o tempo todo com a mãe. Isso é ruim para o filho e para os pais? Sim, mas são tempos de escolhas trágicas em que há redução de direitos.

Isso se aplica ainda que, por meio de exames, se prove que o pai e/ou a mãe já contraíram a doença, mas de maneira assintomática? Sim, isso se aplica. É questão de saúde pública. Apesar de a doença não atingir de maneira fatal crianças e adolescentes[5], eles são transmissores da doença e se posso reduzir o risco de vida, que sempre existe, cabe ao direito cuidar disso.

Não há garantia médica de que os imunizados não tenham uma recaída. E, no pico da pandemia, a cautela é necessária, ainda que seja temporária, transitória.

Se pai e mãe forem profissionais da saúde, que por sua profissão estiverem em contato com pessoas infectadas ou com alta probabilidade de contrair a Covid-19, a decisão de transferir a guarda a terceiros é medida necessária[6]. Os terceiros devem ser escolhidos de acordo com o melhor interesse da criança, prova de que o terceiro tem com ela relação afetiva, proximidade, possibilidade de cuidar e alimentar o menor. Podem ser padrinhos e madrinhas, tios, amigos dos pais ou mesmos os avós (sobre os avós e sua convivência com os netos eu cuidarei a seguir).

---

5. Segundo notícia de 16 de março de 2020, "Não podemos dizer universalmente que é leve em crianças. Então é importante que protejamos as crianças como uma população vulnerável", afirmou Maria van Kerkhove, diretora técnica da OMS. "O que não sabemos ainda – porque ainda não temos o resultado de enquetes sorológicas – é a extensão da infecção assintomática em crianças", explicou Maria. https://g1.globo.com/bemestar/coronavirus/noticia/2020/03/16/oms-diz-que-ha-registro-de-morte-de-criancas-por-causa-do-covid-19.ghtml.

6. O IBDFAM noticia, em 06 de abril de 2020, que "no Amazonas, em razão da pandemia do coronavírus, foi determinado o desacolhimento de crianças e adolescentes que viviam em um abrigo, a pedido da própria instituição A decisão é da 2ª Vara da Comarca de Iranduba. Eles deverão ficar com os padrinhos, previamente cadastrados pela comarca, até o fim da quarentena decretada pelas autoridades sanitárias". https://www.instagram.com/p/B-pM-9q-Dudt/.

Os avós idosos estão no grupo de risco com maior taxa de mortalidade decorrente da Covid-19[7]. Para eles, o isolamento físico se impõe. Não haverá visitas físicas durante a pandemia. É o risco de morte que implica limitações. Também, se a guarda estiver com os avós idosos, a guarda pode ser entregue, de maneira temporária e provisória, a pessoas próximas aos menores, como forma de evitar riscos à saúde dos avós. O direito protegerá os avós de si próprios, em situações extremas.

Nesse momento da leitura, como ocorreu na *live* de ontem, muitos estão pensando que não se cuidou do convívio virtual, por meio de imagem e som disponível em grande parte dos telefones celulares (zoom, Skype, facetime e *whatsapp*). Essa é uma medida salutar e necessária em tempos de confinamento. O juiz deve determinar a hora e dia de convívio virtual. Deve-se levar em conta a rotina da criança, seus horários, tempo de estudo (por forma virtual) e a idade da criança.

Há, contudo, algo a se observar, que foi ponderado por Giselle Groeninga, em mensagem de texto, sobre a idade das crianças. Crianças muito pequenas tem dificuldade de concentração e simplesmente não conseguem ter disciplina para ficar em frente ao celular conversando ou interagindo com o interlocutor. Nessa situação, o envio ao pai, mãe e/ou avós afastados do convívio físico de vídeos e áudios dos menores é medida salutar e que pode ser determinada pelo juiz. A simples manutenção de uma chamada em tempo real com câmera para que se possa ver a criança é medida que também pode ser imposta.

Há necessidade, ainda, de se fixar sanções rígidas para minimizar a tragédia decorrente da impossibilidade de convívio físico, presencial. Além de multas pesadas, pode e deve o juiz alterar o regime de guarda se, em plena pandemia, houver prática, pelo pai, pela mãe ou por terceiros, de alijamento de convívio virtual que, em situação extrema, pode configurar alienação parental.

Questão que surge também diz respeito aos infoexcluídos, quer seja por não disporem de celulares inteligentes, quer seja por não conhecerem a tecnologia e não terem com ela intimidade. No primeiro caso, caso por questões econômicas a pessoa não disponha dessa tecnologia, de maneira temporária e provisória, sendo impossível o convívio físico, haverá efetivamente o rompimento (temporário, provisório) trágico do contato entre pais e filhos ou avós e netos. Não há outra solução em momentos de escolhas trágicas em que idosos são abandonados à própria sorte nos hospitais italianos (vide notícia com a qual iniciei essas linhas).

Se o problema for de familiaridade com a tecnologia, que se admita com as cautelas necessárias (uso de máscara, luvas, álcool gel) que alguém ajude os idosos ou idosas a manejar essa tecnologia que será importante para o próprio idoso (ameniza as pessoas da solidão imposta pelo confinamento) e atende ao melhor interesse da criança que poderá, por meio de vídeo, conviver com seus avós.

---

7. Dados do Estado do Rio de Janeiro de 04.04.2020 indicam que "na faixa de 30 a 39 anos, dos 209 casos confirmados, houve apenas uma morte, o que coloca a taxa de letalidade em 0,5%. Entre 40 e 49 anos, a taxa sobe para 1,4% (três mortes entre 214 casos). De 50 a 59 anos, a taxa mais do que dobra, para 3,3% (cinco mortes em 153 casos) – Veja mais em https://noticias.uol.com.br/ultimas-noticias/agencia-brasil/2020/04/04/rj-um-em-sete-casos-de-covid-19-em-idosos-resulta-em-morte.htm?cmpid=copiaecola.

2. Alimentos e prisão do devedor

A questão dos alimentos em momento de *lockdown* e de recessão global se revela extremamente delicada. Como lembrou ontem Fernando Araújo, estamos vivendo o momento de tempestade perfeita, o pesadelo dos economistas: inflação com recessão e desemprego (estagflação).

Há um empobrecimento global que precisa ser reconhecido para os que vivem a Realidade B. Abundância e euforia morreram no dia 13 de março de 2020. Isso não quer dizer que se autoriza os devedores de alimentos a simplesmente pararem de pagar a pensão, porque o mundo empobreceu.

Fatores como desemprego, fechamento de lojas e restaurantes, redução de jornada com redução de remuneração, devem ser considerados nas ações revisionais vindouras. Contudo, como diria Ortega y Gasset, "eu sou eu e minha circunstância", logo esses fatores não implicam, por si, perda de possibilidade de pagar a pensão total ou parcialmente.

Há também os que ganham com a pandemia e têm aumentada sua possibilidade de pagar alimentos. É o caso de quem tem empresa de entrega em domicílio (*Rappi*, por exemplo).

Outro fato a ser levado em conta é a redução de gastos com as crianças. Há fornecedores de serviços que reduziram ou suspenderam a cobrança de suas mensalidades seja por ato próprio espontâneo, seja por decisão judicial. A escola, por exemplo, que não está dando aulas presenciais, mas enviando material para a casa dos alunos, seja vídeo aula, sejam textos ou tarefas, deve reduzir sua mensalidade, para garantir a manutenção do sinalagma contratual. Se não o fizer espontaneamente, deverá ser compelida por decisão judicial.

As decisões de redução de prestação já pululam no Brasil[8].

Se adotada a sugestão de João Aguirre, para que a criança passe 15 dias com a mãe e 15 dias com o pai, em regime de confinamento, com evidente redução dos gastos pessoais (gasto com lazer será zero), também há fundamentos para a revisão do valor da prestação alimentar.

O devedor não pode ser preso durante a pandemia senão em prisão domiciliar. Isso porque estamos em época de pandemia, de uma doença incurável, que não tem vacina para sua prevenção. Dizem alguns: "mas o devedor então será premiado, pois todos estamos em prisão domiciliar por conta do confinamento". SIM, mas a alternativa é colocar o devedor em risco de morte, o que não é opção para qualquer sistema jurídico de país civilizado. O sistema tem que escolher um mal entre dois e o mal menor é a prisão domiciliar. Como proposta de mudança da legislação pode-se imaginar que tal prisão seja mantida ao fim do confinamento para os devedores de alimento. Isso de *lege ferenda*.

---

8. Em 6.04.2020, "o juiz Fernando Henrique de Oliveira Biolcati, da 22ª Vara Cível de São Paulo, concedeu liminar para reduzir o valor do aluguel pago por um restaurante em virtude da epidemia da Covid-19 no Brasil, que resultou na redução das atividades e dos rendimentos do estabelecimento. Pela decisão, o restaurante pagará 30% do valor original do aluguel enquanto durar a crise sanitária". https://www.conjur.com.br/2020-abr-06/liminar-permite--reducao-aluguel-pago-restaurante-epidemia.

A decisão de não prender o devedor em regime fechado no sistema prisional retira a força coercitiva que lhe é peculiar e eficaz. Creio que sim, apesar de não haver dados a confirmar a assertiva. E isso acaba por onerar ainda mais o outro (pai ou mãe) que arcará com os gastos. SIM, é verdade. Em tempos de escolhas trágicas, do jogo de perde-perde, as coisas funcionam dessa maneira. Deve-se perguntar quem perde menos e se perceber que estamos na Realidade B e não mais na A.

III. CONCLUSÃO

Os argumentos majoritários nesse momento de crise, quando se fala em Direito de Família, são dois: (i) bom-senso e (ii) a solução depende do caso concreto (não há soluções a priori).

(i) Bom-senso é algo que todo mundo acha que tem, mas na hora de definir seu conceito, acaba esbarrando no bom-senso do outro que tem certeza que seu senso é melhor que o do primeiro. O bom-senso é muito interessante para as relações familiares se pai e mãe coincidirem em seu significado e extensão e se isso atender ao melhor interesse da criança e do adolescente. Escrever um texto jurídico apelando ao bom-senso das pessoas me parece algo de pouco utilidade prática e de nenhuma aplicação às demandas judiciais em curso e às muitas que se avizinham.

Aliás, alguém já disse que "muitas pessoas são dotadas de razão, muito poucas de bom-senso".

(ii) A solução depende do caso concreto, evidentemente. Também me parece que não há contribuição alguma refletir sobre as relações de família no momento de pandemia respondendo ao leitor: "isso depende do caso concreto". A doutrina tem o dever de construir as soluções teóricas que terão, por acordo (decisão espontânea) ou por força (decisão do juiz togado ou do árbitro), aplicação aos casos concretos.

Quando a doutrina diz que não há nenhuma solução se não pela leitura do caso concreto, ela se demite de sua função de construir categorias jurídicas e permite o caos decisório por falta de parâmetros seguros. Será o juiz a fazer a subsunção do fato à norma levando em conta "as peculiaridades do caso concreto", mas com base nas categorias construídas pela doutrina.

Para se efetivamente concluir essas linhas, deve-se frisar que as decisões tomadas em período de pandemia e confinamento são, necessariamente, provisórias. O caos vivido na realidade B cessará com o fim da pandemia, com a descoberta de uma vacina ou mesmo de medicamento que reduza a letalidade.

Surgirá, então, a Realidade C que não será a Realidade A (as coisas nunca mais serão com eram até 13 de março de 2020), e qualquer previsão sobre ela nesse momento é achismo ou palpite infundado. É hora de cuidarmos da Realidade B e suas consequências para o Direito de Família e não de sofrermos por antecipação pela Realidade C, cujo início ainda é incerto...

"Produzimos projeções de déficits da previdência social e de preços de petróleo para daqui a trinta anos, sem perceber que não podemos prevê-los nem para o próximo verão. *O que é surpreendente não é a magnitude de nossos erros de previsão, mas sim nossa falta de consciência dela*" Nassim Taleb, A lógica do Cisne Negro.

AS PROPOSTAS LEGISLATIVAS PARA ENFRENTAR A PANDEMIA E O LEGADO DO VÍRUS PARA O FUTURO DO DIREITO DE FAMÍLIA E DAS SUCESSÕES

Mário Luiz Delgado

Doutor em Direito Civil pela USP. Mestre em Direito Civil Comparado pela PUC-SP. Professor Titular do programa de mestrado e doutorado da FADISP. Membro do Conselho Superior de Assuntos Jurídicos e Legislativos da Federação das Indústrias do estado de São Paulo – FIESP. Presidente da Comissão de Direito de Família e das Sucessões do IASP. Presidente da Comissão de Assuntos Legislativos do IBDFAM. Advogado e parecerista.

Sumário: 1. Notas introdutórias: um olhar retrospectivo. 2. Iniciativas legislativas de combate às pandemias em diferentes momentos históricos. 3. Propostas legislativas para enfrentar a pandemia da Covid-19 relacionadas especificamente ao Direito de Família. 4. Iniciativas legislativas para enfrentar a pandemia da Covid-19 relacionadas ao Direito das Sucessões. 5. Conclusão: o legado.

> *"De repente, passou a gripe. Com o fim da gripe as coisas não mais foram as mesmas. A peste deixara nos sobreviventes não o medo, não o espanto, não o ressentimento, mas o puro tédio da morte. Lembro-me de um vizinho perguntando: 'Quem não morreu na Espanhola?'. E ninguém percebeu que uma cidade morria, que o Rio machadiano estava entre os finados. Uma outra cidade ia nascer".*
> (Nelson Rodrigues, *A menina sem estrela*, 1967)

1. NOTAS INTRODUTÓRIAS: UM OLHAR RETROSPECTIVO

Vivemos um período de desestruturação da vida cotidiana, a registrar um grande volume de falências, não apenas de empresas, mas de muitas famílias, especialmente os casais conjugais cujos componentes, em claustração conjunta e forçada, se despem dos momentos de individualização e autonomia que possibilitam a harmonia da convivência conjugal. Fala-se em aumento do número de divórcios no período pós pandemia, sem contar o alarmante incremento dos índices de violência doméstica[1].

---

1. Segundo matéria publicada em O Globo de 20.04.2020, brigas de casais aumentaram 431% entre fevereiro e abril. Foram coletadas no Twitter, a pedido do Fórum Brasileiro de Segurança Pública, 52.315 menções a brigas domésticas, das quais 5.583 relatavam violência doméstica. Mais da metade desses relatos foram feitos em abril, que registrou aumento de 53% em relação a fevereiro. Em março, quando começaram as medidas de isolamento, o aumento foi de 37%.Na avaliação da diretora-executiva do Fórum Brasileiro de Segurança Pública, Samira Bueno, a pesquisa mostra que, de fato, as mulheres estão mais vulneráveis durante o período de isolamento social e, confinadas, estão encontrando dificuldades para procurar delegacias de polícia e registrar as ocorrências. Os feminicídios também tiveram aumento expressivo no período. Aumentaram 46,2% em São Paulo (19 casos) e 400% no Mato Grosso (10 casos), por exemplo.(Disponível em: https://oglobo.globo.com/sociedade/isolamento-por-coronavirus-aumentou-briga-de-casais-em-431-afirma-pesquisa-24382476?utm_source=aplicativoOGlobo&utm_medium=aplicativo&utm_campaign=compartilhar).

Na família conjugal, o vírus torna-se a terceira pessoa de toda relação, desencadeando uma necessidade de normatização preservativa da vida e das relações sociais, quer autóctone pelos próprios integrantes do núcleo familiar, quer externa, imposta pelas autoridades públicas.

As exigências de quarentena e de isolamento social representam a aniquilação, por absoluta inviabilidade prática, de uma sociedade liberal, cosmopolita, democrática e gregária que tínhamos como definitiva, e que reage a tais medidas de forma instintiva, por considerá-las antidemocráticas ou mesmo um retrocesso civilizatório[2].

No Direito de Família vemos claramente essa reação quando se discute, por exemplo, restrições à convivência física de crianças e adolescentes com pais não residentes. João Ricardo Brandão Aguirre destaca, ainda, a impostergável mudança de práticas no âmbito das relações familiares "invadindo os lares sem bater às portas, a impelir novas regras e rotinas e a transformar as perspectivas. Forçados a uma convivência diuturna, casais sucumbem ao estresse e ao controle incessante dos outros olhos, e a violência doméstica avança, assim como o número de divórcios. Outros, já separados há anos, enfrentam novas vicissitudes, impostas pela ordem pandêmica. Como fazer com a convivência dos filhos de pais separados? E os alimentos, como pagar se a fonte de renda sofreu considerável abalo?"[3]

A reflexão sobre essas e outras questões que nos inquietam e nos desconfortam não prescinde do olhar retrospectivo sobre as experiências do passado. No auge da pandemia da gripe espanhola, o então Diretor Geral de Saúde Pública da Capital Federal, Carlos Pinto Seidl, ressaltava, em sessão da Academia Nacional de Medicina de 10 de outubro de 1918, que a doença, em sua marcha caprichosa e vagabunda, menospreza todos os regulamentos, todas as providências e todas as quarentenas, sendo o isolamento irrealizável na gripe epidêmica, a menos que se interrompam "todas as relações sociais e todos os contatos daí oriundos", incluindo, infelizmente, em muitos casos, também as relações de família[4].

Interessante recordar, àquela época, o medo da população, que via nas contingências sanitárias um pretexto para a relativização de direitos e de conquistas sociais e políticas. As doenças epidêmicas, no decorrer da história, por afetar diferentes grupos de pessoas, sempre provocaram variadas reações. Adriana da Costa Goulart resgata artigo do perió-

---

2. Para a historiadora Lilia Schwarcz, professora da Universidade de São Paulo e de Princeton, nos EUA, "crise causada pela disseminação da Covid-19 marca o fim do século 20, que foi o século da tecnologia. Nós tivemos um grande desenvolvimento tecnológico, mas agora a pandemia mostra esses limites (...) Hobsbawn disse que o longo século 19 só terminou depois das Primeira Guerra Mundial [1914-1918]. Nós usamos o marcador de tempo: virou o século, tudo mudou. Mas não funciona assim, a experiência humana é que constrói o tempo. Ele tem razão, o longo século 19 terminou com a Primeira Guerra, com mortes, com a experiência do luto, mas também o que significou sobre a capacidade destrutiva" (Cf. *Coronavírus: 100 dias que mudaram o mundo*. Disponível em: https://www.uol.com.br/universa/reportagens-especiais/coronavirus-100-dias-que-mudaram-o-mundo/index. htm#100-dias-que-mudaram-o-mundo).

3. *O "homem cordial" e a tutela da família em tempos de pandemia*. Disponível em: https://politica.estadao.com.br/blogs/fausto-macedo/o-homem-cordial-e-a-tutela-da-familia-em-tempos-de-pandemia/.

4. Cf. SEIDL, Carlos Pinto 1919 *A propósito da pandemia de gripe de 1918: argumentos e fatos irrespondíveis*. Rio de Janeiro, Bernard Frères, p. 591. Citação extraída do excelente artigo de Adriana da Costa Goulart (*Revisitando a espanhola: a gripe pandêmica de 1918 no Rio de Janeiro*. Hist. cienc. saude-Manguinhos vol.12 no.1 Rio de Janeiro Jan./Apr. 2005.

dico *A Careta*, de outubro de 1918, em que se afirmava que a ameaça da gripe espanhola trazia um perigo bem maior, "a ameaça da medicina oficial, da ditadura científica", pois a Diretoria Geral de Saúde Pública, "tomando providências ditatoriais, ameaçava ferir os direitos dos cidadãos com uma série de medidas coercitivas, (...) preparando todas as armas da tirania científica contra as liberdades dos povos civis"[5].

Os estritos controles e regulamentos impostos pelas autoridades públicas, na tentativa de conter a pandemia, inevitavelmente desencadeiam distúrbios sociais como forma de reação das pessoas, na tentativa vã de manter o *status quo* pré-pandemia, como se fosse possível adotar, em plena sociedade da informação, uma postura de inocência negacionista ou de negação genocida. Como bem destaca Adriana Goulart, "nem o sequestro dos doentes, nem a claustração dos sãos são medidas portadoras de confiança. Para muitos doentes que se aferrolhassem nos hospitais, muitos mais seriam os que livremente haviam de ficar nos domicílios e até a circular nas ruas; sem falar nos próprios que estejam com saúde, mas trazem consigo os germes violentos aos sãos que quisessem se enclausurar"[6].

O combate à moléstia tem sido interpretado por alguns como mera desculpa para a intervenção na intimidade da vida privada e imposição de limitações à autonomia existencial de cada um, o que gerou, durante a "espanhola", reações compreensíveis na população e que ora se repetem em diversificados estamentos da sociedade. Nos mercados, cada vez mais pressiona-se pela reabertura do comércio e pela retomada das atividades econômicas em geral. No âmbito da família, os pais não residentes desejam manter o regime de convivência com os filhos menores, ainda que isso acarrete o deslocamento constante de crianças e adolescentes entre os lares parentais, infringindo as determinações das autoridades públicas impositivas de quarentena e distanciamento social. O credor de alimentos não concorda em renegociar o valor da prestação, não obstante o devedor alimentante tenha deixado de auferir renda, enquanto os nubentes pretendem manter a data do casamento, com todos os riscos que a celebração pública acarretaria.

As pessoas lutam para manterem as suas vidas numa *belle époque* imaginária, como se a pandemia não existisse[7]. Esquecem, no entanto, como bem adverte o texto magistral de José Fernando Simão, que "em 13 de março vivemos o último dia daquela Belle Époque. A realidade A acabou e começou a B, que é temporária, fugaz, mas persiste. O *homo sapiens* percebe que, antes de ser feliz, ele precisa sobreviver e a pandemia mostra que a simples sobrevivência deixa de ser óbvia. O ser humano se vê, repentinamente, em contato com sua animalidade por conta da inevitabilidade da disseminação de uma doença mortalmente perigosa. Problema que se coloca na Realidade B é que as pessoas, vivendo um autoengano (típico do *homo sapiens* que precisa criar narrativas para sobreviver), assumindo uma negação de que a era da euforia e da abundância acabou (de maneira definitiva?), prosse-

---

5. *A Careta*, n. 538, 12.10.1918, p. 28. Apud GOULART, Adriana da Costa. Artigo cit.
6. Artigo cit.
7. Interessante observação de Adriana Goulart quando destaca que "na busca de uma resposta possível, a população fez sua própria leitura do conhecimento médico. Assim sendo, a medicina caseira, que sempre foi muito utilizada pela população, ganha força ainda maior durante a epidemia, diante da ineficiência das drogas indicadas nos receituários médicos. A medicina popular, com suas mezinhas, chás, emplastros e beberagens diversas, passa a ser foco de especulação comercial, e é encarada como uma alternativa diante do mal incompreensível. No processo de interpretação da moléstia, pode-se perceber o resgate de teorias da tradição galênica e miasmática, entre outras, já consideradas superadas pelo conhecimento médico" (artigo cit.).

guem repetindo velhas máximas da Realidade A e, juridicamente, prosseguem repetindo os mantras dessa velha e já extinta Realidade. Vivemos, então, a síndrome do Peru descrita por Taleb. As nossas crenças precisam ser revistas, ainda que na hora do último suspiro quando o carrasco vier com a faca para decapitar o peru no dia de Ação de Graças"[8].

Do contrário, estaremos no papel dos oito heroicos musicistas do RMS Titanic. Indiferentes ao naufrágio, passaram a noite de 15 de abril de 1912 a tocar, ininterruptamente, para acalmar e distrair os passageiros, enquanto a tripulação carregava os botes, cumprindo o que acreditavam ser a sua missão. Todos morreram, naufragados com o navio, tocando o seu próprio réquiem.

2. INICIATIVAS LEGISLATIVAS DE COMBATE ÀS PANDEMIAS EM DIFERENTES MOMENTOS HISTÓRICOS

Durante a gripe espanhola, diversas propostas legislativas foram apresentadas com o intuito de fornecer uma regulação jurídica para as novas (e catastróficas) realidades que emergiam da pandemia, a maioria voltadas à economia, como isenção de tributos, moratórias e concessão de créditos.

Os arquivos do Senado Federal e da Câmara dos Deputados, em Brasília, demonstram que, no Brasil de 1918, a gripe espanhola dominou os debates do Congresso, muito embora, assim como ocorre hoje na pandemia da Covid-19, as duas casas legislativas, então sediadas no Rio de Janeiro, passaram vários períodos fechadas. A imprensa da época registra que parlamentares e funcionários feneceram. Aliás, nem o presidente da República foi poupado. Rodrigues Alves, eleito em março de 1918 para o segundo mandato, contraiu a gripe e foi a óbito antes de tomar posse.

Naquela quadra histórica foram apresentados diversos projetos de lei com o objetivo de debelar a pandemia ou amenizar seus efeitos. Entre outras propostas, destaca-se a que previu a aprovação automática de todos os estudantes, sem necessidade de exame final. Iniciativa do deputado Celso Bayma (SC) ampliava em 15 dias o prazo para o pagamento das dívidas que se vencessem durante a epidemia. A justificativa para a moratória era justamente a de que "muitos comerciantes baixaram as portas, deixaram de lucrar e, por tabela, ficaram impossibilitados de honrar seus compromissos com os bancos"[9].

Na pandemia atual, repete-se o furor legislativo, como se novas leis fossem capazes de erigir barreiras à propagação do vírus. Recentemente, foi aprovado, no plenário virtual do Senado Federal, o PL 1.179/2020, de autoria do Senador Antônio Anastasia, estabelecendo um Regime Jurídico Emergencial e Transitório das Relações Jurídicas de Direito Privado (RJET) no período da pandemia do Coronavírus (Covid-19). Entre as propostas, encontram-se o impedimento e a suspensão dos prazos prescricionais, restrições à realização de reuniões e assembleias presenciais para as pessoas jurídicas de direito privado, proibição da

---

8. SIMÃO, José Fernando. *Direito de família em tempos de pandemia: hora de escolhas trágicas. Uma reflexão de 7 de abril de 2020.* Disponível em: http://www.ibdfam.org.br/artigos/1405/ Direito+de+fam%C3%ADlia+em+tempos+de+pandemia%3A+hora+de+escolhas+tr%C3%A1gicas.+Uma+reflex%C3%A3o+de+7+de+abril+de+2020.

9. Cf. Jornal do Senado de 03/09/2018. Disponível em: https://www12.senado.leg.br/jovemsenador/home/noticias-1/externas/2018/09/ha-100-anos-gripe-espanhola-devastou-pais-e-matou-presidente.

concessão de liminar para desocupação de imóvel urbano nas ações de despejo, ampliação dos poderes conferidos ao síndico dos condomínios edilícios, dilação dos prazos legais para a realização de assembleias e reuniões de quaisquer órgãos, presenciais ou não, e para a divulgação ou arquivamento nos órgãos competentes das demonstrações financeiras pelas pessoas físicas ou jurídicas que exerçam atividade empresarial, entre outras.

Segundo consta da sua justificação, o projeto, inspirado na célebre *Lei Failliot*, de 21 de janeiro de 1918[10], que criou regras excepcionais para a aplicação da teoria da imprevisão no Direito francês, baseia-se nos seguintes princípios: "(1) manter a separação entre relações paritéticas (de Direito Civil e de Direito Comercial) e relações assimétricas (de Direito do Consumidor e das Locações Prediais Urbanas); (2) não alterar as leis vigentes, dado o caráter emergencial da crise gerada pela pandemia, mas apenas criar regras transitórias que, em alguns casos, suspendam temporariamente a aplicação de dispositivos dos códigos e leis extravagantes; (3) limitar-se a matérias preponderantemente privadas, deixando questões tributárias e administrativas para outros projetos; (4) as matérias de natureza falimentar e recuperacional foram deixadas no âmbito de projetos já em tramitação no Congresso Nacional".

Na seara do Direito de Família e das Sucessões as sugestões, no entanto, foram bastante tímidas e limitaram-se a estabelecer que a prisão civil do devedor de alimentos, prevista no art.528, § 3º e seguintes do CPC, só poderia ser cumprida na modalidade domiciliar, além de dilatar os prazos previstos no art. 611 da Lei Adjetiva para instauração e ultimação do processo de inventário. A postergação do prazo processual por lei federal, como se sabe, não repercute no prazo de recolhimento do imposto de transmissão, de competência estadual e fonte dos principais conflitos nessa matéria.

3. PROPOSTAS LEGISLATIVAS PARA ENFRENTAR A PANDEMIA DA COVID-19 RELACIONADAS ESPECIFICAMENTE AO DIREITO DE FAMÍLIA

Pela primeira vez na história das epidemias que assolaram a nação brasileira, foram pensadas medidas de enfrentamento, no âmbito do Poder Legislativo, dirigidas exclusivamente ao Direito de Família e das Sucessões, a espelhar uma nova dimensão da família no cenário político e social, além de uma maior densificação de suas normas protetivas[11].

---

10. Auguste Gabriel Failliot foi o proponente da lei de 21 de janeiro de 1918 que ganhou o seu nome e permitiu, na França durante e após a Primeira Guerra Mundial (*...na pendência da guerra, e até sua expiração, por um prazo de três meses a partir da cessação das hostilidades*),a resolução judicial (*...independentemente de causas de resolução oriundas do direito comum ou de convenções particulares*), por iniciativa de qualquer das partes contratantes, de obrigações e contratos de caráter comercial, de natureza sucessiva, continuada ou diferida, referentes ao fornecimento de mercadorias e gêneros, contratados antes de 1o de agosto de 1914, desde que o postulante comprovasse que, por razão do estado de guerra, a execução das suas obrigações lhe traria encargos ou lhe causariam um prejuízo que ultrapassavam e muito as previsões razoavelmente feitas à época da contratação. Além da resolução, também poderia ser postulada a suspensão da execução do contrato. A reconhecer a natureza colaborativa do processo obrigacional e o princípio da preservação e conservação do negócio jurídico, e já prenunciando o dever jurídico de renegociar como figura parcelar da boa-fé objetiva, o art. 3º da lei previa que nenhuma demanda poderia ser ajuizada perante os tribunais civis ou comerciais, se o demandado não fosse "*previamente chamado para conciliação ante o presidente do tribunal*".

11. A família ganha relevo constitucional quando elevada à base da sociedade, recebendo especial proteção do Estado (art. 226/CF).

Nesse sentido, digno de todos os encômios o antigo Projeto de Lei 1.627/2020, de autoria da Senadora Soraya Thronicke e que instituía um Regime Jurídico Emergencial e Transitório das relações jurídicas de Direito de Família e das Sucessões no período da pandemia do Coronavírus (Covid-19)[12].

A proposta estava estruturada a partir de quatro eixos centrais, cada um versando sobre um instituto jurídico do Direito de Família e das Sucessões, em relação aos quais estão centradas as principais demandas por um balizamento normativo emergencial. São eles: casamento, guarda, alimentos e testamentos.

Sobre o casamento, a proposição da Senadora Thronicke regulava a celebração à distância, por sistema de audiovisual, como forma, ao mesmo tempo de evitar o contato social e a aglomeração física, e de possibilitar a concretização do projeto de vida dos nubentes. Como informa O Estado de S. Paulo, na edição de 23 de abril de 2020, mesmo durante a pandemia, as pessoas não desistem do sonho de se casar. Sem falar que grande número de nubentes precisa de uma certidão de casamento para questões práticas, como dividir o plano de saúde em um momento decisivo. O coronavírus também atingiu em cheio a indústria de casamentos que, nos Estados Unidos, movimenta US$ 74 bilhões e que inclui organizadores, DJs, bandas, floristas, fotógrafos e fornecedores de comida.

A facilitação e a simplificação das solenidades alusivas ao casamento repercutirão diretamente na união estável, diante da equiparação constitucional, chancelada pela Suprema Corte brasileira. Assim, uma vez permitida a celebração do casamento à distância, igualmente as escrituras públicas de união estável poderão ser lavradas sem a presença física dos contraentes, aplicando-se o mesmo formato previsto para a celebração do casamento.

Oportuno lembrar que inciativas semelhantes ocorrem em outros países castigados pela pandemia. Matéria da rede de TV CNN informa que "a partir de agora, os nova-iorquinos poderão se casar remotamente por vídeo devido à pandemia de coronavírus. 'Hoje (18) estamos assinando uma ordem executiva que permite que as pessoas obtenham suas licenças de casamento remotamente e também que os funcionários realizem cerimônias por vídeo', afirmou Melissa DeRosa, secretária do governador de Nova York, Andrew Cuomo, em entrevista coletiva neste sábado. 'Agora não há desculpa quando a questão surge para o casamento. Não há desculpa. Você pode fazer isso com Zoom – é sim ou não, brincou Cuomo"[13]. No condado de Orange, na Califórnia, cerimônias vem se realizando no estacionamento de uma loja de veículos. Apenas uma pessoa pode acompanhar a ce-

---

12. O projeto foi elaborado por representantes de reconhecidas e/ou centenárias instituições jurídicas, contando com o auxílio dos professores Mário Luiz Delgado da Faculdade Autônoma de Direito de São Paulo (FADISP) e Presidente da Comissão de Direito de Família do Instituto dos Advogados de São Paulo (IASP); João Ricardo Brandão Aguirre, da Universidade Presbiteriana Mackenzie e Presidente da Comissão de Direito de Família da OABSP; José Fernando Simão, da Faculdade de Direito do Largo de São Francisco da Universidade de São Paulo e Diretor do Instituto Brasileiro de Direito de Família (IBDFAM); e Maurício Bunazar, do IBMEC – São Paulo. Entretanto, pressões de associações de pais separados, que atacaram fortemente a possibilidade de suspensão do regime de convivência durante a pandemia, levaram a autora a retirar o projeto. Até a finalização deste artigo, outras propostas legislativas encontravam-se em gestação.

13. Disponível em: https://www.cnnbrasil.com.br/internacional/2020/04/18/governo-de-nova-york-autoriza-casamento-por-videoconferencia.

lebração. Amigos e parentes devem aguardar a distância, nos carros. Mas a testemunha pode gravar e transmitir o casamento por Zoom ou outro aplicativo de reuniões[14].

É possível questionar, por fim, se a celebração do casamento à distância, por plataformas telemáticas, demandaria alteração legislativa, máxime quando o procedimento já vem sendo adotado sem que haja previsão em lei ou foi regulamentado pelas Corregedorias dos Tribunais de Justiça[15].

De fato, não há óbice legislativo à nova modalidade de solenidade matrimonial, exigindo a lei apenas que ela ocorra na sede do cartório, com toda publicidade, com as portas abertas, presentes pelo menos duas testemunhas, ou, querendo as partes e consentindo a autoridade celebrante, noutro edifício público ou particular (art.1.534)[16]. As plataformas de reunião, a exemplo do Zoom, permitem que qualquer pessoa com acesso ao *link*, ou ao endereço eletrônico do espaço, acesse a sala virtual e participe dos eventos que ali se processam, assegurando "toda publicidade" ao ato. Por outro lado, a alusão no dispositivo codificado a outro "edifício público ou particular" não pode excluir o espaço virtual, no qual celebrante, testemunhas e convidados estarão tão "presentes" quanto em qualquer espaço físico. Até porque o Código Civil já considera "presente a pessoa que contrata por telefone ou por meio de comunicação semelhante"[17].

Não obstante a interpretação contemporânea do art. 1.534 do CCB permita a celebração à distância, a alteração legislativa que estava encartada no PL nº 1.627, ou que venha a ser objeto de outro projeto no futuro, será sempre bem-vinda, pois promoverá a uniformização dos ritos matrimoniais em todo o território nacional e garantirá segurança jurídica aos casamentos já celebrados dessa forma.

Prosseguindo na disciplina do casamento, a proposição interrompia o prazo de eficácia da habilitação, previsto no art. 1.532 do Código Civil, reiniciando-se a sua contagem após o encerramento da quarentena, de modo a que os nubentes já habilitados, e que desejem que a celebração ocorra sob a forma tradicional, na presença física do

---

14. Cf. O Estado de S. Paulo, de 23 de abril de 2020.

15. Em Pernambuco, o primeiro casamento virtual foi realizado no dia 17 de março pelo juiz da 1ª Vara de Família e Registro Civil da Capital, Clicério Bezerra. Em Alagoas, a Corregedoria-Geral da Justiça de Alagoas publicou na quinta-feira, 16 de abril, o *Provimento 15/2020* que autorizou e disciplinou a realização de casamentos por videoconferência. Esse tipo de cerimônia já vinha ocorrendo nos cartórios do Estado. A norma administrativa dispôs que os casamentos serão realizados, em comum acordo entre o Magistrado e Oficial do Registro, através dos aplicativos *Google HangoutsMeet* ou *whatsapp*, os quais deverão ser instalados previamente pelo cartório. Nos casamentos realizados por meio do *whatsapp*: "I – a videoconferência não será gravada; II – permanecerão no ambiente virtual o Magistrado, o Oficial do Registro, os nubentes e as duas testemunhas; III – deverá ser disponibilizado um grupo virtual criado para cada processo, onde além da manifestação da vontade dos nubentes e da declaração do Magistrado, que se dará por vídeo, onde estarão ao mesmo tempo, o Magistrado, o Oficial e os nubentes, ficará registrada por mensagens a participação de todos na celebração, inclusive as testemunhas"(art. 2º). Em Santa Catarina, o *Provimento 22/2020* estabeleceu que a celebração do casamento poderá ser realizada "por videoconferência para permitir a participação simultânea de nubentes, juiz de paz, registrador e preposto, além de duas testemunhas, servindo-se para tanto de programa que assegure a livre manifestação" (art. 9º).

16. CC/Art. 1.534. A solenidade realizar-se-á na sede do cartório, com toda publicidade, a portas abertas, presentes pelo menos duas testemunhas, parentes ou não dos contraentes, ou, querendo as partes e consentindo a autoridade celebrante, noutro edifício público ou particular.

17. Art. 428. Deixa de ser obrigatória a proposta: I – se, feita sem prazo a pessoa presente, não foi imediatamente aceita. Considera-se também presente a pessoa que contrata por telefone ou por meio de comunicação semelhante;

celebrante, testemunhas e convidados, não sejam compelidos a se submeterem a novo processo de habilitação.

O Projeto Thronicke, no intuito de abrir outra oportunidade aos nubentes, de contrair o matrimônio sem a presença da autoridade celebrante, esclarecia que o iminente risco de vida a que se refere o art. 1.540 do Código Civil, como pressuposto para casamento nuncupativo, é presumido, de forma absoluta, para a pessoa idosa ou portadora de comorbidade que agrave as consequências da Covid-19[18].

No que toca à guarda e ao regime de convivência, a proposta tinha o mérito e a coragem de enfrentar um grande desafio: compatibilizar as imposições de isolamento social e quarentena com as prerrogativas dos pais separados, especialmente aqueles que compartilham a guarda de seus filhos, e o melhor interesse das crianças e adolescentes. É sabido que o regime de convivência dos pais com os filhos menores, nas hipóteses de divórcio ou dissolução de união estável, normalmente é exercido por meio da alternância entre as residências parentais, o que implica o deslocamento regular de crianças e adolescentes, em contrariedade às normas restritivas de circulação e de contato social em tempos de pandemia . Nas palavras de José Fernando Simão, em muitos casos será necessário "suspender provisoriamente o sistema de deslocamento das crianças em tempos de pandemia mantendo-as apenas com a mãe, pois com ela já residem. A resposta é positiva. Isso, evidentemente, gera prejuízos para o pai e para os filhos por força de uma redução temporária de convívio. Sim, é verdade, mas são tempos de escolhas trágicas. O jogo na realidade B é de perde-perde. Isso pode ser compensado de futuro. O pai alijado, provisória e momentaneamente, do convívio físico com os filhos, pode, nas férias, ficar mais tempo com eles como forma de "matar as saudades" e recuperar parte do tempo perdido"[19].

Em busca de uma solução que melhor atenda ao superior interesse da criança e do adolescente, sem descurar dos interesses dos pais, a proposta apresentava duas alternativas, assim resumidas na justificação: "a) simplesmente suspender o deslocamento das crianças, com a consequente substituição das visitas físicas pela convivência por meios digitais de comunicação; ou b) aplicar, ao menos enquanto suspensas as atividades escolares, o mesmo regime de convivência que estiver previsto, no acordo ou na decisão judicial, para as férias dos menores.

Imprescindível enfatizar que a suspensão pura e simples da convivência física de qualquer genitor jamais poderá ser a primeira alternativa, devendo-se atentar para a particularidade de cada situação, como bem aponta João Aguirre: "Assim, o pai que vive em outra cidade e precisa pegar um avião para estar com seu filho, muitas vezes em um flat ou apart-hotel, em finais de semana alternados, deve suspender a convivência, em respeito ao superior interesse da criança e do adolescente e tutela de seu próprio bem-estar. Ao outro pai, resta franquear o acesso a todos os meios virtuais, para que o contato entre ambos se torne possível, além de permitir uma compensação do tempo com o ausente, tão

---

18. Art. 1.540. Quando algum dos contraentes estiver em iminente risco de vida, não obtendo a presença da autoridade à qual incumba presidir o ato, nem a de seu substituto, poderá o casamento ser celebrado na presença de seis testemunhas, que com os nubentes não tenham parentesco em linha reta, ou, na colateral, até segundo grau.

19. Artigo cit.

logo o confinamento encontre seu fim. Por outro lado, se a convivência se der na mesma cidade, por meio de transporte próprio e com poucos riscos de contágio, o correto seria permitir o salutar convívio com ambos os pais, talvez estendendo o período com cada um, como já é feito no período de férias escolares, a fim de evitar diversos deslocamentos"[20].

Outro ponto regulado naquela iniciativa legislativa era a convivência dos menores com os avós, com a sugestão de regras mais rígidas, impondo-se que o direito de visita dos avós idosos (e de outros parentes com comorbidades) fosse exercido exclusivamente por meios eletrônicos, com o objetivo de se tutelar o interesse do idoso e demais pessoas sujeitas a risco mais agravado. Os avós idosos, enfatiza Simão, "estão no grupo de risco com maior taxa de mortalidade decorrente da Covid-19. Para eles, o isolamento físico se impõe. Não haverá visitas físicas durante a pandemia. É o risco de morte que implica limitações. Também, se a guarda estiver com os avós idosos, a guarda pode ser entregue, de maneira temporária e provisória, a pessoas próximas aos menores, como forma de evitar riscos à saúde dos avós. O direito protegerá os avós de si próprios, em situações extremas"[21].

O Projeto nº 1.627 procurava, assim, resguardar a saúde e a vida de crianças e adolescentes, as quais não estão imunes de se vitimizarem pela Covid-19, ao mesmo tempo em que oferece alternativas para preservar a convivência dos pais e avós com os filhos e netos.

No que tange à obrigação alimentar, a proposição apresentava uma ideia criativa e não prevista atualmente na legislação vigente: a suspensão (redução) temporária da prestação, em limite não superior a 30% (trinta por cento) do valor devido, para o devedor de alimentos que comprovadamente sofrer alteração econômico-financeira, decorrente da pandemia, como forma de estimular o pagamento, em benefício dos que tanto dependem desses valores para manter a própria subsistência. Segundo a autora, "como o regime de coercibilidade da obrigação alimentar já foi, de certa forma, flexibilizado na jurisprudência, com o estabelecimento da prisão domiciliar como única modalidade de prisão civil do devedor de alimentos, surge a necessidade de novas medidas de estímulo ao cumprimento do encargo alimentar. Os devedores que sofrerem os efeitos da crise econômica poderão ficar, de certa forma, incentivados ao inadimplemento, sabedores de que não mais serão recolhidos em estabelecimento prisional. Permitir uma moratória parcial e temporária da obrigação alimentar, a quem comprovadamente sofrer os efeitos econômicos da pandemia, é medida de incentivo à manutenção dos pagamentos, que são destinados à sobrevivência do credor, ao mesmo tempo em que ampara o devedor de alimentos".

4. INICIATIVAS LEGISLATIVAS PARA ENFRENTAR A PANDEMIA DA COVID-19 RELACIONADAS AO DIREITO DAS SUCESSÕES

No que toca ao Direito das Sucessões, as sugestões do antigo PL 1.627 concentravam-se na simplificação do ato de testar, notadamente no que tange ao testamento particular. O projeto permitia, assim, a utilização de recursos de audiovisual para a feitura

---

20. Artigo cit.
21. Artigo cit.

do testamento particular, o que representa grande incentivo para facilitar o seu uso, em época de calamidade, sem comprometer os valores da certeza e da segurança. Aliás, a proposta de simplificação do testamento particular já é objeto de outra proposição legislativa mais ampla, igualmente de autoria da Senadora Soraya, onde se pretende atualizar e modernizar todo o Livro V da Parte Especial do Código Civil[22].

No entanto, a questão a ser refletida é se essa simplificação não poderia ser operada desde já, *de lege lata*, independentemente (mas sem prejuízo) da aprovação de qualquer nova lei. Será que o Código Civil atual nos permitiria avançar nessa senda por meio da interpretação? O STJ decidiu recentemente ser válido um testamento particular que, a despeito de não ter sido assinado de próprio punho pelo testador, contou com sua impressão digital[23], muito embora a redação do art. 1.876 seja expressa e taxativa no sentido de que o testamento deveria ser "assinado por quem o escreveu"[24]. Em vários outros julgamentos, o Tribunal da Cidadania vem flexibilizando as formalidades testamentárias (*v.g.* quanto ao número de testemunhas) sempre que não houver dúvida quanto à higidez da vontade do testador, até mesmo porque as formalidades só existem para afastar eventuais vícios do consentimento.

Ora, sendo assim, por que não se pensar em uma interpretação teleológica do art. 1.876 de modo a permitir, não apenas *de lege ferenda*, mas *de lege lata*, o testamento particular por sistema de áudio visual? Por que não se interpretar a referência a "processo mecânico" como abrangente da gravação de imagem e som por meio de qualquer processo ou plataforma tecnológica? Na França, há registro de uma demanda para fazer valer uma mensagem do *de cujus* por SMS, manifestando o desejo de deixar metade de seus bens para sua mãe – e que não foi acolhida à falta das formalidades testamentárias. Mas será que não deveríamos repensar esse estado de coisas? Se não houver dúvidas sobre a vontade do testador, por que não relativizar as formalidades? No Canadá, Austrália e em alguns estados americanos existem os "poderes de dispensa", permitindo aos tribunais validarem como testamento um documento informal[25].

Ressalte-se que em alguns Estados já se discute até mesmo a possibilidade de os testamentos públicos serem lavrados, nesse período pandêmico, sem a presença física do testador e das testemunhas. No Rio de Janeiro, o Provimento CGJ 22/2020, que autorizou

---

22. Projeto de Lei 3.799/19.
23. REsp 1.633.254.
24. Art. 1.876. O testamento particular pode ser escrito de próprio punho ou mediante processo mecânico. § 1 o Se escrito de próprio punho, são requisitos essenciais à sua validade seja lido e assinado por quem o escreveu, na presença de pelo menos três testemunhas, que o devem subscrever. § 2 o Se elaborado por processo mecânico, não pode conter rasuras ou espaços em branco, devendo ser assinado pelo testador, depois de o ter lido na presença de pelo menos três testemunhas, que o subscreverão.
25. Matéria da Revista Super Interessante de 20 agosto de 2018 traz um exemplo curioso passado "na Austrália, quando uma mensagem NÃO enviada foi validada como testamento. Mas há vários poréns importantes. O falecido deixou a mensagem salva nos rascunhos, com o título "Meu Testamento", pouco antes de tirar a própria vida. No mesmo SMS, o jovem dizia desejar que suas cinzas fossem enterradas no quintal de casa. Além, é claro, do principal: todos os seus bens deveriam ir para seu irmão e sobrinho. Logicamente, a esposa não aceitou. E ela foi ao tribunal alegando que aquela mensagem não tinha a validade legal de um testamento. Mas a juíza do caso defendeu seu veredito: ela afirmou que, da forma como ela estava escrita, a mensagem comprovava lucidez por parte da vítima. A juíza também levou em conta evidências da fragilidade do relacionamento do homem com a esposa, o que validava a decisão de deixar os bens para os parentes". (Disponível em: https://super.abril.com.br/sociedade/testamento-por-sms-e-valido/).

temporariamente a suspensão das atividades dos Serviços Extrajudiciais, regulamentou o atendimento virtual ao público, dispondo sobre a prática de atos notariais por "formas alternativas que dispensem o comparecimento físico, como telefone, e-mail, aplicativo multiplataforma de mensagens instantâneas e chamadas de voz, desde que garanta a publicidade, autenticidade, segurança e eficácia dos atos jurídicos, nos termos do artigo 1º da Lei nº 8.935" (art. 1º,§ 4º) [26].

Por óbvio que testamento em vídeo exige que se tomem todas as cautelas possíveis para se evitar eventuais fraudes que possam ser perpetradas, especialmente com o uso da tecnologia *deepfake*[27]. Por isso, a necessidade de que a gravação se faça na presença das testemunhas, que também deverão declarar em áudio e vídeo que a tudo presenciaram e assistiram.

Por outro lado, se dúvida houver quanto à interpretação aqui defendida, diante de uma suposta inflexibilidade das formalidades do testamento, o que já foi contrariado pelo STJ, o mesmo não se pode dizer do codicilo. O art. 1.881 do Código Civil dispõe que toda pessoa capaz de testar pode, *mediante escrito particular seu, datado e assinado*, fazer disposições especiais sobre o seu enterro, sobre esmolas de pouca monta a certas e determinadas pessoas, ou, indeterminadamente, aos pobres de certo lugar, assim como legar móveis, roupas ou joias, de pouco valor, de seu uso pessoal. Não se compreende por que esse escrito não possa ser feito em plataforma digital, como se dá com os aplicativos de mensagens, ou mesmo gravado em áudio visual. Todas as referências a "escrito particular", concebidas à época para uma sociedade não tecnológica, devem ser interpretadas na contemporaneidade como compreensivas das novas plataformas ou suportes digitais por meio dos quais a vontade pode ser manifestada.

Por fim, além da possibilidade de utilização do recurso de audiovisual na feitura do testamento, o PL 1.627 esclarecia que o testamento particular em tempos de pandemia, escrito ou gravado, estará submetido ao regime emergencial já previsto no art. 1.879 do Código Civil, possibilitando-se, em situações excepcionais, a dispensa das testemunhas[28].

5.   CONCLUSÃO: O LEGADO

Penso que o principal legado do vírus, para o Direito de Família e das Sucessões, pode ser resumido nas palavras: simplificação e digitalização[29].

---

26.   Em São Paulo, o Provimento nº 12/2020 da CGJ/SP, que regulamentou a prática de atos notariais eletrônicos, proibiu a lavratura de testamento público e a aprovação do testamento cerrado em face das formalidades constantes dos artigos 1.864 e 1868, ambos do Código Civil. Em Santa Catarina, o Provimento 22 de 31 de março de 2020, apesar de regular a substituição do atendimento presencial ao público por instrumentos de comunicação e orientação à distância, previu que a "manifestação de vontade por videoconferência será admitida em qualquer ato, exceto para o testamento público e a aprovação do cerrado".

27.   O *deepfake* é uma tecnologia que usa inteligência artificial (IA) para criar vídeos falsos, mas realistas, de pessoas fazendo coisas que elas nunca fizeram na vida real. A técnica que permite fazer as montagens de vídeo já gerou desde conteúdos pornográficos com celebridades até discursos fictícios de políticos influentes. (Cf. https://www.techtudo. com.br/noticias/2018/07/o-que-e-deepfake-inteligencia-artificial-e-usada-pra-fazer-videos-falsos.ghtml).

28.   Nesse ponto, penso que o projeto poderia até ter sido mais ousado. Em uma sociedade cada vez mais digital e tecnológica por que não se permitir o testamento feito através dos aplicativos de mensagens?

29.   Não vou escrever aqui sobre uma sociedade mais justa e solidaria, pois não acredito que a pandemia traga esse ganho qualitativo à humanidade. As pessoas continuarão as mesmas: os altruístas permanecerão altruístas e os egoístas e canalhas continuarão como sempre o foram, de acordo com a sua própria natureza, contra a qual não

O uso das novas tecnologias para a prática de atos notariais públicos, com o cumprimento das formalidades e solenidades a eles inerentes, mas sem contornar a imposição do isolamento físico e as restrições de contato social, nos trouxe a consciência de que as plataformas digitais constituem realidades inafastáveis e de que inexiste proibição no ordenamento jurídico vigente à sua utilização para a prática de qualquer ato ou negócio jurídico.

O próprio Código Civil de 2002, em dispositivo profético, já considerava "presente" a pessoa que contrata por telefone ou por "meio de comunicação semelhante" (art. 428). Portanto, os nubentes, ainda que isolados em casa, podem se fazer presentes na cerimônia de seu casamento, no cartório ou em qualquer outro edifício, perante a autoridade celebrante e testemunhas, por meio de um aplicativo de internet que permita a transmissão em tempo real de suas vozes e imagens.

O mesmo se diga do testador, que tanto pode manifestar a sua vontade por escrito, na interpretação literal dos dispositivos legais, como, numa leitura mais ampla e finalística, em interpretação funcionalizada e contemporânea ao pós pandemia, por recursos de audiovisual, ao menos, no testamento particular, com ou sem testemunhas (nas situações do art. 1.879), ao mesmo tempo em que poderia comparecer virtualmente ao tabelionato de notas, junto com as testemunhas, todos presentes na sala virtual (*meeting room*) da ferramenta de reunião por eles escolhida.

Não há razão para que as normativas administrativas das Corregedorias de Justiça estaduais que regulamentaram a prática de atos notariais por meio de ferramentas digitais, como aconteceu em Santa Catarina, Rio de Janeiro ou Alagoas, não se perenizem, ainda que adaptadas, de modo a permitir que toda e qualquer pessoa com dificuldades de locomoção possa se valer da tecnologia para se fazer presente ao ato notarial.

No "novo normal" do Direito de Família e das Sucessões, a criatividade do intérprete se prestará para alterar a interpretação dos valores do sistema, sem que, obrigatoriamente, tenhamos que modificar a letra da lei, muito embora algumas alterações legislativas, como as que foram apresentadas no PL 1.627/2020 ou em outros projetos, serviriam ao aprimoramento dos textos legais, conferindo maior segurança jurídica para condutas que atualmente podem ser praticadas.

Já manifestei em outros escritos a minha crença no papel do jurista como construtor de um sistema normativo harmônico, em oposição ao descompromisso do legislador[30] com a coerência lógica desse mesmo sistema, sustentando competir ao jurista, ou seja,

---

podem lutar ou vencer. Lembro das palavras de Nelson Rodrigues sobre o comportamento da população carioca logo após o fim da pandemia da gripe espanhola: "*A pandemia passou e, no Brasil, o Carnaval de 1920 representou um desafogo e a euforia geral tomou conta da população. E foi um desabamento de usos costumes, valores, pudores. Exatamente como antes*". (*A menina sem estrela*, 1967).

30. Cumpre lembrar que o legislador não é "jurista", razão pela qual a obra legislativa é normalmente imperfeita, do ponto de vista jurídico. Todo ordenamento jurídico, como obra humana, está eivado de falhas, quer sejam decorrentes da ausência de norma jurídica para regular determinado assunto (lacunas), quer sejam decorrentes do excesso de normas regulando um mesmo caso em situação de conflituosidade. Engish, ao tratar do princípio da unidade do sistema jurídico, defende o recurso à interpretação sistemática para corrigir erros, incorreções ou contradições na ordem jurídica, lembrando que o legislador costumeiramente coloca o mandamento de um texto jurídico em colisão com o de outro, hierarquicamente superior, cronologicamente mais antigo ou especial (Cf. ENGISH, Karl. *Introdução ao pensamento jurídico*. 7. ed. Lisboa: Calouste Gulbenkian, 1996. p. 313). Os parlamentos nem sempre atendem aos ditames da sabedoria.

àquele que vai elaborar os enunciados e as proposições jurídicas que nortearão o aplicador da norma, por meio de um processo de criação epistemológico, desemaranhar o cipoal legislativo, solucionando as eventuais antinomias, reais ou aparentes, suprindo lacunas e harmonizando o sistema, tendo por parâmetros, além da Constituição Federal e da LINDB,[31] os diversos processos interpretativos (gramatical, lógico, sistemático, histórico e teleológico), que não se excluem, mas se complementam na busca do sentido e do alcance da norma.

Interpretando o Código Civil, com apoio nesses parâmetros, defenderemos ser possível a harmonização do sistema, com o aperfeiçoamento das disposições legais, independentemente das propostas legislativas já apresentadas e sem, tampouco, retirar-lhes o mérito.

Constitui regra tradicional da interpretação jurídica, como nos ensina Norberto Bobbio, que "o sistema deve ser obtido com a menor desordem, ou, em outras palavras, que a exigência do sistema não deve acarretar prejuízo ao princípio de autoridade, segundo o qual as normas existem pelo único fato de terem sido estabelecidas".[32]

No "novo normal" do Direito de Família e das Sucessões, seguindo a linha de Bobbio, talvez possamos atribuir aos textos legais alcance mais lógico e exequível, sem necessidade de alterações de ordem legislativa. Mesmo porque as modificações no âmbito de abrangência das disposições normativas não advêm apenas das modificações legislativas, mas também dos diversos processos de interpretação. O sistema jurídico está sempre em mutação. Muda na mesma proporção em que são alterados os valores que regem a sociedade. Quando os valores da sociedade mudam, o direito é alterado. E essa alteração se opera muitas vezes não por obra do legislador, mas do hermeneuta. Lembra Carlos Maximiliano, ícone da hermenêutica tradicional, que o intérprete, "mostrando sempre o puro interesse de cumprir as disposições escritas, muda-lhes insensivelmente a essência, às vezes até malgrado seu, isto é, sem o desejar; e assim exerce, em certa medida, função criadora: comunica espírito novo à lei".[33]

O direito, à semelhança do vírus, atua como um organismo vivo, concebido à imagem e semelhança da sociedade que o produziu. E esse sistema vivo é diuturnamente construído e reconstruído por seus exegetas. Uma mesma norma jurídica pode ser interpretada de uma forma ou de outra, de acordo com os valores vigentes numa dada sociedade.

---

31. A LINDB faculta ao exegeta utilizar a equidade, analogia e os princípios gerais de direito para solucionar o caso concreto, sempre observando os fins sociais e as exigências do bem comum: "Art. 4º Quando a lei for omissa, o juiz decidirá o caso de acordo com a analogia, os costumes e os princípios gerais de direito. Art. 5º na aplicação da lei, o juiz atenderá aos fins sociais a que ela se dirige e às exigências do bem comum".

32. *Teoria do ordenamento jurídico.* 10. ed. Brasília: Editora UnB, 1999. p. 104.

33. *Hermenêutica e aplicação do direito.* 3. ed. Rio de Janeiro: Forense, 1992. p. 278.

UMA AGENDA PARA O DIREITO DE FAMÍLIA PÓS-PANDEMIA

Gustavo Tepedino

Professor Titular de Direito Civil da Faculdade de Direito da Universidade do Estado do Rio de Janeiro – UERJ.

Ana Carolina Brochado Teixeira

Doutora em Direito Civil pela UERJ. Mestre em Direito Privado pela PUC/MG. Especialista em Diritto Civile pela Università degli Studi di Camerino, Itália. Professora de Direito Civil do Centro Universitário UNA. Coordenadora editorial da Revista Brasileira de Direito Civil – RBDCivil.

Sumário: 1. Introdução: as mudanças em curso no Direito de Família. 2. Os impactos da pandemia nas relações conjugais. 3. Os efeitos da pandemia nas relações parentais. 4. Conclusão. 5. Referências.

1. INTRODUÇÃO: AS MUDANÇAS EM CURSO NO DIREITO DE FAMÍLIA

O direito de família vem passando por processo de profundas mudanças nas últimas décadas. A família inscrita no início do Código Civil de 1916 era pautada exclusivamente no casamento, de feição patriarcal e autoritária, na qual a procriação era praticamente obrigatória, com relações conjugais indissolúveis em prol de idílica e formal paz doméstica. O advento da revolução industrial e da pílula anticoncepcional simbolizam momentos de transformação da ordem então estabelecida, desafiando a tradicional divisão sexual do trabalho, de modo que a mulher saiu dos limites do lar e o homem foi convocado a participar dos cuidados com os filhos. O Estatuto da Mulher Casada, em 1962, e a Lei do Divórcio, em 1977, tiveram igualmente enorme repercussão nas relações familiares, na medida em que as mulheres casadas se tornaram emancipadas e as pessoas adquiriram o direito a permanecer casadas se e enquanto o casamento realizasse seus desejos e projetos.

Mas foi a Constituição Federal que efetivamente alçou a família a espaço de igualdade entre cônjuges, entre as entidades familiares e, sobretudo, entre os filhos. Ela traduziu a nova tábua de valores da sociedade, estabeleceu os princípios fundantes do ordenamento jurídico e, no que concerne às relações familiares, alterou radicalmente os paradigmas hermenêuticos para a compreensão dos modelos de convivência e para a solução dos conflitos intersubjetivos na esfera da família. A reflexão sobre o impacto dessa ruptura axiológica torna-se indispensável para que se compreenda o sentido hermenêutico a ser atribuído às sucessivas leis especiais e, principalmente, ao Código Civil no que tange ao direito de família.

Verifica-se, do exame dos arts. 226 a 230 da Constituição Federal, que o centro da tutela constitucional se desloca do casamento para as relações familiares dele (mas não unicamente dele) decorrentes; e que a milenar proteção da família como instituição, unidade de produção e reprodução dos valores culturais, éticos, religiosos e econômicos, dá lugar à tutela essencialmente funcionalizada à dignidade de seus membros, em particular no que concerne ao desenvolvimento da personalidade dos filhos. De outra forma não se conseguiria explicar a proteção constitucional às entidades familiares não fundadas no casamento (art. 226, § 3º) e às famílias monoparentais (art. 226, § 4º); a igualdade de direitos entre homem e mulher na sociedade conjugal (art. 226, § 5º); a garantia da possibilidade de dissolução da sociedade conjugal independentemente de culpa (art. 226, § 6º); o planejamento familiar voltado para os princípios da dignidade da pessoa humana e da paternidade responsável (art. 226, § 7º) e a previsão de ostensiva intervenção estatal no núcleo familiar no sentido de proteger seus integrantes e coibir a violência doméstica (art. 226, § 8º).[1]

Por isso, afirma-se que o modelo constitucional de família é essencialmente democrático, pois a condução familiar há de ser pautada no diálogo, na negociação das regras e na planificação conjunta das decisões sobre o presente e o futuro. E como o escopo fundamental do casamento e da união estável é a experiência de comunhão plena de vida – como prevê o art. 1.511 do Código Civil – as pessoas são livres para constituírem a família que lhes realize, pelo tempo que ela cumprir essa função. Por isso, o casamento deixou de ser única via legítima de constituição de família; são válidas as manifestações afetivas que sejam públicas, ostensivas e sérias o suficiente para gerar o sentido de corresponsabilidade e solidariedade mútuo.

As entidades familiares – embora aparentemente abranjam casamento, união estável e as famílias monoparentais (art. 226 do Texto Constitucional) – constituem tipologia em aberto a outras possibilidades que deverão ser casuisticamente identificadas e valoradas.[2] Cresce o debate sobre novas relações que vem colocando em xeque a proteção estatal, por exemplo, sobre relacionamentos simultâneos ou poliafetivos. Seriam eles entidades familiares tuteláveis pelo ordenamento jurídico? Existiriam outros relacionamentos que poderiam se caracterizar como família?

A pandemia gerada pela Covid-19 tem indicado que a convivência contínua imposta pelo isolamento social motivará a revisão de valores familiares em várias searas. Relações por vezes estabelecidas de forma rígida, com acordos formalmente definidos e respeitados com muros divisórios nítidos poderão ser repensadas. Zonas cinzentas com múltiplos significados podem ser consideradas como família, a depender dos projetos pessoais e conjuntos que vão sendo construídos. É o tempo de se refletir sobre rearranjos familiares e restabelecimento de regras de convivência, para o redimensionamento das relações afetivas.

---

1. TEPEDINO, Gustavo; TEIXEIRA, Ana Carolina Brochado. *Fundamentos do Direito Civil*. Vol. 6: direito de Família. Rio de Janeiro: Forense, 2020, p. 2-3.
2. TEPEDINO, Gustavo; TEIXEIRA, Ana Carolina Brochado. *Fundamentos do Direito Civil*. Vol. 6: direito de Família. Rio de Janeiro: Forense, 2020, p. 29 e ss.

2. OS IMPACTOS DA PANDEMIA NAS RELAÇÕES CONJUGAIS

Dois são os efeitos mais visíveis que a pandemia tem suscitado nas relações conjugais. O primeiro deles é o aumento da violência doméstica. O enclausuramento, as tensões econômicas e sociais oriundas desse momento acabaram por potencializar as diferenças e intensificar os conflitos familiares, gerando um aumento da violência doméstica.[3] Relacionamentos abusivos, uso de álcool, stress e ansiedade são facilitadores da prática de violência exatamente no local considerado o mais seguro contra o vírus: a casa.

O segundo efeito da pandemia nas relações conjugais deve ser o crescimento do número de divórcios depois da flexibilização do isolamento social.[4] A falsa ilusão da paz doméstica construída no curso de relacionamentos é colocada à prova durante o confinamento social, com proximidade em tempo integral que pode facilitar que as diferenças sejam exaltadas e agravada pelas incertezas de saúde e da economia. De uma hora pra outra, sem nenhuma preparação, foi necessária a adaptação a esse período de confinamento: *home office,* filhos sem aula ou com aula *online (homeschooling)* e absorção de todo o trabalho doméstico configuram novo cenário a ser compartilhado nessa nova realidade. Nesse contexto, a contiguidade pode acabar sendo fator de afastamento. "Na China, no fim da quarentena, houve mais divórcios. Aqui também (vai haver). As pessoas vão descobrindo que os relacionamentos são mantidos pelas horas que a gente não está junto. O relacionamento saudável é mantido inclusive pelas ausências".[5] Se for essa a decisão do casal ou de um de seus membros, são benfazejas as regras hoje flexíveis sobre o divórcio, principalmente depois da Emenda Constitucional 66, que reforçou a natureza potestativa do divórcio: se a relação não mais se encontra apta a realizar a comunhão plena de vida (função primordial da vida conjugal), o divórcio pode ser concedido independentemente de prazo e da concordância com o outro cônjuge, sendo suficiente o elemento volitivo.

Por outro lado, esse período de confinamento também pode fortalecer os vínculos, permitindo a revisão dos valores e o resgate do que é realmente importante nos relaciona-

---

3. Chefe da ONU alerta para o aumento da violência doméstica no mundo e sugere medidas: Para prevenir e combater a violência de gênero durante a pandemia, a ONU recomenda aos países aumentar o investimento em serviços online e em organizações da sociedade civil; garantir que os sistemas judiciais continuem processando os agressores; estabelecer sistemas de alerta de emergência em farmácias e mercados. Também recomenda declarar abrigos para vítimas de violência de gênero como serviços essenciais; criar maneiras seguras para as mulheres procurarem apoio, sem alertar seus agressores; evitar libertar prisioneiros condenados por violência contra mulheres; ampliar campanhas de conscientização pública, principalmente as voltadas para homens e meninos." (Disponível em https://nacoesunidas.org/chefe-da-onu-alerta-para-aumento-da-violencia-domestica-em-meio-a-pandemia-do--coronavirus/ Acesso em 28.04.2020). No Brasil, "segundo a Ouvidoria Nacional de Direitos Humanos (ONDH), do Ministério da Mulher, da Família e dos Direitos Humanos (MMFDH), a média diária entre os dias 1 e 16 de março foi de 3.045 ligações recebidas e 829 denúncias registradas, contra 3.303 ligações recebidas e 978 denúncias registradas entre 17 e 25 do mesmo mês, um aumento percentual de 8,47%." (Disponível em https://agenciabrasil. ebc.com.br/direitos-humanos/noticia/2020-04/denuncias-de-violencia-contra-mulher-cresceram-9-diz-ministra. Acesso em 27.04.2020).

4. "(...) a quarentena forçada deixou algumas consequências inesperadas. Muitos casais parecem não ter resistido à proximidade em tempo integral. A mídia chinesa identificou uma corrida aos cartórios por aqueles que não pretendem seguir juntos." Disponível em https://www.bbc.com/portuguese/internacional-52012304. Acesso em 30.04.2020.

5. PONDÉ, Luiz Felipe. Entrevista disponível em https://www.cnnbrasil.com.br/nacional/2020/04/26/ponde-o-mundo-pos-pandemia. Acesso em 29.04.2020.

mentos e na família, para que a crise mundial propicie oportunidade de crescimento do afeto, da colaboração, do entendimento. Nesse momento em que os valores vêm sendo questionados – em escala individual e mundial – pode ser mais simples descartar o que é fútil e priorizar o que é mais importante para si e para a família. E pode ser que essa seja a pauta pós-pandemia: a priorização da família, com a retomada crescente do diálogo, do brincar com os filhos e da ampliação dos momentos lúdicos, a partir da gestão da liberdade e do tempo próprio com outros vértices de prioridade, sem tanta correria, sem tantos compromissos sociais desimportantes, com mais presença.

Além disso, nesse período de confinamento, tornou-se clara a importância do cuidado recíproco, que (i) começa com a percepção de que um é responsável pelo outro, para que se evite a contaminação pelo vírus que se transmite com facilidade e velocidade; e ainda (ii) se revela no exercício do apoio recíproco nos momentos de medo e fraqueza, demonstrando que os vínculos familiares são fortalecidos na solidariedade, na cumplicidade e na interdependência.[6] É preciso que esses valores sejam exaltados e arraigados para reduzir a violência e, por conseguinte, a vulnerabilidade das mulheres no seio da família, a partir da real consciência social da igual dignidade de todos.

3. OS EFEITOS DA PANDEMIA NAS RELAÇÕES PARENTAIS

Os riscos da pandemia também têm atingido as relações parentais. Se a proximidade inerente ao confinamento pode gerar problemas conjugais, as repercussões nos vínculos parentais também são de várias ordens.

A primeira delas, no âmbito dos pais separados, potencializa-se a dificuldade do diálogo e da instituição de novas regras para esse período excepcional. Esse comportamento, no entanto, só reforça a necessidade de se investir em outras formas de solução de conflitos para além das tradicionais, por meio da criação e do fortalecimento de abordagem mais dialógica como caminho viável de solução de conflitos familiares, principalmente no âmbito da parentalidade. No entanto, essa rota tem como pressuposto a profunda consciência pelos pais de seu compromisso e da necessária atuação conjunta na criação de seus filhos.

A segunda repercussão, muito presente durante a pandemia, são pedidos de suspensão da convivência, sob o argumento de que os deslocamentos representam riscos à criança. Se algum dos pais for profissional de saúde, por exemplo, ou se tiver idosos e

---

6. "O mundo pós-pandemia vai ser um mundo em que os valores feministas vão fazer parte do nosso vocabulário comum. Porque a melancolia que estamos vivendo, da casa, da espera, do medo, da perda, da morte, colocou o desamparo no centro dos debates sobre política e economia. Nunca a economia falou tanto sobre o desamparo quanto agora. E não há salvação se não criarmos mecanismos coletivos de amparo. (...) Essa pandemia colocou como tópico prioritário da agenda a compreensão do mundo – e é aí que está a minha esperança no pós-pandemia, para aqueles que sobreviverem. Deve ser um mundo no qual vamos ter de falar da nossa sobrevivência e da nossa interdependência. Teremos falar de cuidado, proteção social e saúde. Nós acreditávamos na uberização do mundo, que poderíamos ser autossuficientes. Mas as mulheres sempre souberam que não podemos ser autossuficientes, porque todos são filhos de uma mãe, todos precisamos ser cuidados para existir e persistir. Essa pandemia mostrou isso com toda crueldade." (DINIZ, Debora. Disponível em https://www1.folha.uol.com.br/equilibrioesaude/2020/04/mundo-pos-pandemia-tera-valores-feministas-no-vocabulario-comum-diz-antropologa-debora-diniz.shtml. Entrevista publicada em 30.4.2020).

membros de grupos de risco no núcleo familiar da criança, deve-se, de fato, ter atenção especial, mas sabendo que essa é medida de exceção. Quando a convivência física é suspensa, tem sido determinada que ela se implemente por meios virtuais, de modo que o contato possa ocorrer por ligações de vídeo, áudio ou telefone.

Diante desse cenário, nota-se a insuficiência dos deveres impostos pela autoridade parental para a definição das responsabilidades atribuídas a ambos os genitores. Aliás, a facilidade com que se suspende a convivência familiar demonstra que a igualdade (de importância) dos papéis de pai e mãe na criação e educação dos filhos ainda não está concretamente definida, pois parte-se da premissa de que a qualidade do cuidado ofertado pelo pai não é a mesma daquele oferecido pela mãe, independentemente das nuances do caso concreto. Por esse motivo, é necessário estabelecer critérios hermenêuticos específicos para a flexibilização desse direito fundamental de convivência familiar (art. 227 CF), de modo a permitir a atribuição (e, quando preciso, repartição) das tarefas parentais no melhor interesse dos filhos.[7]

A rigor, o fato de a guarda dos filhos ser unilateral ou compartilhada não interfere no momento de se estabelecer a suspensão das visitas. Percebe-se que a real intervenção dos pais na vida da criança para o estabelecimento de novo modelo de convivência não tem o mesmo peso. Há hipóteses em que a suspensão do convívio físico pode ser realmente necessária.[8] No entanto, nota-se ser essa a tendência motivada pela pandemia, independentemente da análise do seu impacto concreto na realidade familiar específica, cuja valoração se mostra fundamental para a busca de condições efetivas de compartilhamento que sejam viáveis e estejam de acordo com os interesses da criança.

---

7. Em outra oportunidade, sugerimos "uma gradação que parta da regra (convivência familiar já estabelecida) para a exceção (suspensão do convívio): 1°. Manter a convivência nos moldes estabelecidos; 2°. Se não for possível, tratar o período do isolamento social como férias; 3°. Se houver risco à criança (pais na linha de frente do sistema de saúde, familiares moradores da mesma casa pertencentes a grupos de risco, criança acometida por comorbidade cuja necessidade de preservação é maior), aí sim deve-se pensar em suspender as visitas. Nesse caso extremo, é importantíssimo haver um tempo determinado de suspensão, mesmo havendo prorrogação posterior." (TEIXEIRA, Ana Carolina Brochado. *Algumas reflexões sobre os impactos da Covid-19 nas relações familiares*. Disponível em http://genjuridico.com.br/2020/04/29/impactos-covid-19-relacoes-familiares/. Acesso em 30.04.2020).

8. Merece destaque a decisão do TJSP que suspendeu a convivência paterno-filial, por 14 dias, de pai que viajou para a Colômbia, frequentou diversos aeroportos internacionais e queria visitar a filha de 2 anos que tinha frequentes problemas respiratórios; dadas as circunstâncias do caso, entendeu-se mais prudente o cumprimento do isolamento por parte do pai durante 14 dias, quando estaria liberado para conviver com a filha se não apresentasse nenhum sintoma da Covid-19. Disponível em https://www.conjur.com.br/2020-mar-13/desembargador-proibe-pai-ver-filha-risco-coronavirus. Acesso em 29 abril 2020. Em sentido contrário: "AGRAVO DE INSTRUMENTO. AÇÃO DE DISSOLUÇÃO DE UNIÃO ESTÁVEL, ALIMENTOS E REGULAMENTAÇÃO DE VISITAS. PEDIDO DE DEFERIMENTO DO CONVÍVIO DA CRIANÇA COM A MÃE PARA O PERÍODO Covid-19, NA RESIDÊNCIA DA AVÓ MATERNA. DESCABIMENTO. VISITAÇÃO MATERNA. CABÍVEL. Descabe o pedido de deferimento do convívio da criança com a mãe, na residência da avó materna, para o período da Pandemia Covid-19, uma vez que a guarda é mantida pelo genitor, mormente porque a agravante teria informado que ficaria até a Páscoa na cidade de POA, ainda que informe suspensão de suas atividades no período da Pandemia. Contudo, a fim de preservar a necessária convivência entre mãe e a filha, deve ser regularizada a visitação materna. Cabível a pretensão de visitação, não obstante o evento Covid-19, uma vez que a mãe certamente empreenderá todos cuidados que a etiqueta médica recomenda para preservar a saúde da criança. Devida a adequada convivência da mãe e filha, de forma pessoal e não somente virtual para o período do Covid-19, já que a mãe permanecerá neste período na cidade de residência da criança. Precedentes do TJRS. Agravo de instrumento parcialmente provido." (TJRS, AI 70084139260, 7ª CC, Rel. Des. Carlos Eduardo Zietlow Duro, julg. 15.4.2020, DJe 17.04.2020).

A conclusão que se extrai é que os instrumentos jurídicos são insuficientes para promover a implementação do conteúdo da autoridade parental e da guarda compartilhada.[9] A rigor, a pandemia apenas intensifica as desigualdades e assimetrias existentes em cada núcleo familiar. A desigualdade entre os gêneros no cuidado com os filhos repercute no alijamento da figura paterna em alguns casos, o que acaba sobrecarregando a mãe e, por outro lado, permitindo a existência de ambiente que facilita práticas de alienação parental.

Diante dessa constatação, a lição para o período pós-pandemia é a imprescindibilidade de se investir (de modo multidisciplinar) na conscientização quanto ao comprometimento de ambos os pais na criação dos filhos, seja por meio de oficina de pais promovidas pelos tribunais, seja de políticas públicas junto a escolas, pediatras e todos aqueles cujos trabalhos fazem interface com o universo infanto-juvenil. Sem esse apoio interdisciplinar dirigido à verdadeira transformação na cultura doméstica, o ordenamento jurídico não conseguirá sozinho – ao que tudo indica – dar conta da tutela integral e prioritária da população menor de idade cujos pais litigam ou não conseguem resolver seus desacordos.

Outro cuidado para o momento pós-pandemia refere-se ao aumento do contato das crianças com o ambiente virtual. Com o confinamento social, a *Internet* se tornou distração permanente para as crianças. O grande problema é a exposição dos filhos ao ambiente virtual sem orientação ou acompanhamento, além da – por vezes excessiva – exposição dos filhos em redes sociais dos pais (ou nas próprias contas e perfis) sem que eles tenham discernimento e maturidade para avaliar as repercussões de sua imagem nas Redes – de modo que, inconscientemente, os filhos estejam criando rastros digitais, que podem estar sujeitos à futura manipulação. Espera-se, portanto, que esse período desperte nos pais a relevância de se desenvolver junto aos filhos indispensável educação digital, para que as crianças sejam preparadas para o bom uso da *Internet*, de modo que possam se proteger dos perigos do ambiente virtual e que seus dados pessoais estejam efetivamente resguardados.

4. CONCLUSÃO

A crise gerada pela Covid-19, com suas graves repercussões sanitárias, jurídicas e econômicas, desafia o mundo a repensar suas bases de atuação individualista, abrindo suas lentes para a cooperação e a solidariedade. No direito de família, nesse mesmo rumo, superadas as tentações hedonistas suscitadas pela explosão do consumo e da tecnologia na sociedade contemporânea, as relações afetivas voltam-se para a lida cotidiana do cuidado e da interdependência.

Uma certa dose de humildade dever ser apreendida pelos profissionais do direito de família, na medida em que se torna transparente a insuficiência de instrumentos jurídicos, por melhor que as previsões legais possam parecer, para o aperfeiçoamento das relações existenciais. Matérias como o sustento da família, a disciplina dos alimentos, a deliberação sobre a administração doméstica e o destino da entidade familiar, a gestão

---

9. TEPEDINO, Gustavo. A disciplina da guarda e da autoridade parental na ordem civil-constitucional. Revista Trimestral de Direito Civil – RTDC. Rio de Janeiro, Padma, ano 5, v. 17, jan./mar. 2004, p. 33-49.

da autoridade parental e da guarda dos filhos (unilateral ou compartilhada), dependem de construção diária que extrapola os limites da disciplina jurídica, dependendo necessariamente de alta dose de altruísmo, responsabilidade para com o outro, solidariedade e empatia, informados por referências afetivas e éticas que não podem ser simplesmente impostas pelo legislador ou pelo Judiciário.

Mais que nunca, sendo impossível prever a agenda do futuro, percebe-se o risco da ausência de laços sólidos de empatia e diálogo, os quais tornam os núcleos familiares menos suscetíveis às vicissitudes imprevistas associadas ao desenvolvimento econômico e social da sociedade contemporânea. Oxalá se possa extrair, dessa estação de angústia e sofrimento, pontes de diálogo para a promoção da democracia e da igualdade substancial nas famílias, com particular preocupação com a tutela dos vulneráveis, a partir da auto responsabilidade e cooperação para o fortalecimento do respeito entre os casais e a dedicação prioritária à criação, educação e formação da personalidade dos filhos.

5. REFERÊNCIAS

DINIZ, Debora. Disponível em https://www1.folha.uol.com.br/equilibrioesaude/2020/04/mundo-pos--pandemia-tera-valores-feministas-no-vocabulario-comum-diz-antropologa-debora-diniz.shtml. Entrevista publicada em: 30.04.2020.

https://nacoesunidas.org/chefe-da-onu-alerta-para-aumento-da-violencia-domestica-em-meio-a-pandemia-do-coronavirus/. Acesso em: 28.04.2020.

https://agenciabrasil.ebc.com.br/direitos-humanos/noticia/2020-04/denuncias-de-violencia-contra-mulher-cresceram-9-diz-ministra. Acesso em: 27.04.2020.

https://www.bbc.com/portuguese/internacional-52012304. Acesso em: 30.04.2020.

https://www.conjur.com.br/2020-mar-13/desembargador-proibe-pai-ver-filha-risco-coronavirus. Acesso em: 29.04.2020.

PONDÉ, Luiz Felipe. Entrevista disponível em https://www.cnnbrasil.com.br/nacional/2020/04/26/ponde-o-mundo-pos-pandemia. Acesso em 29.04.2020.

TEIXEIRA, Ana Carolina Brochado. *Algumas reflexões sobre os impactos da Covid-19 nas relações familiares*. Disponível em: http://genjuridico.com.br/2020/04/29/impactos-covid-19-relacoes-familiares/. Acesso em 30.04.2020.

TEPEDINO, Gustavo. A disciplina da guarda e da autoridade parental na ordem civil-constitucional. Revista Trimestral de Direito Civil – RTDC. Rio de Janeiro, Padma, ano 5, v. 17, jan./mar. 2004, p. 33-49.

TEPEDINO, Gustavo; TEIXEIRA, Ana Carolina Brochado. *Fundamentos do Direito Civil*. Vol. 6: direito de Família. Rio de Janeiro: Forense, 2020.

UM CONVITE AOS MÉTODOS CONSENSUAIS DE RESOLUÇÃO DE CONFLITOS

Rose Melo Vencelau Meireles

Mestre e Doutora em Direito Civil pela UERJ. Professora de Direito Civil da UERJ. Procuradora da UERJ. Advogada e Mediadora. Presidente da Comissão de Sucessões da OAB/RJ. Membro do IBDCIVIL, do IBDFAM e do IBPC.

Sumário: 1. Introdução. 2. Os métodos de resolução de conflitos. 3. A escolha do método adequado ao caso concreto. 4. Mediação. 5. Práticas colaborativas. 6. Onde a mediação e as práticas colaborativas se encontram. 7. Considerações finais.

1. INTRODUÇÃO

"Conflitos são uma indústria em crescimento"[1]. Tomada por verdadeira essa afirmativa, a gestão de conflitos mostra-se fundamental. Se os conflitos versam a respeito de relações continuadas, que existem antes, durante e continuarão a existir depois do conflito, a exemplo das relações familiares, a escolha pelo método adequado de resolução apresenta-se ainda mais importante.

Durante a pandemia do Covid-19 as famílias foram obrigadas a enfrentar inúmeros desafios. Pode-se citar, além da própria doença, dificuldades financeiras, o acúmulo de funções, o ensino remoto, o distanciamento do grupo de apoio familiar (avós, empregados etc.), o convívio integral entre os coabitantes promovido pelo ficar em casa, em distanciamento social. Natural que surjam ou se agravem conflitos. Como enfrenta-los?

Muito frequentemente, diante da existência de um conflito, buscar uma resposta do Judiciário é a primeira ou única opção imaginada. Ocorre que a pandemia do Covid-19 também trouxe uma nova realidade para a judicialização dos conflitos. Os tribunais fecharam as portas e passaram a agir sob o regime de plantão, sem audiências ou julgamentos presenciais, prazos suspensos, e processos eletrônicos caminhando a passos de cágados.

A pandemia, entendida como fato extraordinário, impactou as relações jurídicas, existenciais e patrimoniais, nem sempre passíveis de soluções jurídicas de benefício mútuo, que possam contribuir para a visão de futuro, necessária em prol da solidariedade familiar e social.

Todo esse contexto indica a insuficiência do modelo judicial de resolução de conflitos, e não apenas em tempos de Covid-19. Se algo de positivo pode ser obtido a partir da crise mundial que se instaurou com o Covid-19 é a visibilidade que se deu ao poder da colaboração. Os meios consensuais se situam nesse viés. Assim, para desenvolver o

---

1. FISHER, Roger; URY, William. *Como chegar ao sim*. 3. ed. Rio de Janeiro: Solomon, 2014, p.21.

tema, o trabalho foi dividido em cinco partes. Primeiramente, cuida-se dos métodos de resolução de conflitos, sob a perspectiva do sistema de justiça multiportas, no qual a mediação e as práticas colaborativas estão inseridas. No item seguinte, analisa-se a escolha do método apropriado ao caso concreto de conflito. A escolha por um deles relaciona-se a sua aptidão para gerar resultados aos envolvidos. Por sua relevância, optou-se por tratar de dois métodos consensuais. No item três, explana-se sobre a mediação e no quatro sobre as práticas colaborativas. O objetivo foi trazer uma visão geral a respeito desses métodos e no item cinco verificar onde os métodos da mediação e das práticas se encontram.

2. OS MÉTODOS DE RESOLUÇÃO DE CONFLITOS

O conflito é uma realidade com a qual todos têm experiência, contudo sua definição não é fácil e na ciência não há unanimidade sobre que tipo de realidade é um conflito[2]. O comportamento diante do conflito interpessoal pode ser de competição ou de colaboração.

Embora muitas culturas tenham desenvolvido métodos variados de solução de controvérsias, observa-se historicamente que a maioria dos grupos sociais baseou-se na apresentação de provas a um terceiro como tentativa de colocar toda ou a maioria da responsabilidade em alguém que não seja ele mesmo[3]. O litígio é típico processo competitivo, o qual consiste no pedido endereçado ao Poder Judiciário[4] a fim de obter a intervenção de um terceiro imparcial em disputas nas quais as partes não conseguem ou não querem resolver no âmbito privado.

O Direito Processual Civil passa por uma mudança de paradigma: trata-se de um processo não apenas judicial. Nesse sentido, o Código de Processo Civil de 2015 (CPC) tem como pilar o princípio da consensualidade, de modo a primar pela solução autônoma dos conflitos. O princípio foi previsto na parte geral do Código como estruturante[5], o que permite atingir a todos os demais processos e procedimentos não codificados.

Nessa direção, o art. 166 do Código de Processo Civil estabelece que a conciliação e a mediação são informadas pelo princípio da autonomia da vontade e da decisão informada, entre outros[6]. O § 4º do mesmo dispositivo prevê que a mediação e a conciliação serão regidas conforme a livre autonomia dos interessados, inclusive no que diz respeito à definição das regras procedimentais. A Lei 13.140/2015, que dispõe sobre a mediação, também prevê em seu art. 2º, V, entre seus princípios, a autonomia da vontade das partes. As práticas colaborativas não tem regulamentação legal, mas também se regem pela consensualidade[7].

---

2. REDORTA, Josef. *Gestión de conflictos*. Barcelona: Editorial UOC, 2011, p. 12.

3. ABNEY, Sherrie R. *Civil Collaborative Law*. USA: Trafford, 2011, p.01.

4. A arbitragem, embora extrajudicial, também segue a lógica da competição.

5. CPC, art. Art. 3º, § 2º. O Estado promoverá, sempre que possível, a solução consensual dos conflitos.

6. CPC, Art. 166. A conciliação e a mediação são informadas pelos princípios da independência, da imparcialidade, da autonomia da vontade, da confidencialidade, da oralidade, da informalidade e da decisão informada.

7. Em doutrina, defende-se que "As técnicas de resolução colaborativa de conflitos podem ser aplicadas no direito processual brasileiro. Por um lado, o CPC fomenta e estimula soluções autocompositivas dos conflitos (art. 3º, § 2º) admite convenções processuais (arts. 190 e 200). Há um claro empoderamento das partes na solução da disputa. Além disso, o Código de Processo Civil consagra os princípios da cooperação e da boa-fé (arts. 5º e 6º). Ora, todas essas regras demonstram uma clara diretriz favorável à aplicação da resolução colaborativa de confli-

O Professor Frank E.A. Sander, da Faculdade de Direito de Harvard, articulou pela primeira vez o conceito de tribunal multitarefa em abril de 1976, em uma conferência convocada pelo Chefe de Justiça Warren Burger para tratar dos problemas enfrentados pelos juízes na administração da justiça. O professor Sander imaginou o tribunal do futuro como um centro de resolução de conflitos, oferecendo uma variedade de opções para a resolução de disputas legais. O litígio seria uma opção entre muitas, incluindo conciliação, mediação, arbitragem e ouvidoria[8]. Dessa forma, acreditava-se que os cidadãos pudessem encontrar a justiça mais acessível.

Com efeito, o acesso à justiça não se resume ao Poder Judiciário. O acesso à justiça insere-se no âmbito da chamada justiça multiportas (*multi-door justice*)[9]. Significa dizer que o modelo judicial constitui uma das muitas opções ("portas") que existem para a tutela dos direitos e gestão dos conflitos.

A ideia de resolução dos conflitos amolda-se, em especial, à atividade econômica, onde é relevante obter resultados práticos rapidamente e o conflito é visto como algo negativo. Resolver o conflito implicaria em resolver os custos do conflito. Assim, quanto menos conflitos, melhor, porque os conflitos seriam decorrência de alguma falha. Ocorre que a moderna teoria dos conflitos identifica um potencial positivo no conflito, podendo produzir inovação, mudança, benefícios a curto, médio e longo prazo. Nessa perspectiva, vislumbra-se a ideia de transformação do conflito, no sentido de promoção de mudanças de atitudes para se passar de processos competitivos para colaborativos.

Os métodos da negociação assistida ou direta entre as partes, da conciliação, da mediação e das práticas colaborativas se inserem nos ditos processos colaborativos. Cada uma dessas opções constitui uma porta para acesso à justiça. Nesse novo paradigma, não se configuram como meios alternativos ao Judiciário, porque não há método principal e outros secundários. Há sim métodos adequados ao caso concreto. Poderão os interessados optar pelo método consensual ou litigioso, judicial ou extrajudicial mais adequado ao seu caso específico.

3. A ESCOLHA DO MÉTODO ADEQUADO AO CASO CONCRETO

A preocupação com o método mais adequado tem como pressuposto a percepção de que determinados conflitos seriam melhor enfrentados com modelos não adversariais, preferencialmente em ambiente extrajudicial. A escolha do método adequado dependerá de inúmeros fatores, eis que não há um "modelo principal" ou um "método melhor" aprioristicamente. Alguns dos critérios que podem ser observados para a escolha são:

---

tos. (CABRAL, Antonio do Passo; CUNHA, Leonardo Carneiro da. Negociação direta ou resolução colaborativa de disputas (collaborative law). In: ZANETI JR, Hermes; CABRAL, Trícia Navarro (Coord.). *Justiça multiportas*: mediação, conciliação, arbitragem e outros meios de solução adequada de conflitos. Salvador: JusPODIVM, 2017, p. 722.

8. KESSLER, Gladys; FINKELSTEIN, Linda J. The Evolution of a Multi-Door Courthouse. *Catholic University Law Review*, vol. 37, p. 577-590, Issue 3 Spring 1988, Disponível em: https://scholarship.law.edu/cgi/viewcontent. cgi?referer=&httpsredir=1&article=1897&context=lawreview. Acesso em: 08/11/2018.

9. Sobre o tema sob a ótica brasileira, vide ZANETI JR, Hermes; CABRAL, Trícia Navarro (coord.). *Justiça multiportas*: mediação, conciliação, arbitragem e outros meios de solução adequada de conflitos. Salvador: JusPODIVM, 2016, *passim*.

i) o foco do litígio é o passado, enquanto os métodos consensuais o futuro; ii) o método adversarial não permite expandir opções, pois se vincula ao "pedido" formulado; iii) a existência ou não de questões não patrimoniais; iv) a abertura das partes para trocar informações (boa-fé); v) a importância ou não de prevenir futuros conflitos; vi) a importância ou não da confidencialidade; vii) o controle do tempo do procedimento etc.[10].

Segundo o conceito legal do art. 1º, parágrafo único da Lei 13.140/2015, "Considera-se mediação a atividade técnica exercida por terceiro imparcial sem poder decisório, que, escolhido ou aceito pelas partes, as auxilia e estimula a identificar ou desenvolver soluções consensuais para a controvérsia". Decidiu-se no âmbito do Conselho Nacional de Justiça (CNJ) que a presença de advogados e defensores não é obrigatória[11] na mediação mesmo nos Centros Judiciários de Solução de Controvérsias (CEJUSCS)[12], o que confere ampla autonomia aos mediandos para encontrar a melhor solução possível no caso em apreço.

O Código de Processo Civil utiliza como parâmetro para a escolha entre conciliação ou mediação a natureza da relação entre as partes: conciliação nos casos em que não houver vínculo anterior entre as partes e mediação se houver[13]. De fato, a mediação se mostra bastante útil quando o conflito ocorre entre partes que tem um vínculo anterior e, mormente, quando há continuidade da relação entre elas, como nas relações familiares ou empresariais. Já as práticas colaborativas promovem uma resolução em equipe do conflito posto, inclusive interdisciplinar, podendo ser utilizada a combinação entre mediação e práticas. Assim, se o conflito exige a participação de um profissional de saúde para dar suporte às partes ou às crianças, um neutro financeiro para compor aspectos econômicos que o caso exija, este pode ser o método mais adequado.

4. MEDIAÇÃO

A mediação pode ser eleita como método de resolução de conflitos que versem sobre "direitos disponíveis ou sobre direitos indisponíveis que admitam transação"[14]. O critério a ser utilizado para submeter a controvérsia à mediação, consiste na existência de duas ou mais soluções possíveis para o caso[15]. Trata-se "poder de disposição, visto no sentido

---

10. Consulte-se ABNEY, Sherrie R. *Op. Cit.*, pp. 75-100.
11. Nesse caso, o advogado teria um papel consultivo, para questões jurídicas que vierem a surgir no curso da mediação, bem como poderia atuar na homologação do eventual acordo se assim as partes decidirem.
12. Disponível em: http://www.cnj.jus.br/noticias/cnj/87969-plenario-decide-nao-obrigar-presenca-de-advogados-em-mediacao-ou-conciliacao. Acesso em 07/11/2018.
13. CPC, "Art. 165. (...) § 2º O conciliador, que atuará preferencialmente nos casos em que não houver vínculo anterior entre as partes, poderá sugerir soluções para o litígio, sendo vedada a utilização de qualquer tipo de constrangimento ou intimidação para que as partes conciliem.§ 3º O mediador, que atuará preferencialmente nos casos em que houver vínculo anterior entre as partes, auxiliará aos interessados a compreender as questões e os interesses em conflito, de modo que eles possam, pelo restabelecimento da comunicação, identificar, por si próprios, soluções consensuais que gerem benefícios mútuos".
14. Lei 13.140, "Art. 3o Pode ser objeto de mediação o conflito que verse sobre direitos disponíveis ou sobre direitos indisponíveis que admitam transação".
15. MEIRELES, Rose Melo Vencelau. O poder de disposição nas relações familiares e a mediação como meio de assegurar o direito à convivência familiar. *Quaestio Iuris*, vol. 11, n. 04, Rio de Janeiro, 2018. p. 2866. Disponível em https://www.e-publicacoes.uerj.br/index.php/quaestioiuris/article/view/38047/27072.

de escolha da delimitação a ser dada ao bem"[16]. Quando presente o valor da liberdade de escolha, cabível a mediação como método de solução de impasses.

A mediação pode ser prévia ou incidental ao processo judicial. A mediação prévia ou pré-processual ocorre antes e independentemente de ação judicial, por meio de pessoa da confiança dos interessados que facilite o diálogo e o desfazimento dos impasses, nos termos do art. 9º da Lei 13.140/2018. Da mesma forma, poderão os interessados aderir à mediação pré-processual nos Centros Judiciários de Solução de Conflitos, em momento anterior e independentemente do ajuizamento de ação[17].

A mediação pré-processual é vantajosa porque não está inserida na lógica adversarial, oposta à lógica colaborativa própria desse método de consenso. Com a instauração do litígio, a tendência é a escalada do conflito. Em um sistema de acesso à justiça multiportas, estruturado pelo princípio do consensualismo, mostra-se fundamental o gerenciamento prévio de eventuais situações de conflito. Assim, as pessoas podem se antecipar ao conflito e definir previamente o meio a ser utilizado caso ele ocorra, prevendo cláusula de mediação ou cláusulas combinadas e escalonadas, com arbitragem ou práticas colaborativas, por exemplo.

A cláusula de mediação poderá ser prevista em contratos, pactos antenupciais, pactos de união estável, quiçá em testamento[18]. A principal vantagem da cláusula de mediação é a sua escolha em momento anterior à existência do conflito, a obrigar que as partes ao menos realizem a primeira reunião, implementando a cultura do consensualismo e da paz. Nos casos em que não exista cláusula de mediação, uma vez ocorrido o conflito as partes poderão assinar o termo inicial de mediação e permanecer, voluntariamente, no procedimento. Contudo, muitas vezes o grau da escalada do conflito levará os interessados ao litígio. Por isso, "o melhor momento para se decidir pela mediação é o tempo de paz, quando se pode aferir claramente o valor da relação em questão"[19].

Na primeira reunião, o mediador usará suas técnicas para ampliar a compreensão das partes e advogados, se houver, a respeito dos benefícios, procedimento, e efeitos da mediação. Com tais informações, e já vivenciando o conflito em concreto, a escolha pela mediação resultará de um consentimento informado. Ao pactuar a obrigatoriedade da mediação extrajudicial prévia ao ajuizamento da ação judicial respectiva, os interessados poderão também acordar a dispensa da audiência de mediação prevista no art. 334 do CPC[20]. "Desse modo, contribuirão para a celeridade e otimização de eventual processo

---

16. PERLINGIERI, Pietro. *Perfis do direito civil*. Rio de Janeiro: Renovar, 1997, p. 223.
17. Lei 13.140/2015, "Art. 24. Os tribunais criarão centros judiciários de solução consensual de conflitos, responsáveis pela realização de sessões e audiências de conciliação e mediação, *pré-processuais* e processuais, e pelo desenvolvimento de programas destinados a auxiliar, orientar e estimular a autocomposição" (grifou-se).
18. A discussão sobre a arbitragem testamentária no Brasil é recente, abrindo espaço para a mediação testamentária. Sobre o tema, vide CAHALI, Francisco José. Ensaio sobre a arbitragem testamentária no Brasil com paradigma no direito espanhol. *Revista de Mediação e Arbitragem*, n. 17, ano 05. WALD, Arnoldo (coord.). São Paulo: Revista dos Tribunais, abr. jun. 2008, *passim*.
19. ASMAR, Gabriela; PINHO, Débora. Mediação privada – um mercado em formação no Brasil. In: ZANETI JR, Hermes; CABRAL, Trícia Navarro (coord.). *Justiça multiportas*: mediação, conciliação, arbitragem e outros meios de solução adequada de conflitos. Salvador: JusPODIVM, 2016, p. 597.
20. Enunciado 19 do V Fórum Permanente de Processualistas Civis: (art. 190) São admissíveis os seguintes negócios processuais, dentre outros: pacto de impenhorabilidade, acordo de ampliação de prazos das partes de qualquer natureza, acordo de rateio de despesas processuais, dispensa consensual de assistente técnico, acordo para retirar o

jurisdicional, uma vez que as tratativas de negociação já terão sido previamente realizadas sem sucesso"[21].

Diferentemente do compromisso arbitral, a cláusula de mediação não obriga que as partes resolvam o conflito com esse método, mas que compareçam à primeira reunião. Se após a primeira reunião, os mediandos, em conjunto ou separadamente, entenderem que outro método seria mais adequado, podem extinguir o procedimento de mediação. O princípio da autonomia na mediação é da sua essência, na medida em que cabe aos interessados construir as bases do consenso[22]. Assim, a cláusula de mediação racionaliza a escolha do método, permitindo aos interessados gerir conflitos futuros, com a vantagem de não obrigar a resolução do conflito com a mediação, na medida em que a autonomia das partes lhes autoriza a extinguir o procedimento a qualquer tempo, com ou sem acordo. Vale ressaltar que como o método busca, principalmente, o entendimento intersubjetivo do conflito, a mediação será considerada exitosa mesmo que o processo seja concluído sem acordo, desde que tenha desenvolvido o diálogo entre os participantes

5. PRÁTICAS COLABORATIVAS

O chamado direito colaborativo tem como marco teórico a transformação da prática de negociação baseada em barganha para a negociação baseada em interesses, descrita no livro *Getting to Yes,* escrito em coautoria por Bill Ury e Bruce Patton, lançado em 1981[23]. O precursor da técnica de advocacia exclusivamente por meio de negociação (baseada em interesses) foi Stuart Webb, para a advocacia de família em 1990[24]. O movimento colaborativo cresceu nos Estados Unidos desde então e se expandiu para outros tantos países, tanto na área de direito de família quanto em outras áreas, como direito civil e empresarial[25].

O método colaborativo centra-se, portanto, na resolução de conflitos por meio da negociação realizada por advogados colaborativos[26], baseada em interesses. A negocia-

---

efeito suspensivo de recurso14, acordo para não promover execução provisória; pacto de mediação ou conciliação extrajudicial prévia obrigatória, inclusive com a correlata previsão de exclusão da audiência de conciliação ou de mediação prevista no art. 334; pacto de exclusão contratual da audiência de conciliação ou de mediação prevista no art. 334; pacto de disponibilização prévia de documentação (*pacto de disclosure*), inclusive com estipulação de sanção negocial, sem prejuízo de medidas coercitivas, mandamentais, sub-rogatórias ou indutivas; previsão de meios alternativos de comunicação das partes entre si; acordo de produção antecipada de prova; a escolha consensual de depositário-administrador no caso do art. 866; convenção que permita a presença da parte contrária no decorrer da colheita de depoimento pessoal. 15-16-17 (Grupo: Negócio Processual; redação revista no III FPPC- RIO, no V FPPC-Vitória e no VI FPPC-Curitiba). Disponível em: https://institutodc.com.br/wp-content/uploads/2017/06/FPPC-Carta-de-Florianopolis.pdf. Acesso em 10/11/2018.

21. LIPIANI, Júlia; SIQUEIRA, Marília. Negócios jurídicos processuais sobre mediação e conciliação. In: ZANETI JR, Hermes; CABRAL, Trícia Navarro (coord.). *Justiça multiportas*: mediação, conciliação, arbitragem e outros meios de solução adequada de conflitos. Salvador: JusPODIVM, 2016, p. 157.

22. Vale ressaltar que a propositura de medida judicial, com a inobservância da cláusula de mediação, deverá ensejar a extinção da ação sem julgamento do mérito, por ausência de interesse processual, com fundamento no art. 485, VI, do CPC (GRECO, Leonardo. Os atos de disposição processual – primeiras reflexões. In: ZANETI JR, Hermes; CABRAL, Trícia Navarro (coord.). *Justiça multiportas*: mediação, conciliação, arbitragem e outros meios de solução adequada de conflitos. Salvador: JusPODIVM, 2016, p. 16).

23. FISHER, Roger; URY, William. *Como chegar ao sim*. 3ª ed. Rio de Janeiro: Solomon, 2014, *passim*.

24. Vide WEBB, Stuart G. e OUSKY, Ronald D. O caminho colaborativo para o divórcio. Rio de Janeiro: IBPC, 2017.

25. TESLER, H. Pauline. Colaborative Law. ABA: Chicago, 2016, p. XXVI.

26. Ibidem.

ção nesses moldes tem quatro pilares principais: i) separar as pessoas dos problemas; ii) concentrar nos interesses, não nas posições; iii) investir em opções de ganhos mútuos; iv) uso de critérios objetivos[27]. Para explicar a ideia tornou-se conhecida a metáfora da laranja: duas pessoas querem uma laranja, mas só há um única laranja, o que fazer? Poder-se-ia negociar a laranja com uma troca por outra coisa, argumentar para saber quem tem direito à laranja (quem pagou ou quem foi buscar?) ou até dividir a laranja. Em todas essas respostas, tem-se em comum que um ganha e o outro perde, ou todos perdem. O que se propõe com a negociação baseada em interesses é descobrir os porquês. Talvez uma pessoa deseje a laranja para fazer um suco e a outra fazer um doce com a casca e, assim, ambos possam ganhar.

No âmbito dos conflitos familiares e das relações continuadas em geral, o litígio pode agravar o desgaste já existente no relacionamento das partes. Isso porque a estrutura do processo judicial não comporta soluções criativas por iniciativa do julgador, que está vinculado ao pedido, e os advogados conduzem sua argumentação com o objetivo de vencer, seja para o deferimento, seja para o indeferimento do pedido. E, com frequência, nos litígios que envolvem partes que continuarão se relacionando após o processo, mesmo o vencedor sente que perdeu. Na advocacia colaborativa, a negociação é conduzida em equipe para a resolução de um conflito comum, o que se choca com toda a forma de trabalho da advocacia adversarial. Na advocacia colaborativa não há parte adversa, porque o outro advogado ou a outra parte não é tratada como adversário[28].

Os advogados e as partes constituem a equipe embrionária das práticas colaborativas. Se o caso requerer apoio emocional ou financeiro, as práticas aceitam a resolução do conflito de forma multidisciplinar. Nesse sentido, as partes poderão ter um profissional da saúde para o suporte emocional e os filhos também. Note-se que, diferentemente de um litígio, o profissional da saúde não emite laudos para avaliar quem tem melhores condições emocionais e sim contribui para que se encontre a solução mais saudável para a família. Se a situação requerer a discussão sobre aspectos financeiros, poderá compor a equipe um profissional de finanças para a construção do caminho mais acertado sob esse ponto de vista.

A escolha pelo método colaborativo deverá ser avaliada em cada caso, pois não é para todos. Entre alguns critérios, deve-se observar: i) a possibilidade de assumir a responsabilidade pelo conflito; ii) o impacto emocional do conflito e a capacidade de tomar decisões; iii) a existência de um desequilíbrio de forças entre os interessados; iv) o compromisso com a resolução do conflito; v) a importância de manter o relacionamento[29]; vi) problemas com álcool ou drogas que não estão sob controle; vii) violência doméstica; viii) se as partes estão predispostas a mentir ou a fornecer as informações relevantes[30].

---

27. FISHER, Roger; URY, William. *Como chegar ao sim*. 3ª ed. Rio de Janeiro: Solomon, 2014, cap. II.
28. Uma das bases da advocacia colaborativa, inclusive, é o termo de não litigância, que impede o advogado de representar o mesmo cliente sobre o mesmo tema em um processo judicial. Esse é um dos aspectos mais polêmicos da advocacia colaborativa, pois gera o dilema do "abandono do cliente" que deverá buscar outro advogado para o litígio se as práticas não lograrem êxito. Nancy Cameron refere-se a advogados cooperativos, quando os advogados não concordam em deixar o caso na hipótese de alguém recorrer ao tribunal, e adverte: "O problema desse modelo é que ele mantém a tática de negociação estratégica baseada na litigância" (*Práticas Colaborativas*. IBPC: 2019, p. 39).
29. Nessa direção, WEBB, Stuart G. e OUSKY, Ronald D. O caminho colaborativo para o divórcio, p. 51 e ss.
30. Cf. TESLER H. Pauline, THOMPSON, Peggy. Divórcio Colaborativo. IBPC: Rio de Janeiro, 2017, p. 47.

Note-se que a ausência de uma lei específica que regulamente as práticas colaborativas não é óbice para que sejam utilizadas no direito brasileiro. O Código de Processo Civil fomenta e estimula soluções autocompositivas dos conflitos (art. 3º, § 2º), admite convenções processuais (arts. 190 e 200), consagra os princípios da cooperação e da boa-fé (arts. 5º e 6º), em harmonia com os valores constitucionais de promoção da paz[31]. Nesse sentido, a I Jornada sobre Prevenção e Solução Extrajudicial de Litígios, evento promovido pelo Centro de Estudos Judiciários do Conselho da Justiça Federal (CJF), entre os dias 22 e 23 de agosto de 2016, sob a coordenação geral do Ministro Luis Felipe Salomão, aprovou o Enunciado n. 55, segundo o qual "o Poder Judiciário e a sociedade civil deverão fomentar a adoção da advocacia colaborativa como prática pública de resolução de conflitos na área do direito de família, de modo a que os advogados das partes busquem sempre a atuação conjunta voltada para encontrar um ajuste viável, criativo e que beneficie a todos os envolvidos".

6. ONDE A MEDIAÇÃO E AS PRÁTICAS COLABORATIVAS SE ENCONTRAM

O crescente papel da autonomia privada e o reconhecimento da "ausente presença"[32] do Estado tem sido uma constante no direito de família. O divórcio extrajudicial, o inventário e partilha extrajudiciais, o reconhecimento da multiparentalidade na via registral, são exemplos do movimento de desjudicialização. Os particulares nunca tiveram tão legitimados a buscar uma tutela autocompositiva dos seus direitos.

O princípio da consensualidade se manifesta inicialmente na escolha do método. O começo do procedimento é sempre marcado por um termo de aceitação. Uma vez escolhido o método consensual, a voluntariedade há de permanecer ativa do início ao fim. Dessa forma, os interessados poderão a qualquer tempo finalizar o procedimento, independentemente dos resultados alcançados até aquele momento, seja na mediação[33], seja nas práticas colaborativas.

Iniciado o processo de mediação ou colaborativo, os interessados terão liberdade na resolução do seu conflito[34]. Na seara da autonomia privada nas relações familiares, o aspecto positivo da liberdade ressoa fundamental para a construção concreta da personalidade por meio das escolhas coexistenciais dos membros da família.

---

31. CR, Preâmbulo, "Nós, representantes do povo brasileiro, reunidos em Assembleia Nacional Constituinte para instituir um Estado Democrático, destinado a assegurar o exercício dos direitos sociais e individuais, a liberdade, a segurança, o bem-estar, o desenvolvimento, a igualdade e a justiça como valores supremos de uma sociedade fraterna, pluralista e sem preconceitos, fundada na harmonia social e comprometida, na ordem interna e internacional, com a solução pacífica das controvérsias, promulgamos, sob a proteção de Deus, a seguinte constituição da república federativa do brasil".

32. Assim, a proposta de FACHIN, Luiz Edson. Famílias: entre o Público e o Privado. In: Rodrigo da Cunha Pereira (org.). Família: entre o Público e o Privado. Porto Alegre: Magister/IBDFAM, 2012, p. 162.

33. Nessa direção, o § 2º do art. 2º da Le 13.140/2015: "§ 2o Ninguém será obrigado a permanecer em procedimento de mediação".

34. Em doutrina, já se alude à existência de um "direito de família mínimo", que propugna a menor intervenção possível do Estado nas relações familiares, ressalvadas as hipóteses excepcionais: ALVES, Leonardo Barreto Moreira. Direito de família mínimo: a possibilidade de aplicação e o campo de incidência da autonomia privada no direito de família. Rio de Janeiro: Lumen Juris, 2010, p.144

Uma vantagem interessante dos meios consensuais consiste em evitar a intervenção estatal. Durante a pandemia do Covid-19 foram vários os casos levados ao Judiciário por ausência de consenso entre as partes. O convívio presencial entre o pai piloto e a filha foi suspenso, em virtude do risco da profissão do pai como potencial transmissor do vírus[35]. Em outra situação, houve a suspensão do convívio entre pai e filha que havia sido acordado para ocorrer em locais públicos[36]. Uma mãe foi impedida de viajar com o filho para o exterior[37]. Em outro caso, foi deferido o convívio apenas virtual com idosa com comorbidade[38]. Noticiou-se inclusive a suspensão da guarda, nos Estados Unidos, por a mãe ser médica e atuar na linha de frente contra a pandemia[39].

Tanto a mediação quanto as práticas permitem soluções criativas e o desenvolvimento da empatia, de modo a levar em consideração o quadro global da situação. Para além da autonomia, mediação e práticas colaborativas possuem outros princípios comuns. Destacam-se o sigilo e a boa-fé. Ambos são processos em que os participantes se comprometem em guardar sigilo e a agir da forma mais respeitosa e transparente possível. O sigilo é comum aos processos judiciais de família, amparados pelo segredo de justiça. A confidencialidade nesses processos extrajudiciais não apenas impede que pessoas não participantes tenham acesso a eles, como também que não possam ser utilizadas informações trazidas em processos judiciais futuros, caso o acordo não se realize. A ideia de boa-fé mostra-se igualmente fundamental porque são as informações levadas pelos participantes que promovem o encontro dos interesses e a solução possível.

Com efeito, a autonomia, a confidencialidade e a boa-fé constituem pilares comuns da mediação e das práticas colaborativas, na construção de soluções com base nos interesses e necessidades das partes.

7. CONSIDERAÇÕES FINAIS

Conforme se verificou, o acesso à justiça não se resume ao Poder Judiciário, ao revés, insere-se no âmbito da chamada justiça multiportas (*multi-door justice*). Significa dizer que o modelo judicial constitui uma das muitas opções ("portas") que existem para a tutela dos direitos e gestão dos conflitos, e não precisa ser a primeira opção. Considerando o preâmbulo da Constituição da República, que institui um Estado Democrático, fundado na harmonia social e comprometido com a solução pacífica das controvérsias, mostra-se pertinente disseminar a cultura da paz, como se propõem os métodos consensuais como a mediação e as práticas colaborativas.

No âmbito dos conflitos familiares (e tantos outros), as relações existem antes, durante, e depois do conflito. Essa característica é fundamental para se pensar na escolha

---

35. TJSP, 2ª VFS de Presidente Prudente, 1014033-60.2018.8.26.0482, 19/03/2020.
36. TJPR, 3ª VFS de Curitiba, 20/03/2020, sem divulgação da numeração do processo.
37. https://g1.globo.com/sc/santa-catarina/noticia/2020/03/31/juiz-de-sc-nega-pedido-de-mae-que-queria-fazer-turismo-na-europa-com-o-filho-durante-pandemia.ghtml, disponível em 30/04/2020.
38. TJRJ, 7a CC, AI 0015225-60.2020.8.19.0000, Rel. Luciano de Carvalho, julg. 18/03/2020.
39. https://revistamarieclaire.globo.com/Noticias/noticia/2020/04/medica-perde-guarda-da-filha-por-causa-do-coronavirus-nos-eua.html, disponível em 30/04/2020.

de um método consensual. Afinal, as relações irão continuar independentemente da resolução ou da forma de resolução do conflito.

A mediação e as práticas colaborativas possuem características próprias e outras onde se assemelham. A mediação conta com um terceiro neutro e imparcial (mediador) que promove a facilitação do diálogo diretamente entre as partes, para a resolução do conflito posto. É facultada a participação do advogado na mediação, mas seu papel não é de protagonista da fala, eis que são os mediandos que devem encontrar o caminho da convergência. Nas práticas colaborativas, os advogados trabalham em equipe com os respectivos clientes, cabendo inserir profissionais da saúde e finanças se necessário. Ressalta-se que a mediação também pode ser usada dentro de um processo colaborativo. A função do advogado nesses métodos é bastante diferente do processo adversarial, cabendo-lhe orientar e empoderar os interessados na autorresolução das questões conflitivas.

Embora diversos em sua estrutura procedimental, mediação e práticas colaborativas encontram várias convergências. Destacam-se como principais aspectos comuns i) o princípio da consensualidade; ii) o princípio da confidencialidade e o iii) princípio da boa-fé. Trata-se de métodos fundados na consensualidade ou autonomia, porque não há obrigatoriedade para iniciar, prosseguir ou finalizar com um acordo. A confidencialidade é uma característica comum bastante relevante porque o dever de não expor os fatos conhecidos durante o processo gera maior confiança em levar informações relevantes e contribui para o comportamento conforme a boa-fé. Diferentemente de um processo adversarial, em que pode haver preocupação em não revelar fato que possa ser desfavorável ao convencimento do julgador, no processo consensual não há produção de provas e um terceiro julgador das mesmas. Com isso, os interessados devem estar predispostos a agir com transparência nas informações e fatos importantes.

De certo, se como resultado do processo consensual as partes realizarem um acordo, este terá a força obrigatória que a lei lhe conferir. O termo final de mediação, na hipótese de celebração de acordo, constitui título executivo extrajudicial e, quando homologado judicialmente, título executivo judicial (Lei 13.140/2015, art. 20, parágrafo único). O termo final das práticas, pode ser título executivo extrajudicial se assinado por duas testemunhas (CPC, art. 784, III). Em certas situações, a exigibilidade do que foi acordado poderá demandar homologação judicial, se envolver por exemplo interesses de menores. No caso de alimentos, a própria lei processual reconhece a exigibilidade do título extrajudicial (CPC, art. 911). Assim, caso a caso, será definida a necessidade ou não de homologação judicial, inclusive porque a experiência demonstra que se resulta em acordo, há efetivamente o comprometimento das partes em cumpri-lo.

Ao fim, os métodos consensuais conferem aos participantes a oportunidade de agir com autonomia e responsabilidade. Se o ideal das relações privadas e, em especial, das relações familiares, é evitar o intervencionismo desnecessário do Estado, faz-se necessário que os particulares possam se autoresponsabilizar e resolver seus próprios conflitos. Nesse aspecto, deve-se reduzir a intervenção estatal somente para as situações patológicas, se impossível a solução de conflitos no âmbito interno da relação familiar.

DIREITO DAS FAMÍLIAS E DAS SUCESSÕES: REFLEXÕES EM TEMPOS DE PANDEMIA

Zeno Veloso

Membro fundador nacional e diretor da região Norte do IBDFAM. Professor de Direito Civil e de Direito Constitucional Aplicado na Universidade da Amazônia e na Universidade Federal do Pará. Notório Saber reconhecido pela Universidade Federal do Pará e Doutor Honoris Causa da Universidade da Amazônia. Membro da Academia Brasileira de Letras Jurídicas.

Marcello Uriel Kairalla

Mestrando em Direito Civil pela Universidade de São Paulo. Membro associado do IBDFAM. Advogado.

Sumário: Introdução – Do fato ao jurídico: pandemia e hiperinflação legislativa. 2. Casamento. 3. Uniões paralelas e poliafetividade. 4. Guarda. 5. Testamento.

1. INTRODUÇÃO – DO FATO AO JURÍDICO: PANDEMIA E HIPERINFLAÇÃO LEGISLATIVA

A pandemia causada pelo Coronavírus, enquanto fato, produziu consequências avassaladoras na humanidade. No mês de maio de 2020, o mundo tem mais de 3.640.000 (três milhões e seiscentos e quarenta mil) pacientes diagnosticados com a Covid-19 (*corona virus desease 2019* ou doença do coronavírus de 2019)[1], sem falar outros tantos milhões que sequer receberam o diagnóstico[2]. Somente no Brasil temos, também no início de maio, mais de 108.000 (cento e oito mil) casos confirmados e mais de 7.300 (sete mil e trezentas) mortes[3], não obstante esse número deve ser bastante inferior ao número real de casos e mortes[4].

O fato natural, contudo, não se mistura com o fato jurídico, sendo este somente aquilo que produz eficácia jurídica[5]. A pandemia é um fato da natureza, não possui caráter moral, não pretende transmitir qualquer mensagem, não elege vítimas e não aponta

---

1. Dados disponíveis em https://www.worldometers.info/coronavirus/, acesso em 5 de maio de 2020.
2. Nos Estados Unidos da América, especialmente no estado de Nova Iorque, estudos preliminares apontam que aproximadamente 14% da população havia sido infectada em 23 de abril de 2020.
3. Dados disponíveis em https://www.worldometers.info/coronavirus/country/brazil, acesso em 5 de maio de 2020
4. O número de mortes por Síndrome Respiratória Aguda Grave (SRAG) explodiu no Brasil, o que, juntamente com a baixa capacidade de testagem, indicam uma brutal subnotificação de pacientes com Covid-19: https://g1.globo.com/bemestar/coronavirus/noticia/2020/04/23/estudo-mostra-aumento-expressivo-de-internacoes-por-sindromes-respiratorias-e-indica-subnotificacao-da-covid-19.ghtml, acesso em 1º de maio de 2020.
5. Em Orlando Gomes: "fato jurídico é tudo aquilo a que uma norma jurídica atribui um efeito jurídico" (Introdução ao Direito Civil. Rio de Janeiro: Editora Forense, 14ª Edição, 1999, p. 237).

culpados: a pandemia é o que ela é. Seus avassaladores efeitos, contudo, são, e muito, sentidos por todos nós. Citando o Professor José Fernando Simão, da Universidade de São Paulo, saímos da Realidade "A" – uma espécie de *Belle Époque* –, estamos na Realidade "B" – marcada, notadamente, pelo isolamento social – e emergiremos à realidade "C", uma vez superada a pandemia[6]. Ora, se a Covid-19 causou uma mudança de realidade, é evidente que o fato natural *pandemia* também é um *fato jurídico*.

Consensuado o recebimento da pandemia no sistema jurídico, resta saber como delimitar essa eficácia de forma a não cair na tentação de escolhas fáceis, pois a pandemia é um momento em que as escolhas fáceis costumam representar soluções piores do que o problema.

A primeira das escolhas fáceis que se costuma adotar no Brasil é a edição de leis. Já em 2009, o Professor Luis Flavio Gomes, de saudosa memória, escrevia sobre a "hipertrofia legislativa" no Brasil a produção normativa é farta e, muitas vezes, desordenada. Citando diretamente o saudoso Professor, que com maestria ilustrou com a lavra de Drummond sua lição: "'As leis não bastam. Os lírios não nascem da lei'. Nem os lírios nascem da lei, nem acaba a desigualdade social brutal existente no Brasil com a lei. Os vinte por cento mais ricos do Brasil vivem melhor que na Suíça, Dinamarca etc. Os vinte por cento mais pobres vivem pior que no Paraguai, vários países africanos etc."[7] E, na Pandemia, acrescente-se: Os lírios não nascem da lei, nem a superação da pandemia virá da lei, *as leis não bastam.*

Ainda, como um tempero especial à já complexa situação brasileira, há defesa, na Suprema Corte, de que cabe ao Supremo Tribunal Federal "*empurrar a história*"[8] e que "*ativismo judicial é dever de magistrados*"[9]. Como toque especial, o Conselho Nacional de Justiça (CNJ), órgão criado para a "*expedição de atos voltados ao aperfeiçoamento das atividades dos órgãos do Judiciário, dos serviços auxiliares e das notas e registros*"[10] e fiscalizar a atividade notarial e registral, muitas vezes exacerba sua competência, emitindo normas de caráter abstrato. Borgarelli e Kumpel listam, como limiares de hipótese de abuso da competência do CNJ a normatização do reconhecimento de paternidade socioafetiva, as idas e vindas do anonimato dos doadores de material genético, o reconhecimento do

---

6. Direito de família em tempos de pandemia: hora de escolhas trágicas. Uma reflexão de 7 de abril de 2020 http://www.ibdfam.org.br/arti gos/1405/ Direito+de+fam%C3%ADlia+em+tempo s+de+pandemia%3A+ho ra+de+escolhas+tr%C3%A1gicas.+Uma+reflex%C 3%A3o+de+7+de+abril+de +2020, acesso em 1º de maio de 2020, de autoria de José Fernando Simão.

7. Hipertrofia Legislativa: 3,7 milhões de normas em 20 anos, disponível em: https://www.migalhas.com.br/depeso/77028/hipertrofia-legislativa-3-7-milhoes-de-normas-em-20-anos, acesso em 1º de maio de 2020.

8. Publicação de 22 de dezembro de 2013: 'Inércia do Congresso traz riscos para a democracia', diz Barroso https://www1.folha.uol.com.br/poder/poderepolitica/2013/12/1388727-entrevista-com-luis-roberto-barroso.shtml, acesso em 1º de maio de 2020.

9. Publicação de 4 de dezembro de 2017: https://veja.abril.com.br/politica/ativismo-judicial-e-dever-de-magistrados-afirma-carmen-lucia/, acesso em 1º de maio de 2020.

10. Segundo Flávio Pansieri, comentários ao art. 103-B, *in*: Comentários à Constituição do Brasil (coord. CANOTILHO J. J. Gomes *et alii*). Editora Saraiva/Almedina, p. 3682-3700: "Firmada a premissa de que o poder regulamentar dos Conselhos está limitado na impossibilidade de inovar, e que as garantias, os deveres e as vedações dos membros órgãos e serviços do Poder Judiciário estão devidamente explicitados no texto constitucional e nas respectivas leis específicas, nota-se que regulamentar é diferente de restringir. Por fim, 'está em causa, aqui, a defesa enfática e necessária dos elementos essenciais do nosso Estado Democrático de Direito, que, por certo, não há de ser um Estado governado por atos regulamentares, decretos e resoluções'".

casamento homoafetivo, concluindo que *"Nas frestas dessas soluções pacificadoras sobre temas polêmicos escondem-se problemas institucionais tão graves quanto os do ativismo, que é a face mais cruel de um movimento tipicamente brasileiro de desconsideração do direito positivo em nome de um apanhado de teorias e pseudoteorias que estão há muito tempo se arrastando pelas estradas do país"*[11].

Diante desse cenário de hipertrofia legislativa, penumbra de competências dos órgãos de fiscalização e uniformização, somou-se o fato jurídico pandemia. Em outra oportunidade[12] abordamos o conflito entre segurança e liberdade, do qual exsurge o que chamamos de "ponto ótimo" entre legislar e não legislar. Como visto lá, casos pontuais e excepcionais, principalmente onde há caos jurídico, pode haver necessidade de uma regulamentação mais contundente.

Abordaremos, então, sob o prisma dos pontos preliminares acima listados, questões relevantes sobre o casamento, as uniões paralelas, poliamor, a guarda de filhos e a sucessão testamentária.

2. CASAMENTO

O ano de 2020 vai ficar marcado como o ano em que tudo foi adiado. Os casamentos e as festividades foram adiados. E, pasmem, até os divórcios foram adiados. Talvez aumente o número de rompimentos de casamentos após o final do isolamento social. O dia era 7 de março de 2020, um casamento em Itacaré marca uma propagação impressionante do vírus, muitos dos quase 500 convidados são infectados pelo coronavírus. As festas de casamento tiveram, portanto, de ser adiadas, por ser a única medida consentânea com a atual situação. Os prejuízos, imensuráveis, e, principalmente, a alteração das circunstâncias relativas à celebração do contrato, são ricamente explicados pelo Professor José Fernando Simão, em rico artigo sobre o tema especial dos contratos em tempos de pandemia[13].

Voltemos, contudo, ao casamento jurídico. Embora a pandemia tenha afetado a vida das pessoas, forçando o isolamento social, casais que já vinham desenvolvendo suas relações pessoais se depararam com complexa questão: como casar em tempos de pandemia? Como respeitar o isolamento social, se é necessário reunir celebrante, registrador, testemunhas, os próprios nubentes...

A atividade registral é revestida de essencialidade, pois é necessária para os mais importantes atos da vida civil, desde o nascimento, passando pelo casamento e chegando ao óbito.

---

11. Vitor Frederico Kumpel e Bruno de Ávila Borgarelli: Provimento reaviva debate sobre limites do CNJ em serventias extrajudiciais: https://www.conjur.com.br/2018-jan-29/direito-civil-atual-provimento-reaviva-debate-limites-cnj-cartorios, acesso em 1º de maio de 2020.
12. Regime jurídico especial e transitório das relações jurídicas de direito privado (RJET) – breves reflexões, disponível em http://www.ibdfam.org.br/artigos/1402/Regime+jur%C3%ADdico+especial+e+trans it%C3%B3rio+das+rela%C3%A7%C3%B5es+jur%C3%ADdicas+de+direito+privado+%28RJET%29+%E2%80%93 +breves+reflex%C3%B5es, acesso em 1º de maio de 2020.
13. "O contrato nos tempos da covid-19". Esqueçam a força maior e pensem na base do negócio. https://www.migalhas. com.br/coluna/migalhas-contratuais/323599/o-contrato-nos-tempos-da-covid-19--esquecam-a-forca-maior-e-pensem-na-base-do-negocio, acesso em 1º de maio de 2020.

Nesse contexto, o CNJ editou o Provimento 91, em 22 de março de 2020, no qual suspendeu/reduziu o atendimento presencial ao público, suspendendo a fluência dos prazos. Aliás, o Provimento 95, de 1º de abril de 2020, dispõe que: "*Os serviços públicos de notas e registros devem manter a continuidade e o seu funcionamento é obrigatório*". Aliás, até os pagamentos passaram a ser aceitos de forma eletrônica (Provimento 98, de 27 de abril de 2020). Em razão disso, exclusivamente durante a Emergência em Saúde Pública, "*todos os oficiais de registro e tabeliães deverão recepcionar os títulos nato-digitais e digitalizados com padrões técnicos, que forem encaminhados eletronicamente para a unidade do serviço de notas e registro a seu cargo e processá-los para os fins legais*" (art. 6º do Provimento 95).

Diante dessa regra e da realidade jurídica trazida pelo coronavírus, diversos estados passaram a permitir a realização de casamento por videoconferência. É o caso de Minas Gerais, que resolveu instituir o "*Projeto-Piloto para a recepção de requisições e para a realização de atos notariais e de registro, em meio digital*" (Portaria 6.045/CGJ/2020), de Alagoas, que emitiu o Provimento 15/2020 que "*Autoriza a realização de Casamentos Civis por meio de videoconferência no Estado de Alagoas*", relatos de casos em Pernambuco[14], Espírito Santo[15] e São Paulo[16]. Até no exterior, em Nova Iorque, houve necessidade dessa providência[17].

A inusitada situação da pandemia criou uma série de problemas e, como listado de forma exemplificativa acima, uma série de soluções desencontradas. Em primeiro lugar, o casamento é o mais formal dos atos jurídicos nos termos do Código Civil. Diz, a esse respeito, o art. 1.534: "*A solenidade realizar-se-á na sede do cartório, com toda publicidade, a portas abertas, presentes pelo menos duas testemunhas, parentes ou não dos contraentes, ou, querendo as partes e consentindo a autoridade celebrante, noutro edifício público ou particular*". Também o art. 1.535 diz: "*Presentes os contraentes, em pessoa ou por procurador especial, juntamente com as testemunhas e o oficial do registro, o presidente do ato, ouvida aos nubentes a afirmação de que pretendem casar por livre e espontânea vontade*".

Como visto acima, as disposições do CNJ (e de algumas corregedorias) criam normas jurídicas abstratas que escapam de sua competência. Há, aqui, dois caminhos a serem seguidos: adotar a relativização das formalidades, mediante autorização dos órgãos de controle[18], ou, o que nos parece mais adequado, ler as citadas normas pelo sistema jurídico, que fornece solução ao caso.

---

14. Ver: https://www.anoreg.org.br/site/2020/04/17/g1-casamento-e-realizado-por-videoconferencia-no-recife-devido-a-pandemia-do -novo-coronavirus/, acesso em 1º de maio de 2020.
15. Ver: https://www.agazeta.com.br/es/gv/como-deus-quis-diz-noivo-apos-casamento-por-videoconferencia-no-es-0320, acesso em 1º de maio de 2020.
16. Ver: https://pleno.news/comportamento/casamento-e-feito-em-casa-e-transmitido-online.html, acesso em 1º de maio de 2020.
17. Ver: https://olhardigital.com.br/coronavirus/noticia/nova-york-legaliza-casamentos-por-facetime-e-outros-apps-de-videoconferencia/99676, acesso em 1º de maio de 2020.
18. O Presidente do nosso IBDFAM, em ótimo escrito sobre o tema, festeja corretamente a solução desse problema social tão grave: http://www.rodrigodacunha.adv.br/casamento-civil-pode-ser-realizado-por-videoconferencia-em-belo-horizonte/, acesso em 5 de maio de 2020.

Adotando esse segundo caminho, acreditamos que o Código Civil de 2002 optou por não trazer, em seu bojo, definições de categorias e institutos jurídicos, por influência do Professor Miguel Reale, deixando esse importante papel à doutrina. A própria noção de presença, no Código Civil, merece releitura. Presentes não são aqueles que ocupam o mesmo no mundo fenomênico, mas sim aqueles que conseguem exprimir a sua vontade de forma instantânea, conforme se depreende da leitura do art. 428, inc. I do Código Civil.

Tal raciocínio, aplicado ao casamento, importa na desnecessidade de regulamentar o casamento por videoconferência, pois não se trata de presença virtual, mas sim de presença, no sentido jurídico da palavra. A atividade cartorária, essencial como visto acima, deve ocorrer de acordo com as tecnologias disponíveis, sem prejuízo daqueles que são seus principais destinatários. O casamento, assim como o divórcio, pode e deve, com ainda mais razão, ocorrer suportado por tecnologias de comunicação à distância.

Assim, com escorreito uso e leitura das categorias jurídicas, não se renuncia à formalística e, ao mesmo tempo, patrocina-se o melhor interesse do desenvolvimento social. É dizer, em outras palavras, que o casamento pode ocorrer com o suporte de meios de comunicação à distância, por uma leitura do sistema jurídico, não havendo óbices a isso no art. 1.535, nem em qualquer outro, desde que observada a publicidade do ato – quiçá será ainda mais público.

3. UNIÕES PARALELAS E POLIAFETIVIDADE

Assim como o coronavírus é um fato jurídico, também o é a família. A família que, inclusive, pode ser "de fato", como bem denominou Villaça, resgatando a tradição romana. Historicamente, as relações mantidas fora do casamento não possuíram proteção jurídica no Brasil, por não serem elas formas "legítimas" de organização familiar. Genericamente, eram chamados de concubinatos[19]. Assim, o concubinato foi visto como uma forma inferior de composição da entidade familiar, e, diante da proibição constitucional do divórcio, expressivo número de famílias se constituía à margem do casamento.

A evolução das famílias e o advento da Constituição Federal de 1988 pôs fim à discriminação dos modelos familiares e aceitou, em definitivo, o anteriormente chamado concubinato puro, que se tornou o que conhecemos hoje por união estável. Ocorre que, superado esse primeiro obstáculo, surgem diversas outras questões sobre as quais discorreremos aqui, especialmente as uniões paralelas e a poliafetividade.

---

19. "Concubinato, originário de *concubinatus*, de *cum* mais cubo (cubo dá às vezes *concubo*), significa estar deitado ou no leito com alguém. Por isso é que o termo sempre foi visto por alguns com o sentido pejorativo. Desde os romanos era considerado como união inferior ao casamento." (PEDROTTI, Irineu Antonio, *Concubinato união estável*, São Paulo, 5. ed. Livraria Editora Universitária de Direito LTDA, 2002, p. 4); "En su más amplio significado, recurriendo a la raíz etimológica del vocablo (...) el concubinato como *hecho jurídico* constituye *toda unión de un hombre y una mujer, sin atribución de legitimidad*. Por *legitimidad*, a su vez, entendemos la situación jurídica y social que se desprende de un matrimonio válido, ya canónico, ya civil, según los diversos ordenamientos. (ZANNONI, Eduardo A., *El Concubinato (en el derecho civil argentino y comparado latinoamericano)*, Buenos Aires, Ediciones Depalma, 1970, p. 125).

Continuam a existir, até o momento, inúmeras controvérsias sobre a recepção desses modelos familiares pelo direito brasileiro. Cada um desses temas seria matéria suficiente para um texto. Aqui, contudo, falaremos somente da pandemia e seus impactos sobre alguns modelos familiares. Quanto a esses modelos, não entraremos no mérito a respeito de cada, pois não é o objetivo do presente trabalho. Somente abordaremos o fato da existência deles. Exemplo maior de que a matéria não está absolutamente definida no direito brasileiro, é o fato de o STF, apesar de ter assumido um papel vanguardista no reconhecimento da união homoafetiva como entidade familiar, até o momento, não recolocou em pauta o julgamento da repercussão geral a respeito do reconhecimento das uniões paralelas como entidades familiares.

As famílias simultâneas, ou uniões paralelas, são caracterizadas pela coexistência de dois núcleos familiares que contam com um elemento comum. Pode-se citar o clássico exemplo do homem que tem uma família em São Paulo e outra em Santos. A pretexto da execução de suas atividades laborais, o homem do exemplo participa das duas famílias simultaneamente, muitas vezes sem uma saber da existência da outra e vice-versa. Imaginem, então, como fica a família que, por uma infeliz coincidência, estava sem a figura do pai no fatídico dia 13 de março de 2020, quando iniciou o isolamento social em São Paulo.

A família de Santos fica sem contato com o pai, que, por sua vez, está preso em casa com a família de São Paulo e tampouco pode usar o telefone para contatar a família da baixada. Com todos trancados dentro de casa em razão do isolamento social, a família "titular" fica inconscientemente vigilante. A pandemia tem o condão de isolar as famílias.

Conhecemos um caso concreto, no Pará, em que o homem é casado e tem família em Belém, e mantém outra família, com mulher e filhos, em Cametá.

O exato oposto pode ocorrer com as uniões poliafetivas. Como se sabe, e como já abordado acima, a família pós Constituição de 1988 é atípica, não possuindo um padrão pré-constituído em lei. A união poliafetiva, também conhecida como poliamorismo, poliamor, poliafetividade, consubstancia-se na relação afetiva constituída por mais de duas pessoas em convivência simultânea.

O poliamor é um fato social, ocorre ao arrepio da vontade dos tribunais, tabeliães, juristas etc. Não faremos, contudo, uma análise da pertinência do reconhecimento jurídico desses tipos familiares. Ocorre que, retomando a nota inicial que fizemos, temos claro que não cabia ao CNJ oficiar às Corregedorias Estaduais para que recomendassem aos Tabelionatos de Notas se absterem de lavrar as escrituras de poliamor. Tal problemática surgiu após pulularem, Brasil afora, escrituras que ganharam notoriedade midiática em Tupã, São Paulo, Rio de Janeiro entre outras, o que ensejou um pedido de providências, acatado, infelizmente, de maneira precipitada. A orientação do CNJ, lida pelos tabeliães, transformou-se em absoluta proibição, de modo que hoje é impossível lavrar uma escritura que tal no Brasil.

Não obstante, é preciso ressaltar, mesmo com essa orientação do CNJ – que invade uma esfera privada e pessoal de maneira pouco liberal –, nada impede que as partes elaborem um documento particular, nele regrando questões pessoais e patrimoniais, e registrá-lo no Cartório de Títulos e Documentos, como forma de garantir segurança jurídica na relação interna do poliamorismo.

Retomando a análise dos impactos da pandemia, é preciso dizer que Liberados das amarras da ocultação, os participantes da chamada união poliafetiva podem se isolar conjuntamente. Trata-se de um efetivo impulso às relações poliamorísticas.

É dizer, em outras palavras, que a pandemia e, em especial, o isolamento social podem aproximar as pessoas em relacionamentos poliafetivos, ou, ainda, criá-los, onde antes não havia. Está-se, portanto, diante de um interessante paradoxo: no que concerne às famílias simultâneas, o isolamento social causado pela pandemia é um grave problema, enquanto para as uniões poliafetivas pode ser um bálsamo.

Concluindo essa breve reflexão de modelos familiares e a pandemia, tem-se que o isolamento social, para a criação e manutenção de famílias simultâneas, é uma dificuldade extrema, enquanto, para o poliamorismo, mostra-se um facilitador, uma vez que as pessoas pretendem manter uma relação afetiva com mais de dois indivíduos e já estão juntas, ficam elas obrigadas a continuar juntas.

4. GUARDA

O já citado artigo do Professor Simão[20] inaugura um novo paradigma no direito de família: a hora das escolhas trágicas.

Durante uma pandemia de virulência[21] excepcional restringir a circulação de pessoas é essencial e, aparentemente, o único caminho para a superação da crise sanitária sem um aumento absurdo da mortandade.

No que concerne especificamente ao regime de guarda e visitação de filhos menores, os ideais abstratos de "bom-senso" e "melhor interesse da criança" são insuficientes. Não há vencedores no isolamento social, no que toca às relações familiares. Perde o menor, pela falta de contato com o ausente, perde o ausente pela falta de contato com o menor e perde o detentor da guarda, pela guarda em tempo integral.

No "jogo de perde-perde" o "bom-senso" e o "melhor interesse da criança" são insuficientes. Qual é o bom-senso que resolve a necessidade de isolamento social? Se um dos pais contrair o vírus, transmitir para o filho comum, o filho comum contaminar o outro pai e este falecer isolado em um hospital de campanha, sem direito a velório e enterrado em caixão lacrado, como sairá a mentalidade do filho menor? O bom-senso não traz resposta fácil.

Durante a pandemia o "melhor interesse da criança" é não ser agente transmissora da doença, que pode afetar as pessoas mais queridas, como pais e avós, e não ser infectada.

---

20. José Fernando Simão. Direito de família em tempos de pandemia: hora de escolhas trágicas. Uma reflexão de 7 de abril de 2020 http://www.ibdfam.org.br/artigos/1405/Direito+de+fam%C3%ADlia+em+tempos+de+pandemia%3A+hora+de+escolhas+tr%C3%A1gicas. +Uma+reflex%C3%A3o+de+7+de+abril+de+2020, acesso em 1º de maio de 2020.

21. Dicionário Priberam da Língua Portuguesa: capacidade de um microrganismo patogênico se multiplicar num organismo e provocar doença, https://dicionario.priberam.org/virul%C3%AAncia, acesso em 1º de maio de 2020.

Neste período, crianças sem rígido isolamento social devem ser proibidas de visitar seus avós. Talvez nem o pai, nem a mãe, sejam as pessoas mais indicadas para ter a guarda da criança, dependendo do caso concreto. Se ambos, por exemplo, são funcionários de hospitais com altas taxas de infecção, podem sujeitar a criança à contaminação, o que é inaceitável.

5. TESTAMENTO

Continuando algumas ideias iniciadas no capítulo sobre casamento, a atividade cartorária exerce função essencial, ainda mais em tempos em que a preocupação com a morte aflora. Os testamentos, disposições de última vontade, são o último corolário da dignidade humana, a última fronteira do descansar em paz.

Escrevemos algumas linhas no Jornal O Liberal, de Belém-Pará, publicado em 2 de maio, sobre o testamento de emergência. Essa reflexão parte do princípio de que, nas circunstâncias atuais, o testamento celebrado pelas formas ordinárias (público, cerrado e particular) ou é impossível, ou tão difícil aos indivíduos que pretendem testar que ao impossível se compara.

O exemplo ilustrativo: o aspirante a testador busca o tabelião para lavratura do testamento público, mas vê as portas fechadas. Tenta contato telefônico, mas ninguém atende. Envia mensagem eletrônica e agenda a consulta para daqui a 15 dias (afinal, os tabelionatos estão lotados!). Ocorre que nosso aspirante a testador apresenta todos os sintomas de Covid-19. Aguardar e morrer *ab intestato*? Oferecem-lhe a alternativa do testamento particular:

a) escrito de próprio punho ou mediante processo mecânico (OK)

b) assinado pelo testador, depois de o ter lido na presença de pelo menos três testemunhas, que o subscreverão (não OK!)

O médico pergunta se nosso aspirante a testador perdeu a razão?! Com todos os sintomas de Covid-19 seria possível expor 3 (três) testemunhas à contaminação?

Nesses casos, não é necessária a presença de testemunhas. É, nos termos do art. 1.879, possível a elaboração do testamento particular sem testemunhas. Esse artigo, aliás, não constava do anteprojeto de Código Civil, e também não constou do Projeto de Lei 634-B/75 (Projeto de Código Civil). Somente com a emenda do Relator Geral Senador Josaphat Marinho, de n. 483-R (renumerada para 319 do Senado Federal) restou incluído que: *"Em circunstâncias excepcionais declaradas na cédula, o testamento particular de próprio punho e assinado pelo testador, sem testemunhas, poderá ser confirmado, a critério do juiz"*. Frisou o legislador: *"mencionamos que o testamento tenha sido escrito 'sem testemunhas', para acentuar a impossibilidade da presença delas, e não 'com dispensa', conforme consta da sugestão, e que facultaria decisão do testador. As circunstâncias excepcionais é que devem justificar a ausência de testemunhas"*. A sugestão para inclusão desse tipo de testamento, de emergência, foi de iniciativa do Professor Miguel Reale, que acompanhou a tramitação do Projeto de Código Civil até quando finalmente foi sancionado no ano de 2002.

Não temos dúvidas de que a pandemia é uma circunstância excepcional imaginada pelo legislador, que mais do que justifica (quiçá proíbe) a presença de testemunhas na lavratura do testamento.

Além do testamento de urgência, assim como no casamento, deve ser prestigiado o uso de plataformas eletrônicas, inclusive com assinaturas eletrônicas (com critérios definidos a partir da ICP-Brasil).

Citamos, no início, Drummond, em seu belíssimo e perturbador "Nosso Tempo", terminamos com os últimos versos do Inferno, de Alighieri:

> *"De nós nenhum de repousar cuidara.*
> *Virgílio e eu, logo após, nos elevamos,*
> *Té que do ledo céu as cousas belas*
> *Por circular aberta divisamos:*
> *Saindo a ver tornamos as estrelas"*

PARTE II
CONTORNOS DA CONJUGALIDADE NO ISOLAMENTO SOCIAL

PARTE II
CONTORNOS DA CONJUGALIDADE
NO ISOLAMENTO SOCIAL

A REALIZAÇÃO DE CASAMENTOS NO PERÍODO DE PANDEMIA

Luciana Faísca Nahas

Doutora em Direito Civil pela Pontifícia Universidade Católica de São Paulo. Professora de Direto Civil na UNISUL – Universidade do Sul de Santa Catarina, e em cursos de pós-graudação; coordenadora da pós-graduação em Direito de Família e Sucessões na Faculdade CESUSC. Presidente do IBDFAM/SC. Membro da *Internacional Society of Family Law*. Advogada.

Patrícia Fontanella

Doutora em Direito pela Universidade de Lisboa/Portugal. Professora de Direto Civil na UNISUL – Universidade do Sul de Santa Catarina, nas Escolas do Ministério Público e das Magistraturas Estadual e Federal de Santa Catarina, na Escola Superior da Advocacia do mesmo Estado e na Academia Judicial do Tribunal de Justiça de Santa Catarina. Membro do GFAM – Grupo de Pesquisa Direito de Família e Sucessões em Perspectiva da Universidade Federal de Santa Catarina. Advogada.

Sumário: 1. Introdução. 2. A pandemia de Covid-19 e as transformações na sociedade contemporânea. 3. O casamento como ato de autonomia privada. 4. O casamento como ato solene do Estado. 5. A realização de casamento em tempos de pandemia. 6. Conclusão. 7. Referências.

1. INTRODUÇÃO

O presente artigo apresenta uma reflexão acerca da realização de casamentos no período de isolamento social e da necessidade de revisão do paradigma até então existente para o ato nupcial. A crise sanitária desencadeada pela Covid-19 alterou completamente a vida cotidiana, exigindo soluções impensáveis outrora e já ocasionou alterações importantes no procedimento de habilitação e celebração de casamentos no Brasil.

Tais alterações – previstas para este momento transitório – podem servir de impulso para discussões importantes que visem a celeridade do procedimento necessário para o casamento, sem trazer qualquer prejuízo à segurança jurídica.

Inicialmente, contextualizar-se-á o momento vivenciado pela sociedade contemporânea com a decretação da pandemia de Covid- 19 pela Organização Mundial da Saúde (OMS) para, após, apresentar o instituto do casamento como um ato de autonomia privada e de maior solenidade previsto em nossa legislação. Posteriormente, apresentar-se-ão as reflexões acerca das alterações promovidas para que o direito fundamental ao casamento seja garantido em tempos de pandemia.

2. A PANDEMIA DE COVID-19 E AS TRANSFORMAÇÕES NA SOCIEDADE CONTEMPORÂNEA

A sociedade contemporânea está atravessando uma drástica mudança em sua dinâmica decorrente da rápida disseminação de uma variação do coronavírus (Sars-Cov-2), causador de infeção humana uma doença nominada como Covid-19 (coronavírus desease). Em poucos meses, o vírus circulou pelos diversos continentes do mundo globalizado, de forma a ser declarada como pandemia mundial pela Organização Mundial da Saúde em 11 de março de 2020.[1]

As consequências da pandemia, no entanto, ultrapassam as fronteiras médicas e sanitárias. Em sendo um vírus de fácil contágio, letal, sem tratamento ou vacina conhecidos nestes primeiros meses, as principais medidas de contenção da sua expansão envolvem o afastamento social, modificando diretamente a organização social como conhecemos.

O afastamento social pode se dar por medidas mais leves, como o *distanciamento social*[2], que se traduz na recomendação de manter a distância de 2 metros, tendo por consequência suspensão de aglomerações, aulas e eventos; o *isolamento*[3], que consiste em separar pessoas sintomáticas das assintomáticas; a quarentena[4] obrigatória, com a proibição de atividades não consideradas essenciais, e até mesmo a restrição de trânsito mais drástica, conhecida como *lockdown*[5], em que a permanência em casa se torna em uma obrigação, somente sendo permitido circular no espaço público com autorização

---

1. https://www.who.int/dg/speeches/detail/who-director-general-s-opening-remarks-at-the-media-briefing-on-covid-19---11-march-2020.
2. DISTANCIAMENTO SOCIAL – Voluntário – Ficar longe o suficiente de outras pessoas para que o coronavírus – ou qualquer patógeno – não possa se espalhar. É por isso que estabelecimentos, escolas e universidades foram fechados e eventos acabaram cancelados. O Ministério da Saúde recomenda manter uma distância de 2 metros de distância de outras pessoas. Mas isso nem sempre é possível. De qualquer forma, a distância segura, segundo especialistas em saúde é de, no mínimo, 1,5 metro. É importante respeitar essa orientação porque o coronavírus não é transmitido pelo ar, mas pelo contato com gotículas expelidas por um indivíduo contaminado e essa distância mínima é a necessária para que você não seja atingido por possíveis gotículas que saem da boca da pessoa quando ela fala, por exemplo. https://www.telessaude.unifesp.br/index.php/dno/redes-sociais/216-o-que-sao-o-distanciamento-isolamento-quarentena-e-o-lockdown.
3. ISOLAMENTO – Medida não obrigatória por ordem médica – Já o isolamento serve para separar pessoas sintomáticas ou assintomáticas, em investigação clínica e laboratorial, de maneira a evitar a propagação da infecção e transmissão. Neste caso, é utilizado o isolamento em ambiente domiciliar, podendo ser feito em hospitais públicos ou privados. Ainda segundo a norma do Ministério da Saúde, o isolamento é feito por um prazo de 14 dias – tempo em que o vírus leva para se manifestar no corpo – podendo ser estendido, dependendo do resultado dos exames laboratoriais. Casos suspeitos que estão sendo investigados também devem ficar em isolamento. Se o exame der negativo, a pessoa é liberada da precaução. O isolamento não é obrigatório, não vai ter ninguém controlando as ações das pessoas. Ele é um ato de civilidade para a proteção das outras pessoas; ISOLAMENTO VERTICAL – Quando o isolamento é destinado somente a grupos de risco, como idosos e pessoas com comorbidades (diabéticos, hipertensos, pessoas com algum comprometimento pulmonar).; ISOLAMENTO HORIZONTAL – Quando o isolamento atinge toda a população. Todos que não trabalham com atividades essenciais devem ficar em casa. https://www.telessaude.unifesp.br/index.php/dno/redes-sociais/216-o-que-sao-o-distanciamento-isolamento--quarentena-e-o-lockdown.
4. QUARENTENA – Medida obrigatória – Tem como objetivo evitar a propagação de moléstias pelo confinamento de casos suspeitos, ou no caso a de potenciais casos. A medida é um ato administrativo, estabelecido pelas secretarias de Saúde dos estados e municípios ou do ministro da Saúde e quem determina o tempo são essas autoridades. A medida é adotada pelo prazo de até 40 dias, podendo se estender pelo tempo necessário. É uma medida obrigatória, restritiva para o trânsito de pessoas, que busca diminuir a velocidade de transmissão do novo coronavírus. https://www.telessaude.unifesp.br/index.php/dno/redes-sociais/216-o-que-sao-o-distanciamento-isolamento-quarentena-e-o-lockdown.
5. LOCKDOWN – Medida obrigatória – Usa a força do estado – Na prática, 'lockdown' é uma palavra em inglês para se referir ao sistema de quarentena. O *lockdown* é a paralisação especialmente dos fluxos de deslocamento. A ideia é interromper o fluxo, evitar que as pessoas se desloquem e, portanto, se encontrem. Uma consequência disso é a paralisação econômica.
https://www.telessaude.unifesp.br/index.php/dno/redes-sociais/216-o-que-sao-o-distanciamento-isolamento--quarentena-e-o-lockdown.

ou justificativa. Tais medidas estão sendo adotados pelos diversos países do mundo em distintas escalas[6], em conformidade com as análises científicas do crescimento do número de casos em cada local e do posicionamento político de cada autoridade.

No Brasil a situação de emergência pública foi reconhecida pela Portaria n. 188/GM/MS, de 4 de fevereiro de 2020 e pela Lei 13.979, de 6 de fevereiro de 2020[7], mas as medidas de afastamento social iniciaram após a declaração da pandemia pela OMS. Considerando as dimensões continentais do país, bem como o diferente estágio do avanço dos casos em cada região, as medidas de afastamento social iniciaram em datas e intensidades distintas em cada estado, sendo respeitada a autonomia dos entes federados para tanto, com respaldo do Supremo Tribunal Federal[8].

Esta é a realidade vivenciada neste momento, no qual surto pandêmico e afastamento social se apresentam, como descrito pelo Professor José Simão em texto publicado no dia 07 de abril de 2020[9]:

> Em 13 de março vivemos o último dia daquela Belle Époque. A realidade A acabou e começou a B, que é temporária, fugaz, mas persiste. O *homo sapiens sapiens* percebe que, antes de ser feliz, ele precisa sobreviver e a pandemia mostra que a simples sobrevivência deixa de ser óbvia. O ser humano se vê, repentinamente, em contato com sua animalidade por conta da inevitabilidade da disseminação de uma doença mortalmente perigosa.

Está situação de excepcionalidade afeta o conhecimento científico e social como um todo, como alertou o professor Boaventura de Sousa Santos, no opúsculo A Cruel Pedagogia do Vírus[10]:

> A pandemia confere à realidade uma liberdade caótica, e qualquer tentativa de a aprisionar analiticamente está condenada ao fracasso, dado que a realidade vai sempre adiante do que pensamos ou sentimos sobre ela. Teorizar ou escrever sobre ela é pôr as nossas categorias e a nossa linguagem à beira do abismo. [...] A geração que nasceu ou cresceu depois da Segunda Guerra Mundial habituou-se a ter um pensamento excepcional em tempos normais. Perante a crise pandémica, têm dificuldade em pensar a excepção em tempos excepcionais. O problema é que a prática caótica e esquiva dos dias foge à teorização e exige ser entendida em modo de sub-teorização.

---

6. Conforme relatório publicado no site http://globalaccesstojustice.com/?lang=pt-br, 92% dos países pesquisados adotaram medidas de isolamento social, sendo que 73% destes impôs multa em caso de descumprimento, e em casos mais graves o descumprimento pode levar a prisão em 41% dos países.

7. Lei 13.979, de 6 de fevereiro de 2020: [...] Art. 2º Para fins do disposto nesta Lei, considera-se: "I – isolamento: separação de pessoas doentes ou contaminadas, ou de bagagens, meios de transporte, mercadorias ou encomendas postais afetadas, de outros, de maneira a evitar a contaminação ou a propagação do coronavírus; e II – quarentena: restrição de atividades ou separação de pessoas suspeitas de contaminação das pessoas que não estejam doentes, ou de bagagens, contêineres, animais, meios de transporte ou mercadorias suspeitos de contaminação, de maneira a evitar a possível contaminação ou a propagação do coronavírus."

8. Em decisão liminar proferida na ADI 6341, o relator Ministro Marco Aurélio deferiu medida acauteladora "para tornar explícita, no campo pedagógico e na dicção do Supremo, a competência concorrente", com a seguinte ementa: "SAÚDE – CRISE – CORONAVÍRUS – MEDIDA PROVISÓRIA – PROVIDÊNCIAS – LEGITIMAÇÃO CONCORRENTE. Surgem atendidos os requisitos de urgência e necessidade, no que medida provisória dispõe sobre providências no campo da saúde pública nacional, sem prejuízo da legitimação concorrente dos Estados, do Distrito Federal e dos Municípios." Esta decisão foi confirmada pela sessão plenária realizada em 15/04/2020. http://www.stf.jus.br/arquivo/cms/noticiaNoticiaStf/anexo/ADI6341.pdf

9. http://www.ibdfam.org.br/artigos/1405/Direito+de+fam%C3%ADlia+em+tempos+de+pandemia%3A+hora+-de+escolhas+tr%C3%A1gicas.+Uma+reflex%C3%A3o+de+7+de+abril+de+2020

10. SANTOS, Boaventura de Souza. *A cruel pedagogia do vírus*. Coimbra: Almedina, 2020. p. 13.

Diante desta situação que se apresenta, o presente texto tem por desafio equalizar o instituto do casamento com a realidade vivenciada.

3. O CASAMENTO COMO ATO DE AUTONOMIA PRIVADA

Não há em nossa legislação o conceito de casamento e sua natureza tem sido objeto de intermináveis discussões. Embora não seja unânime, a melhor doutrina conceitua o instituto como "um negócio jurídico de Direito de Família"[11] através do qual duas pessoas[12] se vinculam por meio de uma relação jurídica típica, que é a relação matrimonial.

O art. 1.511 do Código Civil prevê, em cláusula geral[13], que "o casamento estabelece comunhão plena de vida, com base na igualdade de direitos e deveres dos cônjuges". O legislador decompôs o conceito de comunhão plena de vida previsto no referido artigo em direitos e deveres conjugais que são efeitos decorrentes do casamento e decorrem da seriedade que implica a assunção de um compromisso recíproco.

O casamento, enquanto expressão de um livre e espontâneo acordo de vontades, possui como característica a solenidade, sendo grande parte de suas disposições normativas de ordem pública que visam assegurar a igualdade entre os cônjuges e o equilíbrio dos interesses em pontos que o legislador reconhece como fundamentais.

Mas a necessidade de adesão às regras matrimoniais não afasta a base voluntarista do casamento, posto que é fundamentalmente a vontade dos noivos que marca a sua constituição, duração e extinção, constituindo-se um compromisso de comunhão plena de vida que se traduz em deveres particulares marcados pelo aspecto funcional: "[...] o casamento tem uma finalidade comunitária, extraindividual, que impede a aplicação da excepção de não cumprimento"[14].

O entendimento do casamento como um negócio jurídico de Direito de Família revela-se importante na medida em que tal posição permite afirmar que o casamento é, fundamentalmente, um ato de autonomia privada. Trata-se da escolha de duas pessoas de dividirem suas vidas, com disponibilidade amorosa para seguir em um projeto de vida comum que é renovado diariamente.

A autonomia privada – ideia fundamental do Direito Civil – é entendida em como o "um espaço de liberdade jurígena atribuído, pelo Direito, às pessoas, podendo definir-se

---

11. OLIVEIRA, José Lamartine Corrêa de; MUNIZ, Francisco José Ferreira. *Curso de direito de família*. 4. ed. 8. reimpr. Curitiba: Juruá, 2010. p. 125.

12. Em 2011 o Supremo Tribunal Federal (STF) reconheceu às uniões entre pessoas do mesmo sexo o *status* de entidade familiar e o efeito vinculante da decisão conferiu a essas relações a mesma proteção destinada à união estável entre pessoas de sexos diferentes prevista no art. 226, § 3º, da Constituição Federal, e regulamentada por meio dos arts. 1.723 e ss. do Código Civil. A partir dessa decisão, os desdobramentos jurídicos dela advindos culminaram na Resolução nº 175 do Conselho Nacional de Justiça (CNJ), editada em 14 de maio de 2013, que dispõe sobre "a habilitação, celebração de casamento civil, ou de conversão de união estável em casamento, entre pessoas de mesmo sexo" e autoriza o casamento entre pessoas do mesmo sexo, não obstante a ausência de tratamento legislativo.

13. Cláusulas gerais, ao lado dos conceitos jurídicos indeterminados, são janelas do sistema jurídico que permitem a adaptação do enunciado normativo às complexidades da matéria a regular, às particularidades do caso ou às mudanças das situações. Cf. MACHADO, João Baptista. *Introdução ao direito e ao discurso legitimador*. Coimbra: Almedina, 2010. p. 114.

14. PINHEIRO, Jorge Duarte. *O direito da família contemporâneo*. 5. ed. Coimbra: Almedina, 2016. p. 322.

como uma permissão genérica de produção de efeitos jurídicos".[15] Trata-se de deixar à liberdade humana a prática de fatos jurídicos que desencadeiam efeitos justamente pelo fato de não ser possível ao Direito prever todos os efeitos concretos, bem assim liga-se a certas liberdades econômicas fundamentais.

No Direito Civil, a autonomia privada incide notadamente no Direito das Obrigações, seja na liberdade de celebração, seja na de estipulação[16]. Já no Direito de Família – embora existam inúmeras disposições com efeitos predeterminados na lei e seja possível afirmar que nesse ramo do Direito a extensão da autonomia da vontade seja mais restrita – há um espaço de liberdade conferido às pessoas.

No plano pessoal, é direito fundamental do ser humano[17] casar-se ou não e garante-se a liberdade de escolha da pessoa com quem se pretende estabelecer uma comunhão plena de vida com a chancela estatal. Ainda, abre-se espaço para a liberdade de escolha da adoção do nome de família do cônjuge (CC, § 1º do art. 1.565).

No plano patrimonial, salvo as hipóteses previstas no art. 1.641 do Código Civil, o Direito confere aos nubentes a liberdade de escolha do regime matrimonial que regerá a união (CC, art. 1.639), bem assim admite sua alteração por ambos em juízo preenchidos os requisitos legais (CC, § 2º do art. 1.639).

Para proteção do casamento como um importante ato de autonomia privada o Direito considera importante que se obedeçam a certas formalidades que visam proteger os nubentes em sua liberdade: é o matrimônio como o ato mais solene e formal do ordenamento jurídico.

4. O CASAMENTO COMO ATO SOLENE DO ESTADO

Constituem-se pressupostos para a existência do casamento o consentimento e a sua realização por autoridade competente. O casamento nasce, portanto, "da liberdade de iniciativa dos nubentes e se forma pela vontade deles, (*conseunsus facit nuptias*)"[18].

O legislador releva que o consentimento dos nubentes obedeça a certas formalidades que envolvem o processo de habilitação e uma celebração a que se segue o registro. Daí dizer que no casamento a prova é pré-constituída: há uma certidão de casamento na qual constam informações importantes para a individualização do estado da pessoa em sociedade.

---

15. CORDEIRO, António Menezes. *Tratado de direito civil*: introdução: fontes do direito, interpretação da lei, aplicação das leis no tempo, doutrina geral. 4. ed. refor. e atual. reimpr. Coimbra: Almedina, 2017. I tomo, p. 952.
16. CORDEIRO, António Menezes. *Tratado de direito civil*: introdução: fontes do direito, interpretação da lei, aplicação das leis no tempo, doutrina geral. 4. ed. refor. e atual. reimpr. Coimbra: Almedina, 2017. I tomo, p. 954.
17. Art. 16 da Declaração Universal dos Direitos Humanos reconhece: "A partir da idade núbil, o homem e a mulher têm o direito de casar e de constituir família, sem restrição alguma de raça, nacionalidade ou religião. Durante o casamento e na altura da sua dissolução, ambos têm direitos iguais. O casamento não pode ser celebrado sem o livre e pleno consentimento dos futuros esposos. A família é o elemento natural e fundamental da sociedade e tem direito à proteção desta e do Estado." Disponível em: http://www.mp.go.gov.br/portalweb/hp/7/docs/declaracao_universal_dos_direitos_do_homem.pdf Acesso em: 24.04.2020.
18. OLIVEIRA, José Lamartine Corrêa de; MUNIZ, Francisco José Ferreira. *Curso de direito de família*. 4. ed. 8. reimpr. Curitiba: Juruá, 2010. p. 133.

No processo de habilitação de casamento se apreciam os documentos capazes de comprovar a capacidade dos nubentes (interessados) e a inexistência de impedimentos matrimoniais e causas suspensivas. Procedimento de jurisdição voluntária, de caráter administrativo, a habilitação se processa perante o Oficial do Registro Civil da circunscrição geográfica do domicílio de qualquer dos noivos e serve para verificar as condições de validade do matrimônio.

Assim, os interessados em idade núbil ou seus procuradores investidos de poderes especiais – procuração por instrumento público – devem apresentar os documentos exigidos, a fim de demonstrarem a vontade livre e desimpedida de contrair matrimônio. Sabe-se que não é permitido o casamento de pessoa menor de 16 anos (CC, art. 1.520) e ao oficial caberá o dever de esclarecer os nubentes sobre os fatos que podem ocasionar a invalidade do casamento – sejam impedimentos que o tornem nulo ou as causas que o tornem anulável – bem assim os regimes de bens existentes. Os cartórios acabaram por criar o chamado "termo de declaração do artigo 1.528", no qual os nubentes assinam afirmando terem recebido os esclarecimentos a que alude a lei, passando a compor o processo de habilitação.

A habilitação será feita pessoalmente perante o oficial do Registro Civil e, tendo em vista o interesse público, o Ministério Público exercerá sua função de fiscal da lei: examinará a capacidade dos nubentes para o casamento, bem assim a (in) existência de impedimentos e demais requisitos exigidos pela lei. Em caso de impugnação do oficial, do Ministério Público ou de terceiro a habilitação haverá necessidade de homologação judicial (CC, art. 1.526).

Os proclamas – providência ligada à publicidade do casamento – devem ser afixados durante quinze dias na circunscrição do Registro Civil e, obrigatoriamente, na imprensa local[19], se houver, para possibilitar que sejam revelados por qualquer pessoa possíveis impedimentos ou causas suspensivas do casamento. Em caso de urgência, os interessados poderão solicitar a dispensa da publicação dos editais (CC, § único do art. 1.527). Passado o prazo e inexistindo oposição, expedirá o oficial do registro certidão indicando a habilitação dos nubentes para se casarem em noventa dias, a contar da data em que foi extraído o certificado de habilitação (CC, art. 1.532).

A figura da oposição está prevista na legislação, sendo certo que "o ato de regular oposição constitui por si mesmo um impedimento matrimonial à medida que suspende a celebração do casamento"[20]. Por consequência, quando a oposição estiver destituída de fundamento o oponente de má-fé estará sujeito às sanções civis e criminais cabíveis.

Pela exigência de publicidade, a celebração do casamento deve ser realizada a portas abertas, na sede do cartório ou em edifício particular, presente os nubentes pessoalmente ou por procurador com poderes especiais, com a presença de duas testemunhas ou qua-

---

19. Em alguns Estados do país há a dispensa da publicação na imprensa como, por exemplo, o Estado de Santa Catarina. A Circular 05/2003 da Corregedoria-Geral de Justiça reafirma o entendimento no sentido da desnecessidade de publicação na imprensa por se tratar de "[...] medida que se tem mostrado dispensável, sem qualquer efeito prático, e fora isso, quase sempre redunda em despesa expressiva para os interessados ou pretendentes (nubentes)".

20. OLIVEIRA, José Lamartine Corrêa de; MUNIZ, Francisco José Ferreira. *Curso de direito de família.* 4. ed. 8. reimpr. Curitiba: Juruá, 2010. p. 139.

A REALIZAÇÃO DE CASAMENTOS NO PERÍODO DE PANDEMIA

tro, quando realizado o casamento fora da sede do cartório ou se algum dos contraentes não puder ou não souber escrever (CC, art. 1.533). Após a afirmação pelos nubentes – separada e sucessivamente – perante Juiz de Paz de que desejam casar-se por livre e espontânea vontade, estará concluída a celebração. Portanto, a participação do celebrante é meramente declaratória e não constitutiva do ato (CC, art. 1.514).

Às pessoas com deficiência[21] resta assegurado o direito fundamental de casar, posto que o Estatuto da Pessoa com Deficiência (Lei nº 13.146/2015) redimensionou o tema das incapacidades no Código Civil e garantiu, em seu art. 84, que "a pessoa com deficiência tem assegurado o direito ao exercício de sua capacidade legal em igualdade de condições com as demais pessoas".

A deficiência física, mental ou intelectual, portanto, não afeta a plena capacidade civil da pessoa, sendo garantido o direito de a pessoa nessa condição casar-se e constituir união estável. Pode contrair casamento desde que tenha pleno entendimento de seus atos, conforme o disposto na redação do *novel* § 2º, do art. 1.550 do Código Civil: "A pessoa com deficiência mental ou intelectual em idade núbia (*sic*) poderá contrair matrimônio, expressando sua vontade diretamente ou por meio de seu responsável ou curador".

Trata-se de significativa mudança no paradigma do casamento e será apenas anulável o casamento de pessoa que seja incapaz de consentir ou manifestar, de modo inequívoco, o consentimento (CC, art. 1.550, inciso IV). Portanto, passados cento e oitenta dias da celebração do casamento (CC, art. 1.560, inciso I), este se convalidará, afastando-se a possibilidade de anulação. Daí o reconhecimento pelo Estado da importância dos vínculos afetivos e de que o casamento não será necessariamente algo ruim para a pessoa nessa condição, na esteira das reformas contemporâneas do Direito de Família.

Para conclusão do procedimento será lavrado o assento no livro de registro que deverá ser assinado pelo presidente do ato, pelos nubentes, pelas testemunhas e pelo oficial do registro, devendo conter os dados do casal, de seus pais e das testemunhas, além das informações contidas na habilitação e o regime de bens – que pode ser livremente escolhido pelos interessados, salvo nos casos em que a lei impõe o regime de separação obrigatória de bens – adotado no casamento, contendo, inclusive, o nome adotado pelo cônjuge que escolher adotar o sobrenome do outro (CC, § 1º, art. 1.565).

A importância conferida ao ato nupcial e assim reconhecida pelo Estado impõe que o casamento seja imediatamente suspenso caso algum dos contraentes manifeste arrependimento ou recuse a afirmação de que é de livre e espontânea vontade que ali se encontra, não sendo admitida sua retratação no mesmo dia (CC, art. 1.538). Qualquer manifestação nesse sentido enseja a suspensão da celebração, só podendo ser continuada vinte e quatro horas depois.

A despeito das críticas, é admitida a modalidade de casamento denominada nuncupativo – do latim *nuncupare*, de viva voz – que consiste na celebração prevista para quando um dos contraentes se encontre em "iminente risco de vida" e em seu juízo,

---

21. A pessoa com deficiência, de acordo com a Lei nº 13.146/2015 em seu art. 2º, é aquela "que possui impedimento de longo prazo de natureza física, mental, intelectual ou sensorial, o qual, em interação com uma ou mais barreiras, pode obstruir sua participação plena e efetiva na sociedade em igualdade de condições com as demais pessoas".

mas não seja possível contar com a presença da autoridade celebrante ou de seu substituto. Neste caso, perante seis testemunhas que não tenham o parentesco indicado na lei é possível a sua realização, que necessitará ser confirmada posteriormente perante a autoridade judicial (CC, arts. 1.540 e 1.541).

Ao casamento religioso que não cumprir as formalidades exigidas para que venha a ter efeitos civis (CC, art. 1.516), a união receberá o tratamento previsto para a união estável, nos termos do artigo 1.723 do Código Civil.

Se, por um lado, o legislador já vinha simplificando o procedimento necessário ao casamento – vide a alteração do art. 1.526 do Código Civil em 2009, que dispensou a homologação judicial – por outro, a pandemia causada pela Covid-19 remete a reflexões importantes sobre alternativas para realização do casamento sem que se coloque em risco a saúde dos nubentes, com a fundamental preservação da saúde pública e levando em consideração uma concepção de casamento que pode-se chamar de personalista: "um casamento a serviço do pleno desenvolvimento das potencialidades da personalidade humana"[22].

5.   A REALIZAÇÃO DE CASAMENTO EM TEMPOS DE PANDEMIA

A realidade pandêmica é rodeada por incertezas e inseguranças decorrentes da falta de conhecimento acerca do vírus, e ante a ausência de tratamento médico eficaz e seguro. Destaca Boaventura de Souza Santos que "A rigidez aparente das soluções sociais cria nas classes que tiram mais proveito delas um estranho sentimento de segurança. [...] O surto viral pulveriza este senso comum e evapora a segurança de um dia para o outro."[23]

Diante destas incertezas, as medidas de afastamento social são adotadas como principal meio de contenção da pandemia, afetando diretamente o funcionamento das atividades nas quais há atendimento regular ao público, entre elas as notariais e registrais. As medidas de afastamento social, incluindo a quarentena e suspensão das atividades, iniciaram-se por Estados e Municípios em diferentes datas e intensidades, em uma velocidade condizente com a gravidade da doença.

A fim de evitar dúvidas da sujeição dos serviços notariais à quarentena, o Conselho Nacional de Justiça, por meio do Provimento Nº 91, de 22 de março de 2020, regulamentou que o notários, registradores e responsáveis interinos pelo expediente devem acatar as determinações das autoridades municipais, estaduais e nacionais de saúde pública, inclusive no que diz respeito a redução do atendimento ao público ou a suspensão do funcionamento da serventia, mas com uma importante inclusão: a possibilidade de manutenção dos atendimentos por meio remoto[24].

---

22.   OLIVEIRA, José Lamartine Corrêa de; MUNIZ, Francisco José Ferreira. *Curso de direito de família*. 4. ed. 8. reimpr. Curitiba: Juruá, 2010. p. 128.

23.   SANTOS, Boaventura de Souza. *A cruel pedagogia do vírus*. Coimbra: Almedina, 2020. p. 6-7

24.   PROVIMENTO Nº 91, 22 DE MARÇO DE 2020. Art. 1º Não obstante a competência exclusiva do Poder Judiciário em regular o funcionamento dos serviços notariais e de registro em todo o Brasil, os notários, registradores e responsáveis interinos pelo expediente devem acatar as determinações das autoridades municipais, estaduais e nacionais de saúde pública, emanadas na forma da lei e que imponham a redução do atendimento ao público ou a suspensão do funcionamento da serventia. § 1º A suspensão do atendimento presencial ao público determinado

Esta regulamentação, no entanto, se mostrou insuficiente, posto que os serviços notariais e registrais são essenciais e não podem ficar suspensos. Assim, em 1º de abril de 2020, o CNJ editou o provimento 95, determinando o funcionamento obrigatório dos serviços de notas e registros, ainda que em regime especial de plantão à distância. A possibilidade de utilização dos meios eletrônicos foi ampliada, inclusive para recepção de títulos e de documentos [25].

Os provimentos do CNJ não foram específicos no que diz respeito à habilitação e celebração do casamento, mas a abertura para os meios digitais e telepresenciais para realização de atos notariais e registrais proporcionou aos Tribunais estaduais o fundamento necessário para solucionar a realização do casamento a distância. Antes da confirmação da eficácia de atendimento e atos por meio eletrônicos, já haviam até normativas suspendendo a celebração casamentos, fato que gerou repercussão social e notas na imprensa, como a já revogada portaria GC 45 do TJDFT, de 19 de março de 2020 [26].

---

pelas autoridades de saúde pública ou por ato da Corregedoria local, editado com base na Recomendação 45/2020 da Corregedoria Nacional de Justiça, *poderá ser substituída por atendimento remoto através de meio telefônico, por aplicativo multiplataforma de mensagens instantâneas e chamadas de voz ou outro meio eletrônico disponível,* sempre observando a regulamentação da Corregedoria local para esta modalidade de atendimento ao público, se houver (destaque nosso)

25. PROVIMENTO Nº 95, DE 1º DE ABRIL DE 2020. Art. 1º. Nas localidades em que tenham sido decretadas medidas de quarentena por autoridades sanitárias, consistente em restrição de atividades, com suspensão de atendimento presencial ao público em estabelecimentos prestadores de serviços, ou limitação da circulação de pessoas, o atendimento aos usuários do serviço delegado de notas e registro, em todas as especialidades previstas na Lei 8.985/1994, *serão prestados em todos os dias úteis, preferencialmente por regime de plantão a distância,* cabendo às Corregedorias dos Estados e do Distrito Federal regulamentar o seu funcionamento, ou adequando os atos que já tenham sido editados se necessário, cumprindo sejam padronizados os serviços nos locais onde houver mais de uma unidade. § 1º. *Os serviços públicos de notas e registros devem manter a continuidade e o seu funcionamento é obrigatório.* Nos locais onde não for possível a imediata implantação do atendimento à distância, e até que isso se efetive, excepcionalmente, deverá ser adotado atendimento presencial, cumprindo que sejam observados, nesse caso, todos os cuidados determinados pelas autoridades sanitárias para os serviços essenciais, bem como as administrativas que sejam determinadas pela Corregedoria Geral dos Estado ou do Distrito Federal respectiva, ou pelo Juízo competente, § 2º. O atendimento a distância, será compulsório nas unidades em que o responsável, substituto, preposto ou colaborador, estiver infectado pelo vírus Covid-19 (soropositivo), enquanto em exercício. § 3º. *O plantão a distância nas unidades dos serviços de notas e registro do país terá duração de pelo menos quatro horas* e, quando excepcionalmente for necessária a adoção do plantão presencial, este terá duração não inferior a duas horas. [...] § 5º. Os oficiais de registro e tabeliães, a seu prudente critério, e sob sua responsabilidade, *poderão recepcionar diretamente títulos e documentos em forma eletrônica, por outros meios que comprovem a autoria e integridade do arquivo* (consoante o disposto no Art. 10, § 2º, da Medida Provisória 2.200-2/2001).

26. PORTARIA GC 45 DE 19 DE MARÇO DE 2020 do TJDFT (revogada) Art. 2º. DETERMINAR A SUSPENSÃO do atendimento ao público entre os dias 20 de março de 2020 e 30 de abril de 2020. Art. 7º. No serviço de registro civil, além do atendimento previsto no artigo 4º, serão mantidos todos os serviços prestados por intermédio da Central de Informações do Registro Civil – CRC (www.registrocivil.org.br), dentro das possibilidades da serventia demandada. § 2º. A cerimônia de casamento civil já agendada e que não possa ser adiada em virtude de urgência, será realizada com os cuidados necessários, podendo ser celebrada por Juiz de Paz "ad hoc" nomeado pela Corregedoria, caso nenhum Juiz de Paz da serventia aceite a realização do ato. § 3º *As celebrações de casamento previstas para o dia 20 de março de 2020 poderão ser realizadas,* com observância do contido na decisão lavrada no PA 28783/2019. § 4º A segunda via de certidão de nascimento, casamento e óbito será expedida por meio do site www.registrocivil. org.br § 5º. *A eficácia do certificado de habilitação de casamento que for expirar dentro dos próximos sessenta dias fica prorrogada por mais noventa dias a contar do prazo em que se daria a expiração.* https://www.tjdft.jus.br/publicacoes/ publicacoes-oficiais-portarias-da-corregedoria/2020/portaria-gc-45-de-19-03-2020 A repercussão desta norma teve destaque na imprensa: NOTICIA: Novas uniões civis só poderão ocorrer a partir de 30 de abril. https://www. anoreg.org.br/site/2020/03/20/clipping-g1-coronavirus-cartorios-pedem-que-noivos-adiem-casamentos-no-df/ também: "Os casamentos agendados para serem celebrados em cartório nesta sexta-feira permanecem mantidos. Os demais, marcados até o dia 30, serão reagendados. Os noivos devem entrar em contato com os cartórios para marcar as novas datas. Casais que tiverem o certificado de habilidade para casar perto do vencimento de 90 dias,

Tendo por base os provimentos do CNJ e os regulamentos de alguns Tribunais Estaduais que já se pronunciaram sobre o assunto, é possível afirmar que a realização do casamento civil – desde a habilitação até a celebração – pode ser à distância tendo por suporte os meios eletrônicos, sem prejuízo da solenidades do casamento, essenciais para a segurança jurídica e publicidade do ato.

A habilitação pode ser feita por meio da entrega eletrônica dos documentos, inclusive as certidões atualizadas dos nubentes, que podem ser obtidas pelo portal www.registrocivil.org.br, como indicado pelo o provimento 22 de 31 de março de 2020, do TJSC[27]. Até mesmo a assinatura das partes no procedimento de habilitação pode ser substituída por assinatura eletrônica, ou certidão do próprio oficial do registro.

Todos os demais trâmites da habilitação podem se dar por meio eletrônico, inclusive a manifestação do Ministério Público, a publicação dos proclamas. Destaca-se, ainda, que nos termos do art. 1.527, parágrafo único do Código Civil, é possível a dispensa da publicação dos editais em casos de urgência, podendo assim se enquadrar o casamento de pessoa com suspeita de ter contraído a Covid-19, por exemplo. A título de sugestão, já poderia ser regulamentada a dispensa desta publicação para as habilitações realizadas neste período de pandemia, acelerando a habilitação ao casamento.

No que diz respeito à habilitação do casamento, é importante ainda destacar que ao final do procedimento é expedido certificado de habilitação, com eficácia de 90 dias, nos termos do art. 1.532 do Código Civil. O prazo de eficácia deste certificado deve ser prorrogado para aqueles que já realizaram a habilitação antes da declaração da pandemia (11/03/2020) e não querem realizar a celebração à distância. Sugere-se que a prorrogação seja até que se declare o fim da pandemia, tendo por base as normas federais a respeito do assunto, a fim de se dar unicidade no tratamento. A título de exemplo, o TJDFT[28]

---

terão o prazo prorrogado por mais 60 dias." https://www.anoreg.org.br/site/2020/03/20/clipping-correio-braziliense-cartorios-do-df-suspendem-atendimento-casamentos-civis-serao-adiados/.

27. Art. 6º. As certidões do registro civil podem ser solicitadas digitalmente pelo portal www.registrocivil.org.br, bem como por qualquer outro meio escolhido pela parte e viável para cumprimento pelo registrador. [...] Art. 8º. A habilitação de casamento observará o disposto no art. 7º e também o seguinte, no que couber: I – o contato prévio em meio remoto será feito por ferramenta que permita o contato simultâneo com os dois nubentes; II – os nubentes comparecerão à serventia acompanhados das testemunhas para assinar o requerimento de habilitação, condicionando-se o atendimento à observância das cautelas e determinações das autoridades de saúde pública (municipal, estadual e nacional); e III – os interessados poderão fazer uso de certificado digital, emitido em conformidade com o padrão ICP-Br http://busca.tjsc.jus.br/buscatextual/integra.do?cdSistema=41&cdDocumento=176328&cdCategoria=103&q=&frase=&excluir=&qualquer=&prox1=&prox2=&proxc=.

28. Portaria GC 58 DE 13 DE ABRIL DE 2020 do TJDFT Art. 6º. No serviço de registro civil das pessoas naturais, além do atendimento previsto no artigo 4º, serão mantidos todos os serviços prestados por intermédio da Central de Informações do Registro Civil – CRC § 4º. *A cerimônia de casamento civil poderá ser realizada desde que, previamente informados, os interessados aceitem que, no ato de celebração, estejam fisicamente presentes apenas os nubentes e as testemunhas, sem prejuízo da transmissão, em tempo real, por meio virtual,* para outras pessoas, o que deverá ser providenciado pelo Ofício, observadas também todas as demais regras de segurança previstas nas normas expedidas por esta Corregedoria da Justiça, pelo Conselho Nacional de Justiça e pelas autoridades públicas de saúde. §5º. Os oficiais zelarão para que, em caso de celebração de mais de um casamento, em uma mesma data, haja um intervalo mínimo de uma hora entre as cerimônias, suficiente para efetuar a limpeza do local e, também, evitar fila ou aglomeração de pessoas dentro da sede da serventia ou em sua parte exterior. § 6º. A cerimônia poderá ser celebrada por Juiz de Paz "ad hoc" nomeado pela Corregedoria, caso nenhum Juiz de Paz da serventia aceite a realização do ato. § 7º *A eficácia do certificado de habilitação de casamento que for expirar até o dia 19 de maio de 2020 fica prorrogada por mais noventa dias a contar do prazo em que se daria a expiração.* § 8º Poderão ser recepcionados pedidos de habilitação para casamento por um dos meios eletrônicos previstos no § 1º, ou outra plataforma a ser

regulamentou a ampliação do prazo de eficácia por mais noventa dias, no entanto este prazo pode ser insuficiente em razão das incertezas do momento vivenciado.

A celebração do casamento por meio de videoconferência também é possível, inclusive sem a necessidade de deslocamento dos nubentes ao registro civil. A celebração teletransmitida em tempo real, simultâneo, com a presença dos nubentes, testemunhas e autoridade celebrante cumpre os requisitos legais para a validade e publicidade do ato. Desde a declaração da Pandemia, diversos Tribunais regulamentaram o assunto, como em Santa Catarina[29], Minas Gerais[30], Sergipe[31], Alagoas[32] e Pernambuco[33], fatos que

---

desenvolvida pelos registradores civis, desde que, satisfeitos os emolumentos, os interessados e as testemunhas possam comparecer à serventia para, mediante prévio agendamento, assinarem e apresentarem os documentos exigidos. https://www.tjdft.jus.br/publicacoes/publicacoes-oficiais/portarias-da-corregedoria/2020/portaria-g-c-58-de-13-04-2020.

29. Art. 9º. Certificada a habilitação e após todos os trâmites legais, será agendada data e hora para a celebração do casamento, que poderá ser realizado por videoconferência para permitir a participação simultânea de nubentes, juiz de paz, registrador e preposto, além de duas testemunhas, servindo-se para tanto de programa que assegure a livre manifestação. http://busca.tjsc.jus.br/buscatextual/integra.do?cdSistema=41&cdDocumento=176328&-cdCategoria=103&q=&frase=&excluir=&qualquer=&prox1=&prox2=&proxc=.

30. § 5º Nos processos de habilitação de casamento, se as partes já tiverem assinado o pedido de habilitação na presença do oficial ou de seu preposto, ou ainda, se assinarem o pedido de habilitação de forma digital, na forma prevista no § 1º ou no § 7º deste artigo, as assinaturas no assento de casamento poderão ser supridas por arquivo de videoconferência, o qual será arquivado na serventia, devendo o oficial certificar nos autos os termos da videoconferência. § 6º Nos casos previstos no § 5º deste artigo, o oficial poderá, posteriormente, recepcionar as assinaturas das partes nos termos, fazendo referência à data da assinatura presencial, sendo que a mencionada assinatura é facultativa. https://www.tjmg.jus.br/data/files/33/22/0D/C6/502A1710A75CA7176ECB08A8/portaria%206405-2020.pdf noticiado na imprensa em https://www.anoreg.org.br/site/2020/04/24/tj-mg-casamento-civil-podera-ser-feito--por-videoconferencia/.

31. Foi celebrado na manhã desta quinta-feira (23), pelo Tribunal de Justiça de Sergipe (TJ-SE), o primeiro casamento por videoconferência do estado. Os noivos, duas testemunhas e a escrevente estavam nas dependências do Cartório do 2º Ofício do município de Itabaianinha. Já o magistrado, o juiz Eliezer Siqueira de Sousa Junior, estava em Aracaju, de onde realizou a cerimônia por videochamada através de um aplicativo de mensagem. [...] De acordo com a Corregedora Geral da Justiça, Elvira Maria de Almeida Silva, que autorizou o casamento, não existe impedimento à celebração do casamento civil por videochamada pelo aplicativo, uma vez que as formalidades legais pertinentes ao Código Civil, foram atendidas, tais como: a identificação dos nubentes e das duas testemunhas, que compareceram pessoalmente perante à escrevente ou à oficial registradora na sede do cartório; a cerimônia presidida pela autoridade competente, em dia, hora e lugar por ela previamente designados; a observância à publicidade, com a possibilidade de oposição de impedimentos e arguição de causas suspensivas por eventual interessado que assim se manifestasse. https://www.anoreg.org.br/site/2020/04/23/clipping-g1-com-mascaras-noivos-se-casam--atraves-de-cerimonia-virtual-em-sergipe/ Também "De acordo com a Corregedora Geral da Justiça, Elvira Maria de Almeida Silva, que autorizou o feito, não existe óbice legal à celebração do casamento civil por videochamada pelo aplicativo WhatsApp, uma vez que as formalidades legais pertinentes, consoantes aos artigos 1.533 e 1.534 do Código Civil, serão atendidas[..]." https://www.anoreg.org.br/site/2020/04/17/tjse-realizara-primeiro-casamento-por-videoconferencia/.

32. Casamentos remotos são adaptações para prevenir disseminação do coronavírus. A Justiça autorizou a realização de casamentos civis em Alagoas por meio de videoconferência durante a pandemia. Casamentos coletivos continuam suspensos. [...] https://www.anoreg.org.br/site/2020/04/22/clipping-g1-justica-autoriza-realizacao-de-casamentos-civis-em-al-por-meio-de-videoconferencia/.

33. "Planejado desde meados de 2019, o casamento de Marília Morato e Renan Nóbrega havia sido agendado para esta quarta-feira (15), mas a pandemia do novo coronavírus mudou completamente o planejamento do casal. Os dois puderam, de fato, dizer o esperado "sim" na data marcada, mas a união foi oficializada em casa, por videoconferência. Pelo planejado, o casamento civil, no cartório, seria comemorado com um jantar para amigos e familiares. No sábado (18), seria a hora da festa para celebrar a união, junto com cerca de 200 pessoas. Devido ao isolamento social, os abraços e cumprimentos calorosos precisaram ficar para depois. "A gente já tinha dado entrada no civil, com todos os protocolos. Hoje [15] seria a data que a gente escolheu para ir ao Fórum, no Recife, mas, na segunda [13], nos disseram que o processo estava todo concluído e que poderia ser feito via WhatsApp", afirmou Marília. A ideia, a princípio, causou estranheza. "Vou casar por WhatsApp?", questionou a noiva. Mas o desejo do casal de realizar um sonho e de trazer alegria em meio às restrições sociais causadas pela disseminação da doença Covid-19

ultrapassaram os limites dos estudos jurídicos, e foram alvo de notícias pela imprensa, demonstrando a importância social da manutenção da realização do casamento em tempos de pandemia, ainda que por meios eletrônicos e telepresenciais.

6. CONCLUSÃO

O casamento é importante instituto do Direito Civil, e o seu livre exercício deve ser garantido, ainda em tempos de pandemia e afastamento social. Mesmo sem atendimentos presenciais, as habilitações e celebrações do casamento podem ser realizadas pelos serviços de registro civil, garantindo o direito fundamental de planejamento familiar e constituição da família por meio do matrimonio, sem qualquer prejuízo às solenidades do ato, que podem ser mantidas pelo meio eletrônico.

Como destacado em notícia:

A tendência de realizar casamentos *online* começou como uma forma contornar as dificuldades impostas pelo isolamento social e dar algum tipo de continuidade aos planos interrompidos. Mas agora, governantes e instituições públicas começaram a desenvolver ações que validem as cerimônias à distância perante a legislação. Na semana passada, o governador de Nova Iorque, Andrew Cuomo, informou em seu perfil no Twitter que emitiu uma ordem executiva permitido a realização dos casamentos virtuais e garantindo que todos os cidadãos do estado possam obter uma licença de casamento remota. Nos Estados Unidos, a hashtag #ZoomWedding se popularizou logo no início do período de isolamento social, quando casais começaram a compartilhar suas experiências de cerimônias realizadas em plataformas de videoconferência.[34]

Sugere-se que este assunto seja objeto de regulamentação federal, preferencialmente por lei transitória para o período de pandemia, a fim de unificar os procedimentos em todos os Estados, trazendo maior segurança jurídica na realização do ato.

7. REFERÊNCIAS

ACESSO À JUSTIÇA UMA NOVA PESQUISA GLOBAL. *Global access to justice.* http://globalaccessto-justice.com/?lang=pt-br Acesso em 03 de maio de 2020.

Clipping – BHAZ – Cartórios de BH vão realizar casamentos por videoconferência. *ANOREG.* https://www.anoreg.org.br/site/2020/04/24/clipping-bhaz-cartorios-de-bh-vao-realizar-casamentos-por--videoconferencia/ Acesso em 03 de maio de 2020.

Clipping – G1 – Com máscaras, noivos se casam através de cerimônia virtual em Sergipe. *ANOREG.* https://www.anoreg.org.br/site/2020/04/23/clipping-g1-com-mascaras-noivos-se-casam-atraves--de-cerimonia-virtual-em-sergipe/ Acesso em 03 de maio de 2020.

---

foram o sinal verde para que os dois seguissem adiante. "Inicialmente, tinham dito que a gente teria que aguardar até setembro, outubro. Mas depois perguntaram se a gente poderia fazer por videoconferência e a gente topou", contou Renan." https://www.anoreg.org.br/site/2020/04/17/g1-casamento-e-realizado-por-videoconferencia-no--recife-devido-a-pandemia-do-novo-coronavirus/.

34. https://www.anoreg.org.br/site/2020/04/24/clipping-bhaz-cartorios-de-bh-vao-realizar-casamentos-por-video-conferencia/; https://bhaz.com.br/2020/04/23/casamentos-videoconferencia-bh/.

Clipping – G1 – Coronavírus: cartórios pedem que noivos adiem casamentos no DF. *ANOREG.* https://www.anoreg.org.br/site/2020/03/20/clipping-g1-coronavirus-cartorios-pedem-que-noivos-adiem--casamentos-no-df/ Acesso em 03 de maio de 2020.

Clipping – Correio Braziliense – Cartórios do DF suspendem atendimento; casamentos civis serão adiados. *ANOREG.* https://www.anoreg.org.br/site/2020/03/20/clipping-correio-braziliense-cartorios--do-df-suspendem-atendimento-casamentos-civis-serao-adiados/ Acesso em 03 de maio de 2020.

Clipping – G1 – Justiça autoriza realização de casamentos civis por videoconferência em AL. *ANOREG.* https://www.anoreg.org.br/site/2020/04/22/clipping-g1-justica-autoriza-realizacao-de-casamentos--civis-em-al-por-meio-de-videoconferencia/ Acesso em 03 de maio de 2020.

CORDEIRO, António Menezes. *Tratado de direito civil*: introdução: fontes do direito, interpretação da lei, aplicação das leis no tempo, doutrina geral. 4. ed. refor. e atual. reimpr. Coimbra: Almedina, 2017. I tomo. Acesso em 03 de maio de 2020.

DECLARAÇÃO UNIVERSAL DOS DIREITOS DO HOMEM. Disponível em: http://www.mp.go.gov.br/portalweb/hp/7/docs/declaracao_universal_dos_direitos_do_homem.pdf Acesso em: 24.04.2020.

G1 – Casamento é realizado por videoconferência no Recife devido à pandemia da Covid-19. *ANOREG.* https://www.anoreg.org.br/site/2020/04/17/g1-casamento-e-realizado-por-videoconferencia-no-re-cife-devido-a-pandemia-do-novo-coronavirus/ Acesso em 03 de maio de 2020.

OLIVEIRA, José Lamartine Corrêa de; MUNIZ, Francisco José Ferreira. *Curso de direito de família*. 4. ed. 8. reimpr. Curitiba: Juruá, 2010.

O que são o Distanciamento, Isolamento, Quarentena e o Lockdown? https://www.telessaude.unifesp.br/index.php/dno/redes-sociais/216-o-que-sao-o-distanciamento-isolamento-quarentena-e-o-lo-ckdown Acesso em 03 de maio de 2020.

PINHEIRO, Jorge Duarte. *O direito da família contemporâneo*. 5. ed. Coimbra: Almedina, 2016. p. 322.

SANTOS, Boaventura de Souza. *A cruel pedagogia do vírus*. Coimbra: Almedina, 2020. p. 13.

SIMÃO, José. *IBDFAM.* Direito de família em tempos de pandemia: hora de escolhas trágicas. Uma reflexão de 7 de abril de 2020 http://www.ibdfam.org.br/artigos/1405/Direito+de+fam%C3%ADlia+em+-tempos+de+pandemia%3A+hora+de+escolhas+tr%C3%A1gicas.+Uma+reflex%C3%A3o+de+7+-de+abril+de+2020. Acesso em 03 de maio de 2020.

TJ/MG – Casamento civil poderá ser feito por videoconferência. *ANOREG.* https://www.anoreg.org.br/site/2020/04/24/tj-mg-casamento-civil-podera-ser-feito-por-videoconferencia/ Acesso em 03 de maio de 2020.

TJSE realizará primeiro casamento por videoconferência. *ANOREG.* https://www.anoreg.org.br/site/2020/04/17/tjse-realizara-primeiro-casamento-por-videoconferencia/ Acesso em 03 de maio de 2020.

WHO Director-General's opening remarks at the media briefing on Covid-19 – 11 March 2020. *WHO.* https://www.who.int/dg/speeches/detail/who-director-general-s-opening-remarks-at-the-media--briefing-on-covid-19---11-march-2020 Acesso em 03 de maio de 2020.

A CONVENIÊNCIA DE LEGISLAÇÃO EXCEPCIONAL PARA OS CASAMENTOS EM TEMPO DE COVID-19

Cláudia Stein Vieira

Mestre e Doutoranda em Direito Civil pela Universidade de São Paulo, Professora de Direito Civil no curso de Pós-Graduação da Escola Paulista de Direito-EPD. Advogada especializada em Direito de Família e das Sucessões.

Débora Vanessa Caús Brandão

Pós-Doutora em Direitos Humanos pela Universidade de Salamanca, Espanha. Doutora e Mestre em Direito Civil pela Pontifícia Universidade Católica de São Paulo, Professora Titular de Direito Civil da Faculdade de Direito de São Bernardo do Campo, SP. Advogada.

Sumário: 1. O isolamento social *versus* o desejo de celebrar o amor. 2. O processo de habilitação para o casamento. 3. A celebração do casamento. 4. O Projeto de Lei 1.627/2020. 5. Conclusão. 6. Referências.

1. O ISOLAMENTO SOCIAL *VERSUS* A VONTADE DE CELEBRAR O AMOR

Em tempos de isolamento social, o que importa na permanência das pessoas em casa, sem contato presencial, visando a evitar que o contágio da Covid-19 se dê em escala que colapse o sistema de saúde, impedindo o atendimento de todos os que precisam e precisarão, é possível constatar que nada vence o amor e a respectiva celebração, da forma que cada casal deseja, aqui importando tratar sobre o casamento.

Objetivando a dar prosseguimento a um projeto de vida, o que engloba os planos existentes antes desse período, muitas pessoas manifestam a vontade de se casar, ainda que isso tenha de se dar pelo meio audiovisual, mesmo modo pelo qual os que lhes são caros podem participar.

Também pode um casal, que viva em união estável, desejar evitar que, em caso de morte de um deles – receio que tem assombrado algumas pessoas –, o sobrevivo, visando a ser reconhecido como meeiro e/ou herdeiro, seja compelido na comprovação do relacionamento, em situação de litígio com outros interessados na herança.

Com o fito de a celebração do casamento se dar à distância, por meio audiovisual, encontrava-se em trâmite o Projeto de Lei n. 1.627/20, de autoria da Senadora Soraya Thronicke, que se mostrava necessário considerado que o Brasil é um país de extensão continental e a uniformização de alguns temas vem em benefício da população. No entanto, tal Projeto foi retirado, a fim de que houvesse alguns ajustes ou momento mais adequado par sua apreciação.

O PL n. 1.627/20 havia normas de caráter transitório, a viger, apenas e tão somente durante o período da pandemia, referentes, afora à celebração do casamento, à guarda e ao regime de convivência de filhos menores, aos alimentos e aos testamentos. Mas, o que importa, para esse artigo, é o primeiro dos temas.

E, tudo isso para propiciar que aqueles que isso desejam, celebrem seu amor com a contração do matrimônio, ao que a pandemia não será óbice.

2. O PROCESSO DE HABILITAÇÃO PARA O CASAMENTO

Para que o casamento se realize à distância, por meio audiovisual, poder-se-á estar diante de um casal que, anteriormente ao isolamento social, tenha procedido à habilitação para tanto – com o certificado extraído ou em vias de sê-lo –, mas nada justifica que o PL n. 1627/20 limitasse a possibilidade para que tal ocorresse somente para aqueles "cujo processo de habilitação tenha sido iniciado até 20 de março de 2020" (art. 3º).

Sendo assim, a sugestão de redação apontada por diversas civilistas brasileiras foi no sentido de abolir qualquer referência a lapso temporal, assegurando a celebração à distância, desde que cumpridas as formalidades legais, por sistema audiovisual.

O procedimento de habilitação para o casamento, que é bastante simples no Brasil, está previsto nos arts. 1.525 a 1.532 do Código Civil, donde se constata que a eficácia do certificado extraído, que habilita os nubentes a celebrar as núpcias, é de 90 (noventa) dias, o que também se poderia imaginar ser um problema em tempos de pandemia, mas não o é, pois o art. 4º do PL prevê que esse prazo fica "interrompido(...) reiniciando-se a sua contagem após o encerramento de toda e qualquer medida governamental impositiva de isolamento social ou quarentena".

Além disso, vários os registros civis que mantêm, no período da pandemia, um horário de funcionamento para atendimento ao público, sempre evitando aglomerações, quando o procedimento pode ser iniciado.

Se a hipótese for de um dos nubentes, ou ambos, fazer(em) parte do grupo de risco, insta rememorar que todos os atos podem ser praticados por procurador, que tomará todas as providências (CC, art. 1.525).

Com relação às testemunhas, considerando a necessidade de comparecimento perante o oficial do Registro Civil, para o início do procedimento, o ideal é que a escolha recaia sobre pessoas que não estejam no grupo de risco.

Mas, a princípio, inexiste impedimento a que o procedimento de habilitação se inicie durante o período de isolamento social, sobretudo quando, para a obtenção da documentação exigida – documento de identidade e certidão de nascimento, com menos de seis meses de expedição, dos noivos; documento de identidade das testemunhas; em caso de nubentes viúvos ou divorciados, certidão de óbito do cônjuge falecido ou de casamento com averbação do divórcio –, podem os noivos se valer de pedidos pela *internet*.

A CONVENIÊNCIA DE LEGISLAÇÃO EXCEPCIONAL PARA OS CASAMENTOS EM TEMPO DE COVID-19

Seria benéfico que o PL previsse que, para dar início ao procedimento de habilitação, os nubentes e as testemunhas, após a entrega da documentação necessária – o que pode se dar pelos correios –, pudessem ser entrevistados pelo oficial por meio audiovisual.

3. A CELEBRAÇÃO DO CASAMENTO

Como se verifica pela leitura dos arts. 1.533 a 1.535, o casamento, mesmo que celebrado na sede do cartório – e a pandemia impede que isso se dê em locais com a presença de muitas pessoas –, tem formalidades que devem ser obedecidas, quais sejam que a realização e dê com máxima publicidade – inclusive, em tempos de pandemia, com a publicação da data e horário que se realizará –, com as portas abertas, com a presença de, pelo menos, duas testemunhas, parentes ou não dos contraentes, afora a autoridade celebrante e dos próprios nubentes, que podem ser representados por procurador com poderes especiais para tanto – exceção feita àquele que estiver em risco de vida, no casamento nuncupativo, nomeado por escritura pública (CC, art. 1.542), cuja eficácia é de 90 (noventa) dias (CC, art. 1.542).

> O casamento nuncupativo, que significa "de viva voz", também chamado de casamento *in articulo mortis, in extremis* ou "em iminente risco de vida", está previsto no art. 1.540 do CC. Ele permite a dispensa da prévia habilitação perante o Cartório de Registro Civil das Pessoas Naturais e a presença da autoridade celebrante, se ela, o suplente ou o oficial não puder comparecer, em virtude de situação emergencial que coloca um dos nubentes na iminência da morte.

> Apesar de pouco difundido por desconhecimento quase que absoluto da população brasileira, ele será celebrado entre os próprios nubentes, perante seis testemunhas, que não podem ser parentes dos nubentes na linha reta ou na linha colateral, até segundo grau. Explicitando, as testemunhas não podem ser pais, filhos, avós, netos etc. (parentes na linha reta) ou irmãos (colateral de segundo grau) dos nubentes para que seja respeitada a vontade manifestada por eles, uma vez que estes parentes podem negar o ato testemunhado por eles, motivados por interesses sucessórios, frustrando o reconhecimento do casamento desejado e convolado.[1]

A celebração, de outro giro, poderá se dar, como é certo, sobretudo em tempos de isolamento social, por meio audiovisual, o que, inclusive, encontra amparo na previsão contida no art. 1.534 do CC, uma vez que os nubentes, se a autoridade celebrante consentir, podem eleger outro local, público ou particular, que não a sede do cartório, o que ocorrerá, nesse momento, mas com as pessoas cuja presença é obrigatória em lugares diversos – em algumas hipóteses, os próprios noivos.

Permanece a possibilidade de o casamento se realizar na sede do cartório, com os cuidados que a situação exige, o que pode incluir, por exemplo, que todos permaneçam ao ar livre, com distanciamento que evite o risco de contaminação. É oportuno considerar que nem todos os brasileiros têm acesso a recursos tecnológicos e que, por tal razão, necessitarão celebrar seu matrimônio de tal forma, a menos que pessoas próximas a eles permitam que tal se dê a partir da utilização de seus próprios equipamentos – com-

---

1. BRANDÃO, Débora Vanessa Caús. *Manual de direito civil constitucional.* Direito de família, no prelo.

putador, *tablet*, telefone celular –, o que poderá se dar com regularidade, considerada a solidariedade do povo brasileiro.

4. O PROJETO DE LEI 1.627/2020

Conforme registrado acima, referido Projeto de Lei foi retirado, o que não impede a discussão doutrinária, a fim de que outros projetos venham a ser propostos, com reflexão e redação ainda mais apurada.

Dentre os pontos a serem observados o primeiro deles guardava relação ao PL limitar a celebração de casamentos à distância, por sistema audiovisual, aos cujo processo de habilitação tivesse se iniciado até o dia 20 de março de 2020, o que, diante do antes consignado, merecia ser revisto. Qualquer casamento deve poder ser celebrado dessa forma, pouco importando quando se iniciou o procedimento de habilitação, durante a vigência das medidas emergenciais relativas à pandemia.

O segundo dos pontos consistia na necessidade de retirada da previsão de comparecimento, dos nubentes e das testemunhas, "cessadas as medidas impositivas de quarentena, ou isolamento social, (...) no prazo de 90 dias para assinar o livro, sob pena de ineficácia do casamento" (art. 1º, § 1º, do PL).

Mostrava-se de todo desnecessária tal providência, uma vez que a lavratura, no livro de registro, do assento do casamento, que, pelo que preleciona o Código Civil, "será assinado pelo presidente do ato, pelos cônjuges, as testemunhas, e o oficial do registro" (art. 1.525), "não é o ato constitutivo do vínculo conjugal, mas apenas o meio de prova a respeito do ato casamentário"[2]. O casamento passa a surtir efeitos a partir da respectiva realização, que se dá "no momento em que o homem e a mulher manifestam, perante o juiz, a sua vontade de estabelecer vínculo conjugal, e o juiz os declara casados" (art. 1.514), a partir do qual "assumem mutuamente a condição de consortes, companheiros e responsáveis pelos encargos da família" ("Da eficácia do casamento", art. 1.565). Falar em "ineficácia" caso não haja tal assinatura, no prazo previsto no PL, padece, por completo, de fundamento.

A imposição de ratificação do ato, após a cessação do período de exceção acarretaria, sem qualquer fundamento, congestionamento nas serventias, a fim de ser praticado ato burocrático, exauriente. Também é desaconselhável a disposição de lei que permita a discussão de eventual eficácia do casamento posteriormente, na ausência de ratificação, após o período pandêmico.

O art. 3º, § 2º do PL 1.627/2020, previa a eficácia do casamento celebrado, caso um dos nubentes falecesse no decorrer dos noventa dias subsequentes ao término da pandemia. Mas, diante da desnecessidade da ratificação, por parte de nubentes, testemunhas e autoridade celebrante, o § 2º do art. 3º do PL original deve ser suprimido.

O art. 5º do PL 1.627/2020, igualmente, deveria ser suprimido, de um lado em razão de ser impossível que, automaticamente, se considerasse, "em iminente risco à vida",

---

2. SCHREIBER, Anderson; TARTUCE, Flávio; SIMÃO, José Fernando; MELO, Marco Aurélio Bezerra de; DELGADO, Mário Luiz. *Código Civil Comentado*: Doutrina e Jurisprudência. 2ª ed. Rio de Janeiro: Forense, 2020, p. 1.204.

para fins de casamento nuncupativo, "a pessoa idosa ou portadora de comorbidade que agrave as consequências do SARS-CoV2(CoVid-19)" (art. 5º do PL); e, de outro lado, em razão da imposição, a tais matrimônios, "do regime da separação obrigatória de bens, inclusive quanto aos aquestos".

Tratando da primeira parte do texto, é tecnicamente incorreto permitir que qualquer pessoa idosa ou que possua comorbidade, que agrave os efeitos da Síndrome Aguda Respiratória, seja presumida, pela lei, em risco iminente de vida. Tal presunção é absoluta, pela redação texto legal, o que acarretará inadmissão de prova em contrário a respeito das condições de saúde dos nubentes.

Objetivamente, o efeito prático desse dispositivo seria a possibilidade de toda pessoa com diabetes, obesa ou hipertensa poder se casar sem a habilitação prévia, na forma nuncupativa. Tal previsão legal não atenderia a função do casamento nuncupativo, que é justamente permitir o casamento de quem esteja, realmente, em risco iminente de falecer e sem acesso à autoridade celebrante.

Jamais uma pessoa, apenas por ser idosa ou ser acometido de uma enfermidade, poderá receber um tratamento discriminatório, tendo condições de se submeter ao procedimento legal para o casamento. Ainda que o objetivo seja facilitar a celebração do matrimônio, esse meio padece de causa jurídica.

No que tangia à imposição, pelo PL, do regime da separação obrigatória de bens aos casamentos nuncupativos celebrados durante a pandemia, insta consignar que, segundo as previsões contidas no Código Civil, tal só se daria diante das condições suspensivas (CC, art. 1.523 e 1.641, I), se um dos nubentes fosse maior de 70 anos ou se necessitasse de autorização judicial (art. 1.523, II e III, respectivamente).

Eis que, se presente condição suspensiva para o matrimônio, podem os noivos se submeter à previsão legal, casando-se; podem aguardar a cessação da condição, ou, ainda, provocar a tutela jurisdicional, visando a adotar regime de bens outro (CC, art. 1.523, parágrafo único). Mas, em qualquer dessas hipóteses, está presente a vontade das partes.

No que guarda relação a casamento que exija autorização judicial para tanto (CC, art. 1.641, III), insta salientar que isso só ocorrerá na hipótese de os pais – ou apenas um deles – ou dos representantes legais do menor entre 16 e 18 anos de idade não autorizarem que tal ocorra.

Quanto à obrigatoriedade de os maiores de 70 (setenta) anos de idade se casarem sob o regime da separação obrigatória de bens (CC, art. 1.641, II), está-se, sem sombra de dúvida, diante de violação ao princípio constitucional da dignidade da pessoa humana, estabelecendo "restrição à liberdade de contrair matrimônio, que a Constituição não faz"[3].

> Vislumbra-se aí dupla inconstitucionalidade, tanto sob o prisma da violação da igualdade diante da possibilidade de qualquer adulto capaz poder se casar e ele não quanto da discriminação em razão da idade, vedada no artigo 3º, IV, da CF/88.

---

3. LÔBO, Paulo. *Direito Civil:* famílias. São Paulo: Saraiva Educação, 2020, p. 343.

A solução mais adequada para essa flagrante injustiça e inconstitucionalidade seria a abolição da idade como elemento de discriminação.[4]

Note-se que a doutrina nacional tem se posicionado pela abolição do regime de separação obrigatória de bens porque, se o objetivo é proteger o patrimônio anterior dos nubentes e fomentar a plena comunhão de vida, inclusive em sua dimensão material, no mínimo, o regime a ser fomentado pela lei deveria ser o de comunhão parcial, que é o regime supletivo.

Se um dos nubentes estiver em iminente risco de vida e desejar se casar, exsurge, inconteste, que não pode aguardar para eleger regime outro de bem, uma vez que não existe previsão legal de submissão ao regime de separação obrigatória em relação aos casamentos nuncupativos. Ao contrário. Para tal a escolha de qualquer regime de bens, diferente do obrigatório e do supletivo, é necessário escritura pública de pacto antenupcial, lavrada perante o Tabelionato de Notas, o que parece ser inviável diante das condições clínicas de um dos nubentes.

Tampouco, os cônjuges poderiam, "cessadas as medidas impositivas de quarentena ou isolamento social(...), no prazo de 90 dias, por escritura pública, alterar o regime de bens imposto" (§ 3º do art. 5º do PL), pois pode ocorrer o falecimento.

Aliás, neste ponto, há contradição pois o art. 1.639, § 2º do Código Civil permite a alteração do regime de bens por meio de ação judicial, subscrito por ambos os cônjuges, de modo justificado, a fim de que o juiz apure as razões por eles invocadas. É bem verdade que essa apuração vem sendo mitigada, conforme a doutrina europeia[5]. De todo modo, se em tempos de "normalidade antiga" a alteração do regime de bens não é permitida extrajudicialmente, inexiste razão para a lei isso permitir a alteração pós pandemia. Qualquer casamento, em tempos de exceção, se não houve a escritura pública de pacto antenupcial, deverá observar o regime supletivo, que é de comunhão parcial de bens. Eventual desejo de alteração desse regime deverá observar o procedimento legal (art. 1.639. § 2º do Código Civil e art. 734 do Código de Processo Civil).

O PL 1.627/2020, no art. 5º, § 2º, além de estabelecer a obrigatoriedade do regime de separação para as pessoas que se casarem sob a forma de celebração nuncupativa por presunção legal, prevê que nem os aquestos, ou seja, os bens adquiridos onerosamente na constância do casamento, se comunicarão.

A proibição expressa de comunicação dos bens aquestos tem por objetivo afastar a incidência da Súmula 377 do Superior Tribunal de Justiça (STJ), cujo texto dispõe: "No regime da separação legal comunicam-se os bens adquiridos na constância do casamento".

Tal Súmula é de 1964, ocasião em que o regime de bens era imutável e foi editada com o objetivo de permitir a comunhão dos bens adquiridos, onerosamente, na constância do casamento, diante da imposição legal do regime de separação.

Porém, o advento do Código Civil, em 2002, alterou o cenário, permitindo, como mencionado anteriormente, a modificação do regime de bens na constância do casa-

---

4. BRANDÃO, Débora. *Manual de direito civil constitucional*. Direito de família, no prelo.
5. Nesse sentido, vide BRANDÃO, Débora Vanessa Caús. *Regime de bens no novo Código Civil*. São Paulo: Saraiva, 2008, p. 70 e seguintes, subitem 4.4.3.

mento, razão pela qual não faz mais sentido a vigência dessa Súmula, a não ser para os maiores de 70 anos, porque, superada a causa de imposição do regime obrigatório de separação, os cônjuges poderão pleitear sua alteração em juízo. Note-se que os maiores de 70 anos jamais superarão a causa ensejadora, uma vez que o tempo é inexorável e a morte é certa. Em que pese ser essa a nossa opinião, a maioria da doutrina sustenta a vigência plena da Súmula 377.

> No entanto, julgado do STJ de 2018, passou a exigir a prova do esforço comum para a aplicação da Súmula e consequentemente a comunhão dos bens adquiridos na constância do casamento porque, mais uma vez, desconsidera-se a dimensão existencial de equilíbrio e solidarismo que um cônjuge proporciona ao outro durante a vida conjugal. Franco retrocesso. [6]

Além de inconstitucional pelo já apontado acima, a proibição de comunicação dos aquestos aponta rigor maior do que o STJ[7] determinou para pessoas maiores de 70 anos casadas pelo regime de separação obrigatória, porque exclui a possibilidade de comunicação dos aquestos, ainda que provado o esforço comum por parte dos cônjuges.

Em virtude de todo o arrazoado, civilistas de todas as regiões do país reuniram-se para debater o Projeto citado e chegaram ao seguinte texto, como proposta de Projeto de Lei Substitutivo a ser enviado ao Senado Federal.

> Art. 3º Cumpridas as formalidades legais, e a integralidade das que seguem, o casamento pode ser celebrado à distância, por sistema de audiovisual.
>
> § 1º Para assegurar a publicidade, a data da celebração será divulgada nos meios tradicionais ou sítios dos registros.
>
> § 2º A celebração à distância deve ocorrer por meio telepresencial, sendo capturada e transmitida simultaneamente as participações dos nubentes, das duas testemunhas e da autoridade celebrante.
>
> § 3º A autoridade celebrante assinará pelos cônjuges e testemunhas o livro de registro de casamentos.

5. CONCLUSÃO

A despeito da dúvida que alguns ainda levantam acerca da necessidade de norma excepcional, para disciplinar alguns procedimentos, diante da vastidão continental do país, esse Projeto de Lei poderia cumprir papel relevante.

O ideal é que haja, mais do que em qualquer outro momento recente da história, o império do bom-senso e da cautela, respeitando-se, sempre que possível, a autonomia privada para a resolução de problemas pontuais que, porventura, possam surgir.

É fato notório que muitos casamentos foram adiados diante da incerteza da possibilidade de realização telepresencial.

Os projetos de vidas, os sonhos de amor, as expectativas de futuro devem ser concretizadas porque a vida segue e "nosso novo normal" é desconhecido. Não se sabe nem se ele existirá ou voltaremos, depois de descoberta a vacina, ao "nosso antigo normal".

O fato é que a redação sugerida para o artigo 3ª do PL é mais técnica.

---

6. BRANDÃO, Débora Vanessa Caús. *Manual de direito civil constitucional*. Direito de família, no prelo.

7. STJ, 2ª Seção, EREsp 1.623.858/MG, j. 23.05.2018.

Inexistia disposição que assegurasse a publicidade, a fim de que qualquer interessado pudesse opor os impedimentos matrimoniais até a celebração do casamento, conforme preleciona o art. 1.522 do Código Civil, o que passa a ocorrer, devendo constar o endereço eletrônico por meio do qual se tenha acesso à cerimônia, com tal finalidade. Não é desejável, em momento algum, que sejam celebrados casamentos nulos.

Da mesma forma, a prorrogação do prazo de 90 (noventa) dias de eficácia do certificado de habilitação do casamento, com a inclusão de previsão de decreto do Governo Federal, no art. 4º, da proposta enviada pelas civilistas à Senadora Soraya Thronicke, objetivava conferir uniformidade nacional no tratamento da questão.

A conservação da eficácia do certificado de habilitação, além de economia de tempo aos nubentes, permitirá às serventias cuidarem de outras questões, ao invés de possível retrabalho, uma vez que dificilmente os fatos foram alterados em tempo de pandemia.

Porém, a medida mais salutar, no que concerne ao casamento, fruto da ampla discussão entre o grupo de civilistas brasileiras foi a sugestão de retirada do art. 5º do PL, que presumia idosos e pessoas com comorbidades acentuadoras da SARS/COVID-19 em iminente risco de vida, permitindo a elas de se valerem do casamento nuncupativo, com todas as repercussões nele propostos, o que seria verdadeiro despropósito jurídico.

Imposição de regime de separação de bens, impossibilidade de comunhão dos aquestos, possibilidade de alteração do regime por escritura pública nos 90 dias subsequentes ao fim da quarentena, não se justificam nem em tempos de normalidade.

Em matéria de casamento, talvez o maior legado dessa pandemia, seja fazer com que, especialmente os profissionais da saúde, passem a conhecer o casamento nuncupativo, de forma a viabilizar a última vontade de pessoas que tiveram seus projetos de compartilhamento da vida a dois interrompidos por um vírus, mas que não poderá parar o efeito jurídico do amor, eternizado naquela celebração.

6. REFERÊNCIAS

BRANDÃO, Débora Vanessa Caús. *Regime de bens no novo Código Civil*. São Paulo: Saraiva, 2008.

BRANDÃO, Débora Vanessa Caús. *Manual de direito civil constitucional*. Direito de Família. No prelo.

LÔBO, Paulo. *Direito Civil:* famílias. São Paulo: Saraiva Educação, 2020.

SCHREIBER, Anderson; TARTUCE, Flávio; SIMÃO, José Fernando; MELO, Marco Aurélio Bezerra de; DELGADO, Mário Luiz. *Código Civil Comentado:* Doutrina e Jurisprudência. 2. ed. Rio de Janeiro: Forense, 2020.

A COABITAÇÃO EM TEMPOS DE PANDEMIA PODE SER ELEMENTO CARACTERIZADOR DE UNIÃO ESTÁVEL?

Ana Carolina Brochado Teixeira

Doutora em Direito Civil pela UERJ. Mestre em Direito Privado pela PUC/MG. Especialista em Diritto Civile pela Università degli Studi di Camerino, Itália. Professora de Direito Civil do Centro Universitário UNA. Coordenadora editorial da RBDCivil. Advogada.

Eleonora G. Saltão de Q. Mattos

Advogada especializada em Direito de Família e das Sucessões. Especialista em Direito Processual Civil pela PUC/SP. Membra do Instituto Brasileiro de Direito de Família – IBDFAM. Membra da Comissão de Direito de Família e das Sucessões do Instituto dos Advogados de São Paulo – IASP.

Sumário: 1. Introdução. 2. Requisitos para configuração da união estável. 3. O significado de coabitação para a caracterização da união estável. 4. Coabitação em tempos de pandemia da Covid-19. 5. Conclusão. 6. Referências.

1. INTRODUÇÃO

São inúmeros os impactos da pandemia gerada pela Covid-19 no Direito de Família. Muito se debate sobre os efeitos na manutenção da convivência familiar, no valor dos alimentos, no inadimplemento alimentar. Também é importante discutir se eventual coabitação de namorados que decidiram passar juntos a quarentena é fato social motivador da caracterização da união estável. A partir do arcabouço teórico e jurisprudencial então existente, a ideia é investigar a força jurídica da coabitação nos tempos de pandemia, a fim de se perscrutar eventuais orientações para solução das futuras demandas. É essa a breve reflexão sobre a qual se pautará esse texto.

2. REQUISITOS PARA CONFIGURAÇÃO DA UNIÃO ESTÁVEL

A Lei 8.971/94, embora não tenha estabelecido a definição de união estável, conferiu o direito à pensão alimentícia aos conviventes desde que comprovado o prazo de duração de mais de cinco anos de união ou a existência de prole e estabeleceu alguns direitos sucessórios, dispondo sobre o direito ao usufruto vidual dos companheiros e o direito à meação, em caso de morte de um deles, desde que comprovado o esforço comum na aquisição do patrimônio.

Já a Lei 9.278/96, em seu art. 1º, conceituou a união estável – diretrizes assimiladas pelo *caput* do art. 1723 do Código Civil, que definiu união estável como "a convivência duradoura, pública e contínua, de um homem e uma mulher, estabelecida com o objetivo de constituição de família". Houve a dispensa do rígido prazo de cinco anos para a caracterização da união estável, mas a exigência para que se comprove os requisitos legais. É a partir dessas balizas que se caracteriza a existência ou não da formação de união estável.

O primeiro requisito a ser destacado refere-se à *estabilidade* da união, a fim de diferenciar as uniões estáveis de relacionamentos em que não haja o propósito de constituir família, como namoros. O segundo é a *durabilidade* do relacionamento e tem por finalidade não deixar dúvida quanto aos relacionamentos eventuais, de curto período. Embora não haja prazo predefinido para a configuração da entidade familiar, é necessário que haja tempo suficiente para que nasça o *animus* de configuração de família. O relacionamento deve ser *contínuo* e não instável, deve ter certa duração, sem interrupções que indicam um descompromisso ou falta de seriedade dos parceiros. Além disso, a relação deve ter *publicidade,* para indicar a intenção presente de um relacionamento sério. A convivência deve ter como objetivo a constituição de uma família, com mútua assistência afetiva (*affectio maritalis*), o que acaba por exteriorizar um comportamento de compromisso e solidariedade entre os companheiros, com envolvimento profundo e responsabilidades essenciais para a constituição de família.

O debate cinge-se na investigação entre namoro e união estável, ou seja, na verificação das características do relacionamento, a partir da verificação objetiva da existência do *animus* de constituição de família, que revela condutas objetivas de mútua assistência e corresponsabilidade. "Assistência e corresponsabilidade funcionam como os fatores indispensáveis à diferenciação entre a entidade familiar de fato e o namoro. Afinal, esse ponto central de verificação objetiva – escopo de constituição de família – só se torna juridicamente aferível quando exteriorizado pelo casal através da convivência familiar, que norteia comportamentos e expectativas recíprocas, funcionalizadas à realização de cada um dos membros da entidade familiar."[1]

3. O SIGNIFICADO DE COABITAÇÃO PARA A CARACTERIZAÇÃO DA UNIÃO ESTÁVEL

A lei não exige coabitação para caracterizar a união estável, como se constata da dicção do art. 1.723 CC, na tendência da Súmula 382 do Supremo Tribunal Federal, que dispõe que "a vida em comum sob o mesmo teto, *more uxorio*, não é indispensável à caracterização do concubinato." No entanto, se ela existe acaba revelando, a maioria das vezes, um projeto de vida em comum, por meio do comportamento que demonstra mútua assistência, economias compartilhadas, uma vida dividida.[2] Argumenta-se,

---

1. TEPEDINO, Gustavo; TEIXEIRA, Ana Carolina Brochado. *Fundamentos do direito civil.* vol. 6: direito de família. Rio de Janeiro: Forense, 2020, p. 182-183.

2. "A recorrente busca reconhecer a existência de uma entidade familiar formada entre ela e o *de cujus* apta a reservar-lhe meação nos bens deixados. A seu favor pesa a constatação de que a Lei n. 9.278/1996 não enumera a coabitação como um elemento indispensável, um requisito essencial, à formação da união estável (*vide* Súm. n. 382-STF), mesmo que não se negue ser ela um dado relevante para perquirir a intenção de constituir família.

contudo, que em algumas circunstâncias, em razão da mudança de hábitos e do tipo de relacionamentos nessa sociedade líquida[3] da pós-modernidade, a associação para moradia não significa, necessariamente, a externalização da vontade de constituição de família.

Nessa esteira, nem sempre que há coabitação, há necessária união estável, pois a coabitação com fins de constituição de família é muito mais do que simplesmente dividir a mesma casa. Nessa perspectiva, ao examinar caso em que o casal morou sob o mesmo teto no exterior antes do casamento – o namorado transferiu-se em razão de trabalho e a namorada, com o objetivo de estudar inglês e porque seu namorado já lá residia, também mudou-se para o exterior –, o STJ entendeu que a moradia sob o mesmo teto foi circunstancial, "por contingências e interesses particulares (ele, a trabalho; ela, pelo estudo) foram, em momentos distintos, para o exterior, e, como namorados que eram, não hesitaram em residir conjuntamente. Este comportamento, é certo, revela-se absolutamente usual nos tempos atuais, impondo-se ao Direito, longe das críticas e dos estigmas, adequar-se à realidade social".[4] O relator refere-se à existência de um namoro qualificado e não de uma união estável, na medida em que, "em virtude do estreitamento do relacionamento projetaram para o futuro – e não para o presente –, o propósito de constituir uma entidade familiar, desiderato que, posteriormente, veio a ser concretizado

---

Quanto à prova de efetiva colaboração da recorrente na aquisição dos bens, tal circunstância é relevante apenas para afastar eventual sociedade de fato, subsistindo a necessidade de definir se existente a união estável, pois ela presume a mútua colaboração na formação do patrimônio, a refletir na consequente partilha (art. 5º da referida lei). Porém, afastada a única premissa utilizada pelo Tribunal *a quo* para repelir a existência da união estável (a falta de coabitação), só resta a remessa dos autos à origem para que lá, à luz dos demais elementos de prova constantes dos autos, examine-se a existência da mencionada união, visto o consabido impeço de o STJ revolver o substrato fático-probatório dos autos. Precedentes citados: REsp 278.737-MT, DJ 18/6/2001, e REsp 474.962-SP, DJ 1º/3/2004." STJ, REsp 275.839-SP, *Rel. originário Min. Ari Pargendler, Rel. para acórdão Min. Nancy Andrighi (art. 52, IV, b, do RISTJ), julgado em 2/10/2008. A edição n. 50 da Jurisprudência em Teses do STJ sobre união estável comprova que:* "A coabitação não é elemento indispensável à caracterização da união estável" (precedentes citados: STJ, Ag. Rg. no AREsp 649.786/GO, Rel. ministro Marco Aurélio Bellizze, 3ª Turma, julgado em 4/8/2015, DJE 18/8/2015; Ag. Rg. no AREsp 223.319/RS, Rel. ministro Sidnei Beneti, 3ª Turma, julgado em 18/12/2012, DJE 4/2/2013; Ag. Rg. no AREsp 59.256/SP, Rel. ministro Massami Uyeda, 3ª Turma, julgado em 18/9/2012, DJE 4/10/2012; Ag. Rg. nos EDcl. no REsp 805265/AL, Rel. ministro Vasco Della Giustina (desembargador convocado do TJ/RS), 3ª Turma, julgado em 14/9/2010, DJE 21/9/2010, REsp 1.096.324/RS, Rel. ministro Honildo Amaral de Mello Castro (desembargador convocado do TJ/AP), 4ª Turma, julgado em 2/3/2010, DJE 10/5/2010, e REsp 275.839/SP, Rel. ministro Ari Pargendler, Rel. p/ Acórdão ministra Nancy Andrighi, 3ª Turma, julgado em 2/10/2008, DJE 23/10/2008).

3. "A palavra 'rede' sugere momentos nos quais 'se está em contato' intercalados por períodos de movimentação a esmo. Nela as conexões são estabelecidas e cortadas por escolha. A hipótese de um relacionamento 'indesejável, mas impossível de romper' é o que torna 'relacionar-se' a coisa mais traiçoeira que se possa imaginar. Mas uma 'conexão indesejável' é um paradoxo. As conexões podem ser rompidas, e o são, muito antes que se comece a detestá-las. Elas são 'relações virtuais'. Ao contrário dos relacionamentos antiquados (para não falar daqueles com 'compromisso', muito menos dos compromissos de longo prazo), elas parecem feitas sob medida para o líquido cenário da vida moderna, em que se espera e se deseja que as 'possibilidades românticas' (e não apenas românticas) surjam e desapareçam numa velocidade crescente e em volume cada vez maior, aniquilando-se mutuamente e tentando impor aos gritos a promessa de 'ser a mais satisfatória e a mais completa'. Diferentemente dos 'relacionamentos reais', é fácil entrar e sair dos 'relacionamentos virtuais'. Em comparação com a 'coisa autêntica', pesada, lenta e confusa, eles parecem inteligentes e limpos, fáceis de usar, compreender e manusear. Entrevistado a respeito da crescente popularidade do namoro pela Internet, em detrimento dos bares para solteiros e das seções especializadas dos jornais e revistas, um jovem de 28 anos da Universidade de Bath apontou uma vantagem decisiva da relação eletrônica: 'Sempre se pode apertar a tecla de deletar'." BAUMAN, Zygmunt. *Amor líquido*. Sobre a fragilidade dos laços humanos. Trad. Carlos Alberto Medeiros. Zahar, p. 12-13.

4. STJ, 3ª T., REsp 1454643/RJ, Min. Marco Aurélio Bellizze, julg. 3.3.2015, publ. DJ 10.3.2015.

com o casamento". Trata-se de um período de programação, de construção de planos para que a constituição de família se dê no futuro.[5]

Namoro qualificado é aquele relacionamento geralmente mais duradouro, com participação ativa de um na vida do outro, mas sem o comprometimento profundo de uma corresponsabilidade inerente a uma entidade familiar ou, nos termos da lei (art. 1.511 CC), ainda não houve uma comunhão plena de vida. Trata-se de uma relação que permanece namoro, pois não há o escopo de constituição de família revelado no momento presente.

> "Nem sempre é fácil distinguir essa situação – a união estável – de outra, o namoro, que também se apresenta informalmente no meio social. Numa feição moderna, aberta, liberal, especialmente se entre pessoas adultas, maduras, que já vêm de relacionamentos anteriores (alguns bem-sucedidos, outros nem tanto), eventualmente com filhos dessas uniões pretéritas, o namoro implica, igualmente, convivência íntima – inclusive, sexual –, os namorados coabitam, frequentam as respectivas casas, comparecem a eventos sociais, viajam juntos, demonstram para os de seu meio social ou profissional que entre os dois há uma afetividade, um relacionamento amoroso. E quanto a esses aspectos, ou elementos externos, objetivos, a situação pode se assemelhar – e muito – a uma união estável. Parece, mas não é! Pois falta um elemento imprescindível da entidade familiar, o elemento interior, anímico, subjetivo: ainda que o relacionamento seja prolongado, consolidado, e por isso tem sido chamado de ´namoro qualificado´, os namorados, por mais profundo que seja o envolvimento deles, não desejam e não querem – ou ainda não querem – constituir uma família, estabelecer uma entidade familiar, conviver numa comunhão de vida, no nível do que os antigos chamavam de *affectio maritalis*. Ao contrário da união estável, tratando-se de namoro – mesmo do tal namoro qualificado –, não há direitos e deveres jurídicos, mormente de ordem patrimonial entre os namorados. Não há, então, que falar-se de regime de bens, alimentos, pensão, partilhas, direitos sucessórios, por exemplo".[6]

Nota-se uma tendência da doutrina e da jurisprudência a uma maior rigidez na investigação dos elementos caracterizadores da união estável, em face do aparentemente tênue limite entre namoro e união estável, e da subjetividade que a expressão decisiva "intuito de constituição de família" carrega consigo. Nesse sentido, propõe-se analisar os efeitos jurídicos da coabitação eventual nos tempos de pandemia gerada pela Covid-19.

4. COABITAÇÃO EM TEMPOS DE PANDEMIA DA COVID-19

O avanço da Covid-19 e a possibilidade de colapso do sistema de saúde impôs aos cidadãos, como política primordial de saúde pública, a recomendação para que as pessoas permaneçam em suas residências, afastadas fisicamente de seus compromissos pessoais, profissionais e sociais.

Sob o ponto de vista do Direito de Família, chama a atenção que casais de namorados, independentemente do gênero, optaram por vivenciar a quarentena conjuntamente,

---

5. "Com efeito, a união estável exige pressupostos mais sólidos de configuração, não bastando o mero namoro, por mais estável ou qualificado que se apresente, porquanto apenas a convivência como casal estável, de comunhão plena e vontade de constituir família concretiza a relação estável, da qual o namoro é apenas um projeto que ainda não se desenvolveu e talvez sequer evolua como entidade familiar". MADALENO, Rolf. *Curso de Direito de Família*. 5ª ed. Rio de Janeiro: Forense, 2013. p. 1138.

6. VELOSO, Zeno. *Direito Civil*: temas. Belém: ANOREGPA, 2018. p. 313.

passando a habitar o mesmo imóvel.[7] As motivações para tanto são as mais diversas, podendo ser citadas a necessidade de afastamento do lar onde residem com familiares integrantes do grupo de risco (pais e avós idosos, por exemplo), a possibilidade de compartilhamento (e assim diminuição) de despesas, a oportunidade de viabilizar cuidados mútuos, o desejo de minimização da solidão e até mesmo o inaceitável distanciamento físico por período indeterminado.

Daí porque, a partir das considerações tecidas até aqui, é necessário refletir se a coabitação motivada pela quarentena se mostra suficiente para a caracterização da união estável.

A questão certamente poderá suscitar dúvida, pois a experiência de vivenciar o isolamento social sob o mesmo teto exteriorizará características comuns àquelas exigidas para a configuração de citada entidade familiar. De fato, em tempos de comunicação instantânea por vídeo, áudios e mensagens, de confraternizações sociais virtuais, de publicações em redes sociais diversas e de trabalho em sistema *home office*, a circunstância de o casal coabitar certamente tornar-se-á socialmente pública. No mesmo sentido, caso não haja o rompimento da relação durante esse período, certa continuidade de relacionamento igualmente haverá.

É com relação aos demais elementos caracterizadores da união estável, contudo, que se mostrará imprescindível a análise acurada das circunstâncias do caso concreto, de modo a se evitar conclusões rasas e precipitadas.

No que se refere aos requisitos da estabilidade e da durabilidade da relação, haverá de ser perquirida se a coabitação se restringiu ao período da quarentena – ou seja, se cessadas as recomendações governamentais de isolamento, o casal voltou ao modelo de residência e de relacionamento que mantinha antes da pandemia –, ou se a morada sob o mesmo teto foi mantida mesmo depois de autorizada a livre circulação, acompanhada de um nível mais profundo de compromisso mútuo.

Na primeira hipótese, e partindo-se da experiência dos países da Ásia e da Europa (os quais estão à frente do Brasil no combate à Covid-19), pode-se inferir que a quarentena se limitará a alguns poucos meses, período em que a doutrina e a jurisprudência nacional não entendem suficiente para a constituição da entidade familiar em questão.

Com efeito, "a adjetivação da união como 'estável' traduz a ideia de que seja duradoura, sólida, com certa permanência no tempo, ainda que não definitiva. Por isso a conceituação legal de união estável como 'duradoura' não deixa de ser uma tautologia. Uma vez que estabilidade pressupõe certa duração temporal, conclui-se que não existe união estável nos casos de relacionamento fugaz, passageiro, efêmero ou eventual"[8].

---

7. "O casal de tatuadores Manoela Lages Serpa de Andrade, de 27, e Matheus Martins Cezar, de 31, se conheceram na adolescência e se reencontraram há três meses, quando o namoro engatou. (...) o casal mora em casas diferentes, mas optaram por ficar juntos durante a quarentena. 'A gente não conversou sobre isso, só aconteceu naturalmente', disse Manoela. Eles acreditam que é uma oportunidade para se conhecerem melhor. 'A principal vantagem é ter a oportunidade de conhecer melhor a pessoa e ver se quer mesmo ficar com ela', disse o namorado." (Disponível em https://www.em.com.br/app/noticia/gerais/2020/04/06/interna_gerais,1135904/quarentena-contra-o-coronavirus-vira-teste-de-fogo-para-casais.shtml. Acesso em 28.04.2020).

8. OLIVEIRA, Euclides Benedito de. *União Estável: do concubinato ao casamento*. 6. ed., São Paulo: Eétodo, 2003. p. 129.

Em recente julgado proferido pela 4ª Turma do Superior Tribunal de Justiça, deixou-se de reconhecer como entidade familiar a convivência, mantida por duas semanas, entre o homem falecido e a mulher que com ele residia. E assim se fez sob o entendimento de que a entidade familiar exige certo período para poder se estabelecer:

> "Apesar de em certos casos ser possível que um ou outro elemento não apareça com nitidez, não há como excluir o requisito da estabilidade, havendo a necessidade de convivência mínima entre o casal, permitindo que se dividam alegrias e tristezas, que se compartilhem dificuldades e projetos de vida, sendo necessário para tanto um tempo razoável de relacionamento"[9].

Por sua vez, haverá casos em que, tendo havido a possibilidade de intensa convivência, superação das adversidades e de aprofundamento dos alicerces da relação, o casal tenha deliberado por continuar a coabitar – estendendo, portanto, a convivência para além do período de quarentena inicialmente previsto – para efetivamente dar início a uma família.

Nessas hipóteses, haverá o atendimento não só do requisito da perpetuação da relação no tempo[10], como também a intenção conjunta de conviver *more uxorio*. Especialmente sobre o intuito de constituir família[11], há de se ter em vista que "na sua ausência, não se concretiza a fórmula legal que fixa em um relacionamento qualquer, a marca da união estável, distinguindo-o de outros tantos que, embora públicos, duradouros, e não raras vezes com prole, não têm o escopo de serem família, porque assim não quiseram seus atores principais".[12]

Na circunstância citada, é possível que haja dúvida a respeito da data do início da entidade familiar, a qual se entende que não poderá ser a dos primeiros dias da quarentena, mas sim a partir de quando efetivamente amadureceu o projeto familiar conjunto. O intuito de constituição de família deve ser presente e não futuro – como ocorre com noivos. Ele deve se materializar no momento atual, por meio de comportamentos e condutas reveladoras desse escopo comum ao casal, que gera uma série de efeitos jurídicos, tais como sucessão, partilha de bens, alimentos etc., o que justifica que o relacionamento deva ser sério.

O desafio, sem dúvida, será a comprovação da data em que houve a mudança do *status* da relação – de simples namoro ou mesmo de namoro qualificado para uma efetiva

---

9. STJ, REsp 1761887/MS, 4ª T., Min. Luis Felipe Salomão, julg. 06.08.2019, publ DJe 24.09.2019.

10. "Na verdade, o que interessa sobre o tempo *in casu* e que ele caracterize a estabilidade da relação. Isso pode se definir com menos dois anos, por exemplo, ou mesmo não acontecer nem com mais de dez anos de relacionamento. Foi nesse sentido que a Lei n. 9.278, de 13 de maio de 1996, veio estabelecer que não há um prazo rígido para a caracterização da união estável. Revogado, portanto, o prazo de cinco anos estabelecido na lei anterior". (PEREIRA, Rodrigo da Cunha, *Concubinato e união estável*. 9ª ed. São Paulo: Saraiva, 2016. p. 57-58).

11. "O propósito de constituição de família exterioriza-se exatamente na vida em comum, sob o mesmo teto ou não, aos olhos públicos e com afeição recíproca, como se casados fossem, em mútua colaboração econômica, parceiras em negócios e conjunção de esforços". (ROSA, Conrado Paulino da. *Curso de Direito de Família Contemporâneo*. 6ª ed. Salvador: JusPODIVM, 2020. p. 123).

12. STJ, 3ª T., REsp 1263015/RN, Min. Nancy Andrighi, julg. 19.06.2012, publ DJe 26.06.2012. Ainda nesse acórdão: "O objetivo de constituir família é condição *sine qua non* para a caracterização da união estável, porque dela depende a distinção entre um singelo namoro – ou uma de suas infindáveis variáveis hoje existentes – e a real união estável, que é uma das formas possíveis de se constituir um grupo familiar, tido como base da sociedade, e que recebe especial proteção do Estado, nos precisos termos do art. 226, caput, da CF".

entidade familiar –, sendo certo que *posts* em rede social do anúncio público desse passo, pedidos escritos de "casamento" e registro fotográfico do início do uso de alianças na mãe esquerda, por exemplo, podem ser reveladores dessa realidade.

Por fim, insta registrar que certamente haverá casos em que o plano de constituição de família – já discutido, amadurecido e deliberado pelo casal para futuro próximo – tenha sido precipitado pela pandemia, até mesmo diante da necessidade (pouco romantizada, mas real) de comprovação do relacionamento para inclusão de dependente em plano de saúde, por exemplo.

O fenômeno foi objeto de matéria vinculada pela Revista Época em 03 de abril de 2020[13], a qual noticiou o aumento de 55% na formalização jurídica de uniões estáveis no 15º Cartório de Ofício de Notas, na Barra da Tijuca, Zona Oeste do Rio, o que demandou inclusive a implantação de serviço *drive thru* de assinaturas[14] para que fossem minimizados os riscos de contágio da doença[15].

Nessas hipóteses, e de forma absolutamente diferenciada dos casos em que o casal foi levado a dividir o mesmo teto por circunstâncias estranhas ao desejo de dar início à entidade familiar, parece claro que estarão preenchidos todos os pressupostos legais exigidos para o reconhecimento da união estável, sendo certo que a possibilidade de questionamento será remota caso a relação tenha sido formalizada por escritura pública no cartório competente.

5. CONCLUSÃO

As reflexões aqui realizadas tiveram o objetivo de investigar se a coabitação decorrente da vivência em conjunto da quarentena é ou não suficiente para a caracterização da entidade familiar designada como união estável, a qual demanda requisitos específicos outros, a saber: estabilidade, durabilidade, continuidade, publicidade e intuito conjunto de constituição de família. Verificou-se que a coabitação por si só no período isolado da quarentena não tem o condão de alçar o relacionamento à união estável, pois, se não existentes os elementos anteriormente nomeados, haverá, no máximo, um namoro qualificado. No entanto, esses elementos caracterizadores poderão advir com a perpetuação da coabitação do casal no período que sucederá o fim das restrições governamentais ao deslocamento, o que poderá significar a assunção de uma comunhão de vida pautada no afeto e na solidariedade recíproca, devendo haver a análise pormenorizada de cada caso diante das implicações jurídicas que podem advir do reconhecimento desta entidade familiar.

---

13. Disponível em https://epoca.globo.com/sociedade/cartorio-do-rio-registra-aumento-de-55-de-unioes-estaveis-durante-pandemia-24346707. Acesso em 27.04.2020.

14. Disponível em https://g1.globo.com/rj/rio-de-janeiro/noticia/2020/03/21/cartorio-no-rio-realiza-uniao-estavel-drive-thru-durante-pandemia-do-coronavirus.ghtml. Acesso em 27.04.2020.

15. Fenômeno parecido foi noticiado pelo periódico Jornal de Pernambuco, disponível em:https://www.diariodepernambuco.com.br/noticia/vidaurbana/2020/04/aumenta-numero-de-casais-a-procura-da-uniao-estavel-durante-a-pandemia.html. Acesso em 27.04.2020.

6. REFERÊNCIAS

BAUMAN, Zygmunt. *Amor líquido*. Sobre a fragilidade dos laços humanos. Trad. Carlos Alberto Medeiros. Zahar.

OLIVEIRA, Euclides Benedito de. *União Estável: do concubinato ao casamento*. 6ª ed. São Paulo: Método, 2003.

PEREIRA, Rodrigo da Cunha, *Concubinato e união estável*. 9. ed. São Paulo: Saraiva, 2016.

MADALENO, Rolf. *Curso de direito de família*. 5. ed. Rio de Janeiro: Forense, 2013.

ROSA, Conrado Paulino da. *Curso de direito de família contemporâneo*. 6ª ed. Salvador: JusPODIVM, 2020.

TEPEDINO, Gustavo; TEIXEIRA, Ana Carolina Brochado. *Fundamentos do direito civil*. vol. 6: direito de família. Rio de Janeiro: Forense, 2020.

A CHAMADA UNIÃO ESTÁVEL VIRTUAL: TRANSFORMAÇÕES DO DIREITO DE FAMÍLIA À LUZ DA PANDEMIA

Anderson Schreiber

Professor Titular de Direito Civil da UERJ. Procurador do Estado do Rio de Janeiro. Advogado.

Sumário: 1. Ela: uma introdução. 2. Namoro *online*. 3. Mistérios da união estável. 4. A coabitação e a pandemia. 5. Convivência digital ou eletrônica. 6. União estável virtual ou à distância. 7. Conclusão.

1. ELA: UMA INTRODUÇÃO

No filme "Her" – traduzido no Brasil como "Ela" e, em Portugal, não sem certa dose de criatividade, como "Uma História de Amor" –, o protagonista Theodore Twombly desenvolve uma relação afetiva com uma assistente virtual de computador. O filme, premiado com o Oscar de melhor roteiro original em 2014, suscitou, à época, numerosas discussões não apenas sobre o modo como seres humanos vêm interagindo com aparatos de Inteligência Artificial, mas também sobre os efeitos que a combinação entre facilidades tecnológicas e um certo isolamento social – provocado por uma vida contemporânea cada vez mais acelerada e fluída[1] – poderia provocar sobre as relações amorosas. Tais discussões, que tomaram os bares e restaurantes nas saídas dos cinemas, eram invariavelmente interrompidas por alguém mais pragmático, que lembrava: "ah, isso aí é tudo ficção científica".

Seis anos se passaram e o mundo encontra-se, enquanto escrevo, em confinamento devido à pandemia de Covid-19. O uso de meios eletrônicos, que já era uma realidade em intensa expansão, tornou-se praticamente indispensável. Aulas presenciais foram substituídas pelo ensino à distância, o trabalho presencial foi substituído pelo chamado "teletrabalho", as compras em lojas de rua e *shopping centers* se converteram em consumo online. Supermercados e restaurantes se transmutaram no nosso cotidiano, assumindo a forma de aplicativos de entrega. Os cinemas estão vazios, substituídos integralmente pelo *streaming*. Para muitas pessoas, a comunicação por meios eletrônicos tornou-se a única forma possível ou segura de comunicação.

Seria muito bom poder afirmar que, em meio a todo esse caos, o amor, ao menos, foi poupado. Não foi. Relações afetivas de toda sorte foram confrontadas com o drama do distanciamento físico. Minha filha mais velha, de quatro anos de idade, tem saudades

---

1. Ver, por todos, Zygmunt Bauman, *Amor Líquido*, Rio de Janeiro: Zahar, 2004.

da avó, que vê frequentemente por zoom. Tem saudades ainda assim. Não se dissipa com facilidade a memória que a mente de uma criança, e talvez seu próprio corpo, têm do abraço, do carinho, do cafuné. Ainda assim, os meios de comunicação eletrônica ou digital se impuseram, não como substituição do insubstituível, mas justamente como forma de amenizar a angústia que deriva da falta do contato físico, e, hoje, avó e neta falam com desenvoltura pelas telas dos computadores e anseiam por novos "encontros". Se isso é verdade no universo infantil, que conta com tantas formas de entretenimento e distração, o que se dirá dos namorados?

Pense-se na multidão de namorados que não coabitavam antes da pandemia e que, repentinamente, foram lançados em um distanciamento forçado, cada um confinado ao seu próprio lar. É doloroso imaginar, por exemplo, o quanto se torturam os corações adolescentes que, além de obrigados ao terror de viver permanentemente em casa, com os próprios pais (terror supremo), ainda se encontram sob o martírio do distanciamento do seu grande amor. Há quem diga que as novas gerações são mais afetas ao mundo virtual e sofrem menos com o trancamento da realidade, mas é evidente que a tecnologia tem limites e o refreamento das descobertas presenciais em um momento tão relevante da vida, em que o "eu" se abre ao encontro romântico com o "outro", pode representar uma bobagem aos olhos usualmente cegos dos adultos, mas encerrar uma tragédia entre os envolvidos.

Tal tragédia revela-se, para muitos juristas, insolúvel porque permitir o convívio contrariaria a autoridade parental, exercida aí indiscutivelmente no melhor interesse dos filhos, em especial na proteção da sua saúde e de sua vida. Aos filhos não restaria qualquer voz nesta matéria, sobretudo à luz de uma tradição jurídica que reserva ao sistema das incapacidades um olhar puramente abstrato e binário, que separa os capazes e os incapazes por um muro intransponível – e, assim, a um problema complexo dar-se-ia uma resposta simplista, como já vinha se tornando mais e mais frequente nos tempos atuais, desde bem antes da pandemia. Parece, muito ao contrário, que a questão merece ser examinada à luz do crescente reconhecimento da autonomia existencial dos chamados incapazes. Crianças e adolescentes devem ser sempre chamados a participar, opinar e – por que não? – decidir questões relativas à sua própria existencialidade.[2] É evidente que tais decisões podem repercutir sobre a segurança e saúde de todos os habitantes da casa, mas esse é mais um motivo para que a decisão caiba a todos os integrantes da família, sem uma hierarquização desnecessária do diálogo. Não há dúvida de que há aí questões de elevada complexidade ligadas à conjugação dos interesses dos diferentes membros da família, ao meio de solução em caso de divergência e à necessária interação com outras

---

2. "Apesar do avanço em se considerar a atuação do menor de dezoito anos em situações que repercutem diretamente em sua personalidade e desenvolvimento, como é o caso da adoção, verifica-se que, novamente, o legislador se ateve a critérios etários arbitrários nos casos em que a oitiva ou o consentimento do menor foram considerados integrantes da hipótese legal. (...) Nesse debate, o aspecto mais relevante que se deve levar em conta é o discernimento, ou seja, a capacidade para compreender o ato praticado e as suas consequências. O discernimento do menor está intimamente ligado à sua maturidade, o que demonstra a impossibilidade de se estabelecer *a priori* critérios rígidos de incapacidade, em especial diante das situações subjetivas existenciais" (Anderson Schreiber e Ana Luiza Maia Nevares, *Do Sujeito à Pessoa: uma análise da incapacidade civil*, in *Quaestio Iuris*, vol. 9, n. 3, Rio de Janeiro, 2016, p. 1550).

famílias, que mereceriam análise mais detida, mas o que nos interessa, todavia, para os fins deste ensaio, são os namorados adultos.

2. NAMORO *ONLINE*

Como fruto do livre exercício de sua autonomia existencial, dois (ou mais) adultos decidem namorar. Surpreendidos pelo confinamento imposto pela pandemia, ou bem se aproximam ou bem se isolam. Se permanecem juntos, podem decidir coabitar, pois não é seguro circular de uma casa a outra. Ou podem se manter em contato o mais frequente possível por meios eletrônicos ou digitais e encontrar novas formas de conviver. Por meio de telas de computadores, *tablets* e aparelhos de celular, espelhados ou não em suas televisões, dois namorados podem conversar, trocar olhares, se descobrir e redescobrir, conviver (*online*). Programas de compartilhamento permitem que vejam as mesmas telas, assistam juntos a um filme ou uma série, façam o mesmo curso de culinária online, participem juntos da *live* de um filósofo contemporâneo ou "compareçam" ao mesmo show ao vivo, trocando impressões e sentimentos sobre a experiência de que partilham – mais talvez do que muitos casais já faziam mesmo antes do confinamento.

Algum leitor recordará que haverá sempre, nesses casos, a ausência aterrorizante do sexo. Confrontados, contudo, com a realidade do confinamento, não é preciso muita reflexão para concluir que os conviventes encontrarão formas de realizar seus desejos: o sexo verbal, imagético ou virtual não poderá seguramente substituir o real, ao menos não para aqueles que se tornaram adultos antes da revolução tecnológica, mas poderá ser, como são os encontros virtuais, uma atenuação válida e empolgante do distanciamento físico. É preciso dar um jeito. É preciso, como já alertava Vinicius de Moraes, "*ser de sua dama por inteiro / seja lá como for*".[3]

A questão que se coloca, hoje, nos debates sobre direito de família em tempos de pandemia é a seguinte: como o isolamento e o recurso forçado aos meios tecnológicos se reflete sobre a qualificação jurídica do convívio afetivo? É possível que um casal de namorados que vive sem coabitação ingresse em união estável por um aumento ou intensificação ou transmutação da natureza de seu convívio, ainda que por uma via eletrônica ou digital? Em poucas palavras: existe uma união estável virtual?

Em primeiro lugar, é preciso firmar a premissa de que, seja fisicamente, seja virtualmente, dois (ou mais) adultos podem escolher apenas namorar. Uma certa abordagem do direito civil brasileiro tem insistido em limitar essa escolha, acabando por exigir uma série de cautelas para se evitar a constituição de uma união estável – tais como a celebração de um inusitado "*contrato de namoro*",[4] quando o namoro é, para muitos, a verdadeira

---

3. *Para viver um grande amor,* in *Para viver um grande amor*, São Paulo: Companhia das Letras, 2010, p. 129.

4. Para Zeno Veloso, *A União Estável e o Chamado Namoro Qualificado no Brasil*, disponível no site lex.com.br, o contrato de namoro consiste em "uma declaração bilateral em que pessoas maiores, capazes, de boa-fé, com liberdade, sem pressões, coações ou induzimento, confessam que estão envolvidas num relacionamento amoroso, que se esgota nisso mesmo, sem nenhuma intenção de constituir família, sem o objetivo de estabelecer uma comunhão de vida, sem a finalidade de criar uma entidade familiar, e esse namoro, por si só, não tem qualquer efeito de ordem patrimonial ou conteúdo econômico. (...) A meu ver, não se trata de "mercantilizar o envolvimento" ou de "monetarizar o afeto" (...), mas, apenas, de identificar o relacionamento amoroso que mantém, deixar clara e bem

antítese do contrato.[5] Há quem sustente que seria melhor mesmo contratar, deixar tudo detalhado em cláusulas contratuais, escapando às armadilhas do amor romântico, em prol de um amor mais sereno, amadurecido, realista. Todavia, a visão que cada um tem do amor e o modo como deseja experimentá-lo também deveriam ser sempre uma escolha dos envolvidos, nunca uma imposição da ordem jurídica. Essa imposição verifica-se não apenas quando a lei impõe um dever, mas também quando a lei, a doutrina ou a jurisprudência privilegiam, a tal ponto, um modelo, que limitam a livre escolha de todos os demais[6] – especialmente se o modelo privilegiado encerra alguns mistérios na sua precisa identificação.

3. MISTÉRIOS DA UNIÃO ESTÁVEL

A união estável é um instituto de suma importância entre nós. Seu acolhimento em sede constitucional (art. 226, §3º)[7] trouxe para o campo dos direitos um universo imenso de relações familiares que, antes, eram mantidas ao relento, quando não tratadas com suspeita ou preconceito pelos tribunais.[8] Seu papel protetivo é, ainda hoje, extremamente relevante, na medida em que permite que companheiros gozem de direitos resultantes de seu vínculo familiar independentemente de qualquer chancela prévia pelo Estado.

Nada disso afasta o fato de que não é simples aferir, tecnicamente, a sua configuração. E a verdade é que a definição legal da união estável mais atrapalha do que ajuda. Afinal, o artigo 1.723 do Código Civil define a união estável como a "convivência pública, contínua e duradoura e estabelecida com o objetivo de constituição de família." O elemento final é especialmente curioso, pois o que o dispositivo legal está a dizer, ao fim e ao cabo, é

---

definida a extensão deste, consignar e esclarecer que, pelo menos no momento presente, não passa de namoro. Quer-se prevenir e evitar a alegação da existência de efeitos materiais que podem ser de grande monta, de altíssimo valor." Em sentido contrário à utilidade do chamado contrato de namoro, Maria Berenice Dias, *Manual de Direito de Famílias*, São Paulo: Revista dos Tribunais, 2015, 10ª ed., p. 260: "Diante da situação de insegurança, começou a se decantar a necessidade de o casal de namorados firmar contrato para assegurar a ausência de comprometimento recíproco e a incomunicabilidade do patrimônio presente e futuro. No entanto, esse tipo de avença, com o intuito de prevenir responsabilidades, não dispõe de nenhum valor, a não ser monetizar singela relação afetiva."

5. Como registra Rodrigo da Cunha Pereira, *Contrato de Namoro Estabelece Diferença em Relação a União Estável*, disponível no site conjur.com.br: "Embora o contrato de namoro possa parecer o antinamoro, muitos casais, em busca de uma segurança jurídica, e para evitar que a relação equivocadamente seja tida como união estável, desviando assim o *anim8us* dos namorados, têm optado por imprimir esta formalidade à relação."

6. Giselda Maria Fernandes Novaes Hironaka, *Famílias Paralelas*, in *Revista da Faculdade de Direito da USP*, vol. 108, 2013, p. 199-200: "Ainda assim, embora o avanço constitucionalmente registrado, muitos outros arranjos não foram recepcionados no bojo constitucional, o que leva a crer, *a priori*, que não pudessem existir – ou que apenas existissem à margem da lei e da proteção legal – outros tipos, outras uniões que também pudessem ser consideradas entidades familiares e, assim, contar com a visibilidade e com a devida tutela legal. Afinal, família é arranjo que se dá espontaneamente no seio da sociedade, tendo por base e fundamento o afeto cultivado entre seus membros. E, como disse Jean Cruet '*nous voyons tous les jours la société refaire la loi, on n'a jamais vu la loi refair la société*', isto é, 'nós vemos, todos os dias, a sociedade refazer a lei; não se vê, jamais, a lei refazer a sociedade'."

7. "Art. 226. A família, base da sociedade, tem especial proteção do Estado. (...) § 3º Para efeito da proteção do Estado, é reconhecida a união estável entre o homem e a mulher como entidade familiar, devendo a lei facilitar sua conversão em casamento."

8. Paulo Lôbo, *Direito de Família*, São Paulo: Saraiva, 2011, p. 168: "A união estável, inserida na Constituição de 1988, é o epílogo de lenta e tormentosa trajetória de discriminação e desconsideração legal, com as situações existenciais enquadradas sob o conceito depreciativo de concubinato, definido como relações imorais e ilícitas, que desafiavam a sacralidade atribuída ao casamento."

que se considera como família a convivência estabelecida com o objetivo de constituir família. Uma tautologia, tal como dizer que o sal é salgado.

Não bastasse a redundância, parece evidente que o juiz não poderá saber qual era o objetivo dos conviventes, seja porque podiam ter objetivos distintos, seja porque os objetivos de cada um pertencem à subjetividade inacessível da nossa individualidade. O que se pode analisar são elementos de fato que sugerem que os conviventes estavam em uma relação que seria percebida socialmente como família. E essa parece ter sido a intenção do legislador quando lista, na primeira parte do artigo 1.723, os qualificativos desta convivência: *"pública, contínua e duradoura"*. O problema que se tem, a rigor, é que ser *"contínua e duradoura"* revela apenas que os conviventes estão em um relacionamento estável e, como podem ter livremente decidido apenas namorar (escolha legítima à luz da ordem jurídica brasileira), a continuidade e duração não são elementos capazes de qualificar aquele relacionamento como união estável para fins de aplicação do regime jurídico desta espécie de relação familiar.

A publicidade tampouco parece ser um elemento seguro. Como já advertido em outra sede:

> *"Não há dúvida, por exemplo, de que o casal homoafetivo que não ostenta publicamente sua condição, preferindo escapar ao olhar discriminatório de setores conservadores da sociedade, não deixa por isso de configurar uma 'entidade familiar', atraindo, mesmo à falta da chamada ostentabilidade, a proteção do direito de família."[9]*

O problema, portanto, é de complexidade bem mais elevada que sugerem os livros e manuais que tratam da união estável em tom de mera celebração. Seu importante caráter protetivo não exime o intérprete de encontrar meios seguros de qualificar as convivências afetivas prolongadas entre pessoas, diferenciando a união estável do namoro. A práxis judicial acabou por se agarrar a certos elementos identificadores, embora sem amparo na legislação, como a prova da existência de prole comum (que, a rigor, não é fruto necessariamente de uma convivência estável) e, especialmente, a prova da coabitação.

4. A COABITAÇÃO E A PANDEMIA

Com efeito, a análise das decisões judiciais sobre união estável revela que a prova da coabitação tem desempenhado papel decisivo na identificação da união estável. Embora o direito positivo não exija mais tal pressuposto – a Lei 8.971, de 1994, que exigia a coabitação como condição da união estável foi revogada pelo Lei 9.278, de 1996 –, a coabitação segue exercendo um forte papel de convencimento na análise dos magistrados.[10] Coabitar é, para muitas cortes, um sinônimo de viver em união estável.

---

9. Anderson Schreiber, *Famílias Simultâneas e Redes Familiares*, in *Direito Civil e Constituição*, São Paulo: Atlas, 2013, p. 299.
10. Confira-se, a título ilustrativo: "a regra é que a coabitação se constitui em um firme indicador da existência de união estável, de modo que, ausentes quaisquer circunstâncias aptas a excepcionar à regra geral, deve-se computar esse fato no conjunto de elementos que devem ser examinados para a configuração da união estável" (STJ, 3ª T., REsp 1.678.437/RJ, Rel. Min. Nancy Andrighi, j. 21.8.2018). Na mesma direção: "não me parece que a ausência de coabitação e de outras formas de convivência ou comportamento tipicamente familiar, reconhecida no v. acórdão recorrido, seja algo desimportante para a caracterização da união estável. Do contrário, todo relacionamento

O confinamento imposto pela pandemia deve transformar essa percepção jurídica? É de se notar, em primeiro lugar, que, diante do confinamento, casais que estão apenas namorando podem ter decidido coabitar transitoriamente, não com o escopo de constituir família, mas sim de evitar as agruras do isolamento físico – aquilo que Ricardo Calderón tem denominado de "conjugalidade transitória".[11] Parece certo que, em tais casos, a coabitação não configura elemento apto a qualificar a convivência como união estável. É certo que as intenções se transformam: uma coabitação iniciada com o fim de contornar o isolamento pode acabar por resultar em tamanha aproximação dos espíritos que os conviventes decidam constituir uma família, mas também pode ser que isso não aconteça. Pode ser que namorados continuem pretendendo ser namorados e a coabitação deflagrada pela pandemia não altere esta realidade.

O fato de que a coabitação tenha se iniciado na pandemia é fato, portanto, que exigirá cautela do magistrado, pois, diante de um confinamento forçado pelas circunstâncias, a coabitação deixa de ser um elemento presumidamente decorrente de uma intenção de constituir família. No período da pandemia, coabitar passa a exprimir menos uma livre decisão dos conviventes, e mais uma necessidade para contornar a solidão compulsória nesses tempos difíceis.

De outro lado, a ausência de coabitação – tida até então, por muitos magistrados, como um elemento indicativo de inexistência de união estável[12] – deve deixar de ter um papel tão decisivo na convicção dos juízes. A uma, porque a pandemia pode ter afastado compulsoriamente uma iminente coabitação, bastando pensar naquelas situações em que um dos conviventes é médico ou integra um grupo de risco da Covid-19, situação em que a coabitação traria risco necessário ao si ou ao(s) outro(s). A duas, porque, em virtude da pandemia, as formas de convívio têm, conforme já se adiantou, migrado do ambiente físico para o ambiente digital ou eletrônico. A realidade virtual deixa a virtualidade para se converter no que nos é, hoje, em virtude do confinamento, o mais real possível.

5. CONVIVÊNCIA DIGITAL OU ELETRÔNICA

Nessa nova realidade, o estreitamento do convívio e o aprofundamento dos laços afetivos dá-se não apenas no ambiente físico, mas também no ambiente eletrônico ou digital. Tal estreitamento não necessariamente conduz, registre-se, à intenção de constituir família – pois o objetivo de constituir família não é, ao contrário do que parecem sustentar alguns textos, a evolução natural do namoro, mas apenas um dentre os muitos

---

existente entre um homem e uma mulher, com certa duração, poderá, com essa facilitação, ser declarado união estável" (STJ, 4ª T., REsp 1.157.908/MS, Rel. p/ acórdão Min. Raul Araújo, j. 14.4.2011). Em doutrina, ver, por sua importância, Rolf Madaleno, *Direito de Família*, Rio de Janeiro: Forense, 2017, 7ª ed., versão e-pub: "O artigo 1.723 do Código Civil não condiciona a existência de coabitação para formação da união estável, embora inclua entre os seus requisitos a convivência pública, contínua e duradoura, estabelecida com o objetivo de constituição de família, e convivência pressupõe como regra a coabitação, mesmo quando pudesse ser admitida a ausência da moradia conjunta, mas tão somente como exceção, nunca como regra geral."

11. Foi o tema eleito por Ricardo Calderón para exposição em live no dia 8 de maio de 2020, organizada pela Academia Brasileira de Direito Constitucional e disponibilizada em seu canal do Youtube.

12. Muito embora, recorde-se, a exigência de coabitação para configuração da união estável tenha sido afastada com a revogação da Lei 8.971/1994.

possíveis desenvolvimentos de uma relação afetiva –, mas pode ocorrer que, de fato, os conviventes passem a viver em uma relação de natureza diversa, qual seja, de natureza familiar.

Em outras palavras, é possível que se dê a configuração de uma união estável à distância, por meio de uma comunhão de afeto e interesses que conduza os conviventes que se comunicam e convivem digitalmente, eletronicamente, a uma relação que se qualifique como relação familiar.[13] A isso tem se denominado *união estável virtual*.

6. UNIÃO ESTÁVEL VIRTUAL OU À DISTÂNCIA

Vale advertir que a expressão *união estável virtual* não é tecnicamente o melhor. *Virtual* é, a rigor, adjetivo que exprime algo potencial, algo que está por vir, algo que no futuro pode acontecer.[14] A expressão *virtual* vem do latim *virtus*, que transmite a ideia de uma força potencial, de uma virtude de produzir um efeito que não necessariamente se produzirá na realidade.

Aqui, ao contrário, está a se tratar de uma união estável que se configura efetivamente, desde já, na realidade, a partir de meios de comunicação à distância. Poder-se-ia falar em *união estável digital* ou *união estável eletrônica*, mas a expressão mais correta talvez seja simplesmente *união estável à distância*, independente do espanto que a nomenclatura pode provocar ao combinar uma alusão à convivência (união) com uma alusão ao distanciamento (que traz, em si, uma ideia de desunião). O que o fenômeno exprime é, todavia, precisamente isso: a constatação atualíssima de que a convivência, inclusive para fins de constituição de família, pode ocorrer por meios de comunicação à distância.

À luz dos requisitos contidos no artigo 1.723 do Código Civil, a configuração de uma união estável à distância é plenamente possível. Conviventes podem manter, sem dúvida, uma relação *"contínua e duradoura"* por meios de comunicação à distância. Também não parece haver dúvida de que essa forma inovadora de convivência pode ser *"pública"*. Os meios eletrônicos e digitais de comunicação ostentam, frequentemente, uma faceta pública, cujo alcance pode ser mesmo imensamente superior ao convívio físico, bastando pensar na postagem de imagens e declarações amorosas por meio das redes sociais. Em outras palavras, o viver no ambiente eletrônico ou digital não impede, mas, ao contrário, permite elevar exponencialmente a publicidade dos comportamentos, atitudes e ideias. Há vantagens e desvantagens nessa amplificação do que é tornado público, mas que a publicidade pode se verificar nesse tipo de convivência não há dúvida.

---

13. Registre-se que a expressão "relação familiar" é preferível à consagrada expressão "entidade familiar", pois "a concentração das atenções sobre as entidades familiares transmite a ideia de que cada pessoa deve ser inserida em apenas um esquema pré-moldado de família (ainda que o rol dos esquemas não seja mais considerado taxativo), rejeitando-se, implicitamente, a construção e o desenvolvimento de relações familiares concomitantes ou simultâneas, especialmente se fundadas em diferentes convivências afetivas mantidas pela mesma pessoa. Com isso, a proteção à pessoa humana fica em segundo plano, tutelando-se, de modo abstrato, a entidade familiar em si mesma (com a exclusão de outras que aquela pessoa pudesse integrar concomitantemente), enquanto o ordenamento constitucional exige justamente o oposto" (Anderson Schreiber, *Manual de Direito Civil Contemporâneo*, São Paulo: Saraiva, 2020, 3ª ed., p. 896).

14. Pierre Lévy, *O Que é o Virtual?*, São Paulo: Ed. 34, 2011.

Restaria, por fim, aferir o objetivo de constituir família, que, como já visto, é um elemento tautológico da definição: entender que há família quando há objetivo de constituir família é lançar o intérprete em uma espécie de enigma indecifrável. A definição de "família" talvez continue sendo, no âmbito de diferentes ciências sociais, uma das mais desafiadoras.[15] O que se verifica, contudo, é que as dificuldades inerentes a este e outros elementos da definição legal de união estável aplicam-se, em igual medida, às uniões estáveis presenciais (físicas) e à distância (constituídas por meios digitais ou eletrônicos). A pandemia – e, mais especificamente, o isolamento dela derivado – não agrava, nem atenua essas dificuldades, mas apenas as coloca em evidência ao fulminar subterfúgios que eram empregados, à margem da lei, para aferir a existência da união estável, em especial a coabitação.

7. CONCLUSÃO

Não há dúvida de que a pandemia vem delineando uma nova realidade. A esperada superação do perigo promete nos restituir a um certo grau de normalidade, mas deixará algumas consequências relevantes sobre o nosso modo de viver e de se comportar. A abertura do Direito de Família brasileiro às convivências por meio eletrônico ou digital parece ser um caminho necessário, a ser trilhado, porém, com cautela. Tais formas de convivência podem evidenciar a urgência de uma análise mais criteriosa sobre a distinção entre namoros e uniões estáveis, a se aplicar tanto às convivências presenciais quanto às convivências à distância, de modo a respeitar a livre escolha de cada um de nós.

---

15. Elisabeth Roudinesco, *A Família em Desordem*, Rio de Janeiro: Jorge Zahar, 2003.

O AMOR EM TEMPOS DE PANDEMIA: EFEITOS NOS RELACIONAMENTOS AFETIVOS[1]

Ricardo Calderón

Advogado, professor, Doutorando e Mestre em Direito pela UFPR. Diretor Nacional do IBDFAM. Coordenador da pós-graduação em Direito das Famílias e Sucessões da ABDCONST. Membro do IBDCIVIL, IBDCONT e do Grupo de Pesquisa em Direito Civil Virada de Copérnico-PPGD/UFPR.

O bêbado e a equilibrista

Caía a tarde feito um viaduto
E um bêbado trajando luto me lembrou Carlitos
A lua, tal qual a dona de um bordel
Pedia a cada estrela fria um brilho de aluguel
E nuvens, lá no mata-borrão do céu
Chupavam manchas torturadas, que sufoco
Louco, o bêbado com chapéu-côco
Fazia irreverências mil pra noite do Brasil, meu Brasil
Que sonha com a volta do irmão do Henfil
Com tanta gente que partiu num rabo-de-foguete
Chora a nossa pátria, mãe gentil
Choram Marias e Clarices no solo do Brasil
Mas sei, que uma dor assim pungente
Não há de ser inutilmente, a esperança
Dança na corda bamba de sombrinha
E em cada passo dessa linha pode se machucar
Azar, a esperança equilibrista
Sabe que o show de todo artista tem que continuar

Aldir Blanc[2] e João Bosco

Sumário: 1. Um ontem que já virou passado, um presente que se impõe e um futuro incerto no porvir. 2. Coabitações pelo isolamento. 3. Uniões 'filhas' da pandemia: *quo vadis?* 4.Referências.

1. UM ONTEM QUE JÁ VIROU PASSADO, UM PRESENTE QUE SE IMPÕE E UM FUTURO INCERTO NO PORVIR

A pandemia mundial do Covid-19 trouxe mudanças profundas que ainda estão sendo assimiladas, mas é fato que afetaram os mais variados campos. Os impactos foram de tal magnitude que acabaram por alterar até mesmo a forma como as pessoas convivem. Para além dos graves efeitos de sáude e do lastimável número de óbitos, as relações sociais também foram atingidas com as medidas que tiveram que ser implementadas para tentar conter o avanço do vírus.

---

1. O título é uma intencional referência ao romance de Gabriel García Márques, publicado em 1985.
2. Este texto foi concluído no dia 4 de maio de 2020. Dia triste pela morte, nesta data, do compositor e escritor Aldir Blanc, na cidade do Rio de Janeiro, vítima da Covid-19. Transcreve-se uma das suas mais famosas letras em uma singela homenagem póstuma.

Os relacionamentos afetivos não foram exceção.

A quase totalidade dos países adotou regras que envolviam alguma dose de isolamento social, sendo que em alguns locais houve até mesmo uma determinação de *lockdown* por algum período (proibição total de circulação, com exceção dos serviços essenciais). Estas severas restrições de locomoção, o fechamento das escolas, o trabalho à distância (em regime de *home office*), a recomendação de distanciamento e a interrupção das atividades de diversos lugares públicos fizeram com que muitas pessoas tivessem que modificar significativamente o seu modo de vida.

O ano de 2020 nos apresentou uma realidade nada agradável, sendo ela – atualmente – o nosso inexorável presente.

Como se não bastasse, se anuncia um incerto e nada animador futuro. A gravidade das consequências do Coronavírus e a ausência de uma vacina ou de medicamentos que o detenham têm exigido um repensar da vida em sociedade, com efeitos que devem se estender até mesmo para o porvir. Ou seja, se está a repensar como serão as condições de vida para além do período mais agudo da crise, de modo que diversas das restrições e mudanças não serão apenas pontuais.

Não são poucos os pensadores que afirmam taxativamente que muitas das consequências desta pandemia se estenderão a médio e longo prazo. Para Yuval Harari

“A humanidade hoje enfrenta uma crise global. Talvez a maior crise de nossa geração. As decisões que as pessoas e os governos tomarão nas próximas semanas provavelmente moldem o mundo nos anos vindouros. Não somente moldarão nossos sistemas de saúde, mas também nossa economia, nossa política e nossa cultura. Devemos atuar rápida e decididamente. Também devemos levar em conta as consequências do longo prazo de nossas ações. Quando escolhemos entre alternativas, não somente devemos nos perguntar como superar a ameaça imediata, mas também que tipo de mundo habitaremos assim que passar a tormenta. Sim, passará. A humanidade sobreviverá, a maioria de nós seguiremos vivos, porém habitaremos um mundo diferente.”[3]

Outros intelectuais já ousam afirmar que esta pandemia será o marco historiográfico de virada de Século (tal como teria sido a Primeira Guerra Mundial na demarcação da passagem do Século XIX para o XX). Dentre eles, a historiadora Lilia Schwarcz, para quem “essa nossa pandemia marca o final do século 20, que foi o século da tecnologia. Nós tivemos um grande desenvolvimento tecnológico, mas agora a pandemia mostra esses limites.”[4]

Não é necessário muito esforço para constatar que estamos vivendo um presente muito diferente do passado recente que saboreávamos antes desta crise. Ainda que todos esperemos uma rápida solução para esta aguda emergência sanitária, são diversos os cientistas a afirmar que, mesmo após ela passar, não retornaremos para o passado de outrora. Ao que tudo indica teremos um novo e inesperado futuro pela frente, que certamente será muito diferente até mesmo do que estávamos vivenciando agora.

---

3. HARARI, Yuval. Disponível em: <http://www.ihu.unisinos.br/78-noticias/597469-o-mundo-depois-do-corona-virus-artigo-de-yuval-noah-harari>. Acesso em: 04 maio 2020.

4. Disponível em: <https://www.uol.com.br/universa/reportagens-especiais/coronavirus-100-dias-que-mudaram--o-mundo/#100-dias-que-mudaram-o-mundo>. Acesso em: 04 maio 2020.

Aderindo a esta narrativa tripartite José Fernando Simão, didaticamente, decompõe estes momentos de passado, presente e futuro em realidades denominadas A, B e C:

"O dia 13 de março de 2020 foi, para o Brasil, o último dia de uma antiga realidade que vou chamar de Realidade A. A Realidade A era pautada por um sonho, vivíamos um sonho de abundância e felicidade perpétuas em que o adjetivo INCURÁVEL tinha sido riscado do Dicionário. (...) Em 13 de março vivemos o último dia daquela Belle Époque. A realidade A acabou e começou a B, que é temporária, fugaz, mas persiste. O *homo sapiens sapiens* percebe que, antes de ser feliz, ele precisa sobreviver e a pandemia mostra que a simples sobrevivência deixa de ser óbvia. O ser humano se vê, repentinamente, em contato com sua animalidade por conta da inevitabilidade da disseminação de uma doença mortalmente perigosa. (...) Deve-se frisar que as decisões tomadas em período de pandemia e confinamento são, necessariamente, provisórias. O caos vivido na realidade B cessará com o fim da pandemia, com a descoberta de uma vacina ou mesmo de medicamento que reduza a letalidade. Surgirá, então, a Realidade C que não será a Realidade A (as coisas nunca mais serão com eram até 13 de março de 2020), e qualquer previsão sobre ela nesse momento é achismo ou palpite infundado."[5]

Teríamos, portanto, um saudoso passado (realidade A), um terrível presente (realidade B) e um incerto futuro (realidade C). Como não poderia deixar de ser, os relacionamentos humanos são influenciados por estas diferentes realidades. O homem é um ser gregário, em vista do que segue travando suas relações mesmo sob as mais variadas condições e vai se adaptando – como pode – aos novos tempos.

Premidos por este turbilhão de influxos, muitos relacionamentos afetivos passaram a ser moldados a partir das novas condições impostas. Namorados, cônjuges, conviventes e amantes de toda sorte tiveram suas relações abatidas pelos efeitos da pandemia. Não raro, novas rotinas se impuseram para àqueles que dividem alguma 'vida a dois'.

O presente artigo visa analisar como algumas destas novas coerções sociais podem (ou não) afetar os critérios jurídicos de compreensão das nossas relações afetivas. Para tanto, a primeira parte irá discorrer sobre os casos de coabitação imposta pelo isolamento social; cabendo a segunda e última questionar qual a possível classificação jurídica para estas uniões 'filhas da pandemia'.

2. COABITAÇÕES PELO ISOLAMENTO

Uma das principais consequências da pandemia foram as severas medidas de isolamento social, o que levou ao fechamento de escolas, suspensão do comércio e das atividades negociais presenciais, colocando um grande número de pessoas em *home office*. Em muitas localidades há uma orientação forte para que se adote uma restrição máxima da locomoção.

Um dos efeitos disso, é o fato que as crianças não compareceram mais às escolas, ficando o dia todo em casa, consequentemente, com a exigência que alguém cuide delas durante este período de suspensão das aulas. Também o fechamento de muitos restaurantes e lanchonetes conduziu à implementação de uma nova logística no lar para o preparo caseiro de refeições (muitas pessoas se utilizavam destes estabelecimentos comerciais

---

5. Disponível em: <http://www.ibdfam.org.br/artigos/1405/Direito+de+fam%C3%ADlia+em+tempos+de+pandemia%3A+hora+de+escolhas+tr%C3%A1gicas.+Uma+reflex%C3%A3o+de+7+de+abril+de+2020>.

para a sua alimentação). Ao lado disso, as inúmeras posturas de higienização e prevenção impostas pelas autoridades, as quais tiveram que ser adotadas por todos.

Para quem tem filhos pequenos, estas tarefas passaram a tomar uma boa parte do dia, de modo que muitos pais que estavam divorciados, residindo em casas separadas, houve por bem em voltar a coabitar para melhor fazer frente a esses afazeres domésticos e, principalmente, para melhor dividir as tarefas de cuidado com os filhos.

A necessidade de redução de deslocamentos também foi um forte estímulo para aqueles que resolveram implementar uma "quarentena com o ex"[6]. Exemplo disso, os atores hollywoodianos Demi Moore e Bruce Willis, que foram casados de 1987 até 2000, têm uma filha comum, estavam divorciados e resolveram morar na mesma casa durante a pandemia[7]. Quadro similar ocorreu com os pais da atriz Tais Araujo, a dona Mercedes e o senhor Ademir, ambos com mais de 70 anos, divorciados e vivendo em casas separadas, mas que resolveram voltar a viver juntos para melhor enfrentar a crise[8].

Estas configurações passam a desvelar uma coabitação de duas pessoas, que possuem alguma ligação, mas, a princípio, não estão a vivenciar um relacionamento afetivo de conjugalidade entre si. Em outras palavras, inicialmente a pretensão destes divorciados é apenas cuidar melhor dos seus filhos ou fazer companhia um ao outro nesse período de quarentena, sem reestabelecer nenhum vínculo de namoro e muito menos de união estável.

Uma situação diversa, mas com o mesmo pano de fundo, também foi constatada durante esse período intenso de restrições, a chamada realidade B: o caso de namorados que viviam em casas separadas, sozinhos, e assim pretendiam permanecer, mas, pela crise da pandemia, resolveram morar juntos. Foi o que aconteceu com os escritores Ruy Castro e Heloisa Seixas, que moram e namoram no Rio de Janeiro, mas apesar de levarem um longo relacionamento (de mais de três décadas!), os dois nunca haviam coabitado. Entretanto, os dissabores e os obstáculos impostos pela *quarentena* os levou a viver sob o mesmo teto, ao menos durante este período[9].

Esta convivência 'forçada' de namorados não leva, a princípio, a que as partes pretendam estabelecer uma relação de união estável. Aqui também se estará diante de um relacionamento afetivo, com eventual coabitação, mas sem a intenção de constituição de família. A provisoriedade e as peculiaridades da situação se revelam, nesse contexto, como fatores inibitório para a configuração de um vínculo de conjugalidade.

Tanto em uma situação (a dos divorciados) como na outra (a dos namorados) salta aos olhos uma convivência comum, por pessoas que possuem alguma relação de

---

6. Diversas matérias jornalísticas narraram casos deste espécie, tais como: https://oglobo.globo.com/sociedade/de-quarentena-com-ex-casais-separados-com-filhos-voltam-morar-juntos-para-nao-se-afastar-das-criancas-24338639.
7. Conforme noticiado por: https://revistaquem.globo.com/QUEM-News/noticia/2020/04/demi-moore-e-bruce--willis-veja-como-quarentena-reuniu-ex-casais-na-mesma-casa.html
8. Detalhes no site: https://istoe.com.br/com-pais-separados-tais-araujo-faz-eles-voltarem-a-morar-juntos-durante-quarentena/.
9. Conforme noticiado pelo *podcast* "O Assunto", da jornalista Renata Lo Prete, veiculado em 13/04/2020 https://g1.globo.com/podcast/o-assunto/noticia/2020/04/13/o-assunto-163-vidas-em-quarentena-ruy-castro-e-heloisa--seixas.ghtml.

O AMOR EM TEMPOS DE PANDEMIA: EFEITOS NOS RELACIONAMENTOS AFETIVOS

proximidade, msa nas quais a coabitação possui uma conotação diversa daquela que normalmente lhe é atribuída para nos casos do estilo.

Este efeito indireto da pandemia leva a uma reflexão de quais seriam as eventuais consequências jurídico-familiares.

3.   UNIÕES 'FILHAS' DA PANDEMIA: *QUO VADIS?*[10]

Certamente estas situações de pessoas que possuem algum vínculo e passaram a coabitar exclusivamente em razão das medidas impostas pela pandemia são inusitadas e podem levar a algumas dúvidas sobre os seus possíveis efeitos jurídicos.

Isto porque, até há pouquíssimo tempo, esta situação aparentaria fortes indícios de configuração de uma união estável. Digamos que esta convivência atinja o período de um semestre e os casos fossem apresentados em juízo, para deliberação se configuram alguma relação ou não, certamente poderiam vir ser considerados como relacionamento de união estável.

Sabe-se que a coabitação não é um requisito essencial para que se reconheçam tais relacionamentos, mas é inegável que ela sempre foi um forte elemento de prova de sua existência. Isso pode ter mudado neste período pandemia?

Em outras palavras, a questão que se apresenta é a seguinte: pode ser que estas uniões pela pandemia venham a gerar algum conflito jurídico a ser equacionado. Este pode ocorrer entre os próprios envolvidos ou até mesmo com terceiros (sucessores, seguradoras, órgãos previdenciários). Em tempos de grave crise de saúde, a morte é um fator a ser mais considerado ainda. Pergunta-se: no caso do falecimento de um deles, qual a classificação jurídica que será conferida para a respectiva relação?

Como dito, se os casos acima citados fossem apresentados em juízo a não muito tempo atrás, em tempos de realidade A, teriam fortes chances de vir a ser reconhecidos como relacionamentos de união estável. Entretanto, qual será a leitura conferida pelo Direito de Família a partir desta nova realidade?

Para melhor refletir sobre esta pergunta, cabe rememorar alguns contornos da união estável no direito de família brasileiro. Rodrigo da Cunha Pereira a define como "a relação afetivo-amorosa entre duas pessoas, não adulterina e não incestuosa, com estabilidade e durabilidade, vivendo sob o mesmo teto ou não, constituindo família sem vínculo do casamento civil."[11]

A partir desta conceituação, o questionamento que decorre tendo em mente os relacionamentos descritos no tópico anterior é: estaríamos diante de uma união estável[12] ou não? Se sim, haverá diversos efeitos jurídicos a partir dela (pessoais, patrimoniais,

---

10.   *Quo vadis?* tradução do latim: Aonde vais? https://www.dicionariodelatim.com.br/quo-vadis/.

11.   PEREIRA, Rodrigo da Cunha. *Concubinato e União Estável.* 7 ed. Belo Horizonte: Del Rey: 2004. p. 28-29.

12.   "(...) união estável como entidade familiar, formou-se pelo decurso de tempo, com a observância dos requisitos exigidos pelo art. 1723 do Código Civil: convivência pública, contínua e duradoura e estabelecida com o objetivo de constituição de família. E a não união estável se dissolve e se extingue com a ruptura da vida em comum, sem necessidade de nenhum escrito atestando este fato." VELOSO, Zeno. *Separação, extinção de união estável, divórcio, inventário e partilhas consensuais – de acordo com o novo CPC.* Belém: Anoreg, 2016. p. 18-19.

securitários, previdenciários e até sucessórios). Acaso a resposta seja negativa, quiçá estejamos diante de mais alguns casos que podem ser considerados como mero convívio comum sem qualquer conjugalidade ou então, no máximo, ser classificados como de "namoro qualificado", expressão cunhada por Zeno Veloso[13].

Nas aproximações fáticas com coabitação acima citadas, parece possível antecipar que, caso as partes tenham deixado claro qual era a sua opção para o período de quarentena e, também, quais eram os seus planos de futuro para após ela, certamente isso seria um importante elemento de elucidação da sua qualificação jurídica.

A riqueza dos dados de realidade levou o nosso direito de família até mesmo a se aventar de mais uma qualificação para alguns relacionamentos afetivos: há alguns anos o Superior Tribunal de Justiça julgou um caso que possuía vários indícios que poderiam configurar uma união estável, inclusive coabitação, mas houve por bem em declarar que nesse período houve apenas um "namoro qualificado"

> CIVIL. PROCESSUAL CIVIL. RECURSO ESPECIAL. UNIÃO ESTÁVEL. RECONHECIMENTO. DEMONSTRAÇÃO. AUSÊNCIA. 1. A configuração da união estável é ditada pela confluência dos parâmetros expressamente declinados, hoje, no art. 1.723 do CC-02, que tem elementos objetivos descritos na norma: convivência pública, sua continuidade e razoável duração, e um elemento subjetivo: o desejo de constituição de família. 2. A congruência de todos os fatores objetivos descritos na norma, não levam, necessariamente, à conclusão sobre a existência de união estável, mas tão somente informam a existência de um relacionamento entre as partes. 3. O desejo de constituir uma família, por seu turno, é essencial para a caracterização da união estável pois distingue um relacionamento, dando-lhe a marca da união estável, ante outros tantos que, embora públicos, duradouros e não raras vezes com prole, não têm o escopo de serem família, porque assim não quiseram seus atores principais. 4. A demanda declaratória de união estável não pode prescindir de um diligente perscrutar sobre o "querer constituir família", desejo anímico, que deve ser nutrido por ambos os conviventes, e a falta dessa conclusão impede o reconhecimento da união estável. Recurso provido[14].

Para muitos autores, a partir de então resta possível divisar os relacionamentos afetivos entre casamentos, uniões estáveis e namoros qualificados. Como o matrimônio civil envolve formalidades que o distinguem, as maiores dificuldades seriam qualificar os casos como de união estável ou como de namoro qualificado.

Os principais requisitos para a configuração de uma união estável são aqueles narrados expressamente no próprio Código Civil: "Art. 1.723. É reconhecida como entidade familiar a união estável entre o homem e a mulher, configurada na convivência pública, contínua e duradoura e estabelecida com o objetivo de constituição de família."

O Brasil optou por não trazer critérios mais rígidos para a configuração da união estável, como fixar um período mínimo de convivência, no que fez bem. A consequência disso é a inegável dificuldade de se constatar a ocorrência ou não de união estável em diversos casos concretos.

Flávio Tartuce descreve essa fluidez como uma verdadeira "cláusula aberta"

---

13. SILVA, Leonardo Amaral Pinheiro da. *Pacto dos Noivos*. 2 ed. Rio de Janeiro: Lumen Iuris. 2019.
14. STJ, REsp 1.263.015/RN, 3ª Turma, Rel. Min Nancy Andrighi, julgado em 19/6/2012, *DJe* 26/6/2012.

"Como se nota, os elementos essenciais são totalmente subjetivos, razão pela qual se acredita existir uma verdadeira *cláusula geral* para a constituição da união estável. (...) Justamente por isso tem variado muito a jurisprudência no enquadramento da união estável.[15]"

Quem também destaca esta proximidade dos requisitos qualificadores do namoro e da união estável, corroborando a dificuldade de identificação em muitos casos, é Marília Pedroso Xavier, para quem

O namoro é inserido dentro dessa lógica, pois embora não se trate de um vocábulo novo, seu significado atual destoa da visão tradicional de décadas atrás. Assim, o casal de namorados vivencia hoje experiências que só poderiam ser tidas após o casamentos, tais como viagens, relações sexuais, coabitação, entre outras. Ademais, o namoro não é mais encarado como mero período experimental que conduz necessariamente ao casamento. Pode-se dizer que ganhou contornos autônomos, o que faz com que casais optem por vivenciar namoros de longos anos. Ocorre que, por vezes, esse relacionamento é tomado por uma complexidade tão grande que o leva a ser confundido com uma união estável, fazendo com que ao namoro sejam imputadas as consquências jurídicas que o reconhecimento desta entidade familiar necessariamente conduz.[16]

Como visto, pode não ser simples distinguir alguns casos como de namoro ou como de união estável. Um dos seus principais elementos diferenciadores é justamente um daqueles de mais difícil verificação: apurar quando este objetivo de constituir família está presente e quando não está. Quem destaca essa dificuldade é Zeno Veloso

Nem sempre é fácil distinguir essa situação – a união estável – de outra, o namoro, que também se apresenta informalmente no meio social. Numa feição moderna, aberta, liberal, especialmente se entre pessoas adultas, maduras, que já vêm de relacionamentos anteriores (alguns bem-sucedidos, outros nem tanto), eventualmente com filhos dessas uniões pretéritas, o namoro implica, igualmente, convivência íntima – inclusive, sexual –, os namorados coabitam, frequentam as respectivas casas, comparecem a eventos sociais, viajam juntos, demonstram para os de seu meio social ou profissional que entre os dois há uma afetividade, um relacionamento amoroso. E quanto a esses aspectos, ou elementos externos, objetivos, a situação pode se assemelhar – e muito – a uma união estável. Parece, mas não é! Pois falta um elemento imprescindível da entidade familiar, o elemento interior, anímico, subjetivo: ainda que o relacionamento seja prolongado, consolidado, e por isso tem sido chamado de ´namoro qualificado´, os namorados, por mais profundo que seja o envolvimento deles, não desejam e não querem – ou ainda não querem – constituir uma família, estabelecer uma entidade familiar, conviver numa comunhão de vida, no nível do que os antigos chamavam de *affectio maritalis*. Ao contrário da união estável, tratando-se de namoro – mesmo do tal namoro qualificado –, não há direitos e deveres jurídicos, mormente de ordem patrimonial entre os namorados. Não há, então, que falar-se de regime de bens, alimentos, pensão, partilhas, direitos sucessórios, por exemplo.[17]

Ante esta dificuldade teórica na qualificação de uma união estável e na sua distinção com algumas espécies de namoros mais intensos, ganham relevo as decisões de nossos tribunais. No supracitado caso deliberado pelo STJ o critério distintivo eleito foi o momento desta intenção de constituir família: se a intenção é apenas futura ainda se

---

15. TARTUCE, Flávio. *Direito Civil. Direito de Família*. 14. ed. Rio de Janeiro: Forense, 2019. p. 355.
16. XAVIER, Marília Pedroso. *Contrato de namoro: amor líquido e direito de família mínimo*. Dissertação de Mestrado defendida na Universidade Federal do Paraná. Curitiba: UFPR, 2011. Disponível em https://acervodigital.ufpr.br/handle/1884/32251.
17. VELOSO, Zeno. *Direito Civil: temas*. Belém: ANOREGPA, 2018. p. 313.

está diante de um namoro; mas se a intenção de constituir família é presente, aí sim se estaria diante de uma união estável.

Quanto a este tema, outro fator que pode vir a contribuir na análise seria apreciar qual a qualidade e intensidade desta relação afetiva[18], mas esta tarefa também pode não ser de tranquila apuração, ainda mais em tempos de isolamento social. A realidade B está deixando as pessoas a maior parte do tempo em casa, quase sem nenhum contato social com terceiros, o que pode ser um obstáculo ainda maior para os nossos meios usuais de prova destes vínculos (testemunhas e aparições públicas).

Um outro fator que pode auxiliar na compreensão de qual a sua qualificação jurídica destas uniões decorrentes da pandemia pode ser o requisito da durabilidade, visto que se estas relações forem transitórias certamente afastarão a incidência da norma. Novamente, esta constatação pode não ser tão singela em uma grande quantidade de casos, visto que os efeitos restritivos de prevenção da pandemia podem perdurar por longos meses (algumas escolas já anunciam um período de suspensão de aulas presenciais que englobará quase todo o outono e também o inverno; determinados órgãos publicos já anunciaram regime de teletrabalho até 2021). Pergunta-se: uma coabitação por seis meses em decorrência da pandemia pode vir a ser considerada como de união estável?

A lei de regência não traz um período mínimo para configuração de uma união estável, o que leva a compreensão para a casuística. Conforme assevera Rolf Madaleno, "andou bem o legislador ao afastar um prazo mínimo para reconhecer a existência de uma estável, porque importa ao relacionamento a sua qualidade e não o tempo da relação."[19]

A atual doutrina é uníssona em louvar a ausência de um prazo mínimo para a configuração da união estável, o que estaria de acordo com as características da nossa cultura e também em consonância com atual o momento de *liquidez* das relações[20]. Em que pese o acerto da nossa opção legislativa, essa abertura e a amplitude conferida para a união estável no Brasil pode trazer algumas dificuldades concretas no acertamento de alguns envolvimentos pessoais tidos como "filhos da pandemia".

Isto porque, embora possa parecer simples julgar uma situação fática como de união estável ou de simples namoro, na vida vivida nem sempre as coisas se apresentam tão cristalinas.

Aliás, nem mesmo para os próprios protagonistas isso fica tão claro como se poderia esperar. Exemplos disso, as peculiaridades citadas nas próprias matérias jornalísticas noticiadas anteriormente: alguns dos divorciados que voltaram a coabitar pelos filhos narraram que voltaram a ter relações sexuais[21]; já os namorados que passaram a viver no mesmo local pela pandemia não souberem responder assertivamente se seguiriam assim após passadas as medidas de isolamento ou não. Prova disso, é que na maioria

---

18. Sobre a leitura jurídica da afetividade, permita-me citar: CALDERÓN, Ricardo. *Princípio da Afetividade no Direito de Família*. Rio de Janeiro: Forense, 2017.
19. MADALENO, Rolf. *Direito de Família*. 8 ed rev. atual. e amp. Rio de Janeiro: Forense, 2018. p. 1158.
20. Conforme ressalta BAUMAN, Zygmunt. *Amor Líquido*: Sobre a Fragilidade dos Laços Humanos. Trad. Carlos Alberto Medeiros. Rio de Janeiro: Zahar, 2004.
21. Um dos entrevistados na matéria afirmou "*Logo na primeira semana já começou uma reaproximação. Isso me confundiu no processo, pela questão da família, da filha. A gente acabou transando.*" https://oglobo.globo.com/sociedade/de-qua-rentena-com-ex-casais-separados-com-filhos-voltam-morar-juntos-para-nao-se-afastar-das-criancas-24338639.

desses casos os envolvidos não deixam acordos escritos das suas intenções e nem mesmo aclaram como eles mesmo qualificam as suas relações.

É notória que são tênues as linham que divisam alguns namoros mais densos das uniões juridicamente consideradas como estáveis, isto até mesmo para os envoltos na relação, quanto mais para terceiros intérpretes. Entretanto, os diversos direitos e deveres que são atualmente atribuídos aos conviventes aconselham que se avance nesta reflexão.

Parece que qualquer que seja a resposta será necessário levar em conta, de algum modo, o influxo dos efeitos da pandemia no desenrolar dos fatos que possam ser apresentados em juízo. Estas coabitações pelo isolamento quiçá não possam ser vistas com os mesmos olhos que a convivência sob o mesmo teto é percebida quando em períodos de normalidade social.

Outra questão que desafia o Direito é um pensar sobre a possibilidade de desenhos afetivos que já prevejam uma transitoriedade, ou seja, relações públicas e afetivas, mas com prazo determinado de duração. Seria possível cogitarmos de algumas *conjugalidades transitórias*? O tema parece merecer alguma atenção.

Certamente o nosso direito ainda é muito moldado para tempos de uma *modernidade sólida*, não prevendo relações que se apresentem planejadamente como *líquidas*[22]. A impermanência da atualidade pode vir a pensar em soluções jurídicas transitórias, que se enquadrem apenas enquanto perdurar o agudo da crise sanitária (o mesmo pode ser pensado para a questão dos alimentos, seria cogitável se fixar alimentos em um patamar mais reduzidos apenas por um período limitado de tempo?). Algumas propostas legislativas caminham no sentido de apresentar soluções transitórias para os problemas da crise da Covid-19, ainda que com outros focos de atenção. [23]

Vislumbra-se uma necessária distinção quanto à qualificação jurídica dos relacionamentos de acordo com o período em análise: momento para o qual a distinção entre as ditas realidades A, B e C pode ser de grande utilidade. Esta parece ser uma diretriz segura a desde logo se apontar.

Frise-se que, para além de elocubrações teóricas, as dúvidas acima compartilhadas podem ser de grande utilidade até mesmo para eventual interesse de terceiros[24]: como no caso de morte de um dos envolvidos que tenha deixado um seguro de vida ou uma polpuda previdência, essas serão situações nas quais a qualificação de um *housemate* como companheiro ou não pode alterar sobremaneira o quadro securitário e sucessório.

Há questões pessoais e patrimoniais de vulto que podem ser alteradas de acordo com o que se entender destas relações. Não são raros os casos nos quais as pessoas deixam filhos de relacionamentos anteriores que podem vir a ter interesses conflitantes com a pessoa com quem o seu pai/mãe está a residir.

---

22. BAUMAN, Zygmunt. *Modernidade Líquida*. Trad. Plínio Dentzien. Rio de Janeiro: Zahar, 2001.
23. O projeto de lei do Senado-PLS 1179/2020, propõe o Regime Jurídico Emergencial e Transitório das relações jurídicas de Direito Privado (RJET) no período da pandemia do Coronavírus (Covid-19); já o PLS 1627/2020 propõe o Regime Jurídico Emergencial e Transitório das relações jurídicas de Direito de Família e das Sucessões no período da pandemia causada pelo coronavírus SARS-CoV2 (CoVid-19). Este último, sugere que se adote expressamente uma condição especial transitória quanto a alimentos, guarda e convivência familiar durante o período mais agudo da crise sanitária.
24. Um exemplo de terceiro que possível litígio futuro: filhos exclusivos de uma dessas pessoas.

Esta reviravolta ocorrida com os efeitos decorrentes da pandemia também no relacionamentos impulsiona a pensarmos sobre maiores espaços de liberdade para as pessoas, de modo que elas possam ter mais autonomia para deliberarem sobre as consequências jurídicas de algumas das suas escolhas existenciais, conforme leciona Carlos Pianovski Ruzyk[25].

O momento atual é inequivocamente de compaixão e solidariedade, mas a vida não para e o seu caminhar exige que sigamos a pensar sobre os novos desafios que ela está a nos apresentar. Por outro lado, admite-se que pode ser que as mudanças ora vistas como de grande intensidade no futuro se mostrem mais singelas do que o hoje estimado e, quem sabe, não sejam tantas as dúvidas como aqui se está a cogitar. O tempo – sempre ele – é quem irá dizer.

Ainda que não seja aconselhável se escrever sobre um tema sem o tempo de maturação das ideias que a sua densidade exige, opta-se por correr esse risco para lançar ao debate algumas das incipientes angústias que estão, neste momento, a nos preocupar.

Não há amor generoso senão aquele que se sabe ao mesmo tempo passageiro e singular.

Albert Camus

4. REFERÊNCIAS

BAUMAN, Zygmunt. *Amor Líquido*: Sobre a Fragilidade dos Laços Humanos. Trad. Carlos Alberto Medeiros. Rio de Janeiro: Zahar, 2004.

BAUMAN, Zygmunt. *Modernidade Líquida*. Trad. Plínio Dentzien. Rio de Janeiro: Zahar, 2001.

CALDERÓN, Ricardo. *Princípio da Afetividade no Direito de Família*. Rio de Janeiro: Forense, 2017.

HARARI, Yuval. Disponível em: <http://www.ihu.unisinos.br/78-noticias/597469-o-mundo-depois-do--coronavirus-artigo-de-yuval-noah-harari>. Acesso em: 04 maio 2020.

MADALENO, Rolf. *Direito de Família*. 8 ed rev. atual. e amp. Rio de Janeiro: Forense, 2018.

PEREIRA, Rodrigo da Cunha. *Concubinato e União Estável*. 7 ed. Belo Horizonte: Del Rey: 2004.

RUZYK, Carlos Eduardo Pianovski. *Institutos Fundamentais de Direito Civil e Liberdade(s)*: Repensando a Dimensão Funcional do Contrato, da Propriedade e da Família. Rio de Janeiro: GZ, 2011.

SILVA, Leonardo Amaral Pinheiro da. *Pacto dos Noivos*. 2 ed. Rio de Janeiro: Lumen Iuris. 2019.

STJ, REsp 1.263.015/RN, 3ª Turma, Rel. Min Nancy Andrighi, julgado em 19/6/2012, *DJe* 26/6/2012.

TARTUCE, Flávio. *Direito Civil. Direito de Família*. 14. ed. Rio de Janeiro: Forense, 2019.

VELOSO, Zeno. *Direito Civil: temas*. Belém: ANOREGPA, 2018.

VELOSO, Zeno. *Separação, extinção de união estável, divórcio, inventário e partilhas consensuais – de acordo com o novo CPC*. Belém: Anoreg, 2016.

XAVIER, Marília Pedroso. *Contrato de namoro: amor líquido e direito de família mínimo*. Dissertação de Mestrado defendida na Universidade Federal do Paraná. Curitiba: UFPR, 2011. Disponível em https://acervodigital.ufpr.br/handle/1884/32251.

---

25. RUZYK, Carlos Eduardo Pianovski. *Institutos Fundamentais de Direito Civil e Liberdade(s)*: Repensando a Dimensão Funcional do Contrato, da Propriedade e da Família. Rio de Janeiro: GZ, 2011.

UMA EPIDEMIA EM MEIO À PANDEMIA: REFLEXÕES SOBRE A VIOLÊNCIA DOMÉSTICA EM TEMPOS DE ISOLAMENTO

Juliana Maggi Lima

Mestre em Direito Civil pela USP. Especialista em Direito de Família e Sucessões pela EPD. Bacharel em Direito pela PUC-SP. Cofundadora do Women in Family Law.

Sumário: 1. Covid-19: momento de disrupção e reflexão. 2. Violência doméstica: uma epidemia silenciosa. 3. Covid-19 e o isolamento social forçado: "Casa não é sinônimo de lar para muitas mulheres". 4. Considerações finais –Violência doméstica: uma questão do Estado, da sociedade e da família na pandemia e após. 5. Referências.

1. COVID-19: MOMENTO DE DISRUPÇÃO E REFLEXÃO

> Para aqueles que cresceram antes de 1914 o contraste era tão dramático que muitos deles (...) se recusaram a ver qualquer continuidade com o passado. "Paz" significava "antes de 1914"; depois disso veio algo que não merecia esse nome.
>
> (HOBSBAWM, 1995, p. 22, tradução livre)

Primeiro, é preciso lembrar que este livro é escrito enquanto os fatos se desenrolam. Enquanto, literalmente, vivemos uma pandemia mundial, em pleno isolamento, em um momento crítico e cheio de incertezas, especialmente no Brasil (CHOTINER, 2020; WASHINGTON POST, 2020). E, para que haja honestidade, qualquer coisa que possamos escrever hoje sobre esse tema, possivelmente, está fundado "sobre alicerces estranhamente irregulares", montados por "observadores participantes" (HOBSBAWNM, 1995, p. 22). Há já tanto conteúdo sendo produzido sobre este momento (Webinares, artigos, colunas, *lives*, entre outros) e ao mesmo tempo tudo que é escrito ou dito parece brevemente ultrapassado. Estamos escrevendo entre abril e maio de 2020 e, apenas dois meses atrás, pensar em isolamento social forçado por longo período parecia distante de nossa realidade.

A atual pandemia causada pela Covid-19 tem um potencial disruptivo na nossa sociedade. Está escancarando rachaduras no pacto europeu (MIGUEL; PELLICER, 2020; VALLÉ, 2020), mobilizando o cenário geopolítico (TISDALL, 2020) e se mostrou tão grave que ensejou um pedido global de cessar-fogo feito pelo Secretário Geral das Nações Unidas.[1]

---

1. "Hoje, deve haver apenas uma luta em nosso mundo, disse o Secretário Geral das Nações Unidas, na sexta, fazendo um forte apelo para a participação em 'nossa luta comum contra Covid-19'." (UN, 2020, tradução livre).

Alguns (muitos) chegam a dizer que o mundo em que vivemos até o início da pandemia não existirá mais.[2] Possivelmente, viveremos um novo "normal".

Independentemente se viveremos em um mundo em que nossa ideia de paz nunca mais será a mesma, ou se voltaremos ao cotidiano e realidade anteriores, o fato é que temos fortes indícios de que as dificuldades causadas pela pandemia tendem a se estender por longo período[3]. Wuhan, epicentro inicial da pandemia, sofreu forte *lockdown* por três meses e, mesmo após o levantamento das restrições mais rígidas, segue cotidiano atípico em relação ao mundo pré- Covid-19 (KUO, 2020).

2. VIOLÊNCIA DOMÉSTICA: UMA EPIDEMIA SILENCIOSA

> Segundo dados da OMS, nossa taxa de 4,8 homicídios por 100 mil mulheres, em 2013, nos coloca na 5ª posição internacional, entre 83 países do mundo.
> (WAISELFISZ, 2015, p. 72)

Além de estarmos vivendo a pandemia mundial causada pela Covid-19, vivemos há muito tempo, no Brasil, uma epidemia de violência doméstica. Nos últimos anos, tenho me debruçado sobre estudos ligados ao conceito de família e questões a ele inerentes. Uma dela é a desigualdade entre homens e mulheres nas relações familiares. Faço esse recorte, porque é impossível falar em violência doméstica em tempos de Covid-19 sem falar efetivamente de violência doméstica e de sua origem.

A violência doméstica é uma epidemia (como demonstrarei abaixo) e, tal como uma doença, é preciso analisar suas causas e não apenas seus sintomas. E é por uma profunda desigualdade de gênero que ela existe. Desigualdade que é baseada no que entendo ser a verdadeira ideologia de gênero: aquela que força homens e mulheres a terem determinados comportamentos – saber cozinhar e ser boa mãe e ser bom provedor e viril, respectivamente –, ou serem proibidos de outros – andar na rua sem camisa e chorar, respectivamente.

E, nesse contexto, é preciso entender por que as mulheres são muito mais sujeitas à violência nas suas relações domésticas, familiares e afetivas do que os homens. E, para isso, precisamos falar sobre a desigualdade causada pela ideologia de gênero vigente.

A origem da desigualdade entre homens e mulheres é objeto de muita análise, mas fato é que o gênero[4] tem sido elemento comum em muitos momentos históricos e configurações sociais para opressão da mulher pelo homem.

---

2. Nesse sentido: (BRUM, 2020); (AMBROSINO, 2020); (AUGUSTO, 2020)

3. Nesse sentido, o próprio Diretor Geral da Organização Mundial de Saúde (OMS) declarou no dia 22 de abril de 2020: "Não se enganem: ainda temos um longo caminho a percorrer. Esse vírus estará conosco por um longo período.

4. "Porém, hoje se questiona conceitos tidos como inerentes à sexualidade, como a própria noção de sexo em contraposição ao conceito de gênero. Ao falar de sexualidade, podemos entender que o exercício dela é definido pela forma como dividimos as pessoas: entre homens e mulheres. E a forma majoritariamente aceita para se definir se um indivíduo é homem ou mulher é a análise da genitália externa. Essa noção, tão predominante vem sendo questionada pelas novas teorias de gênero, segundo as quais a construção da ideia do que entendemos por homem e por mulher são sociais e culturais (BUTLER, 2017, p. 23-34). É quase impossível dissociar uma discussão da outra, pois se a homossexualidade trata do desejo por pessoas iguais, precisamos saber qual é o critério para entender que são pessoas iguais (TOLEDO 2016, p. 68/69)" (LIMA, 2018, p. 85).

Sílvia Chakian se debruça detalhadamente sobre "A Construção Histórico-Social da Inferioridade das Mulheres" com diversos exemplos históricos e por diferentes motivos do uso do gênero como forma de diminuição social da mulher (CHAKIAN, 2018, p. 5/78)[5]. O conhecimento científico produzido do século VIII ao XIX, inclusive traz supostos argumentos científicos para justificar a inferioridade da mulher[6], até porque ela era excluída da construção do conhecimento, que partia da "Construção de saberes eminentemente androcêntricos, permeados (...) [pela] cegueira de gênero" (PIMENTEL, 2019, p. 5).

Essa mesma relação de desigualdade foi aplicada no Brasil desde a sua colonização e com maior desvantagem para mulheres negras (fato esse não exclusivamente brasileiro, mas muito aprofundado aqui, diante da duração da escravidão e da ausência de inclusão social após o fim jurídico dela) (DAVIS, 2016).[7]

A soberania do homem sobre a mulher, no Brasil, foi confirmada e aprofundada pelo ordenamento jurídico (lembrando que a produção de normas era exclusivamente androcêntrica até pouco tempo atrás, visto que apenas em 1932 as mulheres obtiveram o direito ao voto).[8]

Dentro desse cenário de desigualdade social, legal e financeira[9] em que se insere a mulher é que a violência doméstica deve ser entendida como violência de gênero. E, posto o cenário, passo para o motivo de tratar a violência doméstica[10] como epidemia

---

5. "Para essa análise, destaca-se em primeiro lugar que nesse processo de construção histórica das desigualdades impostas às mulheres, até a Revolução Francesa, elas sequer haviam sido pensadas como sujeitos de direitos." (CHAKIAN, 2019, p. 5). Nesse mesmo sentido: "Foi o caso da Revolução Francesa, na qual, embora as mulheres tenham lutado ativamente ao lado dos homens – até mesmo nas partes violentas – para derrocada no regime monárquico, no momento de partilha das conquistas, elas foram excluídas. A Declaração dos direitos do homem e do cidadão eram efetivamente só do homem e do cidadão, não das mulheres. Olympe de Gouges, que ousou contestar tal injustiça, escrevendo a Declaração dos direitos da mulher e da cidadã – na qual, em suma, rescrevia tal declaração para incluir as mulheres – foi guilhotinada por tal ousadia" (DAOU, 2018, p. 6).

6. O homem era a medida de todas as coisas e o padrão do corpo humano. Já o corpo feminino continha disfuncionalidades, imperfeições, inclusive se associando fluxos menstruais a supostos poderes mágicos e a esterilidade era considerada uma doença feminina. "Finalmente, no século XVII o modelo do isomorfismo passa a ser abandonado (...) Somente a partir dessa fase é que o estudo da anatomia passa a designar os órgãos femininos, como ocorreu com a *vagina*, antes sequer nominada" (CHAKIAN, 2019, p. 23-24).

7. "O que poderia ser considerado como história ou reminiscências do período colonial permanece, entretanto, vivo no imaginário social e adquire novos contornos e funções em uma ordem social supostamente democrática, que mantém intactas as relações de gênero segundo a cor ou a raça instituídas no período da escravidão. As mulheres negras tiveram uma experiência histórica diferenciada que o discurso clássico sobre a opressão da mulher não tem reconhecido, assim como não tem dado conta da diferença qualitativa que o efeito da opressão sofrida teve e ainda tem na identidade feminina das mulheres negras." (CARNEIRO, 2011).

8. Outros exemplos da imposição legal da soberania do homem sobre a mulher: o texto original do art. 233 do Código Civil de 1916 dizia que o homem era o chefe da família, que administrava sozinho os bens comuns e, eventualmente, até o particulares da mulher, ficando ela sujeita à autorização dele para trabalhar ou viajar. Ou seja, a mulher era praticamente refém dos desejos de seu marido, especialmente se pensarmos na realidade social da época e que que até 1977 sequer havia o divórcio. A desigualdade jurídica entre homens e mulheres acabou apenas em 1988, (art. 5º, I e 226, 5º, da CF).

9. Além da notória desigualdade salarial (segundo a ONU, apenas em 2069 alcançaremos igualdade de pagamento entre homens e mulheres, seguindo o ritmo atual (UN WOMEN), mulheres são historicamente mais impactadas pelo desemprego que homens, como se revela, por exemplo, da pesquisa na Região Metropolitana da cidade de São Paulo, 1998 a 2018, em que os níveis de desemprego das mulheres sempre foram maiores que o dos homens, chegando a uma diferença de quase 6% em 2003 e era de 2,8% em 2018 (DIEESE, 2019, p. 6), por exemplo.

10. Aliás, a despeito do recorrente uso simplificado do termo violência doméstica, ela de fato deve ser entendida como violência doméstica e familiar, até porque, como se verá, pode envolver ou não coabitação (Súmula 600 do STJ) e

endêmica, no Brasil (e um dos maiores problemas de saúde pública do mundo).[11] A Organização Mundial de Saúde reconhece a

> violência contra a mulher, em particular a praticada por parceiros e a sexual, um dos principais problemas públicos de saúde e uma violação dos direitos humanos da mulher (...) Em todo o mundo, quase um terço (30%) das mulheres que estiveram em relacionamentos, reportaram que elas experenciaram alguma forma de violência física e/ou sexual pelos seus parceiros íntimos, ao longo da vida. A desigualdade de gênero e as normas sobre aceitação da violência contra a mulher são a raiz do problema da violência contra a mulher (WHO, 2017, tradução livre do original)

A OMS elenca fatores de risco relativos à violência doméstica e sexual, tanto para agressores como para vítimas, entre os quais histórico de exposição a abusos na infância, ter presenciado violência na própria família e baixos níveis de acesso a atividades remuneradas para mulheres (WHO, 2017).

Em 2019, o Brasil teve 1.206 vítimas de feminicídio e registro de mais de 260 mil casos de lesão corporal dolosa em situação de violência doméstica, (FBSP, 2019 p. 7) e, em pesquisa do Datafolha, no mesmo ano, 81% das pessoas concordaram totalmente que no ano anterior a violência contra a mulher aumentou (INSTITUTO DATAFOLHA, 2019), o que é corroborado pelos dados do mencionado Anuário Brasileiro de Segurança Pública 2019 (FBSP, 2019).

Esses dados são recentes e elevados mesmo com os diversos mecanismos jurídicos de proteção que existem. Até 2006, quando foi promulgada a Lei Maria da Penha (Lei 11.340/06), não havia lei de proteção especial às mulheres que sofriam de maus-tratos (violência) por parte de seus parceiros e familiares. E o contexto em que a Lei 11.340/06, conhecida como Lei Maria da Penha, foi promulgada, após uma denúncia do Brasil na Comissão Interamericana de Direitos Humanos da Organização dos Estados Americanos, com emissão de relatório com recomendações ao Brasil, só reforça a gravidade do tema no país.[12]-[13]

---

pode ou não ser em decorrência de uma relação sexual-afetiva, mas, também, de uma relação de parentesco, como um irmão e uma irmã.

11. A violência doméstica e familiar representa a maior causa de mortes violenta de mulheres em todo o mundo, conforme demonstra o relatório do Escritório das Nações Unidas sobre Drogas e Crimes (UNODC). Quase metade (47%) de todas as mulheres vítimas de homicídio em 2012 foi morta por parceiros ou membros da família, comparado a menos de 6% das vítimas de homicídio do sexo masculino (UNODC, 2013, p.4). Ainda, segundo o Conselho da Europa, a violência contra as mulheres no espaço doméstico é a maior causa de morte e invalidez entre mulheres de 16 a 44 anos, ultrapassando o câncer, acidentes de viação e até a guerra (Assembleia Parlamentar do Conselho da Europa, Recomendação 1582, 2002, item 2)." (BIANCHINI ET AL, 2019, p. 37).

12. A Comissão Interamericana de Direitos Humanos da Organização dos Estados Americanos, no Relatório 54/01, fez recomendações diante contatação de reiterada tolerância estatal à violência doméstica, tais como "Conclui também que essa violação segue um padrão discriminatório com respeito a tolerância da violência doméstica contra mulheres no Brasil por ineficácia da ação judicial. A Comissão recomenda ao Estado que proceda a uma investigação séria, imparcial e exaustiva para determinar a responsabilidade penal do autor do delito de tentativa de homicídio em prejuízo da Senhora Fernandes e para determinar se há outros fatos ou ações de agentes estatais que tenham impedido o processamento rápido e efetivo do responsável; também recomenda a reparação efetiva e pronta da vítima e a adoção de medidas, no âmbito nacional, para eliminar essa tolerância do Estado ante a violência doméstica contra mulheres. Disponível em <https://www.cidh.oas.org/annualrep/2000port/12051.htm>.

13. No preâmbulo da lei, está mencionada a Convenção Interamericana para Prevenir, Punir e Erradicar a Violência contra a Mulher ("CONVENÇÃO DE BELÉM DO PARÁ"), cujas obrigações o Estado brasileiro violou segundo o Relatório 54/01 a CIDH da OEA, da qual o Brasil era signatário, tendo sido promulgada pelo Decreto 1.973/1996.

A Lei Maria da Penha trouxe mecanismos para proteger a mulher em situação de violência doméstica[14], sendo expresso que as relações entre mulheres também estão abarcadas pela Lei (art. 5º, parágrafo único), sendo já aceito na doutrina e na jurisprudência sua aplicação em benefício de mulheres transsexuais, sendo que sua aplicação deve se dar sem que haja necessidade de análise de demonstração concreta da violência de gênero (BIANCHINI ET AL, 2019, p. 58-69).

Sua aplicação se dá em relacionamento amorosos sexuais (namoros, noivados, casamentos etc.), estejam eles em curso ou tenham terminado, e em relações intrafamiliares (pais, sogros, cunhados, irmãos etc.).

A lei traz em seu art. 7º, um rol exemplificativo (BIANCHINI et al, 2019, p. 70, 224) e não hierárquico de tipos de violência – a física, a psicológica, a sexual a patrimonial e a moral – bem como formas de assistência à mulher em situação de violência doméstica, sendo de maior relevância as determinações sobre o atendimento das autoridades policiais e as medidas protetivas de urgência – tanto as voltadas para o agressor, como o afastamento do lar e a proibição de contato com a vítima (art. 22 da Lei), quanto as em favor da ofendida, como restituição de bens indevidamente subtraídos pelo agressor e suspensão das procurações outorgadas por ela ao agressor (arts. 23 e 24).

Nos últimos anos, a gravidade da questão fez com que a Lei Maria da Penha tenha sofrido diversas alterações, seis apenas em 2019[15], na tentativa de aperfeiçoá-la, já que os números de violência doméstica, que têm impactos nas famílias, na economia, na saúde pública etc., seguem graves e em tendência de aumento.

Porém, a mais relevante alteração jurídica nos últimos anos foi a tipificação do feminicídio como qualificadora do crime de homicídio (Lei 13.104/2015), isto é, aquele praticado contra a mulher por conta de sua condição feminina, incluindo o homicídio praticado em situação de violência doméstica ou aquele calcado em menosprezo à condição da mulher e discriminação da condição da mulher.[16]

Os números de feminicídio passaram a ser oficialmente computados com sua inclusão como qualificadora de homicídio, ainda que com estatísticas sendo registradas inadequadamente pelos órgãos públicos (BIANCHINI, 2019, p. 249/250), o que encobre a gravidade do problema de uma lado e impede que políticas públicas adequadas sejam formuladas, já que baseadas em dados estatísticos equivocados (BIANCHINI, 2019, p. 250). Ainda assim, os números são graves.

---

14. "Embora seja inegável que homens também podem ser vítimas de violência doméstica e familiar" (BIANCHINI ET AL, 2019, 56), a aplicação da lei é restrita às mulheres, pela frequência e gravidade com que a violência doméstica as atinge. Um exemplo a que costumo recorrer para explicar às indagações sobre a necessidade de uma proteção à violência doméstica contra o homem é o câncer de mama. Digo que existe câncer de mama em homens, assim como em mulheres. Mas não há políticas públicas robustas para câncer de mama voltadas aos homens, pois esse não é um problema que atinge tantos homens. A violência doméstica, por sua vez, é um problema que atinge mulheres de forma indiscriminada e com números alarmantes. Por isso a necessidade dessa proteção específica. E os homens que estejam sujeitos a relações em que sofrem violência podem fazer uso das medidas gerais previstas na legislação penal e cível comum.

15. Leis 13.827/2019; 13.836/2019, 13.871/2019; 13.880/2019 13.882/2019; 13.894/2019.

16. Os debates sobre a natureza subjetiva ou objetiva do feminicídio são extensos e estão longe de ser pacificados, para mais referências sobre a questão: (BIANCHINI ET AL, 2019, p. 254-272).

"As mortes violentas de mulheres por razões de gênero são fenômeno global" (ONU MULHERES, 2016, p. 14), mas, um dos locais onde o fenômeno é mais grave é o Brasil, onde, apenas em 2018, foram registrados 1.206 feminicídios, com crescimento de 4% em relação ao ano anterior, sendo que os "feminicídios (...) têm representado em torno de 6-8% das mortes violentas intencionais no país, nos últimos anos" (FPBSP, 2019, p. 27 e 107).

De fato, temos uma epidemia descontrolada e em aumento de violência doméstica, a despeito dos mecanismos legais criados nos últimos anos.

É nesse cenário que o Brasil foi confrontado com uma pandemia e, consequentemente, com a necessidade de isolamento social, o que agravou essa situação.

3. COVID-19 E O ISOLAMENTO SOCIAL FORÇADO: "CASA NÃO É SINÔNIMO DE LAR PARA MUITAS MULHERES"[17]

> A Covid-19 está afetando todo mundo, mas está afetando mais as mulheres. As respostas precisam considerar esse impacto assimétrico
>
> *(MLAMBO-NGCUKA, RAMOS,2020)*

Assim, seja esse um momento de absoluta disrupção irreconciliável com o passado recente ou não (o que só saberemos com a distância temporal), seus efeitos serão de longo prazo. E esse momento de pandemia e isolamento social tem causado um abalo na realidade social e na organização das famílias. As famílias mais pobres, certamente, serão particularmente afetadas, assim como as mulheres e negros (BALTHAZAR, 2020), com perspectivas de aumento da desigualdade, no mundo.[18]

Em famílias que já viviam em situações de vulnerabilidade social ou inseridas em relacionamento com violência doméstica, o isolamento social é um agravante sério. Nesse contexto, as famílias inseridas em situações de violência doméstica também têm suas dinâmicas afetadas, com aumento da violência, atentando-se às peculiaridades de cada família.

O distanciamento do local de trabalho, da rede de familiares e amigos, bem como o fechamento de escolas e outros serviços públicos são alguns dos desafios para as vítimas de violência adotarem medidas para sua proteção.[19] Com o convívio familiar mais intenso, sem o período de trabalho externo, tensões aumentam e tarefas domésticas se

---

17. Frase de Daniela Grelin (RIGAMONTI, 2020).
18. Nesse sentido, o estudo The Impact of Covid-19 on Gender Equality (ALON et al; 2020) destaca que os impactos econômicos da Covid-19 para homens e mulheres serão diferentes das crises recentes, por alguns motivos, as atividades de prestação serviço (como restaurantes e hospitalidade), nas quais trabalham muitas mulheres, foram mais afetadas que no passado, 1.5 bilhões de crianças estavam sem aulas nas escolas (estimativa da Unesco de 25 de março de 2020), com aumento das tarefas domésticas com filhos e limitação da rede de apoio, como avós, sendo que as mães tendem a ser mais afetadas que os pais por esse excesso de trabalho, de acordo com a divisão de tarefas da maior parte das famílias.
19. Nesse sentido, Djamila Ribeiro: "Se em condições normais já há um alto número de subnotificação, sobretudo se formos pensar em abuso sexual infantil, some-se a isso o fato de que, nas atuais condições, para a mulher acionar o sistema de proteção em casa, ela tem o tempo todo a companhia do homem sob o mesmo teto. E, se tiver de sair, terá de romper com o isolamento, expondo-se à doença e com menos acesso a serviços públicos. Não precisa muito para imaginar o drama atual vivido em muitos lares brasileiros." (RIBEIRO, 2020).

VIOLÊNCIA DOMÉSTICA EM TEMPOS DE ISOLAMENTO **109**

multiplicam com a presença das crianças em casa. Nesse contexto, em muitos lares, a violência se instala ou se agrava.

Assim, é necessário pensar, neste momento, em como lidar com as consequências da pandemia que agravam a violência doméstica contra as mulheres.

Na China, primeiro país a ser afetado, a elevação da violência doméstica foi logo notada (GALILEU, 2020). O aumento de subnotificações em um momento inicial do isolamento foi notado em outros países, como na Itália (OLIVEIRA, 2020), país em que, no mês de abril, houve uma mudança dessa tendência, com um aumento de 161,71% das denúncias em relação a abril de 2019 (ISTOÉ, 2020). A despeito do fechamento de centros antiviolência (NADOTTI, 2020), uma das explicações pode ser o aumento da conscientização da sociedade e da intervenção de organismos internacionais, com campanhas públicas e nas redes sociais, como a inciativa *"mascherina 1522"*[20]

Sendo reconhecido como um problema espalhado pelo mundo, o debate sobre a questão da violência doméstica surgiu em diversos países.

Organizações mundiais vêm destacando a urgência de se tratar as medidas relativas à Covid-19 também à luz da questão de gênero. A ONU vem fazendo pronunciamentos desde março (RIGAMONTI, 2020).

A Organização Mundial de Saúde emitiu orientações sobre a questão, inclusive elencando como a Covid-19 pode exacerbar os riscos de violência contra a mulher e sugere como diferentes entidades devem endereçar a questão, tal como governos, serviços de saúde e a própria sociedade. (WHO, 2020).[21]

A Resolução 1/2020 da Comissão Interamericana de Direitos Humanos (CIDH) da Organização dos Estados Americanos (OEA) sobre a Pandemia e os Direitos Humanos nas Américas fez recomendações específicas à violência de gênero, em particular a intrafamiliar, no contexto do confinamento.[22]

Em 27 de abril de 2020, o Fundo de População das Nações Unidas (UNFPA) emitiu a Nota Técnica provisória sobre os impactos da Covid-19 na erradicação da violência baseada em gênero e ameaça aos objetivos fixados pela entidade até 2030[23]. Em referida nota, os impactos da pandemia nos progressos ligados ao fim da violência baseada no gênero são previstos por dois motivos: redução dos esforços de prevenção e proteção e de

---

20. Iniciativa em que mulheres em situação de violência, impossibilitadas de usar o serviço de emergência por chamada para o número 1522 (já que estão confinadas o tempo todo com seus agressores), podem pedir socorro em farmácias pedindo a Máscara 1522, código para que os farmacêuticos saibam que elas precisam de auxílio.

21. Entre os exemplos estão: perturbação das redes sociais e de proteção às mulheres, aumento do tempo de convívio pelo isolamento forçado, potencializando a violência com ocorrência de outros fatores, como possível diminuição de renda e aumento dos trabalhos domésticos, especialmente com filhos sem aulas.

22. "Fortalecer os serviços de resposta à violência de gênero, em particular a violência intrafamiliar e a violência sexual no contexto do confinamento. Reformular os mecanismos de tradicionais de resposta adotando canais alternativos de comunicação e fortalecendo as redes comunitárias para ampliar os meios de denúncia e ordens de proteção no período de confinamento. Assim como desenvolver protocolos de atenção e fortalecer a capacidade de os agentes de segurança e atores da justiça envolvidos na investigação e punição de casos de violência intrafamiliar, assim como realizar a distribuição de material de orientação sobre como agir em tais casos em todas as instituições estatais." Tradução livre do original. Disponível em <https://www.oas.org/es/cidh/decisiones/pdf/Resolucion-1-20-es.pdf>. Acesso em 28/04/2020.

23. Um dos três objetivos globais da UNFPA até 2030 é acabar com a violência de gênero, incluindo práticas lesivas como mutilação genital e casamento infantil (UNFPA 2020, p 1.)

serviços sociais e cuidados e aumento da violência, sendo que a expectativa é de redução de um terço do avanço para o fim da violência de gênero até 2030, com previsões de que a continuidade do *lockdown* por seis meses pode gerar novas 31 milhões de violências baseadas em gênero, passando a aumentar em 15 milhões os casos para cada três meses além dos primeiros seis de *lockdown* (UNFPA, 2020, p. 1).

O Escritório Europeu da Organização Mundial de Saúde apresentou o documento *Alcohol and Covid-19: What You Need To Know*, em que destaca que o "álcool aumenta o risco, a frequência e a gravidade de condutas de violência interpessoal, como a violência doméstica (...)" (WHOEuropeA, 2020, p. 2, tradução livre do original)[24]. Além disso, o mesmo órgão emitiu um comunicado público em que encorajou os governos a adotarem medidas para restringir o consumo de bebidas alcoólicas (WHOEuropeB, 2020, p. 2).

No Brasil, apesar da dificuldade de registro de ocorrência em diversos estados, em função da impossibilidade de comparecimento presencial para a denúncia, o aumento de violência doméstica já foi constatado de diversas formas[25] e causam consternação, especialmente se considerado que, ao que parece, estamos longe do fim da pandemia.

O Fórum Brasileiro de Segurança Pública, a pedido do Banco Mundial (FBSP. 2020, p. 3), elaborou a nota técnica Violência Doméstica Durante a Pandemia de Covid-19, em que concluiu que houve diminuição dos registros de boletim de ocorrência, que muitas vezes exigem comparecimento presencial da vítima, com correlata diminuição das medidas protetivas concedidas, mas aumento dos atendimentos de violência doméstica pela Polícia Militar por meio do serviço 190 (aumento de 44,9% em São Paulo (FBSP. 2020, p. 6).

O estudo ainda constatou aumento do número de feminicídios registrados, com explosão de 46,2% de aumento dos casos na comparação entre março de 2019 e março de 2020 (FBSP. 2020, p. 2). Além disso, apresentou diversas medidas adotadas por outros países[26] e a gravidade da situação na China (FBSP, 2020, p. 14). Por fim, a nota técnica recomendou algumas medidas a serem adotadas, que podem até mesmo ser um futuro legado, como diversificação de canais para denúncia, inclusive em locais que realizam atividades essenciais, como farmácias e supermercados; divulgação dos serviços de proteção às mulheres e campanhas para aumento da participação da sociedade (FBSP. 2020, p. 16).

Para combater a situação, o Governo Federal lançou o aplicativo Direitos Humanos BR, a fim de ampliar o alcance dos serviços de denúncia de violência, como o Ligue 180

---

24. No mesmo sentido, a Nota Técnica "Raio X da violência doméstica durante o isolamento. Um retrato de São Paulo", do Ministério Público do Estado de São Paulo (MPSP) também aponta como fator de risco especialmente ligados à pandemia o álcool, além de citar isolamento da vítima, comportamento controlador e desemprego (MPSP, 2020, p. 3).

25. O FBSP também analisou as evidências digitais que permitiam avaliar os dados referentes ao aumento dos casos de violência doméstica durante o isolamento na pandemia e apresentou o uso de termos relacionados à violência doméstica no Twitter, entre fevereiro e abril, que concluiu ter aumentado em 431% (FBSP, 2020, p. 13). .

26. Assim como o movimento Mascherina1522, a nota relata ação semelhante na Espanha (Máscara 19) e a requisição do governo da Itália de quartos de hotéis para serem usados como abrigos por vítimas de violência doméstica, medida que também foi anunciada por outros países (FBSP, 2020, p. 14).

VIOLÊNCIA DOMÉSTICA EM TEMPOS DE ISOLAMENTO **111**

(serviço de atendimento à mulher) para o meio digital, acessível também pelo site do Ministério da Mulher, da Família e dos Direitos Humanos.[27]

As Secretarias de Segurança Pública de alguns Estados, como São Paulo[28] passaram a permitir que sejam registrados Boletins de Ocorrência relativos à violência doméstica, que devem ter tramitação prioritária, de casa e sem o risco de serem ouvidas pelo agressor (FBSP, 2020, p. 14).[29]

Se no que entendíamos por normalidade, o ciclo da violência já era difícil de ser rompido, em tempos de isolamento temos a escalada das agressões e uma maior dificuldade de rompimento da relação abusiva.

As mudanças desde janeiro de 2020 até agora, início de maio de 2020, foram drásticas, qualitativamente e pela rapidez com que tiveram que ser implementadas. A rapidez da disseminação da Covid-19 trouxe um período de isolamento social forçado prolongado, que não teve antecedência para ser pensado, e a verdade é que os mecanismos de proteção terão que ser aperfeiçoados rapidamente, e a transformação desse assunto em questão de responsabilidade coletiva é fundamental.

4. CONSIDERAÇÕES FINAIS – VIOLÊNCIA DOMÉSTICA: UMA QUESTÃO DO ESTADO, DA SOCIEDADE E DA FAMÍLIA NA PANDEMIA E APÓS

> Porém, desastres e emergências não apenas jogam luz no mundo como ele é. Eles também abrem uma fresta na fábrica da normalidade. Por esse buraco que se abre, vislumbramos possibilidades de outros mundos. (BAKER, 2020)

Já há alguns anos, com o fortalecimento de movimentos pelos direitos das mulheres, a violência doméstica começou a sair do âmbito meramente privado para começar a ser visto como. um problema social[30] . Antes da Covid-19, esse já era um tema de atenção de políticas públicas e de empresas[31].

Agora, o momento é de profundas mudanças paras as famílias. Nas palavras de Sílvia Felipe Marzagão

---

27. Ligue 180 Violência contra a mulher disponível em <https://mdh.metasix.solutions/portal/servicos/informacao?-t=52&servico=149>.
28. Polícia Civil de São Paulo: Passo a passo para você registrar ocorrência de violência doméstica e familiar contra a mulher <https://www.policiacivil.sp.gov.br/portal/imagens/violenciaDomestica.pdf>. Acessado em 02 de maio de 2020.
29. A Nota Técnica do FBSP ainda cita diversas iniciativas que vêm sendo adotadas, com especial destaque para a sociedade civil, inclusive empresas, que estão fazendo medidas sociais para auxiliar no enfrentamento à violência doméstica durante a pandemia (FBSP, 2020, p. 14).
30. "No Brasil, na década de 1980, os homicídios de mulheres tornaram-se paradigmáticos da violência contra elas e bandeira de luta dos movimentos de mulheres e feministas. As primeiras denúncias voltaram-se contra a tolerância dos órgãos de justiça e da sociedade com crimes que envolviam casais, nomeados como 'crimes passionais' e cujos autores eram absolvidos com base no reconhecimento da "legítima defesa da honra" (CORRÊA, 1981 e 1983). Nos anos seguintes, e seguindo o movimento internacional, registrou-se significativa mudança na conscientização da sociedade sobre a gravidade dessas situações com crescente denúncia da violência contra as mulheres." (ONU MULHERES, 2016, p. 15).
31. Entre os quais, cabe citar um de grande relevância, idealizado em 2018 por Luiza Trajano, com o Instituto Patrícia Galvão ONG Mete a Colher, após a morte por feminicídio de uma de uma de suas funcionárias, a partir do que uma das maiores redes varejistas do país passou a atuar ativamente na questão e prestar auxílio a funcionárias em situação de violência doméstica.

A incerteza tomou conta da vida humana. A hesitação sobre o futuro das relações interpessoais, todos os dias, toma de assombro a sociedade que está vivenciando a situações, até então, desconhecidas. Diante desse novo cenário, as famílias, certamente, não serão mais as mesmas. E, do mesmo modo, as relações jurídicas que permeiam as questões familiares também não. (2020)

A família merece especial proteção do Estado e cabe a ela a competência concorrente com sociedade e Estado[32] de zelar pelos indivíduos, em especial, os mais vulneráveis (tal como criança, adolescente, jovem e idoso). E a família, sem dúvida, está sendo altamente sobrecarregada com a atual situação, merecendo políticas públicas especiais, dentro de sua condição já de elevada consideração do ordenamento jurídico.

Entretanto, a violência doméstica é um problema que vicia a própria relação familiar, precisando, sobremaneira, da atuação do Estado e da sociedade para que, um dia, deixe de ser uma epidemia. E é necessário que, neste momento de calamidade, todos adotem as medidas ao seu alcance (por meio de políticas públicas específicas, como facilitação de denúncias, prioridade no atendimento e criação de hospedagens para famílias que necessitem de medidas de afastamento), ações internas e externas de empresas (como acompanhamento do bem-estar de seus colaboradores, por meio de contatos frequentes, ações de impacto social, como corridas gratuitas para vítimas de violência doméstica fornecida por aplicativos de transporte, criação de um código de segurança e condutas de acolhimento, como no caso da Mascherina 1522), e ações da sociedade como um todo (como denúncia de violências que se tenha conhecimento, acionamento da polícia etc.).

As reflexões atuais podem se pautar, também, na proteção a longo prazo das famílias, e se algo de bom puder emergir dessa tragédia que estamos vivendo, que sejam mecanismos mais eficazes de proteção à mulher e da conscientização social de que a violência doméstica é um problema de todos (CHAKIAN, 2020).

5. REFERÊNCIAS

AGÊNCIA PATRÍCIA GALVÃO. MAGAZINE LUIZA 'METE A COLHER' E INCENTIVA A DENÚNCIA DA VIOLÊNCIA CONTRA AS MULHERES, de 08 de março de 2018. Disponível em <https://agenciapatriciagalvao.org.br/violencia/magazine-luiza-mete-colher-e-incentiva-denuncia-da-violencia-contra-as-mulheres/>. Acessado em 03 de maio de 2020.

ALON, Titan M; DOEPKE; Matthias; OLMSTEAD-RUMSEY Jane; TERTILT Michèle. The Impact of Covid-19 on Gender Equality NBER Working Paper No. 26947. National Bureau of Economic Research, abril de 2020. Disponível em < https://www.nber.org/papers/w26947.pdf>. Acessado em 03 de maio de 2020. AMBROSINO, Brandon. Amid crisis and disruption, we crave the calm of normality. But can we ever really define what "normal" is? BBC, 24 de abril de 2020. Disponível em <https://www.bbc.com/future/article/20200424-why-it-will-be-so-hard-to-return-to-normal>. Acessado em 02 de maio de 2020.

Amnesty International Italia. Amnesty International Italia, in aumento casi di violenza domestica nei confronti delle donne, 23 de abril de 2020. Disponível em <https://www.amnesty.it/amnesty-international-italia-in-aumento-casi-di-violenza-domestica-nei-confronti-delle-donne/>. Acessado em 02 de maio de 2020.

---

32. Arts. 227, *caput*, e 230, *caput*, da Constituição Federal.

VIOLÊNCIA DOMÉSTICA EM TEMPOS DE ISOLAMENTO **113**

AUGUSTO, Sérgio. 11.04.01 d.c. O Estado de São Paulo, 11 de abril de 2020. Disponível em <https://cultura.estadao.com.br/noticias/geral,110401-dc,70003267178?utm_source=estadao:whatsapp&utm_medium=link>. Acessado em 02 de maio de 2020.

BALTHAZAR, Ricardo. Crise do coronavírus acentua desigualdade de gênero e cor, diz estudo. Folha de São Paulo, 27 de abril de 2020. Disponível em <https://www1.folha.uol.com.br/mercado/2020/04/crise-do-coronavirus-acentua-desigualdade-de-genero-e-cor-diz-estudo.shtml>. Acessado em 03 de maio de 2020.

BAKER, Peter. 'We can't go back to normal': how will coronavirus change the world? The Guardian, 31 de março de 2020. Disponível em <https://www.theguardian.com/world/2020/mar/31/how-will-the-world-emerge-from-the-coronavirus-crisis>. Acessado em 28 de abril de 2020.

BIANCHINI, Alice; BAZZO, Mariana, CHAKIAN, Silvia. Crimes contra mulheres. Salvador: Editora JudPodvim, 2019.

BRUM. Eliane. O futuro pós-coronavírus já está em disputa. El País, 08 de abril de 2020. Disponível em <https://brasil.elpais.com/opiniao/2020-04-08/o-futuro-pos-coronavirus-ja-esta-em-disputa.html>. Acessado em 28 de abril de 2020.

BUTLER, Judith. *Problemas de gênero:* feminismo e subversão da identidade. Rio de Janeiro: Civilização Brasileira, 2017,

CARNEIRO, Aparecida Sueli. Enegrecer o feminismo: a situação da mulher negra na américa latina a partir de uma perspectiva de gênero. 2011 Disponível em:< http://www. geledes. org. br/enegrecer-o-feminismo-situacao-da-mulher-negra-na-americalatina-partir-de-uma. 2013.

CHAKIAN, Silvia A construção dos direitos das mulheres: histórico, limites e diretrizes para uma proteção penal eficiente. Rio de Janeiro: Lumen Juris, 2019.

CHAKIAN, Silvia. Como ajudar uma mulher que é vítima de violência doméstica? Revista Marie Claire de 02 de março de 2020. Disponível em <https://revistamarieclaire.globo.com/Blogs/Silvia-Chakian/noticia/2020/03/como-ajudar-uma-mulher-que-e-vitima-de-violencia-domestica.html>. Acessado em 03 de maio de 2020.

COMISSÃO INTERAMERICANA DE DIREITOS HUMANOS – <https://www.oas.org/es/cidh>.

CONTAIFER, Juliana; MONTENEGRO, Érica. Na quarentena, relatos de briga de casal aumentam 431% no Twitter. Metrópoles, 22 de abril de 2020. Disponível em <https://www.metropoles.com/saude/na-quarentena-relatos-de-briga-de-casal-aumentam-431-no-twitter>. Acessado em 02 de maio de 2020.

CHOTINER, Isaac. The Coronavirus Crisis in Bolsonaro's Brazil. The Coronavirus Crisis in Bolsonaro's Brazil. The Ne Yorker, 27 de abril de 2020. Disponível em <https://www.newyorker.com/news/q-an-d-a/the-coronavirus-crisis-in-bolsonaros-brazil>. Acessado em 3 de maio de 2020.

DAOU, Saada, Zouhair. Por Uma História Dos Direitos Das Mulheres. In: II Congresso de Filosofia do Direito para o Mundo Latino, 2018, Rio de Janeiro. II Congresso de Filosofia do Direito para o Mundo Latino, 2018. Disponível em: <https://www.conpedi.org.br/wp-content/uploads/2017/08/Saada-Zouhair-Daou-Brasil.pdf>. Acessado em 30 de abril de 2020.

DAVIS, Angela. *Mulheres, raça e classe*. São Paulo: Boitempo, 2016.

DIEESE. Mulheres no mercado de trabalho da Região Metropolitana de São Paulo, março de 2019. Disponível em <https://www.dieese.org.br/analiseped/2019/2019pedmulhersao.html>. Acessado em 28 de abril de 2020.

Fórum Brasileiro de Segurança Pública (FBSP). Anuário Brasileiro de Segurança Pública 2019. Disponível em <http://www.forumseguranca.org.br/wp-content/uploads/2019/09/Anuario-2019-FINAL-v3.pdf>. Acesso em 02 de maio de 2020.

Fórum Brasileiro de Segurança Pública (FBSP). Violência Doméstica Durante Pandemia de Covid-19, 16 de abril 2020. Disponível em <http://forumseguranca.org.br/wp-content/uploads/2018/05/violencia-domestica-covid-19-v3.pdf>. Acesso em 02 de maio de 2020.

GALILEU (Redação). Violência contra a mulher aumentou durante quarentena da Covid-19 na China. Revista Galileu, 14 de março de 2020. Disponível em <https://revistagalileu.globo.com/Sociedade/noticia/2020/03/violencia-contra-mulher-aumentou-durante-quarentena-da-covid-19-na-china.html>. Acessado em 28 de abril de 2020.

HOBSBAWM, Eric. *Age of extremes:* the short twentieth century 1914-1991. Londres: Abacus, 1995.

INSTITUTO DATAFOLHA. Mulheres, Violência e Feminismo, abril de 2019. Disponível em <https://assets-dossies-ipg-v2.nyc3.digitaloceanspaces.com/sites/3/2019/04/Datafolha_2019_Mulheres_Violienci_Feminismo.pdf>. Acessado em 02 de maio de 2020.

INSTITUTO PATRÍCIA GALVÃO – <https://dossies.agenciapatriciagalvao.org.br/>.

IstoÉ. Denúncias de violência doméstica explodem na Itália, 20 de abril. Disponível em Lhttps://istoe.com.br/denuncias-de-violencia-domestica-explodem-na-italia/>. Acessado em 02 de maio de 2020.

KUO, Lily. 'Lockdown is not over' for people of Wuhan, despite easing of restrictions. The Guardian. Disponível em <https://www.theguardian.com/world/2020/apr/12/wuhan-celebrates-its-liberation-as-covid-19-lockdown-ends>. Acessado em 28 de abril de 2020.

KLUTH, Andreas. Coronavirus Has Exposed the EU's Creeping Irrelevance. Bloomberg, 2020. Disponível em <https://www.bloomberg.com/opinion/articles/2020-04-25/coronavirus-has-exposed-the-eu-s-creeping-irrelevance>. Acessado em 02/05/2020.

LIMA, Juliana Maggi. Família, contemporaneidade e conservadorismo: o direito das Famílias. In: MANDELBAUM, Belinda; SARAIVA, Luís Fernando de Oliveira. Família, contemporaneidade e conservadorismos. São Paulo: Benjamin Editorial 2017. p. 115-152.

LIMA, Juliana Maggi A família homoafetiva na jurisprudência do STF e do STJ e sua contribuição à construção do conceito jurídico de família. São Paulo: USP, Dissertação de mestrado, 2018.

MARZAGÃO, Sílvia Felipe. Direito de Família e Pandemia: tempo de reflexão e transformação. Ibdfam, 10 de abril de 2020. Disponível em <http://www.ibdfam.org.br/artigos/1413/Direito+de+Fam%C3%ADlia+e+Pandemia%3A+tempo+de+reflex%C3%A3o+e+transforma%C3%A7%C3%A3o>. Acessado em 3 de maio de 2020.

MIGUEL, Bernardo; PELLICER, Luís. Coronavírus abre outra fenda na União Europeia. El País, 2020. Disponível em <https://brasil.elpais.com/economia/2020-03-12/coronavirus-abre-outra-fenda-na-uniao-europeia.html >. Acesso em 25 de abril de 2020.

MINISTÉRIO DA MULHER, DA FAMÍLIA E DOS DIREITOS HUMANOS – <https://www.gov.br/mdh/pt-br/>.

MINISTÉRIO PÚBLICO DO ESTADO DE SÃO PAULO (MPSP). Nota Técnica Raio X da violência doméstica durante isolamento. Um retrato de São Paulo, abril de 2020. Disponível em <http://www.mpsp.mp.br/portal/pls/portal/!PORTAL.wwpob_page.show?_docname=2659985.PDF>. Acessado em 03 de maio de 2020.

MLAMBO-NGCUKA, Phumzile; RAMOS, Gabriela Ilian, 2020. "Podemos mudar a maré em favor da igualdade de gênero", afirma diretora executiva da ONU Mulheres. Disponível em <http://www.onumulheres.org.br/noticias/podemos-mudar-a-mare-em-favor-da-igualdade-de-genero-afirma-diretora-executiva-da-onu-mulheres/>. Acesso em 02 de maio de 2020.

NADOTI, Cristina. Coronavirus, aumentano le violenze sulle donne, ma il governo non sostiene i centri antiviolenza. La Repubblica, 14 de abril de 2020. Disponível em <https://www.repubblica.

it/cronaca/2020/04/14/news/emergenza_coronavirus_aumentano_le_violenze_sulle_donne--254026268/?refresh_ce>. Acessado em 02 de maio de 2020.

OLIVEIRA, Michele. Em quarentena total, mulheres não conseguem denunciar violência doméstica na Itália. Folha de São Paulo, 27 de março de 2020. Disponível em <https://www1.folha.uol.com.br/mundo/2020/03/em-quarentena-total-mulheres-nao-conseguem-denunciar-violencia-domestica--na-italia.shtml>. Acessado em 02 de maio de 2020.

PIMENTEL, Sílvia. Apresentação do livro. In CHAKIAN, Silvia A construção dos direitos das mulheres: histórico, limites e diretrizes para uma proteção penal eficiente. Rio de Janeiro: Lumen Juris, 2019.

POLÍCIA CIVIL DO ESTADO DE SÃO PAULO – <https://www.policiacivil.sp.gov.br/>.

RIBEIRO, Djamila. Com isolamento, a questão da violência contra a mulher fica ainda mais grave. Folha de São Paulo, 27 de março de 2020. Disponível em <https://www1.folha.uol.com.br/colunas/djamila-ribeiro/2020/03/com-isolamento-a-questao-da-violencia-contra-a-mulher-fica-ainda-mais-grave.shtml>. Acessado em 02 de maio de 2020.

UN WOMEN. Equal pay for work of equal value <https://www.unwomen.org/en/news/in-focus/csw61/equal-pay>. Acessado em 02 de maio de 2020.

UN chief urges unity in mobilizing 'every ounce of energy' to defeat coronavirus pandemic. UN News. 3 de abril de 2020. Disponível em <https://news.un.org/en/story/2020/04/1061012 >. Acessado em 02 de maio de 2020.

UNITED NATIONS POPULATION FUND (UNFPA) Impact of the Covid-19 Pandemic on Family Planning and Ending Gender-based Violence, Female Genital Mutilation and Child Marriage, DE 27 DE ABRIL DE 2020. Disponível em <https://www.unfpa.org/sites/default/files/resource-pdf/Covid-19_impact_brief_for_UNFPA_24_April_2020_1.pdf>. Acessado em 02 de maio de 2020.

ONU MULHERES; SECRETARIA DE POLÍTICAS PARA MULHERES do MINISTÉRIO DA MULHER, DA IGUALDADE RACIAL E DOS DIREITOS HUMANOS; SECRETARIA NACIONAL DE SEGURANÇA PÚBLICA DO MINISTÉRIO DA JUSTIÇA. Diretrizes Nacionais para Investigar, Processar e Julgar com Perspectiva de Gênero as Mortes Violentas de Mulheres – Feminicídios, abril de 2016. Disponível em <http://www.onumulheres.org.br/wp-content/uploads/2016/04/diretrizes_feminicidio_FINAL.pdf>. Acessado em 02 de maio de 2020.

RIGAMONTI, Amanda; BUARQUE, Milena. Violência aumenta na quarentena: "Casa não é sinônimo de lar para muitas mulheres". Yahoo, 28 de abril de 2020. Disponível em <https://br.vida-estilo.yahoo.com/violencia-contra-mulher-denuncia-virtual-080046755.html>. Acessado em 28 de maio de 2020.

STILL 'a long way to go' in coronavirus battle, WHO chief warns. UN News. 22 de abril de 2020. Disponível em <https://news.un.org/en/story/2020/04/1062372>. Acessado em 02 de maio de 2020.

TISDALL, Simon. Power, equality, nationalism: how the pandemic will reshape the world. The Guardian, de 28 de março de 2020. Disponível em <https://www.theguardian.com/world/2020/mar/28/power-equality-nationalism-how-the-pandemic-will-reshape-the-world>. Acessado em 28 de maio de 2020.

VALLÉ, Shanin. Coronavirus has revealed the EU's fatal flaw: the lack of solidarity. The Guardian, 2020. Disponível em <https://www.theguardian.com/commentisfree/2020/apr/28/eu-coronavirus-fund--share-crisis-soul-european-parliament-fiscal>. Acesso em 30/04/2020.

Leaders risk lives by minimizing the coronavirus. Bolsonaro is the worst. Washington Post Editorial, 14 de abril de 2020. Disponível em <https://www.washingtonpost.com/opinions/global-opinions/jair-bolsonaro-risks-lives-by-minimizing-the-coronavirus-pandemic/2020/04/13/6356a9be-7da6-11ea-9040-68981f488eed_story.html>. Acessado em 28 de abril de 2020.

WAISELFISZ, Julio Jacobo. Mapa da violência 2015: homicídio de mulheres no Brasil. Flacso Brasil, 2015. Disponível em <http://www.onumulheres.org.br/wp-content/uploads/2016/04/MapaViolencia_2015_mulheres.pdf> Acessado em 03 de maio de 2020.

WHOEuropeA – World Health Organization Regional Office For Europe. Alcohol and Covid-19: what you need to know. Disponível em <http://www.euro.who.int/__data/assets/pdf_file/0010/437608/Alcohol-and- Covid-19-what-you-need-to-know.pdf?ua=1>. Acessado em 02 de maio de 2020.

WHOEuropeB – World Health Organization Regional Office For Europe. Alcohol does not protect against Covid-19; access should be restricted during lockdown, de 14 de abril de 2020.Disponível em <http://www.euro.who.int/en/health-topics/disease-prevention/alcohol-use/news/news/2020/04/alcohol-does-not-protect-against-covid-19-access-should-be-restricted-during-lockdown>. Acessado em 02 de maio de 2020.

WHO – World Health Organization. Covid-19 and violence against women What the health sector/system can do, 07 de abril de 2020. Disponível em <https://apps.who.int/iris/bitstream/handle/10665/331699/WHO-SRH-20.04-eng.pdf >. Acessado em 02 de maio de 2020.

WHO – World Health Organization. Violence against women, 29 de novembro de 2017. Disponível em <https://www.who.int/news-room/fact-sheets/detail/violence-against-women>. Acesso aos 28 de abril de 2020.

AGRAVAMENTO DA DESIGUALDADE MATERIAL DE GÊNERO NAS RELAÇÕES FAMILIARES DURANTE O ISOLAMENTO

Maria Rita de Holanda

Pós-doutorado pela Universidad de Sevilla, Doutorado em Direito Civil pela UFPE, professora Adjunto I da Universidade Católica de Pernambuco e membro do Grupo de Pesquisa CONREP – Constitucionalização das Relações Privadas da UFPE.

Sumário: 1. Introdução. 2. O patriarcado e sua força – resquícios na contemporaneidade. 3. Impactos do isolamento na obrigação de alimentos. 4. Impactos do isolamento na convivência familiar. 5. Conclusão. 6. Referências.

1. INTRODUÇÃO

A crise sanitária, econômica e de gestão gerada pela pandemia do Corona Vírus – Covid-19, também atingiu a família de forma pessoal e patrimonial, principalmente diante da imposição necessária do isolamento social, como única medida preventiva ao contágio e proteção da saúde e vida. A política mundial recomendada pela OMS – Organização Mundial de Saúde para o isolamento social e paralisação de serviços considerados não essenciais, confinou entes familiares em seus domicílios e, paradoxalmente, promoveu a união presencial mas potencializou conflitos preexistentes.

Na gestão política do Brasil o antagonismo entre o governo Federal e as entidades federativas estaduais para as medidas do isolamento, também polarizaram o diálogo na família.

Durante esse período, diversas discussões pairaram em torno dos conflitos conjugais e parentais, seja envolvendo questões existenciais, como a convivência, seja envolvendo questões patrimoniais na esfera da sustentabilidade material dos entes familiares com base na solidariedade enquanto direito fundamental.

Para alguns juristas, tornou-se imperioso a elaboração de uma política legal pública e transitória, estabelecendo novas regras de conduta na esfera de tais conflitos. Inicialmente, foi proposto um Projeto de Lei 1627/2020, de autoria da Senadora Soraya Thronicke do PSL/MS, que recentemente foi retirado da pauta no Congresso Nacional que visava a implementação de medida de exceção transitória, voltada a uma tentativa de minoração dos impactos da pandemia na família, propondo um balizamento normativo emergencial no casamento, na guarda, nos alimentos e no testamento.

Não há dúvidas de que a proposta sugeria uma imediata intervenção do Estado no exercício da autonomia dos particulares, baseada no que seria um bem jurídico maior: a vida e saúde dos indivíduos. Havia também nessa iniciativa, propostas voltadas à desburocratização de alguns ritos, garantidas a sua autenticidade e validade. De logo surgiram discussões sobre a necessidade real de medidas, ainda que temporárias, uma vez que poderiam vir a consolidar retrocessos às conquistas evidenciadas em matéria de família à exemplo do retorno à guarda unilateral como regra com a suspensão imediata da convivência familiar com um dos genitores, geralmente o pai. De certo uma medida que traria possibilidade de maximização da vulnerabilidade da mulher na esfera pessoal e patrimonialmente.

Dessa forma, algumas indagações foram elaboradas. Ainda que se considere a necessidade de medidas de exceção transitórias, que impactos elas trariam em um período pós-pandemia? Poderiam tais medidas fundamentarem modificações mais permanentes em nossa cultura e em nosso sistema jurídico? Não seria o vírus capaz de potencializar outros inimigos preexistentes que ameaçam a família cotidianamente?

Para Boaventura de Souza Santos, o impacto do vírus nos corpos, não distingue classe social ou gênero, mas potencializa os efeitos negativos dos demais inimigos invisíveis da humanidade como o capitalismo, o colonialismo e o patriarcado.[1]

O autor ressalta ainda, que com relação às mulheres, a quarentena será difícil e perigosa e ao contrário de uma divisão mais igualitária de tarefas com os demais familiares em casa, o machismo tende a se ressaltar, destacando como indicador o aumento de casos de divórcios em algumas cidades chinesas, além disso o notório crescimento dos feminicídios.[2]

Dentre as temáticas trabalhadas pelo então Projeto, aqui tratar-se-á especificamente de dois pontos: a convivência familiar dos filhos menores com os pais não guardiões ou que não detenham a custódia, e a obrigação de alimentos, sem descuidar dos impactos com a potencialização da desigualdade material de gênero.

A ambientação histórica da família patriarcal do passado é importante, no que se refere aos alimentos e aos cuidados com os filhos, e será o ponto de partida.

2. O PATRIARCADO E SUA FORÇA – RESQUÍCIOS NA CONTEMPORANEIDADE

Atualmente, a base Constitucional da convivência familiar e da obrigação de alimentos nas relações familiares está na solidariedade familiar, mas nem sempre foi assim. A regra matriz encontra-se no inciso I do artigo 3º da CF/88, e no capítulo destinado à família é revelada no dever imposto à sociedade, ao Estado e à família (como entidade e na pessoa de cada membro) de proteção ao grupo familiar criança e ao idoso, notadamente nos artigos 226, 227 e 230, respectivamente.[3]

A partir daí, no dizer de Paulo Lobo[4], desenvolve-se no âmbito do direito de família estudos relativos ao "cuidado como valor jurídico":

---

1. SANTOS, Boaventura de Souza. A cruel pedagogia do vírus. E-book. Coimbra: Edições Almedina S.A, 2020.
2. SANTOS, Boaventura de Souza. *Ibidem.*
3. LOBO, Paulo. *Direito Civil. Famílias.* Vol. 5, São Paulo: Saraiva Educação, 2019, p. 60.
4. *Idem. Ibidem.* p. 61.

O cuidado desponta com força nos estatutos tutelares das pessoas vulneráveis, como a criança e p idoso, que regulamentaram os comandos constitucionais sobre a matéria. O cuidado, sob o ponto de vista do direito, recebe a força subjacente do princípio da solidariedade, como expressão particularizada desta.

No âmbito familiar, para os alimentos, há uma legitimidade restrita, prevista no art. 1694 do CCB, que estabelece a possibilidade de alimentos na relação conjugal (casamento e união estável) e na relação parental. Na relação parental, contudo, não haveria limites na linha reta, o que não acontece na linha colateral, que estabelece o limite até o 2º (irmãos).

A base da solidariedade e os estatutos dos vulneráveis que gravitam em torno da legislação civil, requerem uma urgente revisão da restrição da legitimidade alimentícia entre parentes colaterais. A vulnerabilidade de alguns sujeitos como a criança, o jovem, a pessoa com deficiência, o idoso e mesmo a mulher, deve ser considerada como fator de rompimento da legitimidade legal, na norma jurídica concreta, atendendo-se prioritariamente a dignidade humana.

Antigamente o dever de sustento com relação aos filhos menores e a assistência material devida ao cônjuge virago era de um único provedor da família, em um arranjo patriarcal tanto formal como materialmente e o cálculo era de fácil apuração numérica.

A vulnerabilidade da mulher era declarada inclusive pela determinação de sua incapacidade civil. Em que pese tenha-se alcançado a igualdade formal, é fato que a igualdade material de gênero é um mito, inclusive do ponto de vista econômico e de sustentabilidade.

Por essa razão, não se pode afastar a mulher de estar inserida na concepção de "vulnerabilidade". As razões históricas de opressão se refletem até os dias de hoje à exemplo da diferença de tratamento em sua inserção no mercado de trabalho.[5]

Pontes de Miranda[6], na análise dessa antiga incapacidade, afirmava que esta não se fundava *na infirmeza de caracter, ou inferioridade de sexo,* mas sim seria *uma criação da lei por motivos de ordem pública, como resultante da instituição social do matrimônio, que embora do Direito Privado, como função social* pertenceria *ao direito público.*

O tratamento dos alimentos, confirmam os efeitos decorrentes da desigualdade formal de gênero à época, o que já dispunha Pontes em interpretação da legislação civil de 1916: *Quando o filho está sob o pátrio poder, o titular deste é obrigado pelo sustento do filho e a obrigação do outro genitor é apenas subsidiária.*[7] A mulher então só poderia exercer, na hipótese de morte, interdição, ausência ou perda do Pátrio Poder pelo marido.

Apesar disso, o artigo 400 do CCB/1916[8] referia-se ao binômio necessidade e disponibilidade entre os sujeitos da relação obrigacional alimentar: *os alimentos devem ser fixados na proporção das necessidades do reclamante e dos recursos da pessoa obrigada.* Naquela realidade, se os alimentos fossem conjugais, colocava a mulher sempre na condição de credora e/ou representando seus filhos, se não fosse culpada pelo desquite.

---

5. MATOS, Ana Carla Harmatiuk e TEXEIRA, Ana Carolina Brochado. Os Alimentos entre dogmática e efetividade. *Revista Brasileira de Direito Civil* – RBDCilvil, Belo Horizonte, vol. 12, p. 75-92, abr./jun. 2017.

6. MIRANDA, Pontes de. *Direito de Família.* São Paulo: Livraria Acadêmica Saraiva & C., 1917, p. 111.

7. MIRANDA, Pontes de. *Ibidem*, p. 362.

8. BRASIL. Código Civil. http://www.planalto.gov.br/ccivil_03/LEIS/L3071.htm, acesso em 02/05/2020.

Como dito, as conquistas alcançadas resultaram no alcance da igualdade formal e na proibição de qualquer discriminação em razão de sexo e gênero, conforme prevê a Constituição Federal de 1988[9], em seu art. 5º, caput e inciso I e no art. 226, § 5º.

Será que essa igualdade foi alcançada materialmente na realidade de hoje?

O CCB/2002 já sob a égide da igualdade formal, manteve em seu artigo 1694 a necessidade da análise do binômio, ressaltando inclusive em seu caput, que a regra geral observada deve ser a de manutenção de padrão social, ou seja, os alimentos em regra devem ser civis e apenas excepcionalmente nas hipóteses do § 2º desta regra bem como do art. 1704 e parágrafo único, quando deverão ser naturais e restritos à sobrevivência.[10]

A estatística atual de inserção da mulher no mercado de trabalho, reflete esse passado. No Brasil e em outros países, a igualdade formal conquistada não se estabeleceu materialmente, considerando-se que a mulher embora exerça profissionalmente o mesmo cargo que o homem ou obtenha as mesmas qualificações profissionais, ainda é absorvida subsidiariamente pelo mercado, o que representa a sutil manutenção do patriarcado.

Madaleno[11] ressalta o que denomina de *incapacidade social* da mulher em razão do não alcance da igualdade material:

> Os espaços destinados à mulheres continuam limitados e depreciados financeiramente, pois ainda existe um logo caminho cultural a percorrer, aliado às mudanças concretas e efetivas que continuam sendo necessárias programar, mas que por ora, o texto Constitucional da isonomia ainda não logrou modificar.
>
> (...)
>
> No meio masculino principalmente, mas também entre as próprias mulheres ainda existem resquícios de uma hierarquia dos sexos e nessa vereda a mulher segue sendo socialmente incapaz e subserviente ao homem, havido como provedor e administrador, um estereótipo da época em que a esposa ainda era obrigada a dotar o sobrenome do marido; não podia trabalhar sem sua autorização e só receberia alimentos se não tivesse dado causa à separação judicial.

Por essa razão, a condição do devedor nos processos judiciais ainda está muito mais com o homem e consequentemente, as hipóteses de má-fé na sonegação de sua disponibilidade. É importante também ressaltar que a conduta de má-fé, não está ligada

---

9. BRASIL. Constituição da República Federativa do Brasil. Disponível em http://www.planalto.gov.br/ccivil_03/constituicao/constituicao.htm, acesso em 02/05/2020. Art. 5º Todos são iguais perante a lei, sem distinção de qualquer natureza, garantindo-se aos brasileiros e aos estrangeiros residentes no País a inviolabilidade do direito à vida, à liberdade, à igualdade, à segurança e à propriedade, nos termos seguintes: I – homens e mulheres são iguais em direitos e obrigações, nos termos desta Constituição; Art. 226. A família, base da sociedade, tem especial proteção do Estado. (...) § 5º Os direitos e deveres referentes à sociedade conjugal são exercidos igualmente pelo homem e pela mulher.

10. BRASIL. Código Civil. http://www.planalto.gov.br/ccivil_03/leis/2002/l10406.htm, acesso em 02/05/2020. Art. 1.694. Podem os parentes, os cônjuges ou companheiros pedir uns aos outros os alimentos de que necessitem para viver de modo compatível com a sua condição social, inclusive para atender às necessidades de sua educação. (...) § 2º Os alimentos serão apenas os indispensáveis à subsistência, quando a situação de necessidade resultar de culpa de quem os pleiteia. (...) Art. 1.704. Se um dos cônjuges separados judicialmente vier a necessitar de alimentos, será o outro obrigado a prestá-los mediante pensão a ser fixada pelo juiz, caso não tenha sido declarado culpado na ação de separação judicial. Parágrafo único. Se o cônjuge declarado culpado vier a necessitar de alimentos, e não tiver parentes em condições de prestá-los, nem aptidão para o trabalho, o outro cônjuge será obrigado a assegurá-los, fixando o juiz o valor indispensável à sobrevivência.

11. MADALENO, Rolf. *Curso de Direito de Família*, 5ª edição, Rio de janeiro: Forense, 2013, p. 57.

ao gênero, o que representaria também uma forma de discriminação, mas sim atrelada a condição de melhor provedor que ainda ocupa.

Segundo dados estatísticos da OIT – Organização Internacional do Trabalho, em ultimo relatório divulgado em 2019, as mulheres ganham por hora trabalhada 17% a menos do que os homens e, apesar do aumento da participação feminina no mercado de trabalho, ainda estão longe da equidade. Novo relatório da OIT apresenta propostas para enfrentar os desafios no alcance da igualdade no futuro do trabalho na região.[12]

O desemprego é maior entre as mulheres, cuja taxa é de 6% para elas e 5,2% para os homens. O percentual de participação na força de trabalho é de 75% para os homens e de 48% para as mulheres. No trabalho autônomo ou por conta própria, o percentual é de 36,2% para os homens e de 26,1% para as mulheres e o trabalho familiar não remunerado é de 6,4% para os homens e de 16,6% para as mulheres.[13]

A maternidade também se torna um fator complicador não apenas para o acesso ao emprego como acompanha a mulher durante grande parte de sua trajetória profissional, segundo a OIT. Persiste a diferença de remuneração de 20% entre homens e mulheres. Da mesma forma, a rentabilidade da educação obtida pelas mulheres, em termos de emprego é menor, uma vez que 41,5% de mulheres com ensino superior não trabalham, enquanto que apenas 17,2% nessa condição não trabalha.

Tais dados e história jurídica de "inferioridade" da mulher agrava o quadro de gênero em desfavor desta, nas hipóteses de inadimplemento do devedor dos alimentos. A não efetividade dos alimentos se estabelece muito mais para as mulheres do que para os homens, estatisticamente.

Ana Carolina Brochado e Ana Carla Matos, refletem muito bem a desproporção do percentual de contribuição da pensão para filhos, na comparação com as despesas quando efetivamente o devedor convivia. A hipótese pode favorecer um enriquecimento ilícito[14]:

> Parece que, por razão de ordem exclusivamente prática, os Tribunais buscaram – e continuam buscando – uma fórmula capaz de reduzir à simplicidade percentual toda a complexidade contextual da taxa alimentar do caso concreto. Assim, o genitor que sai de casa e que antes contribuía com toda sua renda para o sustento da família passa a colaborar com, no máximo, 30% de seus rendimentos e retém para si – uma única pessoa – 70% da mesma renda. Trata-se de uma incongruência que pode levar os filhos a uma drástica queda de padrão de vida, à ausência de suprimento de necessidades importantes e, por outro lado, à possibilidade de o genitor economizar.

Todas essas razões e outras mais que colocaram a mulher dentro da família como essencialmente responsável aos cuidados com os filhos não podem ser desconsideradas caso se adotem medidas emergenciais que venham a agravar as desigualdades materiais.

---

12. OIT- Organização Internacional do Trabalho.
https://www.ilo.org/brasilia/noticias/WCMS_716777/lang--pt/index.htm, acesso em 02/05/2020.
13. TREVISAN, Karina. *Participação das mulheres no mercado de trabalho segue menor que a dos homens*, diz OIT, 2018 In https://g1.globo.com/economia/concursos-e-emprego/noticia/participacao-das-mulheres-no-mercado-de-trabalho-segue-menor-que-a-dos-homens-diz-oit.ghtml, acesso em 02/05/2020.
14. MATOS, Ana Carla Harmatiuk e TEXEIRA, Ana Carolina Brochado. Os Alimentos entre dogmática e efetividade. *Revista Brasileira de Direito Civil* – RBDCilvil, Belo Horizonte, vol. 12, p. 75-92, abr./jun. 2017.

3. IMPACTOS DO ISOLAMENTO NA OBRIGAÇÃO DE ALIMENTOS

No Brasil, uma Recomendação do CNJ 62, de 17 de março de 2020[15], dentre outras coisas e visando a adoção de Medidas emergenciais preventivas à propagação da infecção pelo novo coronavírus – Covid-19 no âmbito dos sistemas de justiça penal e socioeducativo a serem tomadas por Tribunais e Magistrados.

A notícia da Recomendação mobilizou demandas judiciais, chegando à determinação pelo Superior Tribunal de Justiça – STJ em 26/03/2020 de concessão de *habeas corpus* a devedores de alimentos em todo País, para que cumpram a pena em regime domiciliar, por extensão de diversas demandas.[16]

A sanção de cerceamento de liberdade por dívida patrimonial é bastante polêmica, porque representa uma medida de caráter primitivo e revela o quão culturalmente ainda estamos subdesenvolvidos neste aspecto. A prisão civil pela sua natureza é coercitiva ao pagamento da obrigação.

Paulo Lobo, em crítica doutrinária, considera a prisão civil por dívida desproporcional e ancorada em razões que são anteriores ao iluminismo do Século XVIII. O autor ressalta que até mesmo os antigos romanos já a tinham afastado, pois com a Lei *Poeteria Papíria*, de 326 A.C., somente os bens do devedor poderiam garantir a dívida e não seu corpo e sua privação de liberdade.[17]

Além disso, fundamentos da criminologia crítica são utilizados, diante da precarização e falência de nosso sistema carcerário como um todo.[18] A chamada "necropolítica" foi o termo criado pelo filósofo e teórico político Achille Mbembe e significa: política de morte. Isto é, as ações ou omissões do Estado determinam qual parcela da sociedade pode viver e qual parcela deve morrer. Em tempos de pandemia, essa política de morte está escancarada nos pronunciamentos e práticas de nossos governantes.

O Brasil, portanto, está longe de um tratamento digno no sistema carcerário e no seu cenário é flagrante a prática de racismo institucional nos presídios em condições desumanas e degradantes. Outrossim, tendo em vista que a modificação para o regime fechado foi relativamente recente (2015), é possível que volte a ser repensado em um período pós-pandemia.

O nosso subdesenvolvimento cultural e humanista nos levou a coroar a prisão civil e inclusive a adotar critérios mais rígidos para essa sanção coercitiva. O CPC/2015[19]

---

15. BRASIL. Conselho Nacional de Justiça. Recomendação 62, de 17 de março de 2020 https://www.cnj.jus.br/wp-content/uploads/2020/03/62-Recomenda%C3%A7%C3%A3o.pdf, acesso em 03/05/2020. Art. 6º Recomendar aos magistrados com competência cível que considerem a colocação em prisão domiciliar das pessoas presas por dívida alimentícia, com vistas à redução dos riscos epidemiológicos e em observância ao contexto local de disseminação do vírus.

16. BRASIL. Superior Tribunal de Justiça. https://scon.stj.jus.br/SCON/decisoes/doc.jsp, acesso em 18/04/2020. PExt no Habeas Corpus 568.021 – CE (2020/0072810-3) Ministro Paulo de Tarso Sanseverino.

17. LOBO, Paulo. Famílias. Volume 5, 9ª Edição, p. 410.

18. SAMPAIO, Tamires Gomes. Como a necropolítica e o coronavírus condenam o sistema carcerário.https://www.cartacapital.com.br/opiniao/como-a-necropolitica-e-o-coronavirus-condenam-o-sistema-carcerario/, acesso em 18/04/2020.

19. BRASIL. Código de Processo Civil. http://www.planalto.gov.br/ccivil_03/_ato2015-2018/2015/lei/l13105.htm, acesso em 18/04/2020. Art. 528. No cumprimento de sentença que condene ao pagamento de prestação alimentícia

determinou o cumprimento em regime fechado, quando antes era em regime aberto ou domiciliar, o que revela a ineficácia do regime anterior, embora deva ser aplicada com parcimônia.[20]

Além do mais, o código processual trouxe mecanismos alternativos para o reforço do cumprimento da obrigação, como o protesto de decisão judicial, tendo a jurisprudência admitido outras formas como a polêmica cassação da carteira nacional de habilitação e o passaporte.

Na realidade Brasileira, portanto, o devedor que tem prisão civil deferida, é sempre aquele em que se provou sua real disponibilidade e o seu descumprimento é injustificado. A incapacidade econômica e o desemprego não justificam a aplicação da sanção.

A decisão do *Habeas Corpus* Coletivo foi inevitável para evitar mal maior, mas por outro lado favoreceu o devedor e sua inadimplência voluntária. Além da benéfica substituição da sanção, o devedor pós-pandemia sentir-se-á legitimado a buscar a revisão do valor de sua obrigação, alegando a crise econômica pós-pandêmica. Pensando em tal crise, o mencionado projeto de Lei 1627/2020, assim dispunha:

> Art. 8º Ao devedor de alimentos que comprovadamente sofrer alteração econômico-financeira, decorrente da pandemia, poderá ser concedida, por decisão judicial, a suspensão parcial da prestação, em limite não superior a 30% (trinta por cento) do valor devido, pelo prazo de até120dias, desde que comprovada a regularidade dos pagamentos até 20 de março de 2020.

> Parágrafo único. Na hipótese de que trata o caput, a diferença entre o valor anteriormente fixado e o valor reduzido será paga em até 6 parcelas mensais, atualizadas monetariamente, com vencimento a partir de 1o de janeiro de 2021.

O artigo quase presumia a queda da disponibilidade financeira do alimentante, com base na notoriedade da crise econômica que possivelmente assolará o país e secundariza a análise mais apurada do binômio pelo judiciário, o que aparentava uma maior preocupação com o devedor de alimentos do que com o credor de alimentos, normalmente a mulher, que estando com a custódia dos filhos e sendo menos remunerada arcaria com um ônus bem maior.

A fundamentação para as inúmeras ações revisionais que já surgem e surgirão, não poderá ser genérica diante da evidência do abalo da economia mundial. De certo haverá devedores e devedores das mais distintas classes e condições, cujo impacto do isolamento poderá ser absoluto ou relativo. A eleição de prioridades deve ser considerada em havendo abalo relativo do devedor, inclusive diante do caráter emergencial dos alimentos.

---

ou de decisão interlocutória que fixe alimentos, o juiz, a requerimento do exequente, mandará intimar o executado pessoalmente para, em 3 (três) dias, pagar o débito, provar que o fez ou justificar a impossibilidade de efetuá-lo.§ 1º Caso o executado, no prazo referido no caput, não efetue o pagamento, não prove que o efetuou ou não apresente justificativa da impossibilidade de efetuá-lo, o juiz mandará protestar o pronunciamento judicial, aplicando-se, no que couber, o disposto no art. 517º.§ 2º Somente a comprovação de fato que gere a impossibilidade absoluta de pagar justificará o inadimplemento.§ 3º Se o executado não pagar ou se a justificativa apresentada não for aceita, o juiz, além de mandar protestar o pronunciamento judicial na forma do § 1º, decretar-lhe-á a prisão pelo prazo de 1 (um) a 3 (três) meses.§ 4º A prisão será cumprida em regime fechado, devendo o preso ficar separado dos presos comuns.

20. LOBO, Paulo. Cit., p. 409.

Em recente e perspicaz trabalho, Marília Pedroso[21] alerta:

A modificação do valor da pensão alimentícia (art. 1699 do CC) não pode ser operada com base na mera alegação da Covid-19 sem demonstrar exatamente qual o real impacto econômico sofrido pelo alimentante e sem avaliar as necessidades atuais do alimentando. Para que se justifique uma redução do *quantum* alimentar, a parte deverá apresentar prova específica de como – e quanto – a quarentena o impactou. A fundamentação razoável que justifique a redução do valor da pensão deverá demonstrar que não existem outras formas de adimplir a prestação. Ou seja, cabe ao devedor demonstrar que não possui nenhuma outra reserva patrimonial ou acesso à linha de crédito que permita realizar o pagamento regular da dívida.

Ao demais, a autora ressalta, que o impacto econômico se dá em ambos os lados, tanto do alimentante, quanto do alimentando e se este for criança e adolescente, prevalece a doutrina de proteção integral.

4. IMPACTOS DO ISOLAMENTO NA CONVIVÊNCIA FAMILIAR

Curioso perceber, que no mundo contemporâneo e tecnológico, os recursos e ferramentas já vinham fornecendo alternativas de facilitação da convivência familiar para garantir minimamente o acompanhamento de pais que porventura se encontravam à distância, por razões de trabalho ou mesmo de moradia, seja após a dissolução de uma conjugalidade, seja independentemente da existência desta.

Nas atuais circunstâncias impostas pelo isolamento, tais recursos passaram a ser a única alternativa para garantir minimamente o que seria um direito fundamental dos vulneráveis e hipervulneráveis à convivência familiar. Na família encontram-se as crianças, os idosos e também as mulheres.

O referido Projeto de lei havia aderido a uma corrente doutrinária que defende a absoluta necessidade de intervenção estatal, propondo uma alteração drástica do regime de convivência familiar, para determinar como regra, a imediata *suspensão* da convivência familiar presencial, em nome da proteção à vida de saúde da criança e adolescente, assim como dos idosos.

Em um artigo intitulado Direito de família em tempos de pandemia: hora de escolhas trágicas, José Fernando Simão alerta:

Deve-se suspender provisoriamente o sistema de deslocamento das crianças em tempos de pandemia mantendo-as apenas com a mãe, pois com ela já residem. A resposta é positiva. Isso, evidentemente, gera prejuízos para o pai e para os filhos por força de uma redução temporária de convívio. Sim, é verdade, mas são tempos de escolhas trágicas. O jogo na realidade B é de perde-perde. Isso pode ser compensado de futuro. O pai alijado, provisória e momentaneamente, do convívio físico com os filhos, pode, nas férias, ficar mais tempo com eles como forma de "matar as saudades" e recuperar parte do tempo perdido.[22]

---

21. PEDROSO, Marília. Como evitar oportunismos nas revisionais de alimentos na pandemia. https://www.conjur.com.br/2020-abr-15/direito-civil-atual-evitar-oportunismos-revisionais-alimentos, acesso em 18/04/2020.

22. SIMÃO, José Fernando. *Direito de família em tempos de pandemia: hora de escolhas trágicas, in* http://www.ibdfam.org.br/artigos/1405/Direito+de+fam%C3%ADlia+em+tempos+de+pandemia%3A+hora+de+escolhas+tr%C3%A1gicas.+Uma+reflex%C3%A3o+de+7+de+abril+de+2020%22, acesso em 19/04/2020.

O autor mostra-se refratário à consideração de concepções subjetivas recomendadas ao aplicador do direito, como o *bom senso* e o *tratamento a partir de cada caso*, por entender exigir esse momento soluções mais drásticas e proteção à vida e saúde das crianças, acima de outros interesses relativos a convivência familiar equitativa entre os pais.

No trecho destacado em citação *ipsis literis*, o autor reconhece que a realidade estatística ainda é da mulher/mãe como detentora da Guarda unilateral ou da residência na hipótese de guarda compartilhada, situando em termos de gênero a posição ainda ocupada pela mulher na família e a posição ocupada pelo homem.

A segunda das correntes, relativiza essa intervenção que recomenda a SUSPENSÃO imediata, para identificar que o sistema já prevê medidas judiciais que possam garantir essa possibilidade em estreita excepcionalidade.

Em recente artigo, Silvia Marzagão[23] pondera:

> "...o mais importante, a nosso ver, é que, garantida a incolumidade física da criança, se mantenha intacto o convívio e o equilíbrio nas funções parentais. Assim, sendo possível o convívio físico com segurança, que seja ele mantido. Isso, inclusive, viabiliza que os pais cuidem da prole de maneira equilibrada, sem sobrecarregar nenhum deles. Estando os genitores em isolamento social e garantido o trânsito seguro da criança, não há razão para suspensão do convívio.

São importantes as duas ponderações, que foram utilizadas em vários debates informais do então Projeto de Lei 1627 de 2020[24], que em sua versão inicial se manteve alinhado à primeira corrente, conforme se depreende abaixo:

> Art. 6º O regime de convivência de crianças e adolescentes, qualquer que seja a modalidade de guarda, poderá ser suspenso temporariamente, de comum acordo entre os pais ou a critério do Juiz, para que sejam cumpridas as determinações emanadas das autoridades públicas impositivas de isolamento social ou quarentena.
>
> § 1º Na hipótese de que trata o caput, será assegurada a convivência do genitor não guardião ou não residente por meios virtuais.
>
> § 2º Durante o período de suspensão das atividades escolares, poderá ser aplicado o mesmo regime previsto paras as férias.

A inversão da exceção – *suspensão* – como regra geral, contraria o que dispõe o nosso ordenamento jurídico, principalmente no preenchimento do Princípio do melhor interesse da criança. De certo, pode ser prevista, mas mantendo-se a sua excepcionalidade.

Outras soluções podem ser menos drásticas, como o agrupamento de dias da convivência, à exemplo da antiga guarda alternada, protegendo-se a vida e saúde, sem prejuízo do dever de convivência familiar.

Nos dois modelos de Guarda previstos em nosso CCB, a Unilateral e a Compartilhada, a última é a regra geral a ser seguida, podendo ser afastada apenas em duas exceções. O formato decorreu de uma luta que se iniciou em 2008, com a Lei 11.698 inaugurando o período legal de expressão do compartilhamento.

---

23. MARZAGÃO, Silvia. Direito de Família e Pandemia: tempo de Reflexão e Transformação in https://www.aasp.org.br/em-pauta/direito-de-familia-e-pandemia/, acesso em 19.04.2020.

24. BRASIL. Senado Federal. http://www6g.senado.leg.br/busca/?q=Projeto+1627+de+2020, acesso em 18/04/2020.

Culturalmente, o Brasil ainda se encontra muito alinhado ao modelo unilateral, como dito, muito mais exercido pelas mães do que pelos pais. Por isso, foi necessária a possibilidade de decretação do compartilhamento independente de consenso. Trata-se de caráter pedagógico em prol da mudança de valores pautados em disputas e posse.

Inclusive o termo *Guarda* já não é mais adequado, revelando-se mais adequado aos novos valores o termo *Custódia*, para definir o elemento presencial e residencial da convivência. Pela mesma razão a expressão *Direito de Visitas* perde espaço para a expressão *Regime de Convivência Familiar*.

Dessa forma, adere-se à segunda corrente, inclusive porque nosso ordenamento jurídico já oferece tais respostas nos respectivos artigos 1583, § 2º e 1586, que assim se expressam:

> Art. 1583. A guarda será unilateral ou compartilhada.
>
> (...)
>
> § 2º Na guarda compartilhada, o tempo de convívio com os filhos deve ser dividido de forma equilibrada com a mãe e com o pai, sempre tendo em vista as condições fáticas e os interesses dos filhos: (Redação dada pela Lei 13.058, de 2014)
>
> Art. 1.586. Havendo motivos graves, poderá o juiz, em qualquer caso, a bem dos filhos, regular de maneira diferente da estabelecida nos artigos antecedentes a situação deles para com os pais.[25]

Observa-se dos dispositivos legais, que o § 2º do art. 1.583, carrega consigo a seguinte expressão: *sempre tendo em vista as condições fáticas e os interesses dos filhos*.

No contexto atual, que impõe revisão de condições fáticas, caso realmente a manutenção do regime de convivência coloque em risco a vida ou saúde do filho menor, a alteração poderá ser feita apenas pontualmente. Hipóteses em que, por exemplo, um dos pais encontra-se no grupo considerado de risco, sendo médico, ou atuando à frente de serviços essenciais no trabalho, ou mesmo possuindo alguma comorbidade, ou seja, possuindo hipervulnerabilidade.

Havendo motivos graves também, o art. 1586 admite a revisão judicial para regular de maneira diferente a convivência familiar anteriormente estabelecida. Note-se que a análise casuística também requer avaliação de critérios objetivos de proteção à saúde e vida, bem como aos critérios de ordem pública com relação aos deslocamentos e permite inclusive a suspensão, se se verificar, excepcionalmente, ser a medida adequada àquele caso.

Diante do exposto, na visão perquirida no presente ensaio, julga-se temerosa a previsão de uma medida emergencial legislativa, ainda que transitória até pela impossibilidade de previsão da realidade pós-pandêmica.

A previsão generalista drástica de suspensão, em verdade, afeta muito mais ao interesse da própria criança, se os cuidados puderem ser preservados no caso concreto. A alternativa virtual é uma boa saída, preferencialmente complementar, mas não substitutiva. Em havendo a excepcional suspensão, deve se garantir o convívio virtual.

---

25. BRASIL. Código Civil Brasileiro. http://www.planalto.gov.br/ccivil_03/leis/2002/l10406.htm, acesso em 18/04/2020.

A suspensão como regra, também pode favorecer a alienação parental, o que resultará em outros conflitos, mas não se pode afastar o que foi tão arduamente construído para garantir a proteção do direito fundamental de convivência dos filhos com ambos ou mais pais, inclusive.

Há que se considerar também, a experiência de outros países nessa solução, dentre eles a Itália que atingiu altíssimos índices de morte e de determinação de isolamento, mas apesar disso, a recomendação nesses casos foi de garantia da convivência familiar e o tratamento excepcional dos casos, pelo judiciário:

> Sono separato/divorziato, posso andare a trovare i miei figli?
>
> Sì, gli spostamenti per raggiungere i figli minorenni presso l'altro genitore o comunque presso l'affidatario, oppure per condurli presso di sé, sono consentiti, in ogni caso secondo le modalità previste dal giudice con i provvedimenti di separazione o divorzio.[26]

Como última reflexão, o novo e não único inimigo invisível identificado no coronavírus, aumentou o ônus e os riscos da mulher na família impondo-lhe um trabalho árduo, para além de suas responsabilidades como mãe, assim como um perigo iminente em suas relações conjugais que contribuiu com o aumento de violações à sua integridade física e psíquica, e não raras vezes da própria vida.

As notícias referentes ao aumento significativo de violência contra a mulher neste período de quarentena são devastadoras.

> De acordo com o Núcleo de Gênero e o Centro de Apoio Operacional Criminal (CAOCrim) do Ministério Público de São Paulo (MPSP), em um mês, houve o aumento de 30% dos casos. De acordo com os dados, em março foram decretadas 2.500 medidas protetivas em caráter de urgência, no mês anterior foram 1.934. As medidas protetivas são determinações que visam garantir a segurança das vítimas. Também foi verificado aumento no número de prisões em flagrante devido a casos de violência doméstica, em fevereiro foram registradas 177, já em março foram 268.[27]

É preciso imaginar, que o registro maior é com relação à violência física, mas a violência patrimonial é cotidiana nos lares em que há dependência econômica e principalmente após uma separação ou divórcio. Essa realidade, só precisa de um contexto favorecedor para ser ressaltada e potencializada.

O vírus, como o novo inimigo invisível, potencializou os velhos inimigos e dentre eles, o patriarcado.

Aplicar, portanto, a suspensão como regra é desconhecer a realidade fática e estatística de que havendo muito mais mulheres guardiãs e dependentes, estas serão as mais oneradas. Além disso, sendo a convivência familiar um direito do filho, esta deve ser assegurada se estiverem presentes as cautelas razoáveis para a segurança da saúde e vida da criança.

---

26. ITÁLIA. Ministero dela Salute. http://www.salute.gov.it/portale/nuovocoronavirus/dettaglioNotizieNuovoCoronavirus.jsp?lingua=italiano&menu=notizie&p=dalministero&id=4224, acesso em 20/04/2020.
27. NOTÍCIAS G1. https://g1.globo.com/sp/sao-paulo/noticia/2020/04/13/casos-de-violencia-contra-mulher-aumentam-30percent-durante-a-quarentena-em-sp-diz-mp.ghtml, acesso em 20/04/2020.

5. CONCLUSÃO

As preocupações e soluções para os conflitos emergenciais na família, diante do regime de isolamento imposto pela pandemia são legítimas mas devem ser refletidas sem ignorar os problemas de desigualdade social e de gênero, existentes na realidade Brasileira.

De certo, considerando o abismo na divisão de classes sociais, pouco se verá na disputa da convivência familiar para os moradores de rua e das favelas, uma vez que o distanciamento não pôde se operar pela imposição econômica de divisão de espaços físicos entre famílias numerosas, ou porque a convivência familiar com apenas um dos genitores imporia um ônus patrimonial praticamente impossível de se arcar.

A mutabilidade na obrigação de alimentos, com base generalista apenas potencializará um problema já preexistente para as pessoas que se encontram em uma condição econômica menos privilegiada. O devedor de alimentos sujeito à prisão civil na realidade brasileira não se encontra na periferia e nem em situação de trabalho informal, mas sim na classe média e alta, uma vez que os demais estão sujeitos a imposição das regras do mercado, sendo este um outro inimigo invisível.

As reflexões em torno da versão inicial do referido Projeto poderão trazer um melhor amadurecimento em torno da realidade macro de desigualdade social e de gênero, estatisticamente demonstradas. Além disso, o sistema oferece as alternativas, não podendo as relações existenciais serem calculadas genericamente e sim a partir das especificidades, ainda que resulte em certa pacificação jurisprudencial posterior. Teorizar sobre as soluções em um momento de exceção torna-se temeroso e pode agravar conflitos preexistentes na família.

Por fim, o vírus responsável pela pandemia no mundo, além de ser letal para muitos, potencializará outras mortes e discriminações e age contra homens e mulheres. Por isso deve ser combatido através de uma postura mais solidária, principalmente na família, que é responsável pela reprodução dos demais modelos de convivência na sociedade.

6. REFERÊNCIAS

BRASIL. Constituição da República Federativa do Brasil. Disponível em <http://www.planalto.gov.br/ccivil_03/constituicao/constituicao.htm>. Acesso em 02/05/2020.

BRASIL. Superior Tribunal de Justiça. <http://www.stj.jus.br/sites/portalp/SiteAssets/documentos/noticias/HC-568.693%20-%20PExt.pdf>. Acesso em 18/04/2020.

BRASIL. Conselho Nacional de Justiça. Recomendação 62 de 17 de março de 2020, disponível em <https://www.cnj.jus.br/wp-content/uploads/2020/03/62-Recomenda%C3%A7%C3%A3o.pdf>. Acesso em 02/05/2020.

BRASIL. Código Civil Brasileiro, disponível em <http://www.planalto.gov.br/ccivil_03/leis/2002/l10406.htm>. Acesso em 18/04/2020.

BRASIL. Código Civil, disponível em <http://www.planalto.gov.br/ccivil_03/LEIS/L3071.htm>. Acesso em 02/05/2020.

BRASIL. Código de Processo Civil, disponível em <http://www.planalto.gov.br/ccivil_03/_ato2015-2018/2015/lei/l13105.htm>. Acesso em 18/04/2020.

BRASIL. Senado Federal, disponível em <http://www6g.senado.leg.br/busca/?q=Projeto+1627+de+2020>. Acesso em 18/04/2020.

ITÁLIA. Ministero dela salute, disponível em <http://www.salute.gov.it/portale/nuovocoronavirus/dettaglioNotizieNuovoCoronavirus.jsp?lingua=italiano&menu=notizie&p=dalministero&id=4224>. Acesso em 20/04/2020.

LOBO, Paulo. Famílias. Volume 5, 9ª Edição, 2019.

MADALENO, Rolf. Curso de Direito de Família, 5ª edição, Rio de janeiro: Forense, 2013.

MATOS, Ana Carla Harmatiuk e TEXEIRA, Ana Carolina Brochado. Os Alimentos entre dogmática e efetividade. Revista Brasileira de Direito Civil – RBDCilvil, Belo Horizonte, vol. 12, p. 75-92, abr./ jun. 2017.

MARZAGÃO, Silvia. Direito de Família e Pandemia: tempo de Reflexão e Transformação, disponível em <https://www.aasp.org.br/em-pauta/direito-de-familia-e-pandemia/>. Acesso em 19.04.2020.

MIRANDA, Pontes de. Direito de Família. São Paulo: Livraria Acadêmica Saraiva & C., 1917.

NOTÍCIAS G1, disponível em <https://g1.globo.com/sp/sao-paulo/noticia/2020/04/13/casos-de-violencia-contra-mulher-aumentam-30percent-durante-a-quarentena-em-sp-diz-mp.ghtml>. Acesso em 20/04/2020.

OIT- Organização Internacional do Trabalho, disponível em <https://www.ilo.org/brasilia/noticias/ WCMS_716777/lang--pt/index.htm>. Acesso em 02/05/2020.

PEDROSO, Marília. Como evitar oportunismos nas revisionais de alimentos na pandemia, disponível em <https://www.conjur.com.br/2020-abr-15/direito-civil-atual-evitar-oportunismos-revisionais--alimentos>. Acesso em 18/04/2020.

SAMPAIO, Tamires Gomes. Como a necropolítica e o coronavírus condenam o sistema carcerário, disponível em <https://www.cartacapital.com.br/opiniao/como-a-necropolitica-e-o-coronavirus--condenam-o-sistema-carcerario/>. Acesso em 18/04/2020.

SANTOS, Boaventura de Souza. A cruel pedagogia do vírus. E-book. Coimbra: Edições Almedina S.A, 2020.

SIMÃO, José Fernando. Direito de família em tempos de pandemia: hora de escolhas trágicas, disponível em <http://www.ibdfam.org.br/artigos/1405/Direito+de+fam%C3%ADlia+em+tempos+-de+pandemia%3A+hora+de+escolhas+tr%C3%A1gicas.+Uma+reflex%C3%A3o+de+7+de+abril+-de+2020%22>. Acesso em 19/04/2020.

TREVISAN, Karina. Participação das mulheres no mercado de trabalho segue menor que a dos homens, diz OIT, 2018, disponível em <https://g1.globo.com/economia/concursos-e-emprego/noticia/participacao-das-mulheres-no-mercado-de-trabalho-segue-menor-que-a-dos-homens-diz-oit.ghtml>. Acesso em 02/05/2020.

DA PANDEMIA AO PANDEMÔNIO: QUAL O PAPEL DOS CONDOMÍNIOS EDILÍCIOS NA PREVENÇÃO E REPRESSÃO DA VIOLÊNCIA DOMÉSTICA FAMILIAR?

Luciana Pedroso Xavier

Doutora e Mestre pela UFPR. Professora de Direito Civil da UFPR. Advogada. luciana@pxadvogados.com.br

Maria Carla Moutinho Nery

Mestre em Direito pela UFPE. Professora da Escola da Magistratura de Pernambuco – ESMPE. Assessora Jurídica do TJPE. mariacarlamoutinho@gmail.com

Sumário: 1. Introdução. 2. Isolamento social e violência doméstica familiar: reflexos da pandemia. 3. O dever condominial de comunicar indícios ou a ocorrência de atos de violência doméstica familiar. 4. Iniciativas legislativas nacionais para tornar obrigatório o dever condominial de comunicação de suspeita ou da prática de violência doméstica familiar. 5. As alterações propostas pelo PL 1.179/2020 nos condomínios edilícios. 6. Considerações finais.

1. INTRODUÇÃO

"Querida vizinha, se precisar de ajuda, corra para cá. Apt 602. Você *não está sozinha!!* Pode gritar, pode pedir socorro, a gente abre a porta para você!"[1]. Essas frases impactantes foram escritas no fim do mês de março de 2020 em um bilhete afixado no elevador de um prédio por uma moradora que percebeu que a poucos andares de distância uma vizinha estava sendo vítima de violência doméstica. O tom denota preocupação e solidariedade. Ainda, a mensagem dizia que o agressor não poderia se prevalecer da *Covid-19* para praticar um crime, pois os moradores estavam atentos e não hesitariam em denunciá-lo à polícia.

Esse episódio chama atenção para um tema de fundamental importância: o aumento alarmante dos casos de violência doméstica durante o período da pandemia, no qual o isolamento social se tornou necessário para salvaguardar a vida e a saúde dos cidadãos. E, com as pessoas passando mais tempo em casa, muitas estão se deparando com a cruel realidade de perceber que um(a) vizinho(a) vulnerável está passando por situação de violência doméstica e familiar.

---

1. Disponível em: <https://www.uol.com.br/universa/noticias/redacao/2020/03/30/corra-para-ca-bilhete-em-elevador-oferece-ajuda-para-vitima-de-violencia.htm>. Acesso em 26 abr. 2020.

A violência doméstica lamentavelmente é presente nos lares dos mais diversos modelos familiares, com diferentes graus de escolaridade e desiguais classes sociais. E, nesse triste contexto, cabe refletir sobre qual é o papel dos condomínios edilícios, isto é, da comunidade em que vizinhos são donos de sua unidade autônoma e coproprietários das áreas comuns. Antigos ditados como "em briga de marido e mulher ninguém mete a colher" ainda teriam lugar no Direito e na cultura brasileiros? Qual a responsabilidade dos vizinhos, do síndico/administrador na prevenção e repressão de atos de violência doméstica familiar ocorridos no condomínio? É sobre essas questões que o presente artigo busca refletir.

Inicialmente, é apresentado o panorama geral sobre a violência doméstica familiar durante o período da pandemia, o qual revela um aumento exponencial no número de agressões e obstáculos para que as vítimas acionem às autoridades policiais. Em segundo lugar, examinam-se as recentes leis estaduais que obrigam os condomínios a reportarem indícios ou a ocorrência de casos de violência doméstica familiar. Em prosseguimento, são analisados os dois projetos de lei federais que atualmente tramitam sobre o tema. A seguir, enfrentam-se as disposições constantes no Projeto de Lei 1.179/2020 acerca dos condomínios edilícios. Por fim, são apresentadas as considerações finais, que apontam para a imprescindibilidade da participação da comunidade condominial no combate à violência doméstica familiar.

2. ISOLAMENTO SOCIAL E VIOLÊNCIA DOMÉSTICA FAMILIAR: REFLEXOS DA PANDEMIA

A *Covid-19* veio para mudar a realidade de muitas famílias. De repente, todos foram instados a fazer da sua casa não somente o seu lar, mas o local de trabalho, lazer, descanso e reflexão para os ensinamentos advindos de uma pandemia. Alguns têm enfrentado o problema na certeza de obter o aprendizado necessário para momento; outros, têm perdido a oportunidade de se transformarem em pessoas melhores. Apesar disto, uma coisa é certa para todos: o confinamento em casa aflorou os ânimos, quer seja pela sensação de insegurança decorrente de prováveis perdas financeiras, quer seja pelas dificuldades emocionais decorrentes da clausura forçada. Logo, os conflitos e atos de violência doméstica aumentaram de forma inquietamente. Porém, em virtude da pandemia, algumas medidas de proteção das vítimas foram reduzidas. O contato com familiares que podem oferecer suporte e abrigo ficou mais difícil, delegacias e hospitais estão sobrecarregados e o número de abrigos passou a ser insuficiente.

Os índices de aumento da violência doméstica no Brasil e no mundo são alarmantes. Segundo dados do governo francês, em Paris, houve o registro de 36% de aumento nas notificações por violência doméstica em apenas uma semana de confinamento[2]. Tornou-se possível que as vítimas registrem denúncias pela *Internet,* por meio de *chat* no qual ficam em contato direto com os policiais. Um botão de emergência possibilita que as mensagens sejam rapidamente apagadas caso haja risco de o agressor as ver. Aliado

---

2. Disponível em: <https://www.diariodepernambuco.com.br/noticia/opiniao/2020/04/a-pandemia-e-a-violencia--domestica.html>. Acesso em: 27 abr. 2020.

DA PANDEMIA AO PANDEMÔNIO **133**

a isto, existe uma espécie de código que pode ser utilizado pelas vítimas que estejam acompanhadas do agressor. Ao pronunciá-lo nas farmácias, um sinal de alerta é ativado e as autoridades são comunicadas da ocorrência de atos de violência sofrida em casa. O governo francês pagará, ainda, quartos de hotéis, pensões e *Airbnb*, para possibilitar que as vítimas se distanciem dos seus agressores no período de isolamento social, diante da superlotação dos abrigos[3].

No Brasil, não foi diferente: houve o agravamento da violência doméstica durante a quarentena. A Ouvidoria Nacional de Direitos Humanos – ONDH, órgão ligado ao Ministério da Mulher, da Família e dos Direitos Humanos, informou que a média diária de ligações foi de 3.045 (três mil e quarenta e cinco) – no período entre 01 de março de 2020 e 16 de março de 2020 – e de 3.303 (três mil trezentos e três) ligações no período de 17 de março de 2020 a 25 de março de 2020. No que concerne às denúncias, subiram de 829 (oitocentos e vinte e nove) para 978 (novecentos e setenta e oito) nos mesmos períodos[4]. Em São Paulo e no Rio de Janeiro, o Fórum Brasileiro de Segurança Pública (FBSP) divulgou ter havido aumento dos atendimentos da polícia a mulheres agredidas no percentual de quase 50% (cinquenta por cento), em março de 2020, se comparado a março de 2019.[5] Sabe-se, contudo, que os números não oferecem um retrato fiel da realidade pandêmica, pois o isolamento social contribuiu não só para o aumento da violência doméstica – quando colocou vítima e agressor sob o mesmo teto em tempo integral e sem opção de deslocamento –, mas também para diminuição do registro das denúncias relativas a violência física, sexual ou de outra natureza.

Para viabilizar o registro das denúncias de agressões com a realidade atual, sem inflamar a ira do agressor, criou-se uma ferramenta virtual (*chatbot*), em funcionamento para todo o Brasil, por meio de inteligência artificial, para simular uma conversa eletrônica com a vítima na qual ela pode pedir ajuda sem alardes por meio do *WhatsApp*. A vítima responde a algumas perguntas para se aferir o grau de risco sofrido por ela e, com isso, ser disponibilizada a ajuda necessária, sendo garantido, inclusive, um cupom gratuito para utilização de aplicativo de transporte para levá-la ao hospital, delegacia ou o centro de apoio[6].

O Poder Judiciário também tomou algumas providências com o objetivo de minorar o sofrimento das vítimas de violência doméstica. No Paraná, o Tribunal de Justiça, como forma de otimizar a proteção aos vulneráveis no seio familiar, impôs: i) a prorrogação automática das medidas protetivas até então conferidas durante o atendimento remoto do Judiciário, salvo quando houver pedido de revogação; ii) dispensou o registro da

---

3. Disponível em: <https://solidarites-sante.gouv.fr/actualites/presse/communiques-de-presse/article/le-gouverne-ment-pleinement-mobilise-contre-les-violences-conjugales-et>. Acesso em: 28 abr. 2020.
4. Disponível em: <https://www.gov.br/mdh/pt-br/assuntos/noticias/todas-as-noticias/2020-2/marco/coronavirus--sobe-o-numero-de-ligacoes-para-canal-de-denuncia-de-violencia-domestica-na-quarentena>. Acesso em: 25 abr. 2020.
5. Fórum Brasileiro de Segurança Pública. *Violência Doméstica Durante Pandemia de Covid-19*. Nota técnica. 20 abr. 2020. Disponível em <http://forumseguranca.org.br/publicacoes_posts/violencia-domestica-durante-pandemia--de-covid-19/>. Acesso em 22 abr. 2020.
6. Disponível em: <https://agenciabrasil.ebc.com.br/geral/noticia/2020-04/ferramenta-eletronica-ajuda-mulheres--vitimas-de-violencia-na-pandemia>. Acesso em 22 abr. 2020.

ocorrência policial no deferimento de pedido de medida protetiva de urgência e iii) adotou a intimação/notificação eletrônica das partes[7].

Em Pernambuco, a Coordenadoria Estadual da Mulher emitiu a Recomendação 1/2020, de 7 de abril de 2020, para que os magistradas(os) do estado: i) avaliem a necessidade de prorrogação do prazo das medidas protetivas de urgência já concedidas durante o atendimento remoto do Judiciário; ii) viabilizem a medida cautelar de monitoramento eletrônico (Instrução Normativa 15/2016), ou quaisquer outras medidas protetivas de urgência, para os casos de liberdade provisória e/ou revogação de prisão preventiva com fundamento na Recomendação 62 do Conselho Nacional de Justiça que converteu a prisão em prisão domiciliar para presos por pensão alimentícia; iii) concedam a intimação/notificação da vítima por qualquer meio de comunicação, em observância ao Enunciado 9 do Fórum Nacional de Juízes de Violência Doméstica e Familiar contra a Mulher – FONAVID e iv) e divulguem, nos municípios das respectivas competências, pelos diversos meios de comunicação, os contatos de telefone e *e-mail* dos órgãos integrantes do sistema de justiça.

Além disso, a Recomendação n314 de 20 de abril de 2020 do Conselho Nacional de Justiça, excepcionou a regra de suspensão dos prazos processuais dos processos físicos, no período de regime diferenciado de trabalho, para garantir a apreciação dos pedidos de medidas protetivas decorrentes de violência doméstica.

Uma outra iniciativa que ganhou destaque no combate à violência doméstica familiar são as recentes leis estaduais que tornaram obrigatória a comunicação pelo síndico/administrador de condomínio edilício[8] da prática efetiva ou de sinais de violência contra mulheres, idosos, crianças e adolescentes. No próximo item serão abordadas as semelhanças e diferenças entre tais leis.

3. O DEVER CONDOMINIAL DE COMUNICAR INDÍCIOS OU A OCORRÊNCIA DE ATOS DE VIOLÊNCIA DOMÉSTICA FAMILIAR

A violência no ambiente familiar é um problema secular vivenciado pela sociedade. No sentido de coibi-la, antes de se cogitar qualquer pandemia, em 10 de junho de 2019, o estado de Pernambuco promulgou a Lei Estadual 16.587. O art. 1º da lei impõe o dever de denúncia[9], por parte dos síndicos e administradores de condomínios, aos órgãos de segurança pública competentes, no prazo de 48 horas da ciência do fato, em caso de agressões contra mulher, criança, adolescente e idosos[10]. A ofensa pode acontecer dentro

---

7. Decisão 5038839, proferida em 02/04/2020, pelo Des. Adalberto Jorge Xisto Pereira, Presidente do Tribunal de Justiça do Paraná.
8. Devido aos limites de exame do presente artigo, não será abordada a controvertida natureza jurídica dos condomínios edilícios.
9. O termo "denúncia" nesse contexto apresenta o significado de comunicação, do ato de reportar algum fato. Logo, não se está empregado o termo no sentido técnico-jurídico presente no Código de Processo Penal Brasileiro.
10. Lei 16.587/2019, art. 1º: "Os condomínios residenciais localizados no âmbito do Estado de Pernambuco, através de seus síndicos e/ou administradores devidamente constituídos, deverão comunicar à Delegacia de Polícia Civil e aos órgãos de segurança pública especializados sobre a ocorrência ou de indícios de violência doméstica e familiar contra mulher, criança, adolescente ou idoso, ocorridas nas unidades condominiais ou nas áreas comuns aos condôminos, quando houver registro da violência praticada no livro de ocorrências do condomínio. Parágrafo

ou fora das unidades condominiais residenciais, como, por exemplo nas áreas comuns de circulação e de lazer ou nas escadas. Um ponto negativo do dispositivo é a necessidade de registro da violência no livro de ocorrência do condomínio, requisito que expõe não só o denunciante como também a própria vítima, aumentando o seu sofrimento diante de potencial sentimento de vergonha ou constrangimento perante os vizinhos.

O descumprimento da lei gera penalidades administrativas (art. $2^{o[11]}$), tais como advertência e multa a ser fixada entre R$ 500,00 (quinhentos reais) e R$ 10.000,00 (dez mil reais), a depender das circunstâncias da infração, das condições financeiras e do porte do condomínio. Estes parâmetros de valoração da multa são essenciais para não onerar de forma exagerada condomínios pequenos que já têm a renda comprometida com despesas fixas. O valor será atualizado pelo Índice de Preços ao Consumidor Amplo – IPCA, ou outro índice que venha substituí-lo, devendo ser revertido em favor de fundos e programas de proteção aos direitos da mulher, da criança, do adolescente ou do idoso.

A inovação operada pela referida lei é de suma importância, pois, ao impor um dever de comunicação da existência de sinais ou da prática efetiva de violência doméstica, reparte a responsabilidade de preveni-la com a comunidade que habita o mesmo espaço. Os vizinhos são chamados a abandonar uma postura passiva e muitas vezes complacente com atos de violência para uma postura assertiva de comunicação de tais fatos para que sejam apurados pelas autoridades competentes. É importante ressaltar que, para ser eficiente, a comunicação deve indicar os fatos que levaram o vizinho a crer na existência de sinais ou da prática de atos de violência doméstica contra vulneráveis e eventuais provas coletadas. Os fatos serão reportados por meio do síndico/administrador, o qual deve zelar pela privacidade das partes e pelo respeito à garantia constitucional ao estado de inocência (art. 5º, inciso LVII da Constituição da República). Não se pode perder de vista que o objetivo da lei é evitar a impunidade de potenciais crimes. Por outro lado, não cabe ao condomínio investigar e julgar supostos fatos puníveis. Seu dever é de apenas reportá-los para que a autoridade policial as investigue e, caso entenda cabível, instaure inquérito policial.

Recentemente, os estados de Rondônia, Paraná e da Paraíba, além do Distrito Federal, editaram leis semelhantes. Na lei paranaense há o dever dos síndicos – ou administradores – de informar à Delegacia da Mulher da Polícia Civil, ou órgão competente, a ocorrência de violência doméstica contra os vulneráveis acima citados. A comunicação será por meio telefônico ou por mensagens instantâneas – caso a agressão esteja em andamento – ou por meio físico ou *e-mail* – caso já tenha acontecido. O dispositivo aumenta os locais de

---

único. A comunicação a que se refere o caput deste artigo deverá ser realizada por quaisquer meios disponibilizados pela Polícia Civil, no prazo de até 48h (quarenta e oito horas) após a ciência do fato, contendo informações que possam contribuir para a identificação da possível vítima".

11. Lei 16.587/2019, art. 2º: "O descumprimento do disposto nesta Lei sujeitará o condomínio infrator às seguintes penalidades: I – advertência, quando da primeira autuação da infração; e, II – multa, a partir da segunda autuação. Parágrafo único. A multa prevista no inciso II deste artigo será fixada entre R$ 500,00 (quinhentos reais) e R$ 10.000,00 (dez mil reais), a depender das circunstâncias da infração, das condições financeiras e do porte do condomínio, tendo seu valor atualizado pelo Índice de Preços ao Consumidor Amplo – IPCA, ou outro índice que venha substituí-lo, devendo ser revertido em favor de fundos e programas de proteção aos direitos da mulher, criança, adolescente ou idoso".

incidência da norma, pois o dever de denúncia se destina aos condomínios residenciais e aos comerciais (art. 1º da Lei Estadual 20.145 de 5 de março de 2020[12]).

Um aspecto interessante da lei paranaense – que não foi replicado nas outras leis – é o dever dos condomínios de fixar cartazes e placas comunicando a existência da lei estadual como forma de incentivo à denúncia por parte dos vizinhos, além do fator inibidor para o agressor (art. 2º[13]). O descumprimento da lei também gera penalidades administrativas (art. 3º[14]) como advertência e multa, a ser fixada entre 50 e 100 UPF/PR (Unidade Padrão Fiscal do Paraná), variando, portanto, entre R$ 5.245,00 (cinco mil duzentos e quarenta e cinco reais) e R$ 10.490,00 (dez mil quatrocentos e noventa reais), podendo ser duplicada em caso de reincidência. Os valores não deixam de ser relevantes, notadamente, em tempos de pandemia, quando a inadimplência, por óbvio, aumenta e as reservas do condomínio começam a ser comprometidas. Além disto, o valor, assim como na lei pernambucana, também será revertido para os fundos e programas de proteção aos vulneráveis.

Por outro lado, a lei paraibana não trouxe a previsão para os condomínios de natureza comercial (art. 1º da Lei Estadual 11.657 de 25 de março de 2020[15]). Porém, buscou dar uma conotação mais abrangente, ao acrescentar aos condomínios residenciais, os conjuntos habitacionais e congêneres. Apesar da redundância do legislador, a intenção foi não deixar dúvidas a respeito do dever de notificação para as áreas residenciais, pois os conjuntos habitacionais anteriores a Lei 4.591/1964 (lei dos condomínios e incorporações imobiliárias) não possuíam convenção condominial obrigatória.

Outro ponto relevante na lei da Paraíba — não replicado nas demais leis — é a exigência de preservação da identidade do denunciante (art. 2º[16]), pois muitas pessoas ainda

---

12. Lei 20.145/2020, art. 1º: "Estabelece que os condomínios residenciais e comerciais localizados no Estado do Paraná, através de seus síndicos e/ou administradores devidamente constituídos, deverão encaminhar comunicação à Delegacia da Mulher da Polícia Civil responsável pelo município que se encontram, ou ao órgão de segurança pública regional especializado, quando houver em suas unidades condominiais ou nas áreas comuns aos condôminos a ocorrência ou indícios de ocorrência de violência doméstica e familiar contra mulheres, crianças, adolescentes ou idosos. Parágrafo único. A comunicação a que se refere o caput deste artigo deverá ser realizada de imediato, por ligação telefônica ou através de aplicativo móvel, nos casos de ocorrência em andamento, e por escrito, por via física ou digital, nas demais hipóteses, no prazo de até 24 (vinte e quatro) horas após a ciência do fato, contendo informações que possam contribuir para a identificação da possível vítima e do possível agressor".

13. Lei 20.145/2020, art. 2º: "Os condomínios deverão fixar, nas áreas de uso comum, cartazes, placas ou comunicados divulgando o disposto na presente Lei e incentivando os condôminos a notificarem o síndico e/ou o administrador quando tomarem conhecimento da ocorrência ou da existência de indícios da ocorrência de violência doméstica ou familiar no interior do condomínio".

14. Lei 20.145/2020, art. 3º: "O descumprimento do disposto nesta Lei poderá sujeitar o condomínio infrator, garantidos a ampla defesa e contraditório, às seguintes penalidades administrativas: I – advertência, quando da primeira autuação da infração; e II – multa, a partir da segunda autuação. Parágrafo único. A multa prevista no inciso II deste artigo será fixada entre 50 UPR/PR (cinquenta vezes a Unidade Padrão Fiscal do Paraná) e 100 UPF/PR (cem vezes a Unidade Padrão Fiscal do Paraná), a depender das circunstâncias da infração, podendo o valor arrecadado ser revertido em favor de fundos e programas de proteção aos direitos da mulher, criança, adolescente ou idoso".

15. Lei 11.657/2020, art. 1º: "Ficam os condomínios residenciais, conjuntos habitacionais e congêneres obrigados a comunicar à Delegacia Especializada de Defesa da Mulher sobre casos de agressões domésticas contra mulheres no âmbito do Estado da Paraíba".

16. Lei 11.657/2020, art. 2º: "Aquele que presenciar os casos de agressões deverá notificar de imediato o síndico ou a administradora de condomínios, devendo ter o seu sigilo assegurado. Parágrafo único. Após conhecimento do fato devidamente constatado, o síndico ou a administradora de condomínios deverá comunicar à Delegacia Especializada de Defesa da Mulher".

têm o receio da intromissão na intimidade da vida familiar dos vizinhos, olvidando-se do bem maior a ser preservado: a incolumidade da vida e dos vulneráveis.

Diferentemente da lei paranaense, o art. 3º da Lei 11.657[17] traz, ainda, as informações necessárias à denúncia, quais sejam, a qualificação dos moradores, o endereço e o telefone da vítima, caso o denunciante possua esta informação. A qualificação do denunciante é relevante para inibir as denúncias falsas. Além disso, também há a previsão de penalidades administrativas de advertência e de multa, porém com parâmetros bem maiores, pois variáveis entre 200 e 2.000 UPF/PB (Unidade Padrão Fiscal da Paraíba), isto é, entre R$ 10.353,00 (dez mil trezentos e cinquenta e três reais) e R$ 103.560,00 (cento e três mil quinhentos e sessenta reais). A penalidade pode ser duplicada em caso de reincidência, não havendo disposição a respeito da destinação da verba.

Outra lei sobre o assunto é a Lei Distrital 6.539 de 13 de abril de 2020 que replicou integralmente a lei pernambucana, distinguindo-se apenas quanto ao prazo de 24 horas, a contar da ciência do fato, para a realização da denúncia. Esta também deve conter informações aptas à identificação da vítima (Art. 1º[18]).

A profusão de leis estaduais acima examinadas demonstra a importância do tema e o comprometimento da sociedade na prevenção de atos de violência doméstica familiar contra vulneráveis. Todavia, a urgência de uma lei federal que universalize e torne homogenia essa proteção é evidente.

4. INICIATIVAS LEGISLATIVAS NACIONAIS PARA TORNAR OBRIGATÓRIO O DEVER CONDOMINIAL DE COMUNICAÇÃO DE SUSPEITA OU DA PRÁTICA DE VIOLÊNCIA DOMÉSTICA FAMILIAR

Conforme demonstrado no item anterior, hodiernamente, no Brasil, vive-se um mosaico de leis estaduais que contemplam a necessidade do síndico e/ou administrador comunicar às autoridades policiais a suspeita ou ocorrência efetiva de atos de violência doméstica contra vulneráveis. Pelo fato de o tema da proteção da saúde ser de competência concorrente, conforme o art. 22, inciso II da Constituição da República, percebem-se iniciativas tanto estaduais quanto federais de ampliação do papel dos vizinhos em condomínio de reportarem tais episódios.

---

17. Lei 11.657/2020, art. 3º: "As denúncias deverão conter as seguintes informações, quando possível: I – qualificação dos moradores do respectivo apartamento, casa ou similares; II – endereço; III – se tiver, telefone de contato da vítima". Art. 4º: "O descumprimento do disposto nesta Lei sujeitará os condomínios residenciais, conjuntos habitacionais e congêneres, às seguintes penalidades, sem prejuízo das demais sanções cabíveis: I – advertência; II – multa entre 200 (duzentas) e 2.000 (duas mil) UFR-PB (Unidades Fiscais de Referência do Estado da Paraíba). Parágrafo único. Em caso de reincidência será duplicado o valor da multa aplicada neste artigo".
18. Lei 6.530/2020, art. 1º: "Os condomínios residenciais localizados no Distrito Federal, por meio de seu síndico ou administrador devidamente constituídos, devem comunicar à delegacia da Polícia Civil do Distrito Federal e aos órgãos de segurança pública especializados a ocorrência ou indício de violência doméstica e familiar contra mulher, criança, adolescente ou idoso nas unidades condominiais ou nas áreas comuns dos condôminos. Parágrafo único. A comunicação a que se refere o caput deve ser realizada de imediato, por telefone, nos casos de ocorrência em andamento, e por escrito nas demais hipóteses, no prazo de até 24 horas após a ciência do fato, contendo informações que possam contribuir para a identificação da possível vítima".

No âmbito federal, ainda não há lei a respeito dessa obrigatoriedade. Contudo, destacam-se dois projetos de lei que pretendem instituir esse procedimento. Em primeiro lugar, tem-se o Projeto de Lei 3.179/2019, que intenciona alterar a lei de condomínios e incorporações imobiliárias (Lei 4.591/1964) para inserir no art. 10, referente aos atos vedados aos condôminos, a necessidade de o síndico/administrador comunicar aos órgãos de segurança pública sobre incidentes (ou sinais) de violência doméstica e familiar contra mulher, idoso, criança e adolescente[19]. A redação é bastante semelhante à das leis estaduais, porém seu âmbito de aplicação é restrito aos condomínios residenciais, deixando de fora os comerciais[20]. O referido projeto propõe, ainda, a inclusão do art. 10-A, na Lei 4.591/1964, no qual prevê penalidades pelo descumprimento do dever de comunicação, quais sejam: i) advertência (primeira autuação); ii) multa entre R$ 500,00 (quinhentos reais) e R$ 10.000,00 (dez mil reais), conforme a gravidade da situação, atualizada pelo Índice de Preços ao Consumidor Amplo, em prol de fundos e programas de proteção aos vulneráveis protegidos pela proposição. Infelizmente, o PL 3.179/2019 deixa de abarcar a exigência de afixação de placas que orientem os condôminos acerca da necessidade de reportar tais fatos para a polícia, fator prejudicial à necessária visibilidade que se deve dar ao tema e consolidação de cultura de responsabilidade e solidariedade condominial.

O Projeto de Lei 3.579/2019, por sua vez, tem por escopo apenas a inclusão do inciso X no art. 8º da Lei Maria da Penha (Lei 11.340/2006), o qual trata das diretrizes da política pública de coibição da violência doméstica e familiar contra a mulher. Tal inciso determina "a capacitação permanente dos síndicos e funcionários dos condomínios residenciais para divulgarem, nas áreas comuns dos condomínios, medidas de prevenção aos crimes de violência doméstica, através de cartilhas e placas"[21]. Trata-se de importante medida, porém insuficiente, pois o projeto não exige a comunicação às autoridades policiais. Além disso, o dispositivo se restringe à esfera da violência contra a mulher, excluindo, portanto, outros grupos de vulneráveis.

Atualmente, esses projetos se encontram apensos e aguardam a designação de Relator na Comissão de Segurança Pública e Combate ao Crime Organizado (CSPCCO) da Câmara dos Deputados. Ainda que bem-intencionados, tais projetos são insuficientes se comparados às leis estaduais já em vigência. Diante da importância do tema, o mais adequado seria sem dúvida, o tratamento uniformizado em âmbito nacional. Porém, na atual conjuntura, as leis estaduais oferecem regramento mais completo.

---

19. CONGRESSO NACIONAL. Projeto de Lei 3179/2019. Altera a Lei 4.591, de 16 de dezembro de 1964, para determinar a obrigatoriedade de comunicação pelos condomínios residenciais aos órgãos de segurança pública, sobre a ocorrência ou de indícios de violência. Disponível em: https://www.camara.leg.br/proposicoesWeb/fichadetramitacao?idProposicao=2205260&ord=1. Acesso em 23 abr. 2020.

20. Conforme expresso em sua justificativa, o PL 3.179/2019 é de autoria do Deputado Felipe Carreras (PSB/PE) e reproduz o PL 125/2019 de autoria da deputada estadual Gleide Ângelo (PSB) perante a Assembleia Legislativa de Pernambuco.

21. CONGRESSO NACIONAL. Projeto de Lei 3579/2019. Acrescenta inciso ao art. 8º da Lei 11.340, de 7 de agosto de 2006 (Lei Maria da Penha), para incluir ação preventiva em condomínios residenciais. Disponível em: https://www.camara.leg.br/proposicoesWeb/fichadetramitacao?idProposicao=2208390. Acesso em 23 abr. 2020.

5. AS ALTERAÇÕES PROPOSTAS PELO PL 1.179/2020 NOS CONDOMÍNIOS EDILÍCIOS

Além das recentes leis estaduais e dos projetos de lei nacionais, as relações travadas nos condomínios podem vir a sofrer alterações legislativas decorrentes de adaptações necessárias em virtude da pandemia da *Covid-19*. É o que tem por escopo o Projeto de Lei 1.179/2020[22], o qual estabelece um Regime Jurídico Emergencial e Transitório para as relações jurídicas de Direito Privado durante o período da pandemia[23]. É importante esclarecer que o PL 1.179/2020 não pretende modificar regras existentes sobre os condomínios, mas tão somente introduzir alterações temporárias que deem conta de situações peculiares ocorridas durante a pandemia.

A primeira inclusão refere-se à ampliação aos poderes conferidos ao síndico. Além dos poderes imputados no art. 1.348 do Código Civil, tais como o de representação do condomínio, convocação de assembleia e cumprimento da convenção e regimento interno, o síndico poderá agir de forma mais imperativa, para zelar pela salvaguarda da vida e saúde dos condôminos. Nesse sentido, o PL 1.179/2020 possibilitará que, a critério do síndico, sejam interditadas ou limitadas certas áreas comuns do condomínio[24]. Os ambientes hábeis a possibilitar aglomerações estão entre aqueles a ser restringidos, sob pena de facilitarem a propagação da *Covid-19*. Além disso, o síndico pode proibir ou limitar a realização de festas, comemorações ou reunião de outra natureza, ainda que estas estejam programadas para ocorrer dentro da unidade autônoma de um condômino[25]. Sugere-se a máxima prudência do síndico ao exercer esse poder, tendo em vista que interferirá no direito de propriedade exclusiva do condômino, o que poderá gerar grande controvérsia[26].

Em todos os casos, o síndico deve sempre garantir o livre acesso do morador à sua unidade autônoma ou outra área exclusiva de sua titularidade, como por exemplo vagas de garagem ou depósitos. As exceções são os casos de atendimento médico, obras de natureza estrutural ou a realização de benfeitorias necessárias[27].

---

22. Os coordenadores técnicos do PL 1.179/2020 são: Antonio Carlos Ferreira e Otavio Luiz Rodrigues Jr. Colaboraram, ainda, Rodrigo Xavier Leonardo, Fernando Campos Scaff, Paula Forgioni, Marcelo von Adamek, Francisco Satyro, José Manoel de Arruda Alvim Netto e Rafael Peteffi da Silva, Roberta Rangel e Gabriel Nogueira Dias.
23. Em sua atual redação, o PL 1.179/2020 considera como termos inicial e final dos efeitos da pandemia os dias 20 de março de 2020 e final 30 de outubro de 2020.
24. Projeto de Lei 1.179/2020, art. 11: "Em caráter emergencial, até 30 de outubro de 2020, além dos poderes conferidos ao síndico pelo art. 1.348 do Código Civil, compete-lhe: I – restringir a utilização das áreas comuns para evitar a contaminação pelo coronavírus (Covid-19), respeitando o acesso à propriedade exclusiva dos condôminos;".
25. Projeto de Lei 1.179/2020, art. 11, inciso II: "restringir ou proibir a realização de reuniões ou festividades e o uso dos abrigos de veículos por terceiros, inclusive nas áreas de propriedade exclusiva dos condôminos, como medida provisoriamente necessária para evitar a propagação do coronavírus (Covid-19), vedada qualquer restrição ao uso exclusivo pelos condôminos e pelo possuidor direto de cada unidade".
26. Nesse sentido, vale lembrar que o direito de propriedade é protegido constitucionalmente (art. 5º, inciso XXII da Constituição da República), porém condicionado ao atendimento de sua função social (art. 5º, inciso XXIII da Constituição da República).
27. Projeto de Lei 1.179/2020, art. 11, parágrafo único: "Não se aplicam as restrições e proibições contidas nesse artigo para casos de atendimento médico, obras de natureza estrutural ou realização de benfeitorias necessárias".

Devido à impossibilidade de concentração de pessoas em um mesmo ambiente, até 30 de outubro de 2020 poderão ser realizadas assembleias por meios virtuais[28]. Os votos serão computados pela presença ou comprovação de representação do condômino, de modo semelhante ao que ocorreria em assembleia presencial. Caso não seja possível a realização de assembleia virtual para eleição de novo síndico, para evitar que o condomínio fique desprovido de representante, os mandatos finalizados a partir de 20 de março de 2020 poderão ser prorrogados até 30 de outubro de 2020. Por fim, a prestação de contas dos atos administrativos realizados pelo síndico durante o período da pandemia é obrigatória sob pena de destituição[29].

O referido projeto foi recentemente aprovado no Senado e até a data de entrega do presente artigo aguardava votação na Câmara dos Deputados. Entende-se que ele contempla importantes disposições, as quais poderão contribuir para simplificar a complexa vida em condomínio. Todavia, dada a marcha lenta imposta por essa casa legislativa, existe a possibilidade de a aprovação ocorrer após o período do isolamento social, mais uma insegurança para um momento de grandes incertezas.

6. CONSIDERAÇÕES FINAIS

A vida em condomínio encerra um verdadeiro paradoxo: apesar da distância física ser mínima entre os apartamentos, o distanciamento entre os vizinhos é abissal. Não são raros os casos de pessoas que vivem no mesmo prédio ou conjunto de casas por décadas e mal sabem o nome dos moradores da porta ao lado. Esse distanciamento é fruto do tempo presente, caracterizado pelo enfraquecimento dos laços sociais e fragmentação das relações. Nessa conjuntura, demonstrações de empatia e fraternidade tais como o bilhete acima mencionado, prontos a romper o silêncio da conivência e dar voz e acolhimento aos que necessitam, chegam a emocionar.

As leis estaduais que foram apresentadas são um importante passo rumo à erradicação da violência doméstica e familiar, sobretudo diante da pandemia e da necessidade evidente de se tomarem medidas de segurança pública eficazes para a contenção da violência doméstica nos condomínios durante o isolamento social. Contudo, é preciso se ter em mente que — em certos casos – os requintes de desumanidade da violência doméstica praticados são intensos e silenciosos, dificultando a percepção de quem habita na porta ao lado. Logo, o dever de os condôminos reportarem ao síndico/administrador do condomínio a ocorrência de sinais ou de atos de violência doméstica será profícuo. Todavia, não deve encerrar-se em si mesmo. As leis devem contribuir para sensibilizar a comunidade a denunciar e propor ações preventivas e de conscientização sobre a inaceitabilidade de tais comportamentos abusivos. Afinal, "numa mulher não se bate nem com uma flor", como cantou Capiba.

---

28. Projeto de Lei 1.179/2020, art. 12: "A assembleia condominial, inclusive para os fins dos arts. 1.349 e 1.350 do Código Civil, e a respectiva votação poderão ocorrer, em caráter emergencial, até 30 de outubro de 2020, por meios virtuais, caso em que a manifestação de vontade de cada condômino será equiparada, para todos os efeitos jurídicos, à sua assinatura presencial. Parágrafo único. Não sendo possível a realização de assembleia condominial na forma prevista no *caput*, os mandatos de síndico vencidos a partir de 20 de março de 2020 ficam prorrogados até 30 de outubro de 2020".

29. Projeto de Lei 1.179/2020, art. 13: "É obrigatória, sob pena de destituição do síndico, a prestação de contas regular de seus atos de administração".

SEPARAÇÃO DE CORPOS
E AFASTAMENTO EM TEMPO DE PANDEMIA:
UMA SOLUÇÃO INTERMEDIÁRIA

Camila Werneck de Souza Dias

Advogada especializada em direito de família e sucessões. Mestre em Direito Processual Civil pela PUC-SP.

Renata Silva Ferrara

Advogada com atuação especializada em Direito de Família e Sucessões. Sócia em Renata Ferrara - Família e Sucessões. Conselheira Seccional da Ordem dos Advogados do Brasil - Seção São Paulo (OAB/SP), para triênio 2019-2021. Membro do Instituto dos Advogados de São Paulo (IASP), do Instituto Brasileiro de Direito de Família (IBDFAM), do Grupo de Estudos de Empresas Familiares da Fundação Getulio Vargas – DIREITO SP (GEEF - FGV - Direito SP), do Instituto Brasileiro de Práticas Colaborativas (IBPC), do International Academy of Collaborative Professionals (IACP).

Sumário: 1. Introdução. 2. Separação de fato, separação de corpos e afastamento do lar. 3. Uma solução intermediária. 4. Conclusão. 5. Referências.

1. INTRODUÇÃO

A pandemia causada pelo coronavírus SARS-CoV2 (CoVid-19) trouxe mudanças na vida cotidiana que poucos poderiam prever ou imaginar. Em meados de março de 2019, nos confrontamos com a gravidade e alto índice do contágio do vírus e a resposta da Organização Mundial de Saúde para buscar um certo controle da pandemia foi a do isolamento social.

De um dia para outro, grande parte da população viu sua rotina radicalmente alterada. O confinamento da quarentena colocou os núcleos familiares em uma convivência intensa. Os índices de violência doméstica cresceram consideravelmente em diversos países, inclusive no Brasil[1].

---

1. Segundo a Agência Brasil: "No contexto da pandemia de Covid-19, os atendimentos da Polícia Militar a mulheres vítimas de violência aumentaram 44,9% no estado de São Paulo. Em relatório divulgado hoje (20), o Fórum Brasileiro de Segurança Pública (FBSP) informa que o total de socorros prestados passou de 6.775 para 9.817, na comparação entre março de 2019 e março de 2020. A quantidade de feminicídios também subiu no estado, de 13 para 19 casos (46,2%). Policiais militares do Acre também foram acionados mais vezes, pelo mesmo motivo, durante o mês passado, quando a Organização Mundial da Saúde (OMS) declarou o estado de pandemia para caracterizar o impacto global da doença. Na unidade federativa, constatou-se um crescimento de 2,1% no número de chamados, que saltou de 470 para 480. Também foram registrados dois feminicídios, contra apenas um ocorrido em 2019. O Rio Grande do Norte apresentou um aumento de 34,1% nos casos de lesão corporal dolosa (quando há intenção de se ferir) e de 54,3% nos de ameaça. As notificações de estupro e estupro de vulnerável dobraram, em relação a março de 2019, de modo que o mês foi encerrado com um total de 40 casos. Produzido a pedido do

Se muitos casais que conviviam em harmonia estão tendo dificuldades para se adaptar às novas demandas e rotinas, os casais que já viviam uma crise conjugal viram sua situação agravada nesse período de reclusão e convivência intensa.

E o que se pode fazer nesse período quando a convivência, ainda que não permeada pela violência, se torna insuportável? O afastamento do lar certamente passa a ser uma opção mais complexa do que era antes. Que tipo de tutela o jurisdicionado poderia esperar do Poder Judiciário nesse momento? Essas as reflexões que o artigo pretende provocar.

2. SEPARAÇÃO DE FATO, SEPARAÇÃO DE CORPOS E AFASTAMENTO DO LAR

O artigo 1.562, do Código Civil estabelece que "*Antes de mover a ação de nulidade do casamento, a de anulação, a de separação judicial, a de divórcio direto ou a de dissolução de união estável, poderá requerer a parte, comprovando sua necessidade, a separação de corpos, que será concedida pelo juiz com a possível brevidade*".

A separação de corpos coloca fim aos deveres conjugais e aos efeitos do regime de bens[2]. Doutrina e jurisprudência alinham-se em torno desse conceito e concluem que "*Na data em que se concede a separação de corpos, desfazem-se os deveres conjugais, bem como o regime matrimonial de bens; e a essa data retroagem os efeitos da sentença de separação judicial ou divórcio*"[3].

A separação de corpos não é sinônimo e não se confunde com a separação de fato[4], que é situação concreta, sem previsão solene na legislação e importa o afastamento físico dos cônjuges sem a atuação da autoridade judicial.

Banco Mundial, o levantamento mostra, ainda, que no Mato Grosso os feminicídios quintuplicaram, subindo de duas ocorrências para dez. No Rio Grande do Norte, apenas um caso havia sido contabilizado em março de 2019, enquanto se registraram quatro no mês passado. Na análise, foram contemplados seis estados: São Paulo, Acre, Rio Grande do Norte, Rio Grande do Sul, Mato Grosso e Pará. A coleta de dados foi feita ao longo da segunda semana de abril e abrangeu o quantitativo de registros de boletim de ocorrência produzidos pelas Polícias Civis de homicídio doloso de mulheres, feminicídios, estupros e estupros de vulnerável, ameaça a vítimas mulheres e lesão corporal dolosa decorrente de violência doméstica; o número de ocorrências atendidas pela Polícia Militar por meio do 190 em casos relativos à violência doméstica e sexual; e o quantitativo de medidas protetivas de urgência determinadas pelos Tribunais de Justiça. Apesar de se ter confirmado a multiplicação dos crimes em diversos pontos do país, formalizar denúncia às autoridades policiais tem sido um obstáculo para as vítimas, em virtude das medidas de quarentena ou isolamento social. Conforme explica o FBSP, se por um lado, as vítimas não têm conseguido ir a delegacias, por outro, *podem sentir medo de denunciar os parceiros, devido à proximidade que agora têm deles, com a permanência em casa.* (...)" Agência Brasil – São Paulo, publicado em 20/4/2020, 14:44, por Letycia Bond, acessado em 2/5/2020, às 23h57, https://agenciabrasil.ebc.com.br/direitos-humanos/noticia/2020-04/sp-violencia-contra-mulher-aumenta-449-durante-pandemia .

2. DIAS, Maria Berenice. *Manual de Direito das Famílias*, 3ª ed., São Paulo, Revista dos Tribunais, 2006, p. 172.

3. TJPR, AI 678.281-0, Rel. Des. Costa Barros, j. 16/3/2011.

4. "Ainda no estudo sobre o fim do casamento, a jurisprudência encontra-se pacificada a respeito dos efeitos que se atribui à separação de fato. Trata-se de situação de fato geradora de eficácia jurídica, na medida em que demonstra a vontade dos cônjuges de não mais viverem juntos, de modo a expressar, portanto, a liberdade de desconstituição da comunhão plena de vida. Gera efeitos em relação ao fim dos deveres do casamento e atua como marco final do regime de bens. Diante disso, o Código Civil, embora não cuide da matéria diretamente, reconheceu tais efeitos a essa situação fática, na medida em que, no art. 1.723, §1º, prevê a não incidência dos impedimentos para o casamento para caracterização da união estável se a pessoa casada estiver separada de fato, deixando de incidir a hipótese prevista no art. 1.521, VI, do Código Civil" TEIXEIRA, Ana Carolina Brochado: organização Gustavo Tepedino. *Direito de Família: Fundamentos do Direito Civil*, v.6, Rio de Janeiro, Forense, 2020, p. 162.

Na medida em que a separação de corpos traz consequência jurídicas relevantes para os envolvidos e não importa automaticamente o afastamento entre os cônjuges, doutrina e jurisprudência consideram que basta a comprovação da existência do casamento para que seja concedida a pedido de qualquer dos cônjuges, embora a legislação atribua à parte o ônus de comprovar sua necessidade.

Nos dizeres de Arnoldo Wald, "*a medida cautelar de separação de corpos jamais poderá ser denegada pelo Juiz*" e "*a anterior separação de fato dos cônjuges não pode ser alçada à condição de óbice para a concessão do provimento acautelatório*"[5].

Especificamente sobre a preexistência de separação de fato, há decisões que retroagem à prévia separação de fato os efeitos típicos da separação de corpos e consideram-na, nesse contexto, desnecessária[6]. Nesse sentido já decidiu a Ministra Maria Isabel Gallotti, do Superior Tribunal de Justiça, para quem "*constatada a separação de fato, cessam os deveres conjugais e os efeitos da comunhão de bens*"[7]. A esse respeito, para Ana Carolina Brochado Teixeira, existe interesse jurídico à separação de corpos, ainda que seja para delimitar a separação de fato[8].

Com o fim da comunhão de vida, a coabitação tende a tornar-se especialmente difícil e custosa. Em meio à escalada dos conflitos que permeiam a dissolução conjugal, afloram pedidos para afastamento de um dos cônjuges do lar familiar. O pedido pode buscar "*a legitimação da saída de um dos cônjuges do lar comum; a manutenção fora da residência daquele que dela já se ausentou; ou mesmo, por fim, o afastamento de um deles do teto sob o qual se dava a coabitação*"[9].

Tornar jurídica a situação fática de quem se ausenta e busca a prestação jurisdicional para tal regulamentação é providência simples para o julgador. Por sua vez, determinar o afastamento de um dos cônjuges de modo compulsório e contra sua vontade é medida sempre gravosa e que provoca interpretações diversas.

Há quem considere que deve ser em geral concedida, pois o pedido de afastamento surge em contexto de desagregação familiar, com o fim máximo de proteção dos envolvidos: "*se a finalidade do Estado é proteger a família, não se justifica manter sob o mesmo teto pessoas desavindas, deixando-as sujeitas aos perigos de desarmonia*"[10].

A interpretação apoia-se no entendimento de que "*quando há o rompimento desta harmonia conjugal a qual o casamento visa, não pode o cônjuge atingido ser obrigado a per-*

---

5. *Direito Civil: Direito de Família*, v. 5, atualização por Priscila M. P. Corrêa da Fonseca, 19ª ed., São Paulo, Saraiva, 2015, p. 274.
6. TJSP, AC 1058507-09.2015.8.26.0002, Rel. Des. Miguel Brandi, j. 15/9/2016, "SEPARAÇÃO DE CORPOS Casal, separado de fato, que ajuizou a demanda pretendendo a regularização da saída do varão do lar conjugal, bem como a fixação de guarda, visitas e alimentos Extinção, sem resolução do mérito, nos termos do art. 485, incisos I e IV do CPC Insurgência dos requerentes Não acolhimento Inexistência de situação de risco aos autores ou à prole – Não cabimento da medida cautelar na espécie Demais pedidos devem ser deduzidos em ação própria. Recurso Desprovido".
7. STJ, AgRg no Ag 1268285/SP, j. 5/6/2012.
8. TEIXEIRA, Ana Carolina Brochado. Ob. Cit., p. 163.
9. WALD, Arnoldo. Ob. Cit., p. 275.
10. LIMA, Suzana Borges Viegas de. *Separação de corpos: o exercício do direito de deixar o lar conjugal*, in BASTOS, Eliene Ferreira; SOUZA, Asiel Henrique de (coordenadores), *Família e jurisdição*, Belo Horizonte, Del Rey, 2005, p. 329.

manecer na companhia de quem não mais está a cumprir seus deveres conjugais" e a "solução, então, é o pedido de afastamento do lar do cônjuge infrator"[11].

Para essa linha de raciocínio, apoiada na natureza protetiva e preventiva da medida, o deferimento do pedido de afastamento formulado em conjunto com a separação de corpos independe de prova da insuportabilidade da vida em comum. Ou seja, é "*desnecessária, para o deferimento do pedido de separação de corpos, a alegação – e muito menos a prova – de que esteja o cônjuge sujeito a risco. O simples esfacelamento da afetividade e a intenção de buscar o desenlace do vínculo autorizam decretar o fim do convívio*"[12].

Nos dizeres de Yussef Said Cahali, "*não é dado ao juiz negá-lo, pois este não pode substituir as partes na avaliação de existência, ou inexistência, do constrangimento, nem julgar se é, ou não, insuportável o convívio dos futuros litigantes [...].*"[13]

Há jurisprudência nesse sentido[14][15], sempre preocupada em buscar a pacificação familiar, evitar o acirramento dos ânimos e o instalar da violência doméstica. Nas palavras Desembargador José Carlos Ferreira Alves, do Tribunal de Justiça do Estado de São Paulo, a separação prévia do casal é "*providência que a razão aconselha, pelo inconveniente e até perigo de continuarem sob o mesmo teto contendores no pleito judicial*"[16].

Referida decisão faz referência a Clóvis Beviláqua, segundo o qual, "*para que os cônjuges tenham liberdade de ação, para tirá-los da situação de constrangimento em que se achariam, e, ainda, para que a irritação não tenha, nos encontros inevitáveis de quem habita a mesma casa, motivo para recrudescer e desmandar-se, é de razão que se separem, provisoriamente*".

Há quem entenda que a medida de afastamento compulsório é reservada para as situações de beligerância efetiva, ainda que sem elementos concretos de risco aos envolvidos. Nesse sentido, já decidiu o Tribunal de Justiça de São Paulo, para o qual havendo narrativa de "*situação de conflito familiar intenso e, considerando a necessidade de provocação do Judiciário para solvê-lo, é recomendável o afastamento imediato do cônjuge do lar conjugal. Nessa perspectiva, imperiosa a medida de afastamento, que é preventiva da paz familiar, imunizando os envolvidos do perigo da proximidade indesejada e que mais anima os desentendimentos*"[17].

Em paralelo, há quem considere que a medida de afastamento compulsório depende de prova concreta da existência de risco que a justifique. Para Rolf Madaleno, "*Qualquer dos cônjuges pode pedir a judicial separação de corpos como medida preparatória do inevitável divórcio judicial ou extrajudicial, com a formal interrupção do dever de coabitação e,*

---

11. BIRCHAL, Alice de Souza, *Tutelas urgentes de família no Código de Processo Civil: sistematização e exegese*, Belo Horizonte, Del Rey, 2000, apud RIBEIRO, Benedito Silvério. *Cautelares em Família e Sucessões*, São Paulo, Saraiva, 2009, p. 138.

12. DIAS, Maria Berenice, ob. cit., p. 293.

13. *Divórcio e Separação*, 11ª ed., São Paulo: Revista dos Tribunais, p. 436.

14. TJSP, Des. Rel. Benedito Silvério Ribeiro, *a "mera verificação da existência do casamento é suficiente para a separação de corpos" e o "juiz, sem pretender substituir a atuação das partes, deve concedê-la em face do interesse da sociedade de não munir a insuportabilidade do convívio comum" apud Cautelares em Família e Sucessões*, São Paulo: Saraiva, 2009, p. 143.

15. RT 722/165 e 819/289.

16. TJSP, AI 640.811-4/3-00, Rel. Des. Ferreira Alves, j. 10/11/09.

17. TJSP, AI 994.09.276042-0, Rel. Des. Piva Rodrigues, j. 5/10/10.

SEPARAÇÃO DE CORPOS E AFASTAMENTO EM TEMPO DE PANDEMIA: UMA SOLUÇÃO INTERMEDIÁRIA **145**

com a opção processual de afastamento compulsório do cônjuge demandado, se presentes as condições fáticas e jurídicas autorizadoras dessa medida"[18].

Para Arnoldo Wald, *"em sede cautelar, torna-se viável o pleito de afastamento de um dos consortes do imóvel que serve de moradia. Nessa hipótese, no entanto, não basta para lograr a concessão da medida liminar a mera prova da existência do casamento. É que, tratando-se de medida de extrema gravidade – já que desaloja um dos cônjuges do imóvel que lhe serve de residência – impõe-se a demonstração da insuportabilidade física e moral da coabitação. De fato, 'o pedido de afastamento compulsório de um dos cônjuges do lar residencial é medida que deve ser sopesada com enorme prudência e somente em caso excepcional deve ser deferida a liminar'*[19],[20].

A jurisprudência majoritária reserva a aplicação do afastamento compulsório em caráter liminar às situações de comprovada insustentabilidade da vida em comum e risco de perigo aos envolvidos, tais como as situações de violência física e psicológica[21],[22],[23],[24].

---

18. MADALENO, Rolf. *Curso de Direito de Família*, 4ª ed., Rio de Janeiro, Forense, 2011, p. 260.
19. TJMG, AI 1.0223.08.263313-0/001 (1), Des. Rel. Silas Vieira, j. 19/3/2009, *apud* Arnoldo Wald, ob. cit., p. 275, nota 76.
20. Ob. cit., p. 275.
21. TJSP, AI 2154985-29.2019.8.26.0000, Des. Rel. Christine Santini, j. 26/11/2019: "Separação de corpos. Decisão que deferiu tutela de urgência para afastamento do agravante do lar conjugal. Fatos constantes dos autos que indicam a insustentabilidade da vida em comum. Afastamento do agravante do lar conjugal que se mostra necessário para evitar violência física e verbal. Observação de que a retirada de objetos de uso pessoal deve ser objeto de pedido específico ao MM. Juízo "a quo", caso não haja aquiescência da agravada. A agravada ajuizou ação cautelar de separação de corpos em face do agravante alegando, em síntese, que as partes casaram há 19 anos pelo regime da comunhão parcial de bens, advindo o nascimento do filho G, com 13 anos de idade. O casal tinha boa convivência, mas há sete anos a agravada foi diagnosticada com um tumor cerebral, com constantes crises convulsivas a partir de então. Em razão da doença desenvolveu, ainda, retocolite ulcerativa o que a afasta do trabalho de médica que exerce em hospital. A partir de então o agravante passou a adotar atitude violenta, tornando a situação insustentável, afirmando que irá interná-la em sanatório para que não precise dividir os bens e ficar com a guarda do filho. Em 20.05.2019 foi vítima de agressão física por parte do agravante, o que a levou a lavrar boletim de ocorrência. Nestes termos, postulou a concessão de tutela de urgência para afastamento compulsório do agravante do lar conjugal, devendo a ordem ser cumprida em seu local de trabalho, com concessão de medida protetiva em seu favor. (...) No caso em tela configura-se a presença de tais requisitos. Há nos autos sérios indícios da insustentabilidade da vida em comum, sendo necessário o afastamento do varão do lar do casal, a fim de preservar a higidez física e psicológica da agravada, que foi vítima de violência doméstica, como relatado no boletim de ocorrência de fls. 12/16 dos autos principais, o que indica que a vida comum tornou-se insustentável. Clara a animosidade entre o casal, a medida de separação de corpos é a que mais resguarda a família, anotando-se que razoável a permanência da agravada no lar conjugal com o filho comum, que conta atualmente com 13 anos de idade (fls. 10 dos autos principais). Assim, para evitar situação de violência física ou verbal, deve ser mantida a R. Decisão agravada que determinou a saída do agravante do lar conjugal, com observação de que a retirada de objetos de uso pessoal deve ser objeto de pedido específico ao MM. Juízo "a quo", caso não haja aquiescência da agravada.".
22. TJSP, AI 0134686-12.2012.8.26.0000, Rel. Des. Moreira Viegas, j. 15/5/13: "Ainda que prematuro o conhecimento do conflito envolvendo as partes, em toda sua extensão, em razão do estreito campo de análise permitido no recurso interposto, as provas trazidas a exame demonstram que a convivência dos cônjuges sob o mesmo teto não se apresenta saudável"
23. TJSP, AI 630.304-4/1-00, Rel. Des. Álvaro Passos, j. 25/11/09: "TUTELA ANTECIPADA – Concessão em medida cautelar de separação de corpos – Pedido que visa à volta do ex companheiro ao lar conjugai – Provas que demonstram que a convivência dos cônjuges sob o mesmo teto não se apresenta saudável – Impossibilidade de revogação – Recurso improvido"
24. TJSP, AI 2268104-65.2019.8.26.0000, Des. Rel. Ferreira Alves, j. 21/2/2020: "ANULAÇÃO DE CASAMENTO C.C. SEPARAÇÃO DE CORPOS Indeferimento de concessão de medida protetiva, separação de corpos e alimentos em favor da mulher. Insurgência. Improcedência. Insuficiência de provas quanto a agressividade do agravado ou de conduta nociva. A própria agravante, por iniciativa própria, afastou-se do marido, após uma semana de casamento. Como já abrigada, necessária instrução exauriente quanto ao direito de moradia no imóvel que foi comum por tão pouco período de tempo Incabível fixação de verba alimentarem seu favor diante do próprio objeto central do processo, que não há como prestigiar a pretensão de recebimento de auxílio econômico do cônjuge varão após tão curto período de casamento, não estando configurada qualquer excepcionalidade que a autorizaria. Decisão mantida. Recurso desprovido."

3. UMA SOLUÇÃO INTERMEDIÁRIA

Lidar com o afastamento compulsório de um dos cônjuges do lar familiar é historicamente delicado e tormentoso. O contexto trazido pela pandemia torna a situação ainda mais complexa e exige sensibilidade e criatividade por parte dos profissionais do Direito.

Em ação cautelar de separação de corpos proposta antes do início da quarentena, o pedido liminar de afastamento do lar foi negado pela juíza de primeira instância, sob o seguinte argumento:

> "1. Indefiro o pedido de tutela de urgência, pois reputo ausente, no caso em exame, os requisitos legais enumerados no art. 300, "caput", do Código de Processo Civil. Os fatos narrados na inicial e os documentos acostados aos autos demonstram, por ora, apenas a existência de conflito entre o casal a inviabilizar a continuidade do recente casamento, mas não evidenciam, ao menos nesta fase processual e à míngua de sólida prova indicativa do risco, que a continuidade da ré no lar conjugal possa representar real perigo de dano ao autor, aos seus filhos ou ao resultado útil do processo, impondo-se, pois, o afastamento da concessão da drástica e excepcional medida postulada para ordenar o afastamento do cônjuge e a efetivação do indispensável contraditório (...).[25]

Contudo, com o início da quarentena, a situação, que a critério do autor da ação já era insuportável antes mesmo do confinamento, ficou ainda mais insustentável, o que motivou a interposição de agravo de instrumento ao Tribunal de Justiça do Estado de São Paulo.

O Desembargador Relator Alvaro Passos, sensível à questão que atormentava o casal, de modo criativo proferiu uma decisão não usual:

> "Vistos. Não havendo risco em razão da convivência sob o mesmo teto, como bem observado na decisão agravada, indefiro a tutela pretendida, Outrossim, a fim de se evitar o agravamento do conflito familiar decorrente da convivência do casal sob o mesmo teto, imponho à agravada o dever de se manter distante do agravante, ocupando cômodos diferentes do imóvel, sob pena de multa de R$ 500,00 (quinhentos reais), por ocorrência devidamente comprovada, no caso de inobservância"[...][26]

A situação extraordinária da pandemia que necessariamente ampliou a convivência do casal nos tempos de confinamento exigiu maior cautela do Poder Judiciário. Se por um lado, no caso concreto não havia um cenário de violência doméstica que tornasse a convivência sob o mesmo teto um risco, não se pode ignorar que nos mais diversos países e contextos a violência doméstica tem crescido sensivelmente em razão do isolamento social e da situação estressante que a pandemia trouxe às famílias.

Se até meados de março de 2020 a jurisprudência majoritária optava pelo não deferimento da medida de afastamento em casos em que não era presente o risco de violência, o confinamento trouxe novos temores ao julgador atento e responsável.

Determinar o afastamento do lar é medida que se torna ainda mais extrema em um momento em que os hotéis estão fechados, em que ir morar com familiares idosos passa a ser uma opção mais difícil, por outro lado, apenas negar o pedido de uma das partes

---

25. Processo 1001141-12.2020.8.26.0010, 1ª Vara da Família e das Sucessões, Foro Regional do Ipiranga, Comarca de São Paulo, SP, Juíza Janaina Rodrigues Egea Uribe, decisão proferida em 11/3/2020.
26. TJSP, 2ª Câmara de Direito Privado, AI 2097393-10.2020.8.26.0000, Des. Rel. Alvaro Passos, decisão proferida em 15/4/2020.

SEPARAÇÃO DE CORPOS E AFASTAMENTO EM TEMPO DE PANDEMIA: UMA SOLUÇÃO INTERMEDIÁRIA **147**

que está alegando e demonstrando a insuportabilidade da vida em comum significa fechar os olhos para o real potencial de que essa situação possa até mesmo gerar violência.

Assim, a solução intermediária adotada pelo julgador nesse caso concreto buscou minimizar riscos e colocar limites claros para que os espaços internos e externos de cada um dos cônjuges fossem preservados.

A determinação para que os cônjuges se mantenham distantes e não ocupem o mesmo cômodo do imóvel impõe às partes uma nova modalidade de afastamento: o afastamento dentro do lar.

A decisão seria passível de crítica, certamente haveria dificuldade de fiscalização do cumprimento, consequentemente, para a aplicação da penalidade imposta. Mas o fato é que ela foi acertada no caso concreto. A imposição de limites foi benéfica, pois reduziu a litigiosidade cotidiana e motivou o casal a resolver definitivamente a situação, por meio de assinatura de escritura de divórcio consensual dias após a imposição da restrição pelo Poder Judiciário.

Os momentos de crise são também momentos para inovações. Mais do que nunca os juízes precisarão olhar para as situações que envolvem o Direito de Família com novos olhos, com as peculiaridades que o momento traz, buscando entender as especificidades de cada caso, de cada família.

Nesse sentido, a decisão se mostra acertada, equilibrada e sensível. Não era possível a determinação do afastamento do lar, mas também não era possível se omitir. Ao determinar o afastamento dentro do lar o julgador protegeu a integridade física e moral das partes, no intuito de evitar que fato de maior gravidade acontecesse.

Poder-se-ia questionar se a decisão que determinou o afastamento dentro do lar não extrapola os poderes do juiz, uma vez que tal pedido não havia sido formulado pela parte. No entanto, entendemos que em razão do poder geral de cautela do juiz, consagrado no artigo 297, do Código de Processo Civil, a decisão está alinhada aos poderes conferidos pela legislação ao magistrado.

Outras decisões que apresentam soluções intermediárias já foram proferidas pelo Poder Judiciário. É o caso, por exemplo, de algumas decisões que permitiam que casais ocupassem espaços definidos e delimitados dentro de um mesmo imóvel, como um terreno que tivesse duas construções no mesmo lote[27]. Semelhante solução foi adotada em processo em que havia ordem judicial impeditiva em razão de violência doméstica[28].

---

27. SEPARAÇÃO DE CORPOS – LIMINAR – AFASTAMENTO DO LAR – FATOS GRAVES – MEDIDA RECOMEN-DADA – IMÓVEL ÚNICO – DUAS CONSTRUÇÕES NO MESMO LOTE – ENTRADAS INDEPENDENTES – PERMANÊNCIA DE CADA UM EM UNIDADE DISTINTA – DEFERIMENTO. Deve ser confirmada a decisão liminar que, afastando embora o varão do lar, pela gravidade dos fatos ocorridos, o mantem no imóvel construído na frente do mesmo lote em que que a virago tem residência nos fundos, por se tratar de imóveis independentes, com entradas separadas, pelo que consta do conjunto probatório, evitando a agressividade que os autos noticiam, sem olvidar que fatos supervenientes podem levar à busca de uma outra solução. (TJMG, AI 1.0024.04.302315-9/002, Des. Rel. Vanessa Verdolim Hudson Andrade, j. 2/8/2005).
28. AGRAVO DE INSTRUMENTO. AÇÃO DE RECONHECIMENTO E DISSOLUÇÃO DE UNIÃO ESTÁVEL CUMU-LADA COM PARTILHA DE BENS. TUTELA PROVISÓRIA. Agravado que foi obrigado a se retirar do imóvel onde o casal reside há 25 anos. Terreno que contem varias construções residenciais. Tutela de urgência concedida na origem para reintegrá-lo na posse de uma das casas localizada no mesmo terreno em que também se situa a moradia da agravante. Inconformismo. Existência de medida protetiva concedida pelo I. Juízo da Violência Domestica para

O ineditismo da decisão que comentamos nesse artigo está no fato de que os espaços do imóvel não foram estabelecidos pelo magistrado. Não há cômodos que só possam ser ocupados por um dos cônjuges. A decisão estabelece uma proibição de que as partes simultaneamente ocupem um mesmo cômodo. Estando o cômodo vazio, em princípio, não há restrição de circulação pelo imóvel.

Nos parece que a longo prazo a manutenção de uma determinação de afastamento dentro do próprio lar é insustentável, mas especialmente para esse momento extraordinário de isolamento social é uma decisão possível para que se busque evitar um mal maior.

É evidente também que a decisão não é aplicável em casos em que a família reside em um imóvel muito pequeno, em que não haja a possibilidade de isolamento em cômodos diversos.

Assim, entendemos que não é uma decisão que poderá vir a ser usual, ou aplicável a inúmeros casos, mas sua maior virtude é justamente sua precisão para o caso concreto e o fato de ela ter sido proferida em um momento em que os antigos paradigmas não eram mais sustentáveis. Nesse cenário a criatividade e a sensibilidade do magistrado devem ser louvadas. A aplicação do Direito em tempos de pandemia exige não só atenção à técnica, mas também à realidade que nos cerca.

4. CONCLUSÃO

O fim do desejo da vida em comum tende a diminuir a tolerância entre os cônjuges e tornar a coabitação mais difícil, até insuportável. Para essas situações, o ordenamento jurídico prevê a possibilidade de afastamento compulsório de um dos cônjuges do lar familiar, medida drástica e majoritariamente reservada para situações em que há efetiva gravidade e risco à integridade dos envolvidos.

A pandemia causada pelo coronavírus SARS-CoV2 (CoVid-19) trouxe ainda mais delicadeza à coabitação de casais em fase de término da vida em comum e à já complexa implementação de medida de afastamento compulsório de um dos cônjuges do lar familiar.

O isolamento social potencializou a convivência próxima, seus conflitos e trouxe novas dificuldades para impor a saída compulsória do lar. Há situações em que é preciso evitar que a convivência sob o mesmo teto fomente conflitos e também evitar o afastamento compulsório de um dos cônjuges em meio à pandemia.

O exemplo prático trazido demonstra que isso é possível. Mais do que nunca, atenção às peculiaridades do caso concreto, sensibilidade e criatividade são essenciais à aplicação do Direito. Certamente, não haverá solução ideal que se aplique a todas as famílias, mas é preciso e possível rever paradigmas para encontrar soluções que possam atender aos novos tempos.

---

que o agravado não se aproxime da agravante, mantendo a distância mínima de 15 metros. Direitos à moradia e ao trabalho do recorrido, ambos exercidos no mesmo local, que devem ser compatibilizados com a ordem judicial impeditiva. Existência de moradia multifamiliar possibilita a convivência das partes no mesmo local, respeitada a distância estabelecida pelo I. Juízo da Violência Doméstica. Decisão mantida. RECURSO NÃO PROVIDO (TJSP, AI 2128040-05.2019.8.26.0000, Des. Rel. Rosangela Telles, j. 14/10/2019).

5. REFERÊNCIAS

CAHALI, Yussef Said. *Divórcio e Separação*, 11ª ed., São Paulo: Revista dos Tribunais, 2005.

DIAS, Maria Berenice. *Manual de Direito das Famílias*, 3ª ed., São Paulo: Revista dos Tribunais, 2006.

LIMA, Suzana Borges Viegas de. *Separação de corpos: o exercício do direito de deixar o lar conjugal*, in BASTOS, Eliene Ferreira; SOUZA, Asiel Henrique de (coordenadores), *Família e jurisdição*, Belo Horizonte: Del Rey, 2005.

LÔBO, PAULO. *Direito Civil: Famílias*, São Paulo: Saraiva, 2008.

MADALENO, Rolf. *Curso de Direito de Família*, 4ª ed., Rio de Janeiro: Forense, 2011.

RIBEIRO, Benedito Silvério. *Cautelares em Família e Sucessões*, São Paulo: Saraiva, 2009.

TEIXEIRA, Ana Carolina Brochado; TEPEDINO, Gustavo (org.). *Direito de Família: Fundamentos do Direito Civil*, v. 6, Rio de Janeiro: Forense, 2020.

WALD, Arnoldo. *Direito civil: direito de família*, v. 5, / Arnoldo Wald, Priscila M. P. Corrêa da Fonseca, 19ª ed. totalmente reformulada, São Paulo: Saraiva, 2015.

COMO A UTILIZAÇÃO DA TECNOLOGIA IMPACTA NAS RELAÇÕES FAMILIARES EM TEMPOS DE PANDEMIA DA COVID-19?

Marcos Ehrhardt Júnior

Advogado. Doutor em Direito pela Universidade Federal de Pernambuco (UFPE). Professor de Direito Civil da Universidade Federal de Alagoas (UFAL) e do Centro Universitário CESMAC. Editor da Revista Fórum de Direito Civil (RFDC). Vice-Presidente do Instituto Brasileiro de Direito Civil (IBDCIVIL). Presidente da Comissão de Enunciados do Instituto Brasileiro de Direito de Família (IBDFAM). Associado do Instituto Brasileiro de Estudos em Responsabilidade Civil (IBERC) e Membro Fundador do Instituto Brasileiro de Direito Contratual – IBDCont. *E-mail*: contato@marcosehrhardt.com.br

Este pequeno ensaio tem por objetivo apresentar algumas reflexões sobre um tema central no estudo no direito das famílias: o relacionamento. O objetivo é pensar sobre o impacto da utilização de instrumentos tecnológicos nas relações familiares, tanto no campo da conjugalidade quanto no campo da parentalidade.

Para começar, é preciso estabelecer algumas premissas. Primeiro, um recorte temporal: o texto está sendo escrito durante a pandemia da Covid-19, que acabou forçando muitas pessoas à utilização de ferramentas tecnológicas por absoluta falta de alternativa, provocando uma verdadeira digitalização forçada de relacionamentos, que precisam se adaptar a um modo virtual de convivência jamais experimentado com essa intensidade.

Mas a tecnologia não entrou nos relacionamos familiares por força da Covid-19. Há décadas que o crescente emprego de ferramentas tecnológicas vem provocando mudanças em nosso cotidiano. De modo nem sempre consciente, mas explicitamente voluntário, nos tornamos cada vez mais dependentes de equipamentos eletrônicos inteligentes, que servem aos mais diversos propósitos. Os telefones celulares são o exemplo mais eloquente de tal afirmação, pois praticamente são inseparáveis de seus proprietários.

Se queremos saber o telefone de contato de alguém, quais nossos compromissos nesta semana, se estamos atrasados para alguma tarefa e como faremos para chegar a um lugar que nunca visitamos, encontramos todas as respostas num só lugar, utilizando um aparelho que ainda chamamos de telefone, *rectius*, *smartphone*, mas que cada vez é menos utilizado para sua função originária... Afinal, quem ainda telefona para alguém sem antes enviar uma mensagem, *sms*, *e-mail*, *tweet*, *direct*, entre tantas outras opções...?

A tecnologia alterou o modo de nos relacionarmos, a forma como obtemos instruções para nos dirigirmos a algum lugar, as alternativas de transporte e a maneira de registrarmos e preservarmos nossas memórias. Relacionamentos possíveis são sugeridos por algoritmos que indicam nosso "par perfeito" de acordo com o preenchimento de informações num formulário padronizado. Muita gente passou a medir a credibilidade e a reputação das outras pessoas baseando-se exclusivamente no número de *likes*, vale dizer, curtidas em postagens em redes sociais, que cada vez mais avançam sobre o espaço que antes era considerado intransponível: a intimidade de nossas casas e de nossos próprios relacionamentos.

Se vivemos na fase da denominada sociedade da informação, muitos procuram transformar suas próprias vidas num espetáculo a ser acompanhado por qualquer um que se interesse, pouco valorizando cânones clássicos relacionados à privacidade, especialmente quando as ferramentas criadas pelo avanço tecnológico permitem a governos e grandes conglomerados econômicos monitorar e vigiar todos os nossos passos.

Nos dias atuais, tudo está na nuvem, e virtualmente disponível em segundos; a distância física não tem a mesma importância de antes. Podemos estabelecer redes de contatos com inúmeras pessoas simultaneamente e, ainda assim, um número cada vez maior de pessoas se sente mais sozinho e infeliz.

Se a tecnologia ingressou em nosso cotidiano, ela interfere em todos os integrantes da entidade familiar, em velocidade e intensidades diversas. Os filhos do casal já nasceram no período de onipresença da internet e das redes sociais e, por isso, absorvem as inovações de modo mais rápido do que aqueles que ainda experimentaram uma vida integralmente analógica, sem serviços de geolocalização, *streaming* ou compras *online*.

Explicar para um adolescente de hoje o funcionamento de um telefone público (que funcionava com fichas), o envio de documentos utilizando um aparelho de fax ou ainda a gravação de músicas do rádio utilizando fitas cassetes pode causar um assombro parecido ao de quando percebemos que o que antes era apenas ficção científica do cinema já se tornou parte do ordinário em nossas vidas. Tem-se então o outro lado da moeda, aqui representado pela exclusão digital, especialmente preocupante entre os idosos, que vem sendo experimentada por quem tem dificuldades de se adaptar a uma vida sem papel e interação física, na qual cada vez menos conhecemos o nome e a fisionomia das pessoas. Esses passam a ser substituídos por um avatar digital, que nem sempre representa aquele que está do outro lado da tela.

Atualmente começamos nossa interação em busca de relacionamentos utilizando ferramentas que aproximam pessoas com os mesmos objetivos, não importando se o interesse é o de constituir família, manter relação sexual eventual e sem maior compromisso, ou ainda dividir a responsabilidade pela criação de uma criança, sem a formação de um relacionamento conjugal, como ocorre nos projetos de coparentalidade.

O efeito colateral da tecnologia que traça um perfil para cada um de nós acabou por se materializar num aumento da intolerância nos mais diversos campos, merecendo destaque o das posições políticas, cujo efeito devastador em matéria de conservação de vínculos dentro dos grupos familiares pôde ser sentido durante as últimas eleições presidenciais, com vários agrupamentos dividindo-se por se mostrarem incapazes de tolerar opiniões contrárias nos mais diversos assuntos.

Se conhecemos pessoas e conversamos com elas virtualmente, há de se perquirir se é preciso contato físico para o reconhecimento de entidades familiares. Será que duas pessoas que se conheceram num *chat* de uma rede de relacionamento, no início da pandemia, e que passaram a conversar todos os dias, há mais de dois meses, já podem se considerar vivendo em união estável, mesmo morando em cidades diferentes?

Para responder a tal indagação devemos lembrar que apesar de não se considerar necessário relacionamento físico, vale dizer, sexual, como requisito indispensável para a constituição de família, a experiência jurisprudencial brasileira não transige quanto à necessidade de se demonstrar a intenção de se construir uma vida em comum, que seja reconhecida publicamente.

Fico aqui a imaginar qual seria o entendimento de um magistrado quando confrontado com a prova nos autos de uma ação declaratória de união estável de um casal, em que restasse incontroverso que, durante a pandemia, os supostos companheiros além de conversar por horas entre si, também participavam dos encontros virtuais da família do outro através de plataformas de videoconferência durante todo o período do isolamento. Junte-se a isso a comprovação de que durante o isolamento um deles auxiliou financeiramente o outro, que estava impossibilitado de exercer a atividade por conta das medidas governamentais de distanciamento social. A situação pode ficar ainda mais complexa se um dos dois, vitimado pelo coronavírus, vier a falecer durante a pandemia.

Se você, caro leitor, está a imaginar como decidiria o caso acima indicado, talvez devesse ter em consideração o intenso debate que doutrina e jurisprudência travam sobre a possibilidade de traição virtual, ou melhor, violação dos deveres relativos ao casamento e/ ou união estável, por cônjuge ou companheiro que, na constância de um relacionamento, passa a se corresponder ou a manter contato com outras pessoas utilizando ferramentas tecnológicas. Não são raros os relatos de troca de confidências, revelação da intimidade do casal a terceiro, ou ainda a prática de sexo virtual sem a ciência do outro.

Seria possível rejeitarmos o reconhecimento de entidades familiares cujo relacionamento é estritamente virtual e, ao mesmo tempo, reconhecer como motivo legítimo para o término do relacionamento a ocorrência de traição virtual, sem nenhuma forma de contato físico entre o consorte "traidor" e o terceiro?

Talvez seja um bom momento para lembrar que a dissolução da entidade familiar constituída pelo casamento ou união estável não depende de investigação acerca da culpa ou de qualquer outro requisito além da insuportabilidade da vida em comum, razão pela qual basta a vontade de um dos membros do casal para se legitimar a pretensão ao divórcio ou a dissolução da união estável, conforme o caso. Tal afirmação pode ser útil na hora de se pensar sobre qual *print* de tela deve ser anexado aos autos de um processo judicial.

O tema da utilização da tecnologia para fins de prova nas ações de família vem crescendo de importância. É cada vez mais comum a utilização de postagens de redes sociais para fazer prova contra o seu autor em situações de partilha de bens e fixação de obrigações alimentares, afinal se o devedor de alimentos costuma viajar para os locais que ele marca em suas postagens, é frequentador assíduo dos restaurantes que publica em seus *stories*, e mora no imóvel que afirma ser seu nas redes sociais, deixou bem claro que o padrão social e econômico que ostenta é bem diferente daquele que foi apresentado nos autos. E nesse ponto específico, nem adianta tentar se esquivar com a já clássica desculpa de que "isso não me pertence, peguei emprestado com um amigo", pois o dever geral de boa-fé objetiva veda a prática de atos contraditórios, devendo-se presumir verdadeiras as informações que alguém voluntariamente tornou públicas.

Por falar em "tornar público", será que já chegamos ao ponto de considerar a notificação do *Facebook*: "fulano(a) está num relacionamento sério com beltrana(o)" como elemento de prova suficiente para se considerar público e duradouro um relacionamento?

Para aqueles que nem pretendem terminar de ler este texto e já estão correndo para apagar todas as postagens comprometedoras de seus perfis sociais, talvez seja importante um esclarecimento: pode ser que o trabalho de excluir as imagens seja inócuo diante da apresentação de uma ata notarial, com registro de todas as suas atividades nos meses anteriores... Neste ponto, talvez possamos afirmar que "tu és eternamente responsável por aquilo que publicas", ou ainda, "cuidado, a internet não se esquece...".

Mas o problema da utilização das postagens nas redes sociais não se limita às situações acima apresentadas. Grande parte dos juízes de família deparou-se com disputas de guarda e, sobretudo, com alegações de violação dos termos dos acordos homologados judicialmente, e apresentam como prova gravações e *prints* de conversas mantidas pelo *WhatsApp*.

É preciso muita cautela no momento de valoração de frases esparsas, muitas vezes retiradas de um contexto mais amplo, que têm como objetivo reforçar uma imagem que nem sempre corresponde à verdade real. Já me deparei com várias situações em que, após a frase ameaçadora, havia semanas de conversa tranquila e pacífica. Ou ainda, situações em que o contexto da conversa anterior estabelecia para a frase isolada um sentido completamente diferente daquele manipulado por quem apresentou um pedido de providências (alteração da guarda, aumento da pensão alimentícia).

Idêntica observação deve ser feita em relação à prova em casos de violência doméstica. A análise de toda a conversa do casal, antes, durante e até mesmo depois do incidente, pode trazer ao magistrado importantes elementos de convicção, evitando a tentação de se julgar um livro apenas pela capa, sem maiores digressões sobre a real dinâmica do relacionamento, que não pode ser resumida a uma simples frase retirada de contexto. Contraditório e ampla defesa, garantias inerentes ao devido processo legal, devem prevalecer em quaisquer circunstâncias.

Quer dizer que tudo que eu disser ou escrever num *chat* numa rede social pode ser utilizado contra mim num tribunal? Não seria prova ilícita? Vale aqui a reflexão: uma conversa, ainda que virtual, depende da participação de mais de uma pessoa, que não pode ter expectativa de sigilo do que informou ao seu interlocutor, sobretudo quando este utiliza as mensagens trocadas na defesa dos seus interesses.

Situação bem diferente daquela olhadinha no telefone do namorado ou do marido que acabou esquecendo o aparelho desbloqueado na mesa, distraído com outra atividade. Telefone sem senha ou desbloqueado continua sendo um equipamento para uso do seu proprietário, comumente associado a aparelho de uso pessoal, existindo expectativa de privacidade no conteúdo das mensagens e conversas, sobretudo quando estas não envolvem aquele que está simplesmente bisbilhotando. Por mais difícil que seja para algumas pessoas aceitar a afirmação, a permanência de alguém num relacionamento não concede ao outro a prerrogativa de suprimir direitos fundamentais do seu consorte, entre os quais o direito à privacidade.

E quando casais dividem o mesmo perfil e ambos compartilham a senha de acesso? Nesses casos, já não há expectativa de privacidade em relação às mensagens trocadas. Essa iniciativa de transparência e confiança absolutas pode acabar se tornando um problema quando aquele perfil, inicialmente voltado apenas ao relacionamento social, torna-se uma fonte de renda para a entidade familiar. Aqui adentramos no campo dos influenciadores digitais, cuja exposição de suas vidas pessoais é convertida em atividade remunerada indiretamente por patrocinadores e parceiros comerciais.

Na atual arquitetura das redes sociais, os perfis, embora aparentemente pertencendo a mais de uma pessoa, comportam apenas um único titular, identificado muitas vezes por um *e-mail* e senha. Não importa se a senha é compartilhada com várias pessoas; para os fins do contrato de prestação de serviço, ou melhor, das condições gerais do serviço, existe apenas um usuário contratante que é responsável por todas as publicações e o único destinatário da prestação de contas de atividades que geram recursos financeiros.

Estamos diante de um tema relativamente recente na experiência jurisprudencial brasileira, mas com potencial de gerar inúmeros conflitos no futuro. Para citar alguns exemplos, é possível mencionar os pedidos de "quebra de sigilo" de mensagens trocadas em redes sociais para fins de prova em instruções de processos de guarda, alimentos ou divórcio, de natureza civil, que não encontram previsão específica em nossa legislação. Tais providências são toleradas no interesse coletivo durante investigações criminais, mas será que, por analogia, também devem ser aplicadas quando estiverem em jogo interesses particulares?

A discussão sobre o acesso a informações e dados disponibilizados em redes sociais ganha contornos ainda mais complexos quando ingressamos no campo do direito das sucessões, com os recentes debates sobre a herança digital, cuja terminologia não contribui para a distinção do que se considera espaço de proteção de direitos personalíssimos do falecido, daquilo que importa disponibilização de bens e direitos de valor patrimonial que devem ser transmitidos aos seus herdeiros.

Será que você ficaria confortável em saber que depois da sua morte, seus filhos ou netos poderiam ter acesso a todas (absolutamente todas) as mensagens que você já enviou ou recebeu durante todo o período de permanência nas redes sociais? E o que fazer quanto a isso? Será que as cláusulas das condições gerais do contrato estabelecido com o provedor da aplicação são suficientes para evitar o acesso a tais informações?

Não há respostas definitivas para tais questões, por falta de consenso doutrinário e ausência de legislação específica sobre um assunto cujos desdobramentos não foram considerados pela esmagadora maioria da população, que tradicionalmente não gosta de lidar com temas relativos ao direito sucessório.

Mudando o foco das relações conjugais para as relações parentais, é curioso ver como a ausência de legislação e existência de diversos formatos contratuais impacta no início das atividades digitais de nossos filhos. Qual a idade mínima para se ter uma conta de *e-mail*?

Para quem pensa que ter um endereço eletrônico não é relevante para seu filho de sete ou oito anos, importante destacar que o *e-mail* é exigência para se cadastrar em plataformas de jogos virtuais ou para se criar uma conta pessoal para uso em *smartphones*, entre outras tantas aplicações utilizadas pelas crianças. Cite-se, por exemplo, em tempos de quarentena, a criação de perfis em serviços de *streaming* que "aprendem" as preferências das crianças e sugerem novos conteúdos a partir da utilização anterior da plataforma.

Devem os pais criar *e-mails* para seus filhos? E se são responsáveis pela criação dos endereços, devem ter liberdade para monitorar o conteúdo das mensagens livremente? Com quantos anos um adolescente deve ter autonomia para ter sua própria conta de *e-mail*? Essa conta seria livre de monitoramento dos pais?

A aplicação da legislação vigente condiciona as respostas acima ao atingimento da maioridade civil aos 18 (dezoito) anos ou por emancipação. Ocorre que não estamos tratando de aspectos puramente patrimoniais da vida dos adolescentes, pois a expressão de sua personalidade, seus relacionamentos, enfim, sua vida pessoal, acontece, em grande parte, num ambiente virtual. Enquanto sujeitos de direito, a eles também são assegurados direitos fundamentais; mas é preciso discutir na contemporaneidade os limites da autoridade parental: é certo monitorar as mensagens do filho no Instagram aos dez anos? E aos 17? Mas afinal, para que alguém de dez anos tem uma conta numa rede social? Não seria muito precoce?

Em cada agrupamento familiar as respostas para as perguntas acima vão sendo formuladas e respondidas de acordo com a realidade e as peculiaridades das famílias. Tais decisões têm consequências que precisam ser mais bem estudadas. Entre a exigência de intervenção mínima do poder público e a necessidade de proteção das crianças e adolescentes, urge que os debates sobre essas questões englobem todos os interessados. Para muitos pais, a sensação é de ser um dos passageiros de um avião que, em pleno voo, necessita de reparos que devem ser feitos por eles próprios, enquanto o manual de instruções da aeronave ainda está sendo escrito, já que, por não serem usuários dos serviços de interesse dos filhos, muitas vezes não compreendem seu funcionamento e, por consequência, os seus perigos.

O ponto central da discussão parece estar na questão do monitoramento dos filhos pelos seus pais, num cenário no qual as opções para o exercício de tal fiscalização aumentaram exponencialmente com o uso de aplicações tecnológicas. Cite-se como exemplo a geolocalização, que pode informar em tempo real, onde nossos filhos se encontram e indicar, *v. g.*, se cabularam uma aula, informaram que iriam para a casa de um amigo e foram a uma festa, se estiveram ou não num local proibido pelos pais, entre outras tantas aplicações.

A geolocalização não está restrita ao celular dos menores. Em tempos de internet das coisas, relógios, câmeras, brinquedos, roupas e sapatos também podem ter embutida tal tecnologia.

Quando o casal está separado, os problemas só aumentam, pois aquele que não tem o filho sob sua companhia pode saber exatamente onde o filho se encontra, e descobrir, por exemplo, que ele tem frequentado um local que o outro não aprova, ou ainda, que está passando integralmente a convivência com o outro genitor não na companhia dele, mas sim dos avós. As aplicações são inúmeras como o potencial de problemas daí decorrentes.

Fiscalização 24 horas por dia, com gravação integral na nuvem, acesso onipresente, quando for necessário ou conveniente, com possibilidade de um nível de intervenção na rotina e relacionamento dos filhos jamais visto. Junte-se a isso o relato de pais que estão nos grupos de amigos da escola, que monitoram todas as postagens em redes sociais e por vezes interferem nelas. Em casos patológicos, já não se pode ter certeza se a mensagem está sendo enviada pelo adolescente ou por um de seus pais, utilizando uma conta criada para ele. Tais condutas rivalizam com situações de exposição sem limites das imagens de crianças pequenas a partir de fotos publicadas por aqueles que têm o dever jurídico de protegê-los.

É preciso refletir um pouco sobre as consequências da superexposição das vidas de nossos filhos em nossas próprias redes sociais a longo prazo, pois seremos cobrados por eles mesmos sobre nossas condutas e escolhas, em especial quando elas provocarem vexame ou desconforto a nossos descendentes. O dever de educação dos filhos passa necessariamente pela educação para o uso consciente e adequado das ferramentas tecnológicas, que, assim como ocorre nos demais esferas, depende em grande parte do próprio comportamento dos pais diante de seus filhos.

O tema do monitoramento não se limita à relação parental descendente, pois quando pensamos na proteção dos idosos, é possível fazer bom uso da tecnologia para assegurar horários para medicação, acompanhamento de funções vitais e indicadores de sono, ou ainda para situações de contato em casos de emergência, com um mal súbito ou uma queda, que tanto assombram filhos que são cuidadores de pais idosos que moram sozinhos.

Durante a pandemia, as ferramentas de videoconferência ocuparam importante papel na política de distanciamento social dos grupos de risco, entre os quais os idosos, que em grande parte passaram a se relacionar com suas famílias mediante aplicativos e plataformas que dependem da internet para o seu funcionamento.

Ainda no campo do monitoramento, em especial da geolocalização, se podemos saber se estamos numa relação de aglomeração de pessoas, prejudicial por aumentar o risco de contágio da covid-19, se podemos receber informações que estamos próximo de pessoas contaminadas, ou ainda, pedir que pacientes infectados permaneçam em casa durante o necessário isolamento imposto no período de convalescença, por que não pensar em utilizar as mesmas ferramentas para monitorar agressores em casos de violência doméstica, enviando avisos para a vítima e para a autoridade policial, sempre que um deles violar medidas protetivas? A mesma tecnologia poderia ser utilizada para monitorar o devedor de alimentos preso em regime domiciliar, para saber se está efetivamente cumprindo com sua pena.

Se há riscos para a convivência física de pai e filha por conta de suspeitas de abuso sexual, seria possível, no melhor interesse da criança, permitir visitas virtuais em vez das visitas supervisionadas, já que as aplicações de videoconferência permitem a gravação de toda a conversa, caso fosse necessário para fins da instrução processual? Melhor conviver com seu filho na presença de um estranho ou ter a oportunidade de conversar privadamente com ele, ainda que virtualmente, numa interação sujeita a gravação?

As perguntas formuladas acima costumam gerar debates acalorados, mas aqui tão só cumprem o papel de exortar a todos para utilizar um pouco mais de criatividade a fim de superar barreiras, especialmente as físicas. Que o digam casais que moram em cidades diferentes, pais separados dos filhos por conta da formação acadêmica ou de necessidades profissionais, mas que mesmo assim conseguem conviver virtualmente todos os dias, estabelecendo uma rotina possível diante das circunstâncias.

Será que tais alternativas não poderiam ser empregadas para os casos de guarda unilateral, evitando que o contato parental só ocorra a cada duas semanas? A possibilidade da utilização da tecnologia deve vir acompanhada do bom senso e da necessidade de se estabelecer limites na quantidade e na duração das ligações. Deve-se ainda restar acordado se o guardião necessariamente terá de sempre participar dessa forma virtual de interação.

Se você está tentando imaginar os cenários acima, ainda resta colocar mais um elemento nessa difícil e intricada relação entre tecnologia e relações familiares: podemos distinguir as pessoas naturais de seus avatares digitais? Essa indagação vem no contexto dos jogos que permitem simular realidades virtuais alternativas, um ambiente virtual através do qual se constitui uma comunidade onde cada um dos jogadores pode decidir que identidade assumir e escolher vivenciar um personagem de outro sexo, de outra idade, interagindo com os demais jogadores através de sua personalidade virtual, num espaço que possui moeda própria e permite inclusive interações entre as pessoas, como o casamento dos seus avatares.

Será que estou "traindo" meu consorte quando meu avatar virtual se casa com outra pessoa no ambiente do jogo e passo a destinar recursos financeiros da sociedade conjugal do mundo físico para melhorar a minha vida virtual? Sua resposta seria a mesma se em vez de gastar dinheiro no jogo, destinasse recursos para plataformas de jogos de azar *online*?

Por fim, se a tecnologia tem o potencial de provocar inúmeros problemas no relacionamento das famílias, pode também ser uma forte aliada para reforçar vínculos, além de permitir a utilização de novas plataformas *online* de resolução de conflitos que têm como principal atrativo a imediatidade, ou seja, a possibilidade de estabelecer um canal de diálogo tão logo o problema surja, evitando o agravamento pela impossibilidade do Judiciário de atender à situação num tempo razoável, dado o grande acúmulo de processos.

Fico na tentação de comentar aspectos da flexibilização dos requisitos formais para elaboração de testamentos em tempos de isolamento social, ou ainda questões relacionadas à realização de atos processuais (citações, intimações...) utilizando ferramentas tecnológicas, que representam a ponta de um enorme *iceberg*, em matéria de aplicações tecnológicas pelo Poder Judiciário. Preocupa-me a crescente utilização de ferramentas de jurimetria, como forma de predição de decisões judiciais para orientação do comportamento processual das partes, dentre tantos temas que envolvem a delicada e controversa questão do emprego de inteligência artificial. Mas isso ficará para outra oportunidade.

Hora de terminar o texto, mas ainda longe de esgotar os matizes de um assunto cativante, em pleno desenvolvimento, que merece um pouco mais de atenção da doutrina para os seus desdobramentos no cotidiano dos relacionamentos familiares. Vivemos atualmente o desafio de traduzir uma legislação e jurisprudência analógicas para uma realidade digital, enquanto não se produzem leis específicas para lidar com novas questões que a tecnologia inseriu em nossas vidas.

Estamos num ponto sem retorno, e a mudança de atitudes, hábitos e valores se tornará ainda mais evidente quando ultrapassarmos o distanciamento social que a pandemia nos impôs, pois parte daquilo que se tornou a nova rotina nos lares brasileiros continuará sendo adotada e intensificada. Se intrinsecamente a tecnologia não pode ser rotulada como algo bom ou ruim, o emprego que fazemos dela tem consequências que não estão imunes às garantias constitucionais e à legislação vigente.

É preciso compreender o funcionamento e a atual regulação das ferramentas tecnológicas, antes de valorá-las e discipliná-las, extraindo de sua utilização o melhor que possa ser relacionado com um projeto parental responsável, numa perspectiva de respeito a todos os integrantes da entidade familiar.

PARTE III
RESPONSABILIDADE PARENTAL E CONVIVÊNCIA FAMILIAR

EXIGÊNCIAS DE MAIOR RESPONSABILIDADE PARENTAL E AJUSTES SOBRE CONVIVÊNCIA FAMILIAR NO CONTEXTO DA PANDEMIA

Fernanda Tartuce

Doutora e Mestra em Processo Civil pela USP. Professora no programa de Mestrado e Doutorado da FADISP (Faculdade Autônoma de Direito de São Paulo). Professora e Coordenadora de Processo Civil na EPD (Escola Paulista de Direito). Advogada, mediadora e autora de publicações jurídicas.

Simone Tassinari

Doutora e Mestra em Direito pela PUCRS. Professora no programa de Mestrado e Doutorado da Universidade Federal do Rio Grande do Sul. Advogada, Mediadora e autora de publicações jurídicas.

Sumário. 1. Relevância do tema e casos ilustrativos. 2. Guarda, custódia e relacionamento familiar. 3. Direito à convivência familiar, conflitos e gestão adequada. 4. Pandemia e maior responsabilidade parental. 5. Referências.

1. RELEVÂNCIA DO TEMA E CASOS ILUSTRATIVOS

A convivência familiar, assunto tão importante quanto delicado, diz respeito ao relacionamento familiar e à necessária continuidade de contatos[1] entre pais, filhos e/ou outros familiares a despeito da vivência de significativos problemas nos liames conjugal e parental.

Assim que a crise gerada pelo coronavírus se instalou entre nós, casos polêmicos sobre convivência ganharam destaque: como o relacionamento e a convivência familiar poderiam se desenvolver de forma saudável nesse inédito contexto? Obviamente o que foi ajustado em cenários anteriores ao panorama da grande crise tende a se revelar impertinente em face pelo menos das restrições logísticas para atuar.

Quando as pessoas têm condições de conversar, obviamente a negociação de novas condições no cenário inédito pode ocorrer. Contudo, muitas vezes a família vive situações pautadas por desconfianças, ressentimentos e dificuldades de dialogar. Em casos assim, considerando que a pandemia tende a gerar ainda mais abalos, irritações e árduas condições psicológicas, como podem as pessoas lidar de forma produtiva com conflitos sobre convivência familiar?

Para ilustrar o tema, são apontadas duas disputas ocorridas logo no início da pandemia.

---

1. TARTUCE, Fernanda. *Processo civil no Direito de Família: teoria e prática*. 4ª ed. São Paulo: Método, 2019, p. 384.

No primeiro caso, discutiu-se a "visita à matriarca": seis pessoas (filhos, netos e nora) queriam visitar a Sra. Helena (82), que havia sofrido um AVC e se encontrava na residência da filha Cátia; como esta impedia a visitação, os familiares promoveram ação de regulamentação de visitas com pedido de tutela de urgência antes da pandemia se instalar.

Como a decisão de primeiro grau postergou a apreciação do pedido de regulamentação de visitas à Sra. Helena para o dia da audiência conciliatória, os familiares, inconformados, interpuseram recurso de agravo de instrumento com pedido antecipação dos efeitos da pretensão recursal.

No acórdão do Tribunal de Justiça do Rio de Janeiro consta a seguinte fundamentação:

> Não se pode deixar de considerar que a notória pandemia do coronavírus (Covid-19) impõe limites severos ao convívio social, ao deslocamento e à aglomeração de pessoas, especialmente para evitar a disseminação do vírus. A população idosa, mais vulnerável aos gravíssimos efeitos da doença, deve ser ainda mais resguardada e protegida. Significa dizer que, no presente momento, o pedido recursal representa periculum in mora inverso, pois a visitação de 06(seis) pessoas distintas a uma pessoa idosa, com 82 anos de idade e vítima de AVC, juntas ou separadas, é absolutamente incompatível com o distanciamento social que o coronavírus vem impondo em todos os países. Até que a situação se normalize, todos nós, de alguma forma, sofreremos privações no convívio social. Por outro lado, uma ruptura radical no convívio familiar pode gerar outras consequências danosas às pessoas idosas, como sentimento de tristeza, abandono e depressão, o que também deve ser considerado pelo julgador.
>
> Dessa forma, como forma de conciliar o distanciamento social momentâneo e a necessidade de convívio familiar, em especial com os idosos, *concedo parcialmente a antecipação da tutela recursal* para autorizar que os Agravantes mantenham contato virtual com a Sra. Helena por meio telefônico e chamadas por videoconferência, por qualquer aplicativo (Skype, WhatsApp, Messenger e etc.), com periodicidade de 03 (três) vezes por semana, duração mínima de 05(cinco) minutos e máxima de 10 (dez) minutos, por evento. As partes deverão combinar entre si, antecipadamente, as datas e horários das ligações, sempre priorizando a melhor conveniência da Sra. HELENA".

No segundo caso estava em disputa a visita de um pai (piloto aéreo) à filha. O genitor seguia trabalhando em viagens internacionais e manifestou o plano de buscar a filha de 7 anos em 21/03/2020 para levá-la a Bariloche. A menina reside com a mãe e o irmão de um ano e cinco meses (que estava com bronquite); por essa razão, a genitora requereu a suspensão das visitas. Constou na decisão de primeiro grau a seguinte motivação:

> Como no momento vivenciamos situação de excepcionalidade, dadas as restrições de locomoção de pessoas em todos os continentes, a situação a que a autora se refere guarda perfeita relação de pertinência... Em razão da pandemia decorrente da propagação do coronavírus, é realmente recomendável, por força da profissão exercida pelo requerido, que por algum tempo deixe de ter contato com os filhos.

As visitas do pai à filha foram então suspensas por 14 dias, podendo a situação ser revisada para menos (ou mais) caso as recomendações das autoridades públicas de saúde o permitissem ou o exigirem o agravamento das restrições de saúde já conhecidas[2].

---

2. Piloto de avião é proibido de visitar filhos por causa do coronavírus. Disponível em http://www.ibdfam.org.br/noticias/na-midia/18551/Piloto+de+avi%C3%A3o+%C3%A9+proibido+de+visitar+filhos+por+causa+do+coronav%C3%ADrus. Acesso 05 mai, 2020.

Em ambas as situações acabou sendo imposto o regime de quarentena a fim de preservar a saúde dos envolvidos, sobretudo das pessoas mais vulneráveis na interação.

Como se nota, o relacionamento familiar é um tema amplo, delicado e complexo. Ao promover demandas judiciais, as partes acabam apresentando a situação em um recorte que tende a simplificar a complexidade do quadro em que se insere a família em crise[3].

No contexto atual, a percepção de crise ensejada pela pandemia se arrasta para o plano macro e demandando novas compreensões sobre os institutos jurídicos.

2. GUARDA, CUSTÓDIA E RELACIONAMENTO FAMILIAR

Nos termos da lei civil, a guarda será unilateral ou compartilhada[4], sendo esta última reconhecida como "a responsabilização conjunta e o exercício de direitos e deveres do pai e da mãe que não vivam sob o mesmo teto, concernentes ao poder familiar dos filhos comuns"[5].

Pela dicção legal, guarda compartilhada é aquela em que "o tempo de convívio com os filhos deve ser dividido de forma equilibrada com a mãe e com o pai, sempre tendo em vista as condições fáticas e os interesses dos filhos" (CC/2002, art. 1.583, § 2º).

Como se percebe, no plano legislativo há nítida confusão entre guarda, convivência familiar e poder familiar; tal situação gera problemas de clareza em relação ao exercício da guarda (seja ela unilateral ou compartilhada). Além disso, ao falar em divisão de tempo, a lei acaba evocando situações de divisão associadas à polêmica guarda alternada.

Como bem explica Débora Brandão,

> poder familiar é o direito-dever, pertencente aos genitores, de criar, educar e representar os filhos menores não emancipados e seu patrimônio no interesse destes. É exclusivo dos genitores e, na falta deles, somente quem os adotar ou reconhecer parentalidade socioafetiva poderão exercê-lo como titulares[6].

Deve-se, portanto, diferenciar o poder familiar, que é o *munus* de responsabilidade parental, do regime de guarda, que se estabelece quando não é possível a permanência sob o mesmo teto. Quando ocorre o afastamento físico em determinadas temporadas, institui-se o regime de convivência familiar, viabilizando que se possa acompanhar a rotina e o dia a dia na melhor medida possível.

Já a palavra custódia retrata o ato ou efeito jurídico de proteger alguém ou algo, refere-se aos cuidados, também faz referência ao lugar [7]. Neste sentido, em língua portuguesa, a expressão custódia refere-se à localização física, geográfica e realização dos primeiros cuidados. Não há na ordem jurídica regime de custódia de crianças e adolescentes; utiliza-se tal termo na linguagem comum e não técnica.

---

3. TARTUCE, Fernanda. *Processo civil no Direito de Família: teoria e prática*. 4ª ed. São Paulo: Método, 2019, p. 386.
4. CC, art. 1.583.
5. CC, art. 1.583, § 1º.
6. BRANDÃO, Débora. *Curso de Direito Civil Constitucional. Direito de Família*. SP: Ed. Saraiva, 2020, no prelo.
7. Segundo o dicionário Priberam, em língua portuguesa, custódia tem origem latina e significa 1. Lugar onde se guarda alguém ou alguma coisa, com segurança. 2. Acto de guardar. 3. Guarda, detenção, protecção. (...) Disponível em "custódia", in Dicionário Priberam da Língua Portuguesa [em linha], 2008-2020, https://dicionario.priberam. org/cust%C3%B3dia [consultado em 04-05-2020], acesso às 10h57min.

3. DIREITO À CONVIVÊNCIA FAMILIAR, CONFLITOS E GESTÃO ADEQUADA

O direito à convivência familiar muitas vezes é referenciado como "direito de visitas".

Visitar apenas, porém, não basta. Como o direito recíproco de pais e filhos à convivência implica assegurar a companhia de uns com os outros, revela-se mais correto falar em direito à convivência, à companhia ou ao contato (permanente) do que em direito de visita (episódica)[8]; afinal, "o direito de visita não se restringe a visitar o filho na residência do guardião ou no local que este designe. Abrange o de ter o filho 'em sua companhia' e o de fiscalizar sua manutenção e educação"[9].

Como se percebe, o tema demanda ajustes de nomenclatura e percepção. Para Giselle Câmara Groeninga, o direito à convivência familiar, reconhecido por juristas como um dos princípios do Direito de Família, "seria melhor denominado Princípio do Direito ao Relacionamento Familiar, sendo a convivência, as visitas e o contato as formas de se atingir aquele fim"[10].

Conflitos sobre convivência e relacionamento familiar devem ser geridos buscando atender positivamente as pessoas envolvidas – sobretudo as mais vulneráveis – mesmo em tempos desafiadores. Assim, cabe perquirir: como lidar de forma proveitosa com as dificuldades vivenciadas para realizar de forma segura o contato entre familiares?

Em cenários peculiares, restrições podem ter lugar: o convívio paterno-filial pode sofrer modulações se assim indicarem o melhor interesse e a proteção integral do próprio filho em face do risco de contágio pelo coronavírus; isto, aliás, tem previsão no Código Civil mesmo para casos de custódia conjunta no artigo 1584 § 2º: "na guarda compartilhada, o tempo de convívio com os filhos deve ser dividido de forma equilibrada com a mãe e com o pai, sempre tendo em vista as condições fáticas e os interesses dos filhos (...)"[11]. Parece ter sido esse o mote, aliás, da segunda decisão destacada que suspendeu as visitas do pai piloto à filha.

O Código Civil também prevê a intervenção do juiz em casos críticos excepcionais no art. 1586: "havendo motivos graves, poderá o juiz, em qualquer caso, a bem dos filhos, regular de maneira diferente da estabelecida nos artigos antecedentes a situação deles para com os pais."

Como se nota, há uma orientação uníssona focada na prioridade do interesse de crianças e adolescentes, diretriz que perpassa a Constituição Federal, o Estatuto da Criança e do Adolescente e o Código Civil[12].

Em cenários preocupantes, em dúvidas a prioridade deve ser contemplar a saúde de crianças, adolescentes e idosos.

---

8. TARTUCE, Fernanda. *Processo civil no Direito de Família: teoria e prática*. 4ª ed. São Paulo: Método, 2019, p. 387.

9. LÔBO, Paulo. *Direito civil*: famílias. 8. ed. São Paulo: Saraiva Educação, 2018. v. 5, p. 144.

10. GROENINGA, Giselle Câmara. *Direito a convivência entre pais e filhos*: análise interdisciplinar com vistas a eficácia e sensibilização de suas relações no Poder Judiciário, 2011, p. 5.

11. CALDERÓN, Ricardo. Pandemia do coronavírus pode levar a suspensão compulsória da convivência dos pais com os filhos. Disponível em: <https://www.migalhas.com.br/depeso/322284/pandemia-do-coronavirus-pode-levar-a-suspensao-compulsoria-da-convivencia-dos-pais-com-os-filhos>. Acesso em 27 abr. 2020.

12. CALDERÓN, Ricardo. Pandemia do coronavírus pode levar a suspensão compulsória da convivência dos pais com os filhos. Disponível em: <https://www.migalhas.com.br/depeso/322284/pandemia-do-coronavirus-pode-levar-a-suspensao-compulsoria-da-convivencia-dos-pais-com-os-filhos>. Acesso em 27 abr. 2020.

Sendo possível o convívio físico com segurança, ele deve ser mantido – inclusive para viabilizar que os genitores cuidem da prole de maneira equilibrada; estando eles em isolamento social, respeitando as orientações da Organização Mundial de Saúde e sendo garantido o trânsito seguro da criança de uma residência à outra, não há porque suspender o convívio[13].

Vale pontuar que alguns países europeus com decreto de isolamento social têm reconhecido que o trânsito entre lares dos pais separados é razão autorizadora de deslocamento: na França seguem viáveis os trajetos entre as residências para efetivação de guarda alternada ou compartilhada de filhos; na Itália também não há limitação para pais divorciados que precisam sair para buscar ou ver os filhos, mesmo que fora do município de residência – a emergência do coronavírus, como se nota, não tem impedido o cuidado conjunto da prole[14].

4. PANDEMIA E MAIOR RESPONSABILIDADE PARENTAL

Eventualmente, caso a caso, ajustes nos períodos de convivência podem vir a ser recomendados. Aplicar ao período de quarentena o regramento do período de férias soa adequado por garantir "que a criança fique menos exposta a idas e vindas e, assim, esteja mais salvaguarda, garantido o convívio equilibrado e o cuidado conjunto"[15].

Excepcionalmente, nos casos em que o contato físico for arriscado, o regime de convivência presencial poderá ser suspenso: genitores expostos ao vírus de modo mais frequente (por ex., profissionais de saúde que estão na linha de frente do combate à pandemia) podem ter, ao menos no momento mais agudo da crise, restrição ao direito de conviver com o filho comum[16]. Entretanto, é preciso que se analise esta possibilidade com parcimônia.

Obviamente a limitação não pode significar ruptura de laços: ao menos de maneira eletrônica a convivência deve ser mantida, cabendo ao guardião zelar para que os contatos sejam frequentes e satisfatórios[17]. Sobre o tema assim se manifesta Rose Meireles:

> O que não fazer? A situação de isolamento social, por si só, mostra-se genuinamente complexa. Impedir ou dificultar o convívio com os pais seria somente um fator de agravamento. Sendo assim, o momento requer atenção dos pais para que não seja usada como pretexto para alienação parental. O que fazer? Estimular o convívio, ao menos virtual, entre os pequenos e os pais distantes temporariamente pode ser uma solução provisória, com a fixação de rotinas e horários para que ocorra[18]

---

13. MARZAGÃO, Silvia Felipe. Direito de Família e Pandemia: tempo de reflexão e transformação. Disponível em: <https://www.migalhas.com.br/depeso/324495/direito-de-familia-e-pandemia-tempo-de-reflexao-e-transformacao>. Acesso em 27 abr. 2020.
14. MARZAGÃO, Silvia Felipe. Direito de Família e Pandemia: tempo de reflexão e transformação. Disponível em: <https://www.migalhas.com.br/depeso/324495/direito-de-familia-e-pandemia-tempo-de-reflexao-e-transformacao>. Acesso em 27 abr. 2020.
15. MARZAGÃO, Silvia Felipe. Direito de Família e Pandemia: tempo de reflexão e transformação. Disponível em: <https://www.migalhas.com.br/depeso/324495/direito-de-familia-e-pandemia-tempo-de-reflexao-e-transformacao>. Acesso em 27 abr. 2020.
16. MARZAGÃO, Silvia Felipe. Direito de Família e Pandemia: tempo de reflexão e transformação, cit.;
17. MARZAGÃO, Silvia Felipe. Direito de Família e Pandemia: tempo de reflexão e transformação, cit.
18. MEIRELES, Rose. Impacto do coronavírus no convívio com os filhos. Disponível em https://rmeireles.adv.br/impacto-do-coronavirus-no-convivio-com-os-filhos. Acesso em 01 maio 2020.

No mesmo sentido, Izabel Doria pondera:

O "excesso de zelo", por si só, não deve justificar o rompimento da convivência de uma criança com um de seus pais. Vale lembrar que atitudes como "dificultar o contato de criança ou adolescente com um de seus genitores" ou "dificultar o exercício do direito regulamentado de convivência familiar" podem, inclusive, ser consideradas como prática de atos de alienação parental nos termos da Lei nº 12.318/2010[19].

É necessário realizar um juízo de ponderação; enquanto de um lado está a vida comunitária e a necessidade de plena formação do infante/ jovem, de outro faz-se necessário proteger a saúde e a vida da própria criança/adolescente e das demais pessoas em grupos de risco.[20]

O sopesamento não é fácil: lidar com direitos e necessidades de ordem emocional significativa é naturalmente árduo. Se é fato que idosos e pessoas adoecidas estão em risco de contágio da *Covid*, também é fato que as necessidades emocionais e de presença afetiva se intensificam na medida das vulnerabilidades.

Vivemos um momento único, sem qualquer precedente na história da jurisprudência. Não foi possível prever ou mesmo projetar quaisquer impactos ou efeitos jurídicos do exercício do poder familiar em meio a uma grave situação sanitária que põe em tanto perigo a população. Neste sentido, a existência de riscos efetivos e de causas de maior condições de ofensas à saúde e ao interesse dos filhos e/ou demais familiares é que poderia fundamentar a tomada de medidas de exceção[21]. Como bem destaca Rolf Madaleno, não se aconselha que decisões intempestivas e altamente impactantes sejam tomadas sem certificar-se da gravidade efetiva do caso:

> Destarte, diante das novas cautelas e evidências de uma disseminação viral, os pais não devem conseguir chegar a um acordo que resguarde os direitos e a saúde de todos, em princípio respeitando o regime de guarda e de comunicação, observando as datas e procedimentos habituais com as restrições geográficas de circulação e de pessoas, assim evitando uma *exposição desnecessária para o menor e para os adultos de seu entorno familiar*, isto enquanto não normalize a situação, inclusive, e se for o caso, acordando futuras compensações de convivência para outros dias[22].

É preciso reconhecer: prejuízos ligados à convivência apenas virtual também existem e somente teremos dimensão desses impactos em momento futuro. De toda forma, precisamos lidar com o que sabemos e, até esse ponto, se revela inegável: é tempo de cuidados e de atenção, principalmente dos pais com relação aos seus filhos.

Como bem destaca Rolf Madaleno, precauções são necessárias em relação ao transporte, a pequenos espaços físicos, a evitar locais com aglomerações, a medidas de higiene e preservação da segurança própria e dos filhos comuns; também é necessário devotar

---

19. DORIA, Isabel I. Z. Guarda compartilhada em tempos de pandemia de Covid-19. Disponível em: <http://www.ibdfam.org.br/artigos/1397/Guarda+compartilhada+em+tempos+de+pandemia+de+COVID-19>. Acesso em 27 abr. 2020.

20. MADALENO, Rolf. Guarda compartilhada e regulação de visitas (pandemia ou pandemônio). Disponível em: <http://genjuridico.com.br/2020/03/20/guarda-compartilhada-visitas-pandemia/>. Acesso em 27 abr. 2020.

21. MADALENO, Rolf. Guarda compartilhada e regulação de visitas (pandemia ou pandemônio). Disponível em: <http://genjuridico.com.br/2020/03/20/guarda-compartilhada-visitas-pandemia/>. Acesso em 27 abr. 2020.

22. MADALENO, Rolf. Guarda compartilhada e regulação de visitas (pandemia ou pandemônio). Disponível em: <http://genjuridico.com.br/2020/03/20/guarda-compartilhada-visitas-pandemia/>. Acesso em 27 abr. 2020.

atenção às normas das autoridades sanitárias e governamentais para evitar a propagação do coronavírus, procurando um exercício responsável do poder familiar:

> Como decidiram os juizados de família de Barcelona, em 18 de março de 2020, se algum dos progenitores apresentar sintomas de contágio ou tenha resultado positivo o teste do Covid-19, no interesse dos filhos menores e para evitar sua propagação, que se mantenha a guarda e custódia com o outro progenitor, suspendendo provisoriamente a comunicação do genitor infectado, sem prejuízo da ampliação inclusive, dos contatos paterno-filiais pelos meios telemáticos, conquanto não perturbem eventuais rotinas e horários de estudo ou de descanso dos menores[23].

A infecção pelo coronavírus seria, para tais magistrados, motivo para inverter a base de residência da criança ou adolescente; entretanto, questiona-se a comprovação de que a criança ou adolescente também não esteja infectado, já que neste caso seria vetor de contaminação para os demais; há múltiplas variáveis que tornam cada circunstância única e sensível[24].

Entretanto, há uma diretriz geral passível de aplicação a todos: evitar a circulação e a exposição (embora sirva mais aos mais jovens e a quem convive com os mais idosos); quanto ao procedimento, a melhor opção é o diálogo dos pais buscando proteger o filho e aqueles que com ele convivem – roga-se, portanto, que façam prevalecer seus instintos de proteção e de bom senso[25].

Há efeitos jurídicos previstos para o genitor que impõe alterações unilaterais e não autorizadas no regime de convivência. Dispõe o § 4º do artigo 1.854 do Código Civil que "a alteração não autorizada ou o descumprimento imotivado de cláusula de guarda compartilhada" tem como consequência a redução de prerrogativas atribuídas ao genitor que assim o fizer. Logo, afastar forçadamente um filho de um dos genitores é atitude que só pode acontecer de modo autorizado, devendo ocorrer quando a manutenção da convivência apresentar risco real à saúde da criança[26].

Há colisão de direitos fundamentais na suspensão compulsória da convivência familiar motivada pelo Covid-19: de um lado está o direito fundamental recíproco de convivência entre parentes e crianças (direito que tem maior densidade no momento em que o destinatário é o próprio infante); de outro lado está o dever de preservação da saúde dos infantes destinado aos pais, Estado e sociedade, com absoluta prioridade.[27]

Como se percebe, os valores essenciais "saúde" e "convivência familiar" figuram em um conflito aparente e prático. Sabe-se que "nenhum direito fundamental deve se sobrepor totalmente a outro", devendo sempre "ser buscada uma solução que, na medida do

---

23. MADALENO, Rolf. Guarda compartilhada e regulação de visitas (pandemia ou pandemônio). Disponível em: <http://genjuridico.com.br/2020/03/20/guarda-compartilhada-visitas-pandemia/>. Acesso em 27 abr. 2020.
24. MADALENO, Rolf. Guarda compartilhada e regulação de visitas (pandemia ou pandemônio). Disponível em: <http://genjuridico.com.br/2020/03/20/guarda-compartilhada-visitas-pandemia/>. Acesso em 27 abr. 2020.
25. MADALENO, Rolf. Guarda compartilhada e regulação de visitas (pandemia ou pandemônio). Disponível em: <http://genjuridico.com.br/2020/03/20/guarda-compartilhada-visitas-pandemia/>. Acesso em 27 abr. 2020.
26. DORIA, Isabel I. Z. Guarda compartilhada em tempos de pandemia de Covid-19. Disponível em: <http://www.ibdfam.org.br/artigos/1397/Guarda+compartilhada+em+tempos+de+pandemia+de+COVID-19>. Acesso em 27 abr. 2020.
27. DORIA, Isabel I. Z. Guarda compartilhada em tempos de pandemia de COVID-19. Disponível em: <http://www.ibdfam.org.br/artigos/1397/Guarda+compartilhada+em+tempos+de+pandemia+de+COVID-19>. Acesso em 27 abr. 2020.

possível, respeite ambos os direitos"[28] – a advertência é de Alexy, que propõe a aplicação visando a densificar na maior medida possível os direitos fundamentais em questão.[29] Não há extremos passíveis de sustentação com razoabilidade; afinal, também configura questão de saúde mental e emocional da criança a necessidade de "estar perto" e conviver com o grupo familiar – em especial seus pais. Não se pode – às custas de preservar a saúde imediata – comprometer a saúde emocional para sempre.

Como bem pontua Rose Meireles, "nesses tempos de Codvid19, só resta adaptar os acordos de convivência que já existem ou fazer acordos provisórios até que a normalidade se restabeleça. Para tanto, cabe aos responsáveis negociar diretamente ou buscar meios consensuais para tanto[30]".

O melhor caminho definitivamente envolve conversas claras entre familiares para que saídas proveitosas possam ser delineadas.

O esforço pelo diálogo, embora possa parecer árduo, vale muito; recomenda-se fortemente que, antes de recorrerem ao Poder Judiciário, os pais busquem opções extrajudiciais para a solução do conflito, sendo a mediação uma excelente ferramenta de solução pacífica da controvérsia[31].

Diante de eventual impossibilidade de conversa produtiva entre os genitores e seguindo a discordância sobre a necessidade de suspensão da convivência com um deles, caberá ao Poder Judiciário, em última instância, dirimir a controvérsia com base no art. 1.586 do Código Civil[32].

Caberá à pessoa interessada, nesse caso, promover demanda em juízo com possível pleito de tutela provisória de urgência. A premência de ajustar a adequada convivência familiar durante a pandemia configura situação de urgência justificadora de tramitação mais expedita no Poder Judiciário. Contudo, fica o alerta: o caminho contencioso a ser trilhado ensejará adicionais desafios – o que, aliás, sempre ocorre quando se "terceiriza" a decisão sobre casos sensíveis a pessoas alheias ao contexto familiar.

5. REFERÊNCIAS

ALEXY, Robert. *Teoria dos Direitos Fundamentais*. São Paulo: Malheiros Editores. 2008.

BRANDÃO, Débora. *Curso de Direito Civil Constitucional. Direito de Família*. São Paulo: Ed. Saraiva, 2020, no prelo.

---

28. DORIA, Isabel I. Z. Guarda compartilhada em tempos de pandemia de COVID-19. Disponível em: <http://www. ibdfam.org.br/artigos/1397/Guarda+compartilhada+em+tempos+de+pandemia+de+COVID-19>. Acesso em 27 abr. 2020.
29. ALEXY, Robert. *Teoria dos Direitos Fundamentais*. São Paulo: Malheiros Editores. 2008, p. 295.
30. MEIRELES, Rose. Impacto do coronavírus no convívio com os filhos. Disponível em https://rmeireles.adv.br/impacto-do-coronavirus-no-convivio-com-os-filhos. Acesso em 01 maio 2020.
31. DORIA, Isabel I. Z. Guarda compartilhada em tempos de pandemia de COVID-19. Disponível em: <http://www. ibdfam.org.br/artigos/1397/Guarda+compartilhada+em+tempos+de+pandemia+de+COVID-19>. Acesso em 27 abr. 2020.
32. CC, art. 1.586. Havendo motivos graves, poderá o juiz, em qualquer caso, a bem dos filhos, regular de maneira diferente da estabelecida nos artigos antecedentes a situação deles para com os pais,

CALDERÓN, Ricardo. Pandemia do coronavírus pode levar a suspensão compulsória da convivência dos pais com os filhos. Disponível em: <https://www.migalhas.com.br/depeso/322284/pandemia--do-coronavirus-pode-levar-a-suspensao-compulsoria-da-convivencia-dos-pais-com-os-filhos>. Acesso em 27 abr. 2020.

DORIA, Isabel I. Z. Guarda compartilhada em tempos de pandemia de Covid-19. Disponível em: <http://www.ibdfam.org.br/artigos/1397/Guarda+compartilhada+em+tempos+de+pandemia+de+CO-VID-19>. Acesso em 27 abr. 2020.

FRIEDE, Reis, FRANÇA, Adriano. Do Periculum in Mora Inverso (Reverso) à Luz do CPC-2015. Disponível em: <https://drreisfriede.jusbrasil.com.br/artigos/693845469/do-periculum-in-mora-inverso-reverso-a-luz-do-cpc-2015?ref=serp>. Acesso em 27 abr. 2020.

MADALENO, Rolf. Guarda compartilhada e regulação de visitas (pandemia ou pandemônio). Disponível em: <http://genjuridico.com.br/2020/03/20/guarda-compartilhada-visitas-pandemia/>. Acesso em: 27 abr. 2020.

MARZAGÃO, Silvia Felipe. Direito de Família e Pandemia: tempo de reflexão e transformação. Disponível em: <https://www.migalhas.com.br/depeso/324495/direito-de-familia-e-pandemia-tempo-de-reflexao-e-transformacao>. Acesso em 27 abr. 2020.

MEIRELES, Rose. Impacto do coronavírus no convívio com os filhos. Disponível em https://rmeireles.adv.br/impacto-do-coronavirus-no-convivio-com-os-filhos. Acesso em 01 maio 2020.

TARTUCE, Fernanda. *Processo civil no Direito de Família: teoria e prática.* 4ª ed. São Paulo: Método, 2019.

THEODORO JÚNIOR, Humberto. Tutelas provisórias segundo o novo Código de Processo Civil: tutela de urgência e tutela de evidência. Revista Jurídica de Seguros. Rio de Janeiro, v. n. 6 p. 12-51, mai., 2017.

OS IMPACTOS DO COVID-19 NO DIREITO DE FAMÍLIA E A FRATURA DO DIÁLOGO E DA EMPATIA

Joyceane Bezerra de Menezes

Doutora em Direito pela Universidade Federal de Pernambuco. Mestre em Direito pela Universidade Federal do Ceará. Professora titular da Universidade de Fortaleza – Programa de Pós-Graduação *Strictu Senso* em Direito (Mestrado/Doutorado) da Universidade de Fortaleza, na Disciplina de Direitos de Personalidade. Professora adjunto da Universidade Federal do Ceará. Coordenadora do Grupo de Pesquisa CNPQ: *Direito Constitucional nas Relações Privadas*. Fortaleza, Ceará, Brasil. Editora da Pensar, Revista de Ciências Jurídicas – Unifor. E-mail: joyceane@unifor.br

Ana Monica Anselmo de Amorim

Doutoranda em Direito pela Universidade de Fortaleza – Programa de Pós-Graduação *Strictu Senso* em Direito (Mestrado/Doutorado). Mestre em Direito Pela Universidade do Estado do Rio Grande do Norte. Defensora Pública no Estado do Ceará. Professora Adjunto da Universidade do Estado do Rio Grande do Norte. Coordenadora do Núcleo de Prática Jurídica da Faculdade do Valle do Jaguaribe. Professoras dos cursos de pós-graduação da Faculdade Católica do RN e da UNIFANOR/Wyden. Email anamonicaamorim@hotmail.com

Sumário: 1. Introdução. 2. A irrupção do mal-estar nas famílias em isolamento social. 2.1 Guarda e direito de convivência familiar. 3. A solução intermediária para os alimentos e o desestímulo aos comportamentos oportunistas. 4. Tutela da pessoa idosa: o cuidado inclui o respeito à autonomia. 5. Conclusão. 6. Referências.

1. INTRODUÇÃO

A ameaça de contaminação pelo Covid-19 recai sobre todo o mundo e mobiliza diversas áreas do conhecimento, da medicina à filosofia. Seus impactos desestabilizaram a vida social e afetaram as esferas política e econômica, anunciando uma crise planetária que nos levará a uma recessão comparável à grande depressão de 1929[1]. A Organização Mundial da Saúde (OMS) classificou a pandemia como uma Emergência de Saúde Pública de Importância Internacional (ESPII), o mais alto nível de alerta, recomendando a todos os países a adoção de medidas concretas para o controle da contaminação. Embora o Covid-19 não seja a primeira pandemia a assolar a humanidade, provocou uma reação

---

1. Conforme afirmou a diretora-gerente do Fundo Monetário Internacional, Kristalina Georgieva. https://valor.globo.com/mundo/noticia/2020/04/09/coronavirus-e-pior-crise-economica-desde-grande-depres-sao-diz-diretora-do-fmi.ghtml. Acesso em: 12/03/2020.

mundial de proporções nunca vista. Nem as grandes guerras do Século XX impuseram a necessidade de fechamento das escolas e das igrejas, por exemplo.

No Brasil, a Portaria 188/GM/MS, de 04 de fevereiro de 2020, declarou Emergência em Saúde Pública de Importância Nacional (ESPIN; a Lei 13.979, de 6 de fevereiro de 2020, dispôs sobre as medidas de enfrentamento da emergência de saúde pública de importância internacional; e o Decreto Legislativo 6/2020 reconheceu o estado de calamidade pública, para os fins do art. 65 da Lei Complementar 101/2000.

Em meados de março, os Governos estaduais e municipais passaram a adotar as medidas mais severas que incluíram o isolamento ou distanciamento social e o fechamento de fronteiras intermunicipais, em alguns casos.

Na ebulição dos problemas que transcendem a esfera da saúde, o direito privado foi levado a discutir sobre a revisão e resolução de contratos[2], responsabilidade civil[3], relações de consumo[4], dentre outros aspectos que orbitam as relações interpessoais. Medidas provisórias autorizaram a suspensão do contrato de trabalho, a redução da jornada e do salário (MP 936); disciplinaram o reembolso de passagens aéreas (MP 945); e o cancelamento de *shows* e espetáculos sem a devolução do valor pago (MP 948). Relativamente às relações jusprivatistas, em geral, tramita no Congresso Nacional o projeto de lei: o PLS 1.179, que dispôe sobre o Regime Jurídico Emergencial e Transitório das relações jurídicas de Direito Privado (RJET). Especificamente sobre o direito de família e sucessões, havia o PLS 1.627, de autoria da Senadora Soraya Thronicke (PSL), que foi retirado de pauta semanas após a sua propositura.

Pretendemos com o presente texto, analisar os problemas mais premente que se enfrentam no âmbito do direito das famílias e enfocar, no que couber, esses projetos. Países como a China, a Espanha e a Itália nos precederam na crise provocada pelo Covid-19 e mostraram o rebote nos conflitos conjugais, transbordando para ampliação da violência doméstica e o embate pela convivência com os filhos. Não vem sendo diferente no Brasil, onde os primeiros litígios se concentraram na temática da convivência com os filhos e se expandiram para restrição à visita dos parentes idosos, fixação de curatela de sujeitos dotados de hígida capacidade de agir, perpassando a prisão domiciliar dos devedores de alimentos e a redução do *quantum* alimentício.

Considerando esses problemas que já se anunciaram e em prospecção daqueles que poderão surgir, os civilistas têm compartilhado suas reflexões, ora para relembrar as soluções presentes na ordem jurídica vigente; ora para auxiliar na propositura de leis voltadas a abordagem emergencial desses conflitos no período pandêmico. De um jeito ou de outro, qualquer tentativa de lidar com os infortúnios decorrentes dessa adversidade

---

2. SOUZA, Eduardo Nunes de; e GUIA, Rodrigo da. Resolução contratual nos tempos do novo coronavírus. *Migalhas*. Disponível em: <https://www.migalhas.com.br/coluna/migalhas-contratuais/322574/resolucao-contratual-nos--tempos-do-novo-coronavirus>. Acesso em: 25/03/2020. TERRA, Aline de Miranda Valverde. Covid-19 e os contratos de locação em shopping center. *Migalhas*. Disponível em: < https://www.migalhas.com.br/depeso/322241/covid-19-e-os-contratos-de-locacao-em-shopping-center>. Acesso em: 20/03/2020.

3. ROSENVALD, Nelson; MONTEIRO FILHO, Carlos Edson do; e DENSA, Roberta. *Coronavirus e responsabilidade civil*: impactos contratuais e extracontratuais. Indaiatuba (SP): Editora Foco, 2020.

4. BENTO, Rafael Tedrus e ALMEIDA, Camila Eduarda M. de. As relações de consumo e o covid-19. Disponível em: <https://www.migalhas.com.br/depeso/323082/as-relacoes-de-consumo-e-o-covid-19>. Acesso em 23/04/2020.

global deve estar alinhada à solidariedade social, princípio constitucional qualificado como fundamento da República brasileira.

Não há perdedores ou ganhadores neste lado da arena, todos estamos sob o mesmo inimigo. A crise que emerge com o Covid-19 – *Coronacrise* exige que possamos resgatar o compartilhamento de valores como a coragem, a sabedoria, a moderação e a justiça essenciais ao fortalecimento do espírito humano[5] para o enfrentamento dessa adversidade global, movendo-nos a assumir uma responsabilidade comum pelo bem-estar dos outros. Só assim, lutaremos essa guerra com algum saldo.

Infelizmente, porém, os conflitos familiares já se anunciaram nos tribunais, mostrando quão difícil é sobrepor os valores de solidariedade às mágoas, ao difícil diálogo ou até mesmo à violência e ao oportunismo. Nesses casos, a solução provinda do Judiciário ou dos mecanismos de composição amigável de conflitos, deverá reacender aqueles valores por meio do princípio da solidariedade e da boa-fé, buscando, na medida do possível, a máxima realização dos interesses juridicamente protegidos. Sob essa premissa é que o presente texto se desenvolve. Os conflitos que tocam ao Direito de Família subjazem questões existenciais relevantíssimas que devem apreciadas sob uma hermenêutica atenta aos valores constitucionais que sobrelevam a pessoa, em sua dignidade e existência intersubjetiva; destacam o perfil instrumental da família, cujo amálgama é o afeto e a corresponsabilidade, a palavra de ordem.

Para os fins de ordem didático-sistemática, o texto se subdivide em três partes nas quais se analisarão os impactos do Covid-19 na convivência com os filhos, nos alimentos e na tutela do idoso ou pessoa que apresente comorbidade.

2. A IRRUPÇÃO DO MAL-ESTAR NAS FAMÍLIAS EM ISOLAMENTO SOCIAL

Em golpe de assalto, a pandemia fraturou a ideia de segurança e expôs a precariedade da comunidade humana. O modo de viver e morrer dominantes foi abruptamente modificado. Trabalha-se em casa, os *shoppings centers* foram fechados e a convivência com os amigos tornou-se proibida. Reduziram-se os transportes rodoviários e aéreos drasticamente, bloqueando-se algumas fronteiras. Muitos Estados chegaram à situação extrema, justificando o chamado *lockdown*. Sequer se pode velar os mortos em razão das restrições de natureza sanitária quanto à duração dos velórios e ao número de comparecentes. Sob o medo da contaminação, as famílias se isolaram, afastaram ainda mais os seus idosos e, não raro, inviabilizaram a convivência parental entre as crianças/adolescentes e seus pais.

Ainda que o vírus seja neutro quanto a quem atingir, as possibilidades de contágio são maiores para certos grupos de pessoas, como as mulheres, os idosos e os mais po-

---

5. "The need to cultivate courage History shows that moral vision provides communities with important resources for coping with adversity. If people have a shared moral outlook on life, they are able to give meaning to experiences of adversity and deal with the threats that confront them and their families. Shared meaning is the necessary foundation for community solidarity – and community solidarity will be essential to dealing with the Covid-19 crisis." FURED, Frank. A disaster whitout precedent. Disponível em: <https://www.spiked-online.com/2020/03/20/a-disaster-without-precedent/>. Acesso em: 15/03/2020.

bres. Enquanto "cuidadoras do mundo"[6], as mulheres lideram as profissões do cuidado como a enfermagem e a assistência social, além de cumprirem o mesmo papel junto às suas famílias. Aquelas que integram a classe média têm somado o exercício das tarefas laborais em sistema de *home office,* com os serviços domésticos e o acompanhamento dos filhos nas suas atividades escolares virtuais.[7] Fazem isso com pouco ou nenhum auxílio dos companheiros.

As mulheres de classe mais baixa[8] são cuidadoras de idosos, diaristas, empregadas domésticas, zeladoras que, no terceiro turno, também se dedicam ao cuidado de suas famílias. Muitas dessas não tiveram acesso ao distanciamento social remunerado ou pior, perderam sua fonte de sustento com a suspensão das faxinas, vivendo grave precariedade econômica. São mulheres negras que ocupam a maior fatia do grupo dos trabalhadores informais.[9]

Enquanto isso, alguns *bons maridos* que "ajudam" na lida doméstica, compartilham piadas machistas nas redes sociais, destilando o travo de um patriarcado ainda persistente em pleno século XXI.[10] Outros que tem um histórico de violência, impingidos pelo medo,

---

6. "São elas também que continuam a ter a seu cargo, exclusiva ou maioritariamente, o cuidado das famílias. Poderia imaginar- se que, havendo mais braços em casa durante a quarentena, as tarefas poderiam ser mais distribuídas. Suspeito que assim não será em face do machismo que impera e quiçá se reforça em momentos de crise e de confinamento familiar. Com as crianças e outros familiares em casa durante 24 horas, o stress será maior e certamente recairá mais nas mulheres. O aumento do número de divórcios em algumas cidades chinesas durante a quarentena pode ser um indicador do que acabo de dizer. Por outro lado, é sabido que a violência contra as mulheres tende a aumentar em tempos de guerra e de crise – e tem vindo a aumentar agora. Uma boa parte dessa violência ocorre no espaço doméstico. O confinamento das famílias em espaços exíguos e sem saída pode oferecer mais oportunidades para o exercício da violência contra as mulheres. O jornal francês *Le Figaro* noticiava em 26 de Março, com base em informações do Ministério do Interior, que as violências conjugais tinham aumentado 36% em Paris na semana anterior." SANTOS, Boaventura de S. *A cruel pedagogia do vírus.* Coimbra: Almedina, 2020.

7. No ambiente da vida acadêmica, estudos apontam que, nestes tempos de pandemia, homens pesquisadores apresentaram muito mais artigos do que as mulheres. Sem dúvida a resposta está na intensificação do cuidado doméstico. Women academics seem to be submitting fewer papers during coronavirus. 'Never seen anything like it,' says one editor. Disponível em: <https://www.thelily.com/women-academics-seem-to-be-submitting-fewer--papers-during-coronavirus-never-seen-anything-like-it-says-one-editor/>. Acesso em: 29/04/2020.

8. "O gênero não se configura de maneira independente em relação à raça e à classe social nem é acessório relativamente a essas variáveis. De fato, na conformação do capitalismo e do patriarcado em seus padrões atuais, as mulheres são posicionadas como um grupo onerado pelo cotidiano de trabalho prestado gratuitamente, direcionado a ocupações específicas, menos remunerado que os homens que desempenham as mesmas atividades e sub-representado na política". BIROLI, Flávia. *Gênero e desigualdades*: limites da democracia no Brasil. São Paulo: Boitempo, 2016, p.22-23.

9. Dados consolidados pela Folha de São Paulo dão conta de que 38% da população é considerada altamente vulnerável, em razão da informalidade de seus vínculos. Tratam-se de trabalhadores sem carteira assinada que atuam em empresas, realizam serviços domésticos ou que trabalham por iniciativa própria sem registro formal. Nesse universo, as mulheres negras ocupam a faixa de 64%. Crise do coronavírus acentua desigualdade de gênero e cor. Disponível em: < https://www1.folha.uol.com.br/mercado/2020/04/crise-do-coronavirus-acentua-desigualda-de-de-genero-e-cor-diz-estudo.shtml?utm_source=whatsapp&utm_medium=social&utm_campaign=compwa. Acesso em: 26/04/2020.

10. Para Boaventura de Souza Santos, a reação massiva das pessoas à pandemia se justifica no medo caótico e generalizado da morte e do desconhecido e invisível vírus. Mas, segundo ele, há muitos outros seres imprevisíveis e todo-poderosos que tentam dominar e vencer a frágil existência humana. O mercado, o colonialismo e o patriarcado seriam os principais modos de dominação. Diferentemente do vírus, seu processo de dominação é lento, razão pela qual, é menos percebido. São onipresentes na vida social, mas invisibilizados em essência e no processo de articulação entre eles, por meio de um rigoroso e permanente processo de educação e doutrinação. Compara o mercado, o colonialismo e o patriarcado aos três unicórnios citados por Da Vinci. E assim conclui: "Ao contrário do que pensa Da Vinci, a ferocidade destes três unicórnios não assenta apenas na força bruta. Assenta também na astúcia que lhes permite desaparecer quando continuam vivos, ou parecer fracos quando permanecem fortes. A

tédio e frustração, somados (por vezes) ao consumo de bebida alcóolica, potencializam sua raiva contra as mulheres e crianças, intensificando-lhes o sofrimento.[11] Na vida de muita gente, os tempos de isolamento social mostram que a igualdade de gênero é uma bandeira que faz pouco sentido. Ainda vige a célebre frase de Simone de Beauvoir: "Nunca se esqueça que basta uma crise política, econômica ou religiosa para que os direitos das mulheres sejam questionados. Esses direitos não são permanentes. Você terá que manter-se vigilante durante toda a sua vida".[12] É bem certo que não pode mais falar "mulheres" como um coletivo indistinto; há muitas que ocupam lugares altos, destacando-se pela independência e autonomia em todos os aspectos da vida, enquanto inúmeras outras ainda estão subjugadas à violência, ao subemprego, à desigualdade e ao desrespeito.

O mal-estar irrompe na hostilidade e se expande para a violência doméstica, fato crescente em todo o mundo; para dificultar a convivência com os filhos; para questionar os alimentos e para ameaçar a autonomia dos idosos em nome do cuidado. Surgem os conflitos nos quais a mulher se vê em ainda mais prejudicada porque é a ela a quem se atribuem as tarefas domésticas sem o respiro no exercício das atividades laborais, quando ainda se mantem no mercado de trabalho.[13]

---

primeira astúcia revela-se em múltiplas artimanhas. Assim, o capitalismo aparentou ter desaparecido numa parte do mundo com a vitória da Revolução Russa. Afinal, apenas hibernou no interior da União Soviética e continuou a controlá-la a partir de fora (capitalismo financeiro, contrainsurgência). Hoje em dia, o capitalismo consegue a sua maior vitalidade no seio do seu maior inimigo de sempre, o comunismo, num país que em breve será a primeira economia do mundo, a China. Por sua vez, o colonialismo dissimulou o seu desaparecimento com as independências das colônias europeias, mas, de facto, continuou metamorfoseado de neocolonialismo, imperialismo, dependência, racismo etc. *Finalmente, o patriarcado induz a ideia de estar moribundo ou enfraquecido em virtude das vitórias significativas dos movimentos feministas nas últimas décadas, mas, de facto, a violência doméstica, a discriminação sexista e o feminicídio não cessam de aumentar.* A segunda astúcia consiste em capitalismo, colonialismo e patriarcado surgirem como entidades separadas que nada têm que ver umas com as outras. A verdade é que nenhum destes unicórnios em separado tem poder para dominar. Só os três em conjunto são todo poderosos. Ou seja, enquanto houver capitalismo, haverá colonialismo e patriarcado. O terceiro reino é o reino das consequências. É o reino em que os três poderes todo-poderosos mostram a sua verdadeira face. É esta a camada que a grande maioria da população consegue ver, embora com alguma dificuldade. Este reino tem hoje duas paisagens principais onde é mais visível e cruel: a escandalosa concentração de riqueza/extrema desigualdade social e a destruição da vida do planeta/iminente catástrofe ecológica. É ante estas duas paisagens brutais que os três seres todo-poderosos e suas mediações mostram aquilo a que nos conduzem se continuarmos a considerá-los todo-poderosos. Mas serão eles todo-poderosos? Ou não será a sua omnipotência apenas o espelho da induzida incapacidade dos humanos de os combater? Eis a questão." (grifo intencional). SANTOS, Boaventura de S. A cruel pedagogia do vírus. Coimbra: Almedina, 2020.

11. Segundo informa a Agência Brasil, "no contexto da pandemia de covid-19, os atendimentos da Polícia Militar a mulheres vítimas de violência aumentaram 44,9% no estado de São Paulo. Em relatório divulgado hoje (20), o Fórum Brasileiro de Segurança Pública (FBSP) informa que o total de socorros prestados passou de 6.775 para 9.817, na comparação entre março de 2019 e março de 2020. A quantidade de feminicídios também subiu no estado, de 13 para 19 casos (46,2%)." Disponível em: <https://agenciabrasil.ebc.com.br/direitos-humanos/noticia/2020-04/sp-violencia-contra-mulher-aumenta-449-durante-pandemia>. Acesso em: 21/04/2020.

12. A frase foi usada por Beauvoir em entrevista concedida a Claudine Monteil, no ano de 1974.

13. "A família permanece, ainda assim, como nexo na produção do gênero e da opressão às mulheres. Mas a noção de dependência parece ser hoje menos adequada, em especial quando se pretende caracterizar por meio dela a relação entre homens e mulheres no casamento. Opto, assim, pela noção de vulnerabilidade, que entendo corresponder mais adequadamente à posição desigual das mulheres hoje. Os arranjos familiares e os padrões de divisão sexual do trabalho modificaram-se, mas continuam a implicar, nas suas formas correntes, maior vulnerabilidade relativa para as mulheres, especial as mais pobres. O diagnóstico dessa vulnerabilidade relativa não implica, como se verá a seguir, a pressuposição de que todas as mulheres são igualmente impactadas por esses arranjos e padrões. A exploração do trabalho e a expropriação do tempo e da energia das mulheres não tem apenas homens na outra ponta das relações cotidianas que as efetivam." BIROLI, Flávia. *Gênero e desigualdades*: limites da democracia no Brasil. São Paulo: Boitempo, 2016, p. 34.

Ultrapassadas as fronteiras do lar, esses conflitos chegaram aos tribunais, cujas decisões deixam entrever que a pandemia, em si, não pode ser um fato justificador dessas mudanças. A disputa sobre a guarda ou direito de convivência com os filhos é balizada pelo princípio do melhor interesse da criança/adolescente (arts. 1.583 e 1.584 CC); a modificação dos alimentos, pela alteração do binômio *possibilidade x necessidade* (art. 1.694 CC); e o apoio à pessoa idosa, pelo respeito a sua dignidade e autonomia (art. 45 da Lei 10.741/2003).

2.1 Guarda e direito de convivência familiar

As medidas que impuseram o isolamento social não são suficientes para obstar o convívio dos pais com os filhos, tampouco para justificar qualquer mudança na guarda. Na Espanha, o Decreto Real 463/2020 que reconheceu o estado de calamidade pública e impôs medidas restritivas de circulação nas vias e espaços públicos, excepcionou as atividades relativas ao cuidado e convivência com os filhos (art. 7º, item 1).[14] A lei federal que abre as possibilidades para edição de medidas administrativas de combate ao vírus não tratou dessa questão – até porque, também não havia determinado um *lockdown*.

Na maioria dos casos, a guarda dos filhos é confiada exclusivamente à mãe e quando se estabelece a guarda compartilhada, a criança continua na residência materna. Segundo dados do Instituto Brasileiro de Geografia e Estatística – IBGE, no ano de 2018, foram registrados 166.523 divórcios entre casais com filhos menores, fixando-se a guarda unilateral materna em 65,4% deles e a guarda compartilhada em 25,35%.[15] Mesmo nas situações de guarda unilateral, a autoridade parental continua sendo exercida por ambos os genitores,[16] ainda que a lei especifique os deveres do guardião e do não guardião no art. 1.589 do CC.[17]

Enquanto a autoridade parental é mais ampla e se volta a tutela global da pessoa dos filhos, a guarda estabelece a possibilidade de tê-los em sua companhia e o poder-dever de proteção com o provimento das suas necessidades.[18] A convivência familiar, por sua vez, prevista no art. 227 da Constituição da República, corresponde ao direito que tem

---

14. Espanha. Decreto Real no.463, de 14 de março de 2020. Disponível em: <https://www.boe.es/diario_boe/txt.php?id=BOE-A-2020-3692>. Acesso em: 24/04/2020.
15. Instituto Brasileiro de Geografia e Estatística (IBGE). Estatística do Registro Civil. Tabela 5936. Disponível em: < https://sidra.ibge.gov.br/tabela/5936>. Acesso em: 22/04/2020.
16. "Aqueles que não tiverem a companhia física dos filhos, podem e devem exercer a autoridade parental, de modo que nos casos de eventuais divergências entre os pais, lhes é conferido o direito a recorrer ao juiz para a solução do desacordo conforme preceitua o parágrafo único do art.1.631, do Código Civil e o art.21, do Estatuto da Criança e do Adolescente." XAVIER, Marília Pedroso e COLOMBO, Maici Barbosa dos Santos. Guarda e autoridade parental: por um regime diferenciador. TEIXEIRA, Ana Carolina Brochado; DADALTO, Luciana. *Autoridade Parental*: dilemas e desafios contemporâneos. Indaiatuba (SP): Editora Foco, 2019, p. 40-41.
17. Na tradição histórica dos países da família romano-germânica, quando os pais se divorciam o exercício da autoridade parental concentra-se na guarda que é confiada a apenas um deles. No Brasil, a separação judicial ou o divórcio não alteram o exercício do poder familiar ou autoridade parental. TEPEDINO, Gustavo e TEIXEIRA, Ana Carolina Brochado. *Fundamentos do direito civil*: Direito de família. Vol. 5, São Paulo: Editora Gen, 2020, p.312.
18. TEPEDINO, Gustavo e TEIXEIRA, Ana Carolina Brochado. *Fundamentos do direito civil*: Direito de família. Vol. 5, São Paulo: Editora Gen, 2020, p.310.

OS IMPACTOS DO COVID-19 NO DIREITO DE FAMÍLIA E A FRATURA DO DIÁLOGO E DA EMPATIA

a criança e o adolescente de viverem e formarem laços de afetividade com seus pais e demais parentes.[19]

Conquanto a guarda e o direito de convivência não sejam inalteráveis, a sua modificação requererá fundamentação imediata no *melhor interesse da criança e do adolescente*, afastando qualquer solução generalista. Assim, não se pode supor que o isolamento social haja alterado, em automático, o que foi homologado ou decidido judicialmente.[20]

Nos casos em que o genitor não estiver infectado, tampouco residir com quem esteja; se não se expôs ou se expõe a grave risco; tiver condições de cumprir as medidas de isolamento e garantir segurança à criança/adolescente, não haverá razão para a modificação dos termos da guarda ou da convivência. Preservar a rotina da criança naquilo que pode possível será muito mais adequado ao seu melhor interesse.[21] Não custa lembrar que o convívio com os filhos se presta mais a atender o pleno desenvolvimento deles do que os interesses pessoais dos pais (art. 227, CF/88 e art.19, Estatuto da Criança e do Adolescente – ECA).

Por outro lado, se o genitor que detêm a guarda unilateral ou reside com a criança, em caso de guarda compartilhada, estiver contaminado pelo Covid-19, a exporá a grave risco se continuar em contato com ela. O mesmo se diga em relação ao genitor não guardião e/ou não residente com a criança que contraiu o Covid-19. Se na residência de um ou de outro houver alguém contaminado, o ambiente representará adicional risco, recomendando a suspensão da convivência presencial. Situações como essa requerem do casal a civilidade necessária a uma solução amistosa, voltada para melhor realização dos interesses dos filhos.

---

19. Nesta decisão, manteve-se a convivência com a genitora, apostando que a mesma tomaria todos os cuidados para evitar riscos à saúde da criança. AGRAVO DE INSTRUMENTO. AÇÃO DE DISSOLUÇÃO DE UNIÃO ESTÁVEL, ALIMENTOS E REGULAMENTAÇÃO DE VISITAS. PEDIDO DE DEFERIMENTO DO CONVÍVIO DA CRIANÇA COM A MÃE PARA O PERÍODO Covid-19, NA RESIDÊNCIA DA AVÓ MATERNA. DESCABIMENTO. VISITAÇÃO MATERNA. CABÍVEL. Precedentes do TJRS. Agravo de instrumento parcialmente provido.(Agravo de Instrumento, Nº 70084139260, Sétima Câmara Cível, Tribunal de Justiça do RS, Relator: Carlos Eduardo Zietlow Duro, Julgado em: 15-04-2020) (TJ-RS – AI: 70084139260 RS, Relator: Carlos Eduardo Zietlow Duro, Data de Julgamento: 15/04/2020, Sétima Câmara Cível, Data de Publicação: 17/04/2020).

20. A esse respeito, o Decreto Real espanhol que reconheceu o estado de calamidade e impôs a medida de isolamento social, não proibiu a convivência dos pais com os filhos e, pelo que se extrai do art.7º, item 1, *e*, a circulação para fins de cuidados com menores é permitida. Na Itália, as medidas também não instituíram proibição da convivência de pais aos filhos. É bem certos que naqueles países, assim como no Brasil, a solução para os casos que envolvem crianças e adolescentes é orientada pela busca do seu *melhor interesse*.

21. A fixação de um lapso temporal qualquer, *em que a custódia física ficará com um dos pais, permite que a mesma rotina do filho seja vivenciada à luz do contato materno e paterno*, além de habilitar a criança a ter uma visão tridimensional da realidade, apurada a partir da síntese dessas isoladas experiências interativas. O estabelecimento da custódia física conjunta, sujeita-se, contudo, à possibilidade prática de sua implementação, *devendo ser observada as peculiaridades fáticas que envolvem pais e filho, como a localização das residências, capacidade financeira das partes, disponibilidade de tempo e rotinas do menor, além de outras circunstâncias que devem ser observadas* (STJ – Min. Nancy Andrighi – REsp 1251000 / MG – 2308/2011). *A residência dos menores deverá ser fixada no lar materno, já que se encontram adaptados a atual rotina, não havendo divergência das partes quanto a esta questão.* Quanto ao período de convivência, não há nos autos informação acerca de delimitação estrita e nem consta pedido para tanto, tendo a genitora informado que as visitas do genitor às crianças "são frequentes e sem restrições". Neste contexto, embora seja aconselhável que o regime de convivência, mesmo em caso de guarda compartilhada, seja delimitado para o fim de se evitar litígios entre os genitores, diante da ausência de informações e pedidos para tanto, devem se manter livres. *Deve-se pontuar, com veemência, a importância dos genitores observarem a rotina dos filhos, suas obrigações escolares e suas vontades no exercício do período de convivência.* (TJSP – Apelação Cível – 1002010-17.2019.8.26.0266 – Desa. Marcia Dalla Déa Barone – 25/03/2020).

Havendo conflito, um dos genitores poderá recusar ou descumprir o que foi determinado quanto à convivência a fim de garantir a saúde, segurança e bem-estar da criança, valendo-se do que dispõe o art. 1.584, § 4º. A intenção de afastar o grave e iminente risco de contaminação pelo Covid-19 parece-nos constituir um *motivo relevante*, exigido pelo dispositivo.

Submetida a matéria ao Judiciário, insiste-se que a alteração da convivência não pode ter fundamento no fato isolado da pandemia. É necessário informar e comprovar o grave risco ao interesse da criança, do adolescente ou de pessoa do grupo de risco com quem resida (art. 1.586 c/c art.1.589 CC). Tanto quanto possível, devem-se promover sessões virtuais de mediação para favorecer o acordo. Em atenção às particularidades do período atual, alguns tribunais como o do Rio de Janeiro e do Paraná, tem permitido a marcação de sessões virtuais, visando a conciliação em processos como esses.

Não haverá que se falar, pensamos, em alteração da guarda unilateral, pois o genitor não guardião continua no exercício da autoridade parental. Mesmo assim, há ações com essa causa de pedir.

Nos Estados Unidos, considerando as peculiaridades da legislação aplicável ao estado da Flórida, uma médica que trabalha no setor de emergência de um hospital americano, perdeu a guarda da filha para o genitor, em virtude dos riscos de contaminação que a sua profissão expunha a criança.[22]

Uma das primeiras decisões (19 de março de 2020) da jurisprudência brasileira vem do Tribunal de Justiça de São Paulo, nos autos do Processo 1014033-60.2018.8.26.0482,[23] determinando-se que um piloto internacional de avião cumprisse uma quarentena de 14 (catorze) dias antes de visitar a filha. O juízo acolheu a preocupação da genitora no sentido de que o contato do pai com a filha poderia vir a afetar a saúde desta ou a do seu irmão unilateral materno, de apenas um ano e cinco meses que, portador de bronquite aguda, está no grupo. Na decisão, o juízo também examinou a pretensão do piloto em viajar com a filha para Bariloche, na Argentina, mas igualmente negou o pedido, dispondo, "em *razão da pandemia mundial decorrente da propagação do corona vírus é realmente recomendável, por força da profissão exercida pelo requerido, por algum tempo, deixe de manter contatos com seus filhos. É algo que no momento e infelizmente o bom senso nos impõe. Não sendo assim, involuntariamente seus filhos correrão maior risco de contaminação, o que há de ser evitado*." A decisão ressaltou que as providências serão emergenciais em razão dos riscos presentes, mas que poderão ser revistas em conformidade com ulteriores recomendações das autoridades públicas de saúde.[24]

Em mais uma decisão do Tribunal de Justiça de São Paulo, que apreciou um Agravo de Instrumento de decisão denegatória da suspensão da convivência, culminou por man-

---

22. Notícia disponível em: < https://www.cenariomt.com.br/2020/04/15/medica-perde-a-guarda-da-filha-por-causa--do-coronavirus-nos-eua/>. Acesso em 25/04/2020.

23. Piloto de avião é proibido de visitar filhos por causa do coronavirus. *Migalhas*. Disponível em: <https://www.migalhas.com.br/quentes/322211/piloto-de-aviao-e-proibido-de-visitar-filhos-por-causa-do-coronavirus>. Acesso em: 24/04/2020.

24. Processo 1014033-60.2018.8.26.0482, Juiz Eduardo Gesse, Comarca de Presidente Prudente, 19 de março de 2020.

ter a decisão, em atenção ao consentimento manifesto do genitor, nesta fase processual, sendo-lhe garantido o convívio virtual com a sua filha:

> AGRAVO DE INSTRUMENTO. Regulamentação de visitas. Insurgência contra decisão que fixou regime de visitas e indeferiu o pedido de suspensão em virtude dos riscos decorrentes do novo coronavírus. *Genitor que concorda com a suspensão das visitas em virtude da Pandemia. Agravante que deve providenciar todos os meios necessários para realização de comunicação entre pai e filha por video-conferência ou similar.* Elementos constantes nos autos que não autorizam a reforma da tutela. Visitas paternas que deverão ocorrer em fins de semana alternados. Recurso a que se dá parcial provimento (TJSP – 2053408-71.2020.8.26.0000 – Agravo de Instrumento – Des. José Rubens Queiroz Gomes – Publicação do Acórdão 16/04/2020).

Decisão originária da 3ª Vara de Família e Sucessões da Comarca de Curitiba, assinada pela Juíza Fernanda Maria Zerbeto Assis Monteiro,[25] acolheu o pedido da mãe em ver suspensa a convivência paterna com o filho, por um prazo de trinta dias ou pelo período de vigência do isolamento social naquela cidade. Alegou a requerente que as visitas se realizavam em locais públicos como *shopping centers* e praças, ampliando os riscos de contaminação da criança e da sua avó, pessoa enquadrada no grupo de risco, com quem reside. Para evitar ruptura total da convivência, determinou que fosse realizada pelos meios virtuais.

O pai agravou de instrumento, reafirmando que mudou toda a sua rotina para atender as recomendações das autoridades e que desenvolve suas atividades laborais em sistema de home office. O relator, desembargador Rogério Etzel, da 12ª Câmara Cível[26], reformou a decisão do juízo *a quo* que, segundo ele, impôs severa alteração ao regime de convivência sem sopesar a realidade de cada um dos genitores e dos respectivos lares. Sustentou que o convívio da criança com o pai, na residência deste, não traria nenhum perigo e assim, decidiu que no período pandêmico a criança passaria quinze dias com o pai e quinze dias com a mãe.

No Tribunal de Justiça do Distrito Federal e Territórios, decisão liminar do desembargador da 8ª. Turma Cível determinou a suspensão temporária do regime de convivência de um pai com a filha adolescente, durante o período do isolamento social, a pedido dele próprio sob o argumento de que vive com seus genitores idosos, integrantes, portanto, do grupo de riscos. Temia que os deslocamentos para pegar a garota e deixá-la na casa materna pudesse ensejar uma contaminação com o vírus Covid-19, expondo a sua vida e dos familiares idosos ao risco[27]. Interessante observar que, em sede de primeira instância, a genitora da menina havia concordado com a alteração temporária da convivência, mas depois pediu reconsideração da decisão, no que não foi atendida.

---

25. Pandemia do coronavírus: guarda compartilhada está entre desafios enfrentados no Direito das Famílias. Disponível em: <http://www.ibdfam.org.br/noticias/7189/+Pandemia+do+coronav%C3%ADrus%3A+guarda+compartilha-da+est%C3%A1+entre+desafios+enfrentados+no+Direito+das+Fam%C3%ADlias>. Acesso em 24/04/2020.

26. Pai reverte a liminar e conviverá com a filha durante a pandemia. *Migalhas*. Disponível em: <Diante disso, deferiu a antecipação dos efeitos da tutela para alterar a visitação paterna, ficando a convivência exercida pelos genitores por 15 dias consecutivos, a começar pelo pai, não havendo prejuízo de contatos com o genitor que não estiver responsável pela convivência, pela internet.>. Acesso em: 29/04/2020.

27. Notícia: Justiça suspende visitas paternas temporariamente para evitar disseminação do coronavírus. Disponível em: <https://www.tjdft.jus.br/institucional/imprensa/noticias/2020/abril/coronavirus-desembargador-suspende--temporariamente-visitas-de-pai-a-filha-menor-de-idade>. Acesso em: 27/04/2020.

Em comum, os casos acima narrados apontam uma razão concreta para a alteração momentânea do direito de convivência dos pais com os filhos, pautada não somente na pandemia, mas nos riscos de contaminação ampliados por fatores específicos como a profissão do genitor ou eventual comorbidade dos envolvidos.

Estando todos sob os riscos ordinários gerados pelo período pandêmico, antes de se optar pela suspensão do convívio presencial. Assim foi feito pelo desembargador paranaense em decisão acima mencionada. E foi assim que procedeu o Tribunal de Justiça do Rio Grande do Sul na decisão abaixo, optando por garantir a convivência presencial parental sempre que não houver comprovação de riscos adicionais à criança, mesmo no cenário de pandemia viral em que vivemos:

> AGRAVO DE INSTRUMENTO. AÇÃO DE DISSOLUÇÃO DE UNIÃO ESTÁVEL, ALIMENTOS E REGU-LAMENTAÇÃO DE VISITAS. PEDIDO DE DEFERIMENTO DO CONVÍVIO DA CRIANÇA COM A MÃE PARA O PERÍODO Covid-19, NA RESIDÊNCIA DA AVÓ MATERNA. DESCABIMENTO. VISITAÇÃO MATERNA. CABÍVEL. Descabe o pedido de deferimento do convívio da criança com a mãe, na residência da avó materna, para o período da Pandemia Covid-19, uma vez que a guarda é mantida pelo genitor, mormente porque a agravante teria informado que ficaria até a Páscoa na cidade de POA, ainda que informe suspensão de suas atividades no período da Pandemia. Contudo, *a fim de preservar a necessária convivência entre mãe e a filha, deve ser regularizada a visitação materna. Cabível a pretensão de visitação, não obstante o evento Covid 19, uma vez que a mãe certamente empreenderá todos cuidados que a etiqueta médica recomenda para preservar a saúde da criança. Devida a adequada convivência da mãe e filha, de forma pessoal e não somente virtual para o período do Covid-19, já que a mãe permanecerá neste período na cidade de residência da criança.* Precedentes do TJRS. Agravo de instrumento parcialmente provido. (Agravo de Instrumento, Nº 70084139260, Sétima Câmara Cível, Tribunal de Justiça do RS, Relator: Carlos Eduardo Zietlow Duro, Julgado em: 15-04-2020).

No Ceará, um processo que já tramitava anteriormente à pandemia, no qual os genitores se digladiavam pela modificação da guarda e da convivência, sem qualquer atenção ao melhor interesse da criança, o advento do Covid-19 foi excelente desculpa para acirrar o problema. Como observado pelo próprio juízo, em decisão interlocutória, datada de fevereiro de 2020:

> Das mensagens, era nítido que o interesse da menor não era privilegiado e que as questões pessoais se sobrepunham aos interesses daquela, como na passagem em que o pai exigia a entrega da menor na frente da escola, ainda quando o estabelecimento encontrava-se fechado; na manutenção da convivência parental em dias que a menor se encontrava enferma e precisava fazer fisioterapia, em especial por considerar que os pais sequer se mostraram capazes de manter qualquer conversa sobre o tratamento. Tais acontecimentos mostram que as partes nunca compartilharam os cuidados com a filha, cada um agia isoladamente, circunstância que não se coaduna com os preceitos da guarda compartilhada. Outro fato grave: privar a genitora de contato com a filha, durante período mais longo de estadia desta com o pai nas férias. Embora se diga privar a genitora, percebe-se claramente que a maior prejudicada pela atitude do pai foi a menor, pelas consequências e sentimento de desamparo (abandono materno) que provavelmente vivenciou, dada sua vulnerabilidade e pouca idade.

Nesta mesma decisão, alterou provisoriamente a guarda compartilhada para unilateral como alternativa mais compatível ao interesse da criança, em virtude da completa ausência de diálogo entre os genitores, e bem recomendou que o casal fizesse a chamada Oficina de Pais e a criança, a Oficina de Filhos, promovida pelo Centro Judicial de Solução de Conflitos – CEJUSC, na tentativa de favorecer a um acordo. A decisão reporta que a relação desrespeitosa entre os genitores em prejuízo do melhor interesse da criança. Nota-se que a modificação da guarda não se justifica na pandemia, mas na impossibilidade de condução da guarda compartilhada pelo casal. Deixou para fixar os termos da convivência na audiência de conciliação, marcada para o mês seguinte. A audiência ocorreu em 04 de março de 2020, antes da paralisação das atividades presenciais do Judiciário e não houve acordo. Instaurada a crise do Covid-19, o juízo fixou a convivência apenas pelos meios virtuais:

> O mundo vivencia atualmente a pandemia do Corona Vírus, doença altamente contagiosa e com possíveis e graves complicações que podem levar ao óbito. As necessárias medidas, entre as quais os decretos de isolamento/afastamento social, são destinadas a conter o avanço da doença e exigem mudanças no estilo de vida. No âmbito do Ceará, o Governo Estadual expediu o Decreto no 33.510, de 16 de março de 2020, em que declara situação de emergência em saúde e apresenta medidas para enfrentamento e contenção da infecção humana causada pelo novo Corona Vírus no Estado do Ceará, acompanhada do Decreto de no 33.519, de 19 de março de 2020, com novas medidas. Nesse panorama, não há como se regular a convivência parental, como se de praxe anteriormente se procedia, sendo necessária a modulação das regras ordinárias para disciplinar a relação parental enquanto vigentes as medidas restritivas de locomoção e enquanto houver risco à vida e saúde da menor e daqueles que com ela convivem.

Originária do mesmo juízo da Comarca de Fortaleza, foi a decisão que apreciou a irresignação do genitor em face da recusa da genitora de entregar-lhe os filhos, findo período avençado para aquela convivência materna. No primeiro dia de suspensão das atividades escolares presenciais, a mãe levou os filhos para sua residência, comprometendo-se a devolvê-los no final da mesma semana. Não os devolveu e apresentou um pedido nos autos da ação de modificação da guarda que já tramitava na Comarca de Fortaleza, em segredo de justiça, requerendo que as crianças ficassem em sua companhia até o final do isolamento. Alegou que os infantes estariam mais seguros em sua residência, situada no interior do estado, onde ainda não havia registro de contaminação pelo Covid-19.

O pai que mora com os filhos em Fortaleza, resistiu à pretensão, alegando que na Capital do Estado oferece mais recursos de atenção em saúde e que ele próprio tem acatado as recomendações das autoridades quanto aos cuidados preventivos, de sorte que o retorno das crianças não lhes ofereceria riscos adicionais. Entendeu o juízo que, na atual fase de contaminação comunitária do Covid-19, não se tem como afirmar a blindagem de qualquer município aos efeitos do vírus. Mas decidiu por acolher em parte, o pedido da genitora, determinando que as crianças permanecessem com ela por mais 15 (dias) seguidos, após o que, fossem devolvidas ao pai. A despeito dessa decisão circunstancial, não determinou a suspensão da convivência como antes fixada, embora haja consignado que cada genitor deve oportunizar o contato virtual dos filhos com o outro quando estiverem em sua companhia. Quanto ao mais, traçou as seguintes determinações:

> ISTO POSTO, acolho em parte o pedido das partes para alterar e disciplinar a guarda compartilhada, enquanto durar a situação emergencial no Estado ou enquanto suspensas as aulas escolares, em razão do Covid-19, de acordo com os seguintes preceitos:
>
> 1) Considerando que as crianças se encontram, na data de hoje, em companhia da genitora, deverão com ela permanecer por 15 dias, contados a partir do domingo, dia 23 de março de 2020, quando deveria tê-las devolvido à casa paterna;

2) Findo o prazo, as crianças deverão ser devolvidas ao pai em sua residência, cabendo à genitora providenciar o transporte das crianças em carro particular, com a recomendação de que deverão ser evitadas paradas desnecessárias, assegurando-se ainda o cuidado com a higiene das crianças e do interior do veículo.

3) Caberá a cada genitor, durante o período em que estiver com as crianças, incentivar e assegurar o contato destas com o genitor ausente, a ser realizado preferencialmente por chamadas de vídeo e, se possível, com a utilização de fones de ouvido e de microfone, por três vezes por semana, aos domingos, terças e quintas, das 19 h às 20 horas, em sala/ambiente reservado, em que possam falar com o outro genitor com absoluta privacidade.

Um outro caso que mereceu destaque nas notícias, foi o pedido de suprimento de autorização paterna para viagem a Londres, formulado pela genitora ao juízo de Balneário Piçarras, litoral norte do estado de Santa Catarina. Segundo a requerente, a viagem de turismo também teria por objetivo levar a criança a conhecer o pai. O pedido foi negado pelo juízo: "A meu sentir, no momento pelo qual atravessa a humanidade, frente à pandemia do novo coronavírus (a maior desde a ocorrida em 1918, com a chamada Gripe Espanhola), uma viagem internacional ao continente europeu, quando a OMS recomenda 'ficar em casa', definitivamente não atende ao melhor interesse e proteção da criança em questão".[28]

No momento atual, com a suspensão das aulas presenciais ou a antecipação de férias, as crianças e adolescentes permanecem mais tempo em suas casas e quando convivem com ambos os pais, as responsabilidades podem ser compartilhadas. No entanto, quando residem apenas com um deles, em geral, a mãe, haverá uma considerável sobrecarga para esta. Em face disto e, especialmente, para evitar prejuízos ao direito da criança de conviver com o outro genitor, a solução generalista da suspensão da convivência não se apresenta como a mais salutar.

Em regra, o que foi determinado judicialmente ou acordado previamente sobre a guarda e o direito de convivência deve permanecer inalterado, salvo as vicissitudes específicas do cada caso, como referido. Se houver justa razão para mudança, em virtude dos riscos associados à pandemia, será possível fazer-se algum ajuste sem perder a referência do melhor interesse da criança, conforme o já mencionado art. 1.586 do CC.

Visando oferecer balizas mais uniformes para o período pandêmico, o Projeto de Lei 1.627/2020, retirado de pauta pela própria Senadora que o propôs, trazia disciplina específica para a convivência:

Art. 6º O regime de convivência de crianças e adolescentes, qualquer que seja a modalidade de guarda, poderá ser suspenso temporariamente, de comum acordo entre os pais ou a critério do Juiz, para que sejam cumpridas as determinações emanadas das autoridades públicas impositivas de isolamento social ou quarentena.

§ 1º Na hipótese de que trata o caput, será assegurada a convivência do genitor não guardião ou não residente por meios virtuais.

§ 2º Durante o período de suspensão das atividades escolares, poderá ser aplicado o mesmo regime previsto paras as férias.

---

28. Juiz de SC nega pedido de mãe que queria fazer turismo na Europa com o filho durante pandemia. Disponível em: <https://g1.globo.com/sc/santa-catarina/noticia/2020/03/31/juiz-de-sc-nega-pedido-de-mae-que-queria-fazer--turismo-na-europa-com-o-filho-durante-pandemia.ghtml>. Acesso em: 22/03/2020.

Iniciava oferecendo a possibilidade de suspensão temporária da convivência, independentemente da modalidade de guarda, em comum acordo entre os pais ou a critério do juiz, hipótese em que a convivência passaria a ocorreria pelos meios virtuais. E no parágrafo segundo apontava a possibilidade de se aplicar o regime previsto para as férias ao período de suspensão das atividades escolares.

Estima-se que o melhor para o interesse da criança já foi avaliado e decidido no termo de convivência estabelecido anteriormente à pandemia. Eventual alteração no cenário fático que venha a desestabilizar a solução conforme o melhor interesse, justificaria a modificação dessa convivência. Não se pode pressupor que a pandemia, em todos os casos, é fator ensejador dessa modificação. Ademais, na apuração do que seja o melhor interesse da criança deve-se observar a totalidade dos direitos da criança e não apenas a sua saúde física. Em momentos tão inusitados como os que vivemos, também é fundamental zelar pela saúde emocional e psíquica que podem ser prejudicadas com a ruptura do convívio familiar.

Imagine-se uma guarda compartilhada exercida pelos pais que residem no mesmo condomínio – a suspensão da convivência para evitar o risco do deslocamento seria totalmente desarrazoada. Também não traria maior risco à criança, o deslocamento da casa de um genitor para a do outro, por meio de um veículo particular. O mesmo não se pode dizer para aqueles casos nos quais os genitores residem em municípios distintos entre os quais houve fechamento de fronteiras ou a interrupção dos serviços de transporte público intermunicipal indispensável ao deslocamento. É necessário, portanto, comprovar a necessidade específica da mudança na forma de convivência e evitar a utilização da *pandemia* como uma desculpa para a alienação parental.[29]

Sendo necessária a alteração dos termos da convivência, que seja aplicado o regime usado durante as férias ao período de suspensão das atividades escolares. Não havendo riscos de abuso ou violência, uma outra alternativa viável, seria a divisão dos dias do mês como se viu na decisão paranaense acima mencionada ou mesmo o final de semana com pernoite.

Por último, para atender às circunstâncias absolutamente excepcionais, é que se deve determinar a suspensão temporária da convivência presencial, garantindo-a pelos meios virtuais. A opção por essa solução mais radical somente se justificará se houver risco concreto à criança ou a terceiro: quando o genitor vier de área gravemente atingida, estiver contaminado, a criança ou pessoa com quem resida possuir comorbidade.

Na excepcionalidade do convívio virtual, as vídeo-chamadas por meio de telefone ou das plataformas como Skype, *WhatsApp*, *Hangouts*, Zoom, serão preferíveis às ligações simples porque favorecem o contato visual e são mais palatáveis à criança. Opção que também se aplica ao convívio com outros parentes, avós, tios, irmãos unilaterais.

Para os tempos de isolamento que também inviabilizam as audiências presenciais, vale a reflexão sobre a possibilidade de audiências virtuais de conciliação no âmbito dos Centros Judiciários de Solução de Conflitos e Cidadania (CEJUSC`s)[30], à semelhança do que foi autorizado pelo Conselho Nacional de Justiça para os juizados especiais, nos termos da Lei 13.994/2020.

---

29. Conforme alerta Rodrigo da Cunha Pereira, *"o problema é que guarda é também uma questão de poder, que serve de arma em uma conjugalidade mal resolvida, que pode desaguar em alienação parental"*. Direito de família, coronavirus e guarda compartilhada. Disponível em:<https://www.conjur.com.br/2020-abr-08/cunha-pereira-direito-familia--coronavirus-guarda-compartilhada2>. Acesso em: 30/04/2020.

30. O TJPR vem desenvolvendo essa experiência na forma remota e a segundo a notícia, vem dado certo. Disponível em: <https://www.cnj.jus.br/parana-mantem-conciliacao-por-meio-de-audiencias-virtuais/>. Acesso em: 27/05/2020.

3. A SOLUÇÃO INTERMEDIÁRIA PARA OS ALIMENTOS E O DESESTÍMULO AOS COMPORTAMENTOS OPORTUNISTAS

A era do Covid-19 não abalou apenas o direito de convivência, também atingiu as pensões alimentícias, impondo às Cortes de Justiça do país e à comunidade jurídica, de um modo geral, o desafio de pensar soluções aptas ao momento transitório da crise sem prejuízo dos interesses merecedores de tutela.

Devidos aos parentes, cônjuges ou companheiros, os alimentos devem ser fixados em consideração à possibilidade de quem paga e à necessidade de quem os pleiteia (art. 1.694, CC), sem prejuízo do que for necessário ao sustento do alimentante (art. 1.695, CC). Provado o desequilíbrio nesse binômio *possibilidade x necessidade*, será justificável uma modificação para majorar ou minorar o que foi fixado (art. 1.699, CC). A crise econômica subjacente à pandemia não pode ser evocada como evento que, em si, salvo se na relação sob exame, houver tornado a prestação alimentar excessivamente onerosa. Nessa hipótese, segundo sustenta Carlos Alberto Dabus Maluf[31] seria possível a revisão dos alimentos, desde que os efeitos da pandemia, fato superveniente e imprevisível ao tempo de sua fixação, houver tornado o *quantum* fixado desproporcional e incompatível com a possibilidade financeira do alimentante.

Em se tratando de prestações alimentares decorrentes do poder familiar, os genitores são devedores na proporção dos seus recursos (art. 1.703, CC). E nesses casos, as razões apontadas para a alteração da prestação alimentar devida também deverão ser confrontadas com os princípios do melhor interesse e da primazia absoluta (art.227, CF/88), no balizamento do binômio acima mencionado. A subsistência material e o desenvolvimento das pessoas vulneráveis, no âmbito da família solidarista, se sobrepõem a qualquer escolha autônoma.[32]

Considerando que a necessidade dos filhos menores ou com deficiência incapacitante é presumida, assim como a sua vulnerabilidade[33], será possível a inversão do

---

31. RODRIGUES, Otávio Luiz; FERREIRA, Antonio Carlos; MALUF, Carlos Alberto Dabus; CALMON Guilherme. *In Saída de emergência da TV Conjur*: Direito de família e de Sucessões. Disponível em: < https://www.youtube.com/watch?v=EYuNIJReASQ>. Acesso em: 01/04/2020.

32. Na explicação de Matos e Brochado Teixeira, a família solidarista impõe a corresponsabilidade aos seus membros e um superior dever em relação àqueles vulneráveis, cuja garantia de subsistência material é aposta acima de qualquer escolha autônoma. *In verbis*, "Nesse *locus* privilegiado de interação que é a família solidarista, os membros se corresponsabilizam uns pelos outros, principalmente quando existe algum tipo de vulnerabilidade. No âmbito do direito de família, impõem-se reflexões normativas que tutelem a pessoa humana em seu universo de relações, de modo que suas peculiaridades e necessidades sejam vistas a partir de parâmetro concreto, tutelado e construído a partir da sua realidade individual e familiar. *Por isso, o papel do ordenamento é oportunizar aos membros da família as possibilidades de realização pessoal e, para tanto, de subsistência material – questão prejudicial a qualquer escolha autônoma. Nesse universo de relações de afetos e desafetos, faz-se necessário, a priori, uma análise do plano hierárquico ligado à igualdade substancial que as pessoas efetivamente se encontram, em razão da eventual presença de vulnerabilidades, que podem motivar intervenções do ordenamento.*" (grifo intencional) MATOS, Ana Carla H. e TEIXEIRA, Ana Carolina Brochado. *Revista Brasileira de Direito Civil – RBDCivil*. Belo Horizonte, vol. 12, p. 75-92, abr./jun. 2017.

33. Considere-se que as disposições relativas à alimentos devidos aos filhos menores também se aplicam ao filho maior com deficiência incapacitante. Com o advento do Estatuto da Pessoa com Deficiência e da Convenção sobre os Direitos da Pessoa com Deficiência, tais pessoas são consideradas capazes, ainda que possam continuar necessitando de apoio intenso ao exercício da capacidade civil. Serão, portanto, alcançados pelos fins pretendidos pelo que dispõe o art.1.590, do CC/02, cuja redação *in verbis* é "As disposições relativas à guarda e prestação de alimentos aos filhos menores estendem-se aos maiores incapazes".

ônus da prova em seu favor, inclusive, nas ações de alimentos (art. 373 do Código de Processo Civil). Muito mais se exigirá a prova da alteração econômica do alimentante quando a ação de revisão for de sua iniciativa. Se houver sofrido uma redução de salário ou ganhos durante a crise, mas mantiver uma reserva financeira ou um patrimônio suficiente para cumprir o encargo, não haverá porque reduzir ou suspender os alimentos.

Impende ainda considerar a situação do outro genitor que detém a guarda ou, nos casos de guarda compartilhada, mantem a residência referência do alimentante; na maioria dos casos, a mulher[34]. Estão elas sob severo *stress*, acumulando as tarefas laborais, em sistema de *home office*, os cuidados com o filho, inclusive no acompanhamento das atividades educacionais *online*, e os afazeres domésticos. Eventual redução da prestação alimentar pode trazer graves efeitos. Não raro, são indicadas como responsáveis pelos contratos com as escolas e o plano de saúde, sendo elas que compram os alimentos e empenham o seu crédito com esses gastos que tem aumentado com o maior tempo de permanência da família em casa, assim como o consumo da energia elétrica e da água. Consequentemente, serão as principais devedoras quando tudo isso acabar, ampliando os dados sobre o superendividamento feminino. Pesquisa realizada pela Defensoria do Estado do Rio de Janeiro, no ano 2015, traz dados significativos que informam o elevado superendividamento das mulheres que chefiam famílias monoparentais[35].

Para além da alimentação, a pensão alimentícia também visa o custeio da educação, saúde, lazer, vestuário, ou seja, o que for necessário a uma existência digna.[36] Os civilistas clássicos já enfatizavam essa conexão entre os alimentos e a vida digna. Na expressão de Sílvio Rodrigues,[37] trata-se da "prestação fornecida a uma pessoa, em dinheiro ou em espécie, para que possa atender às necessidades da vida". Para Orlando Gomes,[38] cor-

---

34. Considerando os divórcios realizados nos anos de 2016 a 2018 de casais com filhos menores, a guarda unilateral materna foi fixada em 74,4% dos casos, no ano de 2016; em 69,39%, no ano de 2017 e em 65,4%, no ano de 2018, desconsiderando os casos em que houve guarda compartilhada e residência referencial no domicilio da mãe. Dados colhidos do Instituto Brasileiro de Geografia Estatística. Estatísticas do registro civil. Disponível em: <https://sidra.ibge.gov.br/tabela/5936>. Acesso em 25/04/2020.

35. "A vulnerabilidade dessas pessoas aumenta porque muitas vezes elas são as únicas responsáveis pelo sustento do lar – situação de 67% delas. Um dos casos acompanhados pela pesquisa foi o de uma funcionária de um banco que adquiriu as dívidas após a morte do marido, há 20 anos. Para sustentar a família, ela precisou contrair empréstimos e depois buscou mais crédito para conseguir quitá-los. A própria empresa em que ela trabalhava ofereceu parte do crédito, e ela chegou a trabalhar oito meses sem receber salário por causa dos descontos consignados." Disponível em: <http://www.defensoria.rj.def.br/noticia/detalhes/6019-Pessoas-acima-de-55-anos-sao-mais-afetadas-pelo-superendividamento>. Acesso em: 25/04/2020.

36. Ainda que compreendido em perspectiva macro, inclusive quanto ao desenvolvimento de políticas públicas vale lembrar o direito à alimentação adequada, considerado direito humano fundamental que foi detalhado no Comentário Geral 12 do Comitê de Direitos Econômicos, Sociais e Culturais do Alto Comissariado de Direitos Humanos da ONU, de 1999, na seguinte forma: "O direito à alimentação adequada realiza-se quando cada homem, mulher e criança, sozinho ou em companhia de outros, tem acesso físico e econômico, ininterruptamente, à alimentação adequada ou aos meios para sua obtenção. O direito à alimentação adequada não deverá, portanto, ser interpretado em um sentido estrito ou restritivo, que o equaciona em termos de um pacote mínimo de calorias, proteínas e outros nutrientes específicos. O direito à alimentação adequada terá de ser resolvido de maneira progressiva. No entanto, os estados têm a obrigação precípua de implementar as ações necessárias para mitigar e aliviar a fome, como estipulado no parágrafo 2 do artigo 11, mesmo em épocas de desastres, naturais ou não". Disponível em: <http://pfdc.pgr.mpf.mp.br/atuacao-e-conteudos-de-apoio/publicacoes/alimentacao-adequada/Comentario%20Geral%20No%2012.pdf.> Acesso em: 26/04/2020.

37. RODRIGUES, Sílvio. *Direito de Família*. Vol. 6. 28ª ed., São Paulo: Saraiva, 2007. p. 374.Direito de Família. Vol.6, p.374.

38. GOMES, Orlando. *Direito de Família*. 11ª ed., Rio de Janeiro: Revista Forense, 1999, p 197.

responde as "[...] prestações para satisfação das necessidades vitais de quem não pode prove-las por si. Têm por finalidade fornecer a um parente, cônjuge ou companheiro o necessário à sua subsistência". Mais recentemente, o próprio Superior Tribunal de Justiça reconheceu que alimentos constituem direitos de personalidade.[39]

Condição material indispensável à dignidade, se os alimentos[40] são negados injustamente, aqueles que deles necessitam se sujeitarão a recorrer ao judiciário para enfrentar uma batalha processual desgastante e demorada. O ingresso nessa jornada não é animador para o cidadão assalariado. O menor prejuízo serão as faltas ao trabalho para engrossar as filas dos assistidos pelas defensorias públicas.[41]

Em tempos nos quais todos sofrem, em maior ou menor medida, os efeitos sociais e econômicos da *Coronacrise*, é imperioso lembrar o princípio da solidariedade que figura entre os objetivos da República e como fundamento das relações intrafamiliares e utilizá-lo como um norte para a solução desses conflitos. O afeto, amálgama da família segundo a doutrina[42] e a jurisprudência,[43] é uma dimensão dessa da solidariedade.[44]

---

39. Em conformidade com o direito civil constitucional que preconiza uma releitura dos institutos reguladores das relações jurídicas privadas, a serem interpretados segundo a Constituição Federal, com esteio, basicamente, nos princípios da proteção da dignidade da pessoa humana, da solidariedade social e da isonomia material, *o direito aos alimentos deve ser concebido como um direito da personalidade do indivíduo*. Trata-se, pois, de direito subjetivo inerente à condição de pessoa humana, imprescindível ao seu desenvolvimento, à sua integridade física, psíquica e intelectual e, mesmo, à sua subsistência. Os alimentos integram o patrimônio moral do alimentando, e não o seu patrimônio econômico, ainda que possam ser apreciáveis economicamente. Para efeito de caracterização da natureza jurídica do direito aos alimentos, a correlata expressão econômica afigura-se in *totum* irrelevante, apresentando-se de modo meramente reflexo, como ocorre com os direitos da personalidade (STJ – REsp 1771258 / SP – Min. Marco Aurélio Bellizze – 06/08/2019).

40. CC/02, Art. 1.694. Podem os parentes, os cônjuges ou companheiros pedir uns aos outros os alimentos de que necessitem para viver de modo compatível com a sua condição social, inclusive para atender às necessidades de sua educação.

41. No Brasil, em 2014, as Defensorias Públicas Estaduais estivam presentes em, aproximadamente, 13% (treze por cento) das unidades jurisdicionais. No estado do Ceará, as 419 unidades jurisdicionais só contavam com 46 (quarenta e seis) contavam que defensores públicos. O estado de São Paulo só tinha 43 defensores públicos para as 1.604 unidades jurisdicionais. As informações são do último diagnóstico realizado, segundo o qual faltava defensor público em 61% (sessenta e um por cento) das comarcas do país. Cf. IV Diagnóstico da Defensoria Pública no Brasil / organizadoras, Gabriella Vieira Oliveira Gonçalves, Lany Cristina Silva Brito, Yasmin von Glehn Santos Filgueira. Brasília: Ministério da Justiça, Secretaria de Reforma do Judiciário, 2015. 138 p. (Diálogos da justiça).

42. CALDERÓN, Ricardo. *Princípio da afetividade no direito de família*. São Paulo: Gen, 2017.

43. A compreensão jurídica cosmopolita das famílias exige a ampliação da tutela normativa a todas as formas pelas quais a parentalidade pode se manifestar, a saber: (i) pela presunção decorrente do casamento ou outras hipóteses legais, (ii) pela descendência biológica ou 4 (iii) pela afetividade. A paternidade socioafetiva, declarada ou não em registro público, não impede o reconhecimento do vínculo de filiação concomitante baseado na origem biológica, com todas as suas consequências patrimoniais e extrapatrimoniais (STF – Min. Luiz Fux – Rex 898.060 – 22/09/2016). As decisões proferidas pelas instâncias ordinárias, ao desconstituírem o registro de nascimento com base, exclusivamente, no exame de DNA, desconsideraram a nova principiologia, bem assim as regras decorrentes da eleição da afetividade como paradigma a nortear as relações familiares (STJ – REsp 1128539 / RN – Min. Marco Buzzi – 18/08/2015). A paternidade socioafetiva realiza a própria dignidade da pessoa humana por permitir que um indivíduo tenha reconhecido seu histórico de vida e a condição social ostentada, valorizando, além dos aspectos formais, como a regular adoção, a verdade real dos fatos. O Supremo Tribunal Federal, ao julgar o Recurso Extraordinário 898.060, com repercussão geral reconhecida, admitiu a coexistência entre as paternidades biológica e a socioafetiva, afastando qualquer interpretação apta a ensejar a hierarquização dos vínculos (STJ – REsp 1704972 / CE – Min. Ricardo Villas Bôas Cueva – 09/10/2018).

44. BARBOZA, Heloisa Helena. Novas tendências do direito de família. *Revista da Faculdade de Direito da Universidade do Rio de Janeiro*. Rio de Janeiro, v. 2, p. 227-245, 1994.

Para que possamos superar essas adversidades, espera-se que cada um possa cultivar os valores da coragem, da justiça e da corresponsabilidade,[45] virtudes que espelham o princípio jurídico solidariedade, incorporando-os ao seu comportamento em todas as áreas da vida. Nas tragédias pessoais ou coletivas, como a que se experimenta a partir da pandemia gerada pelo Covid-19, os laços de corresponsabilidade devem ser estreitos para evitar qualquer intento oportunista, evasivo ou egoísta, especialmente, por parte daqueles que tem o dever de proteger e apoiar.[46]

Ultrapassada a ideia de que a pandemia seja um fato que, em si, justifica a alteração dos pressupostos da obrigação alimentar (art.1.694, § 1º)[47], a eventual redução da prestação alimentícia requererá a comprovação inequívoca do decréscimo da capacidade financeira do alimentante,[48] assim como a observância da justeza e conveniência da medida ante aos demais interesses tutelados no caso concreto. É mandatório desestimular qualquer pedido aventureiro e, em vista disso, todos os recursos processuais possíveis devem ser utilizados para perquirir e testar a conveniência e adequação de uma eventual redução, admitindo-se, inclusive, os chamados "sinais externos de riqueza", a inversão do ônus da prova em favor do alimentando vulnerável e até mesmo a prova obtida por meio ilícito.[49] Tudo para o justo fim de rechaçar que a litigância de má-fé e o egoísmo venham surfar nas ondas do Covid-19.

Se são intoleráveis os comportamentos oportunistas dos agentes econômicos, mais ainda o serão se cometidos no seio da família. Nos tempos atuais, é imperioso exigir o

---

45. Ver nota de rodapé no.5. FURED, Frank. A desaster whitout precedente. Disponível em: <https://www.spiked-online.com/2020/03/20/a-disaster-without-precedent/>. Acesso em: 15/03/2020.

46. MORAES, Maria Celina Bodin. A nova família, de novo – Estruturas e função das famílias contemporâneas. *Pensar*, Fortaleza, v. 18, n. 2, p. 587-628, mai./ago. 2013. Disponível em: <https://periodicos.unifor.br/rpen/article/view/2705/pdf>. Acesso em: 26/04/2020.

47. Como esclarecem Gustavo Tepedino e Milena Donato, "A qualificação de determinada situação como caso fortuito ou força maior, portanto, depende da verificação da objetiva possibilidade de adimplemento da prestação, seja por impossibilidade do seu objeto (a prestação não pode ser cumprida por evento externo inevitável), seja do sujeito (acometido por doença que o incapacita de efetuar a prestação)." TEPEDINO, Gustavo; OLIVEIRA, Milena D.; DIAS, Antonio. Contratos, força maior, excessiva onerosidade e desequilíbrio patrimonial. Disponível em:< https://www.conjur.com.br/2020-abr-20/opiniao-efeitos-pandemia-covid-19-relacoes-patrimoniais>. Acesso em: 24/04/2020.

48. "A disponibilidade financeira deve ser aquilatada em termos reais, razão pela qual, ante a dificuldade de comprová-la, justifica-se a quebra de sigilo bancário ou fiscal a fim de se apurar a verdadeira dimensão da capacidade para contribuir para os alimentos, sendo relevantes os sinais exteriores de riqueza, ou seja, a aparência que ele mesmo demonstra socialmente, apurável por vários meios, entre eles a solicitação judicial de extratos de cartões de crédito, a fim de se verificar o padrão dos gastos etc. MATOS, Ana Carla H. e TEIXEIRA, Ana Carolina Brochado. *Revista Brasileira de Direito Civil – RBDCivil*. Belo Horizonte, vol. 12, p. 75-92, abr./jun. 2017.

49. Rolf Madaleno "reconhece a ilicitude da prova; entretanto, permite que o juiz coteje os valores postos em entrechoque no propósito de escolher e decidir pelo melhor caminho na aplicação da justiça". MADALENO, Rolf. *Direito de Família*. 7ª. ed. ver., atual e ampl. – Rio de Janeiro: Forense, 2017. Decisão do TJRS, mostra a sua acolhida excepcional. "Execução de alimentos. Interceptação telefônica do devedor de alimentos. Cabimento. Tentada a localização do executado de todas as formas, residindo este em outro Estado e arrastando-se a execução por quase dois anos, mostra-se cabível a interceptação telefônica do devedor de alimentos. Se por um lado a Carta Magna protege o direto à intimidade, também abarcou o princípio da proteção integral a crianças e adolescentes. Assim, ponderando-se os dois princípios sobrepõe-se o direito à vida dos alimentados. A própria possibilidade da prisão civil no caso de dívida alimentar evidencia tal assertiva. Tal medida dispõe inclusive de cunho pedagógico para que outros devedores de alimentos não mais se utilizem se subterfúgios para safarem-se da obrigação. Agravo provido. (SEGREDO DE JUSTIÇA). (TJRS – Agravo de Instrumento 70018683508 – 7ª Câmara Cível – Rel. Maria Berenice Dias – j. em 28.03.2007).

cumprimento do dever geral de boa fé objetiva que não recomenda a busca dolosa do interesse próprio. Requer-se a *antítese do comportamento oportunista*.[50] Adaptando as conclusões de Pianovski Ruzyk à questão em foco, exige-se do alimentante um comportamento leal que honre a confiança legítima e respeite os vínculos de afeto, fundamento das relações intrafamiliares.

A jurisprudência já mostra algumas decisões em ações revisionais que determinaram a redução dos alimentos para metade do que outrora foi fixado. Julgado da 6ª Vara de Família de Belo Horizonte (TJMG) deferiu em parte um pedido de tutela provisória de urgência para reduzir o valor de pensão alimentícia, mantendo os alimentos *in natura*, em virtude da baixa salarial do genitor causada pela crise ocasionada pela pandemia do Covid-19. Em suas palavras:

> Neste momento difícil vivido por nosso País, o que se espera é o sacrifício de todos; e não de apenas alguns. Em sendo assim, espera-se, e isso até nova deliberação deste Juízo, *que a requerida se sacrifique, igualmente, se contentando com um pouco menos daquilo que até então vinha recebendo a título de pensão.* Pelo exposto, defiro em parte o pedido de tutela provisória de urgência, reduzindo desde já o valor da pensão alimentícia devida pelo requerente à requerida, para o importe de 2,4 (dois vírgula quatro) salários-mínimos, incluindo o 13º salário, mas mantidos os alimentos in natura. Desde já, expedir ofício ao empregador, a fim de que faça a redução da pensão nos termos aqui determinados. (TJMG – PROCESSO 5046669-19.2020.8.13.0024).

Em tutela de urgência parcialmente deferida em sede de Ação de Exoneração de alimentos com pedido alternativo de redução para 10% (dez por cento) do salário mínimo, o juiz reduziu a parcela alimentar devida à filha de 18 anos, do percentual de 75% (setenta e cinco por cento) para 60% (sessenta por cento) sobre o salário mínimo. Em suas razões, o alimentante alegava doença e a falta de rendimento derivada do Covid-19. Insatisfeito com a decisão de primeira instância, o Requerente agravou de instrumento ao TJSP (n. 2059977-88.2020.8.26.0000) e a relatora, Des. Fernanda Gomes Camacho, negou provimento ao recurso por não vislumbrar elementos que atestassem a probabilidade do direito do autor.

Decisão da 2ª Vara de Família e Sucessões da comarca de Jacareí, São Paulo, considerando os impactos do Covid-19, reduziu o valor da prestação alimentar paga pela mãe à filha menor. O juiz Fernando Henrique Pinto considerou que a alimentante tem outra filha e que o isolamento social maciço afetou a atividade econômica do país e, consequentemente, a atividade empresarial exercida pela alimentante[51].

O Projeto de Lei 1.657/2020 propunha a suspensão temporária da obrigação alimentar de até 30% do valor fixado, como previa no art. 8º, *in verbis*:

> Art. 8º Ao devedor de alimentos que comprovadamente sofrer alteração econômico-financeira, decorrente da pandemia, poderá ser concedida, por decisão judicial, a suspensão parcial da prestação,

---

50. RUZYK, Carlos Eduardo Pianovski. *A crise do covid-19 entre boa-fé, abuso do direito e comportamentos oportunistas.* Disponível em: <https://www.migalhas.com.br/coluna/migalhas-contratuais/324727/a-crise-do-covid-19-entre--boa-fe-abuso-do-direito-e-comportamentos-oportunistas>. Acesso em: 24/05/2020.
51. Notícia do Instituto Brasileiro de Direito de Família – IBDFAM. Disponível em: <http://www.ibdfam.org.br/noticias/7201/Justi%C3%A7a+de+S%C3%A3o+Paulo+reduz+valor+de+pens%C3%A3o+aliment%C3%ADcia+por+-causa+da+pandemia+do+coronav%C3%ADrus>. Acesso em 26/04/2020.

em limite não superior a 30% (trinta por cento) do valor devido, pelo prazo de até 120 dias, desde que comprovada a regularidade dos pagamentos até 20 de março de 2020.

Parágrafo único. Na hipótese de que trata o *caput*, a diferença entre o valor anteriormente fixado e o valor reduzido será paga em até 6 parcelas mensais, atualizadas monetariamente, com vencimento a partir de 1º de janeiro de 2021.

É bem certo que a solução da suspensão não seria ideal para o alimentando, ainda que representasse uma menor perda. Isto porque, o quantum temporariamente suspenso deveria ser devolvido a partir de janeiro de 2021.

Não se pode negar que a suspensão também será nefasta para o alimentando e para o genitor guardião, em se tratando de for criança ou adolescente, pois as despesas fixas persistirão e se acumularão como dívidas. Na maioria dos casos, como referido, a mãe arcará o custo dobrado, pois continuará enfrentando as mesmas despesas. E, mesmo na eventualidade, daquela suspensão, seria bem improvável o pagamento ulterior da quantia suspensa. Portanto, a alteração dos alimentos deve mesmo se guiar pela efetiva modificação do potencial econômico-financeiro do alimentante.

Ainda sobre o tema de alimentos, o Conselho Nacional de Justiça, por meio do Provimento 62/2020 (Art. 6º), recomendou aos magistrados de todo o país, a opção pela prisão domiciliar para os devedores de alimentos a fim de evitar a ampliação dos riscos epidemiológicos, mais elevados nos estabelecimentos prisionais. Conquanto se possa decretar a prisão, o cumprimento se fará sob o regime domiciliar.

> [...] aos magistrados com competência cível que considerem a colocação em prisão domiciliar das pessoas presas por dívida alimentícia, com vistas à redução dos riscos epidemiológicos e em observância ao contexto local de disseminação do vírus.

"Choveram" *Habeas Corpus*, Individuais ou Coletivos, tencionando colocar em liberdade ou em prisão domiciliar, aqueles que haviam sido presos por este motivo. Decisão do Superior Tribunal de Justiça, de 26 de março de 2020, no Habeas Corpus coletivo 568.021 impetrado pela Defensoria Pública do Estado do Ceará, reconheceu a necessidade de cumprimento da recomendação do CNJ, estendendo os efeitos do referido *writ* a todos os demais presos sob a mesma razão. Afirmou o Ministro Relator Paulo de Tarso Sanseverino:

> Portanto, considerando o crescimento exponencial da pandemia em nosso país e no mundo, e com vistas a assegurar efetividade às recomendações do CNJ para conter a propagação da doença, concedo parcialmente a liminar para determinar o cumprimento das prisões civis por devedores de alimentos do estado do Ceará, excepcionalmente, em regime domiciliar.

O Projeto de Lei 1.179, tocante à prisão do devedor de alimentos, estabeleceu que seja decretada exclusivamente sob o regime domiciliar (art. 2), sem prejuízo da exigibilidade das respectivas obrigações. Segundo dispõe, "Até 30 de outubro de 2020, a prisão civil por dívida alimentícia, prevista no art. 538, § 3º e seguintes da Lei 13.105, de 16 de março de 2015 (Código de Processo Civil), deverá ser cumprida exclusivamente sob a modalidade domiciliar, sem prejuízo das respectivas obrigações." A medida excepcional se estenderá, uma vez convertida em lei, ao tempo vigência do estado de calamidade, conforme estabelecido pelo decreto legislativo federal 6/2020.

A considerar a divisão da doutrina quanto à pertinência e adequação da prisão do devedor de alimentos, é possível que a ideia de prisão domiciliar venha a se tornar uma solução definitiva, somada às novas formas de execução expropriatória. Há alternativas adequadas já em andamento que atingem ao devedor de classe media e alta, como o bloqueio do passaporte, a penhora de limite do cartão de crédito, a cassação da carteira de motorista. Em classe menos favorecidas, decisão liminar recente, proferida nos autos de n. 0027185-07.2018.8.26.0576, em tramite no juízo da 2ª. Vara de Família e Sucessões da Comarca de São José do Rio Preto, determinou a penhora de 40% do auxílio emergencial.[52]

Ainda que a prisão do devedor de alimentos se apresente como instrumento eficaz para o pagamento do *quantum* devido, é inconteste que os estabelecimentos prisionais são ambientes inóspitos, de elevado risco de violência e, no momento, muito propícios à disseminação da pandemia viral o que ampliaria os riscos de contaminação do alimentante. Vivo e com saúde, o devedor terá melhores condições de prover os alimentos e de exercer a sua autoridade parental, se o credor for criança ou adolescente.

Conrado Paulino e Cristiano Chaves seguem se opondo à alternativa da prisão domiciliar e sugerem como melhor solução – a suspensão dos decretos prisionais durante o período do confinamento social.[53] Na sua conclusão, *"o que se espera é que o credor sobreviva ao calvário, afinal de contas, além de lutar contra o coronavírus, precisa, também, sobreviver à fome (…)*. São tempos de escolhas trágicas, mas que requerem elevada inspiração no princípio de solidariedade. Vivemos um momento de buscar a redução de danos, porque todos já estamos perdendo.

4. TUTELA DA PESSOA IDOSA: O CUIDADO INCLUI O RESPEITO À AUTONOMIA

A Constituição Federal de 1988 determina que *"A família, a sociedade e o Estado têm o dever de amparar as pessoas idosas, assegurando sua participação na comunidade, defendendo sua dignidade e bem-estar e garantindo-lhes o direito à vida"* (art.230).

No Brasil, adota-se o critério objetivo para classificar as pessoas como idosa, assim definindo-as como aquelas que tem idade igual ou superior a 60 anos (art. 1º, Estatuto do Idoso). Embora as pessoas apresentem desenvolvimento diversificado, havendo aquelas mais resistentes e bem saudáveis com elevada idade, não se nega o fato de que a ancianidade traz as suas fragilidades. Tanto é que os idosos estão entre aqueles mais susceptíveis aos efeitos graves do Covid-19; se sofrerem alguma comorbidade, mais

---

52. Notícia veiculada no site Migalhas, no dia 27/04/2020. Disponível em: <https://m.migalhas.com.br/quentes/325486/pai-tera-40-do-auxilio-emergencial-penhorado-para-pensao-alimenticia>. Acesso em: 27/04/2020.

53. "Também se poderia prospectar soluções casuísticas que permitissem conceder proteção ao inadimplente, sem sacrificar o (já prejudicado) credor. Não se pode é proteger um dos sujeitos com absoluto e exclusivo sacrifício do outro!!! Outrossim, uma boa alternativa seria a suspensão do decreto prisional durante o período de confinamento. Tão logo o funcionamento do Poder Judiciário seja aberto ao atendimento público, de imediato, a prisão poderia voltar a ser realizada." PAULINO, Conrado; CHAVES, Cristiano. A prisão do devedor de alimentos e o corona vírus: o calvário continua para o credor. Disponível em: <http://www.ibdfam.org.br/artigos/1400/A+pris%C3%A3o+-do+devedor+de+alimentos+e+o+coronav%C3%ADrus%3A+o+calv%C3%A1rio+continua+para+o+credor++>. Acesso em: 27/04/2020.

expostos estarão. Assim, dever da sociedade, do Estado e da família de zelar pela saúde dessas pessoas se intensifica.

Em números absolutos apresentados pelo Ministério da Saúde no Boletim CO-E-Covid-19 publicado em abril de 2020, há um total de 61.888 casos confirmados e 4.205 óbitos[54]. 72% (setenta e dois por cento) desses óbitos referem-se a pessoa idosa que apresentava pelo menos um fator de risco. A cardiopatia foi a principal comorbidade associada e esteve presente em 945 dos óbitos, seguida de diabetes (em 734 óbitos), pneumopatia (187), doença renal (160) e doença neurológica (159).

Diante de uma estatística assustadora o cuidado excessivo com os idosos é mais que justificado. Mas nem assim poderá desconsiderar a sua autonomia, pois a idade avançada não é sinônimo de senilidade nem lhe subtrai a capacidade decisória. Ainda cabe ao idoso, como a qualquer pessoa livre e capaz, decidir com quem quer viver a forma como deseja fazê-lo, respeitando-se sempre o direito de terceiro.

Como o critério etário não é o único a ser utilizado para dizer que a pessoa é mais suscetível aos efeitos graves do Covid-19, as políticas públicas ou decisões administrativas sanitárias restritivas de liberdade não poderão se dirigir somente ao idoso. Incorreu nesse erro, o Decreto Municipal 21.118, de 24 de março de 2020, do Município de São José dos Campos que restringia a circulação de pessoas de mais de 60 anos de idade nos espaços públicos da cidade.

O decreto foi considerado atentatório ao direito de ir e vir desse contingente populacional pelo Supremo Tribunal Federal, em decisão que apreciou a Suspensão Liminar 1.309[55] proposta pelo município contra decisão do Tribunal de Justiça de São Paulo (TJSP) que suspendeu os efeitos do ato normativo municipal. Coube ao Ministro relator manter a decisão do TJSP, entendendo que não há qualquer norma federal (Lei 13.979/20) ou estadual (Decreto estadual 64.881) de enfrentamento ao Covid-19 que tenha autorizado a restrição de circulação de grupos específicos de pessoas. Portanto, a autoridade municipal não poderia fazê-lo sem ofensa ao direito fundamental de ir e vir dos cidadãos com mais de 60 anos de idade.

A autonomia da pessoa idosa deve ser garantida sob pena do prejuízo à própria personalidade. Tolher o idoso em seu poder de deliberação sobre suas atividades afetivas e negociais é limitar a sua autodeterminação[56] e malferir o nomeado *direito ao envelhecimento saudável.*

Solução distinta é a que se aponta no PLS 971/2020, de autoria da Deputada Federal Joice Hasselmann, que estabelece restrição de visita aos idosos que vivem asilos ou outras instituições de permanência. A medida se impõe para o bem geral daqueles que vivem no estabelecimento, reduzindo-lhes os riscos de contaminação pelos visitantes. Propõe que se autorize apenas um visitante semanal por idoso, mediante a adoção das medidas de higienização, uso de máscara e sem contato físico. Outros projetos de lei

---

54. Boletim COE-Covid-19 – Centro de Operações em Emergência em Saúde Pública. Disponível em: <https://portalarquivos.saude.gov.br/images/pdf/2020/April/21/BE13---Boletim-do-COE.pdf>. Acesso em 27/04/2020.
55. Disponível em: http://www.stf.jus.br/arquivo/cms/noticiaPresidenciaStf/anexo/SL1309.pdf. Acesso em: 27/04/2020.
56. BARLETTA, Fabiana Rodrigues. A pessoa idosa e seu direito prioritário à saúde: apontamentos a partir do princípio do melhor interesse do idoso. *R. Dir. sanit.*, São Paulo v.15 n.1, p. 119-136, mar./jun. 2014, p.123.

também foram identificados com o fim de assegurar alguma estabilidade financeiras para compensar os eventuais gastos dos idosos com a saúde durante o período pandêmico.[57]

Todo cuidado e assistência devem ser dispensados, mas sempre em atenção ao seu melhor interesse e proteção prioritária.[58] Entendendo-se o melhor interesse como aquele que promove a proteção global dos seus direitos, incluindo-se a sua autonomia. Não se pode preencher o conteúdo desse melhor interesse do idoso segundo a perspectiva heterônoma da família, da sociedade ou do Estado, a semelhança do que se admite em relação à criança. Ainda que vulnerável, o idoso é pessoa maior e capaz e deve ter a sua vontade observada.

Na hipótese em que estiver sem capacidade natural de agir, em virtude de grave doença incapacitante, que se respeitem a sua vontade tácita, desvelada a partir de sua história biográfica. A pessoa idosa com deficiência mental grave, a exemplo do estágio avançado de Alzheimer, possui "uma vontade autônoma que foi conhecida por todos no passado e que se estende para o presente"[59]. A esta vontade optamos por nominar de vontade biográfica ou tácita[60].

Decisão do Tribunal de Justiça do Estado do Rio de Janeiro (Agravo de Instrumento 0015225-60.2020.8.19.0000), de autoria do desembargador Luciano Saboia Rinaldi de Carvalho, datada de março de 2020, restringiu a convivência presencial de parentes com uma idosa de 82 anos, determinando que o convívio passasse a ser exclusivamente virtual. Na origem, dois filhos dessa senhora, vítima de Acidente Vascular Cerebral – AVC, ingressaram com uma ação, buscando a regulamentação da convivência dela com os demais parentes (filhos, noras e netos), visando evitar o contato intermitente e riscos de contaminação. Negada a tutela de urgência pelo juízo *a quo*, interpuseram um agravo de instrumento, no qual foi deferida uma tutela de urgência, afastando-a do convívio

---

57. Citam-se o projeto (PL 1476/20) que concede isenção do imposto de renda aos idosos com idade igual ou superior a 65 anos, cuja aposentadoria não excede o valor 10 salários mínimos; o projeto de lei no.1237/20 que isenta os idosos dessa mesma faixa etária do pagamento da Contribuição para o Custeio da Iluminação Pública, nos casos em que tiver apenas um imóvel em seu nome e o consumo de energia não ultrapassar a 300 quilowatts; o PL no.965/20 que suspende temporariamente os contratos de créditos firmados entre instituições financeiras e aposentados e pensionistas durante todo o período de emergência de saúde pública do coronavírus; PL no.1026/2020 dispõe que o percentual de participação dos idosos no custeio das entidades filantrópicas de longa permanência ou casas lares passe a 100% do benefício previdenciário ou assistencial recebido pelo idoso, durante o período pandêmico. Tal participação já é prevista no Estatuto do Idoso (art. 35, § 2º), sendo que na base de 70%. Disponível em: <https://www.camara.leg.br/noticias/652039-propostas-visam-garantir-protecao-para-idosos-durante-a-pandemia-de--covid-19/>. Acesso em: 29/04/2020.

58. BARLETTA, Fabiana Rodrigues. A pessoa idosa e seu direito prioritário à saúde: apontamentos a partir do princípio do melhor interesse do idoso. *R. Dir. sanit.*, São Paulo v. 15 n.1, p. 119-136, mar./jun. 2014, p.128.

59. BARBOSA-FOHRMANN, Ana Paula; ARAÚJO, Luana Adriano. 10 anos de Vincent Lambert: boa vontade e beneficência para pessoas com deficiência. *Civilistica.com*. Rio de Janeiro, a. 8, n. 3, 2019. Disponível em: <http://civilistica.com/10-anos-de-vincent-lambert/>. Data de acesso: 20/03/2020.

60. Decreto legislativo peruano n.1384/2018 altera o Código Civil, modificando o art.141, para reconhecer efeito jurídico à vontade tácita. "*Artículo 141. Manifestación de voluntad:* La manifestación de voluntad puede ser expresa o tácita. Es expresa cuando se realiza en forma oral, escrita, a través de cualquier medio directo, manual, mecánico, digital, electrónico, mediante la lengua de señas o algún medio alternativo de comunicación, incluyendo el uso de ajustes razonables o de los apoyos requeridos por la persona. *Es tácita cuando la voluntad se infiere indubitablemente de una actitud o conductas reiteradas en la historia de vida que revelan su existencia.* No puede considerarse que existe manifestación tácita cuando la ley exige declaración expresa o cuando el agente formula reserva o declaración en contrario." Grifo proposital.

presencial com aqueles parentes. Segundo o relator, "a visitação de seis pessoas distintas a uma pessoa idosa, com 82 anos de idade e vítima de AVC, juntas ou separadas, é absolutamente incompatível com o distanciamento social que o coronavírus vem impondo em todos os países".

Para evitar uma ruptura radical no convívio familiar e eventuais danos emocionais à idosa, determinou que o convívio fosse mantido por telefone ou pelos meios virtuais, usando qualquer aplicativo (Skype, WhatsApp, Messenger, entre outros). A decisão não informou, contudo, se a referida senhora está sob curatela ou se não possui condições de opinar ou decidir. Sequer menciona que a tenha sido ouvida. Nesse aspecto, preocupa que não haja participado diretamente do feito se reunia condições para tanto.

Noutro exemplo, o autor da ação foi o próprio idoso, um senhor de 92 (noventa e dois) anos, que pleiteou o afastamento do filho da casa onde mora porque o mesmo não vinha observando as medidas de prevenção exigidas para a prevenção de contágio pelo Covid-19. Nos autos do processo 0800370-79.2020.8.20.5120, da Vara Única da comarca de Luiz Gomes/RN, o juízo concedeu a tutela de urgência pretendida, determinando o afastamento do filho da residência do autor, para garantia da necessária proteção à sua saúde e segurança. Deferiu, inclusive, o reforço policial para a hipótese de eventual resistência ao cumprimento da ordem[61]. A atuação autônoma do idoso é louvável e deve ser prestigiada e apoiada pela família, pela sociedade e pelo Estado. Nas situações de riscos que prejudicam os idosos, uma vez que se faça necessário, será admissível a atuação de um terceiro interessado nos limites do art. 18, do Código de Processo Civil. Mesmo nessas hipóteses, não se pode atropelar a vontade do idoso.

O PLS 1.627/2020 também dedicou atenção ao interesse do idoso. Adotou, no entanto, uma solução excessivamente heterônoma que, ao nosso ver, era ofensiva à personalidade, porque desconsiderava a autonomia do idoso. A se optar por uma solução legislativa, mais adequado seria adotar a perspectiva do idoso, garantindo-lhe o convívio com os parentes, ainda que pelos meios exclusivamente virtuais.

Alguns avós são guardiões de seus netos, outros moram sob o mesmo teto com seus filhos e netos e não querem ser privados desse convívio. O ideal é que os cuidados sejam feitos no âmbito da própria família e que cada um dos parentes compreenda a urgência de intensa cautela. O pior cenário se vê nas comunidades mais pobres desse país, onde o distanciamento social ou as medidas de higiene são praticamente inviáveis porque os parentes se amontoam em barracos de poucos cômodos, sem água ou recursos para comprar qualquer item de higiene. Ainda aqui, não se pode impor aos idosos a sua retirada desse convívio.[62]

---

61. TJ/RN: Liminar determina afastamento de filho de idoso do lar por não cumprir medidas de prevenção ao Covid-19. Disponível em: <http://www.sedep.com.br/noticias/tj-rn-liminar-determina-afastamento-de-filho-de-idoso-do--lar-por-nao-cumprir-medidas-de-prevencao-ao-covid-19/>. Acesso em: 27/04/2020.
62. Algumas soluções administrativas vêm sendo idealizadas, como a que foi ventilada pelo Prefeito do Rio de Janeiro, para oferecer abrigo a esses idosos em hotéis da cidade que, no momento, estão com as suas atividades paralisadas em razão da pandemia. Ver noticia "Rio: idosos de comunidade podem ficar em hotéis para evitar contaminação em Covid-19". Disponível em: <https://agenciabrasil.ebc.com.br/saude/noticia/2020-03/rio-idosos-de-comuni-dades-podem-ficar-em-hoteis-para-evitar-covid-19>. Acesso em 29/04/2020.

Que se preservem a convivência com os idosos ainda que, nas hipóteses excepcionais, por meios não presenciais. Sem ofender a autonomia do idoso, a convivência virtual deve ser efetivamente garantida nos casos em que se optar pelo distanciamento físico.

Para além de proteger o idoso do contágio na família, é necessário pensar alternativas que sejam utilizadas para a sua proteção das filas bancárias que se formam às portas dos bancos. Aquele idoso (ou pessoa com morbidade) que prefere cumprir um isolamento radical e precisa resolver questões patrimoniais diversas fora de casa, não terá outra alternativa além do mandato, por meio do qual, outorgará poderes de representação a terceiro. Porém, há lugarejos desse país nos quais o cartório não é tão próximo ou os emolumentos cobrados são excessivos.

No interior do Ceará, a filha de uma senhora idosa recorreu ao judiciário, pleiteando a curatela de sua genitora, aposentada e 91 anos ainda lúcida, para sua representação provisória junto aos bancos e repartições previdenciárias. Coube ao juízo da comarca de Ibiapina/CE, nos autos do Processo: 0050076-21.2020.8.06.0087, deferir a curatela provisória para instituir a representação e resguardar a idosa dos riscos de contaminação, ampliados nos espaços públicos. O magistrado considerou que, *"Exigir, em tempos de pandemia, a ida de uma idosa até um dos postos do INSS ou a uma lotérica para receber seu benefício, este indispensável para sua sobrevivência, é medida que deve ser afastada."* Assim, o fez sem prévia entrevista, em virtude das circunstancias presentes e por observar que os recursos de aposentadoria daquela mulher são indispensáveis ao sustento diário, o que impôs a celeridade da medida. Em suas palavras, "pessoas idosas, com idade avançada, necessitam de cuidados especiais, sendo imprescindível o cumprimento de quarentena para se evitar o contágio pela Covid-19." (...) "muito embora a lei, em regra, determine que haja uma entrevista prévia para se avaliar a possibilidade de uma curatela provisória, esta merece o deferimento imediato".

Agiu bem o magistrado ao dispensar provisoriamente a entrevista para atender com celeridade a demanda. Neste aspecto é o que orienta o Conselho Nacional de Justiça, relativamente aos pedidos de curatela (Resolução do CNJ 313/2020).

No entanto, aplicar-se a curatela para fins provisórios a pessoa inteiramente lúcida é lançar mão de uma alternativa extremada, vez que recomendável apenas casos absolutamente excepcionais de necessidade de apoio extremo ao exercício da capacidade em virtude de deficiência psíquica ou intelectual. Uma vez decretada, a sua reversão dependerá de pedido especifico para o seu levantamento, o que pode trazer excessivo ônus ao curatelado.

Em atenção a essa realidade presente, sugere-se uma representação judicial da pessoa que está no grupo de risco do Covid-19 nos casos em que não tiver condições de outorgar poderes por meio de procuração pública, usando as serventias cartorárias. Para evitar a medida extrema da curatela, entende-se que o idoso ou pessoa com grave comorbidade pode requerer em juízo a nomeação de um determinado e representante legal, apto a praticar, em seu nome, certos atos de natureza bancária ou previdenciária, durante o período de quarentena ou isolamento social imposto em virtude da pandemia

Uma tal solução seria mais apropriada porque não constituir a extremada alternativa da curatela. A tomada de decisão apoiada (art. 1.783-A, CC) também não teria utilidade porque não envolve poderes de representação. Pensamos a solução acima para permitir o intuito pretendido quando a via adequada do mandato por escritura pública não for viável ao interessado pela falta de acesso físico aos cartórios ou mesmo pelo excessivo custo dos emolumentos. A solução seria temporária, vigente apenas durante o período de isolamento social imposto, desobrigando um ulterior pedido de cancelamento, como ocorre com a curatela, na qual se requer o seu levantamento (art. 756, § 1º CPC).

Estando a pessoa idosa ou do grupo de risco em situação de impossibilidade de manifestação volitiva, aplicável seria o art. 4º, do Código Civil, autorizando a curatela nos termos do art. 1.767, inciso I, do Código Civil. Resolução do Conselho Nacional de Justiça 313/2020, determina que as audiências de entrevista do curatelando sejam agendadas para período posterior, quando do retorno das atividades presenciais, devendo-se expedir, de logo, o competente alvará de curatela provisória.

Cumpre ainda destacar a Portaria 373, de 16 de março de 2020, do Instituto Nacional do Seguro Social – INSS, como forma de auxiliar as pessoas com deficiência ou idosos que recebem benefícios previdenciários ou assistenciais, determinou a interrupção, por até 120 (cento e vinte) dias, das rotinas de atualização e manutenção de benefícios, podendo o essa interrupção ser prorrogada enquanto perdurarem as medidas de isolamento estabelecidas. Para a atualização e manutenção dos benefícios, o INSS exige a comprovação de vida aos beneficiários residentes no Brasil ou no exterior; determina a exclusão de procuração por falta de renovação ou revalidação após 12 (doze) meses; a suspensão de benefício por não apresentação de documento que comprove o andamento regular do processo legal de tutela ou curatela quando se tratar de administrador provisório etc.

Grosso modo, as medidas tendentes a viabilizar o isolamento social estão sendo envidadas. Cumpre a todos e a cada um, zelar pela segurança dos seus idosos e parentes vulnerabilizados pela deficiência ou comorbidades.

5. CONCLUSÃO

1. A pandemia gerada pelo Covid-19 é um fato imprevisível e extraordinário que levou as autoridades a determinarem o isolamento ou afastamento social.

2. O Covid-19 por si só, não pode servir de fundamento para o descumprimento de decisões judiciais e acordos na seara do direito de família, salvo demonstrado e comprovado o motivo para a sua suspensão ou modificação.

3. As famílias foram levadas a um convívio intenso que suscitou inúmeros conflitos, nomeadamente quanto ao exercício da convivência com os filhos pelos genitores que não residem na mesma unidade domiciliar. O fato pandêmico, em si, não justifica alteração nos termos avençados ou fixados judicialmente para o exercício dessa convivência, vez que todos estamos sob os mesmos riscos. Eventual alteração, a pautar-se nos limites do melhor interesse da criança, há que se justificar em risco adicional e específico que a convivência possa gerar para ela ou para pessoa com quem convive. Antes de suspender a convivência presencial para afastar esses riscos específicos, a alternativa da convivência virtual deverá ser excepcionalíssima. Cuide-se ainda para afastar demandas que se traduzem em práticas de alienação parental.

4. A convivência não se resume a relação paterno-filial, devendo ser estimulada e mantida também com outros parentes, como avós, tios, primos, irmãos unilaterais que com a criança/adolescente guardem vínculo afetivo, devendo ser exercida preferencialmente na forma presencial e excepcionalmente, na virtual;

5. O fato pandêmico não constitui, em si, justificativa para revisão nos alimentos. O binômio possibilidade x necessidade continua sendo a baliza aplicável. A se admitir os efeitos da crise econômica provocada pela pandemia como fato imprevisível que autoriza a modificação da avença alimentar, será necessária a comprovação do desequilíbrio entre a capacidade financeira de quem paga para honrar a obrigação, no quantum fixado anteriormente.

6. Em se tratando de alimentos devidos aos filhos menores, deve-se observar o melhor interesse da criança e a sua prioridade absoluta, cotejando ainda a situação do genitor guardião ou com quem a criança reside que, será sobrecarregado de maior ônus.

7. A solução da suspensão parcial da pensão alimentícia prevista pelo PLS 1.627/2020 sequer pode prosperar, haja vista a sua retirada de pauta pela senadora proponente.

8. Em todas essas demandas, havendo condições de realização de sessão virtual de conciliação, que seja realizada com máxima urgência, especialmente, se o alimentando for criança ou adolescente.

9. A *coronacrise* abriu espaço para conversão em regime domiciliar, a prisão dos devedores de alimentos, nos termos da Recomendação 62/2020 e da decisão do Superior Tribunal de Justiça. Sendo a solução, objeto de projeto de lei em curso.

10. O direito de convivência da pessoa idosa em face dos seus parentes deve ser garantido, de modo a preservar sua integridade física e psíquica, ainda que excepcionalmente realizado sob os meios virtuais.

11. Para preservar o isolamento do idoso que não deseja sair de sua casa para resolver questões burocráticas, seja autorizada a representação judicial, nomeando-se um representante legal de poderes específicos, a quem se atribua o dever de prestar contas idêntico ao que se atribui ao tutor e ao curador.

12. A curatela é medida excepcional que só pode ser utilizada como última alternativa, ou seja, quando o idoso não tiver condições de expressar a sua vontade.

6. REFERÊNCIAS

BARBOSA-FOHRMANN, Ana Paula; ARAÚJO, Luana Adriano. *10 anos de Vincent Lambert: boa vontade e beneficência para pessoas com deficiência. Civilistica.com*. Rio de Janeiro, a. 8, n. 3, 2019. Disponível em: <http://civilistica.com/10-anos-de-vincent-lambert/>. Data de acesso: 20/03/2020.

BARBOZA, Heloisa Helena. Novas tendências do direito de família. *Revista da Faculdade de Direito da Universidade do Rio de Janeiro*. Rio de Janeiro, v. 2, 1994.

BARLETTA, Fabiana Rodrigues. *A pessoa idosa e seu direito prioritário à saúde: apontamentos a partir do princípio do melhor interesse do idoso. Revista de direito sanitário*, São Paulo, v. 15, n. 1, mar./jun. 2014.

BENTO, Rafael Tedrus e ALMEIDA, Camila Eduarda M. de. *As relações de consumo e o covid-19*. Disponível em: <https://www.migalhas.com.br/depeso/323082/as-relacoes-de-consumo-e-o-covid-19>. Acesso em 23/04/2020.

BIROLI, Flávia. *Gênero e desigualdades: limites da democracia no Brasil*. São Paulo: Boitempo, 2016.

CALDERÓN, Ricardo. *Princípio da afetividade no direito de família*. São Paulo: Gen, 2017.

FARIAS, Cristiano Chaves de & ROSA, Conrado Paulino da. *A prisão do devedor de alimentos e o coronavírus: o calvário continua para o credor.* Disponível em: <www.ibdfam.org.br>. Acesso em: 01 de abril de 2020.

FURED, Frank. *A disaster whitout precedent.* Disponível em: <https://www.spiked-online.com/2020/03/20/a--disaster-without-precedent/>. Acesso em: 15/03/2020.

GOMES, Orlando. *Direito de Família*. 11ª ed., Rio de Janeiro: Revista Forense, 1999.

MADALENO, Rolf. *Direito de Família*. 7ª. ed. ver., atual e ampl. Rio de Janeiro: Forense, 2017.

MATOS, Ana Carla Harmatiuk e TEIXEIRA, Ana Carolina Brochado. Os alimentos entre dogmática e efetividade. *Revista Brasileira de Direito Civil – RBDCivil.* Belo Horizonte, vol. 12, abr./jun. 2017.

MORAES, Maria Celina Bodin de. *A família democrática.* Na medida da pessoa humana: um estudo de direito civil-constitucional. Rio de Janeiro: Renovar, 2010.

MORAES, Maria Celina Bodin. *A nova família, de novo – Estruturas e função das famílias contemporâneas.* Pensar, Fortaleza, v. 18, n. 2, mai./ago. 2013. Disponível em: <https://periodicos.unifor.br/rpen/article/view/2705/pdf>. Acesso em: 26/04/2020.

RODRIGUES, Otávio Luiz; FERREIRA, Antonio Carlos; MALUF, Carlos Alberto Dabus; CALMON Guilherme. *In Saída de emergência da TV Conjur: Direito de família e de Sucessões.* Disponível em: < https://www.youtube.com/watch?v=EYuNIJReASQ>. Acesso em: 01/04/2020.

RODRIGUES, Sílvio. *Direito de Família*. Vol. 6. 28ª ed., São Paulo: Saraiva, 2007.

ROSENVALD, Nelson; MONTEIRO FILHO, Carlos Edson do; e DENSA, Roberta. *Coronavirus e responsabilidade civil: impactos contratuais e extracontratuais.* Indaiatuba/SP: Editora Foco, 2020.

RUZYK, Carlos Eduardo Pianovski. *A crise do covid-19 entre boa-fé, abuso do direito e comportamentos oportunistas.* Disponível em: <https://www.migalhas.com.br/coluna/migalhas-contratuais/324727/a--crise-do-covid-19-entre-boa-fe-abuso-do-direito-e-comportamentos-oportunistas>. Acesso em: 24/05/2020.

SANTOS, Boaventura de S. *A cruel pedagogia do vírus.* Coimbra: Almedina, 2020.

SOUZA, Eduardo Nunes de; e GUIA, Rodrigo da. *Resolução contratual nos tempos do novo coronavírus. Migalhas.* Disponível em: <https://www.migalhas.com.br/coluna/migalhas-contratuais/322574/resolucao-contratual-nos-tempos-do-novo-coronavirus>. Acesso em: 25/03/2020.

TERRA, Aline de Miranda Valverde. *Covid-19 e os contratos de locação em shopping center. Migalhas.* Disponível em: <https://www.migalhas.com.br/depeso/322241/covid-19-e-os-contratos-de-locacao-em-shopping-center>. Acesso em: 20/03/2020.

TEPEDINO, Gustavo e TEIXEIRA, Ana Carolina Brochado. *Fundamentos do direito civil: Direito de família.* Vol. 5, São Paulo: Editora Gen, 2020.

TEPEDINO, Gustavo; OLIVEIRA, Milena D.; DIAS, Antonio. **Contratos, força maior, excessiva onerosidade e desequilíbrio patrimonial.** Disponível em:<https://www.conjur.com.br/2020-abr-20/opiniao-efeitos-pandemia-covid-19-relacoes-patrimoniais>. Acesso em: 24/04/2020.

XAVIER, Marília Pedroso e COLOMBO, Maici Barbosa dos Santos. *Guarda e autoridade parental: por um regime diferenciador.* TEIXEIRA, Ana Carolina Brochado; DADALTO, Luciana. Autoridade Parental: dilemas e desafios contemporâneos. Indaiatuba/SP: Editora Foco, 2019.

EXERCÍCIO DO DIREITO À CONVIVÊNCIA FAMILIAR EM SITUAÇÕES EXTREMAS: PRINCÍPIO DO MELHOR INTERESSE DA CRIANÇA E COLISÃO DE DIREITOS FUNDAMENTAIS

Líbera Copetti de Moura

Mestre em Responsabilidade Civil pela Universidade de Girona (Espanha). Especialista em Direito de Família e Sucessões (Damásio). Advogada, professora universitária e Presidente do IBDFAM/MS biênios 2018/2019 – 2020/2021.

Maici Barboza dos Santos Colombo

Mestre em Direito Civil e Especialista em Direito Civil Constitucional pela Universidade do Estado do Rio de Janeiro (UERJ). Aprovada no processo seletivo para ingresso no Doutorado da Universidade do Estado de São Paulo (USP) – 2020.2. Advogada e professora universitária.

Sumário: 1. Introdução. 2. Melhor interesse da criança e do adolescente no contexto pandêmico: autoridade parental, guarda e regime de convivência. 3. A possibilidade de revisão da convivência familiar conforme o princípio do melhor interesse da criança e do adolescente. 4. Técnicas de ponderação dos direitos fundamentais. 5. Prevenção à alienação parental. 6. Conclusões.

1. INTRODUÇÃO

O mundo vem sofrendo os impactos da pandemia de Covid-19, doença que, em sua forma mais severa, causa síndrome respiratória aguda grave, podendo culminar na morte do paciente. O surto do novo coronavírus, causador da enfermidade, foi identificado pela primeira vez na província de Wuhan, na China, e desencadeou alerta mundial de pandemia pela OMS em março de 2020.[1] Sem cura ou vacina conhecidos, a estratégia preponderantemente adotada para a contenção da doença ao redor do mundo tem sido a redução das interações sociais, já que o vírus se mostra altamente contagioso.

Diante do contexto pandêmico, a consecução do direito fundamental à convivência familiar de crianças e de adolescentes, garantido no art. 227 da Constituição Federal, bem como nos arts. 4º e 19 do Estatuto da Criança e do Adolescente, pode se tornar um desafio

---

1. Nações Unidas Brasil. Organização Mundial da Saúde classifica novo coronavírus como pandemia. Disponível em: <https://nacoesunidas.org/organizacao-mundial-da-saude-classifica-novo-coronavirus-como-pandemia/> Acesso em: 03 maio de 2020.

quando são considerados: i) as restrições deambulatórias impostas pelas autoridades governamentais e ii) o maior risco de desenvolvimento da forma grave da doença por determinados grupos, como idosos e pessoas com doenças crônicas ou imunodeprimidas.

Podem então emergir dificuldades para a subsistência do convívio com ambos os pais, quando não há coabitação entre eles, e com os demais membros da família extensa, como avós que se encontram no grupo de risco. Essas circunstâncias se mostram terreno fértil para a prática de alienação parental supostamente justificada no cumprimento de determinações de autoridades ou mesmo no princípio do melhor interesse da criança e do adolescente.

Diante disso, o presente estudo pretende abordar as consequências da pandemia de Covid-19 sobre a garantia de convivência familiar de crianças e adolescentes, a partir da construção de critérios baseados no princípio do melhor interesse, os quais contribuam para obstar a subversão da lógica de proteção especial imposta pelo ordenamento jurídico em favor da prática de alienação parental.

2. MELHOR INTERESSE DA CRIANÇA E DO ADOLESCENTE NO CONTEXTO PANDÊMICO: AUTORIDADE PARENTAL, GUARDA E REGIME DE CONVIVÊNCIA

De acordo com o art. 227 da Constituição Federal de 1988, é dever da família, da sociedade e do Estado, assegurar às crianças e aos adolescentes os seus direitos fundamentais. O mandamento constitucional parte da constatação de que antes de atingida uma idade mínima, a pessoa em desenvolvimento encontra-se em estado de vulnerabilidade nas interações sociais, isto é, sujeita-se a um risco maior de ter seus direitos básicos violados.

Ao estabelecer a responsabilidade compartilhada entre a família, a sociedade e o Estado pela consecução dos direitos das crianças e dos adolescentes, a Constituição Federal expressou o dever jurídico de cuidado em favor desse grupo, a partir de ações e abstenções que lhes assegurem ampla proteção.[2]

Além disso, para evitar que o interesse da criança ou do adolescente seja sobrepujado por aquele das pessoas a quem incumbe a sua proteção, é imperiosa a observância do princípio do melhor interesse, que deve balizar todas as medidas e decisões que se enderecem a esse grupo.

No âmbito da legislação doméstica,[3] pode-se extrair o princípio do melhor interesse a partir da interpretação do Estatuto da Criança e do Adolescente, mormente do art. 100,

---

2. Segundo Heloísa Helena Barboza, "O dever de cuidados nas relações familiares pode ser entendido como o conjunto de atos que devem ser praticados pelos integrantes da família para a proteção daqueles que são suscetíveis de vulneração, em razão de suas circunstâncias individuais". (BARBOZA, Heloísa Helena. Perfil jurídico do cuidado e da afetividade nas relações familiares. In: PEREIRA, Tânia da Silva; OLIVEIRA, Guilherme de; COLTRO, Antonio Carlos Mathias (Orgs.). *Cuidado e afetividade*. São Paulo: Atlas, 2017, p. 184.)

3. No âmbito do sistema global de proteção internacional dos direitos humanos, o princípio do melhor interesse surge na Declaração Internacional dos Direitos da Criança e do Adolescente (1959) e é confirmado na Convenção Internacional sobre os Direitos da Criança (1989). Ambos os documentos foram assinados e ratificados pelo Brasil e possuem força normativa interna em caráter supralegal, de acordo com o atual entendimento do STF firmado no julgamento do Recurso Extraordinário 466.343.

IV, cujo teor determina a prevalência do interesse superior da criança e do adolescente na aplicação de medidas específicas de proteção.

Observa-se que o princípio do melhor interesse da criança incide precipuamente de duas formas: i) na funcionalização dos institutos jurídicos destinados a crianças e adolescentes[4] e ii) na análise em concreto do merecimento de tutela de toda e qualquer ação relativa a pessoas menores de idade.[5] Mais ainda: representa o rompimento de um paradigma adultocentrista para adoção de uma visão paidocêntrica no que se refere à proteção da criança e do adolescente.[6]

Durante a vigência de excepcionalidades restritivas, como tem sido a pandemia de Covid-19, é indispensável ressaltar que o direito à convivência familiar, titularizado pela criança e pelo adolescente, se reveste de fundamentalidade formal e material,[7] sendo dever de todos – família, sociedade e Estado – convergir para a satisfação desse direito, mediante a observância do princípio do melhor interesse.

A convivência familiar com a família natural é assegurada pelo exercício da guarda ou pelo regime de convivência estipulado aos pais que não residam com seus filhos. Destaca-se que mesmo diante do exercício de guarda unilateral por um dos genitores, o outro não sofre redução em sua autoridade parental, a qual é mais ampla do que o exercício da guarda. Ao genitor não guardião cabe a convivência familiar, os demais cuidados inerentes à autoridade parental e a fiscalização da guarda exercida pelo outro genitor ou por terceiros.

O direito fundamental à convivência familiar não se restringe, contudo, ao convívio com os pais. Esse direito é também assegurado para a manutenção de laços de afinidade e afetividade com outros familiares, como garantido expressamente aos avós no art. 1.589 do Código Civil.

Diante da pandemia de coronavírus, alguns fatos passaram a ser cogitados como ensejadores da suspensão do direito à convivência familiar, como as recomendações de distanciamento social e o comprovado maior índice de letalidade para pessoas de grupos de risco, como idosos e pessoas com comorbidades. A título exemplificativo, o juízo da 2ª Vara de Família de Goiânia, do Tribunal de Justiça de Goiás, determinou liminarmente a suspensão temporária do "direito de visitas" de pai a filha menor de idade que

---

4. Refere-se aqui à vinculação da finalidade dos institutos jurídicos concernentes a crianças e adolescentes ao cumprimento do melhor interesse. Sobre a análise funcional: PERLINGIERI, Pietro. *Perfis do Direito Civil:* Introdução ao Direito Civil Constitucional. 3 ed. Rio de Janeiro: Renovar, 2007.

5. O merecimento de tutela refere-se a uma terceira instância de avaliação de conformação de um ato jurídico ao ordenamento, para além da legalidade e do abuso do direito. Segundo Perlingieri: "Considerando que os valores constitucionais impõem plena concretização, compreende-se totalmente a necessidade, aqui manifestada, de não limitar a valoração do ato ao mero juízo de licitude e de requerer também um juízo de valor: não basta, portanto, negativamente, a não invasão de um limite de tutela, mas é necessário, positivamente, que o fato possa ser representado como realização prática da ordem jurídica de valores, como desenvolvimento coerente de premissas sistemáticas colocadas na Carta Constitucional." (PERLINGIERI, Pietro. *O direito civil na legalidade constitucional.* Rio de Janeiro: Renovar, 2008. p. 650.)

6. MORSELLO, Marco Fábio. Autoridade parental. Perspectiva evolutiva dos direitos da personalidade. Adultocentrismo x visão paidocêntrica. In: CORREIA, Atalá; CAPUCHO, Fábio Jun (Coord.). *Direitos da Personalidade:* a contribuição de Silmara J. A Chinellato. Barueri: Manole, 2019. p. 438.

7. PEREIRA, Tânia da Silva; MELO, Carolina de Campos. Infância e Juventude: os Direitos Fundamentais e os Princípios Constitucionais Consolidados na Constituição de 1988. *Revista da EMERJ,* v. 6, n. 23, 2003, p. 252-271.

se recuperava de uma pneumonite, sob o fundamento de que a "requerente [genitora da criança] anexou aos autos documentos que comprovam que a menor foi acometida por problema de saúde que afetou seu pulmão, e deve ser mantida em isolamento total".[8]

Em outro *decisum*, emanado do Tribunal de Justiça do Rio Grande do Sul, o regime de convivência presencial foi suspenso e adaptado para o contato virtual, nada obstante a inexistência de risco agravado por comorbidade de qualquer das partes, sob a seguinte justificativa: "[a]inda que não haja qualquer indicação de que o agravante possa descumprir as determinações de isolamento social, deve-se ponderar, na atual conjuntura, não só a proteção à saúde de seu filho, um de apenas 4 anos de idade, mas, também, o interesse da coletividade em não alastrar a pandemia, com o que é prudente que a visitação presencial seja, no momento, desautorizada."[9]

Ante a essas considerações, indaga-se se a pandemia por si só pode ser considerada fato suficiente para sustentar uma eventual pretensão de suspensão de visitas, de forma genérica, ou se as particularidades das partes devem interferir nos rumos da convivência familiar durante a pandemia.

A resposta a essa pergunta deve, então, levar em consideração que o regime de convivência, assim como a autoridade parental, deve observar a finalidade de cuidado da criança e do adolescente e que eventuais modificações, para que mereçam tutela jurídica, devem atender ao melhor interesse da criança e do adolescente.

3. A POSSIBILIDADE DE REVISÃO DA CONVIVÊNCIA FAMILIAR CONFORME O PRINCÍPIO DO MELHOR INTERESSE DA CRIANÇA E DO ADOLESCENTE

A realidade brasileira é dominada pelo pluralismo socioeconômico-cultural, que se evidencia, não raras vezes, na desigualdade de acesso aos bens e direitos fundamentais. No contexto pandêmico, a Covid-19 escancarou as inúmeras diferenças vividas pelas famílias brasileiras, dificultando a adoção de soluções únicas e generalizantes para o enfrentamento da crise.

Sob o ângulo técnico-jurídico, a fixação do regime de convivência caracteriza-se como relação jurídica permanente, a permitir a revisão a qualquer tempo, diante de modificações no estado de fato ou de direito, conforme determina o art. 505, I do Código de Processo Civil.

Não se trata propriamente de exceção à incidência dos efeitos da coisa julgada material, pois a possibilidade jurídica de revisão subordina-se ao surgimento de uma nova *causa petendi*, na medida em que requer, de forma indispensável, a modificação das circunstâncias de fato ou de direito que ensejaram a decisão anterior.[10]

---

8. Tribunal de Justiça de Goiás, 2ª Vara de Família de Goiânia, Processo 5187940.14.2018.8.09.0051, Juiz prolator Dr. Wilson Ferreira Ribeiro, 16 abr. 2020.
9. Tribunal de Justiça do Rio Grande do Sul, Agravo de Instrumento 70084141001, Des. Rel. Vera Lucia Deboni, 17 abr. 2020.
10. DIDIER JÚNIOR, Fredie; BRAGA, Paula Sarno; OLIVEIRA, Rafael Alexandria. *Curso de Direito Processual Civil:* teoria da prova, direito probatório, decisão, precedente, coisa julgada e tutela provisória. 10 ed. vol. 2. Salvador: Juspodivm, 2015. p. 553.

É então que se questiona: os efeitos da pandemia permitem a adoção de soluções abstratas e gerais a respeito das relações familiares – e, mais especificamente, quanto ao regime de convivência de crianças e adolescentes com seus pais? É possível concluir que as medidas restritivas impossibilitaram o contato presencial dos filhos com os genitores com quem não residem?

Países como Itália e Espanha, em que foram impostas rígidas regras de circulação à população em geral, mantiveram como regra o direito a convivência familiar.

O Decreto Real Espanhol n. 463/2020[11], que decretou estado de emergência decorrente da pandemia de Covid-19, manteve como uma das excepcionalidades para a circulação de pessoas, nos termos de seu artigo sétimo, a assistência de crianças e pessoas vulneráveis.

Por sua vez, a Comissão Permanente do Conselho Geral do Judiciário Espanhol[12], em sessão extraordinária, estabeleceu que as medidas tomadas judicialmente em processos familiares não seriam afetadas pela regra geral de suspensão de prazos durante o estado de emergência, ressaltando no entanto, que caberia ao Magistrado, a depender das circunstâncias do caso, adotar as medidas apropriadas em garantia da finalidade protetora do Decreto Real e da preservação da saúde e bem-estar das crianças, dos pais e, da saúde pública em geral, a modulação ou modificação da custódia, regime de visitas e permanências, alterando ou suspendendo a execução das medidas, segundo a situação fática.

Da mesma forma, o Ministério da Saúde da Itália, em orientações contidas em seu site oficial, acerca das regras de circulação do Decreto-Lei de 23 de fevereiro de 2020, manteve, mesmo diante das extremadas regras de restrição de convívio social, a possibilidade de circulação de pais e filhos.[13]

No Brasil, a título de exemplo, o Ministério Público de Santa Catarina (MPSC) elaborou estudo técnico-jurídico[14] que concluiu pela manutenção do direito ao convívio dos filhos com os pais separados, mesmo durante o período de isolamento social decretado pelo Poder Público para contenção do coronavírus.

---

11. ESPANHA. Ministerio de la Presidencia, Relaciones con las Cortes y Memoria Democrática. Real Decreto 463/2020, de 14 de marzo, por el que se declara el estado de alarma para la gestión de la situación de crisis sanitaria ocasionada por el Covid-19. Disponível em: <http://noticias.juridicas.com/base_datos/Laboral/661797-rd-463-2020-de--14-mar-estado-de-alarma-para-la-gestion-de-la-situacion-de.html#I116>. Acesso em 30 abr. 2020.

12. ESPANHA. Comunicación Poder Judicial. *El CGPJ establece que corresponde al juez decidir en cada caso sobre la modificación del régimen de custodia, visitas y estancias acordado en los procedimientos de familia.* Disponível em: http://www.poderjudicial.es/cgpj/es/Poder-Judicial/Sala-de-Prensa/Notas-de-prensa/El-CGPJ-establece-que-corresponde-al-juez-decidir-en-cada-caso-sobre-la-modificacion-del-regimen-de-custodia--visitas-y-estancias-acordado-en-los-procedimientos-de-familia> Acesso em: Acesso em 30 abr. 2020.

13. "Sono separato/divorziato, posso andare a trovare i miei figli? Sì, gli spostamenti per raggiungere i figli minorenni presso l'altro genitore o comunque presso l'affidatario, oppure per condurli presso di sé, sono consentiti, in ogni caso secondo le modalità previste dal giudice con i provvedimenti di separazione o divorzio." Em tradução livre: "Sou separado/divorciado, posso encontrar meus filhos? Sim, é o deslocamento é permitido para encontrar crianças menores de idade com o outro progenitor ou, em qualquer caso, com o cuidador, ou para levá-lo com você, em qualquer caso, de acordo com a modalidade judicialmente prevista com as medidas de separação ou divórcio". Disponível em: <http://www.salute.gov.it/portale/nuovocoronavirus/dettaglioNotizieNuovoCoronavirus.jsp?lingua=italiano&menu=notizie&p=dalministero&id=4224> Acesso em 30 abr. 2020.

14. Disponível em: <https://www.mpsc.mp.br/noticias/mesmo-com-isolamento-social-filhos-tem-direito-ao-convivio-com-os-pais-separados> Acesso em: 01 maio 2020.

Segundo o estudo do MPSC, as restrições de circulação, nesse momento, não alcançam o âmbito das residências familiares, de modo que estão permitidas visitas dos filhos aos genitores que não detenham a guarda, desde que estas não caracterizem festas ou reuniões, com elevada concentração de pessoas e de que não haja nenhum familiar contaminado ou sintomático, configurando hipótese de isolamento ou de quarentena.

Portanto, o distanciamento social recomendado pelas autoridades brasileiras não constitui razão de direito, por si só, para a alteração do regime de convivência a dispensar a avaliação concreta das condições de viabilidade do contato presencial.

Sob essa perspectiva, foi apresentado projeto de lei pela Senadora Soraya Thronicke (PSL/MS), cujo texto elaborado pelo Instituto Brasileiro de Direito de Família – IBDFAM e professores de diferentes instituições de ensino do país, tem por finalidade, fixar um regime emergencial e transitório das relações jurídicas de direito de família, em que, como regra, assegura-se a convivência familiar durante a pandemia.[15] Segundo consta na justificativa do Projeto:

> A redação ora proposta prioriza a manutenção da convivência já estabelecida para o caso concreto, possibilitando a aplicação do regime previsto para o período de férias, bem como o agrupamento de dias, tratando como exceção a suspensão da convivência, para a qual prevê limites. Com efeito, *ao tratar a suspensão da convivência como hipótese excepcional e manter como regra o antes definido, a proposta desestimula novos conflitos e o abuso do direito no exercício da autoridade parental* (grifou-se).[16]

Essa proposta se coaduna, inclusive, com a solução jurídica encontrada em outras áreas do direito. Grandes juristas, vêm discutindo profundamente acerca das implicações e impactos da pandemia nas esferas contratuais e obrigacionais. A doutrina vem construindo de forma coesa entendimento pelo qual, a superveniência de tal momento de excepcionalidade e, da existência de evento de força maior, não pode ser aplicado de forma indistinta e indiscriminada em quaisquer relações.

Há, então, que se relativizar e permitir a análise objetiva do caso concreto. Neste sentido elucidam Tepedino, Oliva e Dias "*[a] resposta depende da apuração dos efeitos da pandemia na concreta relação contratual*".[17]

Mediante um simples silogismo, tem-se igualmente que, as implicações da pandemia na esfera das relações familiares por certo, deve ser vista sob o mesmo enfoque. Não há como se pensar em decisões abstratas e genéricas em se tratando de proteção a vulneráveis. Como bem pontua Ana Carolina Brochado:

---

15. Art. 5º: O regime de convivência de crianças e adolescentes, qualquer que seja a modalidade de guarda, fica mantido durante o período de quarentena ou isolamento social.

     § 1º Na hipótese de suspensão das atividades escolares presenciais, a convivência poderá ocorrer tal como no período de férias, ou com o agrupamento dos dias de convivência.

     § 2º Em circunstâncias absolutamente excepcionais e em atenção ao melhor interesse da criança, poderá haver a suspensão judicial ao regime presencial de convivência por prazo não superior a 30 (trinta) dias, prorrogáveis por mais 30 (trinta), garantindo-se o convívio telepresencial por meio virtual e, em sua ausência, por telefone.

16. BRASIL. Senado Federal. Projeto de Lei Ordinária PLS (ainda sem numeração)/2020, de 12 de maio de 2020 que dispõe sobre o Regime Jurídico Emergencial e Transitório das relações jurídicas de Direito de Família e das Sucessões no período da pandemia do Coronavírus (Covid-19).

17. TEPEDINO, Gustavo; OLIVA, Milena Donato; DIAS, Antônio Pedro. Contratos, força maior, excessiva onerosidade e desequilíbrio patrimonial. *Consultor Jurídico*, 20 abr 2020. Disponível em: <https://www.conjur.com.br/2020-abr-20/opiniao-efeitos-pandemia-covid-19-relacoes-patrimoniais> Acesso em 02 maio 2020.

só excepcionalmente, se não for possível manter a convivência, se houver algum risco à criança, as visitas devem ser suspensas. Nesse caso, é importante (i) haver prazo determinado de suspensão da convivência, mesmo com a possibilidade de modificação posterior e (ii) manter o convívio virtual – preferencialmente com sistema de áudio e vídeo –, por meio das tecnologias ou telefone.[18]

Sob o ângulo do art. 505, I do Código de Processo Civil, as normas restritivas até então adotadas não são suficientes para sustentar aprioristicamente a suspensão das visitas com base em alteração de direito. A admissão de revisão do regime de convivência pela via jurisdicional, caso não seja possível a composição, somente se justifica processualmente na análise específica dos fatores de risco das pessoas envolvidas, da rotina adotada pelos pais (*e.g.* se estão em trabalho domiciliar) e da dinâmica dos encontros (*e.g.* se a criança deverá utilizar algum transporte coletivo).

Nesse sentido, se manifestou Marília Pedroso Xavier com relação às ações revisionais de alimentos, reforçando a insuficiência da pandemia por si só, ainda que fato notório, para embasar pedido de redução da prestação:

> A modificação do valor da pensão alimentícia (art. 1699 do CC) não pode ser operada com base na mera alegação da Covid-19 sem demonstrar exatamente qual o real impacto econômico sofrido pelo alimentante e sem avaliar as necessidades atuais do alimentando. Para que se justifique uma redução do quantum alimentar, a parte deverá apresentar prova específica de como – e quanto – a quarentena o impactou.[19]

Conclui-se que, embora a pandemia possa ser considerada fato notório, não o são as circunstâncias fáticas que dificultam a realização da convivência no caso concreto, o que impede qualquer decisão generalizante.

4. TÉCNICAS DE PONDERAÇÃO DOS DIREITOS FUNDAMENTAIS

Não obstante a natureza jurídica do regime de convivência caracterizar-se como relação jurídica permanente, permitindo sua revisão a qualquer tempo, diante de modificações no estado de fato ou de direito, nos termos do art. 505, I do Código de Processo Civil, no mérito, algumas situações exigem do intérprete um esforço ainda mais profundo quando a decisão envolve colisão entre direitos fundamentais.

Na situação extrema causada pela pandemia, direitos fundamentais tais como o direito, à vida, à saúde, e o direito à convivência familiar, são arguidos pelas partes em disputas judiciais que emergem diariamente nos Tribunais. De um lado, o genitor objetivando a suspensão da convivência sob o fundamento de proteção à saúde e a integridade física da criança e dos demais membros da família extensa. De outro, o genitor que objetiva a manutenção e viabilização do direito à convivência, eventualmente obstruído pelo outro.

---

18. BROCHADO, Ana Carolina. Algumas reflexões sobre os impactos da COVID-19 nas relações familiares. *Gen Jurídico*. Disponível em: <http://genjuridico.com.br/2020/04/29/impactos-covid-19-relacoes-familiares/>. Acesso 02 maio 2020.
19. XAVIER, Marília Pedroso. Como evitar oportunismos nas revisionais de alimentos na pandemia. *Consultor Jurídico*, 15 abr. 2020. Disponível em: <https://www.conjur.com.br/2020-abr-15/direito-civil-atual-evitar-oportunismos-revisionais-alimentos>. Acesso em 03 maio 2020.

Emergem neste sentido, celeumas que exigem por parte do poder judiciário a equalização necessária e atribuição concreta da valoração de tais princípios fundamentais. A balança da justiça é posta à prova. A manutenção da convivência em decorrência da pandemia representa efetivo perigo à saúde da criança e aos demais familiares? No caso de guarda compartilhada e do efetivo exercício da autoridade parental, há possibilidade de supressão de tais direitos? Ou a convivência como direito fundamental deve prevalecer, por se tratar de direito fundamental da própria criança?

Como o juiz deve valorar a importância de cada princípio? Aplica-se medidas gerais sugeridas no âmbito da administração pública, ou exerce-se a análise subjetiva do caso concreto? Os questionamentos são inúmeros.

O Código de Processo Civil em seu artigo 489, consagrou expressamente um mecanismo importante para a solução de conflitos, qual seja a técnica de ponderação de princípios, regras e normas, estabelecendo que *"no caso de colisão entre normas, o juiz deve justificar o objeto e os critérios gerais da ponderação efetuada, enunciando as razões que autorizam a interferência na norma afastada e as premissas fáticas que fundamentam a conclusão"* (§ 2º).

A teoria desenvolvida pelo jurista alemão Robert Alexy,[20] fundamentada na jurisprudência Constitucional Alemã e que foi absorvida em parte pelo ordenamento jurídico brasileiro, em especial pelo novo Código de Processo Civil, defende, o uso da técnica da ponderação e do princípio da proporcionalidade como soluções para o problema da colisão entre normas e direitos fundamentais.

A aplicação da ponderação nada mais é do que a solução do caso concreto de acordo com a máxima da proporcionalidade.[21]

Dessa forma, do resultado da colisão entre dois princípios ou normas, surgirá uma regra específica, a qual consistirá na consequência jurídica do princípio prevalecente, criada sempre com base nas condições fáticas do caso concreto.

No âmbito do Direito de Família, a ponderação, é meio eficiente para resolver muitos dilemas, especialmente quando emergem novas situações, tal qual as experimentadas em decorrência da pandemia.

Consagrando a aplicação da técnica de ponderação, no ano de 2015 o IBDFAM – Instituto Brasileiro de Direito de Família, aprovou o Enunciado n. 17, estabelecendo que *"a técnica de ponderação, adotada expressamente pelo art. 489, § 2º, do Novo CPC, é meio adequado para a solução de problemas práticos atinentes ao Direito das Famílias e das Sucessões"*.

Pondera-se, com base no princípio da proporcionalidade, e na valoração objetiva e subjetiva da situação posta, qual dos princípios colidentes, naquele caso específico, deve prevalecer.

---

20. ALEXY, Robert. Direitos Fundamentais, Balanceamento e Racionalidade. Ratio Juris. Vol. 16, n.2, junho de 2003. p. 132-134.
21. ALEXY, Robert. Teoria dos direitos fundamentais. Tradução de Virgílio Afonso da Silva. São Paulo: Malheiros, 2008, p. 117.

No tocante às situações experimentadas pela pandemia, em especial ao direito de convivência, o balizamento por certo, deve ser equalizado de forma específica, atinente àquela realidade familiar e o contexto social experimentado, mantendo-se a permanência da convivência como regra, ainda que seja necessária eventual modulação provisória, respeitando-se não apenas as decisões e acordos vigentes, mas essencialmente o exercício da autoridade parental que deve ser exercido de forma igualitária entre os genitores em prol do superior interesse da criança e do direito Constitucional à convivência familiar.

5. PREVENÇÃO À ALIENAÇÃO PARENTAL

Pais que se entendem quanto à guarda dos filhos e quanto ao exercício da convivência, não necessitam de regras, pois de forma equilibrada estabelecem sua rotina em relação à criação da prole e, consequentemente, o pleno exercício da autoridade parental.

O bom senso, por certo, deveria prevalecer em quaisquer relações, em especial, em momentos excepcionais experimentados por toda a coletividade, que exigem novos arranjos e adequações em prol do bem comum.

Todavia, nem sempre é o que prevalece, por parte de um ou de ambos os genitores.

Os impactos atuais da pandemia sentidos nas relações familiares, por vezes, ganham dimensões ainda maiores e mais complexas, seja pelo estreitamento da convivência, ou pela própria ausência de convivência. Coloca-se uma lente de aumento em tudo, mas sobretudo, intensifica e, escancara problemas jurídicos e culturais preexistentes.

Da mesma forma, pode vir a fomentar abusos por parte de genitores que, sob a justificativa da necessidade de distanciamento social, promovem atos de afastamento entre o genitor e a criança, em clara manifestação de alienação parental.

O Brasil, reconhecendo o fenômeno da alienação parental como um fenômeno psicológico, atribuiu efeitos jurídicos a tal prática, mediante a publicação da Lei n. 12.318/2010.

Atos típicos de alienação parental ou qualquer conduta que dificulte a convivência de criança ou adolescente com genitor são considerados atos ilícitos no Brasil, segundo a disposição expressa do artigo 3º da Lei 12.318/2010, sendo ainda considerado abuso de direito e violência psíquica e emocional em detrimento da criança.

O parágrafo único do artigo 2º da Lei de Alienação Parental elenca formas exemplificativas de atos de alienação parental, que, em síntese, ocorrem quando o genitor (ou familiar) realiza campanha de desqualificação da conduta do outro genitor; dificulta o exercício da autoridade parental; dificulta o contato da criança com o genitor prejudicando a regular convivência familiar, e/ou omitindo informações relevantes, visando dificultar ou interromper a relação afetiva do outro genitor com a criança.

Trata-se, portanto, de abuso do direito que extrapola os limites do amar e proteger. O genitor alienador, sob o argumento de "proteger" ou "zelar" pelo bem estar da criança, oportuniza-se de tais situações fáticas, a fim de impedir o convívio, em especial naquelas situações de profunda beligerância já instalada.

A alegação da necessidade de isolamento social, per si, não pode servir de instrumento de eventual suspensão arbitrária do regime de convivência com um de seus pais ou demais entes familiares, diante da própria natureza Constitucional do instituto, caracterizando por certo, qualquer afastamento imotivado como ato de alienação parental.

Por certo que, em situações extremas, a suspensão temporária do convívio pode ser a única medida cabível, o que implica por sua vez, como já dito allures, na valoração objetiva e subjetiva da situação fática por parte do juiz.

Neste sentido aduz Grisard Filho "[s]endo o juiz o intérprete dos particulares interesses materiais, morais, emocionais, mentais e espirituais de filho menor, intervindo segundo o princípio de que cada caso é um caso, o da máxima singularidade".[22]

O convívio paterno-filial pode vir a sofrer algumas modulações, inclusive em casos de guarda compartilhada, se assim indicarem as condições fáticas e o melhor interesse e a proteção integral do próprio filho, nos termos do que dispõe o artigo 1.584, "§ 2º do Código Civil: Na guarda compartilhada, o tempo de convívio com os filhos deve ser dividido de forma equilibrada com a mãe e com o pai, sempre tendo em vista as condições fáticas e os interesses dos filhos.

Por sua vez, decisões que generalizam a suspensão do convívio, podem concretamente, servir de munição para que genitores pratiquem ou continuem praticando abusos em detrimento do direito de crianças e adolescentes, sujeitando-as a violência moral e psicológica, fazendo-se indispensável neste turno, estimular a convivência como regra geral e abstrata.

Pais não visitam filhos. Pais convivem e exercem funções parentais, e quando inexiste coabitação devem, segundo a legislação pátria, exercer de forma conjunta e compartilhada os cuidados em relação a prole. Eventual medida de restrição de convivência deve ser analisada sob o enfoque da excepcionalidade e singularidade, sob pena de perpetração de abusos e incentivo à oportunismos.

6. CONCLUSÕES

Decerto, em alguma medida, todas as pessoas estão sendo afetadas pela pandemia de Covid-19. Contudo, não é possível presumir a forma como as restrições dela decorrentes afeta a vida e a saúde de cada família e, portanto, não se torna viável a adoção de soluções generalizantes com relação à satisfação do direito fundamental à convivência familiar da criança e do adolescente.

A técnica da ponderação dos direitos fundamentais surge como instrumento útil para a solução concreta de divergências acerca das novas dinâmicas necessárias para a garantia do convívio familiar, sendo possível, embora excepcionalíssima, a suspensão do contato presencial, somente quando houver circunstâncias fáticas que agravem o risco à saúde de pessoas vulneráveis, seja a própria criança ou adolescente, seus pais, responsáveis ou demais familiares.

---

22. GRISARD FILHO, Waldyr. Guarda compartilhada: um novo modelo de responsabilidade parental. São Paulo: Revista dos Tribunais, 2002, p. 63-64.

Convém salientar que entre a suspensão e a manutenção da convivência presencial conforme dinâmica pré-pandemia, há soluções intermediárias, como a adoção do regime de férias escolares, com o prolongamento dos períodos de permanência com um e com outro genitor, o que reduz os deslocamentos, sem privar a criança e o adolescente do contato presencial com ambos os genitores.

Considerando a provisoriedade da crise pandêmica e das tutelas concedidas em sede de cognição sumária, o esforço deve se concentrar na preservação do regime de convivência conforme já fixado, extraindo-se de seus próprios termos a solução mais adequada para o enfrentamento da crise – como no caso da aplicação do regime de férias – adaptando-o, mas sem ignorá-lo.

Em qualquer situação, a atuação jurisdicional deve ser vigilante para identificar interesses escusos na pretensão de modificação de regime de convivência, que expressem a intenção de afastar qualquer dos genitores da convivência do filho, caracterizando assim reprovável alienação parental. Para tanto, é indispensável a apreciação atenta da causa de pedir da alteração, destacando-se que são os fatos e a correlação lógica entre eles e a medida pleiteada que permitirão concluir pela modificação ou adaptação do regime de convivência em famílias beligerantes.

Atendendo-se, ademais, à ponderação dos direitos fundamentais e ao objetivo de preservá-los ao máximo, deve-se avaliar a adequação da medida para colimar o fim almejado (redução do risco), optando-se pela solução que cause menor impacto negativo à criança e ao adolescente.

Por fim, mesmo quando não houver alternativa senão a suspensão temporária do regime de convívio presencial, o direito fundamental à convivência familiar deve ser mantido de formas alternativas, o quanto possível, por meio de contatos telefônicos ou videoconferências.

OS LIMITES DA INTERVENÇÃO DO ESTADO NA RESPONSABILIDADE PARENTAL EM TEMPOS DE PANDEMIA

Renata Vilela Multedo

Professora Titular de Direito Civil do Grupo IBMEC e dos cursos de pós-graduação da PUC-Rio. Advogada e Mediadora de conflitos. Doutora e Mestre em Direito Civil pela UERJ – Universidade do Estado do Rio de Janeiro. MBA em Administração de Empresas pela PUC-Rio. Membro do IBDFAM, IAB, IBERC, IBPC e IBDCivil.

Diana Poppe

Advogada e escritora. Autora do livro *Manual do Bom Divórcio*. São Paulo: Editora Globo, 2017.

> *"A família, mais do que qualquer outro organismo social, carrega consigo o compromisso com o futuro, por ser o mais importante espaço dinâmico de realização existencial da pessoa humana e de integração das gerações."*
>
> *Paulo Lôbo*

Sumário: 1. Introdução. 2. Autoridade parental e convivência compartilhada. 3. Desafios impostos pela pandemia no que diz respeito ao convívio entre pais e filhos. 4. Os limites da intervenção do Estado na autoridade parental. 5. A potencialidade dos métodos adequados de solução de conflitos e dos pactos extrajudiciais. 6. Considerações finais.

1. INTRODUÇÃO

Na relação parental contemporânea, não há dúvida de que as regras estão a serviço da proteção da criança e do adolescente, cujos melhores interesses devem sempre ser amplamente resguardados pelo Estado, pela sociedade e pela família em si. Com a constitucionalização do direito de família houve uma superação entre a dicotomia público-privado, não sendo mais possível demarcar fronteiras isoladas, sendo justificável a interferência do Estado para maiores salvaguardas em prol da tutela dos vulneráveis quando, na situação concreta, está se mostrar realmente necessária.

A introdução da guarda compartilhada no Brasil pretendeu convocar os pais a exercerem conjuntamente a autoridade parental[1] e que seu real mérito é mais social do que jurídico, ao popularizar o debate da coparticipação parental na vida dos filhos mesmo

---

1. GRISARD FILHO, Waldyr. *Guarda compartilhada*: um modelo de responsabilidade parental. São Paulo: Editora Revista dos Tribunais, 2009, p. 111.

após o fim da união conjugal ou convivencial.[2] Fato é que o legislador infraconstitucional provocou uma profunda mudança no direito de família brasileiro no que tange às relações parentais, já que até 2008 cabia ao julgador, em caso de litígio, conceder a guarda unilateral aquele que revelasse as melhores condições, sendo na maior parte das vezes concedida à mãe.[3]

Assim, cabe indagar sobre o que de fato representa o melhor interesse dos filhos no exercício e na formação da parentalidade, afinal, o aspecto funcional da parentalidade é evidentemente mais relevante do que qualquer outro. Ressalta-se que a opinião da criança, compreendida como sujeito de direitos, também deve ser considerada na medida de seu desenvolvimento e discernimento, a fim de perquirir qual arranjo melhor satisfaz a seus interesses na situação atual.[4]

O contexto da pandemia vem ressaltar não só a dificuldade de se viver no isolamento social, que se mostra presente em todas as famílias, seja qual for o nível de instrução, a classe social e a forma de composição da entidade familiar. Perigo de contaminação de grupo de risco, impedimento de convivência de filhos com um dos pais e avós, risco de falência e desemprego, falta de recursos para a manutenção dos filhos nas mesmas condições, quebra de rotina, são apenas exemplos dos principais conflitos entre pais separados e casados que se apresentam em tempos de incertezas e exceções. Isso sem falar na pavorosa estatística já registrada do aumento de 50 % dos casos de violência doméstica.

Quando nasce um filho, nasce também o que hoje se chama de autoridade parental,[5] exercida naturalmente pelos genitores, independente de entre eles existir uma relação conjugal, afeto, desafeto, ou mesmo um vínculo biológico com o filho. Na esfera familiar, nada é mais relevante do que a responsabilidade pessoal e intransferível de um genitor. Porém, quando há um par parental, o que acontece na grande maioria das vezes, por mais individualizada que seja essa experiência, ela é vivida por duas pessoas ao mesmo tempo: uma mãe não se torna mãe sem que um pai tenha se tornado pai e vice-versa.[6] Esse encontro não significa necessariamente parceria, mas ela precisará se formar, se construir.

---

2. Observa Ana Carolina Brochado Teixeira que "não obstante a desnecessidade do instituto, o *thelos* de atribuir maior efetividade aos deveres dos genitores deve ser festejado, pois numa época em que o Brasil vive grandes problemas com a irresponsabilidade parental, a possibilidade de dar maior eficácia a tais deveres coaduna integralmente com os objetivos constitucionais, não apenas de tutela da pessoa humana, mas também de proteção ao crescimento biopsíquico saudável da pessoa menor de idade" (TEIXEIRA, Ana Carolina Brochado. A (des)necessidade da guarda compartilhada. In: TEIXEIRA, Ana Carolina Brochado; RIBEIRO, Gustavo Pereira Leite (Coords.). *Manual de direito das famílias e das sucessões*. Belo Horizonte: Del Rey, 2008, p. 318).

3. No ano de 2007, anterior a promulgação da lei, em 89,1% dos divórcios, a responsabilidade pela guarda dos filhos menores foi concedida às mulheres. Disponível em: <http://www.ibge.gov.br/home/estatistica/populacao/ registrocivil/2007/registrocivil_2007.pdf>. Acesso em: 10 nov. 2015.

4. Nesse sentido VILELA MULTEDO, Renata; MEIRELES, Rose Melo Vencelau. Autonomia Privada nas Relações Familiares: Direitos do Estado dos Direitos nas Famílias. In: JUNIOR, M. E.;JUNIOR, E. C.. (Org.). Transformações no Direito Privado nos 30 anos da Constituição: estudos em homenagem a Luiz Edson Fachin. 1ed. Belo Horizonte: Fórum, 2018.

5. Optou-se pela adoção do termo "autoridade parental" em vez de "poder familiar", adotado pelo legislador infraconstitucional, por se entender mais adequado com a axiologia constitucional. Sobre a diferenciação de nomenclatura, remete-se à TEIXEIRA, Ana Carolina Brochado. *Família, guarda e autoridade parental*. Rio de Janeiro: Renovar, 2005, p. 3-7.

6. Adotou-se para simplificar a ideia de parentalidade a expressão par parental, ainda que as autoras reconheçam a possibilidade da mutiparentalidade no direito brasileiro. Sobre o tema da filiação, vale sinalizar a existência de três critérios que evidenciam o vínculo da parentalidade: "a verdade jurídica, a verdade biológica e a verdade

Essa construção acontece para pais casados e não casados e, como se sabe, tudo será um grande aprendizado que terá uma porção individual e intransferível, mas, também uma porção a ser experimentada a dois porque é um poder dividido. E como se divide um poder por dois?

Poder, segundo Max Weber, seria: "toda oportunidade de impor a sua própria vontade, no interior de uma relação social, até mesmo contra resistências, pouco importando em que repouse tal oportunidade". Dois poderes, duas vontades, duas imposições e uma criança sobre a qual deverá repousar a oportunidade de ser cuidada. Parece impossível, mas não é.

Culturalmente, a função do pai como cuidador foi historicamente negligenciada no Brasil e é recente a mudança desse comportamento. Entretanto, como responsável, o pai reinou por muitos anos como o único detentor do Pátrio Poder. Em 2012, o Código Civil acabou com essa distinção e dividiu por ambos a autoridade parental. Faz pouco tempo que o pai começou a assumir, além da responsabilidade inerente ao cargo, também seus cuidados e responsabilidades, sendo imprescindível destacar que enquanto as mães vêm a largos passos acumulando com a função parental responsabilidades e importantes papéis de gestão nos espaços públicos, os pais ainda ocupam timidamente os espaços privados, ou seja as responsabilidades nas funções domésticas e as atreladas às responsabilidades parentais.

Por ser novidade, ainda que muito boa, há a natural necessidade de adaptação e de compreensão do real significado do que é ser responsável, do significado do que é cuidar, mas lentamente novos espaços vêm sendo ocupados também pelos pais e pelas mães, de forma que a parceria parental possa vir a ser vivenciada, definitivamente, de forma equilibrada, no melhor interesse dos filhos.

Considerando que o exercício da parentalidade está diretamente atrelado à observância das premissas já mencionadas de cuidado e responsabilidade dos pais em benefício de seus filhos, e a parceria parental deverá ser construída com o equilíbrio e em prol dos interesses das crianças e adolescentes, é natural supor que não deveria fazer nenhuma diferença no exercício da autoridade parental e na convivência dos pais com filhos, como disposto em lei, o fato de estarmos vivenciando uma pandemia.

Mais do que nunca as circunstâncias não alteram as premissas, embora possam vir a exigir a flexibilização dos acordos de forma temporária, em casos excepcionais que

---

afetiva", sem hierarquia entre eles, abstratamente considerados. A intervenção positiva do julgador, que reconhece a situação de fato do filho prestigiando a sua verdade, "representa a consagração dos direitos a liberdade, respeito e dignidade", concretizando o princípio do melhor interesse da criança e do adolescente. (LÔBO, Paulo Luiz Netto. Direito de família e os princípios constitucionais. In: PEREIRA, Rodrigo da Cunha (Org.). *Tratado de direito das famílias*. Belo Horizonte: IBDFAM, 2015, p. 119.) Fazer coincidir a filiação com a origem genética é transformar aquela, de fato cultural e social, em determinismo biológico, incapaz de completar suas dimensões existenciais. Opera-se, portanto, a superação da ideia clássica de parentalidade que vigorou por anos, expressão de um silogismo simplório que conferia somente aos genitores os atributos de pai e mãe. Essa superação, por si só, não é a grande novidade, uma vez que a parentalidade por pessoas que não os ascendentes consanguíneos é juridicamente reconhecida há muito tempo no instituto da adoção. Hoje, porém, diferentemente da adoção, em que há o desligamento dos vínculos com a família biológica e o início de uma nova relação com a família adotiva, a tendência que se consagra nas relações familiares é a relativização da verdade biológica somente após a verificação da existência de relação socioafetiva, bem como da multiparentalidade.

coloquem a criança ou o adolescente e/ou os adultos que o cercam em verdadeiro risco. De toda forma, qualquer alteração deverá igualmente ser reformulada sob os mesmos critérios: cuidado, responsabilidade e equilíbrio no exercício da parentalidade e da convivência.

Como se sabe, embora doutrina jurídica, a psicologia e a literatura sejam vastas no sentido de aconselhar a formação, o fortalecimento e a preservação da parceria parental, ressaltando sua inestimável importância para o desenvolvimento saudável dos filhos, sabemos que, na prática, ainda nos deparamos com verdadeiras "quedas de braço" quando o assunto é o que é melhor ou quem é mais apto para preservar o melhor interesse dos filhos.

Situações inéditas e inesperadas como a pandemia atual abrem espaço para mais erros, mas também para mais acertos. Com efeito, diante do medo e do risco a parceria parental pode se fortalecer ou pode se fragilizar dependendo da forma como os pais irão se alinhar com o objetivo de garantir que sigam próximos de seus filhos, ainda que distantes, protegendo, não só e principalmente às crianças, mas também aos familiares que os cercam.

É sob essa perspectiva, que se pretende nessas breves linhas refletir sobre os institutos da autoridade parental e da preservação com segurança da convivência entre pais e filhos em um estado de pandemia, sob a ótica da importância da preservação da autonomia existencial da criança e do adolescente, da necessidade de se buscar os limites da intervenção estatal na autoridade parental e, por fim, na potencialidade da adoção dos métodos consensuais de resolução de conflitos e dos pactos extrajudiciais na situação atual.

2. AUTORIDADE PARENTAL E CONVIVÊNCIA COMPARTILHADA

Na passagem da estrutura à função[7], a família deixou de ser unidade institucional, para tornar-se núcleo de companheirismo[8], sendo hoje lugar de desenvolvimento da pessoa no qual se permitem modalidades de organização tão diversas, desde que estejam finalizadas à *promoção* daqueles que a ela pertencem.[9] A axiologia constitucional recente tornou possível a propositura de uma configuração democrática de família, na qual não há direitos sem responsabilidades nem autoridade sem democracia.[10]

A "concepção contemporânea, a autoridade parental não pode ser reduzida nem a uma pretensão juridicamente exigível em favor dos seus titulares nem a um instrumento jurídico de sujeição (dos filhos à vontade dos pais)".[11] Ela tem a finalidade precípua de promover o desenvolvimento da personalidade dos filhos, respeitando sua dignidade

---

7. Ver, por todos, BOBBIO, Norberto. *Da estrutura à função:* novos estudos de teoria do direito. São Paulo: Manole, 2007. Na definição de Luiz Edson Fachin (2015, p. 49), "a travessia é a da preocupação sobre *como o direito é feito* para a investigação *a quem serve o direito*".
8. VILLELA, João Baptista. *Repensando o direito de família.* Disponível em: <http://jfgontijo.com.br/2008/artigos_pdf/Joao_Baptista_Villela/RepensandoDireito.pdf>. Acesso em: 3 fev. 2016.
9. PERLINGIERI, Pietro. *O direito civil na legalidade constitucional.* Rio de Janeiro: Renovar, 2008, p. 972.
10. BODIN DE MORAES, 2013, p. 591-593.
11. Assim, complementa Gustavo Tepedino, a "interferência na esfera jurídica dos filhos só encontra justificativa funcional na formação e no desenvolvimento da personalidade dos próprios filhos, não caracterizando posição de vantagem juridicamente tutelada em favor dos pais" (TEPEDINO, Gustavo. A disciplina jurídica da guarda e da autoridade parental. *Revista Trimestral de Direito Civil*, v. 17, n. 5, p. 40-41, jan./mar. 2004).

pessoal.[12] Ao assumir essa função, a autoridade parental não significa mais somente o cerceamento de liberdade ou, na expressão popular, a *"imposição de limites"*, mas, principalmente, a promoção dos filhos em direção à emancipação. A estes devem ser conferidas as escolhas existenciais personalíssimas para as quais eles demonstrem o amadurecimento e a competência necessários. O desafio está justamente em encontrar a medida entre cuidar e emancipar, ressalvando que a tutela especial que lhes é deferida pode se estender até mesmo em face dos seus pais, nas hipóteses de eventual malversação do poder familiar.[13]

O exercício conjunto da autoridade parental conta atualmente com a determinação legal da guarda compartilhada aos casos que não entram nas exceções previstas em lei para seu exercício. Para sua observância basta que haja um filho comum cujos interesses e direitos devam ser resguardados pelos detentores da autoridade parental que não coabitam. A convivência entre pais e filhos dependerá da dinâmica e possibilidades de cada família, mas a expectativa dos avanços legais recentes é de que aos filhos seja franqueado amplo convívio com seus genitores para maximizar o exercício pleno da autoridade parental. Isso porque a autoridade parental não deve ser simplesmente imposta hierarquicamente aos filhos, mas naturalmente reconhecida por eles em razão da participação efetiva dos pais em suas vidas. Quanto mais próximos e cientes da realidade enfrentada e vivenciada pelos filhos estiverem os responsáveis, mais qualificadas serão suas intervenções e orientações.

Ademais, as responsabilidades inerentes ao exercício da autoridade parental, como visto, são previstas pelo Estado de Direito. A relevância das obrigações e deveres a serem cumpridas pelos responsáveis quando assumidas de forma unilateral acaba por eximir um dos corresponsáveis do exercício de suas obrigações. Da mesma forma, para a criança, contar com a parceria de seus genitores e o convívio com a família extensa de ambos na determinação de seus cuidados amplia o universo de suas possibilidades em razão da junção de diferentes pontos de vista e de, no mínimo, duas certamente distintas experiências de vida.

É nesse momento que entra em cena o equilíbrio de forças e vontades já mencionado e que tornam extremamente delicado o exercício prático e pleno do que se pode denominar: coautoridade parental. Nesse sentido, sempre que possível, o tempo dos pais com os filhos será dividido da forma mais equilibrada possível, e cada família deverá se adaptar a essa orientação, ainda que de forma progressiva, como se tem verificado na prática e como determinam as conquistas já positivadas em lei.

A circunstância da Covid-19 impôs novas circunstâncias a esse cenário com foco na preservação da vida de todos. A princípio falava-se dos mais vulneráveis como sendo os idosos, mas a verdade é que a pandemia não tem poupado jovens, nem crianças, e o

---

12. MENEZES, Joyceane Bezerra de; BODIN DE MORAES, Maria Celina. Autoridade parental e a privacidade do filho menor: o desafio de cuidar para emancipar. *Revista Novos Estudos Jurídicos*, v. 20, n. 2, p. 504, mai./ago. 2015.
13. MENEZES, Joyceane. VILELA MULTEDO, Renata. A autonomia ético-existencial do adolescente nas decisões sobre o próprio corpo e a heteronomia dos pais e do Estado no Brasil. A&C – Revista de Direito Administrativo & Constitucional, Belo Horizonte, janeiro/março – 2016.

RENATA VILELA MULTEDO E DIANA POPPE

universo ainda é obscuro com diretrizes sendo reavaliadas constantemente pelas autoridades competentes e, consequentemente, impondo novos desafios.

3. DESAFIOS IMPOSTOS PELA PANDEMIA NO QUE DIZ RESPEITO AO CONVÍVIO ENTRE PAIS E FILHOS

A questão mais urgente a ser enfrentada nesse momento em função da responsabilidade parental é a necessidade de se evitar que a condição excepcional imposta pelo coronavírus seja utilizada ou aproveitada como meio de se viabilizar a prática de abusos na autoridade parental, ou de alienação parental que acabem por prejudicar o saudável desenvolvimento de menores que são indiscutivelmente vulneráveis nesse contexto. Saber identificar até que ponto o genitor que busca o judiciário nesse momento tem o objetivo de realmente proteger seu filho ou se sua iniciativa está motivada pelo oportunismo de valer-se do vírus para prejudicar o outro genitor, indiferente ao resultado de suas atuações sobre a criança.

Como mencionado, causa estranheza que as regras do jogo mudem em razão desse evento inesperado, pois se havia um acordo de convivência anterior ao COVID 19, ou mesmo uma decisão judicial, era de se esperar a parceria dos genitores para seguirem cuidando de seus filhos com responsabilidade e equilíbrio de suas vontades neste momento de exceção que demandaria, apenas, a necessidade de se adaptar uma nova logística em função da condição de cada família para que ambos os genitores pudessem dar conta de seus filhos e de seus trabalhos, ajudando-se mutuamente. Esses combinados poderiam ocorrer informalmente entre cada família, ou mesmo através de novos acertos extrajudiciais e provisórios, da forma mais simples possível, sendo certo que, como se verá mais adiante, há no mercado uma gama de profissionais experientes e capacitados para orientar e ajudar os pais a se reorganizarem em prol das crianças, evitando-se o poder judiciário, que necessariamente tira a autoria dos genitores na condução da vida dos menores.

Porém, a questão sanitária abre também caminho para novas desqualificações mútuas e questionamentos sobre quem cuidaria melhor dos filhos nesse cenário, acirrando-se a disputa pelo poder absoluto atribuído à autoridade parental, ao invés de seu equilíbrio em prol da criança.

O caminho certo pode parecer óbvio, vez que baseado em diretrizes simples, tais como: evitar desentendimentos diante dos filhos, encontrar em parceria a melhor solução, informar ao filho a decisão tomada e que deverá ser acatada, demostrar alinhamento e deixar claro quem são os adultos e quem são as crianças da relação. Mas o óbvio nem sempre é fácil. Mais fácil é se perder em curvas sinuosas do que seguir em frente.

Nesse sentido, a questão sanitária abre desvios para novas desqualificações mútuas e questionamentos sobre quem cuidaria melhor dos filhos. A disputa pelo poder absoluto atribuído à autoridade parental, ao invés de seu equilíbrio em prol da criança.

Momentos como o que vivenciamos hoje permitem profundas reflexões, pincipalmente no resgate do sentido do que é família, conjugalidade e parentalidade. Institutos, muitas vezes banalizados por logísticas, rotinas, disputas e conflitos que hoje potencialmente podem retroceder todos os seus atuais significados. É justamente diante de uma ameaça real e imprevista como a Covid-19 que são pertinentes questionamentos como:

OS LIMITES DA INTERVENÇÃO DO ESTADO NA RESPONSABILIDADE PARENTAL EM TEMPOS DE PANDEMIA | **219**

o que é realmente importante? O que parecia importante, mas deixou de ser diante da necessidade de se preservar a vida de quem devemos cuidar e de quem também cuida de quem devemos cuidar? Mais do que nunca, a participação, a convivência e a corresponsabilidade parental se mostram essenciais.

Portanto, é fundamental neste momento que os perigos estejam sinalizados nessa estrada porque quanto mais informação e reflexão, menor o risco de se desviar do rumo certo. E vale registrar que ainda que se tome o caminho errado, sempre é possível voltar, recomeçar, retomar a corresponsabilidade, o cuidado e a parceria.

4. OS LIMITES DA INTERVENÇÃO DO ESTADO NA AUTORIDADE PARENTAL[14]

O sistema judiciário precisa evoluir como um todo e, como dito, a pandemia pode ser útil nesse sentido já que coloca o exercício da guarda compartilhada mais uma vez em xeque. É provável que se observe o crescimento das demandas judiciais e, assim, será oportunizado ao Estado um reposicionamento mais assertivo em relação a esse tema uma vez que a instauração, ou não, de demandas relativas ao exercício da guarda e da autoridade parental depende da conduta de cada profissional e, especificamente nas varas de família, do grau de consciência de sua responsabilidade social no exercício da profissão. Infelizmente, muitos profissionais ainda instauram processos desnecessários e, no que se refere à guarda até respaldados pelo parágrafo único do artigo 1.631 do CC. que dispõe: "Divergindo os pais quanto ao exercício do poder familiar, é assegurado a qualquer deles recorrer ao juiz para solução do desacordo". No entanto, esta iniciativa ignora diretrizes posteriormente estabelecidas pela Lei 13.058 de 2014, que trata da Guarda Compartilhada, do "novo" CPC que, em 2015, definiu como premissas e nortes para as ações de família, a fim de priorizar a desjudicialização das demandas, por meio da adoção das formas extrajudiciais de resolução de conflito, além de orientar a postura do advogado não como instaurador de conflitos, mas assumindo seu papel de pacificador social.

Todas essas progressivas orientações legais, posteriores ao referido artigo, pretendem evidentemente limitar a heteronomia estatal no que se refere às decisões relativas ao exercício da autoridade parental, limitando sua atuação nas hipóteses em que sua intervenção se faça realmente necessária. Porém, o que se vê, na prática, é que o Estado ainda intervém sobre questões inerentes à guarda e convivência, mesmo em casos de consenso. Importante observar que nesse contexto não só os pais usam o Estado para não enfrentar suas incapacidades de exercerem o compartilhamento da guarda, como também o próprio Estado costuma se colocar num lugar de tomar para si um papel que não deve mais lhe competir. E é nesse sentido que a realidade da pandemia nos ajuda a despertar tais reflexões e oportuniza a interrupção desse ciclo vicioso ao invés de fazê-lo girar.

De fato, faz-se necessário repensar até que ponto o abuso do direito no exercício da autoridade parental pode ser usado para alienar um dos genitores ao convívio sob o pretexto de risco de vida. E até que ponto o Estado irá interferir e permitir que os genitores se utilizem desses riscos como arma um contra o outro e acabar expondo as crianças e

---

14. Parte das ideias aqui desenvolvidas estão aprofundadas em VILELA MULTEDO, Renata. *Liberdade e Família: Limites para a intervenção do Estado nas relações conjugais e parentais.* Rio de Janeiro: Processo, 2017.

seus cuidadores. Não é justamente num momento como esse que os pais devem assumir sua corresponsabilidade parental e resolver suas dificuldades em prol dessas crianças? Caberá ao Estado, sem uma prova concreta e robusta de risco de vida, decidir qual a melhor forma de convivência entre pais e filhos em tempos de pandemia?

O cenário é de incertezas e justamente por isso está para ser aprovado um Projeto de Lei[15] que deverá regulamentar diretrizes relativas ao Direito de Família e Sucessões cuja discussão do texto deixou clara a necessidade do juiz coibir iniciativas que representam a fuga dos pais de suas responsabilidades, bem como abuso ou mau uso de suas atribuições.

E nesse sentido, é importante que o juiz observe:

a) que como regra, se evite mudanças na convivência dos pais com os filhos, salvo comprovada situação excepcional que verdadeiramente coloque em risco a vida dos filhos e dos adultos que o cercam;

b) a necessidade de manter e viabilizar a participação ampla e efetiva dos responsáveis na vida dos filhos priorizando a manutenção dos acordos de convivência já firmados, orientando que em ambas as residências sejam respeitadas as regras de cuidado e prevenção estabelecidas pelos órgãos responsáveis;

c) que se afaste iniciativas de abuso do exercício da autoridade parental;

d) que coíba movimentos alienatórios valendo-se das circunstâncias;

e) que resguarde o sustento e manutenção dos filhos;

f) que não sendo possível o contato físico, determine amplo convívio telepresencial.

A prestação jurisdicional para acontecer de forma mais assertiva precisa que o juiz intervenha somente quando perceber que a autoridade parental está sendo exercida de forma prejudicial aos filhos, advertindo ou mesmo retirando de um dos genitores o exercício de sua função. Nos demais casos, espera-se que o julgador haja de forma mais rápida e eficaz, com coragem e desapego devolvendo aos genitores, sempre que possível, o poder/dever de decidirem o que é melhor para seus filhos, para que exerçam plenamente a autoridade que lhes foi conferida.

Não obstante haver um interesse público nas formas de exercício da autoridade parental, esse interesse não pode extrapolar uma esfera de eleição que diga respeito somente aos pais, não só pela singularidade dos vínculos ali formados, mas também pela proximidade e pelo conhecimento dos aspectos personalíssimos dos filhos e da realidade daquela família. São os pais que estão, ou devem encontrar uma forma de estar, em melhores condições de compreender o que é necessário à efetiva preparação para as questões da vida de seus filhos, bem como avaliar seu grau de discernimento.

5. A POTENCIALIDADE DOS MÉTODOS ADEQUADOS DE SOLUÇÃO DE CONFLITOS E DOS PACTOS EXTRAJUDICIAIS

Como se percebe no caminho percorrido até aqui, na seara do direito de família, não têm sido poucas as dificuldades enfrentadas para erguer todo um renovado arcabouço

---

15. Projeto de Lei 1627 de 2020, que dispões de regime jurídico emergencial e transitório das relações jurídicas de Direito de família e sucessões no período da pandemia causada pelo coronavírus SARS-COV2 (Covid-19).

jurídico com vistas a proteger não mais apenas o patrimônio dos sujeitos, mas sim, e hoje muito mais relevante, a autonomia e o protagonismo das pessoas na realização de seus próprios projetos de vida, o qual inclui os projetos familiar e parental.

Observa-se que no que se refere à guarda e convivência de responsáveis com filhos comuns, o que se verificou nos últimos anos foram movimentos ousados, mas propositais e extremamente necessários à evolução do papel social dos genitores em prol da convivência equilibrada e da corresponsabilidade parental e, consequentemente, favoráveis ao saudável desenvolvimento dos filhos.

Com efeito, ao dividir por dois a autoridade parental, ampliou-se o poder decisório materno em detrimento da outrora irrestrita autoridade do pai. Ao mesmo tempo, retirou da mãe o papel quase exclusivo de cuidados e entregou ao pai a oportunidade de assumir e participar igualmente de inúmeras tarefas do dia a dia de seus filhos. Com isso, todos saíram de suas zonas de conforto e se veem não só assumindo novas responsabilidades e papéis como desapegando de antigas atitudes que já não fazem sentido na sociedade atual.

Tantas novidades têm sido objeto de frequentes demandas judiciais, pois a mudança de cultura costuma provocar alvoroço até que as perdas e os ganhos sejam assimilados. Evidentemente, a reformulação dos papéis sociais trouxe e ainda traz inquietude, aprendizados, erros e acertos, no exercício pleno da autoridade parental, mas fato é que as diretrizes são claras no sentido de delegar aos pais a assunção de seus papéis como par parental e, mormente como parceiros parentais.

Como já salientado, é de se comemorar a iniciativa do Estado de mudar as regras do jogo. As transformações impostas reduzem intencionalmente a ingerência do Estado na vida privada das famílias, ao passo que encorajam o exercício da autoridade parental, reservando-se ao direito de agir tão somente quando verificado seu mau uso. Nesse novo contexto, conta-se hoje com vasta gama de opções alternativas ao litígio para enfrentamento e solução de impasses familiares. Os pactos em direito de família, embora tradicionalmente utilizados como instrumentos tipicamente patrimoniais, a exemplo dos pactos antenupciais, têm se mostrado potenciais espaços para a promoção de valores existenciais e de resolução de conflitos.

A promoção dos métodos não adversariais de resolução de conflitos, como a mediação, os círculos restaurativos e a própria advocacia colaborativa, são eficientes para o resgate da relação e a real auto implicação e responsabilização das partes envolvidas, visto que, em tais métodos, resgata-se o protagonismo e responsabilização das partes no conflito no qual estão inseridas, transformando-as de meros expectadores do litígio conduzido pelos advogados e pelo magistrado, a atores essenciais, protagonistas e autores no processo de construção do consenso.

As limitações de uma decisão por meio do processo judicial são evidentes ao se considerar que, por mais preparados e cuidadosos que tenham sido os agentes judiciais envolvidos, a decisão é sempre tomada por um terceiro estranho às partes, que por elas decide, muitas vezes, com pouco conhecimento sobre as particularidades daquele contexto familiar.

Desde 2010, quando editada a Resolução 125 do CNJ de 2010, o Brasil adotou uma política judiciária nacional de promoção dos métodos consensuais e extrajudiciais de resolução de conflitos, pela qual se criou um novo sistema de Justiça multiportas, tal como ocorrido nos Estados Unidos a partir da década de 1970. Em 2015, tanto a Lei de Mediação quanto o novo Código de Processo Civil concretizaram essa possibilidade de mudança cultural. E não são poucos os dispositivos previstos nas novas leis.[16]

Cabe agora aos operadores do direito se utilizarem de todo esse arcabouço jurídico para construírem com seus clientes, acordos que atendam aos interesses e as necessidades financeiras e emocionais das partes, na medida do possível e da realidade concreta e de forma duradoura, flexível e que promova a funcionalidade e sustentabilidade do par parental.

A conscientização da sociedade e não só do meio jurídico se mostra fundamental para essa mudança de paradigma. Não devem ser mais os advogados representantes de seus clientes, mas sim assessores e facilitadores que têm como função a condução responsável no processo de construção do consenso.

Já há algum tempo, no âmbito dos conflitos familiares e sociais, diversos países promovem políticas públicas efetivas para a promoção e utilização de métodos não adversariais como Canadá, França e Estados Unidos.[17] A nova legislação brasileira, embora bastante comemorada, demanda ainda grande empenho para que se implemente uma efetiva mudança cultural, não só dos intérpretes e dos aplicadores do direito, mas da sociedade como um todo. A necessidade de se terem credibilidade e consciência dos reais benefícios trazidos pelos métodos adequados de solução de conflitos por toda a

---

16. Art. 168. As partes podem escolher, de comum acordo, o conciliador, o mediador ou a câmara privada de conciliação e de mediação. § 1º O conciliador ou mediador escolhido pelas partes poderá ou não estar cadastrado no tribunal.

    Art. 190. Versando o processo sobre direitos que admitam autocomposição, é lícito às partes plenamente capazes estipular mudanças no procedimento para ajustá-lo às especificidades da causa e convencionar sobre os seus ônus, poderes, faculdades e deveres processuais, antes ou durante o processo.

    Parágrafo único. De ofício ou a requerimento, o juiz controlará a validade das convenções previstas neste artigo, recusando-lhes aplicação somente nos casos de nulidade ou de inserção abusiva em contrato de adesão ou em que alguma parte se encontre em manifesta situação de vulnerabilidade.

    Art. 694. Nas ações de família, todos os esforços serão empreendidos para a solução consensual da controvérsia, devendo o juiz dispor do auxílio de profissionais de outras áreas de conhecimento para a mediação e conciliação. Parágrafo único.

    Art. 784. São títulos executivos extrajudiciais:

    III – o documento particular assinado pelo devedor e por 2 (duas) testemunhas;

    Art. 910. Na execução fundada em título extrajudicial, a Fazenda Pública será citada para opor embargos em 30 (trinta) dias. ... § 2º Nos embargos, a Fazenda Pública poderá alegar qualquer matéria que lhe seria lícito deduzir como defesa no processo de conhecimento.

17. No Canadá e na França, onde a prática é desenvolvida há bastante tempo, a mediação não objetiva o acordo em si, este é uma consequência lógica da transformação do conflito pelas mãos dos mediandos, sob o olhar atento e imparcial do mediador (ANDRADE, Gustavo. Mediação familiar. In: ALBUQUERQUE, Fabíola Santos et al. (Coords.). *Famílias no direito contemporâneo*: estudos em homenagem a Paulo Luiz Netto Lôbo. Salvador: JusPDVM, 2010, p. 494). A presidente da Comissão de mediação do IBDFAM, Águida Arruda Barbosa, destaca que, "na França, onde a mediação está no plano de excelência tanto de fundamentação teórica como na organização da prática social, as pessoas já conhecem e reconhecem este meio de acesso à justiça e procuram os centros privados de prestação desse serviço especializado. Já houve mudança de comportamento dos jurisdicionados que buscam a justiça doce, como costumam qualificar a mediação" (BARBOSA, Águida Arruda. *Educação para mediar; não mais para litigar*. Disponível em: <http://www.ibdfam.org.br/?boletim&artigo=293>. Acesso em: 10 nov. 2018). Nos Estados Unidos e no Canadá, a mediação e a advocacia colaborativa são voltadas predominantemente para a resolução de um conflito estabelecido, com vistas a evitar uma demanda judicial e cumprir seu papel de método adequado de resolução de conflitos, objetivando a construção de acordos sustentáveis.

comunidade é essencial para a construção de um novo modelo de justiça cooperativa, colaborativa e democrática.

Tais diretrizes se tornam ainda mais prementes quando se trata do caro e específico tema relativo à guarda e convivência entre pais e filhos tendo em vista que nessa relação há uma parte indiscutivelmente vulnerável e que merece todo cuidado e toda proteção.

6. CONSIDERAÇÕES FINAIS

A pandemia evidentemente impõe novas circunstâncias e, portanto, novos desafios a todos. A expectativa é grande para que sejam enfrentados de forma a evoluirmos como sociedade, fazendo bom uso das leis em vigor, das informações disponíveis e dos métodos mais adequados.

Vale lembrar que na ordem constitucional vigente, situações existenciais como aquelas que se referem à vida privada, contam com uma proteção constitucional reforçada, porque, sob o prisma da Constituição, esses direitos são indispensáveis para uma vida humana com dignidade. E, justamente por isso é preciso que se questiona cada vez mais até que ponto delegar ao Estado a incumbência de dirimir as divergências familiares é uma alternativa possível ou a melhor alternativa. Como elucida o psiquiatra Jurandir Freire Costa, "judicializar a vida familiar pode ser uma bengala para dias difíceis, mas, se dependermos disso para existir como indivíduos sociais, ou muda a justiça ou muda a família, tanto quanto entendo as duas instituições não podem atropelar uma a outra [...]".[18]

O protagonismo dos pais, o projeto de emancipação dos filhos, a democracia dentro do âmbito familiar, a busca pela formação da parceria parental independente de dificuldades relacionais, o respeito à autoridade do outro, o reconhecimento da importância de serem dois a exercerem essa tremenda responsabilidade, a escuta, o passo atrás, o melhor interesse de um filho acima de tudo são metas a serem perseguidas num percurso que não é fácil, mas que hoje tem suas trilhas demarcadas. Já foi tudo muito mais difícil. Essa estrada já esteve praticamente sem acesso.

É preciso que a sociedade, os profissionais e o judiciário reconheçam e valorizem as conquistas obtidas, façam bom uso delas e estimulem cada família a encontrar seu caminho com autonomia, sabendo que caso se percam a ponto de não conseguir voltar, poderão contar com o Estado para acertarem o rumo.

Em tempos como o que enfrentamos não se pode deixar de ter em conta que em família tudo é mais abrangente e complexo do que pode parecer e há crescimento, descobertas e limites a serem reconhecidos, vencidos e, também, respeitados para que os aprendizados aconteçam e promovam dias melhores, conscientes de que os exemplos a serem transmitidos às crianças de hoje, que serão os pais e os adultos de amanhã, têm importância fundamental na formação e evolução saudável de uma sociedade.

---

18. COSTA, Jurandir Freire. O nome que fica. *Boletim Oficial do IBDFAM*, n. 73, mar./abr. 2012. Entrevista.

ISOLAMENTO SOCIAL E O IMPACTO SOBRE AS MULHERES E SOBRE O DIREITO DE CONVIVÊNCIA

Viviane Girardi

Doutora em direito pela USP. Mestre em direito pela UFPR. Especialista em Direito Civil pela Università degli studi di Camerino, Itália. Vice-Presidente da Associação dos Advogados de São Paulo. Coordenadora da Comissão de Jurisprudência do IBDFAM. Membro do IBDCivil. Advogada especialista em direito de família e das sucessões.

Sumário: 1. Introdução. 2. A família no direito brasileiro. 3. Gênero e direito de família. 4. Quarentena e violência doméstica. 5. Relação parental e filho como sujeito de direitos. 6. Da autoridade parental e da guarda. 7. Isolamento social, direito de convivência e alienação parental. 8. Conclusão. 9. Referências.

1. INTRODUÇÃO

Nunca, nem nos melhores devaneios, se poderia imaginar o que estamos vivendo. O mundo contemporâneo cercado de conflitos tinha medo da guerra e da fome e, alguns ainda, do aquecimento global. Crentes nos recursos da ciência e da medicina, em especial os países ricos que não padecem de problemas sociais graves quanto à saúde, jamais imaginariam um inimigo tão poderoso quanto o coronavírus, Covid-19, que está desafiando a humanidade em todos os sentidos. De uma hora para outra, somos surpreendidos com a necessidade do isolamento social que, por ser a única arma contra o alastramento da epidemia, impôs mudanças bruscas e vem pressionando, sobremaneira, as relações familiares.

No âmbito do Brasil, e acentuado pelo obrigatório isolamento social, "pularam sobre a mesa" antigos problemas que dizem respeito à vida privada e às desigualdades nas relações familiares.

Todos se recolheram para o lar e a convivência familiar que antes estava intercalada por horas de trabalho, estudo e lazer, se fez de forma ininterrupta – o que, por si só, já seria um fator a impactar as relações conjugais, relações de pais e filhos e avós, relações entre irmãos etc. Não bastasse esse fator a exigir a adaptação da família a uma nova forma de convivência, também a vida "pública" das pessoas veio para dentro de casa: os filhos impedidos de irem para a escola passaram a estudar em casa e os pais e as mães a trabalhar no contexto da vida familiar. Somaram-se no mesmo ambiente e ao longo do dia, as jornadas da família, da casa, e do trabalho.

Para além dessa ordem de fatores a interferir nas relações familiares, a crise econômica e o inerente risco do desemprego passaram a ser temas diários dentro das casas, sem falar no temor da própria contaminação com o Covid-19, com os riscos das perdas afetivas e a insegurança diante da própria morte. Houve também, nesse contexto, o recolhimento pessoal de muitos e a reflexão sobre assuntos antes administrados pela ocupação do cotidiano e pelo distanciamento físico e emocional. Muita coisa pode mudar após a pandemia e a conjugalidade talvez seja um dos campos mais sensíveis aos efeitos da convivência sob o regime intenso da quarentena.

Esse cenário impacta e, muito, as relações familiares e expõem a forma de viver da família brasileira, seja ela formada por pais unidos ou separados, famílias monoparentais e mesmo as expandidas com a presença de avós[1].

E cabe ao direito, em última instância, pacificar os conflitos decorrentes das relações familiares, os quais, frente aos efeitos da pandemia do Covid-19, se deram muito fortemente no desrespeito ao direito à igualdade e à integridade física das mulheres, no direito de convivência entre pais e filhos muito embora, se reconheçam os impactos econômicos da pandemia sobre as relações familiares, em especial, a obrigação dos alimentos, entre tantos outros direitos.

2. A FAMÍLIA NO DIREITO BRASILEIRO

É verdade que o direito de família sofreu uma mudança substancial desde a promulgação da Constituição Federal de 1988. Por décadas, se considerou juridicamente como família somente aquela formada pelo vínculo do casamento entre um homem e uma mulher, ainda que a realidade social demonstrasse o contrário. A supremacia de poderes da figura masculina e a desigualdade de tratamento conforme a origem da filiação eram as regras. Tudo porque, tanto a mulher quanto os filhos eram sujeitos de menor relevância no âmbito familiar que se priorizava a tutela da família como organismo jurídico em si e não às pessoas e o modo de se viver em família. Nas décadas passadas, assinalou Elza Berquó, "as maiores transformações vêm ocorrendo no interior do núcleo familiar, assinaladas pela alteração da posição relativa da mulher e pelos novos padrões de relacionamento entre os membros da família. Estaria havendo uma tendência à passagem de uma família hierárquica para uma família mais igualitária (...)."[2]

De fato, a Constituição Federal, ao elencar um rol de princípios e um núcleo essencial de direitos fundamentais, com a finalidade de dar tutela e proteção aos aspectos essenciais da pessoa, trouxe uma ressignificação ao sistema legal, dando ênfase à autonomia e à liberdade de cada um buscar um projeto de vida consoante às próprias necessidades[3]. Nesta perspectiva, ao tratar especificamente da família, entre outras mudanças, reconheceu a

---

1. " O caráter nuclear da família, isto é, casal com ou sem filhos, continua predominante, mas o 'tamanho' da família diminui, e cresceu o número de uniões conjugais sem vínculos legais e de arranjos monoparentais – aqueles caracterizados pela presença do pai com filhos ou da mãe com filhos, contando ou não com a outros parentes habitando conjuntamente." (Belquó, Elza. Arranjos familiares no Brasil, in [SCHWARCZ, Lilia Moritz]. *História da Vida Privada no Brasil* – contrastes da intimidade contemporânea. São Paulo: Companhia das Letras, vol.04, 1998, p. 415).

2. Idem, p.415.

3. "Garante-se, desta forma, a liberdade de escolha no que tange ao modo de constituição da família, elemento inovador da Constituição Federal que permite afirmar a existência de uma pluralidade jurídica. Tal aspecto colocou na cena jurídica, no segundo ato, outras famílias: não matrimonializadas, monoparentais, fundadas em laços de parentesco consanguíneo ou civil, respeitadas as instruções constitucionais. Vários foram os reflexos. Partindo do singular ao plural, ampliou-se esfera de atuação das pessoas, especialmente com a garantia da liberdade na escolha do modo de formação. Paralelo à liberdade, restou garantida a igualdade jurídica na esfera familiar, representada tanto entre os cônjuges como entre os filhos de qualquer natureza." (CARBONERA, Silvana Maria. *Guarda de filhos na família constitucionalizada*. Porto Alegre: Sérgio Fabris, 2.000, p. 31).

pluralidade de formas jurídicas da família, (artigo 226, § 3°); introduziu o princípio da igualdade no âmbito interno e relativo à conjugalidade[4] (artigo 226, §§ 4° e 5°); estabeleceu a plena igualdade dos filhos, independentemente da origem (artigo 227, § 6°); e determinou a prioridade de tutela à pessoa idosa e à criança e ao adolescente (artigos 227 e 230), fazendo emergir da célula familiar, sujeitos dotados de novos *status* de direito.

A partir dessa modificação substancial de tutela, a família contemporânea passa a ser *lócus* de entreajuda, marcada pela solidariedade e voltada para o desenvolvimento da personalidade de seus membros. Reconhece-se a autonomia privada e os plenos direitos de personalidade – de caráter absoluto e irrestrito – no interno da família, que é funcionalizada. No dizer de Luiz Edson Fachin:

> "Na transformação da família e do seu Direito, o transcurso apanha 'uma comunidade de sangue' e celebra, ao final deste século, a possibilidade de uma 'comunidade de afeto'"[5].

Com a família contemporânea de característica plural, fundada na plena igualdade (interna e externa), não hierarquizada – ao contrário do modelo anterior que tinha na figura do pai e marido o chefe absoluto –, surgem novas vozes dotadas de autonomia nesse cenário, qual seja: a mulher e os filhos – esse ainda que em regular processo de desenvolvimento. É com base nesse novo horizonte traçado e construído pela organização familiar contemporânea, em que estão privilegiados os sujeitos, os relacionamentos intersubjetivos e a igualdade entre os componentes familiares, seja quanto à perspectiva conjugal, seja quanto à filiação, que merece atenção à sentença de João Baptista Vilella: "Em família ninguém cresce sem fazer crescer, nem destrói sem se autodestruir: a solidariedade aqui tudo impregna e tudo alcança" [6].

E os efeitos da pandemia colocaram à prova essa perspectiva constitucional porque, definitivamente, ainda não há igualdade entre homem e mulher e, também, ainda não há igualdade de direitos no contexto do exercício da guarda e da convivência familiar.

3. GÊNERO E DIREITO DE FAMÍLIA: EM BUSCA DA IGUALDADE

Apesar de a Constituição Federal garantir o tratamento igualitário, é a desigualdade quem está presente no cotidiano da mulher brasileira[7]. A diferença de remuneração, o

---

4. Conjugalidade aqui compreendida *lato sensu*, como vínculo relacional e não somente o se dá entre homem e mulher ou no âmbito do casamento civil, como o termo poderia sugerir.
5. E, assim, prossegue o autor: "[...] Mosaico de diversidade, ninho de comunhão no espaço plural da tolerância. Tripé de fundação, como se explica. Diversidade cuja existência do outro torna possível, funda a família na realização da pessoa do indivíduo, que respeitando o outro edifica o seu próprio respeito e sua individualidade no coletivo familiar. Comunhão que valoriza o afeto, afeição que recoloca novo sangue para correr nas veias de um renovado parentesco, informado pela substância de sua própria razão de ser e não penas pelos vínculos formais ou consanguíneos. Tolerância que compreende o convívio de identidades, espectro plural, sem supremacia desmedida, sem diferenças discriminatórias, sem aniquilamentos. Tolerância que supõe possibilidade e limites. Um tripé que, feito desenho, pode-se mostrar apto a abrir portas e escancarar novas questões. Eis, então, o direito ao refúgio afetivo". (FACHIN, Luiz Edson. *Elementos críticos do direito de família*. Rio de Janeiro, Renovar, 1999, p. 305-306).
6. VILELLA, João Batista. *Liberdade e família*. Movimento Editorial da Revista da Faculdade de Direito da UFMG. Belo Horizonte, 1980.
7. "No plano jurídico, referência há de ser feita aos avanços obtidos na Constituição de 1988. Após alguns anos de debate sobre o Código Civil, a CLT, o Código Penal e outa leis ordinárias, centraram-se os esforços na mudança constitucional. E o que se conseguiu foi, na avaliação do Conselho Nacional dos Direitos da Mulher, 80% do rei-

assédio moral e sexual e os obstáculos ao acesso aos postos de chefia relegados às mulheres, o denominado "teto de vidro" são verificados em todas as instâncias, da iniciativa privada ao funcionalismo público, da cidade ao campo, de norte ao sul.

A mulher conseguiu romper com algumas barreiras e conquistou os espaços do trabalho remunerado, embora, nesse processo em curso, falte muito para a plena igualdade no mundo laboral. E, às barreiras invisíveis dos locais de trabalho somam-se as tarefas domésticas e os cuidados dos filhos relegados quase que exclusivamente às mulheres, afetando não só o desempenho profissional, mas também a saúde física e psíquica delas.

Nos lares brasileiros está uma conquista ainda por ser feita. Porque, se é fato que as mulheres conseguiram sair para a "rua" é também verdade que ainda não conseguimos trazer os homens para a "casa", na medida em que as tarefas domésticas, de um modo natural, recaem, sempre, sobre a mulher[8].

E a pandemia jogou luzes sobre essa realidade, sendo não só visível, mas, diria-se, quase palpável, a sobrecarga das mulheres com tarefas domésticas e com os cuidados com os filhos. Cumularam-se às atividades laborais em *home office* e impactadas pelo teletrabalho, a manutenção direta da casa e, não mais somente o seu gerenciamento, na medida em que a pandemia subtraiu dos lares o contingente de empregadas domésticas e babás que "seguram" a estrutura da classe média brasileira. Estrutura essa forjada no patriarcado que ao ceder à pressão feminina pelo trabalho remunerado socialmente impôs a substituição da 'dona de casa' por outra mulher, ainda que remunerada.

Não bastasse isso, a sobrecarga se acentua brutalmente com as demandas escolares que também foram, agora, transferidas para a família, vale dizer para as mães, por conta do *homeschooling*. Enquanto a educação dos filhos e os cuidados com a casa e família, estruturalmente, couberem somente às mulheres pouco avançaremos como sociedade. Sobre essa realidade e o impacto diferenciado da pandemia segundo a condição de gênero, afirma Melina Girardi Fachin:

> "A interrupção de atividades acadêmicas e escolares e dos serviços domésticos subcontratados, desde logo, sobrecarrega as mulheres que necessitam harmonizar os esforços do trabalho remoto com os cuidados dos filhos e da casa, que, em muitos casos, seguem como ônus exclusivos seus. Na divisão sexual do trabalho, as múltiplas jornadas ainda pendem sobre os ombros femininos. Eis a razão pela qual iniciativas como, por exemplo, a encampada por alguns setores da advocacia, sobre a retomada dos prazos processuais, gera profunda desigualdade de gênero nas suas consequências. "[9]

---

vindicado, tornando a Constituição brasileira uma das mais avançadas do mundo no que diz respeito à mulher, talvez mesmo a primeira. De forma inédita, o texto constitucional registrou o tema tabu da violência doméstica (art. 26, parágrafo 8º), nem mesmo explicitado pela Convenção Contra Todas as Formas de Discriminação em Relação à Mulher, da ONU, de 1979, o documento mais importante e abrangente sobre os direitos das mulheres." (PIMENTEL, Silvia, et.al. *A figura/personagem mulher em processos de família*. Porto Alegre: Sérgio Fabris Editor, 1993, p. 17).

8. "Pesquisa Nacional Por Amostra de Domicílios (PNAD), do IBGE, apontam que a taxa de realização de trabalhos domésticos, em 2018, era de 92,2% para as mulheres e 78,2% para os homens. Em média, as mulheres dedicam 21,3 horas para essas atividades, enquanto os homens dedicam 10,9 horas." Disponível em Revista Exame: *Covid-19 e a dupla jornada de trabalho:* https://exame.abril.com.br/carreira/covid-19-dupla-jornada-aumenta-vulnerabilidade-das-mulheres-diz-onu/, acesso em 05.05.2020.

9. *Mulheres em Tempo de Pandemia.* Jornal eletrônico O JOTA. Disponível em:https://www.jota.info/opiniao-e-analise/artigos/mulheres-em-tempo-de-pandemia-06042020, acesso em 05.05.2020.

E o Estado, por meio de políticas públicas, exerce o papel fundamental na superação dessa desigualdade entre homens e mulheres e que é cultural, mas precisa ser erradicada. A esse propósito, atesta Marie Christine Fuchs: " À parte de uma mudança profunda e tão necessária de uma cultura ainda machista neste continente, desde a perspectiva do direito, tudo começa e termina com o fortalecimento do Estado de direito, como um princípio de governo democrático que é fundamental para quebrar essa desigualdade de gênero." (...). E continua:

> "Para conseguir tal igualdade de gênero o marco normativo vigente deve ser acompanhado pela adoção de determinadas ações em nível estatal que incorporem uma perspectiva de gênero. A inclusão de tal perspectiva nas políticas públicas implica considerá-las preocupações tanto de mulheres como de homens na elaboração, aplicação, supervisão e avaliação das políticas e programas públicos em todas as esferas políticas, econômicas e sociais. Considerar tal perspectiva, nos ajudará a conhecer impacto diferenciado que estas políticas públicas terão para mulheres e homens, e evitar situações de discriminação em sua elaboração e execução".[10]

Não se pode também descuidar que segundo índices oficiais atualmente mais de 50% (cinquenta por cento) dos lares são chefiados por mulheres, e a maioria delas exerce atividades informais, ou seja, em termos do impacto econômico a situação se agrava barbaramente[11]. A esse propósito, o relatório da ONU Mulheres que vem alertando sobre os reflexos da pandemia e as questões de gênero:

> "À medida em que ocorre o fechamento de escolas e creches para conter a disseminação do novo coronavírus, a capacidade das mulheres de se envolverem em trabalho remunerado enfrenta barreiras extras. globalmente, as mulheres continuam sendo remuneradas 16% menos que os homens, em média, e a disparidade salarial sobe para 35% em alguns países. Em tempo de crise como esse, as mulheres geralmente enfrentam a opção injusta de desistir do trabalho remunerado para cuidar de crianças em casa."[12]

E não se pode ainda desconsiderar a pressão da pandemia sobre as mulheres que de forma esmagadora compõem os quadros dos profissionais de saúde na linha de frente ao combate ao coronavírus. Os dados são do Fundo de População das Nações Unidas, organismo da ONU, que alerta para a significativa piora da vida das mulheres em face das desigualdades de gênero no contexto da pandemia: "Segundo a UNFPA, as mulheres estão mais expostas ao Covid-19 por estarem na linha de frente no combate à epidemia. Cerca de 70% das equipes de trabalho em saúde e serviço social são compostas por profissionais do sexo feminino. A conta inclui os trabalhos de enfermeiras, parteiras e trabalhadoras de saúde da comunidade".[13]

---

10. *Perspectiva de gênero: um desafio necessário e urgente para a Consolidação do Estado de direito nas Américas.* Constitucionalismo feminista: expressão de políticas públicas voltadas à igualdade de gênero. (Coord.) DA SILVA, Christine Oliveira Peter et al. Curitiba: Editora JusPodium, 2ª edição,2020, p. 5-6.

11. "No Brasil, existem cerca de 35 milhões de lares chefiados por mulheres, ainda segundo o IBGE. "Hoje, a pandemia pelo coronavírus poderia causar um impacto significativo nos meios de subsistência das mulheres", afirma a UNFPA." Disponível em Revista Exame: Covid-10 e a dupla jornada de trabalho: https://exame.abril.com.br/carreira/covid-19-dupla-jornada-aumenta-vulnerabilidade-das-mulheres-diz-onu/, acesso em 05.05.2020.

12. Disponível em ONU Mulheres:https://nacoesunidas.org/onu-mulheres-pede-atencao-as-necessidades-femininas-nas-acoes-contra-a-covid-19/, acessado em 06.05.2020.

13. Disponível em Revista Exame. Covid-19 e a dupla jornada: https://exame.abril.com.br/carreira/covid-19-dupla-jornada-aumenta-vulnerabilidade-das-mulheres-diz-onu/, acessado em 05.05.2020.

4. QUARENTENA E VIOLÊNCIA DOMÉSTICA

Outro aspecto nefasto é a violência doméstica que apresentou número crescentes, embora tenham diminuído as notificações. Informações que preocupam sobremaneira, na medida em que está claro que o isolamento social colocou as mulheres na situação de maior exposição ao agressor e sem muitas possibilidades de recorrerem aos mecanismos estatais de ajuda porque vigiadas pelos agressores. E esse não é um fenômeno brasileiro conforme reconhece o secretário-geral da ONU, António Guterres: "Para muitas mulheres e meninas, a maior ameaça está precisamente naquele que deveria ser o mais seguro dos lugares: as suas próprias casas." E que denunciou um "crescimento horrível da violência doméstica em nível global" durante a quarentena, solicitando a todos os governos a implantação de medidas de proteção às mulheres nos planos de combate à pandemia do Covid-19, bem como para que adotem políticas de redução do consumo de bebidas alcóolicas, que acentuam a violência contra mulheres e crianças.[14]

Em que pese a violência doméstica física, psicológica ou patrimonial ser uma realidade de todas as classes sociais, é inegável que são as mulheres pobres e que habitam a periferia que estão drasticamente submetidas a ela. O confinamento em lares pequenos e precários acentua as dificuldades da convivência com os homens violentos. E isso se dá também por conta da dependência econômica e pela ausência de uma teia de pessoas e familiares, que possam dar amparo a essa mulher, que, geralmente com filhos pequenos não tem para onde ir.

A violência doméstica reflete uma estrutura familiar herdada do patriarcado e do machismo que não compreende a mulher como sujeito de direitos e de tratamento igualitário.

É reflexo também das relações de poder que, infelizmente, marcam as relações conjugais até os dias de hoje como demonstram os estudos sobre o feminismo.

E, a considerar que, segundo dados oficiais, ainda estamos longe do fim do isolamento, é preciso que as autoridades adotem mecanismos eficientes para salvar as vidas dessas mulheres. É inegável a necessidade do isolamento como forma de contenção do contágio, mas é igualmente inegável que o próprio isolamento, mais do que o vírus, tem trazido risco à vida de muitas mulheres, mãe e filhas, inseridas em lares onde a linguagem é a violência[15]. E isso está provado pelo crescimento do número de feminicídios quando comparados a anos anteriores. É um fenômeno encadeado: aumento da violência e diminuição das notificações que resultam no aumento, alarmante, dos feminicídios.[16]

---

14. Subnotificação e gatilhos: o drama da violência doméstica na quarentena. Disponível em Revista Veja, https://veja.abril.com.br/brasil/subnotificacao-e-gatilhos-o-drama-da-violencia-domestica-na-quarentena/, acesso em 29.04.2020.

15. "Em um contexto de emergência, aumentam os riscos de violência contra mulheres e meninas, especialmente a violência doméstica, aumentam devido ao aumento das tensões em casa e também podem aumentar o isolamento das mulheres. As sobreviventes da violência podem enfrentar obstáculos adicionais para fugir de situações violentas ou acessar ordens de proteção que salvam vidas e/ou serviços essenciais devido a fatores como restrições ao movimento em quarentena. O impacto econômico da pandemia pode criar barreiras adicionais para deixar um parceiro violento, além de mais risco à exploração sexual com fins comerciais." Disponível em ONU Mulheres e o Covid-19: http://www.onumulheres.org.br/wp-content/uploads/2020/03/ONU-MULHERES-COVID19_LAC.pdf, acesso em 06.05.2020.

16. "Uma pesquisa recente do Fórum Brasileiro de Segurança Pública apontou redução no número de registros oficiais de casos de lesão corporal dolosa, aqueles que demandam a presença física das vítimas: as quedas foram de 29,1% no Ceará, 28,6% no Acre, 21,9% em Mato Grosso, 13,2 no Pará e 9,4% no Rio Grande do Sul e 8,9% em São Paulo.

ISOLAMENTO SOCIAL E O IMPACTO SOBRE AS MULHERES E SOBRE O DIREITO DE CONVIVÊNCIA

Portanto, pode-se afirmar, sem medo de errar, que os efeitos da pandemia são muito mais perversos para as mulheres, seja por conta da desigualdade na distribuição das jornadas de trabalho doméstico, seja pela violência vivida nos lares brasileiros.

Assim, é fundamental que os aparelhos estatais da área da proteção, mas também da saúde[17], estejam preparados para dar suporte psicológico para as mulheres em decorrência da pandemia. É preciso reconhecer a vulnerabilidade pessoal e social das mulheres porque sem essa tomada de consciência, as famílias e a sociedade brasileira perdem muito[18].

E, ao lado da situação de vulnerabilidade das mulheres outra relação familiar que sofreu imediatos efeitos da pandemia foi o direito à convivência familiar atingindo principalmente as crianças, mas também os pais e as mães. Neste aspecto, a pandemia jogou luzes sobre dois fatores: mães que usurpam a presença paterna acreditando que detém mais poderes que os pais e, por outro lado, pais que deixaram de conviver sob o argumento do risco do contágio e do trabalho em casa, com evidente sobrecarga para as mães.

5. RELAÇÃO PARENTAL E FILHO COMO SUJEITO DE DIREITOS

A revelação sociológica da significativa contribuição da prole para o crescimento e satisfação pessoal dos pais ajudou a abrir espaço no cenário familiar para o reconhecimento do filho (criança ou adolescente) como sujeito de direitos dotado de autonomia pessoal e ética. Esso é bem apreendido pelas demandas judiciais nas quais os pais requerem, cada vez mais, maior participação na vida e maior convivência com os filhos, pois o exercício da autoridade parental deixou a preponderância de poder dos pais sobre os

---

No entanto, o número de feminicídios aumentou 400% em Mato Grosso, 300% no Rio Grande do Norte, 100% no Acre e 46,2%, em São Paulo. As comparações são entre março de 2019 e o mesmo mês deste ano. Ainda segundo o levantamento, o número de Medidas Protetivas de Urgência concedidas pelos Tribunais de Justiça também apresenta uma redução considerável: 67,7% no Acre, 32,9% no Pará e 31,5% em São Paulo (os demais estados não disponibilizaram a informação). Jamila Jorge Ferrari, coordenadora das Delegacias de Defesa da Mulher de São Paulo, garante que os crimes seguem ocorrendo e em maior escala. "Essa redução se dá apenas pelo fato de as mulheres não poderem ir até uma delegacia e terem dificuldades de fazer as denúncias com seus agressores por perto." *Subnotificação e gatilhos: o drama da violência doméstica na quarentena*. Disponível em Revista Veja, https://veja.abril. com.br/brasil/subnotificacao-e-gatilhos-o-drama-da-violencia-domestica-na-quarentena/, acesso em 29.04.2020.

17. "A maioria das profissionais de saúde são mulheres e isso as coloca em maior risco. Muitas delas também são mães e cuidadoras de familiares. Elas continuam carregando a carga de cuidados, que já é desproporcionalmente alta em tempos normais. Isso coloca as mulheres sob considerável estresse", disse Phumzile Mlambo-Ngcuka, diretora-executiva da ONU Mulheres." E ainda: "Além disso, a maioria das mulheres trabalha na economia informal, onde o seguro de saúde provavelmente não existe ou é inadequado e a renda não é segura. Como elas não estão direcionadas para ajuda financeira, elas acabam não possuindo suporte. Este não é simplesmente um problema de saúde para muitas mulheres; isso vai ao cerne da igualdade de gênero", analisou a dirigente." Disponível em ONU Mulheres: https://nacoesunidas.org/onu-mulheres-pede-atencao-as-necessidades-femininas-nas-acoes--contra-a-covid-19/, acesso em 06.05.2020.

18. "As mulheres precisam caminhar junto com os homens de modo a convencê-los da importância de seus debates para que os assuntos que tocam a desigualdade sejam debatidos com a mesma importância de todos os outros. Afinal, em razão da forma como surgiram na agenda de debates públicos, as questões de gênero foram largamente relacionadas como de interesse das mulheres e de pouca preocupação de homens e meninos. Falar em questão de gênero hoje ainda significa a adoção de uma perspectiva exclusivamente feminina, dirigindo a atuação aos interesses aos interesses das mulheres. No entanto, forjar um cenário de igualdade beneficiará mulheres, mas também homens." ARRUDA, Desdêmona Tenório de Brito Toledo. *Cultura da Igualdade de gênero no Brasil – uma leitura a partir de Raewyn Connel.* DA SILVA Christine Oliveira Peter et al. (Coord.). *Constitucionalismo feminista: expressão das políticas públicas voltadas à igualdade de gênero.* Curitiba: Editora Juspodium, 2ª ed. 2020, p.65.

filhos, para reconhecer que no exercício desse *munus* há um crescimento e educação da criança, mas há, inegavelmente, também a satisfação afetiva e pessoal dos pais.

E a comprovar a autonomia conceitual da criança e do adolescente é que se verifica a incidência da ampla proteção e tutela legal deles independentemente da existência ou não de núcleo ou organização familiar, como preconiza o artigo 15° do Estatuto da Criança e do Adolescente: "A criança e o adolescente têm direito à liberdade, ao respeito e à dignidade como pessoas humanas em processo de desenvolvimento e como sujeitos de direitos civis, humanos e sociais garantidos na Constituição e nas leis".

A tutela recai exclusivamente sobre a pessoa da criança e do adolescente, com plena autonomia legal sem qualquer outra mediação ou ponderação de direitos. Também a autônoma manifestação direta da criança e do adolescente como protagonistas e copartícipes do processo de desenvolvimento da sua personalidade[19], os artigos 161, § 2° e 45, § 2° do ECA que permitem a oitiva e manifestação da criança ou adolescente nos processos judiciais que tenham por objeto adoção, perda ou suspensão do pátrio poder. Paradigma legal que pode ser utilizado para todos os processos que envolvam interesses jurídicos de crianças e adolescentes.

Indiscutível, portanto, que a criança, ainda que sob o poder e guarda dos pais, terceiros ou de tutores, não pode sofrer qualquer violação dos seus direitos, muito menos ser instrumento de disputa entre os genitores a caracterizar o abuso das prerrogativas da guarda ou da autoridade parental, uma vez que, como pessoa dotada de autonomia ética e legal, sua posição não pode ser "coisificada", como mero objeto de litígios dos que dela devem se ocupar. E esse viés foi apreendido pela Lei 12.318, de 26 de agosto de 2010, que trata dos atos de alienação parental.

No entanto, muito desrespeito a essa autonomia dos direitos do filho se viu em meio aos efeitos da pandemia. Alguns provocados por medo real e pela intenção de proteção, outros por atos dolosos de se buscar distanciar um dos pais ou então, de se omitir das responsabilidades parentais.

6. DA AUTORIDADE PARENTAL E DA GUARDA

O reconhecimento do filho como um fator importante da felicidade dos pais[20], e o reconhecimento da criança e do adolescente como autônomos sujeitos no âmbito das

---

19. "La giurisprudência di mérito ha riconosciuto, già da tempo, un dovere dei genitori di rispettare le scelte dei figli, sopprattuto con riferimento allo studio, alla formazione professionale, all'impegno político-sociale, alla fede religiosa (Trib. Min. Genova, 9.2.59; Trib. Min. Bologna, 13.5.72; Trib. Min. Bologna, 26.10.73). Tradução livre: A jurisprudência de mérito reconheceu há tempo, um dever dos pais de respeitarem as escolhas dos filhos, sobretudo com referência aos estudos, a formação profissional, ao impenho político-social, à fé religiosa." (CASSANO, Giuseppe. *Rapporti familiari, responsabilità civile e danno esistenziale*. Il ressarcimento del danno non patrimoniale all'interno della famiglia. Padova:CEDAM,2006, p. 206).

20. Para TRABUCCHI "Comunque è certo che, allo scopo perseguito di assicurare il compimento di doveri nei riguardi della prole si accompagna l'altro aspetto umano, di assicurare al genitore la soddisfazione di un suo interesse affettivo, natural, da rispettare, che si colloca accanto al riguardo degli obblighi da adempire verso i propri nati." (TRABUCCHI, Alberto. Il vero interesse del minore e i diritti di chi ha l'obbligo di educare. *Rivista di diritto civile*, anno XXXIV, n. 6, novembre-dicembre/88, p. 742.) Tradução livre: Em todo caso é certo que, ao escopo perse-

relações familiares, entre elas a relação paterno-filial, acabou por mitigar os aspectos de cunho autoritário do instituto do poder familiar como esclarece Luiz Edson Fachin:

> "A autoridade parental revela um conjunto de circunstâncias que vão informar as características do exercício desses direitos e a assunção de correspectivos deveres. Não se trata de 'poder', nem propriamente de função. Não há relação de subordinação [entre pais e filhos]. É mais que um 'direito-dever', expressão híbrida equivocada. [...] Os filhos não são (nem poderiam ser) objeto da autoridade parental. Em verdade, constituem um dos sujeitos da relação derivada da autoridade parental, mas não sujeitos passivos, e sim no sentido de serem destinatários do exercício deste direito subjetivo, na modalidade de uma dupla realização de interesses do filho e dos pais."[21]

O instituto do pátrio poder, de estrutura autoritária passou para a conceituação de poder familiar, relativizado e funcionalizado na perspectiva do melhor interesse da criança e o seu exercício assegurado em igualdade aos genitores vinculados à criança[22].

Ao seu turno, o Estatuto da Criança e do Adolescente, ao propor novos paradigmas para o tratamento das crianças e dos adolescentes, elencou direito fundamentais, mas também estabeleceu os deveres da família, da comunidade e do Estado em relação à criança, atuando de acordo com os ditames do artigo 229 da Constituição Federal, que determina que é aos pais que cabe o dever de criar, educar e assistir aos seus filhos enquanto menores. E esses deveres, acompanhados daqueles trazidos no artigo 1.634 do código civil, preenchem o conteúdo da autoridade familiar e se voltam para os pais como obrigações deles em benefício dos filhos.

A relação jurídica paterno-filial se dá, assim, entre sujeitos de mesma autonomia legal, mas diante da fragilidade intrínseca do filho, porque pessoa ainda em peculiar processo de desenvolvimento, o Estado imputa deveres aos pais e assegura aos filhos, nessa relação, a tutela de direitos fundamentais próprios, que são, a um só tempo, garantias suas, mas também objeto passível de reivindicação contra os pais.

Quanto aos direitos fundamentais assegurados às crianças e adolescentes está intrínseco e englobado o desenvolvimento do aspecto afetivo da criança, e o respeito à integridade psíquico-física dela, que pressupõem o fundamental direito de convivência familiar saudável com ambos os genitores. Em regra, o direito de respeito às necessidades dos filhos e, primordialmente, a convivência familiar não encontram barreiras quando os pais estão juntos, até porque ambos exercem e exercitam, a um só tempo, o poder familiar, e, por isso, também a guarda dos filhos. O problema surge quando

---

guido de assegurar o cumprimento dos deveres no resguardo da prole se acompanha um outro aspecto humano de assegurar ao genitor a solidificação de um seu interesse afetivo natural, de respeito, que se coloca ao lado do resguardo do cumprimento das obrigações em relação aos próprios filhos.

21. E, assim, prossegue o autor: "As características da autoridade parental: 1ª É um *munus*, significado que transcende o interesse pessoal, e o exercício da autoridade parental não consiste necessariamente no atendimento do interesse privado. O direito respectivo também está submetido a certos limites, por exemplo, o respeito à liberdade religiosa ou crenças; 2ª) É irrenunciável, mas pode ser destituído do exercício do direito; 3ª) É inalienável, não suscetível de ser transferido; 4ª) é Imprescritível". (FACHIN, Luiz Edson, *Elementos críticos do direito de família*, 1999, p. 222-223, 225).

22. O instituto do poder familiar está regulado pelo Código Civil de 2002 do artigo 1.630 a 1.638. E nas palavras de Rosana FACHIN esse poder familiar reside na ideia de proteção e é conferido tanto ao pai quanto à mãe igualitariamente. (FACHIN, Rosana. Do parentesco e da filiação. In: PEREIRA, Rodrigo da Cunha (Coord.); DIAS, Maria Berenice. *Direito de família e o novo Código civil*. Belo Horizonte: Del Rey, 2001. p. 123). Não se desconsidera aqui as recentes decisões jurisprudenciais que asseguram relação de filiação de três pessoas como a multiparentalidade.

se precisa destacar a guarda judicial das prerrogativas da autoridade parental, que é, e sempre será, dos dois pais e não tem relação com a natureza do vínculo existente entre eles. Portanto, diante da situação familiar na qual os pais da criança não convivam também como casal, tem-se a imprescindível necessidade de fixação da guarda dos filhos, assim como o direito de convivência familiar, que deve ser o quanto possível, disciplinado e assegurado de forma extensa, podendo até ser reduzido por força das circunstâncias, porém jamais suprido[23].

Vale considerar que a pandemia não é motivo suficiente a inibir o contato entre pais e filhos e ou a suprimir o direito de convivência, tanto que países europeus severamente atingidos pelo Covid-19, a exemplo de Itália e França mantiveram entre as atividades permitidas para circulação das pessoas o exercício do direito de convivência.

7.   ISOLAMENTO SOCIAL, DIREITO DE CONVIVÊNCIA E ALIENAÇÃO PARENTAL

O direito atual, amparado em outras ciências, já reconheceu que a convivência de ambos os genitores com a criança é fundamental para o pleno desenvolvimento dela. Por isso, a solução legal dada para tutelar a criança inserida numa relação de pais que vivam separados é o destaque da guarda do instituto da autoridade parental, para atribui-la a um ou a ambos os pais, porém com efeitos jurídicos disciplinados[24] assim como a forma de convivência com o filho.

---

23. A doutrina e jurisprudência nacional e estrangeira reconhecem a possibilidade de limites ao direito de convivência. A propósito: "Il coniunge separato ha, quindi, diritto di vedersi assicurata uma sufficiente possibilita di rapporti con il figlio affidato all´altro coniuge, al fine di essere in grado di guadagnarsi l´a affetto ed il rispetto del figlio stesso. Trattasi, peró, di um *diritto* che, sia in dottrina (DE FILIPPIS) che in giurisprudenza (Cass. 6446/80) è ritenuto *non illimitato*, in quando il giudice può disconoscerlo e, quindi, escluderlo, qualora ricorrano gravi e comprovate ragioni di inocompatibilità del suo exercizio con la salute psicofisica del minore". (*Ibidem*, CASSANO, Giuseppe. p. 222). Tradução livre: O cônjuge separado há então direito de ver para si assegurada uma suficiente possibilidade de relação com o filho na guarda do outro cônjuge, ao fim de ser possível ter para si o afeto e o respeito do próprio filho. Trata-se, porém de um *direito* que tanto em doutrina que em jurisprudência é considerado *não ilimitado*, enquanto o juiz pode desconhecê-lo ou então exclui-lo, no momento que ocorram graves e comprovadas razões de incompatibilidade do seu exercício com a saúde psicofísica do menor. Mas afastada aqui as hipóteses motivadas de suspensão e extinção do poder familiar, ou mesmo de mitigação dele que pode se dar por meio da suspensão de convivência de um ou dos pais, acrescenta Rolf Madaleno: "Não é por outra razão que o parágrafo 5º do artigo 1.584 do Código Civil estabelece que o juiz defira a guarda à pessoa que revele compatibilidade com a natureza da medida, de preferência levando em conta o grau de parentesco e relação de afinidade e afetividade, sempre que verificar que os filhos não devem permanecer sob a guarda do pai ou da mãe. Este dispositivo é nada mais do que a consagração deste relevante princípio dos menores e superiores interesses dos menores, mas, com efeito, que os pais são os naturais e indicados guardiães de seus filhos, cuja custódia só irão perder por conta de motivos graves, que atentem contra os próprios interesses dos filhos, sua higidez física e mental, devendo ser priorizada a vontade e as afinidades do menor." (*Curso de direito de família*. Rio de Janeiro: Forense, 2011, p. 421).

24. Fixação de residência, de domicílio, de participação nas decisões cotidianas da criança, entre outros. No direito alemão "o cuidado e educação do filho forma o âmbito central da guarda pessoal, a qual é caracterizada na Lei Fundamental (art. 6 al. 2GG) como o 'direito natural dos pais' e 'obrigação principal que lhes cabe'. Fazem parte do cuidado, sobretudo, a alimentação, vestimenta e zelo pela saúde do filho. Entende-se por educação, o zelo pelo desenvolvimento moral, intelectual e físico do filho. A determinação dos objetivos de educação, geralmente cabe aos pais, segundo a valoração constitucional do art 6. Al.2 GG. Além disto a ordem jurídica, baseada numa personalidade livre e auto-responsável da cultura humana, deve direcionar toda educação em função do desenvolvimento do filho numa personalidade auto-responsável." (SCHULÜTER, Wilfried. Código Civil Alemão – Direito de Familia. BGB – FAMILIENRECHT. 9a edição. Revisada. Trad. Elisete Antoniuk. Porto Alegre: Sérgio Fabris Editor, 2002, p. 418).

O objetivo é o da manutenção da atuação dos genitores nas figuras parentais, porque as funções maternas e paternas são essenciais para a estruturação e o desenvolvimento dos aspectos psíquicos e emocionais da criança, como afirma Fernanda Otoni de Barros: "É preciso conjugar os termos. É necessário que ocorra a triangulação onde a paternidade (função paterna, autoridade) e a maternidade (maternagem, amor e compreensão), mesmo em caso de separação dos pais na realidade estejam presentes na constituição da criança" [25].

Antes o direito de convivência familiar, então denominado direito de visitas e tratado exclusivamente pelo código civil, voltava-se a atender, prioritariamente, os interesses do genitor não guardião e não os superiores interesses do filho. Delineava-se sob papéis masculinos e femininos demarcados, com o exercício da guarda unilateral pela mãe, atribuindo-lhe poderes quase absolutos sobre a pessoa do filho, enquanto ao pai cumpria a função de visitar a criança, com o intuito superior, em verdade, de fiscalizar os atos do guardião. Era secundária a preocupação com as necessidades afetivas e psíquicas da criança de conviver e efetivamente receber do não guardião o referencial afetivo e simbólico (dupla parentalidade) para o seu pleno desenvolvimento.

Neste contexto, o guardião, na esmagadora maioria as mulheres, era sobrecarregada com a concentração dos deveres parentais, enquanto o não guardião tornava-se um visitador dos filhos, com evidenciada mitigação das prerrogativas da autoridade parental em relação a eles. E foi (i) o foco no bem estar do filho, (ii) a paulatina revolução dos papeis masculinos e femininos no âmbito das funções familiares, (iii) a busca de superação tanto da atrofiada "paternidade de visitas" quando do abuso de poder das guardiãs, que impulsionou o movimento para a consagração da guarda compartilhada, (art.1584. Parágrafo 2º).

Quando a guarda judicial[26] é destacada da autoridade parental, com a necessária fixação da residência e do domicílio da criança com um dos pais, há a concomitante

---

25. BARROS, Fernanda Otoni de. Interdisciplinaridade: Uma visita ao tribunal de família – Pelo olhar da psicanálise. *Idem, Direito de família contemporâneo*, 1997. p. 806. E alerta PEREIRA, Rodrigo da Cunha. "*Na verdadeira guarda compartilhada os filhos têm duas residências. Estudos sérios na Europa já demonstraram que os filhos de pais separados que vivenciaram a guarda compartilhada em duas residências, têm menos problemas do que os filhos de pais separados de guarda única, e residência única. É importante para os filhos que eles sintam que têm duas casas. E eles incorporam esta rotina facilmente. É claro que há exceções, como em toda regra. Mas na maioria das guardas compartilhadas no Brasil, Magistrados e Ministério Público, equivocadamente, aprisionados e sustentados por uma psicologia antiga e ultrapassada, exigem, mesmo em acordos, que se estabeleça uma residência única, que geralmente é na casa da mãe. Ora, se pai e mãe são igualmente referências importantes e fundamentais para o filho, não há razão lógica e psíquica para se continuar paralisado nestas referências de uma ideologia patriarcal em que a mãe é sempre a protagonista na criação dos filhos, e o pai é o coadjuvante*". Direito de Família, Corona vírus e Guarda Compartilhada. Disponível no Site Conjur: https://www.conjur.com.br/2020-abr-08/cunha-pereira-direito-familia-coronavirus-guarda-compartilhada2, acesso em 05.05.2020.

26. No direito alemão *a)* "*o cuidado e educação* do filho forma o *âmbito central* da guarda pessoal, a qual é caracterizada na Lei Fundamental (art. 6 al. 2GG) como o 'direito natural dos pais' e 'obrigação principal que lhes cabe'. Fazem parte do *cuidado*, sobretudo, a alimentação, vestimenta e zelo pela saúde do filho. Entende-se por *educação*, o zelo pelo desenvolvimento moral, intelectual e físico do filho. A *determinação dos objetivos de educação*, geralmente cabe aos pais, segundo a valoração constitucional do art. 6. Al.2 GG. Além disto a ordem jurídica, baseada numa personalidade livre e autorresponsável da cultura humana, deve direcionar toda educação em função do desenvolvimento do filho numa personalidade autorresponsável. (...). *b)* A supervisão parental deve, por um lado, prevenir o filho de que o mesmo se exponha a risco, ou seja exposto por terceiros, por outro lado, também devem evitar terceiros lhe prejudiquem ou causem danos. (...). *c)* Com base no seu direito de determinação do domi-

necessidade de se disciplinar o direito de convivência dos filhos com o genitor com quem não terão a residência fixa. Isso independentemente de a guarda ser fixada na modalidade unilateral ou compartilhada, porque como entende a nossa jurisprudência, diferentemente do que parece ser o espírito da lei, a situação fática de os pais viverem em residências diferentes impõe uma mínima regulamentação dos contatos exclusivos e da forma da convivência dos filhos com cada um deles.

Nesse contexto, destaca-se o direito fundamental de respeito às necessidades da criança, entre as quais se assenta o direito de convivência familiar, – que se estende também aos avós, (art.1589, parágrafo único), estes severamente atingidos pelos efeitos do isolamento social. Aliás, a condição dos idosos merece redobrada atenção dada a inegável situação de vulnerabilidade intrínseca à idade ao que se soma o fator grupo de risco.

A doutrina defende que os atos de alienação parental encontram campo fértil na guarda unilateral, quando a gama de atributos da autoridade parental e relativos à educação e às decisões, disciplina e controle dos atos cotidianos do filho são concentrados e confiados a um só dos pais. E que a guarda compartilhada seria um obstáculo à alienação parental.

Mas não foi o que se viu diante do isolamento imposto pela pandemia quando muitos guardiões, mães na quase totalidade, recusaram a saída dos filhos para a casa paterna[27]. Ou então pais se negaram a também cuidar dos filhos nos termos do regime de convivência, alegando não estarem disponível por conta do trabalho em *home office* ou por estarem desassistidos de suas regulares auxiliares domésticas.

O isolamento social mostrou que a guarda compartilhada padece da mesma fragilidade frente ao abuso de direito quando ela está fixada com um dos pais e regulado um direito de convivência com o outro. Aqui se exclui a situação quando pais compartilham, de fato, não só os poderes-deveres decorrentes da autoridade parental, mas também o tempo de convivência com a divisão igualitária dos períodos de permanência dos filhos com um e com o outro, muito embora, até mesmo nessas circunstâncias tomou-se conhecimento de pais que se negaram a exercer o tempo compartilhado por conta da quarentena.

O isolamento mostrou também a fragilidade da guarda, mesmo a compartilhada, quando há desentendimento entre os genitores, porque o judiciário é quem acaba sendo acionado para resolver o impasse. Nessas condições é inegável o reconhecimento de certa

---

cílio, os pais podem determinar o local de domicílio e residência do filho. (…). *d)* O direito vigente não contém critérios claros sobre se, e em que extensão, o direito de guarda pessoal autoriza os pais a realizar ou concordar com intervenções médica no seu filho." (*Ibidem, Código Civil Alemão – Direito de Família*, 2002, p. 418. E o BGB define ainda a guarda patrimonial que, no direito alemão, pode ser cindida da guarda pessoal e, assim, pode ser atribuída a um dos pais e as obrigações dizem respeito a tutela e administração de bens, direitos, rendimentos do filho (1.626 al. frase 2 BGB).

27. "A maioria dos pedidos de suspensão de "visitas" tem sido feito por parte da mãe, ou então é o pai que recorre à justiça pedindo que a mãe não impeça a convivência. E a maioria das decisões judiciais tem sido favoráveis à suspensão, mesmo em casos de guarda compartilhada. Obviamente que a fundamentação das decisões invoca o princípio do melhor interesse da criança/adolescente, pelo risco do contágio, que pode acontecer com o leva e traz do filho de uma casa para outra. Em Direito de Família, muito mais que nos outros ramos do Direito, a interpretação e a subjetividade estão presentes, e contaminadas por uma moral e ideologia patriarcal. A suspensão das "visitas", na maioria dos casos, é sempre em favor da mãe." PEREIRA, Rodrigo da Cunha. *Direito de Família, Corona vírus e Guarda Compartilhada*. Disponível no Site Conjur: https://www.conjur.com.br/2020-abr-08/cunha-pereira-direito-familia-coronavirus-guarda-compartilhada2, acesso em 05.05.2020.

falência da autoridade parental quando dela é destacada a guarda judicial e, também de ausência de coação imediata por parte do Estado face o descumprimento da ordem judicial anteriormente emanada, prejudicando os interesses do filho.

É fato que há situações onde o risco da movimentação das crianças de um lar para o outro pode ser maior, mas é preciso se verificar o caso específico e as condições da criança e dos familiares envolvidos, porque também aqui os danos da ausência da convivência são marcantes. Indiscutivelmente o contato virtual é um meio de mitigação da ausência da convivência, mas ela não pode ser invocada quando não houver motivos reais e concretos para uma modificação na forma de exercício da convivência. E a respeito do impacto do isolamento sobre o direito de convivência, de modo crítico aponta Rodrigo da Cunha PEREIRA[28], a fragilidade da chamada guarda compartilhada no Brasil:

> *"Assim, esta pandemia tem escancarado que a guarda compartilhada no Brasil ainda não é uma realidade, assim como convivência igualitária entre pai e mãe com os filhos. Se o fosse, as decisões dos juízes de "suspender as visitas" de pai com filho, seria diferente. Ora, se está correndo risco de contágio com o pai, também está com a mãe. E aqui também valem as exceções, para o pai ou mãe, por exemplo, que está na linha de frente do combate a pandemia, com riscos mais evidentes de veicular o vírus para seus familiares. Se tivesse guarda compartilhada no Brasil nem haveria necessidade de suspensão da convivência, pois o filho cumpriria a quarentena com ambos os pais, em residências alternadas na guarda compartilhada. Enquanto a mãe estiver dizendo – 'Eu deixo o pai visitar o filho' é porque ainda não existe guarda compartilhada no Brasil. Tomara que esta pandemia sirva para contagiar a todos com a compaixão e a lucidez de que o melhor para os filhos de pais separados é a convivência igualitária com os filhos na guarda compartilhada, com residências alternadas. Somente assim, não teremos filhos distantes de seus pais neste período de grande calamidade pública."*

E nesse contexto, é inegável a contribuição da Lei 12.318/2010 a respeito dos atos de alienação parental como um mecanismo apto a estimular o exercício da autoridade parental pelos dois genitores e a evitar o abuso no exercício da guarda.

Os problemas relativos à alienação parental surgem justamente quando, em função de dificuldades pessoais, o guardião, que está na posse direta da criança, abusa desta sua função e prerrogativa e culmina por exercê-la de forma contrária aos interesses do filho, com o fim último de atingir a pessoa do outro genitor. Os atos de alienação visam enfraquecer ou mesmo impedir o estabelecimento do vínculo afetivo do filho com o genitor desprovido da guarda. Desse modo, os atos de alienação praticados pelo genitor guardião atingem de modo direto o direito de convivência familiar da criança e, por via reflexa, também o direito do genitor de ter acesso e conviver com o filho. E os danos decorrentes dos atos de alienação não se resumem a violação do direito de convivência. Trata-se de verdadeiro abuso moral perpetrado pelo alienador sujeito, em tese, à reparação civil.

Aliás, neste sentido, em que pese o respeito a opiniões divergentes, entende-se como um aspecto positivo a não patologização dos atos de alienação parental como síndrome, eis que sendo 'doença' haveria a possibilidade do genitor alienador não responder nem civil e nem criminalmente pelos danos diretos e reflexos causados à pessoa da criança e também do outro genitor. Nesse sentido segue a jurisprudência italiana que não re-

---

28. PEREIRA, Rodrigo da Cunha. *Direito de Família, Corona vírus e Guarda Compartilhada*. Disponível no Site Conjur: https://www.conjur.com.br/2020-abr-08/cunha-pereira-direito-familia-coronavirus-guarda-compartilhada2, acesso em 05.05.2020.

conhece a síndrome de alienação parental, conforme se pronunciou a Suprema Corte de Cassação Italiana em 2013[29], mas que, por sua vez, reconhece a possibilidade de os atos de alienação configurarem o crime de desobediência de decisão judicial previsto no ordenamento jurídico italiano e também ato ilícito passível de reparação nas relações entre familiares[30]. Importante ressaltar nesse aspecto que as críticas dirigidas à Richard Gardner se dão também porque a suposta síndrome da alienação parental, somente teria ambiência nas situações conflituosas de guarda e custódia dos filhos, revelando por isso, muito mais um padrão de comportamento ligado à dinâmica de disputa de poder entre os pais e à história familiar daqueles indivíduos, do que uma patologia propriamente dita.

---

29. Valendo destacar da sentença n. 7.041 da Suprema Corte de Cassação (sessão civil) de 20 de março de 2013, de relatoria do Juiz Campanile, sob a presidência do Juiz Luccioli, o seguinte trecho: "Basterá qui recordare che, sono state richiamate le perplessità del mondo accademico internazionale, al punto che il Manuale diagnostico e statistico dei disturbi mentali (DSM) non la riconosce come síndrome a malattia; che si è evidenziato che vari autori spagnoli, all'esito di una ricerca compiuta nel 2008, hanno sottolineato la mancanza di rigores cientifico del concetto di PAS e che, nel 2009, le psicologhe C.B. E S.V., la prima spagnola e la seconda argentina, hanno sostenuto, in una publicazione dei 2009, che la PAS sarebbe un " construtto pseucto scientifica". Nell'anno 2010, inoltre, la Associacion Espagnola de Neuropsiquiatria há posto in evidenza i rischi dell'applicazione, in âmbito forense, della PAS, non divesamente da quanto già manifestato nei 2003, in USA, dalla National District Attorneys Association, che in nota informativa sosteneva l'assenza di fondamento della teoria, `in gradodi minacciare l'integrità del sistema penale e la sicurezza dei bambini vittima di abusi". Sono stati altresi richiamati i rilievi in base ai quali, anche volendo accedere alla validità scientifica della PAS, molti dei suoi caratteri, sono definiti dal suo sotenitore principale, Richard Gardner, (...) non sarebbero riscontrabili nel caso di specie." *Tradução livre:* Bastará aqui recordar que, foi rechamada a perplexidade do mundo acadêmico internacional, ao ponto que o Manual de diagnóstico e estatística dos distúrbios mentais (DSM), não reconhece a síndrome como uma doença; que se é evidenciado que vários autores espanhóis, ao final de uma pesquisa terminada em 2008, realçaram a falta de rigores científicos ao conceito de PAS e que no ano de 2009, as psicólogas C.B. e S.E., a primeira espanhola e a segunda argentina, sustentaram em uma publicação de 2009, que a PAS seria uma " construção pseudocientífica". No ano de 2010, ainda, a Associação Espanhola de Neuropsiquiatria pôs em evidência os riscos da aplicação em âmbito forense, da PAS, não diversamente do quanto já manifestado em 2003, nos EUA, pela Associação do Distrito Nacional dos Advogados, que em nota informativa sustentava a ausência de fundamento da teoria, "em grau de reduzir a integridade do sistema penal e de segurança das crianças vítimas de abusos". Foram, ademais, reinvocadas as relevâncias de base as quais, também querendo assentir a validade científica da PAS, muitas das suas características, como definidas por seu defensor principal Richard Gardner (...) não seria encontráveis no caso em espécie.

30. "La responsabilità di un genitore nei confronto del figlio può sussistere anche nell'ipotesi in cui impedisca, ostacoli o comunque non agevoli i rapporti dello stesso con l'altro genitore, perpetrando il più delle volte la fattispecie di mancata esecuzione dolosa di un provvedimento del giudice, prevista e punita dall'art. 388, comma, 2. c.p. Tradução livre. A responsabilidade de um genitor diante do filho pode suscitar também a hipótese na qual impeça, ostaculize ou de fato não ajude as relações dele próprio com o outro genitor, perpetrando em mais de e uma vez a *fattispecie* de inexecução dolosa de um provimento judicial, previsto e punido no art. 388, inciso 2 do código penal. 'Integra il reato di cui all'art. 388 c.p. il comportamento del coniuge che no osservi il provvedimenti dati dal giudice di primo grado in tema di affidamento dei figli minori. (Cass. Pn. Sez. V.16.3.00. n. 4730).' *Tradução livre:* Integra crime do art. 388, código penal, o comportamento do cônjuge que não observe o provimento dado pelo juiz de primeiro grau em tema de guarda dos filhos menores (Cassação, Penal, Sessão V, 16.3.00). 'Il genitore non affidatario che venga meno al fondamentale dovere, morale e giuridico, di non ostacolare, ma anzi di favorire la partecipazione dell'altro genitore alla crescita ed alla vita affetiva del figlio, è responsabile per il grave pregiudizio arrecato al diritto personale del genitore non affidatario alla piena realizzazione del rapporto parentale (nel caso di specie, l'organo giudicante há condannato il genitore ostacolante a risarcire, a titolo di danno morale ed esistenziale, al genitore non affidatario la somma di E. 50.000,00 – Tribunal Monza, 5.11.04). Tradução livre: O genitor não guardião que não cumpra ao fundamental dever moral e jurídico de não obstaculizar, mas também de favorecer a participação do outro genitor no crescimento e na vida afetiva do filho, é responsável pelo grave prejuízo a respeito do direito pessoal do genitor não guardião à plena realização da relação parental (no caso em espécie, o órgão judicante condenou o genitor obstaculizante a ressarcir a título de dano moral e existencial, ao genitor não guardião a soma de 50.000,00 euros. Tribunal de Monza, em 5.11.04). (*Ibidem*, CASSANO, Giuseppe. p. 227-23).

ISOLAMENTO SOCIAL E O IMPACTO SOBRE AS MULHERES E SOBRE O DIREITO DE CONVIVÊNCIA **239**

Ademais os atos de alienação indiscutivelmente trazem danos presentes e futuros para a personalidade da criança, cuja cessação, muito mais do que o ressarcimento ou compensação –, é que deve ser o objetivo da atuação judicial. Nesse sentido, a lei brasileira é bastante positiva ao elencar que são os atos de alienação e de afastamento do outro genitor, que podem vir inclusive de familiares outros[31] ou de quem esteja no exercício da guarda, que se constitui na essência da aplicação da norma[32]. Ademais, destaca-se que o escopo da lei é o de assegurar o direito fundamental da ampla convivência familiar da criança, e garantir, no tempo certo e necessário, a presença concreta da dupla parentalidade na história de vida do filho, com ou sem isolamento social.

8. CONCLUSÃO

Os efeitos da pandemia se processaram de forma incisiva no âmbito das relações familiares e revelaram as profundas desigualdades dentro e fora do lar. As mulheres estão fortemente impactadas pelo ônus do isolamento social, sobrecarregadas com tarefas de trabalho, casa e filhos, apontando que a sociedade brasileira é estrutural e profundamente desigual na divisão dos trabalhos domésticos. A pandemia revelou também que são as mulheres que majoritariamente estão na área da saúde e na linha de frente ao combate do coronavírus, fator que, somado, eleva os prejuízos físicos e emocionais delas. A carga com as atividades escolares também recaiu sobre os ombros femininos, importando em sobrecarga à conhecida dupla jornada. São elas também as mais atingidas pelos drásticos efeitos econômicos do isolamento na medida em que além de chefiarem famílias, a grande maioria atua no mercado informal, desamparadas pois de políticas sociais eficientes. Não bastasse esse quadro de coisas, a violência doméstica mostrou sua face negra no isolamento social, submetendo mulheres, mãe e filhas a exposição frequente e prolongada aos homens agressores. E apesar de as agressões aumentarem, as notificações da violência e os pedidos de medidas protetivas diminuíram, merecendo preocupação dos organismos internacionais para esse problema, – que é mundial.

No campo ainda das relações familiares o direito de convivência foi atingido pelos reflexos da pandemia sob o argumento do risco de contaminação das crianças, expondo a fragilidade da autoridade parental dos pais separados, ainda o abuso de direito por parte das mãe e a ineficácia do modelo de guarda compartilhada que a jurisprudência adotou no Brasil a justificar medidas contra alienação parental. Por outro viés, revelou-se ainda a conhecida omissão paterna na divisão dos cuidados dos filhos e a sua atuação como

---

31. Art. 2º: Considera-se ato de alienação parental a interferência na formação psicológica da criança ou do adolescente promovida ou induzida por um dos genitores, pelos avós ou pelos que tenham a criança ou adolescente sob a sua autoridade, guarda ou vigilância para que repudie, por si, o outro genitor ou que cause prejuízo ao estabelecimento ou à manutenção de vínculos com este.

32. A esse respeito a jurisprudência do Tribunal de Justiça de São Paulo, em voto do Desembargador Natan Zelinschi de Arruda: "Regulamentação de visitas. Genitor apto ao exercício de direito. Criança com mais de oito anos. Pernoite está em condições de prevalecer. Oportunidade para que pai e filho, em ambiente descontraído, possam ampliar a afetividade. Prevalência do interesse do menor. Obstáculo apresentado pela genitora é prejudicial à criança. Individualismo da mãe deve ser afastado de plano. Procedimento da apelante caracteriza alienação parental. (...). Beligerância entre as partes não pode afetar o relacionamento com o filho. Apelo provido. (Apelação Cível n. 990.10.217.441-7, TJ/SP, j. 11 de novembro de 2010. v.u)".

meros 'visitadores' porque muitos pais se negaram a receber os filhos e a exercer o direito de convivência sobrecarregando as mulheres no cuidados exclusivo com os filhos em tempo de quarentena.

9. REFERÊNCIAS

ARRUDA, Desdêmona Tenório de Brito Toledo. Cultura da Igualdade de gênero no Brasil – uma leitura a partir de Raewyn Connel. DA SILVA Christine Oliveira Peter et al. (Coord.). *Constitucionalismo feminista*: expressão das políticas públicas voltadas à igualdade de gênero. Curitiba: Editora Juspodium, 2. ed. 2020, p.65.

BARROS, Fernanda Otoni de. *Interdisciplinaridade*: Uma visita ao tribunal de família – Pelo olhar da psicanálise. Direito de família contemporâneo: Belo Horizonte, 1997. p. 806.

BELQUÓ, Elza. Arranjos familiares no Brasil, in (SCHWARCZ, Lilia Moritz). *História da Vida Privada no Brasil* – contrastes da intimidade contemporânea. São Paulo: Companhia das Letras, vol.04, 1998.

CARBONERA, Silvana Maria. *Guarda de filhos na família constitucionalizada*. Porto Alegre: Sergio Antonio Fabis Editor, 2000.

CASSANO, Giuseppe. *Rapporti familiari, responsabilità civile e danno esistenziale*. Il ressarcimento del danno non patrimoniale all'interno della famiglia. Padova: CEDAM, 2006.

FACHIN, Luiz Edson. *Elementos críticos do direito de família*. Rio de Janeiro, Renovar, 1999.

FACHIN, Melina Girardi. Mulheres em Tempo de Pandemia. *Jornal eletrônico O JOTA*. Disponível em: https://www.jota.info/opiniao-e-analise/artigos/mulheres-em-tempo-de-pandemia-06042020, acesso em 05.05.2020.

FACHIN, Rosana. Do parentesco e da filiação. In: PEREIRA, Rodrigo da Cunha (Coord.).; DIAS, Maria Berenice. *Direito de família e o novo Código civil*. Belo Horizonte: Del Rey, 2001.

FUCHS, Marie Christine. Perspectiva de gênero: um desafio necessário e urgente para a Consolidação do Estado de direito nas Américas. *Constitucionalismo feminista*: expressão de políticas públicas voltadas à igualdade de gênero. (Coord.). DA SILVA, Christine Oliveira Peter et al. Curitiba: Editora JusPodium, 2. ed. 2020.

GIRADI, Viviane. *Famílias contemporâneas, filiação e afeto: a possibilidade jurídica da adoção por homossexuais*. Porto Alegre: Livraria do advogado, 2005.

MADALENO, Rolf. Curso de direito de família. 4ª ed. Rio de Janeiro: Forense, 2011.

ONU Mulheres disponível em :https://nacoesunidas.org/onu-mulheres-pede-atencao-as-necessidades--femininas-nas-acoes-contra-a-covid-19/, acessado em 06.05.2020.

ONU Mulheres e o Covid-19 disponível em http://www.onumulheres.org.br/wp-content/uploads/2020/03/ONU-MULHERES-COVID19_LAC.pdf, acesso em 06.05.2020.

PEREIRA, Rodrigo da Cunha. Direito de Família, Corona vírus e Guarda Compartilhada. Disponível no Site Conjur: https://www.conjur.com.br/2020-abr-08/cunha-pereira-direito-familia-coronavirus--guarda-compartilhada2, acesso em 05.05.2020.

PIMENTEL, Silvia, et.al. *A figura/personagem mulher em processos de família*. Porto Alegre: Sérgio Fabris Editor, 1993.

REVISTA Exame. Covid-10 e a dupla jornada de trabalho disponível em https://exame.abril.com.br/carreira/covid-19-dupla-jornada-aumenta-vulnerabilidade-das-mulheres-diz-onu/, acesso em 05.05.2020.

REVISTA Veja. Subnotificação e gatilhos: o drama da violência doméstica na quarentena. Disponível em https://veja.abril.com.br/brasil/subnotificacao-e-gatilhos-o-drama-da-violencia-domestica-na-quarentena/, acesso em 29.04.2020.

SCHULÜTER, Wilfried. *Código Civil* Alemão – Direito de Família. BGB – FAMILIENRECHT. 9. ed. rev. Trad. Elisete Antoniuk. Porto Alegre: Sérgio Fabris Editor, 2002.

TRABUCCHI, Alberto. Il vero interesse del minore e i diritti di chi ha l'obbligo di educare *Rivista di diritto civile*, anno XXXIV, n. 6, novembre-dicembre/88.

VILELLA, João Baptista. Liberdade e família. Movimento Editorial da *Revista da Faculdade de Direito da UFMG*. Belo Horizonte, 1980

EFEITOS DO CONVÍVIO VIRTUAL PARA O VÍNCULO DE AFETO DOS VULNERÁVEIS

Glicia Brazil

Psicóloga do Tribunal de Justiça do RJ, Membro do Fórum de D. Família da EMERJ, Bacharel em Direito, Membro e Conferencista do IBDFAM, Coordenadora do Curso de Extensão em Alienação Parental da Pontifícia Universidade Católica do Rio de Janeiro-PUC/RJ, Entrevistadora Forense capacitada no método de Depoimento Especial pelo Conselho Nacional de Justiça, Pós-Graduada em Processo Civil pela Escola da Magistratura do Estado do Rio de Janeiro e em Recursos Humanos pela PUC/RJ, Autora de artigos relacionados ao tema alienação parental e diversos outros na interface Psicologia e Direito. Professora de Psicologia Aplicada ao Direito para Cursos de Extensão e Pós-Graduação, das seguintes instituições: Escola da Magistratura do Estado do Rio de Janeiro- EMERJ, Pontifícia Universidade Católica do Rio de Janeiro-PUC RJ, Fundação Escola do Ensino Superior do Ministério Público do Estado do Rio de Janeiro-FEMPERJ, Associação dos Advogados de São Paulo-AASP, Escola Superior de Administração Pública do Tribunal de Justiça do Estado do Rio de Janeiro-ESAJ, Curso Damásio de Jesus (SP), Curso Triade RJ, CBEPJUR e Universidade Cândido Mendes.

> "Eu não quero ver meu pai e ele não entende isso... ele fica lá falando sei lá o que, dizendo que eu não quero falar com ele por causa da minha mãe e eu fico triste... eu queria que ele entendesse que eu não gosto de falar longe, quando ele tá perto eu falo, mas longe eu não gosto..."
>
> (Daniel, 6 anos de idade, sem contato físico com pai desde que o pai se mudou para outro país e a convivência passou a ser virtual, por sugestão da Psicóloga do Juízo de Família, até decisão final sobre o pedido de guarda unilateral paterna).

Sumário: 1. Considerações iniciais. 2. Metodologia de pesquisa. 3. Variáveis que interferem no vínculo de afeto entre pais e filhos ou entre curador e curatelado. 3.1 Natureza do vínculo com o adulto cuidador primário. 3.2 Assimilação, pelo vulnerável, da lógica adversarial dos adultos. 3.3 Tempo de duração do afastamento físico. 3.4 Etapas do desenvolvimento cognitivo. 3.4.1 Estágio sensório-motor. 3.4.2 Estágio pré-operacional. 3.4.3 Estágio operacional-concreto. 3.4.4 Estágio das operações formais 4. Considerações finais. 5. Referências.

1. CONSIDERAÇÕES INICIAIS

O presente artigo pretende refletir sobre a relação de causalidade entre decisões judiciais que fixam convívio virtual e acirramento dos conflitos familiares. Pretende-se indicar os riscos da convivência virtual envolvendo criança, adolescente ou idoso, tendo como cenário um contexto de adversariedade entre os adultos litigantes judiciais. Os riscos são aumentados pela vulnerabilidade em si e por outras variáveis expostas adiante, tendo especial relevo o apego ou deferência em face adulto que mantém o vulnerável sob sua autoridade.

Pretende-se ao final diferenciar o convívio presencial e o virtual em termos de efeitos para a manutenção ou fortalecimento do vínculo de afeto entre filhos de pais separados e pessoas curateladas e seus entes familiares diferentes do curador. A metodologia de adotada de Observação Direta para esboçar essas conclusões iniciais, demostrou que há duas situações que prejudicam sobremaneira o convívio virtual: a falta de confiança mútua entre os adultos litigantes, o que gera falta de colaboração e solidariedade na efetivação da convivência e ainda, o fato do vulnerável perder a espontaneidade e a privacidade para interagir durante o convívio virtual de modo satisfatório, porque há a percepção por parte do vulnerável que ele está sendo controlado e vigiado por quem o detém sob autoridade.

A questão do convívio virtual não é uma novidade no Poder Judiciário. Em vários casos onde os pais se mudam de cidade, seja por opção ou por falta de opção, o Juízo de Família visa assegurar a convivência, e os processos comumente são encaminhados, em casos de haver crianças pequenas ou idosos, ao Psicólogo do Juízo. O objeto da prova pericial psicológica será avaliar o vínculo afetivo entre o requerente e a criança ou adolescente ou idoso em tela, indicando o Laudo de Avaliação Psicológica uma forma de convívio que contemple os superiores interesses da criança e adolescente em crescer saudável do ponto de vista biopsicossocial, lembrando que a criança, bem como o adolescente e o idoso têm características especiais peculiares no seu desenvolvimento, devem ser ouvidos nos casos em que lhes disser respeito e o papel do Estado-Juiz é assegurar o convívio, nos termos do artigo 227 da Constituição Federal.

Não se pode apelar para litigantes judiciais razoabilidade e bom senso, porque o conflito já deixou de ser saudável quando virou litígio judicial e quando um dos adultos "meteu" o outro na Justiça – grifo nosso de termo conhecido do inconsciente coletivo – "fulano me botou na Justiça, me meteu um processo" (sic). Quando se recorre ao Judiciário, a família já adoeceu de raiva, de tristeza, de irritabilidade, de frustração, de depressão, de ansiedade, de impotência. Todos os envolvidos no processo (os adultos e os que deles dependem) ficam mais pobres com o custo econômico e emocional da demanda judicial: inicia-se a via-crúcis de buscar advogado público ou particular, as idas ao fórum para as audiências de conciliação, para as sessões de mediação, para os projetos institucionais de apoio e acompanhamento da família existentes em alguns tribunais, para as perícias psicológica e/ou social e/ou médica; idas ao psicólogo particular, ao do posto de Saúde, ao Conselho Tutelar, à delegacia, ao Instituto Médico Legal, ao psiquiatra, ao pediatra, ao geriatra, e as infindáveis vezes em que as pessoas são levadas a se lembrar que existe um processo judicial em curso e que ela precisa resolver o processo, além das outras coisas que geram dor e desconforto: o luto do divórcio, o arrependimento por ter escolhido aquela pessoa para ser pai ou mãe do filho, o fato de que no nosso estado democrático de direito não podemos fazer justiça com as próprias mãos, embora a vontade seja de matar o outro e de morrer.

Peço licença para concluir, desde já, que falas do tipo "o tempo perdido com as crianças será compensado" servem tão somente para amenizar a angústia que envolve a questão da convivência em tempos de crise, porque do ponto de vista técnico, a estimulação tátil, o cheiro, o calor da pele, o toque e as muitas formas de interação corporal entre seres humanos são superiores à experiência subjetiva de sentir-se cuidado e amado.

2. METODOLOGIA DE PESQUISA

O método utilizado para a confecção do presente trabalho foi Observação Direta do comportamento de crianças de 2 a 12 anos incompletos, adolescentes e idosos curatelados, de 1999 a 2020, antes do Covid-19. A pesquisa se deu em processos em que funcionei como Psicóloga do Juízo de Família e Orfanológico e Criminal da Comarca da Capital no Tribunal de Justiça do Estado do Rio de Janeiro, realizando Avaliação Psicológica.

3. VARIÁVEIS QUE INTERFEREM NO VÍNCULO DE AFETO ENTRE PAIS E FILHOS OU ENTRE CURADOR E CURATELADO

3.1 Natureza do vínculo com o adulto cuidador primário

O tipo de relação que a criança ou adolescente mantém com os pais interferirá na forma como ela lidará com a privação dos pais, bem como na formação e na possibilidade de se manter ou não os vínculos afetivos com quem vai requerer o convívio. Exemplo: uma criança mais autônoma em face de quem cuida, mas independente, tem em si uma maior capacidade de resiliência a situações novas e adversas, comprovadamente, logo, tenderá a manter um convívio virtual mais satisfatório. Ao contrário, uma criança que foi privada de um dos pais anteriormente à pandemia tenderá a apresentar maiores prejuízos para o vínculo afetivo ser retomado depois da pandemia, porque o remédio para o convívio insatisfatório é o convívio regular – do jeito que puder ser, ainda que insatisfatório inicialmente, tendo em vista o estranhamento entre aquelas pessoas, mas com o passar do tempo de convívio regular e efetivo, a tendência é a evolução afetiva positiva e o fortalecimento dos laços de apego.

Adotamos aqui a premissa de que relação de apego da criança com o adulto tem uma função organizacional da personalidade da criança, deve fornecer à criança sensação de segurança e proteção. Então, a criança inicialmente mantém um forte apego com quem cuida dela de modo a transmitir segurança, denominado de cuidador primário (podendo ser a mãe, o pai ou outra pessoa) e com o decorrer do desenvolvimento biológico, ela vai aos poucos formando vínculos de apego com outras pessoas à sua volta, denominados como apegos subsidiários.

Além dos conceitos de apego primário e apego subsidiário, Bowlby (1907) descreveu duas formas de apego sob a ótica da qualidade: apego inseguro ou com angústia (sinônimo) e apego seguro ou de base-segura (sinônimo), de modo a explicar que a natureza do vínculo de apego com o cuidador(es) primário(s) – aquele(s) que idealmente deveria(m) representar a base segura do filho – vai importar em como a criança desenvolve-se ao longo da vida. Um apego de base-segura é aquele que permite que a criança se distancie do objeto de apego sem sofrer, permite que a criança se distancie e vá ao encontro de outras pessoas, porque a criança entende que quando retornar, a figura de apego de base segura estará acessível a ela, não haverá separação ou perda.

Levando esse conceito teórico para os processos judiciais, uma criança só consegue manter boa relação com o outro genitor e família extensa deste se o cuidador primário a estimule para ir ao encontro de outras pessoas de modo a permitir que a criança se sinta segura para retornar, sem que esse afastamento temporário gere no vulnerável a crença de punição ou rejeição, que são fantasias comuns apresentadas por filhos de pais separados em litígio, podendo a criança ficar dividida entre ter que escolher entre um dos lados da família, conflito conhecido como de lealdade, comum, transitório e que faz parte do divórcio.

Bolwby[1] enfatiza a importância do ambiente para a formação da personalidade saudável, com especial realce para a criança poder se desenvolver de modo a se sentir segura, apoiada, estando essa característica diretamente associada aos transtornos de ansiedade experimentados na vida adulta. Segundo ele e outros psicólogos que se debruçaram sobre a necessidade das figuras de apego se manterem acessíveis à criança, de modo a não gerar na criança ansiedade de separação ou outros traumas e sintomas. É nessa inquietude resultante da separação ou da ameaça de separação que a criança sente quando se afasta do adulto cuidador primário que Freud passou a ver em sua obra posterior "a chave para a compreensão da ansiedade".[2]

Aliando a teoria à prática forense: o vulnerável quando percebe que está em meio a um litígio sente-se ameaçado de se separar ou perder as figuras de apego. Então, a criança diz para a mãe o que a criança acredita que seja o que a mãe quer ouvir e diz para o pai o que acredita que seja o que o pai quer ouvir, e isso é um comportamento instintivo de sobrevivência, quando há apego com ambas as figuras parentais, mesmo que estejam separados, porque a criança saudável mantém uma ambiguidade afetiva, ela gosta dos dois e oscila entre os dois. Ora quer ficar com o pai, ora quer ficar com a mãe. E diz para ambos o que ela pensa ser necessário para conseguir o que ela (criança) quer: ficar com ambos os pais. Então, o conflito de lealdade é tido como saudável e faz parte da elaboração do luto do divórcio dos pais. Até aqui não há problema.

O problema está quando a criança não confia no adulto cuidador-primário e não pede ajuda em caso de necessidade, que é o que acontece no apego inseguro ou com angústia, porque a criança passou a entender que não pode expressar seus afetos livremente, já que ela está em meio a uma guerra, onde um pai quer destruir o outro e algum deles pode vir a se tornar inacessível para ela. E aí entram as complicações no caso do convívio virtual: o vulnerável não se sente seguro para se expressar na presença do adulto com quem ela mantém apego com angústia, perde a espontaneidade, passa a entender que não pode ser ele mesmo, passa a perceber que eventualmente (e comumente) é filmado e foto-

---

1. "Primeira: sempre que um indivíduo tem a certeza de que uma figura de apego estará acessível quando a desejar, este indivíduo será menos sujeito a medo intenso ou crônico do que um outro indivíduo que, por esta ou aquela razão, não tem a mesma certeza. Segunda: a confiança ou falta de confiança em que a figura de apego estará acessível e corresponderá desenvolve-se lentamente, durante os anos de imaturidade, e, uma vez desenvolvida, as expectativas tendem a persistir inalteradas pelo resto da vida. Terceira: as expectativas referentes à acessibilidade das figuras de apego são reflexos relativamente precisos das experiências afetivas individuais. (...)Embora as proposições tenham surgido a partir de tentativas de compreender e tratar crianças com distúrbios – especialmente distúrbios surgidos após uma separação –, entende-se que tenham aplicação mais ampla. Hoje é admitido que não apenas crianças, mas pessoas de todas as idades são mais felizes e mais capazes de melhor exercitar seus talentos quando seguros de que, atrás de si, há uma ou mais pessoas em que *confiam* e que lhes darão *ajuda em caso de necessidade A pessoa em quem se confia representa base segura para a ação* (destacado). E quanto mais digna de confiança essa base, mais é tida como certa; e, infelizmente, quanto mais se conta com ela, mais sua importância é desprezada ou esquecida" (BOWLBY, op. cit., v. 2, p 431).

2. BOWLBY, op. cit., v. 1, p 410.

EFEITOS DO CONVÍVIO VIRTUAL PARA O VÍNCULO DE AFETO DOS VULNERÁVEIS **247**

grafado enquanto está mantendo o contato virtual com o outro familiar não benquisto pelo familiar com quem ele reside (mesmo crianças bem pequenas percebem e relatam esse desconforto para a psicóloga do juízo). E daí o pai ou mãe ou avós requerentes do convívio vão começar a dizer que a culpa para o contato frustrado e frustrante é do outro com quem vulnerável reside, que é o outro que não está colaborando ou que o outro está fazendo alienação parental.

Então, dependendo da natureza do vínculo do adulto com o vulnerável, que pode transmitir segurança para o vulnerável ou ao contrário, pode transmitir angústia, passarão a existir ações com causa de pedir fundada em alienação parental na pós-pandemia, com tentativas de provar a ausência do vulnerável ao contato virtual, ficando o julgador sem saber que o motivo para o não implemento do contato virtual foi gerado por alienação parental ou não ou até mesmo por uma autoalienação provocada pelo requerente do contato virtual. Porque uma vez o adulto frustrado na tentativa do contato, iniciará uma campanha pejorativa do adulto que mantém o vulnerável sob sua autoridade, podendo gerar desconforto no próprio vulnerável, a ponto deste não querer o contato, já que nas vezes em que há a tentativa do contato, o clima fica tenso: o filho ou curatelado percebe que os adultos estão em alerta e hostis um acusando o outro na presença do filho ou curatelado.

A hipótese acima tratada foi aquela em que havia um convívio presencial implementado e por alterações dos adultos familiares ou por decisão judicial, o convívio passou a ser virtual.

A segunda hipótese é a que mais nos preocupa – é aquela em que não há convívio sendo implementado, por razões geradas pela recusa da criança ao contato. Aqui há que se ter muita cautela para primeiro: identificar a causa da recusa da criança, adolescente ou idoso ao contato com o outro ente familiar, pois a recusa é multifatorial e segundo, decidir pelo implemento do convívio, a fim de evitar o afastamento afetivo que pode não ser retomado no período pós-pandêmico. A recusa pode ser relacionada a vários fatores: alienação parental, autoalienação parental, desconforto não identificado, mas sentido pela criança na hora de ir ao encontro do outro, ansiedade de separação, crenças do vulnerável relacionadas ao abandono de um ou demais familiares. Chamo a importância para a necessidade de um profissional capacitado para realizar o que chamamos de Diagnóstico Diferencial[3], que é uma ferramenta fundamental para distinguir as causas da recusa ao contato e sugerir ao juízo uma forma de contato que contemple as necessidade de convívio da criança ou idoso com a sua família.

3.2 Assimilação, pelo vulnerável, da lógica adversarial dos adultos

Aqui reside um outro ponto chave para a compreensão dos motivos que levam à instalação de quadro de alienação parental. Assimilar que os pais são adversários gera para o filho grande insegurança, até porque o filho para se constituir enquanto sujeito necessita de manter na psiquê a ideia de que ambos coexistem dentro dele. A doutrina[4]

---

3. Brazil, Glicia. Contribuições da Psicologia no combate à Alienação Parental. Publicado na Revista Interação do TJRJ, n.39, p. 18-19, janeiro de 2011.

4. "Acontece com frequência cada vez maior, nos casos de divórcio, uma linhagem ou até mesmo as duas desaparecerem da vida da criança, depois do discurso que ela ouve habitualmente. A linhagem que desaparece é a do

orienta que a criança é fruto das linhagens materna e paterna quando uma dessas linhagens ameaça a outra, isso é fator de sofrimento para o filho e gera prejuízos emocionais ao longo da vida.

Do mesmo modo, o idoso quando percebe que as pessoas da família estão numa guerra à sua volta, passa a se sentir inseguro. Seja no caso de crianças, seja no caso de idosos, a assimilação da crença de uma lógica adversarial é muito perigosa, porque o vulnerável pode passar a emitir opiniões que não sejam opiniões em consonância com a sua vontade íntima, pode passar a declarar opiniões que sejam aquilo que o vulnerável imagina que aquela pessoa quer ouvir. E o vulnerável faz isso para se proteger, para se defender da rejeição ou punição do adulto com o qual mantém relação de dependência ou deferência. A rejeição ou punição podem ser reais ou podem ser uma ideia imaginária do vulnerável.

Tivemos a oportunidade de lançar a tese-fruto do estudo com filhos de pais separados litigantes no tribunal de que a alienação é espécie de coação moral, por ser abuso moral contra vulnerável (artigo 3º da Lei 12.318) e ser violência psicológica (artigo 4º, II, "b" da Lei 13.431), assim entendida porque oprime, reprime, intimida o sujeito-vítima. Como coação moral, o efeito será o defeito do negócio jurídico, retirando do relato do vulnerável a fidedignidade requerida para validar o negócio jurídico[5]:

Então, teremos aqui nesse ponto dois desafios: primeiro, saber interpretar a manifestação de vontade da criança: "não quero ir, não quero ver" – se a vontade declarada está em harmonia com a vontade íntima ou não; segundo, quais as repercussões do convívio virtual a longo prazo, já que essa forma de convívio mantém apenas um dos lados da família acessível de modo presencial.

Nesse quesito, lógica da adversariedade aumenta o risco da alienação parental, que é um fenômeno psicológico em que passa a existir resistência da criança ao contato com entes familiares que signifiquem uma ameaça ao familiar que cuida dela primordialmente. O ato de alienação parental é assim conceituado como sendo qualquer interferência na formação psicológica do vulnerável no sentido de prejudicar o vínculo deste com outros membros da família, podendo a lei 12318 ser aplicada por analogia aos idosos pela ausência de previsão expressa no Estatuto do Idoso e porque se enquadram no conceito de vulneráveis e a finalidade desta lei foi dar limites ao abusador emocional do vulnerável,

---

genitor descontínuo. Esse é um fato que parece transcorrer sem danos para muitas crianças no correr da infância, mas que sempre cobra um preço muito elevado quando as crianças tornam-se pais." (DOLTO, op. cit., p. 91).

5. A violência é um defeito do negócio jurídico, podendo ser absoluta (implica a ausência total do consentimento) ou moral, vis *compulsiva*, que atua sobre o ânimo do declarante. No caso da alienação parental, a violência está na coação moral da criança ou adolescente, exercida pelo adulto que pratica a alienação parental, aniquilando a vontade, o querer íntimo da criança, uma vez que o adulto-figura de autoridade interferiu na formação dos laços de afeto da criança com o outro adulto requerente do convívio. (...) Analisando as questões sobre escuta de crianças e adolescentes e o modo como o direito de ouvir da criança vem sendo interpretado equivocadamente pelos operadores dentro dos tribunais, chega-se a conclusão que, nos casos de violência psicológica contra criança e adolescentes, respeitar a fala da criança é ordenar que ela se cale – quando à criança é dito que o direito de falar equivale ao direito ao silêncio, porque a fala infantil está eivada de contradições afetivas geradoras de sofrimento na criança, é justamente quando o direito de ser escutada está sendo efetivado em consonância com os princípios da proteção integral e da prioridade absoluta da infância. O direito de ser escutada não pode ser confundido com o dever de falar, gerado pela coação moral. A doutrina psicológica comunga na mesma esteira de pensamento da doutrina jurídica, quando diz que o Juiz deve assumir a sua decisão comunicando à criança diretamente ou deixando ao encargo da equipe técnica do juízo" (BRAZIL, Glicia, op. cit., p 516-517).

que desconsidera que o idoso seja um sujeito. Desenvolve-se entre o adulto e vulnerável que mantêm entre si um apego simbiótico e o vulnerável passa a ser "objetificado"[6]. E nesses casos, há ainda uma maior preocupação com o convívio virtual, porque ocorre um estranhamento entre o adulto requerente e o vulnerável, dificilmente haverá uma evolução positiva no vínculo porque falta convívio presencial, passeios, oportunidade de interação satisfatória para formação de um afeto bom.

Também no quesito lógica adversarial, a autoalienação parental poderá ocorrer como consequência da alienação parental. A autoalienação parental ou alienação autoinfligida é aquela situação em que o genitor pratica atos que acabam por gerar a recusa ou resistência do filho em conviver com ele, por atos praticados por ele próprio. Trazemos ao debate nessa oportunidade, a seguinte hipótese: autoalienação parental como efeito de alienação parental inicial. Exemplo clássico na prática forense é aquela situação em que há uma alienação parental inicialmente provocada por A em face de B, e como consequência, o filho C não quer ir ou resiste ir ao encontro de B. Com o passar do tempo e pelas frustrações geradas por um convívio insatisfatório, B fica com raiva e descarrega esse sentimento em cima do próprio filho C, criticando a mãe de C na presença de C, dizendo que C está igual a mãe, a ponto de C não querer ir. Ocorre na alienação e a autoalienação uma cegueira do filho – os pais não enxergam seus filhos e não entendem que eles são uma pessoa com sentimentos próprios e que precisam ser escutados com respeito à sua individualidade. No final do ciclo, percebemos que a autoalienação foi gerada por um processo inicial de alienação, e a consequência é o afastamento do filho C. O mesmo raciocínio se aplica ao idoso, onde o curador priva o idoso do contato e o ente familiar interessado, de tanto frustrar-se, descarrega sua frustração e queixas para o próprio idoso, dizendo que ele (idoso) não ajuda; logo, o idoso passa a não querer ir ao contato do ente familiar interessado, por ser constrangedor.

O professor Rolf Madaleno[7] traz em sua obra sobre o tema, hipótese bastante comum de autoalienação, onde o pai que se recusou quer que os filhos convivam com a nova companheira, forçando uma barra para essa convivência, sem dar tempo de os filhos elaborarem o divórcio. Esse comportamento inadequado do pai ansioso, que coloca os filhos num "pacotão", querendo que eles automaticamente passem a gostar da madrasta.

3.3 Tempo de duração do afastamento físico

A dificuldade de comunicação satisfatória é uma tônica nos processos judiciais. O isolamento e o distanciamento gerados pela pandemia desafiam o advogado de família no sentido de que ele adote uma postura mediadora e facilitadora da comunicação das partes, mesmo nos casos de litígios prolongados e intensos. A possibilidade de o advo-

---

6. "Na alienação parental, o filho é deslocado do lugar de sujeito de direito e desejo e passa a ser objeto de desejo e satisfação do desejo de vingança do outro genitor, portanto, a objetificação do sujeito para transformá-lo em veículo de ódio, que tem sua principal fonte em uma relação conjugal mal resolvida". (PEREIRA, op. cit., p 80).

7. "Pais podem estar tão obcecados interpretando como ato de deslealdade do outro genitor o fato de as coisas não estarem funcionando da forma por ele desejada, mas sendo incapazes de observar que sua prole está passando por situações por eles mesmos insidiosamente provocadas mediante a alienação de si próprio (autoalienação), causando o próprio afastamento de seus filhos e contribuindo com o seu agir de rebeldia para se fazer uma pessoa que a criança até ama, mas a quem acaba evitando". (MADALENO, Rolf, op. cit., p 149).

gado ajudar a família a se organizar para combinar regras até então inegociáveis será um diferencial no desdobramento dos processos no período pós-pandêmico.

Somado à falta de comunicação satisfatória, nos casos em que existe uma dificuldade no convívio presencial já implementado mas com a presença de um processo de alienação parental em curso ou em vias de ser instalado, tendo em vista o vulnerável estar inserido em ambiente adversarial com intensa hostilidade, sabidamente a falta do convívio presencial com o genitor alienado aumentará as chances das falsas memórias. Pesquisas indicam que existe uma tendência a recordar o que é familiar e a esquecer ou atribuir falsamente detalhes não familiares. Então a manutenção do contato presencial do vulnerável com apenas um dos "lados" da família é fator que coloca em risco a aptidão mnemônica, a capacidade da criança se recordar de vivências boas ao lado do outro familiar e família extensa deste.

Falsas Memórias são recordações de fatos que não aconteceram ou de fatos que aconteceram, mas não do modo como são recordados. Então, a criança vai aos poucos apagando da memória os fatos vividos ao lado da outra pessoa com quem não convive e ao lado dessa variável, há a variável do convívio persistir apenas com um lado. A persistência é um pecado da memória e ocorre quando a pessoa insiste e persiste em descrever situações para um vulnerável criança, adulto, idoso, sempre no mesmo ponto de vista. E isso faz aumentar as chances de o vulnerável perceber os fatos apenas pela lógica de quem pratica a desqualificação, reforçando as falsas memórias. Exemplo: "seu pai tentou te afogar quando te levou na praia. A criança se lembra de ter bebido água e ter ficado com uma pressão no ouvido quando foi à praia com o pai. A criança ouve isso repetidamente e passa a acreditar que o pai tentou matá-la, ao passo que na realidade o pai estava ensinando a criança a nadar.

O afastamento presencial também exporá o vulnerável a maior sugestionabilidade, que é um outro pecado da memória. Pesquisas indicam que quanto maior o grau de dependência, maior a vulnerabilidade e maior a chance da exposição à sugestionabilidade. Dados científicos[8] indicam que os adultos são menos sugestionáveis e menos deferentes a figuras de autoridade, sendo que crianças pequenas e idosos são mais vulneráveis em comparação com crianças mais velhas, em razão do desenvolvimento psicológico, tanto para sugestionabilidade quanto para deferência.

3.4 Etapas do desenvolvimento cognitivo

Existe uma relação entre a idade da criança e adolescente e tendência a melhor adequação ao contato virtual. De acordo com o psicólogo Jean William Piaget (1896-1980), existem fases do desenvolvimento em que há mais facilidade para a criança apreender conceitos, lidar com abstração, tolerar melhor a frustração. São elas:

3.4.1 Estágio sensório-motor

Crianças sobre o mundo por meio dos seus sentidos e da manipulação de objetos. A principal conquista deste estágio é a permanência do objeto, ou seja, saber que um objeto

---

8. SCATCHER, D.L. (2003, op. cit., p 32).

ainda existe, mesmo que você não possa vê-lo, mas isso requer a capacidade de formar uma representação mental dos objetos. Inicialmente a criança não se percebe sendo dissociada do corpo do adulto, passa a perceber-se dissociada e o adulto que sai e entra na frente da criança só passa a "ficar", a ser assimilado, se permanecer na frente por um tempo. Nesse estágio, é muito importante a criança se sentir olhada e ter a chance de olhar, pois mentalmente para ela só existirá aquela pessoa que ela puder ver frequentemente.

Nessa faixa etária, sugere-se maior frequência e menos grau de contato do outro interessado, ou seja, que a criança veja diariamente a outra pessoa, podendo ser dos 0 aos 12 meses por 5 minutos diários. Dos 12 aos 24 meses por 10 minutos 4 vezes por semana, e assim aumentando-se sucessivamente, até os 7 anos em que ela consegue ficar 30 minutos todos os dias, desde que o convívio virtual seja estimulante e de preferência, lúdico.

3.4.2   Estágio pré-operacional

Dos 2 aos 7 anos. Durante esse estágio, as crianças desenvolvem a imaginação e a memória. Elas também são capazes de entender a ideia de passado e futuro, e interpretar as coisas simbolicamente, o que significa que se ela teve a oportunidade de conhecer outras pessoas com frequência e essas pessoas permaneceram representadas na mente, a outra pessoa passa a existir para a criança. Nessa fase, todas as pessoas em volta da criança estão à mercê da criança, porque é baixa a capacidade de tolerância à frustração, sendo fundamental para o desenvolvimento saudável que a criança passe a ouvir 'não' para perceber que há limites ao seu querer, já que o seu pensamento tende a ser egocêntrico.

Aqui o contato virtual é mais delicado em comparação com as demais fases, porque a criança percebe o mundo de acordo com a sua possibilidade de interação pelos órgãos dos sentidos com o mundo, e a realidade é apreendida nos limites do apreendido pelos órgãos do sentido: só existe o que a criança ouve, vê, cheira, sente o paladar, toca. Especial importância ganham o toque, o abraço, o calor do corpo, as brincadeiras em que há contato corporal porque é na interação do corpo que a criança desenvolverá seu afeto em face das outras pessoas que não convivem com ela diariamente. Não é por acaso que crianças dessa faixa etária gostam da escola, porque elas são estimuladas com atividades motoras como pique, correr, jogar bola, pular corda, dançar etc.

A maioria dos relatos em processos judiciais com situações de convívio virtual frustrado foi com crianças nessa faixa etária, em especial, meninos. Isso se explica por características fisiológicas e culturais: meninos têm maior atividade motora e necessitam de encostar no corpo do outro, de enforcar, de serem jogados para baixo, de medirem a força física mais que as meninas, que se saem melhor nas atividades intelectuais e de menor esforço motor. Então, como a criança ainda não tem abstração e tolerância suficiente à frustação, há grande chance da criança se recusar a realizar o contato virtual, porque ela quer pegar na pessoa que está na tela, quer ser tocada por ela, quer tocar e pular no colo. Então, como consequência da frustração, as crianças ficam com raiva, jogam longe o computador e o celular reativamente, porque se frustram por não poder estar pessoalmente com a pessoa que está na tela.

Esse dado, que foi aprendido observando na prática os processos em que inicialmente sugerimos convívio virtual que na prática não funcionou bem, serve para chamar a atenção dos leitores do presente artigo: nem toda recusa ao contato é por alienação parental praticada por quem fica com o encargo de efetivar o contato virtual – em vários casos concretos, crianças se negavam a ver o outro através de um computador, porque isso gerava sofrimento, frustração e raiva, então, como defesa de ego, a criança evita o contato. É mais comum do que parece[9].

Nesses casos, sugere-se que em caso de recusa do contato da criança com o ente familiar requerente da convivência, o responsável pelo contato virtual seja firme com a criança: "Olha, há uma ordem do juiz que diz que você tem que ver seu (sua) pai (o ente interessado) desse jeito (dizer dias e horários e pregar na geladeira). Então, quando o Juiz determina, todos nós temos que cumprir. Se esforce, assim como você outras crianças também não estão conseguindo estar com todos os parentes que amam".

Caso a criança insista na recusa, sugere-se noticiar o fato ao advogado particular ou público para medidas cabíveis – pedir ao juiz uma audiência especial para averiguar a situação e ver que medidas seriam adequadas no caso concreto.

Nesse caso de repulsa infantil ao contato virtual reside o terreno fértil para os futuros pedidos de mudança de cláusula de convivência tendo a alienação parental como causa de pedir e nos preocupa a sobrecarga do Poder Judiciário com as demandas pós-pandemia. Novamente se realça o papel do advogado de família na tentativa de intervir para ajudar à família a compor, atuando de modo preventivo e de acordo com a função social de todos.

3.4.3 Estágio operacional-concreto

Dos 7 aos 11 ou 12 anos. Durante esse estágio, as crianças se tornam mais conscientes do sentimento dos outros e dos eventos externos. Elas vão se tornando menos egocêntricas, começando a entender que nem todos compartilham seus pensamentos, crenças ou sentimentos. Para Piaget, esse estágio é um grande ponto de virada no desenvolvimento cognitivo da criança, pois marca o início do pensamento lógico ou operacional. Isso significa que a criança pode resolver as coisas internamente em sua cabeça, em vez de apenas fisicamente.

Melhora a probabilidade do convívio virtual tendo em vista a maior capacidade de abstração atingida com o processo de alfabetização e amadurecimento de habilidades cognitivas e aumento da tolerância à frustração pela não interação corporal.

3.4.4 Estágio das operações formais

Dos 11 ou 12 anos em diante. Nessa fase o adolescente já consegue criticar regras, propor códigos de conduta, discutir valores morais e ir construindo os seus próprios. O adolescente aqui percebe claramente que está sendo vigiado ou filmado e muitas vezes não verbaliza para quem está filmando ou fotografando o contato virtual que ele está realizando com "o outro" familiar (lembrando da lógica assimilada de

---

9. Acompanhamos ao longo de 20 anos no Núcleo de Psicologia do Tribunal de Justiça do Estado do Rio de Janeiro, na comarca da capital, 8 casos de repulsa das crianças nessa faixa etária, numa amostragem de 20 processos com crianças da mesma faixa etária.

EFEITOS DO CONVÍVIO VIRTUAL PARA O VÍNCULO DE AFETO DOS VULNERÁVEIS | **253**

adversariedade entre os litigantes) por medo de ser punido ou porque já percebeu que isso vai acirrar a briga entre os pais, e o maior desejo de filhos que têm os pais em litígio é ter paz. Nessa fase, mais do que medo de punição, o filho se torna mediador dos conflitos dos pais.

O jovem nessa idade tem maior concentração e já tem autonomia para fazer o contato virtual, em que pese haver indicativos seguros baseados na pesquisa de campo (item 2) de que ainda nessa fase deve haver convívio virtual regulamentado com dias e horas predeterminados pelo juízo, podendo ser de 3 a 4 vezes por semana por 20 minutos, compatível com atividades de escola. A razão da imposição se dá porque o adolescente se acha no direito de legislar em interesse próprio, logo, ele necessita de saber que há lei.

É comum nessa fase a recusa do adolescente ao contato, mas não porque ele se frustra com o contato virtual por não poder tocar ou ser tocado por quem está na tela do computador, mas porque o adolescente tem os interesses voltados para as coisas dele. Semelhante a uma fase inicial do desenvolvimento dos 0 aos 7 anos em que predomina o egocentrismo infantil, o jovem agora é egocêntrico mas não no sentido de que o outro não existe – só não existe o outro-família, porque o outro-amigo existe, e muito! Aqui predomina o social e a opinião do grupo é muito importante para o adolescente, sendo que numa escala de necessidade de aceitação, ele se preocupa mais em ser aceito no grupo do que em ser aceito na família.

4. CONSIDERAÇÕES FINAIS

O presente trabalho pretendeu trazer ao debate duas questões importantes: os riscos para os vínculos afetivos no implemento do convívio virtual e as diferenças entre o convívio virtual e o convívio presencial, em termos de efeitos emocionais para os vínculos de afeto entre crianças, adolescentes e idosos e seus entes familiares requerentes do convívio.

Há variáveis que afetam o vínculo afetivo dos vulneráveis com os membros da família a serem levadas em conta na hora da fixação do tipo convívio do vulnerável com o familiar requerente, porque a interação é fator determinante para o vínculo com o outro. Afetam a interação: o tipo de apego que o vulnerável mantém com quem cuida dele, o tempo de duração do afastamento presencial do vulnerável com o adulto requerente da convivência, a percepção, pelo vulnerável, que os adultos são adversários entre si e que ele (vulnerável) precisa se defender da animosidade fazendo alianças por medo de rejeição ou punição, podendo daí acirrar ou gerar um processo de alienação parental ou autoalienação parental. A doutrina de Piaget retratou um fator que deve ser levado em consideração: as etapas do desenvolvimento cognitivo, pois o modo como a criança percebe a realidade e o adulto que não tem convívio regular vai depender da idade e do sexo da criança.

Ponto finalizando, o fator tempo é uma variável determinante para a continuidade do afeto da criança em face do adulto. O vulnerável precisa de tempo de convívio para se apegar ao outro com quem não tem tanto apego e dependendo do tempo de afastamento, o vínculo que existia antes da pandemia, poderá ser rompido, pelos fatores expostos no item 3.

Salienta-se a necessidade de adoção da premissa da garantia da continuidade do vínculo, pois isso resguarda a necessidade de o filho desenvolver-se de modo saudável psicologicamente e por isso, entendemos que devam ser evitadas decisões de mudança do atual arranjo, exceto se o caso concreto o exigir.

A função do Poder Judiciário é regular a família disfuncional, colocar os pais no lugar de corresponsáveis pelo filho e dar à criança a chance de ser criança, de ser poupada do litígio dos pais, sendo a ela garantido o acesso ao outro ente familiar que tem menos convívio.

Em boa hora deve-se esclarecer que do ponto de vista psicológico[10] deixar a cargo de uma criança decidir se quer ou não conviver é um ato de intensa violência com a criança. Porque em havendo um processo e no caso de os pais não conseguirem chegar a um consenso, o Juiz deve decidir e retirar a criança do lugar de Juiz da família. Direito de ser escutada não deve ser confundido com direito de decidir, sendo ruins para a criança as decisões que deixam a termo que o filho vai ao encontro do outro 'se quiser'. Cabe ao Juiz essa decisão, tendo em vista as provas do processo, principalmente nos casos de intenso litígio entre os adultos e de abusos emocionais com o filho, onde o filho e o idoso são utilizados como objeto de barganha à mercê dos interesses dos adultos.

O momento é de risco: de vidas, de vínculos, de posições assumidas. Que o senso de solidariedade e o sentimento de empatia nos acometa a todos, operadores e sociedade, de modo que possamos juntos crescer com posturas colaborativas.

5. REFERÊNCIAS

BOWLBY, John. *Apego e perda*: separação, angústia e raiva. 3. ed. São Paulo: Martins Fontes, 1998. v. 2.

BOWLBY. *Apego e perda*: apego. 3. ed. São Paulo: Martins Fontes: 2002. v. 1.

BRAZIL, Glicia Barbosa de Mattos. A reconstrução dos vínculos afetivos pelo Poder Judiciário. *Revista Brasileira de Direito de Família e Sucessões*. Ed. Magister, IBDFAM, v 13, janeiro de 2010, fls. 43-57.

BRAZIL, Glicia Barbosa de Mattos. A contribuição da psicologia no combate à alienação parental. Revista Interação, Tribunal de Justiça do ERJ, v. 39, p. 18 - 19. Disponível em <http://app.tjrj.jus.br/revista-interacao/39/index.html>, acesso em abril de 2020.

BRAZIL, Glicia Barbosa de Mattos. *Famílias e Sucessões: polêmicas, tendências e inovações*. Escuta de criança e adolescente e prova da verdade judicial. Coord. por Rodrigo da Cunha Pereira e Maria Berenice Dias. Belo Horizonte: IBDFAM, 2018, p. 503-518.

BROCHADO, Ana Carolina. Algumas reflexões sobre os impactos da Covid-19 nas relações familiares. Disponível em <http://genjuridico.com.br/2020/04/29/impactos-covid-19-relacoes-familiares/> Acesso em abril de 2020.

BROCKHAUSEN, Tamara. *A perícia psicológica no Brasil*. Alienação Parental e diagnóstico diferencial. Org por Andreia Soares Calçada e Marisa de Menezes Marques. Rio de Janeiro: Folio Digital, 2019.

DOLTO, Françoise. *Quando os pais se separam*. Rio de Janeiro: Zahar, 2003.

---

10. "A meu ver, é isso o que deveria ser dito à criança pelo juiz, assumindo ele as razões de sua decisão ao se referir à lei que está aplicando. É preciso que a criança saiba que o juiz não faz a lei e que não faz o que quer. O Juiz está preso, seja à lei, seja à lógica de uma situação: assim, adota uma medida que talvez a criança não desejo, mas que lhe parece a melhor para o desenvolvimento dela". (DOLTO, Françoise, op. cit., p 138).

MADALENO, Rolf e MADALENO, Ana Carolina Carpes. *Síndrome da alienação parental*: importância da detecção: aspectos legais e processuais. 6 ed. Rio de Janeiro: Forense, 2019.

MARGAZÃO, Silvia Felipe. *Direito de Família e Pandemia*: tempo de reflexão e transformação. Disponível em <http://www.ibdfam.org.br/artigos/1413/Direito+de+Fam%C3%ADlia+e+Pandemia%3A+tempo+de+reflex%C3%A3o+e+transforma%C3%A7%C3%A3o> Acesso em abril de 2020.

MONTAGER, Ashley. Tocar: *O significado humano da pele*. São Paulo: Editora Summus, 1988.

OLIVEIRA, Rosmari Pereira de. *Tocar e trocar...* o corpo, o afeto, a aprendizagem: uma experiência de formação continuada em um Centro de Educação Infantil. São Paulo: 2009; Construção psicopedagógica, v.17, n.15.

OLIVEIRA, Zilma M. R. (Org.). *Educação infantil*: muitos olhares. 7. ed. São Paulo: Cortez, 2007.

PEREIRA, Rodrigo Cunha. *Dicionário de Direito de Família e Sucessões*: ilustrado 2. ed. São Paulo: Saraiva, 2018.

PIAGET, Jean. *Seis estudos de psicologia*. 21. ed. Rio de Janeiro: Forense Universitária, 1995.

RAPPAPORT, C.R. Teorias do *Desenvolvimento: conceitos fundamentais*. EPU: 1981. v. 1.

Schacter, D. L. Os sete pecados da memória: *Como a mente esquece e lembra*. Rio de Janeiro: Rocco, 2003.

GIMENEZ, Angela. *Pandemia do coronavírus não pode ser usada para rompimento do convívio parental*. Disponível em <http://www.ibdfam.org.br/noticias/7242/Pandemia+do+coronav%C3%ADrus+n%C3%A3o+pode+ser+usada+para+rompimento+do+conv%C3%ADvio+parental>. Acesso em abril de 2020.

SIMÃO, José Fernando. *Direito de família em tempos de pandemia*: hora de escolhas trágicas. Uma reflexão de 7 de abril de 2020. Disponível em <http://www.ibdfam.org.br/artigos/1405/Direito+de+fam%C3%ADlia+em+tempos+de+pandemia%3A+hora+de+escolhas+tr%C3%A1gicas.+Uma+reflex%C3%A3o+de+7+de+abril+de+2020> Acesso em abril de 2020.

STEIN, Lilian Milnitsky (Org.). *Falsas memórias*. Fundamentos científicos e suas aplicações clínicas e jurídicas. Porto Alegre: Artmed, 2010.

WINNICOTT, Donald Woods. *O ambiente e os processos de maturação*. Porto Alegre: Ed. Artes Médicas, 1982.

CONSTRUÇÃO DE CONVIVÊNCIA PARENTAL ADEQUADA EM TEMPOS DE COVID-19: ENTRE DEMANDAS JURÍDICAS E RECOMENDAÇÕES MÉDICAS

Ana Carla Harmatiuk Matos

Doutora e Mestra em Direito pela Universidade Federal do Paraná e mestre em Derecho Humano pela Universidad Internacional de Andalucía. Tutora in Diritto na Universidade di Pisa-Italia. Professora na graduação, mestrado e doutorado em Direito da Universidade Federal do Paraná. Vice-Presidente do IBDCivil. Diretora Regional-Sul do IBDFAM. Advogada militante em Curitiba. Conselheira Estadual da OAB-PR.

Lígia Ziggiotti de Oliveira

Doutora e Mestra em Direito pela Universidade Federal do Paraná. Professora na graduação em Direito da Universidade Positivo. Vice-presidente da ANAJUDH-LGBTI. Advogada militante em Curitiba.

Letícia Ziggiotti de Oliveira

Médica infectologista da Prefeitura Municipal de Balneário Camboriú e do Controle de Infecção Hospitalar do Hospital São Vicente de Curitiba.

Sumário: 1. Introdução. 2. Vulnerabilidade e assimetria de cuidados: lições da pandemia. 3. Reflexões para uma convivência parental adequada. 4. Entre demandas jurídicas e recomendações médicas. 5. Considerações finais. 6. Referências.

1. INTRODUÇÃO

A conjuntura da pandemia contemporânea desafia discursos e práticas assentados em todos os campos do conhecimento. A trajetória doutrinária e jurisprudencial no tocante à convivência parental em caso de genitores que não coabitam, igualmente, encontra-se impactada por uma circunstância global sem previsão certa para se encerrar e que impõe o isolamento social como melhor medida preventiva.

Com isso, irradiam-se, pelo menos, dois efeitos sociais importantes às relações familiares: o distanciamento afetivo, que pode ser consequência da ausência de contato físico entre os corpos, e a crise econômica que impacta intensamente em necessidades e em possibilidades alimentares atuais.

Em uma análise mais automática e irrefletida, tais circunstâncias poderiam conduzir a respostas excessivamente simplistas para o Direito das Famílias, tais quais a suspensão de visitas entre guardiões não residentes ou genitor não guardião[1] e filhos, bem como a mera flexibilização dos deveres de adimplemento alimentar.

Entende-se, porém, que a perspectiva adotada para tais soluções é parcial, à medida em que não aprecia a assimetria de cuidados ainda mais intensificada por uma conjuntura de fechamento de escolas e de redução de oferta, tanto pelo Estado quanto pelo mercado, de serviços de cuidados de crianças e de adolescentes.

Isso se desdobra em uma dedicação desgastante do guardião residente ou do guardião unilateral em torno dos filhos. Para este polo da relação, também se apresenta a crise econômica, a qual pode, ou não, traduzir-se em eventuais oscilações, para menos ou para mais, do direito a alimentos.

Nesta cadência, o presente artigo se dedica a expandir a potência de planos parentais melhor desenhados conforme a rotina particular dos envolvidos em hipóteses como tais. O objetivo consiste em construir, inclusive a partir do saber médico, encaminhamentos que não recaiam em respostas simplistas como as acima narradas, as quais, paradoxalmente, costumam prejudicar justamente o polo da relação familiar que se encontra em situação de precariedade mais agravada.

2. VULNERABILIDADE E ASSIMETRIA DE CUIDADOS: LIÇÕES DA PANDEMIA

Tem sido corrente a constatação de que a pandemia expõe a vulnerabilidade humana de modo agudo. Como escreve Gustavo Yañez González, o vírus nos recorda dos eixos comuns a toda à humanidade, constituída, sem exceção, em sua fragilidade frente ao desconhecido[2].

Segundo Judith Butler, há uma precariedade compartilhada por todos os seres humanos. Contudo, é possível perceber uma "condição politicamente induzida na qual certas populações sofrem com redes sociais e econômicas de apoio deficientes e ficam expostas de forma agravada às violações, à violência e à morte", em uma situação de "maximização de precariedade humana"[3].

Desde o ponto de vista jurídico, estes sujeitos se encontram, inclusive, assinalados por microssistemas que, reconhecendo a vulnerabilidade que os costuma circundar em suas relações sociais, buscam reequilibrá-las. Assim se percebe, por exemplo, em bojos conjugais e parentais, como revela a proteção do Estatuto da Criança e do Adolescente, do Estatuto do Idoso, e a Lei Maria da Penha[4].

---

1. Refere-se a guardiões não residentes para os casos de guarda compartilhada e não guardiões para os casos de guarda unilateral, considerando-se que em ambos os casos, por força do art. 227 da Constituição da República Federativa do Brasil, impõe-se o dever de convivência familiar como decorrente do melhor interesse da criança e do adolescente.
2. GONZÁLEZ, Gustavo Yañez. Fragilidad y tiranía (humana) en tiempos de pandemia. *In: Sopa de Wuhan:* pensamento contemporâneo en tiempos de pandemia. Disponível em: http://tiempodecrisis.org/wp-content/uploads/2020/03/Sopa-de-Wuhan-ASPO.pdf?fbclid=IwAR386959-_q7FG9ZCeGsEFSxGBOerZNNMf3s1hmLn8nYjcieT4QA-yyx-6zE. Acesso em 15 de abril de 2020, p. 139.
3. BUTLER, Judith. *Quadros de guerra:* quando a vida é passível de luto? Trad. Sérgio Tadeu de Niemeyer Lamarão; Arnaldo Marques da Cunha. Rio de Janeiro: Civilização Brasileira, 2015, p. 46.
4. Embora não seja objeto de análise deste artigo, relevante destacar que, em abril de 2020, que a Organização das Nações Unidas recomendou providências aos países quanto à violência doméstica (NAÇÕES UNIDAS BRASIL. *Chefe da ONU*

Os idosos, por exemplo, têm concentrado as falas médicas. É altamente conhecida a inclusão da população idosa como grupo de risco. Mais uma vez, a lógica neoliberal os coloca como corpos mais descartáveis que os outros, o que incrementa a nossa ideia de que a vulnerabilidade pode se tornar mais ou menos aguda conforme o contexto social em que estamos inseridos.

Para o campo das relações familiares, ocupando também espaço em narrativas jurídicas, recentemente, Heloísa Helena Barboza e Vitor Almeida publicaram um artigo que alerta para o risco da solidão da pessoa idosa em uma conjuntura de isolamento total, sem o seu direito de convivência familiar assegurado[5].

De fato, como o avesso da população idosa como grupo de risco, encontramos as crianças, cujo potencial para vetores da doença – ou seja, agentes com relevante grau de transmissibilidade – tem sido discutido no campo médico. Para parte dos especialistas, idosas e idosos não devem atuar como cuidadoras centrais de crianças. E isso constitui um grave problema de distribuição de cuidados.

A conjuntura neoliberal fecha a conta de cuidados dos grupos mais vulneráveis de um modo nefasto. Existem três pilares centrais que se apresentam como provedores de cuidados dos grupos vulnerados em nossa sociedade: mercado; Estado; família. Uma sociedade, quando democrática, distribui de modo igualitário a atividade do cuidado entre os agentes destes pilares. Em uma sociedade pouco igualitária, existe uma familiarização excessiva do cuidado, ou seja, uma expectativa de que ele seja provido domesticamente, em compartilhamento com o mercado, cujas possibilidades de acesso dependem da disponibilidade de bens materiais, o que não é critério universal, portanto. Pelo contrário, é altamente excludente.

Nesta equação, o Estado se esvazia de responsabilidades, como revela a dificuldade de acesso e por vezes de qualidade do serviço público de cuidado, o que perpetua faces nefastas de proteção das vulnerabilidades neste país por um Estado cada vez menos inte-

---

alerta para aumento da violência doméstica em meio à pandemia do coronavírus. Disponível em: https://nacoesunidas. org/chefe-da-onu-alerta-para-aumento-da-violencia-domestica-em-meio-a-pandemia-do-coronavirus/. Acesso em 03 de maio de 2020). Em recente Nota Técnica produzida pelo Fórum Brasileiro de Segurança Pública, comparando março e abril de 2019 com março e abril de 2020, constatou-se que houve um decréscimo relevante em vários estados brasileiros de produção de boletins de ocorrência decorrentes de violência doméstica. Isso impacta na quantidade de medidas protetivas concedidas no país. Em São Paulo, houve 37,9% a menos de concessões neste sentido, porque, em geral, elas se motivavam pela presença física das mulheres em delegacias. Paradoxalmente, os atendimentos pela Polícia Militar através do 190 só crescem. Em São Paulo, aumentaram 44,9%, sendo que os feminicídios aumentaram 46,2% no estado. Além disso, registrou-se um crescimento exponencial de 431% de relatos de brigas conjugais entre vizinhos pelo Twitter, sendo que a maioria das postagens foi feita às sextas-feiras no período da noite, o que tem sido relacionado ao consumo excessivo de álcool dos homens nestas ocasiões (FÓRUM BRASILEIRO DE SEGURANÇA PÚBLICA. *Violência doméstica durante pandemia de Covid-19.* Disponível em: http://forumseguranca.org.br/publi-cacoes_posts/violencia-domestica-durante-pandemia-de-covid-19/?fbclid=IwAR28CESNj6JgMLcM3lgwIeqZr-vWSn5s_xh6C8hT1CsDFcQkqPz0WNc4n7-o. Acesso em 03 de maio de 2020). Desde 2016, infelizmente, o Brasil experimenta recuo nos esforços estatais de combate à violência doméstica, o que se projeta em sucateamento de delegacias especializadas, de casas-abrigo e de capacitação policial para o tema. Por consequência, há também um profundo desinvestimento em serviços que permitiriam ampliar esta rede para outros espaços para além dos físicos e com respostas imediatas às procuras das vítimas, como exigiria a conjuntura contemporânea.

5. BARBOZA, Heloisa Helena; ALMEIDA, Vitor. *A proteção das pessoas idosas e a pandemia do COVID-19*: os riscos de uma política de "limpa-velhos". Disponível em: https://www.migalhas.com.br/coluna/migalhas-de-vulnerabilida-de/324904/a-protecao-das-pessoas-idosas-e-a-pandemia-do-covid-19-os-riscos-de-uma-politica-de-limpa-velhos. Acesso em 20 de abril de 2020.

ressado na promoção da dignidade humana. O mercado tampouco é um lugar confiável para a realização de direitos, porque só o acessa quem tem dinheiro. Não é uma métrica universal, portanto. Nas relações familiares, as assimetrias também são profundas.

Em nenhum dos três pilares de provimento de cuidado a questão de gênero passa desapercebida. A ONU Mulheres divulgou dado importante de que elas representam, globalmente, 70% das pessoas que estão trabalhando na linha de frente, no setor social e de saúde, de enfrentamento ao Covid-19[6]. As mulheres são enfermeiras, parteiras, faxineiras e lavadeiras. São as principais cuidadoras deste país, quer pelas mãos do Estado, quer pelas mãos do mercado. E elas também o são pelas mãos das famílias.

Em relações parentais, as mulheres com possibilidade econômica acrescida, no Brasil, expõem que dividem os cuidados que elas prestam a crianças, por exemplo, principalmente, com profissionais remuneradas do mercado, como babás, escolas privadas e avós. Por outro lado, as mulheres com menor possibilidade econômica, as mulheres mais pobres, portanto, costumam dividir os cuidados de crianças, principalmente, com avós, com outras mulheres da família, com voluntariado, com creches e escolas públicas.

Segundo Bila Sorj e Adriana Fontes, as mulheres trabalham, em média, 4,5 vezes mais horas em afazeres domésticos do que os homens e essa diferença é decrescente com a renda. No quinto mais pobre, o tempo gasto em afazeres domésticos das mulheres é quase seis vezes o dos homens, enquanto no quinto mais rico a diferença cai para 3,6 vezes[7].

A posição socioeconômica delas, que tem muita relação com aspectos raciais no país, influencia bastante no número de horas que dedicam às crianças. Já a posição socioeconômica dos homens, os pais destas crianças, é muito pouco representativa no engajamento com as crianças com quem eventualmente compartilham o espaço doméstico[8].

Há uma forte inclinação para a feminização e para a familiarização do *cuidado* em nosso contexto, e nem o ingresso de forte crítica a tantos institutos em Direito das Famílias tem sido completamente capaz de desmontar a predileção sistemática nas providências de cuidado pelo que se denomina, de modo bastante revelador, como família natural.

Em uma conjuntura de pandemia, a situação se agrava. Agora temos recomendações de isolamento social que impactam em delegação de cuidados para escola, creche, babá ou parentes. Tudo isso domestica intensamente o cuidado em uma dimensão drástica que nos impõe observar os privilégios econômicos e de disponibilidade de tempo de quem está no núcleo familiar e que deve se responsabilizar por cuidado de crianças.

Encarrega-se de modo dramático quem está cotidianamente com a criança, seja por guarda unilateral, ou porque é genitor residente em caso de guarda compartilhada. Sabemos que em qualquer perspectiva, é a genitora a quem costuma se atribuir este ônus,

---

6. NAÇÕES UNIDAS BRASIL. *ONU Mulheres pede atenção às necessidades femininas nas ações contra a Covid-19*. Disponível em: https://nacoesunidas.org/onu-mulheres-pede-atencao-as-necessidades-femininas-nas-acoes-contra-a-covid-19/. Acesso em 25 de abril de 2020.
7. SORJ, Bila; FONTES, Adriana. O care como um regime estratificado: implicações de gênero e classe social. *In: Cuidado e Cuidadoras*: As várias faces do trabalho do care, 2013. Org.: Helena Sumiko Hirata; Nadya Araujo Guimarães. São Paulo: Atlas, 2012, p. 112.
8. SORJ, Bila; FONTES, Adriana. O care como um regime estratificado: implicações de gênero e classe social. *In: Cuidado e Cuidadoras*: As várias faces do trabalho do care, 2013. Org.: Helena Sumiko Hirata; Nadya Araujo Guimarães. São Paulo: Atlas, 2012, p. 112.

e como administradora das necessidades diárias da criança, costuma ser quem recebe os alimentos, ao passo que o genitor é quem os paga.

Percebemos que guarda de filhos, convivência e alimentos acabam sendo as principais ferramentas no campo do Direito das Famílias para lidar com estas vulnerabilidades, e nisso se incluem também os idosos, que são destinatários de alimentos e pleiteiam o seu direito de convivência com os netos com frequência.

Portanto, não parece arrazoada a solução da suspensão de visitas entre pais e filhos, pura e simplesmente, à medida em que este encaminhamento agrava a circunstância de vulnerabilidade produzida, exatamente, pelo exercício do cuidado assimétrico entre os genitores, além de mitigar os direitos das crianças e dos adolescentes em análise.

Em outras palavras, parece mais recomendável o fôlego em prol de uma convivência informada pela pandemia, mas que não cessa em razão dela.

3. REFLEXÕES PARA UMA CONVIVÊNCIA PARENTAL ADEQUADA

Múltiplas decisões judiciais têm sido noticiadas por imprensa especializada ao campo jurídico sobre guarda de filhos, convivência e alimentos em tempos de crise sanitária. Ilustrativamente, o Tribunal de Justiça do Estado de Goiás informou, em março deste ano, sobre decisão em segredo de justiça:

> Consta dos autos que a guarda esteve unilateralmente com a mãe durante todo esse período, sendo as visitas do pai realizadas na residência da mãe da criança. No entanto, segundo o magistrado, na atual realidade do mundo, em que enfrenta-se o novo coronavírus, que é altamente contagioso e pode levar a óbito, a melhor maneira de prevenção atual tem sido o isolamento voluntário. Ele ainda lembrou que as famílias se encontram reclusas em seus lares, a fim de evitar contato humano e, por consequência o contágio, não podendo, de acordo com o juiz substituto em segundo grau, nessa etapa processual, ser deferida a guarda compartilhada. "O translado entre uma casa e outra, bem como o contato com famílias que vivem realidades distintas, expondo-se de maneiras distintas ao vírus, pode ser muito perigoso para a criança", destacou. Por mais doloroso que seja, observou o magistrado, "devemos cuidar de nossas crianças e, apesar delas não estarem nos grupos considerados de alto risco, a falta de atendimento adequado em razão da superlotação dos postos de saúde pode ensejar grande perigo, além da menor poder transmitir o vírus para toda a família e também para a sociedade em geral". Já com relação as visitas presenciais, "apelo para o bom senso do pai para que sejam interrompidas, devendo o contato ser mantido por via telefone, Skype e outros meios de acesso virtual"[9].

Com efeito, há também iniciativa legislada que tramita junto ao Congresso Nacional Brasileiro visando à regulamentação provisória do Direito das Famílias e Sucessões em tempos de Covid-19. Para a convivência parental, fixou o Projeto de Lei 1.627 de 2020, já retirado de pauta:

> Art. 6º O regime de convivência de crianças e adolescentes, qualquer que seja a modalidade de guarda, poderá ser suspenso temporariamente, de comum acordo entre os pais ou a critério do Juiz, para que

---

9. TRIBUNAL DE JUSTIÇA DE GOIÁS. *Coronavírus*: juiz concede liminar para guarda unilateral em razão do risco de contagio. Disponível em: https://www.tjgo.jus.br/index.php/institucional/centro-de-comunicacao-social/20-destaque/19480-coronavirus-juiz-concede-liminar-para-guarda-unilateral-em-razao-do-risco-de-contagio. Acesso em 20 de abril de 2020.

sejam cumpridas as determinações emanadas das autoridades públicas impositivas de isolamento social ou quarentena.

Em sentido similar ao da decisão acima mencionada, o parágrafo primeiro do dispositivo transcrito previa o uso de meios virtuais para a continuidade do contato entre pais e filhos. Embora não mais tramite, a iniciativa demonstra uma das sugestões correntes dentre as que mais circularam no meio jusfamilista motivadas pelo Covid-19.

Conforme argumentado anteriormente, a ocupação dos cuidados de crianças e adolescentes ultrapassa o diálogo virtual. A comunicação remota pode servir para a satisfação legítima da preocupação dos genitores com a prole, bem como para contornar a escassez afetiva completa decorrente da ausência de qualquer contato. Não se configura, porém, como medida capaz de compartilhar o efetivo exercício diário de cuidados representado pelo preparo de alimentos, higienização, atendimento aos medos, às dores e à agenda educacional de *homeschooling* atualmente intensa de algumas crianças e de adolescentes.

Nesta cadência, tem-se percebido outras iniciativas diversas da mera suspensão relevantes ao contexto do coronavírus, a exemplo da aplicação do regime de férias, com alternância entre as residências dos genitores mais espaçada, como através da permanência dos filhos uma semana ou mais com um, e, após, por mesmo período, com outro.

Este encaminhamento, que chegou a ser previsto no parágrafo segundo do Art. 6º do já superado Projeto de Lei 1.627 de 2020, também teve assento em decisão do Tribunal de Justiça do Estado do Paraná, que aplicou um padrão quinzenal de alternância entre os genitores, no seguinte sentido:

> A convivência será exercida pelos genitores por quinze (15) dias consecutivos, a começar pelo agravante, a partir da intimação desta decisão pela parte contrária. Não haverá prejuízo de contatos com o genitor que não estiver responsável pela convivência, pela internet[10].

Entende-se que, uma vez concretizada a prova de descumprimento do padrão de segurança epidemiológica informado pelo genitor ao juízo, torna-se possível a aplicação de penas similares às que pratica a jurisprudência para as hipóteses de descumprimento de dever de visitação, a exemplo de multa pecuniária.

O fundamento legal para tanto pode se estear no art. 249 do Estatuto da Criança e do Adolescente, segundo o qual constitui infração administrativa passível de multa de três a vinte salários de referência, e até em dobro em caso de reincidência, "descumprir, dolosa ou culposamente, os deveres inerentes ao poder familiar ou decorrente de tutela ou guarda, bem assim determinação da autoridade judiciaria ou Conselho Tutelar".

Por certo, como leciona Anderson Schreiber, é desejável explorar alternativas distintas das pecuniárias no campo do Direito das Famílias, tendo em vista o caráter próprio das relações existenciais, e não patrimoniais, deste campo[11], considerando-se para isso, porém, a dificuldade de se flexibilizar a convivência como modo de compensação em função do rigor imposto pela pandemia.

---

10. TRIBUNAL DE JUSTIÇA DO PARANÁ. *Agravo de Instrumento*. Relator Des. Rogério Etzel. Julgado em 24 de abril de 2020.
11. SCHREIBER, Anderson. *Responsabilidade civil e direito de família*: a proposta da reparação não pecuniária. In: Responsabilidade civil no Direito de Família. Org.: Rolf Madaleno; Eduardo Barbosa. São Paulo: Atlas, 2015.

4. ENTRE DEMANDAS JURÍDICAS E RECOMENDAÇÕES MÉDICAS

A presença de laudos médicos detalhados em processos judiciais tem sido um encaminhamento relevante em caso de máximo nível de proteção às vulnerabilidades envolvidas. Soluções abstratas podem mitigar direitos, quando, em verdade, o ideal é estendê-los. Um exemplo neste campo é o papel do olhar das ciências da saúde sobre a capacidade efetiva de pessoas com deficiência[12].

Para a convivência paterno-filial em um contexto pandêmico, é interessante que a interdisciplinaridade acompanhe, de modo similar, a compreensão do juízo. Desde logo, é possível traçar um protocolo provisório e inicial de questões que devem informar as partes e o julgador sobre a atual temática.

As medidas de distanciamento social funcionam, até o momento, como o melhor mecanismo preventivo na redução da transmissibilidade do SARS-Cov-2 (vírus transmissor da doença Covid-19) em uma comunidade. Contudo, outras medidas de prevenção devem ser discutidas em termos individuais, levando-se em conta a impossibilidade de isolamento por parte da pessoa, em caso de inviabilidade de *home office*, por exemplo, ou necessidade de visitação familiar como no contexto discutido. Algumas alternativas merecem atenção dos genitores, como uso de máscaras, higienização das mãos, orientações de higiene respiratória e encontros em ambientes bem ventilados.

É importante ressaltar também que a proporção do isolamento social deve, gradualmente, ser adequada à realidade de cada região, levando em conta a epidemiologia local e a capacidade da rede de saúde, provavelmente intercalando períodos de maior restrição com outros de afrouxamento.

Como não há até o momento tratamento nem vacina que refletiriam na redução do número de internações hospitalares e no tempo previsto de circulação do patógeno, é possível que o novo coronavírus esteja presente no nosso meio por um período prolongado. Deste modo, as medidas de prevenção individuais devem, ao menos até que a epidemia esteja encerrada ou controlada, tornar-se um novo modo de operação pessoal a longo prazo.

A Organização Mundial de Saúde (OMS) destaca as seguintes ferramentas de prevenção individual[13]: higienização das mãos com álcool 70 INPM ou água e sabão; distância de ao menos 01 metro entre indivíduos; evitar aglomerações; evitar levar as

---

12. Para apreensão do que se expõe, observe-se decisão fundada em laudo médico específico sobre as concretas possibilidades do indivíduo: "(...) demonstrado nos autos que a incapacidade do curatelado se restringe à pratica de atos patrimoniais, deve ser deferida a curatela provisória, sem interdição, com as mesmas restrições previstas para os pródigos (art. 1.782 do Código Civil); e, via de consequência, deve ser dado parcial provimento ao recurso, para reformar a sentença e, nos termos do art. 1.780 c/c 1.782, ambos do Código Civil, nomear como curador de H. M. F. o seu genitor, Sr. H.M. O., o qual deverá assistir o curatelado nos atos da vida civil relativos a 1) emprestar; 2) transigir; 3) dar quitação; 4) alienar; 5) hipotecar; 6) demandar ou ser demandado; 7) praticar, em geral, os atos que não sejam de mera administração; o curatelado permanecerá plenamente capaz para praticar os atos de mera administração e os demais atos da vida civil não retro mencionados" (TRIBUNAL DE JUSTIÇA DE MINAS GERAIS. *Apelação Cível 1.0569.13.002202-7/001*. Apelante: H.M. O. Apelado: H. M. F. Sexta Câmara Cível. Relatora: Des. Yeda Athias, Belo Horizonte, MG, julgado em 30 de junho de 2016).

13. WORLD HEALTH ORGANIZATION. *Q&A on coronaviruses (Covid-19)*. Disponível em: https://www.who.int/news-room/q-a-detail/q-a-coronaviruses. Acesso em 03 de abril de 2020.

mãos ao rosto; autoisolamento em caso de sintomas respiratórios, dor de cabeça, febre, mesmo que leves; higiene respiratória, que significa cobrir o rosto com o cotovelo ao tossir ou espirrar, ou uso de lenços descartáveis.

A orientação do uso de máscaras de confecção caseira e/ou de pano foi recentemente adotado por órgãos de saúde como medida de redução de transmissibilidade do novo coronavírus[14]-[15]. A higienização de superfícies em casa (com álcool, água sanitária ou desinfetantes comuns) também é indicada, e deve nortear a conduta dos genitores em caso de compartilhamento da convivência dos filhos.

Para tais casos, em acréscimo, parece razoável que o contexto individual e a epidemiologia local sejam consideradas na decisão de visitação familiar, tendo em vista a provável duração prolongada da epidemia, com a proposta de ponderar o risco de exposição de cada parte. Em situação de quarentena individual por orientação médica, para indivíduo sintomático ou por contato próximo e recente com caso confirmado de Covid-19, por exemplo, a visitação não deve ser realizada.

Tratando-se de pessoas assintomáticas, sugere-se avaliar as questões abaixo que talvez possam acessar o grau de exposição individualmente dos genitores em eventual processo judicial acerca do tema:

1. Está isolado/trabalhando em home office?

A. Se sim, há quanto tempo?

Entende-se que o período médio de incubação do vírus é de 5 a 6 dias, podendo variar entre 2 a 14 dias[16] e, portanto, tempo de isolamento maior que duas semanas indicaria segurança em termos de transmissibilidade;

B. Se não, pode-se avaliar as seguintes questões:
– mantém distanciamento > 01 metro de outros indivíduos no período de trabalho/ no seu dia a dia?
– o ambiente de trabalho mantém área ventilada com circulação de ar?
– Alguém do seu convívio teve diagnóstico suspeito ou confirmado de Covid-19 nos últimos 14 dias?
– Tem acesso e faz uso de máscara durante o trabalho e higiene de mãos com frequência?

---

14. CENTERS FOR DISEASE CONTROL AND PREVENTION. *Prevent getting sick.* Disponível em: https://www.cdc.gov/coronavirus/2019-ncov/prevent-getting-sick/diy-cloth-face-coverings.html. Acesso em 03 de abril de 2020.
15. MINISTÉRIO DA SAÚDE. *Nota informativa 3/2020-CGGAP/DESF/SAPS/MS.* Ministério da Saúde. Disponível em: https://www.saude.gov.br/images/pdf/2020/April/04/1586014047102-Nota-Informativa.pdf. Acesso em 03 de abril de 2020.
16. LAUER, Stephen *et al. The Incubation Period of Coronavirus Disease 2019 (COVID-19) From Publicly Reported Confirmed Cases*: Estimation and Application. Annals of intern Med, 2020.

2. Utiliza meio de transporte individual para transporte da criança entre residências?
– Bicicleta, carro, moto parecem alternativas mais seguras em termos de exposição ao vírus, por não exporem o indivíduo a aglomerações, como determinado pela OMS, em comparação a transporte coletivo.

3. Como é a estrutura familiar das partes?
– Avaliar o grau de exposição e o risco individual de cada contato domiciliar.

O período de visitação mais prolongado e com menor frequência, reduzindo o número de idas e vindas de criança e de adolescente, soa como alternativa mais segura, conforme acima exposto, especialmente quando houver necessidade de viagem em transporte coletivo, como avião ou ônibus.

Igualmente, a epidemiologia local deve ser levada em consideração para que, a depender do número de casos de Covid-19, da porcentagem de ocupação de leitos hospitalares e das medidas de isolamento propostas pelas autoridades sanitárias de determinada região, as visitações sejam, de fato, temporariamente suspensas, quando não for em nenhuma hipótese recomendável a solução de alternância.

A presença de comorbidades ou idade avançada de um dos progenitores ou de outra pessoa do convívio domiciliar, além de eventual condição de saúde da própria criança, também é fator a ser considerado na determinação da segurança da visitação durante o período da pandemia.

5. CONSIDERAÇÕES FINAIS

Como se tem discutido em variados meios midiáticos, a pandemia deve inaugurar uma nova normalidade para todas as relações sociais. Embora possam ser falhas, algumas prospecções se revelam interessantes. Neste sentido, talvez, ao Direito das Famílias, a conjuntura deixa duas lições permanentes.

A primeira é a experimentação da potência do regime de alternância de residências como possível para a realização da simetria dos cuidados entre os genitores. Rechaçado de modo automático por maior parte da doutrina, que o aborda como guarda alternada, o modelo pode ser funcional em dadas realidades. A despeito de se afirmar que a divisão do tempo da criança e do adolescente não deve ser matemática entre os pais, a realidade contemporânea configura uma divisão de dias entre ambos, embora seja tal divisão, no mais das vezes, desigual.

A segunda lição, e ainda mais relevante, consiste na importância de se dedicar maior fôlego na percepção da rotina, das possibilidades e das limitações dos genitores em torno do exercício de cuidado dos filhos. Como se percebe, respostas abstratas, em tempos de Covid-19, demonstram funcionalidade precária.

Contrastando de modo sofisticado as atividades destes – escolares, extracurriculares, médicas, de alimentação, de higienização, de lazer – às daqueles – compromissos profissionais, períodos de folga, atividades desportivas – é possível que se estabeleçam modelos de maior responsabilização afetiva e menos protocolares no eixo parental, que ainda se encontra conectado com modelos de divisão altamente desigual de tempo de convivência entre pais e filhos.

Ambas as lições têm o potencial de valorização do cuidado direto, e não circunstancial, de crianças e de adolescentes por ambos os ascendentes, reduzindo-se, com isso, a oneração e a desoneração excessiva de uma e outra parte dentre os titulares do poder familiar.

6   REFERÊNCIAS

CENTERS FOR DISEASE CONTROL AND PREVENTION. *Prevent getting sick*. Disponível em: https://www.cdc.gov/coronavirus/2019-ncov/prevent-getting-sick/diy-cloth-face-coverings.html. Acesso em 03 de abril de 2020.

BARBOZA, Heloisa Helena; ALMEIDA, Vitor. *A proteção das pessoas idosas e a pandemia do COVID-19*: os riscos de uma política de "limpa-velhos". Disponível em: https://www.migalhas.com.br/coluna/migalhas-de-vulnerabilidade/324904/a-protecao-das-pessoas-idosas-e-a-pandemia-do-covid-19-os-riscos-de-uma-politica-de-limpa-velhos. Acesso em 20 de abril de 2020.

BUTLER, Judith. *Quadros de guerra*: quando a vida é passível de luto? Trad. Sérgio Tadeu de Niemeyer Lamarão; Arnaldo Marques da Cunha. Rio de Janeiro: Civilização Brasileira, 2015.

CENTERS FOR DISEASE CONTROL AND PREVENTION. *Prevent getting sick*. Disponível em: https://www.cdc.gov/coronavirus/2019-ncov/prevent-getting-sick/diy-cloth-face-coverings.html. Acesso em 03 de abril de 2020.

FÓRUM BRASILEIRO DE SEGURANÇA PÚBLICA. *Violência doméstica durante pandemia de Covid-19*. Disponível em: http://forumseguranca.org.br/publicacoes_posts/violencia-domestica-durante-pandemia-de-covid-19/?fbclid=IwAR28CESNj6JgMLcM3lgwIeqZrvWS-n5s_xh6C8hT1CsDFcQkqPz0WNc4n7-o. Acesso em 03 de maio de 2020.

GONZÁLEZ, Gustavo Yañez. Fragilidad y tiranía (humana) en tiempos de pandemia. *In: Sopa de Wuhan*: pensamento contemporâneo en tiempos de pandemia. Disponível em: http://tiempodecrisis.org/wp-content/uploads/2020/03/Sopa-de-Wuhan-ASPO.pdf?fbclid=IwAR386959-_q7FG9ZCeGsE-FSxGBOerZNNMf3s1hmLn8nYjcieT4QA-yyx6zE. Acesso em 15 de abril de 2020.

LAUER, Stephen *et al. The Incubation Period of Coronavirus Disease 2019 (COVID-19) From Publicly Reported Confirmed Cases:* Estimation and Application. Annals of intern Med, 2020.

NAÇÕES UNIDAS BRASIL. *Chefe da ONU alerta para aumento da violência doméstica em meio à pandemia do coronavírus*. Disponível em: https://nacoesunidas.org/chefe-da-onu-alerta-para-aumento-da-violencia-domestica-em-meio-a-pandemia-do-coronavirus/. Acesso em 03 de maio de 2020.

NAÇÕES UNIDAS BRASIL. *ONU Mulheres pede atenção às necessidades femininas nas ações contra a Covid-19*. Disponível em: https://nacoesunidas.org/onu-mulheres-pede-atencao-as-necessidades-femininas-nas-acoes-contra-a-covid-19/. Acesso em 25 de abril de 2020.

SCHREIBER, Anderson. *Responsabilidade civil e direito de família*: a proposta da reparação não pecuniária. In: Responsabilidade civil no Direito de Família. Org.: Rolf Madaleno; Eduardo Barbosa. São Paulo: Atlas, 2015.

SORJ, Bila; FONTES, Adriana. O care como um regime estratificado: implicações de gênero e classe social. *In: Cuidado e Cuidadoras*: As várias faces do trabalho do care, 2013. Org.: Helena Sumiko Hirata; Nadya Araujo Guimarães. São Paulo: Atlas, 2012.

TRIBUNAL DE JUSTIÇA DE GOIÁS. *Coronavírus*: juiz concede liminar para guarda unilateral em razão do risco de contagio. Disponível em: https://www.tjgo.jus.br/index.php/institucional/centro-de--comunicacao-social/20-destaque/19480-coronavirus-juiz-concede-liminar-para-guarda-unilateral-em-razao-do-risco-de-contagio. Acesso em 20 de abril de 2020.

TRIBUNAL DE JUSTIÇA DE MINAS GERAIS. Apelação Cível 1.0569.13.002202-7/001. Apelante: H.M. O. Apelado: H. M. F. Sexta Câmara Cível. Relatora: Des. Yeda Athias, Belo Horizonte, MG, julgado em 30 de junho de 2016.

TRIBUNAL DE JUSTIÇA DO PARANÁ. Agravo de Instrumento. Relator Des. Rogério Etzel. Julgado em 24 de abril de 2020.

WORLD HEALTH ORGANIZATION. *Q&A on coronaviruses (COVID-19)*. Disponível em: https://www.who.int/news-room/q-a-detail/q-a-coronaviruses. Acesso em 03 de abril de 2020.

GUARDA E CONVIVÊNCIA EM SITUAÇÕES EXCEPCIONAIS: A PREVALÊNCIA DO CUIDADO SOBRE A CONVIVÊNCIA FÍSICA

Elisa Cruz

Doutora em Direito Civil pela UERJ. Mestre em Direito Civil pela UERJ. Professora. Defensora Pública no Rio de Janeiro.

Sumário: 1. O estado atual do debate: guarda em tempos de distanciamento social. 2. Uma reflexão sobre guarda e convivência. 3. O cuidado como nova base da guarda e convivência. 4. Propostas para enfrentar os desafios. 5. Conclusão. 6. Referências.

1. O ESTADO ATUAL DO DEBATE: GUARDA EM TEMPOS DE DISTANCIAMENTO SOCIAL

Em 31 de dezembro de 2019, a China informou à Organização Mundial de Saúde (OMS) a detecção de pneumonia por causa desconhecida. Um mês depois, em 30 de janeiro de 2020, a OMS declarava Emergência Pública de Saúde Internacional devido ao espraiamento da doença e em 11 de março de 2020[1], foi declarada pandemia internacional do vírus SARS-Cov-2.

O primeiro caso confirmado no Brasil data de 26 de fevereiro de 2020[2] e de acordo com as informações oficiais do Ministério da Saúde em 01 de maio havia 91.589 casos confirmados da doença[3].

Apesar de inúmeros esforços científicos, tecnológicos e médicos para o enfrentamento da pandemia e a busca de tratamentos preventivos e melhoria da saúde das pessoas já infectadas, até o momento nenhuma medida tem sido mais eficaz senão o distanciamento físico e social das pessoas e medidas de higiene[4].

O distanciamento, isolamento ou quarentena social, alguns dos nomes que têm sido utilizados como sinônimos, provocou uma profunda mudança social. O trabalho, antes realizado em ambientes físicos compartilhados, tornou-se privado, em casa (home office) com mediação das tecnologias na internet. O mesmo ocorreu com as relações pessoais, que foram transpostas da realidade física para ambientes virtuais.

---

1. A evolução pode ser acompanhada no site da Organização Mundial de Saúde (OMS)disponível em: https://www.who.int/emergencies/diseases/novel-coronavirus-2019/events-as-they-happen. Acesso em: 02.mai.2020.
2. Informação disponível em https://www.saude.gov.br/noticias/agencia-saude/46435-brasil-confirma-primeiro-caso-de-novo-coronavirus. Acesso em: 02.mai.2020.
3. O painel de dados é disponibilizado no site https://covid.saude.gov.br/. As informações foram consultadas em 02.mai.2020 e estavam atualizadas, de acordo com o Ministério da Saúde até 01.mai.2020 as 16:30.
4. Para as medidas de proteção, vejam-se as recomendações da OMS disponíveis em: https://www.who.int/emergencies/diseases/novel-coronavirus-2019/advice-for-public. Acesso em: 02.mai.2020.

As situações jurídicas de família foram igualmente afetadas pela pandemia e pelo novo modo de estar no mundo que se tornou necessário. Casamentos passaram a ser realizados por videoconferência[5], registros públicos têm suas realizações possíveis por atendimento a distância[6], prisões de devedores de alimentos foram convertidas preferencialmente em prisões domiciliares[7] e as convivências foram transferidas para redes sociais e ligações telefônicas. Esses são algumas das situações de adaptação das situações de família à realidade atual.

Um dos temas mais sensíveis que têm sido enfrentado durante a pandemia é o da guarda parental de crianças e adolescentes. De acordo com a Convenção sobre Direitos da Criança e o artigo 227 da Constituição da República, que acolhem o princípio do melhor interesse, a convivência com todos os seus pais é um direito fundamental da criança e do adolescente[8], que lhe assegura convivência familiar e comunitária e contribui para o seu desenvolvimento enquanto pessoa, e um dever jurídico decorrente da parentalidade responsável em relação aos pais[9]. Se a criança está residindo com os pais durante a pandemia esse direito está sendo exercido, o que não ocorre na situação oposta, em que não há coabitação dos pais e a residência da criança ou adolescente está fixada com um deles.

A convivência de crianças e adolescentes com pais não residentes entre si, durante a pandemia, tem sido objeto de análise em conjunto com a guarda. Viviane Alves Santos Silva avalia que "muitas variáveis devem ser consideradas para a análise" e inclui, dentre essas variáveis a presença de pessoas idosas nas casas dos genitores e interesses de saúde coletiva para a decisão[10]. Ricardo Calderón afirma ser possível a suspensão compulsória da convivência dos pais com os filhos quando a gravidade da situação exigir e para atender aos interesses dos filhos[11], proposta também apresentada por Isabel

---

5. Informação disponível em https://agenciabrasil.ebc.com.br/geral/noticia/2020-04/minas-gerais-tera-o-primeiro--casamento-civil-por-videoconferencia. Acesso em: 02.mai.2020.

6. BRASIL. Conselho Nacional de Justiça. *Provimento n. 93, de 26 de março de 2020*. Dispõe sobre o envio eletrônico dos documentos necessários para a lavratura de registros de nascimentos e de óbito no período de Emergência em saúde pública de importância nacional (ESPIN), estabelecida pela Portaria n. 188/GM/MS, de 4 de fevereiro de 2020. Brasília, DJe 81. De 26.mar.2020. Disponível em: https://atos.cnj.jus.br/atos/detalhar/3263. Acesso em 02.mai.2020.

7. BRASIL. Conselho Nacional de Justiça. *Recomendação n. 62, de 17 de março de 2020*. Recomenda aos Tribunais e magistrados a adoção de medidas preventivas à propagação da infecção pelo novo coronavírus – Covid-19 no âmbito dos sistemas de justiça penal e socioeducativo. DJe/CNJ n. 65, de 17.mar.2020. Disponível em: https://atos.cnj.jus.br/atos/detalhar/3246. Acesso em 02.mai.2020.

8. PEREIRA, Tânia da Silva. *Direito da criança e do adolescente*: uma proposta interdisciplinar. Rio de Janeiro: Renovar, 1996, p. 91.

9. SOUZA, Vanessa Ribeiro Corrêa. *O princípio da paternidade responsável: de suas diretrizes conceituais à influência sobre os efeitos decorrentes da filiação*. 2012. 232 f. Dissertação (Mestrado em Direito Civil) – Programa de Pós-graduação em Direito, Universidade do Estado do Rio de Janeiro, Rio de Janeiro, 2012, p. 16.

10. SILVA, Vanessa Alves Santos. *Guarda compartilhada em tempos de Covid-19*. Disponível em: https://www.jota.info/opiniao-e-analise/artigos/guarda-compartilhada-em-tempos-de-covid-19-22032020. Acesso em: 02.maio.2020.

11. CALDERÓN, Ricardo. *Pandemia do coronavírus pode levar a suspensão compulsória da convivência dos pais com os filhos*. Disponível em: https://www.migalhas.com.br/depeso/322284/pandemia-do-coronavirus-pode-levar-a-suspensao-compulsoria-da-convivencia-dos-pais-com-os-filhos. Acesso em: 02.mai.2020.

I. Z. Doria[12] e José Simão[13]. De outro lado, Alexandre Borzani[14], Daniel Alt da Silva[15] e Conrado Paulino da Rosa[16] propõem o consenso entre os pais como solução temporária para guarda e convivência.

Algumas críticas podem ser feitas às propostas doutrinárias apresentadas: baixo desenvolvimento normativo do conteúdo do princípio do melhor interesse, que, ao ser referido, é tomado em sua dimensão abstrata e não concreto. Esse dado pode revelar que a análise está sendo realizada a partir da perspectiva adulta do melhor interesse, o que vai de encontro ao próprio princípio e à diretriz da Convenção dos Direitos da Criança e do Adolescente e do Estatuto da Criança e do Adolescente. De outro lado, ideias que propõem a solução consensual deixam de contemplar as hipóteses em que o acordo não venha a ser possível e seja necessária a intervenção do Poder Judiciário para a solução da controvérsia. Assim, faltam a essas propostas diretrizes mais concretas quando o conflito tiver que ser decidido por terceira pessoa. Por fim, existe uma tendência em considerar o exercício da guarda e da convivência como um estar junto, a presença física no mesmo espaço, o que não está amparado nos artigos 1.583 e 1.584 do Código Civil.

Uma solução adequada deve partir não da guarda exercida pelos pais tampouco da presença física entre eles, mas sim sobre como assegurar a convivência de crianças e adolescentes com os seus e ter seus interesses concretamente atendidos, como salientou Silvia Felipe Marzagão ao propor duas perguntas norteadoras do debate: "como garantir que a criança em quarentena esteja segura e, ao mesmo tempo, possa avistar-se com os genitores em convivência compartilhada? Como dividir responsabilidades parentais em tempos pandêmicos?"[17].

2. UMA REFLEXÃO SOBRE GUARDA E CONVIVÊNCIA

As dificuldades encontradas na busca de diretrizes para determinação de guarda e convivência em tempos de distanciamento têm raízes nos modelos institucionais do Código Civil e as incongruências que essas matrizes apresentam quando reunidas no direito civil.

---

12. DORIA, Isabel I. Z. *Guarda compartilhada em tempos de pandemia de COVID-19*. Disponível em: http://www.ibdfam.org.br/artigos/1397/Guarda+compartilhada+em+tempos+de+pandemia+de+COVID-19. Acesso em: 02.mai.2020.

13. SIMÃO, José Fernando. *Direito de família em tempos de pandemia*: hora de escolhas trágicas. Uma reflexão de 7 de abril de 2020. Disponível em: http://www.ibdfam.org.br/artigos/1405/Direito+de+fam%C3%ADlia+em+tempos+de+pandemia%3A+hora+de+escolhas+tr%C3%A1gicas.+Uma+reflex%C3%A3o+de+7+de+abril+de+2020. Acesso em: 02.mai.2020.

14. BORZANI, Alexandre. *COVID-19 x princípio do melhor interesse da criança*. Disponível em: http://www.ibdfam.org.br/artigos/1427/COVID-19+++++x++++Princ%C3%ADpio+do+melhor+interesse+da+crian%C3%A7a. Acesso em 02.mai.2020.

15. SILVA, Daniel Alt da. *Um convite à criatividade: coronavírus versus convivência familiar*. Disponível em: http://www.ibdfam.org.br/artigos/1398/Um+convite+%C3%A0+criatividade%3A+coronav%C3%ADrus+versus+conviv%-C3%AAncia+familiar. Acesso em: 02.mai.2020.

16. ROSA, Conrado Paulino da. *Coronavírus e direito de convivência*. Disponível em: http://www.ibdfam.org.br/artigos/1385/Coronav%C3%ADrus+e+direito+de+conviv%C3%AAncia. Acesso em: 02.mai.2020.

17. MARZAGÃO, Silvia Felipe. *Direito de família e pandemia*: tempo de reflexão e transformação. Disponível em: http://www.ibdfam.org.br/artigos/1413/Direito+de+Fam%C3%ADlia+e+Pandemia%3A+tempo+de+reflex%C3%A3o+e+-transforma%C3%A7%C3%A3o. Acesso em: 02.mai.2020.

O modelo mais tradicional é o da guarda unilateral, presente desde as origens do Código Civil de 1916. Pode-se diferenciar três principais momentos de evolução da guarda unilateral no direito das famílias: o primeiro, entre o Código Civil de 1916 e a promulgação da Constituição da República de 1988 em que a guarda unilateral funcionava como punição ao cônjuge responsável pela dissolução da entidade ou sociedade conjugal. Nesse período, na ausência de acordo entre os cônjuges, a guarda era estabelecida em favor do cônjuge inocente pela dissolução e, alternativamente, à mulher, a partir de 1962, por ela ser considerada a principal cuidadora dos filhos menores de idade[18]. A partir de 1988, com a promulgação da Constituição e a adoção no sistema jurídico brasileiro do princípio do melhor interesse e da igualdade de gênero, a guarda deveria ser estabelecida em favor do pai com melhores condições de exercício[19]. A partir de 2008[20], mas com mais intensidade em 2014, por força da edição da Lei 13.058, a guarda unilateral tornou-se residual e aplicável apenas quando o interesse da criança justificar a sua aplicação em substituição a guarda compartilhada. Em comum, independentemente do período analisado, a guarda unilateral pressupõe a fixação da residência com o guardião e a permanência da criança ou adolescente com essa pessoa[21], deferindo-se ao outro pai o direito a visitação[22].

A partir de 2008 foi introduzido formalmente no direito brasileiro a guarda compartilhada com a Lei 11.698, entendida como "a responsabilização conjunta e o exercício de direitos e deveres do pai e da mãe que não vivam sob o mesmo teto, concernentes ao poder familiar dos filhos comuns"[23]. Embora introduzida em 2008, sua efetividade ocorreria a partir de 2014, quando a Lei n. 13.058 alterou o artigo 1.584, § 2º, para torná-la a regra de fixação de guarda, relegando a guarda unilateral um caráter excepcional.

Atualmente, o direito das famílias brasileiro convive com dois modelos ou espécies de guarda, que, contudo, não possuem correlação entre si. Enquanto a guarda unilateral pressupõe custódia física da criança ou adolescente, a guarda compartilhada é definida a partir da responsabilização jurídica. Cuida-se de um sistema diferente do adotado pela França a partir de 2002[24] e em Portugal desde 2008[25], quando esses países suprimiram a menção a guarda para substituí-la por modo de exercício da autoridade parental, unificando sob esta nomenclatura a normatização da convivência e da responsabilidade.

As alterações legislativas na França e em Portugal adotaram como pressuposto a ideia de que a guarda ou responsabilidade parentais, na expressão de suas leis, são atribuições inerentes à qualidade jurídica de pai ou mãe e devem ser exercidas indepen-

---

18. Artigos 325 e 326 do Código Civil de 1916, que foram modificados pela Lei n. 4.121/1962.
19. Artigos 5º e 226 da Constituição da República.
20. Lei n. 11.698/2008.
21. GRISARD FILHO, Waldyr. *Guarda compartilhada*: um novo modelo de responsabilidade parental. 8ª ed. São Paulo: Revista dos Tribunais, 2018, p. 112.
22. Regra atualmente constante do artigo 1.589 do Código Civil.
23. Artigo 1.583 do Código Civil, com a redação da lei.
24. Lei n. 305, de 04 de março de 2002. Disponível em: https://www.legifrance.gouv.fr/affichTexte.do;jsessionid=363E-C3AB4B6C33CFB501BA6FD297012A.tplgfr31s_1?cidTexte=JORFTEXT000000776352&dateTexte=20020305. Acesso em: 02.mai.2020.
25. Lei n. 61, de 31 de outubro de 2008. Disponível em: http://www.pgdlisboa.pt/leis/lei_mostra_articulado.php?tabela=leis&nid=1028&pagina=1&ficha=1. Acesso em 02.mai.2020.

GUARDA E CONVIVÊNCIA EM SITUAÇÕES EXCEPCIONAIS **273**

dentemente do vínculo jurídico dos pais ou da coabitação destes e deles com os filhos. O debate nesses países não é sobre estados jurídicos ou situações de fato, mas sobre a prática de responsabilidades dos pais em relação aos filhos. Assim, não é importante definir a guarda, mas estabelecer as formas de cuidado e responsabilização que os pais são obrigados a prestar aos filhos.

No Brasil, as alterações legislativas não foram tão avançadas quanto as estrangeiras, de modo que se insistiu na previsão normativa da guarda unilateral e, portanto, na ideia de que seria possível atribuir a custódia física da criança a apenas um dos pais ao lado de um modelo prioritário de compartilhamento de responsabilidades. O problema não integralmente detectado pela doutrina em direito das famílias é a incapacidade de que modelos de bases distintas permaneçam válidos sem que haja profunda incongruência teórica, especialmente quando se agrega o conceito de poder ou autoridade parental, com a qual a concepção de guarda compartilhada se unifica na medida em que ambas representam o exercício das responsabilidades parentais.

Em verdade, a espécie guarda unilateral não é capaz de diferenciar adequadamente a figura do guardião e do não guardião, pois a representação legal e os deveres inerentes à parentalidade permanecem íntegros quando essa guarda é aplicada. A única modulação ocorre quanto ao direito de visitação, que, por si só constitui um equívoco, pois o desenvolvimento dos direitos da criança e do adolescente já demonstraram que reunião física entre pais e filhos é um direito fundamental destes e sempre deve existir porque contribui ao seu desenvolvimento.

De outro lado, a guarda compartilhada, ao ser definida a partir da responsabilização conjunta, acaba se confundindo com a autoridade parental e perde conteúdo próprio como apontado por Ana Carolina Brochado Teixeira ao destacar que a guarda compartilhada foi importada de outros países que não possuem disposição análoga ao artigo 1.632 do Código Civil de modo que o mais relevante é admitir-se que a "autoridade parental atribui a ambos os pais a titularidade, o exercício, o poder e o dever de gerenciar a educação dos filhos (...) a proporcionar-lhes um crescimento com liberdade e responsabilidade"[26].

3. O CUIDADO COMO NOVA BASE DA GUARDA E CONVIVÊNCIA

A partir da diretriz apresentada por Ana Carolina Brochado Teixeira e sem desmerecer a relevância jurídica do instituto da guarda tanto no ordenamento jurídico como nas relações sociais, o cuidado como valor e dever jurídico[27] ascende como critério a reorganizar o instituto.

De acordo com Tânia da Silva Pereira, a partir de obras de Lenardo Boff e Martin Heidegger, "o cuidado representa uma atitude de ocupação, preocupação, responsabili-

---

26. TEIXEIRA, Ana Carolina Brochado. A(des)necessidade da guarda compartilhada ante o conteúdo da autoridade parental. In: COLTRO, Antônio Carlos Mathias; DELGADO, Mário Luiz (coord.). *Guarda compartilhada*. 3ª ed. Rio de Janeiro: Forense, 2017. *E-book*.

27. BARBOZA, Heloisa Helena. Paternidade responsável: o cuidado como dever jurídico. In: PEREIRA, Tânia da Silva; OLIVEIRA, Guilherme de (coord.) *Cuidado e responsabilidade*. São Paulo: Atlas, 2011, p. 90

zação e envolvimento com o outro; entra na natureza e na constituição do ser humano"[28], enfim, o cuidado é um "modo-de-ser especial"[29]. Isso significa dizer que o cuidado está intimamente ligado à pessoa e a sua dignidade, portanto, constitui uma das justificações dos direitos e garantias fundamentais[30] e que conduzirá à instituição de proteções específicas que obrigam à observância de compromisso e responsabilidade nas situações jurídicas envolvendo crianças e outras pessoas em vulnerabilidade[31]. Em Heloisa Helena Barboza encontramos um conceito de cuidado vinculado à práxis, isto é, ao cuidado como uma atitude, influenciado pelas áreas de saúde[32]. De acordo com a autora, "o cuidado tem diversos significados, como: aceitação, compaixão, envolvimento, preocupação, respeito, proteção, amor, paciência, presença, ajuda, compartilhamento", mas sobretudo "representa uma maneira de ser e de se relacionar e se caracteriza por envolvimento o qual, por sua vez, inclui responsabilidade"[33]. A autora vai além, sustentando que essa responsabilidade foi triplamente expandida com a Constituição da República de 1988: em primeiro lugar, na da doutrina da proteção integral; em segundo lugar, ao incluir a sociedade e o Estado ao lado da família como responsáveis pelo cuidado; e, em terceiro lugar, para ampliar os cuidados em favor de outros grupos em situação de vulnerabilidade, como pessoas com deficiência, consumidores e pessoas idosas[34]. Ricardo Calderón identifica o cuidado com a afetividade, retratando-a pela "presença de eventos representativos de uma expressão de afetividade, ou seja, fatos sociais que indiquem a presença de uma manifestação afetiva" e a partir da constatação em manifestações especiais de cuidado, afeição, comunhão de vida, convivência, dentre outros[35].

Os autores representam os eixos de alteridade, afetividade e práxis que tem orientado o debate sobre cuidado no ordenamento jurídico. Apesar da importância no desenvolvimento dessas bases teóricas do cuidado, verifica-se que elas atribuem um peso excessivo ao dever e responsabilidade dos cuidadores, sem preocupação com a atividade de cuidado em si mesma e com a individualidade dos cuidadores e suas dignidades.

Para Ligia Ziggiotti de Oliveira a superação dessa omissão é corrigida com a ressignificação do cuidado como processo complexo de "cuidar com" que concentra alteridade, afetividade, responsabilidade e ambivalência com a consideração das pessoas responsáveis e destinatárias do cuidado[36].

---

28. PEREIRA, Tânia da Silva. O cuidado como valor jurídico. In: PEREIRA, Tânia da Silva; PEREIRA, Rodrigo da Cunha (coord.). *A ética da convivência familiar*: sua efetividade no cotidiano dos tribunais. Rio de Janeiro: Forense, 2006, p. 240.
29. Ibidem, p. 238.
30. Ibidem, p. 241.
31. Ibidem, p. 255.
32. BARBOZA, Heloisa Helena. Perfil jurídico do cuidado e da afetividade nas relações familiares. In: PEREIRA, Tânia da Silva; OLIVEIRA, Guilherme de; COLTRO, Antônio Carlos Mathias (org.) *Cuidado e afetividade*: projeto Brasil/Portugal 2016-2017. São Paulo: Atlas, 2017, p. 177.
33. BARBOZA, Heloisa Helena. Paternidade responsável: o cuidado como dever jurídico. In: PEREIRA, Tânia da Silva; OLIVEIRA, Guilherme de (coord.) *Cuidado e responsabilidade*. Op. cit., p. 93.
34. BARBOZA, Heloisa Helena. Perfil jurídico do cuidado e da afetividade nas relações familiares. Op. cit., p. 178-179.
35. CALDERÓN, Ricardo. Afetividade e cuidado sob as lentes do Direito. In: PEREIRA, Tânia da Silva; COLTRO, Antônio Carlos Mathias; OLIVEIRA, Guilherme de (org.). *Cuidado e afetividade*: projeto Brasil/Portugal – 2016/2017. São Paulo: Atlas, 2017, p. 516.
36. OLIVEIRA, Ligia Ziggiotti. *Cuidado como valor jurídico: crítica aos direitos da infância a partir do feminismo*. 141p. Tese (Doutorado) – Universidade Federal do Paraná, Curitiba, 2019, p. 87-89.

GUARDA E CONVIVÊNCIA EM SITUAÇÕES EXCEPCIONAIS **275**

A partir desse novo conceito, a guarda deve ser compreendida como expressão parental do dever de cuidado, em que compete aos pais prestar assistência material, educacional e financeira aos filhos[37], em atenção aos seus interesses mas também considerando as particularidades das situações em que eles, cuidadores, estão sujeitos.

Nessa perspectiva, os artigos 22, parágrafo único, e 33 do Estatuto da Criança e do Adolescente cumprem melhor essas funções do que o artigo 1.583, § 1º, do Código Civil, pois definem guarda como o dever de prestar assistência moral, material e educacional e que devem servir como parte da interpretação sistemática do ordenamento funcionalizada pela moldura constitucional[38].

4. PROPOSTAS PARA ENFRENTAR OS DESAFIOS

A confluência de tantos fatores torna a construção de uma solução uma atividade complexa. A doutrina pode oferecer algumas orientações que auxiliem nessa construção.

Sem questionamento, a primeira premissa que deve ser adotada para a solução de conflitos sobre guarda e convivência nesses tempos excepcionais é o princípio do melhor interesse. Essa norma deve ser considerada no caso em concreto e não apenas abstratamente, como, a propósito, decidido pela Corte Interamericana de Direitos Humanos (CIDH) nos casos Yean e Bosico vs República Dominicana, Sawhoyamaxa vs Paraguai, Atala Riffo e crianças vs Chile e Fornerón e filha vs Argentina. Para tanto, torna-se necessário atentar para as peculiaridades, igualdades, potencialidades, habilidades e dificuldades em torno dos interesses da criança.

Uma decisão orientada ao melhor interesse da criança é aquela que considera não apenas as circunstâncias concretas, mas que também é capaz de avaliar os impactos dela no desenvolvimento da criança e do adolescente e a satisfação de suas necessidades atuais e futuras[39].

Essa premissa conduz naturalmente à segunda, que consiste na necessidade de se respeitar o direito à liberdade de opinião e no direito à manifestação da criança e do adolescente, que deve sempre ser ouvida e ter suas razões levadas em consideração e efetivamente analisadas em decisões judiciais, ainda que tenham idade inferior a 12 anos.

Importante destacar que a consideração ao melhor interesse e ao direito de opinião e escuta não importam na adoção dos interesses manifestados pela criança ou pelo adolescente, pois, embora prioritários e preferenciais, eles podem ser superados ou restringidos por outros interesses e direitos quando devidamente justificados[40].

---

37. Nessa perspectiva, o artigo 33 do Estatuto da Criança e do Adolescente cumpre melhor essas funções do que o artigo 1.583, § 1º, do Código Civil de 2002, pois define guarda como o dever de prestar assistência moral, material e educacional.
38. PERLINGIERI, Pietro. *Perfis do direito civil*: introdução ao direito civil-constitucional. 3ª ed. Rio de Janeiro: Renovar, 2007, p. 12.
39. FREEDMAN, Michael. Article 3: the best interests of the child. In: A. Alen, J. Vande Lanotte, E. Verhellen, F. Ang. Berghmans and M. Verheyde (Eds.). *A commentary on the United Nations Convention on the rights of the child*. Leiden: Martinus Nijhoff, 2007), p. 3.
40. FREEDMAN, Michael. Op. cit., p. 5.

ELISA CRUZ

Assim, havendo interesse em uma convivência física e presencial pela criança ou adolescente ela deve ser realizada, salvo se no caso concreto houver proibição de circulação para esses fins (de convivência parental) ou se os deslocamentos aumentam desproporcionalmente os riscos à saúde das pessoas envolvidas e de terceiros que convivam de modo direto e imediato com os pais e as crianças. Na França, o Decreto 2020-293, de 23 de março 2020, e suas modificações, excepcionou a circulação de pessoas salvo para o exercício da autoridade parental[41], assim como a Itália também assegurou o deslocamento de pais para o exercício da guarda e da convivência parental[42].

Se não for possível, por motivo razoável, a convivência física entre pais e filhos, inclusive como instrumento para equilíbrio das responsabilidades parentais, devem ser utilizados instrumentos que permitam o convívio a distância entre pais e filhos, mediante o uso de tecnologias online, redes sociais, telefones ou quaisquer outros meios que assegure o contato. Apenas a impossibilidade fática ou o risco à integridade psicofísica da criança ou do adolescente justificam o impedimento a essa convivência e que devem ocorrer pelo menor tempo necessário de modo a não prejudicar o melhor interesse da criança.

5. CONCLUSÃO

Diz-se, popularmente, que em tempos excepcionais devem ser adotadas medidas excepcionais. Contudo, ao menos no campo jurídico, há que se ter cautela com tal afirmação. Diante de situações excepcionais, deve-se recorrer às construções históricas teóricas e respeitar a dignidade da pessoa humana, valor e princípio motriz do sistema jurídico, e os demais princípios e valores fundamentais.

Ao se tratar de guarda e convivência de crianças e adolescentes com os seus pais, o princípio do melhor interesse assume particular importância diante das circunstâncias concretas que envolvem cada situação submetida a análise, assim como a manifestação

---

41. "Article 3. 1. – Jusqu'au 15 avril 2020, tout déplacement de personne hors de son domicile est interdit à l'exception des déplacements pour les motifs suivants en évitant tout regroupement de personnes: (...) 4º Déplacements pour motif familial impérieux, pour l'assistance des personnes vulnérables et pour la garde d'enfants."

    Tradução livre:

    Artigo 3. Até 15 de abril de 2020, é proibido qualquer movimento de pessoas fora de casa, exceto pelos seguintes motivos, evitando agrupamentos de pessoas:

    4º. Deslocar-se por razões familiares convincentes, por assistência a pessoas vulneráveis e para a guarda de crianças."

    Disponível em: https://www.legifrance.gouv.fr/affichTexte.do?cidTexte=JORFTEXT000041746694&dateTexte=20200406. Acesso em: 02.mai.2020.

42. "Sono separato/divorziato, posso andare a trovare i miei figli?

    Sì, gli spostamenti per raggiungere i figli minorenni presso l'altro genitore o comunque presso l'affidatario, oppure per condurli presso di sé, sono consentiti, in ogni caso secondo le modalità previste dal giudice con i provvedimenti di separazione o divorzio."

    Tradução livre:

    Sou separado/divorciado, posso visitar meus filhos? Sim, é permitido viajar para alcançar crianças menores de idade com os outros pais, ou, em qualquer caso, com o cuidador, ou leva-los com eles, em qualquer caso, de acordo com os métodos fornecidos pelo juiz com as medidas de separação ou divórcio."

    Disponível em: http://www.salute.gov.it/portale/nuovocoronavirus/dettaglioNotizieNuovoCoronavirus.jsp?lingua=italiano&menu=notizie&p=dalministero&id=4224. Acesso em 02.mai.2020.

da criança ou adolescente sobre os interesses que pretende ter assegurados e que dá concretude ao direito fundamental de expressão e escuta. Assim, não é possível pressupor a existência de solução a priori, pois ela dependerá da avaliação de um conjunto de fatores que incidem no caso sob análise.

Para além dos fatores concretos, deve-se privilegiar o exercício do cuidado parental como expressão das responsabilidades inerentes à parentalidade responsável. A convivência e a custódia física devem ser consideradas na medida em que esse cuidado pode ser exercido, tanto em benefício e respeito aos direitos da criança como diante das possibilidades reais que os cuidadores demonstram ser capazes, na excepcionalidade do momento, de cumprir e de terceiros, quando houver agravamento desarrazoado dos riscos a sua integridade psicofísica. A depender de como esses fatores se coordenam, não há impedimento para a convivência física entre pais e filhos; mas, não sendo ela possível, deve-se privilegiar meios de contatos a distância enquanto os motivos determinantes estiverem presentes.

6. REFERÊNCIAS

BARBOZA, Heloisa Helena. Paternidade responsável: o cuidado como dever jurídico. In: PEREIRA, Tânia da Silva; OLIVEIRA, Guilherme de (coord.) *Cuidado e responsabilidade*. São Paulo: Atlas, 2011, p. 85-96.

BARBOZA, Heloisa Helena. Perfil jurídico do cuidado e da afetividade nas relações familiares. In: PEREIRA, Tânia da Silva; OLIVEIRA, Guilherme de; COLTRO, Antônio Carlos Mathias (org.) *Cuidado e afetividade*: projeto Brasil/Portugal 2016-2017. São Paulo: Atlas, 2017, p. 175-191.

BORZANI, Alexandre. *COVID-19 x princípio do melhor interesse da criança*. Disponível em: http://www. ibdfam.org.br/artigos/1427/COVID-19+++++x++++Princ%C3%ADpio+do+melhor+interesse+da+crian%C3%A7a. Acesso em 02.mai.2020.

CALDERÓN, Ricardo. Afetividade e cuidado sob as lentes do Direito. In: PEREIRA, Tânia da Silva; COLTRO, Antônio Carlos Mathias; OLIVEIRA, Guilherme de (org.). *Cuidado e afetividade*: projeto Brasil/Portugal – 2016/2017. São Paulo: Atlas, 2017, p. 511-525.

CALDERÓN, Ricardo. *Pandemia do coronavírus pode levar a suspensão compulsória da convivência dos pais com os filhos*. Disponível em: https://www.migalhas.com.br/depeso/322284/pandemia-do-coronavirus-pode-levar-a-suspensao-compulsoria-da-convivencia-dos-pais-com-os-filhos. Acesso em: 02.mai.2020.

DORIA, Isabel I. Z. *Guarda compartilhada em tempos de pandemia de Covid-19*. Disponível em: http://www. ibdfam.org.br/artigos/1397/Guarda+compartilhada+em+tempos+de+pandemia+de+COVID-19. Acesso em: 02.mai.2020.

FREEDMAN, Michael. Article 3: the best interests of the child. In: A. Alen, J. Vande Lanotte, E. Verhellen, F. Ang. Berghmans and M. Verheyde (eds.). *A commentary on the United Nations Convention on the rights of the child*. Leiden: Martinus Nijhoff, 2007).

GRISARD FILHO, Waldyr. *Guarda compartilhada*: um novo modelo de responsabilidade parental. 8ª ed. São Paulo: Revista dos Tribunais, 2018.

MARZAGÃO, Silvia Felipe. *Direito de família e pandemia*: tempo de reflexão e transformação. Disponível em: http://www.ibdfam.org.br/artigos/1413/Direito+de+Fam%C3%ADlia+e+Pandemia%3A+tempo+de+reflex%C3%A3o+e+transforma%C3%A7%C3%A3o. Acesso em: 02.mai.2020.

OLIVEIRA, Ligia Ziggiotti. *Cuidado como valor jurídico: crítica aos direitos da infância a partir do feminismo*. 141p. Tese (Doutorado) – Universidade Federal do Paraná, Curitiba, 2019.

PEREIRA, Tânia da Silva. *Direito da criança e do adolescente*: uma proposta interdisciplinar. Rio de Janeiro: Renovar, 1996.

PEREIRA, Tânia da Silva. O cuidado como valor jurídico. In: PEREIRA, Tânia da Silva; PEREIRA, Rodrigo da Cunha (coord.). *A ética da convivência familiar*: sua efetividade no cotidiano dos tribunais. Rio de Janeiro: Forense, 2006, p. 240.

PERLINGIERI, Pietro. *Perfis do direito civil*: introdução ao direito civil-constitucional. 3ª ed. Rio de Janeiro: Renovar, 2007.

RAMOS, Patricia Pimentel de Oliveira Chambers. *Poder familiar e guarda compartilhada*: novos paradigmas do direito de família. 2ª ed. São Paulo: Saraiva, 2016.

ROSA, Conrado Paulino da. *Coronavírus e direito de convivência*. Disponível em: http://www.ibdfam.org. br/artigos/1385/Coronav%C3%ADrus+e+direito+de+conviv%C3%AAncia. Acesso em: 02.mai.2020.

ROSA, Conrado Paulino da. *Nova lei da guarda compartilhada*. São Paulo: Saraiva, 2015.

SÊCO, Thaís. Por uma nova hermenêutica do direito da criança e do adolescente. *Civilistica.com*. Rio de Janeiro, a. 3, n. 2, jul./dez. 2014. Disponível em http://civilistica.com/wp-content/uploads/2015/02/S%C3%AAco-civilistica.com-a.3.n.2.2014.pdf. Acesso em: 20.out.2019.

SILVA, Daniel Alt da. *Um convite à criatividade: coronavírus versus convivência familiar*. Disponível em: http://www.ibdfam.org.br/artigos/1398/Um+convite+%C3%A0+criatividade%3A+coronav%C3%A-Drus+versus+conviv%C3%AAncia+familiar. Acesso em: 02.mai.2020.

SILVA, Vanessa Alves Santos. *Guarda compartilhada em tempos de Covid-19*. Disponível em: https://www. jota.info/opiniao-e-analise/artigos/guarda-compartilhada-em-tempos-de-covid-19-22032020. Acesso em: 02.maio.2020.

SIMÃO, José Fernando. *Direito de família em tempos de pandemia*: hora de escolhas trágicas. Uma reflexão de 7 de abril de 2020. Disponível em: http://www.ibdfam.org.br/artigos/1405/Direito+de+fam%-C3%ADlia+em+tempos+de+pandemia%3A+hora+de+escolhas+tr%C3%A1gicas.+Uma+reflex%-C3%A3o+de+7+de+abril+de+2020. Acesso em: 02.mai.2020.

SOTTOMAYOR, Maria Clara. *Regulação do exercício das responsabilidades parentais nos casos de divórcio*. Lisboa: Almedina, 2011.

SOUZA, Vanessa Ribeiro Corrêa. *O princípio da paternidade responsável: de suas diretrizes conceituais à influência sobre os efeitos decorrentes da filiação*. 2012. 232 f. Dissertação (Mestrado em Direito Civil) – Programa de Pós-graduação em Direito, Universidade do Estado do Rio de Janeiro, Rio de Janeiro, 2012.

TEIXEIRA, Ana Carolina Brochado; VIEIRA, Marcelo de Mello. Construindo o direito à convivência familiar de crianças e adolescentes no Brasil: um diálogo entre as normas constitucionais e a Lei n. 8.069/1990. *Civilistica.com*. Rio de Janeiro, a. 4, n. 2, 2015. Disponível em: http://civilistica.com/wp-content/uploads/2015/12/Teixeira-e-Vieira-civilistica.com-a.4.n.2.20151.pdf. Acesso em: 30.nov. 2019.

TEIXEIRA, Ana Carolina Brochado. A(des)necessidade da guarda compartilhada ante o conteúdo da autoridade parental. In: COLTRO, Antônio Carlos Mathias; DELGADO, Mário Luiz (coord.). *Guarda compartilhada*. 3ª ed. Rio de Janeiro: Forense, 2017. *E-book*.

TEIXEIRA, Ana Carolina Brochado. *Família, guarda e autoridade parental*. 2ª ed. Rio de Janeiro: Renovar, 2009.

TEPEDINO, Gustavo. A disciplina da guarda e a autoridade parental na ordem civil-constitucional. In: TEPEDINO, Gustavo. *Temas de direito civil*. Rio de Janeiro: Renovar, 2006, p. 173-192, tomo II.

VERONESE, Josiane Rose Petry. A proteção integral da criança e do adolescente no direito brasileiro. *Revista do Tribunal Superior do Trabalho*, Brasília, v. 79, n. 1, p. 38-54, jan./mar 2013.

XAVIER, Marília Pedroso; COLOMBO, Maici Barboza dos Santos. Guarda e autoridade parental: por um regime diferenciador. In: TEIXEIRA, Ana Carolina Brochado; DADALTO, Luciana. *Autoridade parental*: dilemas e desafios contemporâneos (coord.). Indaiatuba: Foco, 2019, p. 37-50.

O RISCO DA PANDEMIA
CRIAR FILHOS DESCARTÁVEIS

Silvana do Monte Moreira

Advogada, formada em direito e letras, pós-graduada em direito especial da criança e do adolescência DECA/UERJ, MBA em direito econômico FGVRJ, mestranda em atenção psicossocial IPUB-UFRJ, presidente da comissão de adoção do IBDFAM Instituto Brasileiro de Direito de Família, Presidente da Comissão de Direitos da Criança e do Adolescente da OABRJ, Secretária Adjunta da Comissão de Direitos da Criança e do Adolescente do Conselho Federal da OAB, Conselheira da OABRJ, membro da Comissão de Adoção Internacional do Tribunal de Justiça do Estado do Rio de Janeiro, professora da pós graduação em direito homoafetivo da UNISANTA, da pós graduação em direito da criança, adolescente e família da FEMPERJ e da pós graduação em vulnerabilidades UCAMRJ-IBDFAM, mentora do programa de mentoria da OABRJ.

Rosana Ribeiro da Silva

Advogada, psicóloga, professora universitária de Direito na UNIFEOB. Mestre em direito processual civil, mestre em educação superior. Membro da Comissão Especial de Adoção da Seção de São Paulo da OAB, membro da Comissão da Infância e Juventude e Adoção da 37ª Subseção da OABSP. Diretora jurídica dos grupos de apoio à adoção ALEGRAA – São José dos Campos/SP, ALEGRIAA – Jacareí/SP, Gerados no Coração – Taubaté/SP e Caminhos do Afeto – São João da Boa Vista/SP

Sumário: 1. A entrega. 2. Entrega x abandono x descarte. 3. Referências.

"Ele é meu filho há quatro anos". "Eu tenho três filhos, este está conosco há seis anos". "Ela tornou-se insuportável, não obedece, não quer estudar, os palavrões nem posso mencionar para a senhora". "Preciso de nova avaliação psicológica, ela não quer ser nossa filha". "Onde fica o plantão judiciário? Preciso levar esse menino lá ainda hoje".

Início abrupto, duro, até cruel para um assunto tratado com tanta doçura pelos operadores do direito voltados à área protetiva da criança e do adolescente.

Já vai longe os tempos do Código de Menores, onde a criança e o adolescente eram objetos de proteção, e não, como hoje, sujeitos de direito, mas é tão comum tais dizeres que demonstram o quão descartável ainda é o conceito de filho em nossa sociedade.

A letra fria da lei busca tutelar a infância, prevendo que, para se adotar no Brasil, há necessidade da tramitação de processo judicial em que se busca obter, através de documentos que comprovem a saúde física e mental dos pretendentes, que não respondem eles a processos incompatíveis com a criação de filhos, que possuem autonomia econômica necessária para arcar com seus custos, estudos psicossociais, cursos reflexivos, tudo sob a constante supervisão do Ministério Público, sentença judicial que declare serem capazes para o exercício de uma parentalidade afetiva responsável.

Constata-se aqui facilmente que a preparação para a parentalidade adotiva é maior e mais complexa do que para a natural.

Na forma do artigo 197-F do Estatuto da Criança e do Adolescente, doravante denominado ECA, o prazo máximo, em tese, para conclusão do procedimento de habilitação à adoção será de 120 (cento e vinte) dias, prorrogável por igual período, mediante decisão fundamentada da autoridade judiciária. Em tese porque o seu cumprimento dependerá de se na comarca existe equipe técnica capaz de elaborar os estudos psicossociais, se existe e seja ofertado na comarca curso reflexivo, se existe vara com competência em infância e tantos outros vários "ses" que impedem que o processo de habilitação se preste ao fim para qual foi criado: verificar e declarar estarem os habilitandos aptos ao exercício de uma parentalidade responsável.

Como se vê, na grande maioria das comarcas do país este prazo jamais será cumprido e sim muitas vezes multiplicados a chegarem a anos.

No Rio de Janeiro, capital, em analogia à gestação natural foi constituído por um grupo de voluntárias da psicologia e do direito, o grupo de apoio Pré-Natal da Adoção, que busca gestar nove meses a parentalidades responsáveis junto aos futuros pais por adoção, abordando os temas mais diversos possíveis, que vão das questões étnicas às educacionais afetas à adoção.

Filhos, todos eles, não vêm com manual de instruções nem com ISO, quer gerados, quer adotados. Filhos dão defeito, assim como cada um de nós, em certa etapa da vida, também já demos, ou pior, daremos.

O que trabalhamos no grupo, do qual orgulhosamente faço parte, são as parentalidades possíveis, a figura da mãe e do pai suficientemente bons, pois a perfeição será sempre um estado inatingível.

A filósofa Elisabeth Badinter assim traduz

> O amor materno é apenas um sentimento humano. E como todo sentimento, é incerto, frágil e imperfeito. Contrariamente aos preconceitos, ele talvez não esteja profundamente inscrito na natureza feminina. Observando-se a evolução das atitudes maternas, constata-se que o interesse e a dedicação à criança se manifestam ou não se manifestam. A ternura existe ou não existe. As diferentes maneiras de expressar o amor materno vão do mais ao menos, passando pelo nada, ou o quase nada. Convictos de que a boa mãe é uma realidade entre outras, partimos à procura das diferentes faces da maternidade, mesmo as que hoje são rejeitadas, provavelmente porque nos amedrontam.

O amor é um sentimento humanos entre pares, entre pais e filhos, entre irmãos, entre amigos, com gradações e intensidades diferenciadas, mas jamais um mito como outrora exigido para as mulheres por sua prole.

Dentre essas mulheres existem as que entregam seus filhos, não os descartando-os ou abandonando-os, mas entregando-os para que ocupem o lugar de filho em outra família e, aqui, precisamos especificar que famílias são todos os locais onde reinam o cuidado e o afeto entre seus membros.

Nos termos da Lei nº 11.340/2006, artigo 5º, Inciso II, família é: "compreendida como a comunidade formada por indivíduos que são ou se consideram aparentados, unidos por laços naturais, por afinidade ou por vontade expressa".

1. A ENTREGA

O Estatuto da Criança e do Adolescente prevê o direito de os genitores anuírem com a adoção de seus filhos nos artigos 45 e 166 da Lei 8.089/90:

"Art. 45 A adoção *depende do consentimento dos pais* ou do representante legal do adotando.

...

"Art. 166 Se os pais forem falecidos, tiverem sido destituídos ou suspensos do poder familiar, *ou houve-rem aderido expressamente ao pedido de colocação em família substituta*, este poderá ser formulado diretamente no cartório, em petição assinada pelos próprios requerentes, dispensada a assistência de advogado.

§ 1º Na hipótese de concordância dos pais, o juiz:

I – na presença do Ministério Público, ouvirá as partes, devidamente assistidas por advogado ou por defensor público, *para verificar sua concordância com a adoção*, no prazo máximo de 10 (dez) dias, contado da data do protocolo da petição ou da entrega da criança em juízo, tomando por termo as declarações; e

II – declarará a extinção do poder familiar.

Em 2017 foi acrescido ao ECA a entrega em sigilo através da Lei 13.509/2017. O artigo 19-A e seus parágrafos do ECA trazem o procedimento da entrega em sigilo, es-tabelecendo que a gestante ou genitora que manifeste interesse em entregar o filho para adoção deverá ser encaminhada para a Justiça da infância e Juventude, cuja equipe in-terdisciplinar irá acompanhar e elaborar estudos que permitirão ao magistrado conhecer as condições socias e psicológicas desta mulher.

De posse dos estudos elaborados por sua equipe multidisciplinar, o magistrado da VIJ poderá, havendo anuência da gestante ou genitora, encaminhá-la à rede pública de saúde e assistência social para atendimento especializado.

Com base no já mencionado art. 166 § 3º do ECA, é resguardado o sigilo quanto a entrega, que é realizada em procedimento apenas acessível ao Magistrado, aos membros do Ministério Público e da Defensoria Pública, ou advogado da parte, e à equipe técnica do Juízo que atuam na vara da Infância e Juventude.

Na obra de Marco Aurélio S. Viana verifica-se a real situação vivenciada no caso em tela:

O Estatuto exige o consentimento dos pais ou do representante legal do adotando. É requisito legal do ato a integração da vontade do adotante e dos pais ou representante legal do adotando. Outra solução seria a limitação indevida ao pátrio poder.

A Lei dispensa o requisito quando os pais são desconhecidos ou tenha ocorrido destituição do pátrio poder.

O consentimento poderá vir acompanhando a inicial, ou ser manifestado no correr do processo. Em qualquer hipótese, a concordância deverá ser manifestada perante a autoridade judiciária e o represen-tante do Ministério Público, que ouvirá os pais, tomando-se por termo as declarações.

Em que pese exigir o consentimento do representante legal, o Estatuto não determina audiência nessa hipótese. Somente os pais serão ouvidos e têm as declarações tomados a termo.

Dimas Messias de Carvalho na obra "Adoção e Guarda" (Belo Horizonte: Del Rey, 2010. ps. 22 e 23) assim trata a adoção consentida:

"O Estatuto não disciplina, mas também não veda, a hipótese de os pais escolherem os adotantes não cadastrados e entregarem o filho, autorizando a adoção. O Art. 13, parágrafo único, do Estatuto Menorista, incluído pela Lei n. 12.010/2009, dispõe que as gestantes ou mães que manifestem interesse em entregar seus filhos para adoção serão obrigatoriamente encaminhados à Justiça da Infância e da Juventude, a determinação, entretanto, não pode ser observada de forma absoluta, devendo ser aplicada naquelas situações em que as gestantes ou mães se encontram em hospitais e abrigos e não interessam em ficar com o filho, evitando comercialização de crianças, promessa de pagamento e até mesmo burlar a fila de inscrição dos pretendentes em adotar. Para tanto o art. 258-B impõe multa apenas ao médico, enfermeiro ou dirigente de unidade de saúde que deixar de fazer a comunicação à autoridade judiciária, bem como ao servidor de programa oficial ou comunitário que atua em órgãos de defesa da criança e do adolescente.

Inequívoco que a lei veda é a maléfica intermediação de terceiros em hospitais e pelos próprios agentes de defesa da criança e do adolescente, incluindo conselheiros tutelares e outros envolvidos na adoção.

É requisito essencial o consentimento dos pais conhecidos e não destituídos do poder familiar para o deferimento da adoção. Da mesma forma podem os pais indicarem por testamento ou por documento autêntico, para após a morte, os tutores de seus filhos. Assim, não estando os filhos abandonados, entregues pelos genitores ao Conselho Tutelar ou sem situação de risco para exigir atuação da Justiça da Infância e da Juventude e, se for o caso, serem inscritos nos cadastros de crianças e adolescentes em condições de serem adotadas, não se vislumbra nenhum impedimento aos próprios pais escolherem os adotantes e entregarem seus filhos para adoção direta, permitindo-se aos pretensos adotantes, preliminarmente, requerer a guarda para regularizar a posse de fato, nos termos do art. 33 do ECA, e, após, conforme art. 50, § 13, III, requerer a adoção."

Na esteira da escolha consciente dos pais para o próprio filho biológico a doutrina busca alterar a denominação abandono por entrega, consubstanciando a adoção consensual, não sujeita aos atos ensejadores da destituição do poder familiar e sim da extinção do poder familiar conforme determina o artigo 19-A, § 5º do ECA.

Não se trata de uma discussão sobre a disponibilidade ou não do poder familiar, mas sim das realidades jurídica e fática que transpassam a questão. O poder familiar é um poder/dever. Sua irrenunciabilidade restringe-se aos deveres, ou seja, os de prestar alimentos aos filhos, educação, habitação, saúde etc.

O direito de ter os filhos em sua companhia e guarda, exigir que lhes prestem obediência, respeito e os serviços próprios de sua idade e compressão são plenamente renunciáveis, com base na interpretação do artigo 166 do ECA, daí a eficácia da adesão expressa dos pais com a colocação de seus filhos em família substituta.

Na medida em que os pais naturais podem concordar, consentir ou aderir à adoção de seus filhos, obviamente podem dispor do poder familiar, sendo tal poder, portanto, disponível.

Na obra supracitada, coordenada por Munir Cury, à página 179, encontra-se citação relevante ao encadeamento da tese em defesa: "A adoção *intuitu personae* é admissível (JTJ 177/14), porém condicionada à prévia avaliação dos pretensos adotantes."

Não há o que falar de abandono do filho por parte da genitora quando é ele entregue em adoção *intuitu personae*, já que ocorre a renúncia ao poder familiar em favor de uma determinada pessoa, a quem a criança é entregue por vontade e escolha desta genitora. De igual forma não há que se falar em abandono quando a genitora desiste do filho perante a justiça para que seja ele adotada por alguém previamente habilitado à adoção.

Não se comparam estas duas situações ao abandono de crianças em valões, praças públicas, terrenos baldios, igrejas etc. Em tais situações ocorre abandono de incapaz, constituindo-se este sim crime contra a criança ou adolescente.

Nas palavras de Maria Antonieta Pisano Motta na obra "Mães abandonadas: a entrega de um filho em adoção" (3ª edição. São Paulo: Cortez, 2008, p. 41).

O uso do termo "abandono", livre de questionamentos, revela uma postura *preconceituosa e paradoxal* em relação à mãe que "desiste" de criar seu filho. Sua aplicação é indiscriminada e escora-se em nossa ignorância em relação à mãe ou pais biológicos que entregam seus filhos em adoção, seus motivos e a diversidade de fatores presentes nessa entrega. (destaque nosso)

E continua nessa mesma vertente:

Propomos, portanto, a substituição do termo abandono – que como já dissemos encontra-se associado ao instituto da adoção – por entrega. Esta iniciativa vai ao encontro da necessidade de buscarmos formas de expressão mais abrangentes e genéricas que não carreguem em si o peso do preconceito, uma conotação de valor e um julgamento negativo sobre o ato da mãe biológica que entrega seu filho em adoção. Tal modificação objetiva alcançar a liberdade para pesquisar e encontrar a diversidade de motivações e de significações psicológicas ou de qualquer outra ordem que possam estar presentes na entrega de um filho. Concordamos com Gilberti, Chavanneau de Gore e Taborda (1997) quando dizem que ao entregar o filho em adoção a mulher é incluída na categoria de "mulher-que-abandona-seu-filho", mas que é preciso que sejamos capazes de discernir entre as diferentes modalidades desta separação, que, em geral, implica a entrega a alguém que cuidará da criança.

Ainda, da obra já citada, página 45:

Sabemos da existência de crianças que mesmo vivendo com seus pais biológicos são absolutamente desatendidas em suas necessidades básicas de amor, carinho, cuidados e proteção; e há aquelas que são exploradas nas exploradas nas ruas sob a "vigilância" de suas mães, ou, pior ainda, sem contato algum com seus pais. Resta-nos a questão: Quem são os verdadeiros filhos do abandono?

A entrega de um filho em adoção está amplamente amparada na lei. A entrega, antes de ser concebida como abandono, deve ser entendida como o exercício do livre arbítrio da mãe entregar seu filho por quem pretende que ele seja cuidado. Para que a consensualidade ocorra necessário se faz o prévio relacionamento entre as partes, caso contrário não passará de mera burla ao Sistema Nacional de Adoção, ou o chamado "furo da fila".

Ainda segundo Maria Antonieta Pisano Motta:

A entrega se define pelo ato de passar às mãos ou a posse de alguém, confiar algo, transmitir ou ceder algo a alguém (Ferreira, 1995). Assim sendo, a utilização do termo entrega, em detrimento de abandono, implica em uma postura livre de juízos de valor moral sobre a pessoa da mãe que entrega o filho em adoção.

Na obra coordenada por Munir Curi, às páginas 623/624, encontramos os comentários ao artigo 166 do ECA de lavra do Ministro Antônio Cezar Peluzo, tratando, mais uma vez da concordância dos genitores com a adoção de seus filhos, conforme a seguir transcrito:

1. Não se cuidando de cumulação de pedidos (cf. comentários ao art. 169), podem a requerente formular o de colocação, diretamente em cartório, em petição assinada por eles próprios, sem representação por advogado, desde que os pais sejam ignorados (a fortiori, à vista do art. 45, § 1º), tenham falecido, hajam sido destituídos ou suspensos do pátrio poder ou tenham, de maneira expressa, aderido ao pedido.

2. Esta concordância pode ser manifestada na mesma petição ou em documento que o instrua; mas, para efeito de controle da eficácia de ato de tamanha magnitude jurídica, que, como declaração de vontade, só basta quando seja veraz, consciente, livre e firme, os pais serão ouvidos logo, em audiência especial, mas reservada (art. 206, caput), mediante termo de declaração, pelo juiz e, por intermédio dele, pelo representante do Ministério Público. A audiência há de ser imediata, precedendo, de qualquer modo, a deliberação das diligências instrutórias (art. 167), porque concerne a pressuposto de simplificação do procedimento: retratando-se os pais, ou não bastando a concordância, o juiz assinará o prazo de 10 dias para que seja a inicial emendada e subscrita por patrono legalmente habilitado, com adoção do rito contraditório (art. 284 do CPC).

3. Como se percebe, a dispensa de representação responde à conveniência de simplificação do procedimento, em hipótese onde, não existindo lide atual nem virtual, desaparece a necessidade do contraditório e da atuação técnica consequente (art. 5º, LV, da CF, a contrário). Daí não quadrar nos casos de cumulação objetiva (cf. comentário n. 1, art. 169), cujo pedido prejudicial necessário impõe sempre a adoção de procedimento sujeito ao princípio da bilateralidade da audiência (art. 169, *caput*).

Essa é a razão por que a regra não se aplica a pedido de criança ou adolescente contra a vontade de pais que estejam suspensos do exercício do pátrio poder: há, aí, sob pena de inépcia, cúmulo obrigatório (*rectias*, ônus de cumular) com pedido de destituição (art. 45, § 1º). Nem a pedido de guarda a que se oponha qualquer dos genitores: há, aqui, conflitualidade latente.

4. *Quid*, porém se, na hipótese de concordância dos pais, a petição inicial estiver subscrita por patrono legalmente habilitado? A resposta é intuitiva. Incidirá de igual modo a regra do parágrafo único, que exige audiência pessoal. O advogado pode, então, estar presente e reperguntar por intermédio do juiz (at. 206, caput)."

Assim, longe de constituir-se em abando a entrega de filho a quem se pretenda que o adote, é direito da genitora desistir voluntariamente de seu poder familiar em favor de terceiro, a quem entregue o filho com intuito para que assuma o poder familiar.

A lei reconhece, como visto acima, tal direito à genitora, não se constituindo crime de abandono a entrega direta de filho àqueles que o pretendem adotar.

Nossa sociedade ainda é perversa para com as genitoras que, pelos motivos mais variados, buscam a entrega direta de filho a quem os possa perfilhar com segurança. Ainda vivemos em uma sociedade que impõe às mulheres a obrigação de amarem os filhos que geram, como se tal imposição fosse capaz de atribuir a estes filhos o afeto que lhes permitirá crescerem saudáveis e seguros.

A entrega direta, não pode se constituir em atestado da incapacidade de uma genitora amar sua prole. Pode ela amar o filho gerado, mas optar por entregá-lo em adoção.

Do mesmo modo, o fato de entregar um filho em adoção por não amá-lo não é motivo de recriminação social e sim reconhecimento da responsabilidade e maturidade desta mulher em, ciente de que não poderá dar a esta criança o amor com que merece ser criada, o entrega diretamente a quem reconhece possuir esta capacidade que ora lhe falta. Não expôs ela o filho a quaisquer riscos. Preocupou-se em encaminhá-lo a quem sabe que o amará como ela não se sentia na época de seu nascimento capaz de amar.

2. ENTREGA X ABANDONO X DESCARTE

Com a discussão acima enfatizamos que há uma imensa distância entre o abandono, desprovido de preocupações de suas repercussões, para a desistência do poder familiar de um filho.

A entrega pode mesmo se constituir em um último e derradeiro ato de amor da genitora para com o filho a que deu à luz.

Entremos agora no âmbito do descarte de filhos.

Vivemos hoje em uma sociedade onde pais e mães, ou um pai, ou uma mãe, acostumaram-se a terceirização dos filhos às escolas de educação integral, atividades extras, babás, cuidadores.

E em tempos de pandemia foram obrigados a passar 24 horas por tantos dias com esses filhos que adotaram, verbo no passado, e que agora são filhos sem qualquer adjetivo.

Não são "esse menino", "essa menina", "essa garota", "esse moleque", são filhos! A doutora não pode fazer nada, pode ouvir, sim, até sem vontade, mas pode, com nó na garganta, mas pode.

O abandono digital já é uma realidade no nosso mundo de *homo cyber sapiens*.

Do 0 aos de até 12 anos incompletos, fase da infância nos normativos pátrios, esses seres em especial estágio de desenvolvimento estão ávidos por conhecimento, pelo saber, indispensáveis que são ao crescimento físico e intelectual, assim como para o desenvolvimento de aptidões, valores e crenças advindas da cultura do ambiente que compartilham. Tudo isso chega à mão em um smartphone ou em um laptop.

Esse mundo de infindáveis bits e bytes expôs a vulnerabilidade inerente à criança por sua condição de ser em especial estágio de desenvolvimento. Neste universo conectado, os riscos são enormes, dentre eles, mas não limitando-se a pedofilia, bullying, prostituição, pornografia infantil, sequestro e um sem número de crimes virtuais nas quais crianças e adolescentes são vítimas, sem contar as que aparecem como agentes ativos de cyber crimes.

Pinheiro, em 2016, foi uma das primeiras a abordar o tema da responsabilidade dos pais, detentores do poder familiar, com relação ao abandono digital:

> Os pais têm responsabilidade civil de vigiar os filhos. Isso quer dizer que precisam saber com quem eles estão, como estão e onde estão! Não dá para se contentar com a resposta "ele está na internet", como se fosse um ambiente próximo, protegido e seguro. A internet é a rua da Sociedade atual!

Para Jones Figueirêdo Alves, desembargador decano do Tribunal de Justiça de Pernambuco, Mestre pela Universidade de Lisboa, Diretor Nacional do IBDFAM[1]:

> O "abandono digital" é a negligência parental configurada por atos omissos dos genitores, que descuidam da segurança dos filhos no ambiente cibernético proporcionado pela internet e por redes sociais, não evitando os efeitos nocivos delas diante de inúmeras situações de risco e de vulnerabilidade.

A negligência se encontra prevista no artigo 1.638 do Código Civil, a ensejar a suspensão e/ou a destituição do poder familiar.

A mesma sociedade que recrimina a genitora que opta, por motivos seus, entregar um filho à adoção não raro anui com a devolução de filhos adotados. São dois pesos e duas medidas que denotam uma total inversão incompreensível da lógica por trás de cada uma dessas situações.

---

1. Disponível em https://flaviotartuce.jusbrasil.com.br/artigos/418887019/abandono-digital-negligencia-dos-pais--no-mundo-virtual-expoe-crianca-a-efeitos-nocivos-da-rede, acesso em 4/5/2020.

A genitora que entrega o filho a quem o quer adotar é recriminada, execrada socialmente, quando não obrigada contra a sua vontade a ficar com um filho não desejado, com as consequências nefastas para o desenvolvimento psicológico desta criança.

Todavia, o adotante que, após dias, meses ou mesmo anos, na posse de criança a quem atribuiu status de filho, veja dele desistir não raro encontra aprovação tanto no âmbito familiar quanto social. Frases como "sabia que não daria certo", "você se livrou de um problemão", "foi melhor assim ou qualquer dia iria acordar com uma faca nas costas".

Há socialmente uma absoluta intolerância contra a genitora que, não expondo o filho a qualquer risco, opta responsavelmente por entrega-lo à adoção, e, no extremo oposto, um acolhimento que valida as devoluções de crianças em processo de adoção ou com adoção já concluída.

A máxima "quem pariu Mateus que o embale" é o mote desta absurda disparidade de tratamento. Se você pariu Mateus, deve ficar com ele quer queira, quer não. Se você não pariu Mateus, mas o trouxe para sua casa e quis fazer dele seu filho, se não der certo o devolva a quem o fez ou ao Estado, na sua falta.

Concluída a adoção, a devolução ocorre quando os pais, detentores do poder familiar e por vontade própria, decidem descumprir o artigo 1634, inciso II do Código Civil. Decidem que não querem mais exercer o poder familiar nem manter os filhos em sua companhia e sob seu cuidado; desistem de ser pais. Praticam aqui o abandono previsto no supra citado artigo 1.638.

Como nos ensina Maria Berenice Dias, a entrega ao Estado configura crime abandono, por isso tentam "desadotar", figura jurídica inexistente no direito brasileiro, já que a adoção é irrevogável, (artigo 39 ECA, § 1°), rompendo os laços com a família de origem e gerando novos vínculos jurídicos entre adotantes e adotado.

A sociedade ainda está permeada do preconceito de que os laços adotivos são inferiores aos naturais, biológicos. Este entendimento social, por mais que trabalhemos intensa e incessantemente nos cursos de habilitação e reuniões de grupos de apoio à adoção que a adoção cria um laço parental tal qual ao laço natural, ainda permeia as profundezas da psique dos adotantes. Ainda não conseguem introjetar a concepção de que a adoção não é uma parentalidade de segunda categoria.

E é exatamente esta incapacidade de incorporar a adoção como parentalidade efetiva, qual a biológica, que permite a errônea interpretação de que têm os adotantes direito de descartarem seus filhos advindos da adoção.

Felizmente, o tempo cuidou de amadurecer a compreensão da sobrepujança dos laços afetivos aos estritamente biológicos. Assim vemos a diminuição de devoluções em adoção, cada vez mais tais ocorrências sendo minoria.

Devoluções mais dolorosas são aquelas que, em uma aplicação mal interpretada do ECA, resulta das constantes tentativas de reinserção familiar de crianças em família que não as desejam, não as amam, não as querem. A adoção, enquanto liame de afeto que une pais e filhos, não é a última opção e sim a única para quaisquer filhos, sejam adotados ou paridos por seus pais.

Mas, voltemos ao estudo sobre descarte de filhos...

O RISCO DA PANDEMIA CRIAR FILHOS DESCARTÁVEIS

A devolução, ou desistência do processo de adoção quando já iniciado o período de guarda provisória para fins de adoção, nos termos do artigo 197-E do ECA, importará na exclusão dos adotantes dos cadastros de adoção e na vedação de renovação da habilitação, salvo decisão judicial fundamentada, sem prejuízo das demais sanções previstas na legislação vigente.

Assim, a exclusão do cadastro de adoção e proibição de renovação da habilitação decorre de lei, prescindindo de decisão judicial que as implemente. Apenas nos casos excepcionais onde tais consequências não devam ser aplicadas é que há necessidade de decisão interlocutória proferida pelo magistrado, cabível contra tal decisão interposição de recurso pelo Ministério Público, como fiscal da lei quando há interesse de crianças e adolescentes em jogo.

Felizmente, o Ministério Público tem atuado cada vez mais na defesa das crianças e adolescentes devolvidas, buscando a necessária reparação pela perda de chance, pois quanto mais tempo com a família adotiva, menores as chances de nova adoção após a devolução, bem como pelos danos morais e materiais causados pela devolução quando irresponsável e injustificada. Cada vez mais o Ministério Público peticiona a condenação dos devolventes ao pagamento de acompanhamento psicológico ou pensionamento indenizatório para a criança ou adolescente devolvido.

Acumulamos, na vida profissional, três devoluções: um casal de irmãos de 1 e 3 anos; um menino de 7 anos; três irmãs de 5, 8 e 11 anos. As demais foram revertidas com muito apoio e participação em grupo de pós natal da adoção[2]. Todas foram igualmente sofridas, as crianças não sabiam o que estava acontecendo, o que estavam fazendo naquele Fórum de onde um dia saíram na companhia de adultos que lhe disseram para chamar de pais. Todos com uma mala bonita, brinquedos como bicicleta, skate, Barbies e uma dor indescritível no olhar...

Este novo abandono reabre feridas não totalmente cicatrizadas. Uma vez foram retiradas de seus pais biológicos. Toda criança crê na própria parcela de culpa pela "perda" dos genitores. Levará tempo para aceitar que a culpa não foi dela e sim dos adultos.

Perder novamente os novos pais, aqueles que chegaram até ela e lhe prometeram uma vida em família, pediram para que lhes chamassem de pai e mãe, reabre aquelas velhas feridas e causa outras mais, já que este novo abandono além de confirmar no imaginário infantil a própria incapacidade de se fazer amar e ser querido.

Mais um abandono, mais um retorno ao abrigo onde, diante dos demais acolhidos, estará estampada a incapacidade de ser adotado. Uma nova revitimização depois de um período de extrema felicidade, de plenitude de espaços, de novos amigos, novas roupas, novos brinquedos, nova escola. E eles e elas não sabem o que fizeram de errado, mas sentem que a culpa somente pode ser atribuída a eles. A voz ecoa, dói nos ouvidos: tia, o que eu fiz?

Não há resposta real, pois o único pecado foi terem sido crianças: responderam, quebraram coisas da casa, fizeram birras, pegaram lápis e borracha dos coleguinhas, assistirem 100 vezes ao Rei Leão. Agora, na pandemia, queriam mais atenção do que antes; queriam brincar com os adotantes, mais do que antes; correr, mais do que antes;

---

2. Disponível em: https://www.premioinnovare.com.br/praticas/l/pos-natal-da-adocao-20150511173539007499, acesso em 4/5/2020.

quebraram peças de porcelana, um porta-retrato, uma mesinha, a tv, o videogame. E daí? São cheios de energia, são crianças, tais quais os filhos paridos.

Para que devoluções ocorram é preciso sair da frente da TV, do laptop, do smartphone e exercer a parentalidade real. É preciso parar de terceirizar a educação, o cuidado e o afeto. É preciso parentar pele na pele, olho no olho, reaprender a amar.

Filho não é coisa, não é objeto, filho não se descarta.

Filho é filho, venha da alma, venha do ventre, e sem adjetivos.

3. REFERÊNCIAS

ALVES, Jones Figueirêdo. *Negligência dos pais no mundo virtual expõe criança a efeitos nocivos da rede.* Publicado em: 15 jan. 2017. Disponível em: https://flaviotartuce.jusbrasil.com.br/artigos/418887019/abandono-digital-negligencia-dos-pais-no-mundo-virtual-expoe-crianca-a-efeitos-nocivos-da-rede, acesso em 4/5/2020.

BADINTER, Margareth. *O Conflito* – A Mulher e a Mãe. São Paulo: Editora Record, 2011.

BADINTER, Margareth. *O Amor Conquistado.* O Mito do Amor Materno. https://groups.google.com/forum/#!forum/digitalsource. Acesso em 4/5/2020.

Constituição da República Federativa do Brasil. Disponível em: http://www.planalto.gov.br/ccivil_03/constituicao/constituicao.htm, acesso em 13/4/2020.

CARVALHO, Dimas Messias de. *Adoção e Guarda.* Belo Horizonte/MG: Del Rey: 2010.

DIAS, Maria Berenice. *Filhos do Afeto.* São Paulo: Ed. RT, 2016.

Estatuto da Criança e do Adolescente. Disponível em: http://www.planalto.gov.br/ccivil_03/leis/l8069.htm

FRANCO, Natalia Soares. A entrega de um filho em adoção como ato de cuidado e responsabilidade. In: PEREIRA, Tânia da Silva, OLIVEIRA, Guilherme de: *Cuidado e Responsabilidade.* São Paulo: Atlas, 2011.

MACIEL, Kátia Regina Ferreira Lobo Andrade (coord.). *Curso de direito da criança e do adolescente*: aspectos teóricos e práticos. 7. ed. rev. e atual. São Paulo: Saraiva: 2014.

MOREIRA, Silvana do Monte. *Adoção Desconstruindo* Mitos. Curitiba: Juruá Editora, 2020.

MOTTA, Maria Antonieta Pisano. *Mães Abandonadas*: A entrega de um filho em adoção. São Paulo: Editora Cortez, 2011.

MOTTA, Maria Antonieta Pisano. Das mães que entregam seus filhos em adoção. In: LADVOCAT, Cynthia; DIUANA, Solange (Coords.). *Guia de Adoção: no jurídico, no social, no psicológico e na família.* São Paulo: Roca, 2014.

Portal Delas Ig. Disponível em: https://delas.ig.com.br/filhos/filosofa-francesa-critica-o-mito-da-mae--perfeita-em-novo-livro/n1596997426700.html, acesso 14/4/2020

VIANA, Marco Aurélio S. *Da Guarda, da Tutela e da Adoção.* Belo Horizonte/MG, editora Del Rey: 1993.

A CONVIVÊNCIA ENTRE AVÓS IDOSOS E NETOS NO CONTEXTO DA PANDEMIA DA COVID-19 NO BRASIL

Larissa Tenfen Silva

Mestre em Direito pelo Curso de Pós Graduação em Direito da Universidade Federal de Santa Catarina. Professora de graduação do Curso de Direito da Faculdade Cesusc e atualmente leciona as disciplinas de Teoria do Direito, Sociologia Jurídica e Estatuto da Criança, Adolescente e do Idoso. Coordenadora Adjunta do Curso de Direito, bem como Coordenadora de Pesquisa do mesmo curso. Leciona em cursos de pós-graduação. Advogada. Membro da Comissão da Pessoa Idosa da Ordem dos Advogados do Brasil de Santa Catarina e Presidente da Comissão da Pessoa Idosa do Instituto Brasileiro de Família de Família de Santa Catarina.

Ana Paula de Oliveira Antunes

Especialista em Direito Processual Civil pela Universidade Federal de Santa Catarina - UFSC (2012). Pós-graduada em Direito de Família e Sucessões pela Faculdade Cesusc. Professora da pós-graduação do Curso de Direito da Faculdade Cesusc. Advogada atuante na área Direito de Família, Sucessões e Direito Civil. Vice- Presidente do Instituto de Direito de Família de Santa Catarina – IBDFAM/SC. Membro da Comissão de Sucessões do Instituto Brasileiro de Família de Família (IBDFAM). Vice-Presidente da Comissão de Direito de Família da OAB/SC. Membro do Instituto dos Advogados de Santa Catarina – IASC.

> **Sumário:** 1. Considerações iniciais. 2. Envelhecimento e proteção da pessoa idosa no Brasil. 3. Direito à convivência familiar entre avós idosos e netos. 4. Os limites e possibilidades do exercício do direito de convivência entre avós e netos em tempos de pandemia. 5. Considerações finais.

1. CONSIDERAÇÕES INCIAIS

A convivência entre avós idosos e netos é uma das decorrências mais significativas da constituição de famílias oportunizando o fomento de afeto, solidariedade e trocas geracionais entre membros familiares. Dentre as inúmeras consequências e perdas, causadas pelo processo de envelhecimento, a possibilidade de o idoso vivenciar novas experiências e formas de relações, constitui-se, para muitos, um dos momentos mais significativos de suas vidas.

Aos avós, por muito tempo, foi negligenciada uma proteção mais efetiva de convivência com seus netos, cabendo, inicialmente, a imposição de obrigação alimentar, mas que avançou para a positivação do direito de visitas no Código Civil de 2002. Por isso é importante destacar a necessidade de uma compreensão ampliada de oportunidade de convivência, que ultrapasse a mera visitação, inclusive para cumprimento do direito de convivência familiar que cabe ao idoso.

A partir da decretação da pandemia do Covid-19 pela Organização Mundial de Saúde (OMS) os idosos passaram a receber um tratamento diferenciado de proteção, em face de constituírem um dos principais grupos de risco. A conjugação das inúmeras medidas de distanciamento social, isolamento social e quarentena decretadas pelos governos federal, estaduais e municipais, por exemplo, passou a acarretar dificuldades no exercício dos direitos dos idosos, inclusive, na concretização do direito a convivência familiar.

De acordo com alguns relatos empíricos de idosos, divulgados por mídias sociais e de pedidos judiciais em diversos tribunais, evidencia-se situações de afastamento de avós idosos de seus netos. Por tal motivo, faz-se necessário compreender a extensão desses direitos e as reais possibilidades de limitação nesse contexto de pandemia.

Assim, o presente artigo tem por finalidade descrever e refletir sobre os limites e as possibilidades do exercício do direito de convivência dos idosos, em especial, dos avós idosos e seus netos no contexto da pandemia do Covid-19 no Brasil.

Para tanto, num primeiro momento, será feita uma breve contextualização sobre envelhecimento social e as principais orientações setoriais de proteção do direito dos idosos. Em seguida, a descrição dos aspectos que envolvem o direito de convivência familiar para, na sequência, analisar os limites e possibilidades do direito de convivência familiar entre avós idosos e netos tem tempos de pandemia da Covid-19 no Brasil. Trata-se de pesquisa teórica, de caráter sociojurídico, baseada em fontes primárias e secundárias, tais como doutrina, legislação e decisões judiciais.

2. ENVELHECIMENTO E PROTEÇÃO DA PESSOA IDOSA NO BRASIL

O aumento da longevidade da vida humana ocorrido nos últimos séculos diante do desenvolvimento de políticas sanitárias, infraestrutura básica e tecnologias médicas, faz com que o tema do envelhecimento ganhe cada vez mais relevância, tornando-se assim, um fenômeno mundial.[1]

O envelhecimento pode ser compreendido com um "processo que ocorre entre o nascimento e a morte, e o qual todos os seres vivos estão sujeitos."[2] Desta forma, o envelhecer é visto como uma das etapas do processo de desenvolvimento humano que pode ser caracterizado pelo nascer, crescer, amadurecer, envelhecer e morrer.

Sob este prisma, envelhecer constitui um fato universal e natural, que afeta os indivíduos em suas várias dimensões, biológica, psicológica, mental, sentimental, social e ocorre de forma diferente para cada indivíduo, de acordo com sua estrutura biológica e seu modo de vida.[3]

Entretanto, o envelhecimento é também um fato social e histórico, que extrapola a questão individual e tem reflexos imediatos na sociedade, tanto no âmbito das relações

---

1. RAMOS, Paulo Roberto Barbosa. *Curso de direito do Idoso*. São Paulo: Editora Saraiva, 2014.
2. DIAS, Reinaldo. *Introdução à sociologia*. São Paulo: Pearson Prentice Hall, 2010.
3. DEBERT, Guita Grin. Pressupostos da reflexão antropológica sobre a velhice. *In*: DEBERT, Guita Grin. *A antropologia e a velhice – Textos Didáticos*. 2. ed. Campinas: IFCH/Unicamp, 1998, p. 7-28.

familiares, na esfera privada, como no âmbito das macrorrelações sociais e estatal, na esfera pública, tal como categorizado pela Sociologia.

De acordo com a Organização Mundial da Saúde, até 2050, o número de pessoas idosas com idade superior a 60 anos, chegará a 2 bilhões, representando um quinto da população mundial.[4] No Brasil, a realidade não é diferente. Conforme as estimativas do IBGE, no ano de 2060, um em cada quatro brasileiros terão 65 anos ou mais, o correspondente a 58,2 milhões de pessoas, ou seja, 25,5% do total da população.[5]

Desta forma, o crescimento populacional do grupo etário dos idosos acarretará uma série de transformações sociais que envolverão todos os setores da vida social e fomentarão a necessidade de gerenciamento de interesse, bens e direitos. As formas de gerenciamento dessas questões poderão ser feitas de maneiras diversas e refletem as mais variadas concepções culturais, sociais e históricas de cada sociedade em relação à percepção social do envelhecimento e dos seus respectivos papéis sociais.

No Brasil, por exemplo, existe uma visão dual sobre os idosos no imaginário social. De um lado, tem-se sedimentado uma cultura de desvalorização que pode ser percebidas sob as mais diferentes formas, desde objeto de piadas a destinatários de ações violentas, que levam a invisibilidade desse grupo etário, mas de outro, um crescimento de uma visão positiva e inclusiva evidenciada na proteção dada pelo sistema público, tal como nas normas jurídicas e políticas públicas, que vem acarretando uma mudança de consciência e tratamento dos idosos.

No país a proteção jurídica da Pessoa idosa é formada por um conjunto de normas que têm como vertentes principais a Constituição da República Federativa do Brasil de 1988 e o Estatuto do Idoso, Lei 10.741 de 1º de outubro de 2003.

O artigo 1º do Estatuto do Idoso, traz a definição jurídica, segundo o qual, idoso é toda pessoa com idade igual ou superior a 60 (sessenta) anos. O critério adotado pelo legislador ordinário foi o cronológico que a partir de um dado objetivo – a idade, define quem é ou não idoso.

É importante ressaltar que o critério cronológico serve para identificar as pessoas que começam a ter o seu processo de envelhecimento mais acentuado e que necessitam de uma maior proteção em relação as suas novas condições pessoais de vida. A lei pressupõe uma vulnerabilidade que acompanha a evolução da idade, cabendo a estes indivíduos, uma maior gama de proteção legal.

São considerados vulneráveis

aqueles que, por razões de natureza física, psíquica, social, econômica, política, jurídica, vivenciem extrema degradação, causada por ação ou omissão própria, da família, de terceiros ou do Estado, que as tornem incapazes de desfrutar da própria liberdade per se, e, por isto, necessitadas de assistência

---

4. ORGANIZAÇÃO PAN AMERICANA DE SAÚDE – BRASIL (OPAS-BRASIL). *Folha Informativa. Saúde.* Disponível em: www.paho.org/bra/index.php?option=com_content&view=article&id=5661:folha-informativa-envelhecimento-e-saude&Itemid=820. Acesso: 20 mai. 2020.

5. INSTITUTO DE PESQUISA ECONOMICA APLICADA. *População idosa brasileira deve aumentar até 2060.* Disponível em: http://www.ipea.gov.br/portal/index.php?option=com_content&view=article&id=33875. Acesso em: 20 maio 2020.

de outrem, particular ou estatal, para superar aquela situação aviltante que lhes tolha o mínimo de autonomia inerente à condição humana.[6]

É de suma importância compreender que o fato de os indivíduos chegarem a idade de 60 anos, não significa que passem a perder direitos, bens e capacidade de gerir a sua vida. Muito pelo contrário. O fato de ter um Estatuto que olha para essa idade e concede direitos, só demonstra a mudança cultural de valorização desta etapa da vida, ainda que no cotidiano, em termos culturais, nem sempre aconteça desta maneira. A partir da leitura da legislação de proteção do idoso é possível identificar algumas orientações setoriais, ou seja, bases valorativas para sua proteção.

A primeira delas é o reconhecimento do direito a um envelhecimento digno. Tal pressuposto é extraído da leitura constitucional a partir do artigo. 1º, II, da Constituição Federal, que estabelece a dignidade da pessoa humana com fundamento do Estado Democrático de Direito sendo o ser humano o principal alvo das proteções e promoções do ordenamento jurídico. A partir de uma interpretação sistemática deste dispositivo com o artigo 230 da Constituição Federal que, dentre outros, dispõe a necessidade de amparo dos Idosos e a defesa da sua dignidade, é possível inferir o reconhecimento do preceito acima.[7] No mesmo sentido reforçam tal dignidade os preceitos existentes nos artigo 3º, caput e artigo 10, §3 do Estatuto do Idoso.[8]

A segunda é a imposição de um tratamento isonômico a este grupo etário, conjugado com a vedação de preconceito e discriminação em face da sua diferença de idade, fundamentando, desta forma, uma proteção especial em busca de uma igualdade material diante das suas vulnerabilidades. Tais preceitos são extraídos da conjugação do artigo 3º, IV e do artigo 5º da Constituição.

Outras duas orientações setoriais relevantes são os comandos da proteção integral e prioritária da pessoa idosa, dever este, inclusive, atribuído à família, à sociedade e ao Estado, conforme disposto nos artigos 229 e 230 da Constituição Federal e o artigo 3º do Estatuto.[9]

Uma quinta vetor valorativo é o melhor interesse do idoso, elemento extraído de forma implícito da proteção integral e prioritária ao idoso[10] e com sustento nos arts. 2º, 3º e 4º do Estatuto do Idoso.

Uma sexta orientação é a defesa da autonomia, a capacidade do indivíduo tomar decisões, ser independente. Trata-se da capacidade que o idoso tem de ser protagonista

---

6. MORAIS, Guilherme Pena de; OLIVEIRA NETO, Helio Nascimento de. Disposições preliminares. *In*. ALCANTA-RÁ, Alexandre de Oliveira *et al. Estatuto do Idoso*: comentários à Lei 10.741, 2019. Indaiatuba: São Paulo: Editora Foco, 2019, p. 1-33, p.7.

7. TAVARES, Ademário Andrade; GLAUCO, Salomão Leite. A proteção constitucional da pessoa idosa. *In*. MENDES, Gilmar *et al. Manual dos Direitos da Pessoa Idosa*. São Paulo: Saraiva, 2071, p. 42 a 55.

8. BRASIL. *Constituição (1988)*. Constituição da República Federativa do Brasil. 56. ed. São Paulo: Saraiva, 2020. Atualizada até emenda 105.

9. BRASIL. *Estatuto do Idoso. Lei 10.741, de 1º de outubro de 2003*. Dispõe sobre o Estatuto do Idoso e dá outras providências. Disponível em: http://www.planalto.gov.br/ccivil_03/leis/2003/l10.741.htm Acesso em: 20 maio 2020.

10. BARBOZA, Heloisa Helena. O princípio do melhor interesse da pessoa idosa: efetividade e desafios. *In*. BARLETTA, F. Rodrigues; ALMEIDA, Vitor (coord.). *A tutela jurídica da pessoa idosa*: 15 anos do Estatuto do Idoso. Indaiatuba: São Paulo: Editora Foco, 2020, p. 3-20, p. 20.

A CONVIVÊNCIA ENTRE AVÓS IDOSOS E NETOS NO CONTEXTO DA PANDEMIA DA COVID-19 NO BRASIL

e definir seus planos de vida, o que pode ser inferido da leitura do art. 1º, III da Constituição Federal conjugado com o teor explícito do art. 1º da Política Nacional do Idoso juntamente com o artigo 10, §2º do Estatuto do Idoso. É interessante observar que esta autonomia se reflete inclusive, em contextos de saúde, tal como preconiza o artigo 17 do Estatuto do Idoso.

A integração e participação dos idosos na vida social e familiar e que propiciem a sua integração com as demais gerações são outros eixos relevantes na inclusão desse grupo, conforme prescrito nos mandamentos dos artigos 1º, 3º, I e 4º I da Política Nacional do Idoso e sustentado pelos artigo 3º do Estatuto do Idoso.

Por fim, a defesa de um envelhecimento ativo e saudável que pressupõe a defesa a vida e a saúde do idoso, tal como disposto nos artigos 2º, 3º e 9º do Estatuto e conjugado com a Convenção Interamericana sobre a Proteção dos Direitos Humanos das Pessoas Idosas de 2015:

> Processo pelo qual se otimizam as oportunidades de bem-estar físico, mental e social; de participar em atividades sociais, econômicas, culturais, espirituais e cívicas; e de contar com proteção, segurança e atenção, com o objetivo de ampliar a esperança de vida saudável e a qualidade de vida de todos os indivíduos na velhice e permitir-lhes assim seguir contribuindo ativamente para suas famílias, amigos, comunidades e nações. O conceito de envelhecimento ativo e saudável se aplica tanto a indivíduos como a grupos de população.[11]

A partir da descrição do fato do envelhecimento social e das orientações setoriais da proteção dos direitos dos idosos, passa-se a análise do direito à convivência entre avós e netos.

3. DIREITO À CONVIVÊNCIA FAMILIAR ENTRE AVÓS IDOSOS E NETOS

O direito à convivência familiar entre avós e netos é direito fundamental garantido aos idosos, bem como as crianças e aos adolescentes. Tal direito, apesar de não se encontrar expressamente previsto, é inferido a partir de uma interpretação sistemática do conjunto de princípios e normas constitucionais e infraconstitucionais que tutelam a família e os seus entes especificamente.

Em relação ao direito dos idosos, tal como visto acima, o direito de convivência familiar tem fundamento nos artigos 229 e 230 da Constituição Federal, sendo de responsabilidade da família e do Estado à função de promover a participação familiar do idoso. Do mesmo modo, são as diretrizes do Estatuto do Idoso que especifica no inciso IV do § 1º do artigo 3º[012] a prioridade de participação dos idosos com as demais gerações, além

---

11. CONVENÇÃO Interamericana sobre a proteção dos direitos humanos dos idosos. Disponível em: http://www. mpsp.mp.br/portal/page/portal/CAO_Idoso/Textos/Conven%C3%A7%C3%A3o%20Interamericana.pdf. Acesso em: 25 abril 2020.

12. Art. 3º É obrigação da família, da comunidade, da sociedade e do Poder Público assegurar ao idoso, com absoluta prioridade, a efetivação do direito à vida, à saúde, à alimentação, à educação, à cultura, ao esporte, ao lazer, ao trabalho, à cidadania, à liberdade, à dignidade, ao respeito e à convivência familiar e comunitária. § 1º A garantia de prioridade compreende: [...] IV – viabilização de formas alternativas de participação, ocupação e convívio do idoso com as demais gerações.

de relacionar, conforme o inciso V do artigo 10[13], a convivência familiar como forma de garantir o direito de liberdade do idoso.

No tocante ao sistema de proteção das crianças, adolescentes e jovens a Constituição Federal em seu artigo 227 impõe o dever à família, à sociedade e ao Estado, o direito à convivência familiar, com absoluta prioridade. No mesmo sentido são os artigos 4º e 19 do Estatuto da Criança e do Adolescente[14], os quais endossam esse direito e inclusive são decorrentes do princípio da proteção integral da criança e do adolescente presentes nos artigos 1º e 3º[15] do Estatuto.[16]

Ademais, o próprio conceito de família tal como reconhecidamente ampliado pelos pressupostos textuais do artigo 226 da Constituição Federal que abrange o casamento, união estável e a comunidade formada por qualquer dos pais ou seus descentes, já sustentam fundamentos para o direito à convivência.

Em adesão a este conjunto de argumentos o próprio Estatuto da Criança e do Adolescente explicita a ampliação da compreensão de família quando, ao disciplinar o direito da criança e do adolescente a ser criado e educado no seio familiar, enfatiza a sua realização primeira no que define como família natural e família extensa, e somente, na impossibilidade dessas, reconhece a possibilidade de colocação em família substituta.[17]

O artigo 25 do referido Estatuto define como de família natural aquela advinda do núcleo principal formado por pais e filhos e, de forma mais ampla, define como família extensa aquela "formada por parentes próximos com os quais a criança ou adolescente convive e mantém vínculos de afinidade e afetividade".

Assim, a convivência familiar não se limita à família nuclear, composta somente por pai, mãe e filhos, mas leva em consideração a formatação da família de cada comunidade, sustentada por seus costumes, valores e funcionalidade pois, a realidade brasileira, comporta a convivência dos avós, tios e parentes, como forma de auxílio na criação, cuidado e educação desses filhos.

---

13. Art. 10. É obrigação do Estado e da sociedade, assegurar à pessoa idosa a liberdade, o respeito e a dignidade, como pessoa humana e sujeito de direitos civis, políticos, individuais e sociais, garantidos na Constituição e nas leis.
    § 1º O direito à liberdade compreende, entre outros, os seguintes aspectos: [...] V – participação na vida familiar e comunitária;
14. Art. 4º É dever da família, da comunidade, da sociedade em geral e do poder público assegurar, com absoluta prioridade, a efetivação dos direitos referentes à vida, à saúde, à alimentação, à educação, ao esporte, ao lazer, à profissionalização, à cultura, à dignidade, ao respeito, à liberdade e à convivência familiar e comunitária.
    Art. 19. É direito da criança e do adolescente ser criado e educado no seio de sua família e, excepcionalmente, em família substituta, assegurada a convivência familiar e comunitária, em ambiente que garanta seu desenvolvimento integral.
15. Art. 1º Esta Lei dispõe sobre a proteção integral à criança e ao adolescente. Art. 3º A criança e o adolescente gozam de todos os direitos fundamentais inerentes à pessoa humana, sem prejuízo da proteção integral de que trata esta Lei, assegurando-se-lhes, por lei ou por outros meios, todas as oportunidades e facilidades, a fim de lhes facultar o desenvolvimento físico, mental, moral, espiritual e social, em condições de liberdade e de dignidade.
16. ZAPATER, Maíra. *Direito da criança e do adolescente*. São Paulo: editora Saraiva Educação, 2019, p. 102.
17. Art. 28. A colocação em família substituta far-se-á mediante guarda, tutela ou adoção, independentemente da situação jurídica da criança ou adolescente, nos termos desta Lei.

Neste ponto, tem-se então, a complementação dos argumentos para defesa do direito de convivência familiar dos avós e netos sob a ótica dos microssistemas de proteção específicas dos Idosos e das Crianças e Adolescentes e da Constituição Federal.

Em 2011, a partir do reconhecimento da importância e necessidade de defesa da convivência familiar entre avós e netos foi incluído no Código Civil, o parágrafo único no artigo 1.589[18] do Código Civil, estendendo o direito de visitas das crianças e adolescentes aos avós observados na sua fixação os interesse da criança e do adolescente. A norma civilista vem priorizar a convivência familiar na qual a figura dos avós surge como corolário maior do relacionamento entre pais e filhos sendo colaboradores indispensáveis a proteção e criação de seus netos.[19]

Desta forma, para a real concretização da finalidade dos sistemas de proteção da família, é necessário compreender que a relação entre avós e netos e alicerçado no direito de convivência é muito mais amplo que o direito de visita, sendo este último apenas uma faceta daquele.

A própria compreensão do direito de visita conferidos aos avós, foi ampliada de modo a incluir o direito de hospedagem, bem como o de correspondência, ou seja, existe a faculdade de usufruir da companhia dos netos em outro lugar que não seja somente a casa dos avós ou, até mesmo, a possibilidade do pernoite.[20]

Assim, subjaz de todo o sistema exposto o entendimento de que é fundamental aos netos e aos avós o direito a uma convivência ampla para realização dos valores constitucionais e infraconstitucionais de proteção aos idosos e as crianças e adolescentes. Por tais motivos, a convivência deve ser exercida de forma livre e equilibrada e, assim não sendo, há viabilidade da regulamentação judicial do direito específico de visitas, quando este direito maior se mostrar tolhido.

A valorização da convivência familiar mediante a possibilidade das trocas geracionais permite uma série de benefícios recíprocos, pois a troca de conhecimentos e experiências entre gerações pode ser um referencial importante para aqueles que se encontram em fase de desenvolvimento, incentivando a construção de uma cultura solidária e de valorização.

Assim, é importante proteger a integridade das relações entre netos e avós já que muitos são os ganhos desse encontro geracional, tanto para os sujeitos que estão em formação, como para os que se encontram em processo de envelhecimento, havendo a possibilidade de promoção mútua dos laços de solidariedade, afetividade e de ampliação da convivência familiar e social. Além de possibilitar uma mudança na cultura das famílias em valorizar a inclusão dos mais idosos. Posto isto, passa-se a analisar as possibilidades e limites desta complexa convivência em tempos de excepcionalidade do Covid-19.

---

18. Art. 1589. O pai ou a mãe, em cuja guarda não estejam os filhos, poderá visitá-los e tê-los em sua companhia, segundo o que acordar com o outro cônjuge, ou for fixado pelo juiz, bem como fiscalizar sua manutenção e educação. Parágrafo único. O direito de visita estende-se a qualquer dos avós, a critério do juiz, observados os interesses da criança ou do adolescente.
19. PEREIRA, Tânia da Silva. *Proteção dos Idosos. In.* PEREIRA, Rodrigo da Cunha (org.). Tratado de Direito das famílias. Belo Horizonte: IBDFAM, 2015, p. 358.
20. PEREIRA, Tânia da Silva. *Proteção dos Idosos. In.* PEREIRA, Rodrigo da Cunha (org.). Tratado de Direito das famílias. Belo Horizonte: IBDFAM, 2015, p. 359.

4. OS LIMITES E POSSIBILIDADES DO EXERCÍCIO DO DIREITO DE CONVIVÊNCIA ENTRE AVÓS E NETOS EM TEMPOS DE PANDEMIA

Em 11 de março de 2020 a Organização Mundial de Saúde (OMS) anunciou que a Covid-19, doença causada pelo novo coronavírus, é agora caracterizada como uma pandemia[21] (OPAS BRASIL, 2020).

Diante do alto grau de disseminação da doença, de uma alta resistência de sobrevida do vírus, da não existência de vacina ou medicamento específico para cura, da falta de leitos e vagas em hospitais para atendimento de um grande número de doentes, embora a taxa de mortalidade da doença seja considerada relativamente baixa, muitos países passam a adotar diversas estratégias para o combate e prevenção à doença, em especial, medidas para a redução do crescimento da curva da doença.

No Brasil, em 6 de fevereiro de 2020, foi promulgada a Lei n. 13.979 que dispôs sobre as medidas para enfrentamento da emergência de saúde pública de importância internacional decorrente do Covid-19, responsável pelo surto de 2019 que, dentre outras, em seus artigos 2º e 3º possibilitou os mecanismos de isolamento, quarentena, determinações compulsórias, dentre outros. Em complemento à primeira norma, foram criadas outras tantas tais como a Portaria Interministerial 5, de 17 de março de 2020 e o Decreto 10.282 de 20 de março de 2020, além das normas estatuais e municipais que dispõe sobre a mesma questão.

A população idosa, por ser considerada grupo de risco, frente ao quadro de vulnerabilidade próprio da sua condição de envelhecimento, é destinatária de diversas dessas intervenções legislativas. Além disso, é atingida uma série de medidas governamentais, tais como as recomendações de não circulação das pessoas de 60 anos ou mais, inclusive com a decretação de alguns impedimentos de aglomeração em espaços de convívio público, tais como em praças, praias, festas, restaurantes, dentre muitos outros estabelecimentos.

Todavia, a intervenção estatal em face da proteção coletiva, pode ocasionar diversas consequências negativas, como o distanciamento dos idosos de seus familiares acarretando uma enorme limitação no exercício dos seus direitos, tal como o direito de convivência dos avós idosos e dos netos, aprofundando ainda mais a sua situação de vulnerabilidade.

Em muitas famílias o real perigo de exposição da saúde dos idosos ou das crianças e adolescentes, ou demais adultos pertencentes à uma família vem servindo como justificativa à limitação da convivência familiar. Além disso, filhos ou noras vêm usando a pandemia como pretexto para negar a convivência de seus filhos com seus ascendentes.

O reflexo desta situação já vem sendo percebido nas esferas do Poder Judiciário diante da existência de pedidos de tutela de urgência na regulamentação do direito de convivência de avós que se encontram impedidos de entrar em contato com seus netos

---

21. ORGANIZAÇÃO PAN AMERICANA DE SAÚDE – BRASIL (OPAS-BRASIL). OMS afirma que Covid-19 é agora caracterizada como pandemia. Disponível em: https://www.paho.org/bra/index.php?option=com_content&view=article&id=6120:oms-afirma-que-covid-19-e-agora-caracterizada-como-pandemia&Itemid=812. Acesso em: 25 abr. 2020.

ou requerimentos de suspensão dos direitos de visitas já judicialmente determinados. Assim, o que está subjacente a estes pedidos é um conflito entre o direito à convivência familiar, direito à saúde e direito à vida dos avós e netos.

É importante relembrar que não existe, de saída, previsão expressa no ordenamento jurídico sobre a prevalência entre os princípios da proteção integral ou da concretização do melhor interesse seja dos netos ou dos avós idosos. Por isso é necessário ponderar tais direitos frente ao novo contexto social da pandemia.

Levando-se em conta a importância da convivência familiar entre avós idosos e netos e a fragilidade ou o transitório momento, pode-se questionar se é aceitável suspender provisoriamente o sistema de deslocamento das crianças, mantendo-as somente com os pais.

Ou ainda, se em relação aos avós idosos que se encontram inseridos no grupo de risco com maior taxa de mortalidade decorrente da Covid-19[22], seria razoável impor a eles o isolamento físico e a suspensão da convivência com os netos.[23]

Nos dizeres de José Simão a resposta é simples:

> Para eles, o isolamento físico se impõe. Não haverá visitas físicas durante a pandemia. É o risco de morte que implica limitações. Também, se a guarda estiver com os avós idosos, a guarda pode ser entregue, de maneira temporária e provisória, a pessoas próximas aos menores, como forma de evitar riscos à saúde dos avós. O direito protegerá os avós de si próprios, em situações extremas. Nesse momento da leitura, como ocorreu na *live* de ontem, muitos estão pensando que não se cuidou do convívio virtual, por meio de imagem e som disponível em grade parte dos telefones celulares (zoom, Skype, facetime e whatsapp). Essa é uma medida salutar e necessária em tempos de confinamento. O juiz deve determinar a hora e dia de convívio virtual. Deve-se levar em conta a rotina da criança, seus horários, tempo de estudo (por forma virtual) e a idade da criança.

O risco à saúde dos avós idosos associados às recomendações de não circulação para cumprimento das diretrizes de isolamento social e o afastamento da presença dos netos, que mesmo assintomáticos, podem ser vetores de transmissão, trazem justificativas para limitação do convívio familiar entre avós idosos e netos diante da prevalência da proteção da saúde e da vida do próprio idoso, ainda que haja a restrição do direito das crianças e adolescentes em conviver com seus parentes. Isso porque é o fato da convivência, anteriormente protegido, o fator de risco à vida e à saúde.

Entretanto, a compreensão que se faz necessária para a difícil compatibilização dos direitos de convivência dos avós idosos e netos neste período, é a condição primeira de manutenção dos encontros, independentemente de ser judicialmente estabelecida.

---

22. Dados do Estado do Rio de Janeiro de 04.04.2020 indicam que "na faixa de 30 a 39 anos, dos 209 casos confirmados, houve apenas uma morte, o que coloca a taxa de letalidade em 0,5%. Entre 40 e 49 anos, a taxa sobe para 1,4% (três mortes entre 214 casos). De 50 a 59 anos, a taxa mais do que dobra, para 3,3% (cinco mortes em 153 casos). UOL. *RJ: um em sete casos de covid-19 em idosos resulta em morte.* Disponível em: https://noticias.uol.com. br/ultimas-noticias/agencia-brasil/2020/04/04/rj-um-em-sete-casos-de-covid-19-em-idosos-resulta-em-morte. htm?cmpid=copiaecola Acesso em: 1 maio 2020.

23. SIMÃO, José. Direito de família em tempos de pandemia: hora de escolhas trágicas. Uma reflexão de 7 de abril de 2020. Disponível em: www.ibdfam.org.br/artigos/1405/Direito+de+família+em+tempos+de+pandemia%3A+hora+de+escolhas+trágicas.+Uma+reflexão+de+7+de+abril+de+2020 Acesso em: 1 maio 2020.

A convivência familiar é pressuposto para manutenção de uma vida digna, saudável e protegida tanto para as crianças, quanto para os idosos. Ademais, a falta de convivência e afetividade, não raras vezes pode ocasionar sentimentos de abandono e solidão, além de servir de gatilho para doenças como estresse, ansiedade, depressão e até mesmo suicídio pra os idosos.[24]

Assim, para que existam condições reais que se justifique o afastamento de um convívio presencial, frente aos riscos de prejuízo à saúde e a vida, é necessário analisar o contexto familiar dos avós idosos e dos netos envolvidos, casuisticamente. Somente então será possível estipular limitação graduada desta convivência, sem, entretanto, suspender o convívio.

Isto porque não se pode correr o risco de desconsiderar a autonomia da pessoa idosa que em situação de saúde, cuidado pessoal de não deslocamento e com discernimento, quando devidamente informada e consciente da sua situação, escolha pela convivência ou pelo isolamento que, em alguma medida, também pode causar danos à sua saúde mental e até mesmo, física.

Desse modo, a limitação graduada deve proporcionar um convívio mínimo mediante a substituição da convivência presencial pelo convívio virtual a partir de mecanismos telepresenciais e, em não sendo possível, o uso de chamadas telefônicas. O uso das tecnologias, aliada a atenção das idades e reais possibilidades de compreensão por seus usuários deve nortear, de forma criativa, a escolha por meios possíveis de manter este contato, tal como o envio de imagens e áudios gravados e chamadas em tempos reais.[25]

Ademais, frisa-se mais uma vez que o convívio presencial deve ser mantido quando possível, ainda que adaptado. Visitas rápidas dos netos aos avós idosos, de forma distanciada em metragens seguras e protegidos por luvas e máscaras, são oportunas. Usar a criatividade e o bom senso podem ser importantes na busca por novas soluções de convívio.[26]

Em casos específicos em que os avós detenham a guarda do neto, por exemplo, seja por meio judicial ou fático, a manutenção da convivência presencial pode ocorrer, desde que estejam sendo feitos os cuidados assinalados acima. Esta possibilidade pode ser alcançada, por exemplo, mediante a aplicação das regras disciplinadoras do período das férias para presente situação, com possibilidades de compensações futuras dos dias a mais que os avós ficaram com o neto. Ou ainda, a opção pelo agrupamento ou concentração dos dias de visita, mediante também futuras compensações. A convivência da criança por 15 dias com os avós outros 15 dias com seus pais, parece a um

---

24. MINOZZO, Leandro. Os impactos do coronavírus na vida dos idosos – entrevista. Disponível em: https://www.brasil247.com/coronavirus/precisamos-cuidar-tambem-da-depressao-dos-idosos-alerta-medico=-geriatra?fbclid-IwAR2ZYH-fQJsvw5hMCak2AdCljwY6D66DRcGcu5Q2h-q_bcgkfp66x_B28Eg Acesso em: abril 3 abr. 2020.

25. SIMÃO, José. Direito de família em tempos de pandemia: hora de escolhas trágicas. Uma reflexão de 7 de abril de 2020. Disponível em: www.ibdfam.org.br/artigos/1405/Direito+de+família+em+tempos+de+pandemia%3A+hora+de+escolhas+trágicas.+Uma+reflexão+de+7+de+abril+de+2020 Acesso em: 1 maio 2020.

26. TENFENADVOCACIA (SILVA, Larissa Tenfen). O direito de convivência e de visitas das pessoas idosas em tempos de Covid-19 Disponível em: .https://www.facebook.com/tenfenadvocacia/photos/a.1572452746185088/2859561697474180/?-type=3&theater. Acesso em: 7 abr. 2020.

só tempo, evitar deslocamento para a criança e adolescente e evitar risco de saúde para os avós já que as aulas se encontram suspensas e os idosos, em sua maioria, já estão aposentados.[27]

É necessário pontuar que para os casos em que a impossibilidade de convivência familiar física ou virtual decorrer de restrições de familiares injustificadas, existe a possibilidade de ocorrência de formas de manifestação de alienação parental. Para estes casos, cabe aos avós recorrerem ao Poder Judiciário para defesa e proteção dos seus direitos, bem como dos seus netos, solicitando, a aplicação das multas, por analogia, da lei de alienação parental ou ainda, em casos de guarda judicial estipulada, a sua modificação em favor do idoso alienado.[28]

É importante lembrar que existem arranjos familiares em que a convivência familiar prevalecerá, ainda que em circunstâncias difíceis de conciliar com os cuidados à saúde e medidas de afastamento social. Isso tende a ocorrer principalmente, em famílias nas quais os avós idosos se responsabilizam pelos cuidados diários dos netos para que os pais possam exercer as suas atividades profissionais e assim sustentarem a seus descentes. Ou ainda, nos casos de moradia conjunta entre pais, avós e netos em situação econômica vulnerável, o que impede o deslocamento destes avós idosos para outro local.

Nestas situações, a preocupação e cuidados com a saúde e os deslocamentos devem ser redobrados, dentro da realidade de cada família. Compete ao Estado apoiar a proteção dessas famílias, seja mediante auxílio financeiro, atendimento médico, vacinação, distribuição de equipamentos de proteção ou outras medidas, ainda que tais medidas sejam difíceis, em tempos de pandemia.

Por fim, faz-se menção as situações de impossibilidades da convivência familiar nestes tempos de pandemia. São casos nos quais, por exemplo, os avós moram em cidades longes e não tem acesso a celulares inteligentes, internet ou não conhecem a tecnologia necessária para manter a convivência virtual com os seus netos. Portanto, invariavelmente serão alijados da convivência física e virtual enquanto perdurar a pandemia e a necessidade do isolamento social. Mais uma vez aqui a ação do Estado é necessária para a proteção e promoção assistencial dos direitos por meio de políticas públicas que garantam o acesso à meios de tecnologia digital.

No entanto, em razão do estado de emergência, nem sempre a interferência do Estado é possível e invariavelmente haverá afastamento e sofrimento inevitável. É a realidade das mazelas brasileiras fundadas na diferença de classes sociais, batendo à nossa porta. Idosos em situação de asilamento, da mesma forma, muitas vezes são abandonados para que se respeite o isolamento social e, poupados dos riscos do coronavírus, acabam morrendo sozinhos de tristeza, depressão, ou ainda, de doenças causadas pela baixa da imunidade agravadas pelo abandono. Em tempos difíceis, não há matemática exata capaz de encontrar solução para todas questões referentes à convivência dos idosos.

---

27. SIMÃO, José. *Direito de família em tempos de pandemia*: hora de escolhas trágicas. Uma reflexão de 7 de abril de 2020. Disponível em: www.ibdfam.org.br/artigos/1405/Direito+de+família+em+tempos+de+pandemia%3A+hora+de+escolhas+trágicas.+Uma+reflexão+de+7+de+abril+de+2020 Acesso em: 1 maio 2020.
28. Ibidem.

5. CONSIDERAÇÕES FINAIS

A convivência entre avós idosos e netos ganha novos desafios e contornos frente a pandemia da Covid-19. O tema está interligado ao processo de crescimento demográfico do grupo etário dos idosos que diante da sua proporção numérica e vulnerabilidade de vida, passa a ser destinatário das normas de gestão da pandemia.

Todavia, a proteção da saúde e da vida dos idosos esbarra na limitação de outros direitos, tais como a convivência familiar. O direito a convivência familiar é uma conquista que visa a proteção das famílias, em especial, dos idosos e dos netos, estimulando os encontros geracionais, que acarretam uma série de benefícios para os envolvidos.

A tutela da promoção e proteção da convivência familiar de outros tempos, passa a ser agora foco de limitação, uma vez que diante da doença da Covid-19 é a própria convivência que pode afetar outros direitos relacionados aos idosos, como a vida e a saúde.

Assim, o desafio atual é definir formas de compatibilizar tais direitos ainda que haja necessidade de novas arranjos na forma do seu exercício. A restrição de um não deve anular, em grau máximo, o outro.

Portanto, as reflexões que se fizeram passam pela orientação da manutenção do direito de convivência que não deverá ser suspenso, mas em determinadas situações, quando haja risco à saúde e à vida das crianças e dos idosos, seja limitado e graduado este direito, com base na substituição das visitas presenciais por visitas virtuais. A contrário sensu, quando houver possibilidade da manutenção segura das visitas presenciais, ainda que readequadas a nova situação, deve ser estimulada e efetivada.

Desta forma, a manutenção do convívio familiar entre avós idosos e seus netos concretiza, a um só termo, a proteção e o melhor interesse dos indivíduos envolvidos, contribuindo para a promoção de uma cultura de valorização dos encontros geracionais e de um envelhecimento digno, ativo, saudável, inclusivo e autônomo da pessoa idosa, ainda que exercido em tempos de pandemia e isolamento.

Em tempos em que as decisões são sempre extremas e exigem sacrifícios consideráveis, fica a reflexão da valorização das necessidades não só físicas mas principalmente emocionais, dos avós idosos, para que ao serem protegidos fielmente das consequências nefastas do Covid-19, não sejam condenados silenciosamente ao esquecimento e abandono, causas de grandes índices de agravamento de doenças, talvez piores do que aquela causada pelo próprio coronavírus.

Parte IV
ALIMENTOS: SOLIDARIEDADE E RESPONSABILIDADE

ALIMENTOS: ANÁLISE MULTIFACETADA E PROPOSTA DE AGENDA PARA O FUTURO PÓS PANDÊMICO

Fernanda Leão Barretto

Advogada. Mestra em Família na Sociedade Contemporânea pela UCSAL. Professora da UNIFACS. Conselheira Estadual da OAB/BA. Vice-presidente do Instituto Brasileiro de Direito de Família – IBDFAM/BA. Presidente da Comissão Nacional de Direito e Arte do Instituto Brasileiro de Direito de Família – IBDFAM.

Luciana Brasileiro

Advogada. Mestre e Doutora em Direito Civil pela UFPE. Pesquisadora do Grupo de Pesquisa Constitucionalização das Relações Privadas (CONREP – UFPE). Membro do Conselho Consultivo do IBDFAM-PE. Presidente da Comissão Nacional de Direito e Arte do Instituto Brasileiro de Direito de Família – IBDFAM. Professora Universitária.

Marília Pedroso Xavier

Professora da graduação e da pós-graduação *strictu sensu* da Faculdade de Direito da UFPR. Doutora em Direito Civil pela USP. Mestre e graduada em Direito pela UFPR. Coordenadora de Direito Privado da Escola Superior de Advocacia do Paraná. Membro da Diretoria Paranaense do Instituto Brasileiro de Direito de Família. Diretora do Instituto Brasileiro de Direito Contratual – IBDCONT. Advogada. Mediadora.

Silvia Felipe Marzagão

Advogada. Extensão em Direito Processual Civil pela PUC-SP. Diretora do Instituto Brasileiro de Direito de Família – IBDFAM/SP; Secretária da Comissão de Direito de Família do Instituto dos Advogados de São Paulo – IASP.

Sumário: 1. Introdução – Revisão dos alimentos e pandemia: uma aflição contemporânea. 2. Análise sociológica: a revisão dos alimentos desconsiderando o viés da responsabilização afetiva e a ampliação da desigualdade entre os gêneros. 3. Análise conceitual: alimentos, revisionais e exequibilidade. 4. Análise processual: alimentos no judiciário. 5. Conclusões – uma agenda para o futuro pós pandêmico. 6. Referências.

"Bem por isso mesmo diz o caboclo:
a alegria vem das tripas –
barriga cheia, coração alegre.
O que é pura verdade"
(Cora Coralina)

1. INTRODUÇÃO – REVISÃO DOS ALIMENTOS E PANDEMIA: UMA AFLIÇÃO CONTEMPORÂNEA

A pandemia causada pela Covid-19 estremeceu o direito das famílias. Muito do que se conhecia e defendia até então entra em xeque quando, de uma hora a outra, manter-se vivo passa a ser a preocupação primordial da humanidade. A realidade humana, diante do medo da finitude (especialmente a precoce), ganha outros contornos e impactos.

Alterada a realidade da vida em sociedade, a comunidade jurídica pôs-se a questionar os mais variados temas, partindo de eventos até então não vividos – ao menos na proporção hoje experimentada –, para buscar soluções inovadoras, mas que respeitem, evidentemente, o sistema jurídico vigente.

Diante disso, o impacto da crise – especialmente financeira – nos traz inevitáveis questionamentos quanto à verba alimentar e as suas possíveis revisões, situação que toma de assombro não só os juristas, como também a sociedade como um todo. E não seria poderia ser diferente uma vez que "o tema é do dia a dia das pessoas e, por isso, os conflitos frequentes que se criam em torno desse assunto são do cotidiano da experiência jurídica"[1].

Não por outra razão, o ineditismo da experiência da vida pandêmica, até mesmo em razão das significativas mudanças que ela nos impinge, nos fará repensar, como um todo, a forma como é tratada no Brasil hoje a fixação dos alimentos, sendo especialmente importante que todos os seus vieses venham a ser verificados.

Assim, o presente estudo tem por finalidade uma análise multifacetada do instituto dos alimentos, tratando o tema sob o viés sociológico, conceitual e processual, bem como o impacto que as prontas revisões da verba alimentar poderão gerar na sociedade. Por fim, o texto trará uma proposta de agenda – aqui entendida como compromisso da doutrina com a busca de soluções que garantam a efetividade do direito aos alimentos – para o tema após o evento pandêmico, visualizando o instituto sob renovado olhar decorrente da nova realidade que se apresenta. Vejamos, então.

2. ANÁLISE SOCIOLÓGICA: A REVISÃO DOS ALIMENTOS DESCONSIDERANDO O VIÉS DA RESPONSABILIZAÇÃO AFETIVA E A AMPLIAÇÃO DA DESIGUALDADE ENTRE OS GÊNEROS

A obrigação alimentar, no direito das famílias, decorre de fato cuja vinculação advém dos deveres decorrentes da relação familiar. Com a finalidade de "assegurar à pessoa considerada necessitada (alimentando) aquilo que é preciso à sua sobrevivência e manutenção, o que abrange diversos aspectos, enquanto a mesma não pode promover o auto sustento"[2], os alimentos visam garantir o mais basilar ao ser humano: a sua sobrevivência.

De fato, "desde o momento de sua concepção, o ser humano – por sua estrutura e natureza – é um ser carente por excelência; ainda no colo materno, ou já fora dele, a sua

---

1. NERY, Rosa Maria de Andrade. *Alimentos*. São Paulo: Thomson Reuters Brasil, 2018. p.23
2. CARDOSO, Fabiana Domingues. *A indignidade no direito aos alimentos*. São Paulo: IASP, 2018. p.142.

ALIMENTOS: ANÁLISE MULTIFACETADA E PROPOSTA DE AGENDA PARA O FUTURO PÓS PANDÊMICO **307**

incapacidade ingênita de produzir os meios necessários à sua manutenção faz com que se reconheça, por um princípio natural jamais questionado, o superior direito de ser nutrido pelos responsáveis por sua geração"[3].

Deste modo, não se faz necessário grande esforço para que se consiga sopesar a importância do instituto dos alimentos dentro do direito das famílias, bem como as aflições decorrentes do tema. É que, "as chamadas 'ações de alimentos' entre nós revelam um aspecto muito doloroso da experiência jurídica brasileira, na medida em que trazem para a apreciação judicial a realidade do descomprometimento das pessoas com a responsabilidade que lhes cabe, gerada por vínculos parentais, conjugais e civis, mantidos com crianças, idosos e carentes, que necessitam de recursos para sobreviver"[4]

Infelizmente, é diante do instituto dos alimentos que nos deparamos, muitas vezes, com o descompromisso de seres humanos com seus vínculos familiares. Tanto o dever de sustento, quanto a obrigação alimentar, para muitos, passam ao largo do real significado de comprometimento com o cuidado com aquele com quem se relaciona parental ou conjugalmente. Muitas vezes, a prestação alimentícia é encarada, pelo alimentante, apenas como uma despesa mensal inconveniente.

Diante deste cenário, vimos o triste estabelecimento do senso comum no sentido de ser a prestação alimentícia encarada como verdadeira vantagem –como algo não merecido – a aquele que a recebe em detrimento daquele que paga.

Muitas vezes, portanto, os alimentos se estabelecem em terreno de completa ausência de responsabilização por vínculos afetivos. Se estabelecem alheios à previsão constitucional – que deveria ser natural – de cuidado e assistência recíproca. Se estabelecem completamente desvinculados do valor jurídico do cuidado, que tem "força subjacente do princípio da solidariedade, como expressão particularizada desta"[5]

Analisado, portanto, sob esse prisma sociológico ligado à displicente vinculação quanto ao compromisso com os vínculos, fica previsível a tendência quase que imediata de, em um ambiente de crise pandêmica, os questionamentos se voltarem imediatamente para a diminuição ou mesmo exoneração do importe devido ao alimentado.

Assim, ecoa na sociedade a ideia que, diante do confinamento e diminuição da atividade econômica do país, o natural seja a pronta revisão para diminuição dos importes pensionais.

A verdade, contudo, é que eventuais diminuições ou mesmo exonerações da verba alimentar, ainda que em um momento de crise como o atual, necessitam das imprescindíveis checagens de todos os prismas que envolvem o tema.

Com efeito, como a grande maioria das vezes a relação alimentar envolve a figura da mulher (seja ela como representante legal do filho alimentando, seja ela como beneficiária da verba alimentar decorrente de vínculo conjugal desfeito), a automatização das revisões dos pensionamentos para menor, significará, ao final, clara ampliação da

---

3. CAHALI, Yussef Said. *Dos Alimentos*. 7. ed. São Paulo: Ed. RT, 2012. p. 29.
4. NERY, Rosa Maria de Andrade. *Alimentos*. São Paulo: Thomson Reuters Brasil, 2018. p. 7.
5. LÔBO, Paulo. Direito de Família e os Princípios Constitucionais. In *Tratado de Direito das Famílias*. PEREIRA, Rodrigo da Cunha. Belo Horizonte: IBDFAM, 2015. p. 113.

desigualdade já existente entre os gêneros. Afinal, "basta uma crise política, econômica ou religiosa, para que os direitos das mulheres sejam questionados"[6].

Sabemos da vulnerabilidade feminina e de todos os percalços enfrentados pelas mulheres para conseguirem equidade em oportunidades sociais, econômicas e profissionais. É que, como cediço, muito embora tenhamos podido começar a observar pequena alteração comportamental social no tocante ao lugar da mulher e sua atuação na organização da sociedade (na década de 80, por exemplo, as mulheres representavam cerca de 26% dos trabalhadores em atividade profissional)[7], mesmo antes da crise oriunda da pandemia causada pela Covid-19, muito ainda havia a ser feito.

A Organização das Nações Unidas já estimava que seriam necessários 81 anos para que pudéssemos falar em real igualdade entre os gêneros[8]. Mulheres, de um modo geral, têm renda 30% inferior aos homens e não ocupam os cargos de maior visibilidade e poder[9].

A maternidade já era, na pré pandemia, um complicador para a vida profissional feminina. No Brasil, por exemplo, estudo realizado pela da Fundação Getúlio Vargas apontava que metade das mães que trabalham são demitidas até dois anos depois que acaba a licença, devido à mentalidade de que os cuidados com os filhos são praticamente uma exclusividade delas[10].

É bem verdade que se podia perceber que com a saída da mulher do lar conjugal e sua entrada no mercado de trabalho ocorreram modificações sistêmicas na família, geradas por novas necessidades. Começou a haver nova distribuição de tarefas em relação aos filhos[11], mas não restam dúvidas que a carga feminina, ainda que consideremos apenas a mental, muitas vezes, mesmo antes da crise gerada pelo coronavírus, já era muito superior.

Todavia, antes da pandemia, a situação da vida pós-rupturas (circunstância em que a verba alimentar é então fixada) era ainda mais complexa. Já se podia apurar que é ainda para a mulher que são atribuídos os cuidados mais significativos com a prole ao fim do relacionamento afetivo. Pesquisa realizada pelo Instituto Brasileiro de Geografia e Estatística – IBGE demonstra que cerca de 70% das crianças permanecem, pós-divórcio, sob guarda exclusivamente materna[12].

---

6. BEAUVOIR, Simone. *O Segundo Sexo*. Rio de Janeiro: Nova Fronteira, 2009. p. 29
7. Dados do censo demográfico realizado pelo Instituto Brasileiro de Geografia e Estatística – IBGE –http://www.abep.org.br/publicacoes/index.php/anais/article/viewFile/1307/1271.
8. ORGANIZAÇÃO DAS NAÇÕES UNIDAS. Análise de disparidade de gêneros. Disponível em: https://nacoesunidas.org/as-vespera-do-dia-internacional-da-mulher-onu-pede-fim-da-disparidade-de-genero-ate-2030/. Acesso em: 23 maio 2019.
9. FGV. Pesquisa. Mulheres ainda ocupam poucos cargos de alta direção no Brasil. Disponível em: https://portal.fgv.br/noticias/pesquisa-fgv-aponta-mulheres-ainda-ocupam-poucos-cargos-alta-direcao-brasil-0. Acesso em: 01 maio 2020.
10. FGV. Pesquisa. Mulheres perdem trabalho após terem filhos. Disponível em: https://portal.fgv.br/think-tank/mulheres-perdem-trabalho-apos-terem-filhos. https://portal.fgv.br/sites/portal.fgv.br/files/the_labor_market_consequences_of_maternity_leave_policies_evidence_from_brazil.pdf. Acesso em: 1º de maio de 2020.
11. CEZAR-FERREIRA, Verônica A. da Motta; MACEDO, Rosa Maria Stefanini. *Guarda Compartilhada* – uma visão psicojurídica. Porto Alegre: Artme, 2016, p. 52
12. TALLMANN, Helena; ZASSA, José; MARTINS, Rita. *Dividindo responsabilidades*. Retratos – A revista do IBGE, Rio de Janeiro, n. 16, p. 7-11, fev. 2019. Disponível em: https://agenciadenoticias.ibge.gov.br/media/com_mediaibge/arquivos/d4581e6bc87ad8768073f974c0a1102b.pdf. Acesso em: 01 maio 2020.

Esses dados demonstram que, na prática, sempre estivemos, mesmo antes da pandemia, diante de grande discrepância na responsabilização dos genitores com relação aos cuidados da prole, situação que já trazia dificuldades inerentes à falta de tempo, de atualização profissional, de recolocação no mercado de trabalho, enfim, de retomada de vida de maneira plena.

Tal circunstância pode se justificar pelo fato de "a cultura atual, ainda intensamente maternalista, termina por ressuscitar a 'domesticidade' feminina. A cultura enraizada, ainda assentada em noções e imagens vetustas das mães e da maternidade, está em desarmonia com a igualdade jurídica e perpetua o desproporcional trabalho doméstico das mulheres"[13]

Diante de tudo isso, não será demasiado concluir que a pandemia, por certo, aumentará a desigualdade de gêneros, uma vez que a crise causada pelo coronavírus terá impacto maior sobre as mulheres.

Neste sentido já se posicionou a Organização das Nações Unidas. Segundo a agência, as mulheres vêm sendo particularmente afetadas pela pandemia, uma vez que a Covid-19 impõe ainda mais ônus a elas em casa, enquanto as expõe a uma maior insegurança de renda e ao aumento dos níveis de violência doméstica[14].

Do mesmo modo, a Organização Internacional do Trabalho aponta reflexos mais significativos da crise às profissionais mulheres, já que elas costumam ser maioria entre trabalhadoras informais, domésticas, dos setores de comércio e prestação de serviços e as quarentenas reduzem consideravelmente a demanda por essas atividades[15].

Se, portanto, no período pós pandêmico naturalizarmos a movimentação no sentido de serem acertadas as reduções dos importes alimentares (sem análise real das necessidades de quem percebe alimentos, por exemplo) nos depararemos com um cenário de verdadeiro aprofundamento do abismo entre os gêneros, com possibilidade real de retrocesso significativo na condição feminina e nas conquistas realizadas até aqui, o que, evidentemente, não se pode admitir.

3. ANÁLISE CONCEITUAL: ALIMENTOS, REVISIONAIS E EXEQUIBILIDADE

A legislação civil brasileira prevê os alimentos nas relações familiares como hipótese que decorre, essencialmente do dever de solidariedade. Esta solidariedade, tida como valor jurídico, se pauta no senso de responsabilidade, também categorizada como princípio. No sentir de Hans Jonas, a responsabilidade das pessoas é *o primeiro objeto de responsabilidade dos outros:*

---

13. CHAVES, Marianna. Os Negócios Jurídicos e a Negação da Autonomia Privada das Mulheres in FERRAZ, Carolina Valença. *Manual Jurídico Feminista*. Belo Horizonte: Casa do Direito. 2019. p.241.
14. ORGANIZAÇÃO DAS NAÇÕES UNIDAS. Mulheres recomenda que igualdade de gênero seja incluída na resposta à pandemia. Disponível em: https://nacoesunidas.org/onu-mulheres-recomenda-que-igualdade-de-genero-seja--incluida-na-resposta-a-pandemia/.Acesso em 02/05/2020.
15. ORGANIZAÇÃO INTERNACIONAL DO TRABALHO. O COVID-19 destaca com crueldade as desigualdades e ameaça aprofundá-las. Disponível em: https://www.ilo.org/brasilia/noticias/WCMS_740309/lang—pt/index.htm. Acesso em 02/05/2020.

De fato, a reciprocidade está sempre presente, na medida em que, vivendo entre seres humanos, sou responsável por alguém e também sou responsabilidade de outros. Isso decorre da natureza não autárquica dos homens, e, pelo menos no que tange à responsabilidade original dos cuidados parentais, todos nós a experimentamos algum dia. Nesse paradigma arquetípico evidencia-se de forma cristalina a ligação da responsabilidade com o Ser vivo[16]

A Constituição Federal prevê este dever como fundamental nas relações de família, sendo ela a consagração da dignidade da pessoa humana, haja vista seu papel hodierno de *locus* de realização pessoal. Paulo Lôbo chama atenção para o fato de que os Alimentos se ressignificaram a partir do conceito de responsabilidade, pois antes do Estado Social e, portanto, do sistema de seguridade social, os Alimentos representavam *imposição de caridade, de piedade ou de consciência, contendo-se nos campos moral e religioso.*[17]

Neste contexto, os alimentos decorrem de relação de conjugalidade ou de parentesco, sendo certo que o padrão de vida é elemento fundamental para parametrizar seu estabelecimento, sobretudo nas hipóteses mais comuns, quais sejam: alimentos decorrentes do poder familiar ou ainda, do desenlace conjugal, quando há dependência econômica.

As demandas alimentares são frequentes nos Tribunais e ocupam o relatório do Conselho Nacional de Justiça como uma das mais requisitadas (em 2019, o cômputo era de 860.228)[18].

A Covid-19, que deflagrou o estado de pandemia, exige uma série de medidas drásticas que, eventualmente, provocará a propositura de demandas alimentares, seja no sentido de redução, majoração, exoneração ou cobrança de alimentos.

Dados do IBGE apontam que atualmente o Brasil possui 12,9 milhões de pessoas desempregadas no primeiro trimestre de 2020, constatando uma alta de 1,3 ponto percentual em relação ao ano de 2019.[19]

Contudo, o dever de solidariedade impõe cautela extrema na verificação de um dado como o desemprego, por exemplo, para deferimento de redução ou exoneração de alimentos. Isto porque as demandas revisionais, que parecem já se multiplicar sob o argumento da pandemia, dependem de análise de efetiva alteração no binômio necessidade possibilidade. É forçosa a constatação de desequilíbrio nos elementos formadores do binômio para justificar sua alteração.

Esta premissa, aliás, se fortaleceu em outra ocasião. A inserção da mulher no mercado de trabalho fez com que a jurisprudência reconhecesse sua efetiva participação nas despesas domésticas, para deixar de presumir queda de capacidade contributiva, antes alegada pelos homens, quando da formação de nova família. É que bastava que o homem acostasse a uma ação revisional a cópia de uma certidão de casamento, ou de

---

16. JONAS, Hans. *O princípio responsabilidade*: Ensaio de uma ética para a civilização tecnológica. (Das Prinzip Verantwortuong: Vesuch einer ethic für die Technologiche Zivilisation. Trad.: Marijane Lisboa, Luiz Barros Montez). Rio de Janeiro: Contraponto: Ed. PUC-Rio, 2006, p. 175.
17. LÔBO, Paulo. *Famílias contemporâneas e as dimensões da responsabilidade*. Disponível em: < https://jus.com.br/artigos/25363/familias-contemporaneas-e-as-dimensoes-da-responsabilidade>. Acesso em 02.05.2020.
18. CONSELHO NACIONAL DE JUSTIÇA. Justiça em Números, 2019. Disponível em: < https://www.cnj.jus.br/wp-content/uploads/conteudo/arquivo/2019/08/justica_em_numeros20190919.pdf>, acesso em 02.05.2020.
19. IBGE. Disponível em: < https://agenciadenoticias.ibge.gov.br/agencia-noticias/2012-agencia-de-noticias/noticias/27535-desemprego-sobe-para-12-2-e-atinge-12-9-milhoes-de-pessoas-no-1-trimestre>, acesso em 02.05.2020.

nascimento de um outro filho, para que fosse deferida a revisional de alimentos, sob a alegação de formação desta nova família, deduzindo ser ele o único provedor de mais um núcleo familiar.

Com a participação efetiva da mulher nas despesas familiares, este cenário passou a ser de recomendação de instrução probatória para verificação de real alteração no padrão. É neste sentido que deve seguir a jurisprudência, portanto, em relação à alegação de queda de padrão, diante da pandemia, se precavendo, no sentir de Marília Xavier, de demandas oportunistas.[20]

A mesma preocupação vem sendo revelada pela doutrina no que diz respeito à cobrança dos alimentos. A pandemia recomenda, neste momento, preservação de vidas humanas e, por esta razão, o cumprimento de dívida alimentar em regime fechado, conforme autoriza a norma processual civil, é temerário.

Contudo, a jurisprudência vem sinalizando um cumprimento em regime domiciliar, que não parece ser a melhor solução para o contexto, sendo certo que outras medidas devem ser pensadas para evitar que a notícia de afastamento da prisão em regime fechado sirva de estímulo para o inadimplemento.

Tendo em vista a já mencionada crise da Covid-19, que impôs a população a medida do isolamento social ou *lockdown* horizontal, para tentativa de controle da pandemia, o CNJ editou a recomendação 62/2020, no sentido de que que os magistrados considerem a possibilidade da mencionada prisão domiciliar para os devedores de alimentos, nesse período, como tentativa de controle da disseminação da doença nos presídios, orientação já seguida pelo STJ no HC569223 – RJ, com relatoria da Min. Nancy Andrighi, julgado em 27 de março de 2020.

Ainda que tal recomendação seja compreensível, diante do atual cenário, é fato que ela diminui consideravelmente, ou até mesmo fulmina temporariamente, a função coercitiva que é a essência da prisão civil por dívida alimentar, e seu distintivo com relação à prisão sancionatória do direito penal.

Num momento em que a maioria do comércio está fechado, que as atividades laborais estão suspensas ou sendo realizadas remotamente, que as atividades sociais e de lazer não estão acontecendo, ficar em casa tem sido medida básica, adotada por todos que podem se proteger e contribuir com a proteção do próximo. Assim, permanecer em casa, ainda que em função de uma ordem judicial, não será solução jurídica eficaz ao encorajamento do adimplemento pelo devedor

O Código de Processo Civil vigente inaugurou novos mecanismos para perseguir o cumprimento da obrigação, contudo, ainda é o temor da prisão civil que assegura o pagamento dos alimentos no Brasil, mesmo que seja medida excepcional, aplicada em situações de inadimplemento voluntário.

---

20. XAVIER, Marília Pedroso. Como evitar oportunismos nas revisionais de alimentos na pandemia. Disponível em: <https://www.conjur.com.br/2020-abr-15/direito-civil-atual-evitar-oportunismos-revisionais-alimentos#author>. Acesso em 02.05.2020.

4. ANÁLISE PROCESSUAL: ALIMENTOS NO JUDICIÁRIO

A partir das análises sociológica e conceitual acerca dos alimentos, é possível concluir que o cenário pandêmico anunciado exigirá, mais do que nunca, que as decisões judiciais na seara de família sejam tomadas com a máxima cautela. Em primeiro lugar, para evitar posturas oportunistas nas quais haja pretensão de alterar o *quantum* mesmo havendo a possibilidade de pagamento. E, em segundo lugar, porque não se pode tornar perene uma decisão baseada em cenário passageiro, sob o risco de converter em regra o que deveria ser exceção. É assim que, em termos processuais, defende-se que as decisões judiciais proferidas sobre o tema devem ter caráter de provisoriedade.

Para que haja mudança no valor do pensionamento, as partes podem se valer de dois caminhos distintos: aforar nova demanda revisional ou requerer a alteração nos autos em andamento. Evidentemente, se não houver processo em curso e o pedido de mudança no valor do pensionamento tiver como fundamento central os impactos financeiros da quarentena, o interessado deverá ajuizar nova demanda. Porém, se houver um processo em curso em que se discuta o tema dos alimentos (com ou sem outros pedidos cumulados), pode a parte aproveitar os mesmos autos e requerer a revisão do valor do pensionamento a partir da demonstração da alteração dos elementos da necessidade e da possibilidade.

A própria natureza do direito aos alimentos permite que se trabalhe com pedidos de liminares e de tutelas provisórias de urgência. A Lei de Alimentos, em seu art. 4°, confere ao magistrado a possibilidade de fixar os alimentos provisórios ao despachar a petição inicial. No entanto, não é apenas ao despachar a inicial que o magistrado pode fixar ou alterar o valor dos alimentos. O Código de Processo Civil de 2015, ao tratar da tutela provisória, no art. 294, não restringe a concessão de tutelas de urgência incidentais a momentos processuais específicos. Ou seja, a alteração do valor da pensão pode ocorrer a qualquer tempo, desde que atendidos os requisitos legais do art. 300, também do CPC.

Vale recordar, aqui, que os elementos para a concessão da tutela de urgência são da probabilidade do direito e o perigo de dano ou risco ao resultado útil do processo. Quanto aos alimentos, a discussão parece cingir à demonstração de probabilidade do direito e perigo de dano, uma vez que o tema da subsistência da pessoa se sobrepõe à utilidade do processo. Sendo assim, o que deve ser considerado são os elementos probatórios necessários para a demonstração da probabilidade do direito e do perigo de dano.

A defesa pelo caráter provisório das decisões ganha sentido também ao considerar certas limitações no pleno exercício do princípio do contraditório que o isolamento social provocou. O regime de teletrabalho adotado por boa parte dos Tribunais impede ou limita a realização de certos atos que se fazem necessários para uma adequada análise probatória. São exemplos a impossibilidade de conclusão de estudos psicossociais exaurientes e perícias (por exigirem interações físicas presenciais), bem como diligências de visitas de assistentes sociais na residência das partes.

Cabe ainda considerar que os alimentos, no período da quarentena, não devem ser fixados por sentença, pois entende-se que a medida mais adequada para estes casos seria a fixação de alimentos por meio de decisões interlocutórias. O argumento, aqui, gira em torno da noção de coisa julgada nas ações de alimentos.

Como é sabido, a coisa julgada nas ações de alimentos é dita *rebus sic stantibus*, ou seja, dura enquanto as circunstâncias fáticas permanecerem as mesmas. Por esta razão, as sentenças de alimentos estabelecem o valor adequado para determinada situação em um determinado momento temporal. Avalia-se a necessidade do alimentando e a possibilidade do alimentante no momento presente[21]. Assim, se o momento presente tende a ser passageiro, não há razão para se proferir decisões definitivas. O momento é de dificuldade para todos: baixa demanda para profissionais liberais, empresários próximos da falência e demissões de empregados são fatos que atingem a grande maioria dos brasileiros e brasileiras, mas que tendem a ser passageiros.

Com o fim da quarentena, é razoável a expectativa de retomada da economia, dos postos de trabalho e da demanda para empresas e profissionais liberais. Os envolvidos em demandas de alimentos, atualmente em tramitação, certamente já foram afetados pela quarentena e serão novamente afetados após seu fim. Justamente por ser o período pandêmico passageiro é que se sustenta não haver razão para decisões definitivas serem proferidas neste momento. Como se afirmou em outra oportunidade, "não há como conferir definitividade para pessoas sujeitas a uma situação grave (mas felizmente passageira) e que altera intensamente as rotinas, o faturamento e os parâmetros de vida e planejamento dos indivíduos"[22].

Passado o período da pandemia, pode o magistrado conceder prazo para que as partes apresentem documentos que demonstrem sua situação e que atualizem informações como renda mensal e custos fixos. Aí sim, com a expectativa de que a vida das partes voltou a ser estável, será possível proferir sentença que resolva o mérito e fixe o valor dos alimentos com maior definitividade.

É preciso destacar que as decisões a serem proferidas devem ser devidamente fundamentadas, avaliando, pormenorizadamente, os fatos narrados e as provas apresentadas, sob pena de nulidade (art. 11, p. único, CPC). Entende-se que a quarentena decorrente da pandemia não é um fato notório, nos termos do artigo 374, inc. I, do Código de Processo Civil, capaz de produzir efeitos independentemente de prova. Assim, não há um direito à redução, suspensão ou exoneração de alimentos igualmente notório e inequívoco. Também, sustenta-se que a Covid-19 não é fundamento, *a priori*, para a inversão do ônus da prova entre devedor e credor de alimentos (arts. 1.692, § 1º e 1.703 do CC).

Por fim, é preciso analisar a ponderação, técnica decisória positivada na codificação processual no artigo 489, § 2º do CPC. O momento torna praticamente todos os casos como "difíceis" e acirra os direitos em tensão. Nessa linha, como os casos podem ser de "colisão entre normas" (na dicção do Código), a tomada de decisão poderá depender do emprego da técnica da ponderação. Acerca dos alimentos, porém, a ponderação mais

---

21. Já havia críticas contra o efeito retroativo da sentença de alimentos, uma vez que a fixação dos alimentos por sentença atinge momentos nos quais a condição de vida das partes poderia ser outra. Ver XAVIER, Marília Pedroso; PUGLIESE, William Soares. Os efeitos da Súmula 621 do STJ na retroação das sentenças de alimentos. *Revista Consultor Jurídico*. São Paulo: Conjur, 27 de maio de 2019. Disponível em https://www.conjur.com.br/2019-mai-27/direito-civil-atual-efeitos-sumula-621-stj-retroacao-alimentos. Acesso em 03/05/2020.

22. XAVIER, Marília Pedroso; PUGLIESE, William Soares. Estabilização sem coisa julgada: uma proposta para decisões em direito de família em tempos de COVID-19. *Cadernos Jurídicos*, v. 99. Curitiba: OAB/PR, abr. 2020, p. 48.

relevante já foi feita pelo próprio legislador: tanto a Constituição da República quanto o Estatuto da Criança e do Adolescente consagram o interesse que deve prevalecer nessas relações, por meio dos princípios da proteção integral, da prioridade absoluta e do melhor interesse da criança (art. 227 da CR/88, arts. 1º e 4º do ECA)[23].

De todo o exposto, a análise processual aqui empreendida poderá ser especialmente útil nesse momento caótico para que o Poder Judiciário possa evitar decisões desconectadas com a realidade do caso concreto e que agravem, ainda mais, o cenário tradicionalmente dramático dos alimentos no Brasil.

5. CONCLUSÕES – UMA AGENDA PARA O FUTURO PÓS PANDÊMICO

É inegável que a pandemia decorrente da Covid-19 deixará marcas que provocarão muitas mudanças. A sociedade já está se reinventando, com adaptação às novas rotinas familiares, ao uso de ferramentas tecnológicas capazes de aparar distâncias e, sobretudo, buscando caminhos de diálogo pautados na solidariedade humana, num momento tão delicado.

O Poder Judiciário, inegavelmente, deverá acompanhar essas mudanças, seja na forma de viabilizar o trâmite dos processos judiciais, seja porque, em matéria de direito familiar já vem se preparando para um anunciado colapso, diante das demandas de alteração de guarda, divórcio e, especialmente, aquelas voltadas ao tratamento dos alimentos.

Deve haver um cuidado reforçado com pleitos judiciais apresentados sem a real motivação ensejadora, por exemplo, de uma alteração de valores na verba alimentar, sempre pautada pelo equilíbrio do binômio necessidade possibilidade. A Covid-19 não pode ser utilizada como hipótese de presunção absoluta de queda de capacidade contributiva para redução de alimentos.

Haverá adaptações nas vidas das pessoas que poderão ficar desempregadas ou, dando um passo à frente, vão ressignificar sua participação no mercado de trabalho e, consequentemente, ter um crescimento patrimonial. O uso das ferramentas já disponíveis promoverá uma mudança radical no cenário das relações de trabalho, com um número maior de pessoas em sistema de *home office,* permanecendo maior parte do tempo em casa, o que pode alterar rotinas para minorar ou majorar despesas.

A tecnologia vem também para substituir muitas funções, o que poderá gerar, com a crise financeira já prevista, um avanço, ainda que temporário, no desemprego.

A advocacia precisará se adaptar, finalmente, ao seu exercício mais consultivo, de prevenção de danos e de estímulo à mediação, de sorte que o colapso do judiciário não se viabilize.

Contudo, o sentimento que parece imperar nas falas dos otimistas, de que a humanidade sairá mais solidária da pandemia, precisa contaminar as pessoas para que se compreenda que o verdadeiro sentido da verba alimentar não é de pagamento de uma

---

23. XAVIER, Marília Pedroso. Como evitar oportunismos nas revisionais de alimentos na pandemia. Disponível em: <https://www.conjur.com.br/2020-abr-15/direito-civil-atual-evitar-oportunismos-revisionais-alimentos#author>. Acesso em 02.05.2020.

quantia fora da realidade da pessoa obrigada, mas deve considerar o padrão de vida da pessoa alimentanda.

A igualdade de condições de gênero não pode ser apenas nas oportunidades de inserção no mercado de trabalho ou ainda, na remuneração, mas também no compartilhamento das tarefas domésticas, para que haja efetiva participação de cônjuges e companheiros da assunção de responsabilidades, seja no exercício da conjugalidade, seja da parentalidade. Isto viabilizará uma compreensão efetiva do valor real de uma pensão alimentícia, sendo certo que a manutenção de uma cultura que enxerga os alimentos como fonte de ostracismo da pessoa dependente não pode se manter, pois é discriminatória e não verdadeira.

Em relação à cobrança dos alimentos, preocupam as afirmações constantes que apontam para o fim da prisão civil e urge que surjam propostas efetivas de soluções que substituam à altura, o efeito pedagógico da prisão em regime fechado, caso esta tendência venha a se confirmar.

Assim sendo, diante dos problemas já identificados como desafiadores num futuro próximo para o Judiciário, a doutrina precisa se comprometer com uma agenda de diretrizes calcadas na Solidariedade e Responsabilidade:

1. a fixação de alimentos deverá necessariamente observar (i) a realidade familiar das partes; (ii) os arranjos próprios e particulares daquela família no momento de regulamentação da verba, devendo ser considerados também os ajustes com a prole e seus cuidados pós rupturas; e (iii) à condição social feminina diante de um quadro de evidente desigualdade entre gêneros;

2. a análise da capacidade financeira para contribuição no sustento do alimentado deve ser minuciosa e levar em consideração a proporcionalidade da contribuição de cada corresponsável;

3. fortalecer a imperatividade de que o deferimento dos pedidos de minoração ou exoneração do pagamento da verba alimentar se submetam à comprovação inequívoca da alteração no binômio necessidade possibilidade, não partindo da presunção absoluta da diminuição da capacidade econômica do alimentante, reafirmando a necessidade de compromisso dos julgadores com a análise cuidadosa e particularizada de cada demanda submetida à sua apreciação, exercendo-se previamente o direito ao contraditório pela outra parte;

4. as decisões nesse campo deverão ser devidamente fundamentadas, sob pena de nulidade (art. 11, p. único, CPC). Assim, a mera alegação da Covid-19 não poderá ser utilizada como um fato notório, nos termos do artigo 374, inc. I, do Código de Processo Civil, capaz de produzir efeitos independentemente de prova. Ressalta-se, também, que o coronavírus não é fundamento, a priori, para a inversão do ônus da prova entre devedor e credor de alimentos (arts. 1.692, § 1º e 1.703 do CC);

5. Buscar construir, ante a constatação da ineficácia da prisão domiciliar como meio de se compelir o devedor a pagar o débito alimentar, e na esteira do universo de mecanismos alternativos à prisão civil do devedor inaugurado com o Código Instrumental de 2015, medidas personalizadas que tenham potencial coercitivo próximo ao da prisão;

6. Se for preciso ponderar no caso concreto entre os direitos do credor e do devedor de alimentos (artigo 489, § 2° do CPC), deve o magistrado proteger os vulneráveis da relação, que já receberam "peso" diferenciado em razão do princípio da proteção integral, da prioridade absoluta e do melhor interesse da criança (art. 227 da CR/88, arts. 1° e 4° do ECA).

6. REFERÊNCIAS

CAHALI, Yussef Said. *Dos Alimentos*. 7. ed. São Paulo: Ed. RT, 2012.

CARDOSO, Fabiana Domingues. *A indignidade no direito aos alimentos*. São Paulo: IASP, 2018.

CEZAR-FERREIRA, Verônica A. da Motta; MACEDO, Rosa Maria Stefanini. *Guarda Compartilhada*: uma visão psicojurídica. Porto Alegre: Artme, 2016.

CHAVES, Marianna. Os Negócios Jurídicos e a Negação da Autonomia Privada das Mulheres in FERRAZ, Carolina Valença. *Manual Jurídico Feminista*. Belo Horizonte: Casa do Direito. 2019

CONSELHO NACIONAL DE JUSTIÇA. Justiça em Números, 2019. Disponível em: < https://www.cnj. jus.br/wp-content/uploads/conteudo/arquivo/2019/08/justica_em_numeros20190919.pdf>, acesso em 02.05.2020.

FGV. Pesquisa. Mulheres ainda ocupam poucos cargos de alta direção no Brasil. Disponível em: https:// portal.fgv.br/noticias/pesquisa-fgv-aponta-mulheres-ainda-ocupam-poucos-cargos-alta-direcao- -brasil-0. Acesso em: 01 maio 2020.

FGV. Pesquisa. Mulheres perdem trabalho após terem filhos. Disponível em: https://portal.fgv.br/think- -tank/mulheres-perdem-trabalho-apos-terem-filhose https://portal.fgv.br/sites/portal.fgv.br/files/ the_labor_market_consequences_of_maternity_leave_policies_evidence_from_brazil.pdf. Acesso em: 01 maio 2020.

IBGE. Disponível em: < https://agenciadenoticias.ibge.gov.br/agencia-noticias/2012-agencia-de-noticias/ noticias/27535-desemprego-sobe-para-12-2-e-atinge-12-9-milhoes-de-pessoas-no-1-trimestre>, acesso em 02.05.2020.

JONAS, Hans. *O princípio responsabilidade*: ensaio de uma ética para a civilização tecnológica. (Das Prinzip Verantwortuong: Vesuch einer ethic für die Technologiche Zivilisation. Trad.: Marijane Lisboa, Luiz Barros Montez). Rio de Janeiro: Contraponto: Ed. PUC-Rio, 2006.

LÔBO, Paulo. Direito de Família e os Princípios Constitucionais. In *Tratado de Direito das Famílias*. PEREIRA, Rodrigo da Cunha. Belo Horizonte: IBDFAM, 2015.

LÔBO, Paulo. *Famílias contemporâneas e as dimensões da responsabilidade*. Disponível em: < https://jus. com.br/artigos/25363/familias-contemporaneas-e-as-dimensoes-da-responsabilidade>. Acesso em 02.05.2020.

ORGANIZAÇÃO DAS NAÇÕES UNIDAS. Análise de disparidade de gêneros. Disponível em: https:// nacoesunidas.org/as-vespera-do-dia-internacional-da-mulher-onu-pede-fim-da-disparidade-de- -genero-ate-2030/. Acesso em: 23 maio 2019.

ORGANIZAÇÃO DAS NAÇÕES UNIDAS. Mulheres recomenda que igualdade de gênero seja incluída na resposta à pandemia. Disponível em: https://nacoesunidas.org/onu-mulheres-recomenda-que- -igualdade-de-genero-seja-incluida-na-resposta-a-pandemia/.Acesso em 02/05/2020.

XAVIER, Marília Pedroso. Como evitar oportunismos nas revisionais de alimentos na pandemia. *Revista Consultor Jurídico*. São Paulo: Conjur. Disponível em: < https://www.conjur.com.br/2020-abr-15/ direito-civil-atual-evitar-oportunismos-revisionais-alimentos#author>. Acesso em 02.05.2020.

XAVIER, Marília Pedroso; PUGLIESE, William Soares. Estabilização sem coisa julgada: uma proposta para decisões em direito de família em tempos de Covid-19. *Cadernos Jurídicos*, v. 99. Curitiba: OAB/PR, abr. 2020, p. 48.

XAVIER, Marília Pedroso; PUGLIESE, William Soares. Os efeitos da Súmula 621 do STJ na retroação das sentenças de alimentos. *Revista Consultor Jurídico*. São Paulo: Conjur. Disponível em https://www.conjur.com.br/2019-mai-27/direito-civil-atual-efeitos-sumula-621-stj-retroacao-alimentos. Acesso em 03/05/2020.

ALIMENTOS LEGAIS E TRIBUTAÇÃO: NOTAS SOB A SOMBRA DE UMA CRISE ECONÔMICO-SANITÁRIA

Daniel Bucar

Doutor pela Universidade do Estado do Rio de Janeiro – UERJ. Professor de Direito Civil no IBMEC/RJ. Procurador do Município do Rio de Janeiro. Advogado.

Caio Ribeiro Pires

Mestre em Direito Civil pela Universidade do Estado do Rio de Janeiro-UERJ. Advogado.

> **Sumário:** 1. Introdução. 2. Alimentos como fato gerador de imposto sobre a renda. 3. Notas sobre a (in)constitucionalidade da tributação. 3.1. A Ação Direta de Constitucionalidade 5882. 3.2. A inconstitucional desigualdade familiar-tributária. 4. Propostas para um possível planejamento tributário sob a vigência do artigo 3º da Lei 7.713/88. 5. Conclusão. 6. Referências.

1. INTRODUÇÃO

O fenômeno das altas cargas de dívidas incidentes sobre o patrimônio das famílias é fato cotidiano na realidade brasileira dos últimos anos[1]. Entre os fatores que geram o endividamento está a carga tributária incidente sobre renda e bens, os quais concorrem com outros tantos débitos a que se sujeita o patrimônio e a renda da pessoa na contemporaneidade.

Se já não bastasse esta realidade, no início de 2020, o mundo foi tomado de surpresa pela pandemia da Covid-19, doença causada pelo vírus SARS-CoV-2, cujo desconhecimento científico e graves repercussões sanitárias determinaram a adoção de medidas de isolamento social da população, recomendadas ou, muitas das vezes, até ordenadas pela Administração Pública. Tal cenário é causador de uma profunda retração na cadeia de circulação produtiva. Excetuados os denominados bens e serviços essenciais, os demais atores da economia sofrem, em variada medida, o revés da paralisação social.

Com advento da crise sanitária-econômica, o Poder Público busca amenizar seu impacto sobre os diversos atores econômicos atingidos. Medidas como flexibilização de direitos sociais de empregados, voltados para a manutenção dos postos de trabalho e

---

1. Neste sentido, a Pesquisa de Endividamento e Inadimplência do Consumidor (PEIC), cuja divulgação é realizada periodicamente. Quanto aos dados de janeiro de 2020, a pesquisa encontra-se disponível em http://cnc.org.br/editorias/economia/pesquisas/pesquisa-de-endividamento-e-inadimplencia-do-consumidor-peic-janeiro-1. Acesso em 22.04.2020.

da atividade empresarial[2], e postergação da agenda de pagamento de tributos (popularmente conhecida como suspensão) [3]estão entre as providências que tocam as relações econômicas pessoais e buscam enfrentar a recessão que se avizinha.

Especificamente no campo do direito patrimonial das famílias, um aspecto específico merece reflexão, que, além de contribuir para o endividamento pessoal, de há muito vem sendo questionado em doutrina: a tributação dos alimentos. As reflexões acerca desta opção tributária convocam o civilista a reflexões para além de matérias que lhes são típicas ao estudo. Na realidade, a conscientização de que o direito do patrimônio da família envolve o *"complexo de relações jurídicas (...) dotadas de valor econômico"* (conforme conceito de patrimônio do artigo 91, CC)[4] requer ao estudioso da matéria, bem assim ao advogado militante, certo manejo de questões que vão além do regime de bens. Daí a relevância do estudo de direito tributário em todas as expressões econômicas do quotidiano familiar, que normalmente passa despercebida pela doutrina de direito tributário.

A constitucionalidade, ou não, da incidência do imposto de renda sobre os recursos financeiros pagos a título de pensão alimentícia já é alvo, inclusive, de debate no Supremo Tribunal Federal, por conta do ajuizamento de Ação Direta de Inconstitucionalidade pelo Instituto Brasileiro de Direito de Família – IBDFAM.

De toda sorte, ainda que se entenda por constitucional a tributação, um planejamento tributário sobre esta específica parcela tende a minimizar o impacto *(a)* da tributação sobre o desgaste financeiro advindo da dissolução de uma entidade familiar e *(b)* da própria crise sanitário-econômica sobre o endividamento pessoal.

2. ALIMENTOS COMO FATO GERADOR DE IMPOSTO SOBRE A RENDA

O inciso III do artigo 153 da Constituição da República estabelece que compete à União instituir impostos sobre renda e proventos de qualquer natureza. O Código Tributário Nacional, aprofundando o detalhamento do fato gerador da exação, dispõe que o tributo incidirá sobre *(i)* a *"renda, assim entendido o produto do capital, do trabalho ou da cominação de ambos"* ou *(ii)* os *"proventos de qualquer natureza, assim entendidos os acréscimos patrimoniais não compreendidos no inciso anterior"*.

As duas hipóteses de fato gerador contempladas pela Constituição da República e, um pouco mais além, pelo próprio Código Tributário Nacional abarcam, na realidade, duas das principais teorias acerca daquilo que efetivamente se constitui renda: a teoria da renda-produto e a teoria da renda-acréscimo patrimonial. Ante o espaço limitado para a exposição das teorias[5], elas representam, grosso modo, duas linhas de raciocínio.

---

2. Vide as Medidas Provisórias 927/2020 e 936/2020.

3. Mencione-se como exemplo a Resolução CGSN nº 154/2020 que prorroga as datas de vencimento dos tributos vinculados ao Simples Nacional.

4. Para um estudo aprofundado sobre o conceito, função e composição de patrimônio, permita-se a remeter a composição deste BUCAR, Daniel. *Superendividamento: reabilitação patrimonial da pessoa humana*. São Paulo: Saraiva, 2017. p. 37-47.

5. Para maior detalhamento, QUEIROZ, Luís Cesar Souza de. Imposto de Renda: requisitos para uma tributação constitucional. Rio de Janeiro: Forense, 2003. p. 121 e seguintes.

Enquanto a teoria da renda-produto entende que a base de cálculo do tributo se origina do produto do trabalho (remuneração *lato sensu*) ou do capital (rendimento), a teoria da renda-acréscimo patrimonial seria o acréscimo líquido que cada pessoa experimenta, pouco importando, inclusive, se houve contraprestação, ou não para o incremento do patrimônio (ou seja, aplicação de trabalho e capital)[6-7].

Diante desta classificação, a doutrina tem destinado à pensão alimentícia o tratamento de proventos de qualquer natureza (renda-acréscimo patrimonial), como se adentrasse um novo ativo, fonte patrimonial, ao patrimônio do alimentado e este passasse, imediatamente, a enriquecer[8]. Por conta desta argumentação, entende-se que a incidência do imposto de renda estaria devidamente justificada e, portanto, correta a aplicação o disposto no artigo 3°, §1°, da Lei 7713/88, cuja dicção, ante a relevância para o desenvolvimento da argumentação aqui esposada, impõe-se transcrever:

> Artigo 3° (...).
>
> § 1° Constituem rendimento bruto todo o produto do capital, do trabalho ou da combinação de ambos, os alimentos e pensões percebidos em dinheiro, e ainda os proventos de qualquer natureza, assim também entendidos os acréscimos patrimoniais não correspondentes aos rendimentos declarados.

3. NOTAS SOBRE A (IN)CONSTITUCIONALIDADE DA TRIBUTAÇÃO

Em que pese a defesa da juridicidade da exação por tributaristas, esta tributação é, de outro lado, questionada pela doutrina civil, notadamente por vozes vinculadas ao estudo do direito das famílias. Certos argumentos já se encontram sob análise do Supremo Tribunal Federal em controle concentrado de constitucionalidade, mas a eles deve ser acrescido um terceiro argumento. Trata-se da ofensa à isonomia que se verifica na desigualdade não justificada do tratamento tributário entre situações específicas da experiência da vida em família.

3.1 A Ação Direta de Constitucionalidade 5882

Em seu festejado manual Direito de Família, Rolf Madaleno defende a intributabilidade de alimentos, sustentando, em suma síntese, que (a) o Estado deve manter uma "política de proteção familiar", (b) não é possível tributar o mínimo existencial, (c) há ausência de acréscimo patrimonial e (d) os alimentos são encargo de família[9]. Ao argumento da inconstitucionalidade ante a violação da garantia do mínimo existencial, também adere Conrado Paulínio da Rosa, sustentando a extinção das deduções que a lei

---

6. PAULA, Fernanda de. A Tributação da Herança sob um Enfoque de Justiça. Considerações e propostas para um correto aproveitamento tributário das heranças nos sistemas do ITCMD e do IRPF. Rio de Janeiro: Lumen Juris, 2019. p. 138.
7. Note-se que nas transferências gratuitas (doações, heranças e legados), há, em tese, dois tributos a incidir, mas com fatos geradores diversos: i) o ITCMD, que grava transmissões gratuitas e onerosas (artigo 155, I, CR/88), e ii) IR, em razão de acréscimo patrimonial apurado ao longo de certo tempo no acervo a transmitir, popularmente conhecido como ganho de capital (artigo 153, III, CR/88). Ambos fatos geradores foram considerados e autorizados pela Constituição da República.
8. QUEIROZ, Luís Cesar Souza de. Imposto de Renda: requisitos para uma tributação constitucional. Rio de Janeiro: Forense, 2003. p. 312.
9. MADALENO, Rolf. Direito de Família. 8ª ed. Rio de Janeiro: Forense, 2018. p. 1322.

faculta aos alimentantes[10] e, por outro lado, a isenção a quem recebe a verba alimentar como medida de concretização da justiça social[11]. Também nas aproximações entre a doutrina civil e a doutrina tributária, defende-se o caráter de confisco existente na tributação dos alimentos, pois a lei ordena a entrega ao fisco de valor essencial a satisfação das necessidades básicas do alimentado (segundo o próprio artigo 1.694 do Código Civil). Consequentemente, tais autores afirmam que esta exação desprotege a família em contrariedade ao disposto no o artigo 226 da Constituição da República[12].

Animado pelos argumentos expostos, o Instituto Brasileiro de Direito de Família ajuizou Ação Direta de Inconstitucionalidade contra o artigo 3º, §1º da Lei 7713/88, a qual, distribuída sob o n. 5422 no Supremo Tribunal Federal, encontra-se sob relatoria do Ministro Dias Toffoli e pendente de julgamento no momento de edição deste artigo.

Para sustentar a inconstitucionalidade, o Instituto requerente fundamentou seu pleito na ausência de tipificação dos alimentos à base de cálculo prevista para o imposto de renda no artigo 153, II, da Constituição da República, ou seja, sustenta que os alimentos não são renda ou proventos de qualquer natureza.

A regular tramitação da ADI fez trazer aos autos informações prestadas pela Presidência da República, pelo Senado Federal, pela Câmara dos Deputados, bem como manifestações da Advocacia-Geral da União (AGU), Procuradoria-Geral da Fazenda Nacional (PGFN) e Procuradoria Geral da República (PGR). Todos os órgãos, além de suscitar questões preliminares, defenderam a constitucionalidade da tributação, destacando-se o argumento, apresentado pela PGFN, no sentido de que o fato gerador do imposto de renda é a aquisição da disponibilidade de acréscimo patrimonial[13], seja qual for a sua causa, não se eximindo, tampouco, os alimentos, pois o consumo desta renda pelo alimentando é desimportante para a tributação.

Embora munidos de congruência lógica, parece, contudo, que os argumentos sustentados pelo IBDFAM não encontram respaldo na doutrina tributária, que advoga de forma unânime[14], a possibilidade de tributação dos alimentos em razão de seu enquadramento no conceito de proventos de qualquer espécie (artigo 43, II, CTN), sobretudo em razão da disponibilidade de recursos. A este obstáculo, deve ser acrescentado que (a) a defesa de uma política protetora do mínimo existencial encontra-se, de alguma forma, contemplada na isenção de tributo em razão das faixas da progressividade da tributação

---

10. Artigo 4º, inciso II, Lei 9250/95.
11. ROSA, Conrado Paulino da. A inconstitucionalidade da tributação em pensões alimentícias como forma de garantia do mínimo existencial. Disponível em http://www.ibdfam.org.br/artigos/1086/A+inconstitucionalidade+da+tributa%E7%E3o+em+pens%F5es+aliment%EDcias+como+forma+de+garantia+do+m%EDnimo+existencial+. Acesso em 23.04.2020.
12. FERREIRA, Jussara Suzi Assis Borges Nasser; RIBEIRO, Maria de Fátima. Direito de família: pensão alimentícia e tributação. *Scientia Iuris*. Londrina, volume 5-6, p. 205-221, 2001-2002.
13. Para os conceitos de disponibilidade econômica e jurídica, bem como defesa à constitucionalidade da tributação dos alimentos, vide SARAIVA FILHO, Osvaldo Othon de Pontes. A Incidência do IRPF sobre pensão alimentícia. Revista dos Tribunais, v. 966 (abril/2016), Disponível em http://www.mpsp.mp.br/portal/page/portal/documentacao_e_divulgacao/doc_biblioteca/bibli_servicos_produtos/bibli_boletim/bibli_bol_2006/RTrib_n.966.12.PDF. Acesso em 23.04.2020.
14. Ainda que por razões distintas, como anota PAULA, Fernanda de. A Tributação da Herança sob um Enfoque de Justiça. Considerações e propostas para um correto aproveitamento tributário das heranças nos sistemas do ITCMD e do IRPF. Rio de Janeiro: Lumen Juris, 2019. p. 137-139.

ALIMENTOS LEGAIS E TRIBUTAÇÃO **323**

e, ainda, (b) não há como se sustentar o caráter indenizatório de alimentos em direito de família[15], visto que inexiste ato ilícito a indenizar[16].

Embora a escolha pela tributação de alimentos tenha, até aqui, se configurado como uma opção possível e legítima, à insurreição contra a incidência de imposto de renda sobre alimentos deve ser acrescentado outro fundamento jurídico definitivo: a desigualdade familiar-tributária que a referida exação proporciona.

3.2 A inconstitucional desigualdade familiar-tributária

A instituição de uma pensão alimentícia entre parentes ou cônjuges/companheiros decorre, quando evidenciada a necessidade, de imposição legal (artigo 1694, Código Civil), que encontra fundamento constitucional nos princípios *(a)* da dignidade da pessoa humana (artigo 1º, III, CR) e *(b)* de uma solidariedade (artigos 3º, I, CR), a qual, aqui, recebe uma adjetivação: a solidariedade familiar (artigo 227, CR)[17].

Em outras palavras, uma vez diante de uma obrigação no âmbito da família, sabe-se que ela se justifica na solidariedade material. Tal constatação independe de seu reconhecimento por meio de uma decisão judicial impositiva ou de um ajuste consensual formalmente pactuado pelas partes (formalizado em escritura pública) ou, ainda, no âmbito das relações internas dentro da entidade familiar (parentais ou conjugais).

Significa dizer, portanto, que não é lícito encontrar diferença justificada entre um filho que receba sustento de seus pais casados e um filho que perceba alimentos de genitores divorciados. A relação familiar que lastreia a solidariedade é a mesma e não se altera por conta de modificação da estrutura familiar. O vínculo é exatamente o mesmo e igual raciocínio deve ser aplicado para todas as relações famílias que demandam e possibilitam a prestação de alimentos entre cônjuges/companheiros e os demais parentes.

A formalização do dever de sustento, seja por decisão judicial ou por escritura pública, bem como atendidos os seus requisitos, jamais terá o condão de alterar a essência da relação que o lastreia, sob pena, inclusive, de determinar um tratamento de desigual entre iguais, privilegiando a estrutura de que se origina o dever alimentar sobre a sua função[18]. Basta pensar no alimentante que possui dois filhos adolescentes; um gerado em uma relação conjugal já finda e outro que foi concebido no âmbito de união estável em vigor. Os vínculos são iguais, bem como, como sói pode ser, igual é o dever de sustento[19].

---

15. Diferente é a hipótese de alimentos em razão de ato ilícito (artigo 948, II, CC).
16. Não se desconhece, em doutrina, a acalorada defesa de alimentos compensatórios. Neste sentido, defendendo a possibilidade de alimentos compensatórios: DIAS, Maria Berenice. Manual de Direito das Famílias. 11. ed. São Paulo: Editora Revista dos Tribunais, 2016. p. 985. Em oposição, TEPEDINO, Gustavo. BANDEIRA, Paula Greco. Os alimentos compensatórios no Direito brasileiro: inadmissibilidade por ausência de fonte legal e incompatibilidade de função. In: CORTIANO Jr. Eroulths; EHRHARDT Jr. Marcos (Coords), Transformações no Direito Privado nos 30 anos da Constituição: Estudo em homenagem a Luiz Edson Fachin. Belo Horizonte: Fórum, 2019. p. 713-719.
17. TEPEDINO, Gustavo; TEIXEIRA, Ana Carolina Brochado. Fundamentos do Direito Civil. Direito de Família. v. 6. Rio de Janeiro: Editora Forense, 2020. p. 335-336.
18. Para esta didática separação entre estrutura, "o que é" determinado instituto, e função, "para que serve" aquele, PERLINGIERI, Pietro. Perfis do Direito Civil, introdução ao direito civil constitucional. Rio de Janeiro: Renovar, 2002. p. 94.
19. Em relação a esta específica obrigação, vale lembrar que o próprio Código Civil, ainda que de forma despicienda ante o teor do artigo 227, §6º da Constituição da República, prevê em seu artigo 1.632 que A separação judicial, o

Contudo, não obstante a Constituição afirmar que a família – e seus vínculos – tem especial proteção do Estado (artigo 226), distribuindo entre todos os atores os fios de uma complexa rede de assistência material e solidária (artigos 227, 229, 230), parece que a atividade fiscal do Estado simplesmente rejeita tais mandamentos, seja por diferenciar tributação diante da existência de iguais vínculos econômicos, seja por onerar, em certas situações, o próprio dever de sustento e amparo constitucionalmente garantido.

Com efeito, é conhecido por todos que, dentro das limitações do poder de tributar, encontra-se o princípio da isonomia tributária, previsto no inciso II do artigo 150 da Constituição da República, que veda a instituição de "tratamento desigual entre contribuintes que se encontrem em situação equivalente (...)". Em outras palavras, o princípio da igualdade tributária repousa na ideia de que a "a lei tributária deve ser igual para todos e a todos deve ser aplicada com igualdade. Melhor expondo, quem está na mesma situação jurídica deve receber o mesmo tratamento tributário"[20].

Por outro lado, para que haja tratamento desigual, é importante verificar que se subsistem situações diferentes que comportem abordagens diversas. Assim, para aferição da existência da relação de igualdade, é necessário verificar a relação de dois sujeitos com base em uma medida de comparação, cujo parâmetro não pode ser constitucionalmente vedado[21].

No âmbito do direito de família, a base de comparação deve ser realizada a partir dos vínculos familiares que demandam o dever de sustento e, portanto, o pagamento de alimentos. Para tanto, é necessária a verificação de cada hipótese possível da prestação de alimentos[22], bem como eventual alteração de fundamento por conta de seu estabelecimento em decisão judicial ou escritura pública:

(a) alimentos civis destinados a filhos – o dever de sustento decorre da autoridade parental, previsto no artigo 229 da Constituição da República, bem como dos artigos 1.566, IV, 1.568 e 1.724 do Código Civil. Ainda que de forma redundante, como aqui já se asseverou, o próprio Código Civil fez questão de expressar que o dever de sustento, entre outros deveres, não se modifica em razão do divórcio dos pais (artigo 1.579), o que se aplica, na realidade, a qualquer relação filiação, seja qual for a sua proveniência. Não há, portanto, alteração do vínculo obrigacional em razão de dissolução da sociedade conjugal e, muito menos, por conta da fixação judicial dos alimentos;

(b) alimentos naturais destinados a netos – apesar do dever de sustento dos avós não ser igual ao dos pais, o artigo 1.698 do Código Civil concedeu-lhes respon-

---

divórcio e a dissolução da união estável não alteram as relações entre pais e filhos senão quanto ao direito, que aos primeiros cabe, de terem em sua companhia os segundos. Neste sentido, "cabe lembrar que a carta constitucional, por meio, do seu artigo 227, §6°, estabeleceu que todos os filhos são iguais, qualquer que seja sua origem. Se a separação acarretar algum impacto na prole, será o mesmo para todos os filhos, de forma equânime. A respeito do assunto, TEIXEIRA, Ana Carolina Brochado. A (Des)necessidade da Guarda Compartilhada ante o Conteúdo da Autoridade Parental? *In* Manual de Direito das Famílias e das Sucessões. TEIXEIRA, Ana Carolina Brochado; RIBEIRO, Gustavo Pereira Leite. Rio de Janeiro, Processo. 2017. p. 253.

20. CARRAZZA, Roque Antonio. Curso de Direito Constitucional Tributário. 29ª ed. São Paulo: Malheiros, 2013. p. 87.
21. AVILA, Humberto. Teoria da Igualdade Tributária. 2ª ed. São Paulo: Malheiros. 2009. p. 96.
22. Ainda que derivem de diversas funções relacionadas a posições familiares assumidas por alimentante e alimentado.

sabilidade sucessiva e complementar (ou subsidiária). A característica destes alimentos não tem o condão de ser modificada em razão de estabelecimento por sentença. Tanto o auxílio graciosamente prestado por avós a certos netos, quanto os alimentos fixados judicialmente em favor destes parentes têm, em regra, idêntico significado: os pais não conseguem sustentar seus filhos e os avós, voluntariamente ou coercitivamente, passam a exercer tal função;

(c) entre cônjuges ou companheiros – o dever de sustento entre cônjuges ou companheiros decorre da mútua assistência, na forma dos artigos 1.566, III e 1.724, do Código Civil. Após a dissolução do vínculo, na forma da previsão do artigo1.704 do Código Civil, que prevê a fixação de pensão após a dissolução do casamento, caso necessária, o fundamento da prestação alimentar deriva da solidariedade familiar e, portanto, da mútua assistência[23]. Assim, além de não se verificar uma alteração no fundamento da mútua assistência entre casados e conviventes e ex-casados e ex-conviventes, parece que qualquer tratamento diferenciado importaria em indevida intervenção fiscal na opção existencial de vínculos familiares, na medida em que, em última análise, o Estado estimularia a manutenção do casamento por meio melhor tributação sobre a mútua assistência prestada entre casados.

(d) alimentos entre colaterais – o artigo 1.697 do Código Civil previu a obrigação alimentar entre parentes até segundo grau. Aqui, tal qual os avós, o parentesco que obriga a prestação de alimentos (naturais) não se altera por conta da fixação em sentença judicial ou em razão de escritura pública;

(e) alimentos para idosos – o artigo 11 do Estatuto do Idoso reafirma a obrigação de alimentos aos maiores de 60 (sessenta) anos, pautada no princípio da solidariedade, a permitir, assim e inclusive, a inobservância de ordem legal em prestígio à melhor condição econômica de quem a possua, derrogando o rateio proporcional (1.698 do Código Civil) e impondo a solidariedade entre os devedores, na forma do artigo 12 do referido Estatuto[24]. Também e por fim, aqui, não se constata qualquer alteração do dever de alimentar, seja ele feito de forma graciosa e informal, seja realizado por força de formalização em escritura pública ou decisão judicial.

Como é possível evidenciar, não se constata qualquer razão para distinguir o adimplemento de uma prestação alimentar, seja ele feito graciosamente e por cumprimento espontâneo, seja reconhecida por decisão judicial ou em decorrência de instituição por escritura pública, que que fundamente o tratamento tributário diferenciado pela legislação.

---

23. MADALENO, Rolf. Alimentos e sua configuração atual. *In* Manual de Direito das Famílias e das Sucessões. TEIXEIRA, Ana Carolina Brochado; RIBEIRO, Gustavo Pereira Leite. Rio de Janeiro, Processo. 2017. p. 419.
24. SILVA, Denis Franco; BARLETTA, Fabiana Rodrigues. Solidariedade e Tutela do Idoso: O Direito dos Alimentos. In Direito Civil Constitucional. A Ressignificação da Função dos Institutos Fundamentais do Direito Civil Contemporâneo e suas Consequências. TEPEDINO, Gustavo; FACHIN, Luiz Edson; LÔBO, Paulo (Coords). Florianópolis: Conceito, 2014. p. 463.

Note-se que, a título de exemplo, o pagamento de salário pelo empregador por adimplemento espontâneo ou por reconhecimento judicial da relação de emprego não implica em regimes diversos de tributação, tal como reiteradamente já reconhecido pela jurisprudência trabalhista[25]. O título da obrigação salarial é rigorosamente idêntico e não há parâmetro constitucionalmente verificável para tratamento diverso, entre reconhecer e pagar espontânea ou judicialmente.

Definitivamente, não há substrato diferenciador para o tratamento tributário desigual entre situações rigorosamente idênticas (conforme verificado nas hipóteses de alimentos acima descritas), não sendo o reconhecimento judicial do dever alimentar ou a sua formalização espontânea por escritura pública motivo constitucional para incidir o imposto de renda.

Em verdade e até para evitar fraude fiscal e melhor controle de possíveis deduções tributárias na base de cálculo de imposto de renda, é lícito à legislação fiscal condicionar o reconhecimento formalizado ou judicial da obrigação de alimentar. Todavia, não há como se compreender a diferenciação do regime tributário por força de tais atos.

Na realidade, a assistência material deve seguir o regime de tributação a que já se submete o alimentante, de cuja receita será a medida da disponibilidade financeira para prestar alimentos civis ou mesmo naturais. Tanto assim que é critério assente no quotidiano forense a fixação da pensão alimentícia a partir da receita líquida do alimentante, descontando-se, quando for a hipótese, as retenções obrigatórias (previdência geral e imposto de renda).

Assim, se a receita provier de "trabalho informal", de remunerações diversas (dividendos e alienação de bens) ou, ainda, do próprio salário, a tributação deve ser feita apenas na renda do alimentante, visto que, cumprindo o dever de alimentar espontaneamente, não resultará em nova base de incidência de imposto de renda.

Dito de outra forma, quando os genitores mantêm vínculo conjugal e pagam espontânea e informalmente as despesas de sua prole comum, o fisco analisa a proveniência da renda daqueles e tributa de acordo como regime fiscal aplicável[26]. Contudo, se o mesmo casal se divorcia e passa a adimplir prestações alimentícias, o alimentando, ainda que receba idêntico valor para as despesas que eram já anteriormente custeadas, passará a pagar tributos, independentemente do regime fiscal a que se submeteria seus genitores.

---

25. O Enunciado 368 da Súmula do Tribunal Superior do Trabalho reconhece, em síntese, que a tributação do salário deve ser aplicada como se o empregado o tivesse percebido, no âmbito de uma relação de emprego, mês a mês ("VI – O imposto de renda decorrente de crédito do empregado recebido acumuladamente deve ser calculado sobre o montante dos rendimentos pagos, mediante a utilização de tabela progressiva resultante da multiplicação da quantidade de meses a que se refiram os rendimentos pelos valores constantes da tabela progressiva mensal correspondente ao mês do recebimento ou crédito, nos termos do artigo 12-A da Lei nº 7.713, de 22/12/1988, com a redação conferida pela Lei nº 13.149/2015, observado o procedimento previsto nas Instruções Normativas da Receita Federal do Brasil").

26. Há situações, é importante observar, que a renda sequer é tributada na pessoa do genitor, como é a hipótese, por exemplo, da receita proveniente da percepção de lucros de sociedade empresária, conforme o artigo 10 da Lei 9249/95.

ALIMENTOS LEGAIS E TRIBUTAÇÃO | **327**

Esta diferenciação se apresenta como odiosa e deve ser rechaçada, pois, repita-se, quando o alimentante pagava valores aos fornecedores das prestações necessárias para vida do alimentando, a referida importância não era tributada.

Portanto e em definitivo, o reconhecimento judicial ou a formalização da obrigação de sustento não é parâmetro distintivo para nova e diversa tributação por violar o princípio da igualdade tributária, pelo que, ante a crise sanitário-econômica que se avizinha, é mais do que momento para revisão da incidência do imposto de renda sobre alimentos, ante sua inconstitucionalidade.

4. PROPOSTAS PARA UM POSSÍVEL PLANEJAMENTO TRIBUTÁRIO SOB A VIGÊNCIA DO ARTIGO 3º DA LEI 7.713/88

Entretanto, como ainda não foi reconhecida a inconstitucionalidade da tributação, é de suma importância, de toda sorte, o desenho de um planejamento tributário para os alimentos, de modo que se reduza o impacto fiscal em uma exação que, dado o caráter solidário da base de cálculo, requer, mais do que nunca, um programa de elisão fiscal.

Primeiramente, é importante destacar que a legislação tributária apenas observa os possíveis benefícios relativos à pensão alimentícia, desde que os alimentos estejam fixados em decisão judicial ou escritura pública. Portanto, um planejamento tributário, aqui, precisará do consenso entre as partes (quando for a hipótese de escritura pública) ou de uma decisão judicial que lastreie o projeto elisivo.

Assim, na medida do possível, uma forma de minimizar o impacto fiscal está na própria prescrição da base de cálculo do artigo 3º, § 1º, da Lei 7.713/88, qual seja a incidência do imposto de renda em sobre alimentos percebidos *em dinheiro*. Desta previsão, é possível verificar que o legislador retira da base de cálculo do imposto de renda os alimentos prestados *in natura*[27]. Assim, na medida do possível, é válida a transformação da prestação alimentícia em alimentos *in natura*, de forma que se evite a tributação.

Caso não seja viável a integralidade da prestação direta (*in natura*), a fixação parcial da pensão nesta espécie e a outra parte em dinheiro, buscando respeitar os limites de isenção do imposto de renda[28], pode propiciar uma elisão fiscal, evitando-se a oneração da renda com o respectivo imposto. Para usufruir deste benefício, é importante que, na hipótese de alimentos prestados a filho(s), não se acumule os alimentos em dinheiro com a renda daquele que vier a receber em nome do filho[29]. Para tanto, deve-se inscrever o alimentando menor no Cadastro de Pessoas Físicas e considerá-lo como centro

---

27. "Os alimentos *in natura* são aqueles prestados de forma direta, quando o alimentante atende pessoalmente ao sustento diário, com alimentos, alojamento, vestimenta e remédios a o invés de prestar sua obrigação mediante um abono mensal em dinheiro". MADALENO, Rolf. Direito de Família. 8ª ed. Rio de Janeiro: Editora Forense. 2018, p. 1.174.

28. Quando da edição deste livro, a faixa de isenção do imposto de renda estava adstrita a valores mensais inferiores a R$ 1.903,98, conforme artigo 1º, inciso IX, da Lei 11.482/07, em cujo texto é possível verificar a integralidade da tabela progressiva.

29. Ressalvada a hipótese de que a dedução da alíquota fixa por dependente seja mais vantajosa ao genitor que administrará os recursos, na forma do artigo 4º, inciso III, alínea 'a', da Lei 9.250/95.

de imputação tributária diversa daquele do genitor responsável pela administração de seus bens. Esta inscrição, vale a pena registrar, pode ainda ser mais bem aproveitada.

Com efeito, se ambos os genitores concorrem com suas rendas para os alimentos dos filhos e já sofrem tributação de renda, podem eles fixar em juízo a prestação concomitante de alimentos ao(s) filho(s). Já que os pais devem prestar assistência aos filhos, é facultado que ambos pleiteiem ou requeiram a declaração de quanto, em dinheiro, cada qual irá prestar alimentos ao(s) filho(s).

Desta forma, além de os pais poderem deduzir da base de cálculo de suas respectivas rendas o valor de alimentos (artigo 4º, II, da Lei 9.250/95), o alimentando poderá não apenas usufruir das faixas de isenção como centro de imputação fiscal autônoma, como também deduzir das suas receitas os valores que vier a dispender com saúde e educação. Para tanto, basta que estas despesas sejam feitas com os recursos provenientes dos alimentos pelo filho.

Em um momento que redução das dívidas incidentes sobre a receita é medida que se impõe, estas são medidas que são passíveis de adoção em menor tempo, ainda que necessária a formalização da organização tributária por meio de escritura pública ou decisão judicial[30], como alternativa à patente inconstitucionalidade da tributação de alimentos e viabilidade de redução de custos.

5. CONCLUSÃO

A crise sanitária-econômica ocasionada pela pandemia da Covid-19 requer minimização de despesas, entre elas, a própria tributação da renda, que já foi objeto de medidas benéficas adotadas pelo Estado brasileiro. Todavia, no que toca a alimentos, a tributação do imposto de renda que sobre eles incide, além de ser – por inúmeras razões – inquinada de inconstitucionalidade, é necessário ao estudioso atento do direito patrimonial de família a busca de soluções alternativas, enquanto vigente o artigo 3º, § 1º, da Lei 7.713/88.

Desta forma, um planejamento tributário voltado à (sempre lícita) elisão fiscal é medida que se impõe na busca de redução do endividamento, o que deve ser feito mediante estudo da situação concreta à luz dos benefícios tributários dispostos na legislação do imposto de renda, com sua necessária formalização por escritura pública (quando aplicável) ou decisão judicial.

6. REFERÊNCIAS

AVILA, Humberto. Teoria da Igualdade Tributária. 2. ed. São Paulo: Malheiros, 2009.

BUCAR, Daniel. *Superendividamento: reabilitação patrimonial da pessoa humana*. São Paulo: Saraiva, 2017.

---

30. O Superior Tribunal de Justiça já decidiu que não poderão ser deduzidas da base de cálculo de tributação da renda do alimentante os alimentos pagos voluntariamente, sem decisão judiciam impositiva ou formalização de acordo via escritura pública. A respeito do assunto: STJ, REsp 567877 / SC, 2ª turma, Rel. Min. Castro Meira, julgado em 12/12/2006, disponível em: https://ww2.stj.jus.br/processo/revista/documento/mediado/?componente=ATC&sequencial=2752060&num_registro=200301167193&data=20070201&tipo=91&formato=PDF, acesso em: 03/05/2020.

CARRAZZA, Roque Antonio. Curso de Direito Constitucional Tributário. 29. ed. São Paulo: Malheiros, 2013.

DIAS, Maria Berenice. Manual de Direito das Famílias. 11. ed. São Paulo: Ed. RT, 2016.

FERREIRA, Jussara Suzi Assis Borges Nasser; RIBEIRO, Maria de Fátima. Direito de família: pensão alimentícia e tributação. *Scientia Iuris*. Londrina, volume 5-6, p. 205-221, 2001-2002.

MADALENO, Rolf. Alimentos e sua configuração atual. *In Manual de Direito das Famílias e das Sucessões*. TEIXEIRA, Ana Carolina Brochado; RIBEIRO, Gustavo Pereira Leite. Rio de Janeiro, Processo. 2017.

MADALENO, Rolf. *Direito de Família*. 8. ed. Rio de Janeiro: Forense, 2018.

PAULA, Fernanda de. *A tributação da herança sob um enfoque de justiça*. Considerações e propostas para um correto aproveitamento tributário das heranças nos sistemas do ITCMD e do IRPF. Rio de Janeiro: Lumen Juris, 2019.

PERLINGIERI, Pietro. *Perfis do Direito Civil, introdução ao direito civil constitucional*. Rio de Janeiro: Renovar, 2002.

QUEIROZ, Luís Cesar Souza de. *Imposto de Renda: requisitos para uma tributação constitucional*. Rio de Janeiro: Forense, 2003.

ROSA, Conrado Paulino da. *A inconstitucionalidade da tributação em pensões alimentícias como forma de garantia do mínimo existencial*. Disponível em http://www.ibdfam.org.br/artigos/1086/A+inconstitucionalidade+da+tributa%E7%E3o+em+pens%F5es+aliment%EDcias+como+forma+de+garantia+do+m%EDnimo+existencial+. Acesso em 23.04.2020.

SARAIVA FILHO, Osvaldo Othon de Pontes. A Incidência do IRPF sobre pensão alimentícia. *Revista dos Tribunais*, v. 966 (abril/2016). Disponível em http://www.mpsp.mp.br/portal/page/portal/documentacao_e_divulgacao/doc_biblioteca/bibli_servicos_produtos/bibli_boletim/bibli_bol_2006/RTrib_n.966.12.PDF. Acesso em 23.04.2020.

SILVA, Denis Franco; BARLETTA, Fabiana Rodrigues. Solidariedade e Tutela do Idoso: O Direito dos Alimentos. In *Direito Civil Constitucional*. A Ressignificação da Função dos Institutos Fundamentais do Direito Civil Contemporâneo e suas Consequências. TEPEDINO, Gustavo; FACHIN, Luiz Edson; LÔBO, Paulo (Coords). Florianópolis: Conceito, 2014.

TEIXEIRA, Ana Carolina Brochado. A (Des)necessidade da Guarda Compartilhada ante o Conteúdo da Autoridade Parental? *In Manual de Direito das Famílias e das Sucessões*. TEIXEIRA, Ana Carolina Brochado; RIBEIRO, Gustavo Pereira Leite. Rio de Janeiro, Processo. 2017.

TEIXEIRA, Ana Carolina Brochado Teixeira. Os alimentos entre dogmática e efetividade. *Revista Brasileira de Direito Civil – RBDCilvil*. Belo Horizonte, vol. 12, abr./jun. 2017. p. 75-92, disponível em: https://rbdcivil.ibdcivil.org.br/rbdc/article/view/34, acesso em: 03/05/2020.

TEPEDINO, Gustavo; TEIXEIRA, Ana Carolina Brochado. *Fundamentos do Direito Civil*. Direito de Família. v. 6. Rio de Janeiro: Editora Forense, 2020.

TEPEDINO, Gustavo; BANDEIRA, Paula Greco. Os alimentos compensatórios no Direito brasileiro: inadmissibilidade por ausência de fonte legal e incompatibilidade de função. In: CORTIANO Jr. Eroulths; EHRHARDT Jr. Marcos (Coords), *Transformações no Direito Privado nos 30 anos da Constituição*: Estudo em homenagem a Luiz Edson Fachin. Belo Horizonte: Fórum, 2019.

Parte V
TRANSMISSÃO SUCESSÓRIA E SEU PLANEJAMENTO

COVID-19 E PLANEJAMENTO SUCESSÓRIO: NÃO HÁ MAIS MOMENTO PARA POSTERGAR

Daniela de Carvalho Mucilo

Mestre em Direito das Relações Sociais pela Pontifícia Universidade Católica de São Paulo (PUC/SP). Especialista em Direito Civil pela Università degli Studi di Camerino, Itália. Especialista em Direito de Família e das Sucessões pelo Centro de Extensão Universitária de São Paulo (CEU/SP). Professora e Coordenadora de Cursos de Pós Graduação em Direito de Família e Sucessões. Advogada.

Daniele Chaves Teixeira

Doutora e Mestre em Direito Civil pela Universidade do Estado do Rio de Janeiro (UERJ). Pesquisadora Bolsista no Max-Planck-Institut für auslandisches und internationales Privatrech. Especialista em Direito Civil pela Università degli Studi di Camerino, na Itália. Especialista em Direito Privado pela Pontifícia Universidade Católica do Rio de Janeiro. Professora e Coordenadora de Cursos de Pós-Graduação de Direito do CEPED/UERJ. Advogada.

Sumário: 1. Introdução. 2. O porquê do planejamento sucessório. 3. Desmitificação do planejamento sucessório com a finitude humana frente ao Covid-19. 4. Instrumentos mais acessíveis e flexíveis de planejamento sucessório. 5. Conclusão. 6. Referências.

1. INTRODUÇÃO

O direito das sucessões é um tema que lida com a morte, ou seja, algo que a sociedade em geral não gosta de tratar. Entretanto, é a única certeza que temos na vida. E hoje o tempo não está propício para deixar tal assunto para ser tratado "depois". Por outro lado, a composição da sociedade contemporânea faz com que o tema seja de relevância na atualidade. Logo, trata-se de um objeto de estudo urgente e importante. A procrastinação, agora, passa a não ser uma opção.

Os principais fatores que estão proporcionando reavaliações do direito das sucessões decorrem de transformações das famílias e dos bens, ou seja, são oriundos de questões sociais e econômicas. As necessidades de maior atenção ao direito sucessório – e, principalmente, ao crescimento e à importância dessa área – são realidades hoje. É relevante a análise da sociedade atual, que tem uma perspectiva de uma sociedade líquida, globalizada, conectada, que vivencia os efeitos dessas transformações socioeconômicas.

Vale questionar se as características da sociedade não foram o cenário perfeito para o desenvolvimento tão rápido do Covid-19. Mas, o intuito do artigo é levar a refletir e conhecer mais sobre o planejamento sucessório e como ele é acessível a todos dentre as características do respectivo patrimônio.

Neste momento de pandemia, por exemplo, em que a letalidade de um vírus escancara a inexorável finitude humana, mostra-se inevitável tratar desse tabu cultural, tendo em vista o contexto no qual se encontra a sociedade brasileira e mundial. O Covid-19 desconstrói assim um dificultador do planejamento sucessório que é a questão de não se falar da morte e sucessão, acelerando o enfoque nesta que é a realidade, ao menos, mediata, de todos aqueles que pensam na transferência de seus bens e direitos.

Vale destacar que ao se falar de planejamento de uma forma menos complexa, natural querer informações sobre qual forma e instrumentos poder-se-ia aplicar. Assim, exemplifica-se alguns instrumentos mais acessíveis e possíveis para patrimônio de grande parte da sociedade.

Desse modo, o objetivo deste artigo é fazer uma contextualização do direito sucessório brasileiro na sociedade contemporânea e no momento do Covid-19. Demonstra-se como os efeitos das transformações socioeconômicas desestruturaram os pilares do direito das sucessões, que são a família e a propriedade. Analisa-se, também, o próprio direito das sucessões e seu engessamento, tornando, assim, o planejamento sucessório tão relevante na atualidade jurídica brasileira. Nesse contexto, o artigo destaca a necessidade de se desmitificar um planejamento sucessório e a sua importância diante da finitude humana frente à pandemia, como, também, aborda alguns instrumentos mais acessíveis e viáveis para um planejamento sucessório neste momento que a sociedade se encontra.

2. O PORQUÊ DO PLANEJAMENTO SUCESSÓRIO

O direito sucessório[1] trata de uma questão muito delicada para as pessoas, que é, exatamente, encarar a finitude humana: a própria morte. Como a morte é inexorável, abordar esse tema tabu é um esforço que demanda uma atitude de compreensão íntima e de observação externa. A única certeza que se pode ter na vida é a de que todo ser humano morre; e essa certeza vem acompanhada de uma incerteza, que é precisar o momento exato do fim.

A sucessão, que é a transmissão de direitos, pode ocorrer durante a vida (*inter vivos*) ou após a morte (*causa mortis*).[2] Nesse contexto, o direito sucessório é todo dedicado à sucessão *causa mortis* que, por seu turno, pode ocorrer a título universal ou singular. A expansão do direito das sucessões decorre do mundo globalizado, tecnológico, imediatista, consumista e fluido em que vive a sociedade contemporânea. É necessário fazer algumas considerações sobre o mundo atual, com base na seguinte pergunta: o que é a

---

1. O direito sucessório não tem merecido a devida atenção por parte da doutrina. Esse distanciamento associa-se à dificuldade técnica, intensificada por duas peculiaridades. Uma, a de que o direito das sucessões não comporta noções imprecisas; outra, a de que todos os problemas dos demais ramos do direito civil reflete no estudo das sucessões.

2. A sucessão *inter vivos* trata da transferência de direitos e obrigações entre pessoas vivas, como exemplo, a doação. Na segunda forma, da sucessão *causa mortis*, em que ocorre morte, os direitos e obrigações de uma pessoa são transferidos a seus herdeiros legítimos, testamentários e legatários (TEIXEIRA, Silvia Maria Benedetti. Planejamento sucessório: uma questão de reflexão. *Revista Brasileira de Direito de Família*, Porto Alegre, ano VIII, n. 31, p. 5-18, ago./set. 2005. p. 6).

COVID-19 E PLANEJAMENTO SUCESSÓRIO: NÃO HÁ MAIS MOMENTO PARA POSTERGAR

globalização? Ela, normalmente, é associada a processos econômicos, tais como a circulação de bens e capitais, as ampliações dos mercados, ou, ainda, a integração produtiva em escala mundial.[3]

Deve-se dar destaque para a questão do desenvolvimento tecnológico e, consequentemente, da velocidade das novas técnicas de comunicação eletrônica. Isso levou à unificação de espaços, ou seja, à intercomunicação dos lugares, que se tornaram próximos. Assim também é o caso das empresas multinacionais que se transformaram em transnacionais. Hoje não há mais matrizes situadas em um território nacional controlando subsidiárias estrangeiras. Isso se deve ao fato de a globalização acarretar a mobilidade e a descentralização. Ou seja, uma empresa global opera em escala planetária.[4]

Zygmunt Bauman também retrata precisamente essa sociedade instantânea e fluida.[5] O autor considera que "o derretimento dos sólidos levou à progressiva libertação da economia de seus tradicionais embaraços políticos, éticos e culturais. Sedimentou uma nova ordem, definida principalmente em temos econômicos".[6] Seria imprudente negar a mudança que a "modernidade fluida" produziu na condição humana, alterando, dessa forma, a condição política-vida de um modo radical e, consequentemente, fazendo com que seja necessário repensar os velhos conceitos.

Outra característica da sociedade atual é o consumismo, o que nos leva de volta à teoria de Bauman. Para o autor, a vida líquida, assim como a sociedade líquido-moderna, não pode permanecer em seu curso por muito tempo, ou seja, a vida líquida é uma vida precária, vivida em condições de incerteza constante.[7]

É nessa sociedade em que se desenvolvem as relações familiares, as quais devem ser, necessariamente objeto de análise, diante da conexão jurídica e social do direito de família com o direito de sucessões, somada à transformação enfrentada pela família com o reconhecimento jurídico de novos modelos familiares. Consequentemente, ocorre uma

---

3. A globalização também é descrita como fenômeno da esfera social. Assim, o processo relaciona-se à criação de instituições supranacionais, à universalização de padrões culturais e de questões relacionadas ao planeta, tais como o meio ambiente, o desarmamento nuclear, o crescimento populacional e os direitos humanos. Pode-se dizer que o termo "globalização" tem significado uma crescente transnacionalização, com as cinco dimensões que compõem o conceito: econômicas, políticas, sociais, ambientais e culturais Entre as principais transformações decorrentes da globalização, encontram-se a organização econômica, as relações sociais, os padrões de vida e cultura, o Estado e a política. Pode-se constatar também outros aspectos, que são as migrações e as viagens internacionais, como também o aumento dos contatos e das redes de comunicações, o crescimento de relações e organizações interestatais, o aumento de redes de organizações não governamentais, a difusão de novas tecnologias, a internacionalização do conhecimento social e as novas formas de interdependência mundial. VIEIRA, Liszt. *Cidadania e globalização*. 5. ed. Rio de Janeiro: Record, 2001. p. 72-74.
4. VIEIRA, Liszt. *Cidadania e globalização*. 5. ed. Rio de Janeiro: Record, 2001. p. 98.
5. Em sua obra *Modernidade líquida*, ele denomina de "'fluidez' a principal metáfora para o estágio presente da era moderna". Segundo ele, os fluidos não fixam o espaço, nem prendem o tempo; já para os sólidos, o que conta é o tempo mais do que o espaço que ocupa. As "descrições de líquidos são fotos instantâneas, que precisam ser datadas [...] A extraordinária mobilidade dos fluidos é o que os associa à ideia de 'leveza' [...]". Por isso, "fluidez" ou "liquidez" são metáforas adequadas quando se quer capturar "a natureza da presente fase, nova de muitas maneiras, na história da modernidade" (BAUMAN, Zygmunt. *Modernidade líquida*. Tradução de Plínio Dentzien. Rio de Janeiro: Jorge Zahar, 2001. p. 8-9).
6. Ibid., p. 10.
7. Id. *Vida líquida*. Tradução de Carlos Alberto Medeiros. Rio de Janeiro: Jorge Zahar, 2007. p. 7-8.

alteração substancial no direito sucessório em sua concepção da titularidade e da posse do patrimônio e no destino destes após a morte.[8]

Assim, é fundamental verificar a evolução da família e de seus conceitos e de que forma o Código Civil, na legalidade constitucional, é capaz de acompanhar essas transformações. É essencial, ainda, refletir sobre o direito sucessório no contexto da família com suas atuais características.

A família foi acusada, ao longo de parte do século XX, de ser uma instituição em crise, decadente e destinada a desaparecer;[9] contudo, o que estava morrendo não era a família em si, e, sim, o respectivo modelo. É com a transformação da própria sociedade que se está lidando, com a transformação de um modelo até então, sedimentado, de realização pessoal e familiar. Ao mesmo tempo, os valores da família mudaram, mas não necessariamente para pior. A família é atualmente reivindicada como o único valor seguro ao qual ninguém quer renunciar. Ela é amada, sonhada e desejada por homens, mulheres e crianças de todas as idades, de todas as orientações sexuais e de todas as condições.[10]

No Brasil, com o advento da CRFB/1988, ocorreram grandes alterações na família, com o tripé constitucional que inseriu a pluralidade das entidades familiares, como também a igualdade entre os cônjuges e entre os filhos. Transformaram-se, dessa maneira, as relações familiares, pois a família deixou de ser a institucional – ter a instituição como fim –, para ser a família instrumental, ou seja, o meio para realizar o desenvolvimento dos filhos e promover a dignidade de seus integrantes.

Como se percebe, as transformações socioeconômicas abalaram um dos pilares do direito das sucessões: a família. Agora analisar-se-á o outro alicerce: a propriedade. Para além das várias exigências de adequação impostas ao regime sucessório, destacam-se, ainda, fatores inerentes aos próprios bens: natureza, função e fluidez.[11] Isso se deve, em boa parte, ao desenvolvimento tecnológico e científico, visto que "surgem a cada dia novos bens, deixando outros simplesmente de existir".[12] Desta forma se compreende que ocorrem transformações nos bens e que os "novos bens" são complexos e imateriais.

---

8. REBOLLEDO VARELA, Ángel Luis. La actualización del derecho sucesorio espanõl ante los cambios sociológicos y jurídicos de la familia: conclusiones de una investigación. In: REBOLLEDO VARELA, Ángel Luis (Coord.). *La familia en el derecho de sucesiones*: cuestiones actuales y perspectivas de futuro. Madrid: Dykinson, 2010. p. 23.

9. Na verdade, nos últimos decênios, a família transformou-se, passando a responder a muitas das aspirações individuais presentes no mundo ocidental. Isso porque, "quase quarenta anos depois do movimento cultural de jovens que a consideravam a principal fonte de repressão e de conformismo social, a família tem sido vista como um espaço privilegiado de solidariedade e de realização pessoal". MORAES, Maria Celina Bodin de. A família democrática. In: MORAES, Maria Celina Bodin de. *Na medida da pessoa humana* – Estudos de direito civil-constitucional. Rio de Janeiro: Renovar, 2010. p. 208.

10. ROUDINESCO, Elizabeth. *A família em desordem*. Tradução de André Telles. Rio de Janeiro: Jorge Zahar, 2003. p. 198.

11. "Coisa constitui-se em gênero, que abrange todos os elementos perceptíveis, sendo bem a espécie, a traduzir aquilo que pode se constituir em objeto de direito, e que pode ser considerado coisa em sentido jurídico" (TEPEDINO, Gustavo. Regime jurídico dos bens no Código Civil. In: VENOSA, Sílvio de Salvo; GAGLIARDI, Rafael Villar; NASSER, Paulo Magalhães (Coords.). *10 anos do Código Civil*: desafios e perspectivas. São Paulo: Atlas, 2012. p. 48).

12. "Elementos da natureza, como o ar, o oceano, as camadas de águas profundas conhecidas como pré-sal; os rios, os animais selvagens, antes considerados como inaptos a despertar interesse jurídico, tornam-se a cada dia mais indispensáveis à humanidade, sendo igualmente objeto de direito as diversas formas de energia, como a eletricidade, o gás, o vapor" (Ibid., p. 50).

No regime atual do Código Civil brasileiro, as classificações dos bens decorrem de três critérios fundamentais: a) de suas características naturais (individualidade); b) de suas recíprocas relações quando considerados entre si (uns em relação aos outros); e c) de sua titularidade. Por isso, destaque-se a necessidade de se observar a disciplina dos bens jurídicos, pois o Código Civil brasileiro os delineia de forma tipificadora e abstrata, difundida em seu aspecto estrutural, "a desenhar classificação aparentemente neutra de objetos sujeitos ao tráfego jurídico, adquire renovada dimensão e importância no direito contemporâneo. Para tanto, há que se deslocar a análise para a perspectiva funcional"[13]– ou seja, destacar o papel que o bem jurídico representa no exercício das liberdades fundamentais, da autonomia privada e do controle de riquezas.[14]

Segundo Gustavo Tepedino, "o bem jurídico pode representar coisas imateriais, incorpóreas ou intangíveis, a exemplo dos direitos autorais, da clientela, da marca, da informação, dentre outras".[15] Dessa forma, é preciso redimensionar a noção de bens, de relativa e mutável, para conformá-la ao contexto socioeconômico, pois eles "compõem o patrimônio dos sujeitos e consistem em objeto de aproveitamento econômico, a demandarem tutela por parte do ordenamento jurídico".[16]

Além disso, também se faz necessário apontar que houve valorização econômica e financeira desses bens, fato que tem direta e indeclinável repercussão na transmissão por força de sucessão, especialmente *mortis causa*. Os pilares sofreram mutações e o direito sucessório brasileiro está extremamente engessado, distante das necessidades das famílias contemporâneas e das funções patrimoniais, que devem ser atendidas à luz dos princípios constitucionais, mas que dispõem de poucas alternativas para exercer a própria autonomia. Por isso, o planejamento sucessório é tão necessário na atualidade. Com base na liberdade de testar, é possível buscar instrumentos para a efetivação desejada e corrigir algumas distorções que o sistema jurídico provoca.

Entretanto, tratar da sucessão em vida sempre representou, como já adiantado, um enorme tabu. Culturalmente, seja por medo ou egoísmo, muitos não se interessam pela própria morte. Em geral, as pessoas afirmam que "Não é um problema para eles, mas para os filhos e, havendo, para outros herdeiros. Eles que resolvam quando a hora chegar".[17] Contudo, as características da sociedade brasileira atual demandam uma melhor

---

13. Ainda o autor: "de tal modo que a qualificação do bem jurídico se encontre sempre associada à sua função, investigando-se, na dinâmica da relação jurídica em que se insere, a destinação do bem de acordo com os interesses tutelados" (TEPEDINO, Gustavo. Regime jurídico dos bens no Código Civil. In: VENOSA, Sílvio de Salvo; GAGLIARDI, Rafael Villar; NASSER, Paulo Magalhães (Coords.). *10 anos do Código Civil*: desafios e perspectivas. São Paulo: Atlas, 2012. p. 78).

14. TEPEDINO, loc. cit.

15. TEPEDINO, Gustavo. Livro (eletrônico) e o perfil funcional na experiência brasileira. In: VICENTE, Dário Moreira *et al.* (Orgs.). *Estudos de direito intelectual em homenagem ao Prof. Doutor José de Oliveira Ascensão*. 1. ed. Coimbra: Almedina, 2015. p. 270.

16. "De fato, a partir do exercício da titularidade sobre os bens, corpóreos ou incorpóreos, os sujeitos extraem as utilidades econômicas pretendidas, de sorte que as normas que irão reger o aproveitamento econômico dos bens serão determinadas de acordo com a finalidade e função que tais bens desempenham" (TEPEDINO, Gustavo. Livro (eletrônico) e o perfil funcional na experiência brasileira. In: VICENTE, Dário Moreira *et al.* (Orgs.). *Estudos de direito intelectual em homenagem ao Prof. Doutor José de Oliveira Ascensão*. 1. ed. Coimbra: Almedina, 2015. p. 272).

17. MAMEDE, Gladston; MAMEDE, Eduarda Cotta. *Planejamento sucessório*: introdução à arquitetura estratégica – patrimonial e empresarial – com vistas à sucessão *causa mortis*. São Paulo: Atlas, 2015. p. 2.

estruturação patrimonial para após a morte. Um adequado planejamento democratizaria e internalizaria a vontade do autor da herança.

O planejamento sucessório atende à procura por organização e permite que as pessoas enfrentem a dificuldade humana de lidar com a morte. A procura crescente por maiores informações na questão sucessória em relação ao patrimônio e à família é questão fática na atualidade; pode-se entender que o planejamento sucessório é a consequência maior do fenômeno da pluralidade familiar da sociedade.

Com efeito, deve-se analisar o que é um planejamento sucessório e com qual finalidade ele é realizado. Primeiramente, o planejamento sucessório é o instrumento jurídico que permite a adoção de uma estratégia voltada para a transferência eficaz e eficiente do patrimônio de uma pessoa após a sua morte. Importante destacar que esse planejamento é realizado em vida e que sua completa aplicabilidade de efeitos ocorrerá somente com a morte. Ele é essencial para quem quer a realização de sua vontade após sua morte e pode ser realizado por meio de diversos instrumentos jurídicos; o testamento é apenas um deles, senão o mais conhecido (muito embora pouco utilizado).

O planejamento sucessório envolve várias áreas do direito civil, tais como o próprio direito das sucessões, o direito de família, o direito dos contratos, entre outros institutos civis, conjugando-se, também, ao direito empresarial e ao direito tributário, mas não somente. Inclui o direito processual, o direito administrativo e até o direito internacional privado, "em face da sucessão de bens deixados no estrangeiro",[18] fato comum que decorre da globalização e da facilidade de se adquirir e administrar bens no exterior.

Destaque-se que a finalidade do planejamento está exatamente na flexibilização dos instrumentos jurídicos de que ele se vale para adequar-se às variáveis das situações fáticas. Não existe um modelo padrão; pode-se até ter instrumentos mais utilizados conforme a complexidade do patrimônio, visto que cada pessoa tem relações familiares e patrimoniais diversas uma das outras.

O objetivo do planejamento sucessório é determinar a sucessão, atividade "preventiva com o objetivo de adotar procedimentos, ainda em vida do titular da herança, com relação ao destino de seus bens após a sua morte".[19] Desse modo, faz-se necessária a busca de novas ferramentas, para compor a sucessão de modo a atender a vontade dos titulares do patrimônio, existentes em outros ramos do direito privado, para auxiliar nas novas exigências sociais, que evidenciam a necessidade crescente de se planificar a transferência do patrimônio pessoal, de uma forma racional e segura, respeitados os comandos da legislação em vigor.

Até este ponto, buscou-se contextualizar a sociedade contemporânea, demonstrar o descompasso com o direito sucessório brasileiro e ressaltar a necessidade de adequar o direito das sucessões a essa nova sociedade, inclusive a utilidade do planejamento sucessório.

---

18. PEREIRA, Caio Mario da Silva. *Instituições de direito civil*: direito das sucessões. 15. ed. rev. e atual. por Carlos Roberto Barbosa Moreira. Rio de Janeiro: Forense, 2005. p. 4. v. VI.
19. TEIXEIRA, Silvia Maria Benedetti. Planejamento sucessório: uma questão de reflexão. *Revista Brasileira de Direito de Família*, Porto Alegre, ano VIII, n. 31, p. 5-18, ago./set. 2005. p. 6.

3. DESMISTIFICAÇÃO DO PLANEJAMENTO SUCESSÓRIO COM A FINITUDE HUMANA FRENTE AO COVID-19

Vale a pena destacar o preconceito sofrido pelo planejamento sucessório. É preciso desconstruir a imagem que se faz desse projeto organizacional do patrimônio. Há dois falsos pressupostos do planejamento: o primeiro, de que ele seria só para grandes riquezas. Isso não é verdade, pois muito da demanda por informação de um projeto patrimonial é oriundo de pessoas que possuem um patrimônio pequeno ou médio.[20] O segundo pressuposto a ser desconstruído é o de que, ao se falar de planejamento sucessório, sempre se quer fraudar a legítima. O presente estudo visa a um planejamento efetuado entre os limites legais. Desse modo, um planejamento bem-sucedido não pode dar origem a demandas judiciais, tendo em vista que um dos seus objetivos é, exatamente, evitar litígios jurídicos.

O planejamento sucessório enfrenta algumas dificuldades para sua efetivação. As principais são: a) a demanda por uma maior autonomia do autor da herança perante os limites de nosso sistema sucessório; e b) a questão legislativa e a problematização de leis no tempo.

O primeiro problema decorre exatamente da procura da sociedade por maior autonomia ao dispor de seu patrimônio, em contraposição à rigidez do sistema sucessório brasileiro, expresso nas disposições de limite da legítima, na proibição dos pactos sucessórios, nas limitações às doações, nos regimes de bens e seus respectivos efeitos no ordenamento jurídico. Com o Código Civil de 2002, agravou-se a situação de pouca liberdade com a inserção do cônjuge como herdeiro necessário e, atualmente, sugerindo-se sua extensão àqueles que vivem em união estável, tendo em vista o julgamento, pelo Superior Tribunal Federal do Recurso Extraordinário nº 878694 equiparando os regimes jurídicos do casamento e da união estável.

Entretanto, a análise da questão por maior ou menor liberdade deve ser sempre realizada com base nos direitos e garantias fundamentais expressos na CRFB/1988. Na Constituição, não só estão presentes os direitos à propriedade privada, à livre iniciativa, à herança, como também princípios da solidariedade, da proteção familiar e, principalmente, da funcionalização dos institutos do direito civil.

Outra dificuldade decorre do fato de o planejamento sucessório ser realizado em momento presente, mas para ser cumprido, na completude de seus efeitos, somente após a morte do indivíduo. O planejamento está, portanto, sujeito a possíveis alterações supervenientes na legislação brasileira. Ou seja, "eventuais alterações legislativas impõem uma reavaliação do planejamento sucessório e a readequação às condições pessoais do titular e aos objetivos traçados".[21] Como exemplo dos efeitos supervenientes da alteração legislativa para o planejamento sucessório, há a significativa alteração do instituto da colação com o ingresso no ordenamento do Código de Processo Civil brasileiro de 2015, fator de significativa importância para um planejamento sucessório.

---

20. MAMEDE, Gladston; MAMEDE, Eduarda Cotta. *Planejamento sucessório*: introdução à arquitetura estratégica – patrimonial e empresarial – com vistas à sucessão causa mortis. São Paulo: Atlas, 2015. p. 3
21. CRUZ, Elisa; AZEVEDO, Lilibeth. Planejamento sucessório. In: TEPEDINO, Gustavo; FACHIN, Luiz Edson (Orgs.). *Diálogos sobre direito civil*. Rio de Janeiro: Renovar, 2012. p. 540. v. III.

Conforme já assinalado, a relevância do planejamento sucessório e sua respectiva demanda são crescentes nos dias de hoje, em razão de diversos motivos. Dentre tais, podemos citar: as transformações das famílias e seus desdobramentos jurídicos; a valorização e fluidez dos bens;[22] a economia no pagamento de impostos; a possibilidade de maior autonomia do autor da herança; a celeridade da sucessão; a prevenção de litígios futuros; e o evitamento da dilapidação do patrimônio.

Entre as vantagens de se fazer o planejamento sucessório, um fator se destaca: a possibilidade de se pagar menos impostos. Com a organização fiscal e tributária, pode--se não apenas reduzir o percentual tributário, evidentemente, dentro dos limites legais impostos pelo ordenamento, mas e, principalmente, poder escolher o momento do recolhimento destes impostos (se antes ou após a morte do titular).

Além da questão tributária, uma das principais justificativas para se fazer um planejamento sucessório está exatamente na busca de uma maior autonomia pelo autor da herança, para organizar, da melhor forma, o que deseja dentro de sua parte disponível, mas respeitando os limites da legítima quando houver herdeiros necessários; assim, evitam-se, futuramente, litígios sobre a herança e, consequentemente, dilapidação patrimonial.

Um planejamento sucessório efetivo é capaz de minimizar o risco de litígios judiciais, uma vez que respeita os limites legais da liberalidade do autor da herança e a parte legítima dos herdeiros necessários. Em contraposição, a ausência do planejamento sucessório ou sua existência ineficaz pode acarretar uma instabilidade em razão da multiplicidade de critérios utilizados pelos julgadores, com decisões judiciais muitas vezes contrariando a vontade do autor da herança. Há, ainda, de se considerar a lentidão dos processos judiciais, que termina por corroer o patrimônio.

Porque a vida é uma constante mudança e muitas delas não são planejadas, a comunidade mundial viu-se, da noite para o dia, diante de um inimigo invisível, nano dimensional, mas com um poder acachapante sobre a sociedade.

O Covid-19, vírus de letalidade bélica, para se fazer uma comparação com as guerras enfrentadas pela humanidade veio sem ser anunciado; sem proclamar suas consequências, sem delimitar seu alvo.

É um algoz que não escolhe vítima; todas lhe servem e são úteis à sua propagação. Não há um inimigo a ser apontado; ele se espalhou rompendo todas as fronteiras conhecidas, continentes, países, gêneros, etnias, ricos ou pobres.

Neste momento, a pandemia que assolou a humanidade impõe à finitude e não convida a pensar no futuro: há uma imposição pandêmica, já que não há como recusar – tais como nos convites não interessantes – a possibilidade de estar-se vulneráveis à uma doença que em questão de dias, põe ao fim, sem avisar, a vida, inclusive, dos mais saudáveis.

Assim, à sociedade é imposta o dever de repensar planos e a organizar atos que concatenam para a transferência de relações subjetivas, especialmente, aquelas de ordem

---

22. "A multiplicidade e diversidade de bens tornam mais possível o conflito entre os herdeiros e, pior, tornam mais difícil a solução" (MAMEDE, Gladston; MAMEDE, Eduarda Cotta. *Planejamento sucessório*: introdução à arquitetura estratégica – patrimonial e empresarial – com vistas à sucessão causa mortis. São Paulo: Atlas, 2015. p. 3).

patrimonial reforçando que não se pode ficar à mercê de institutos sucessórios genéricos, imbricados, necessariamente, com a morte.

O convite que a Pandemia faz – e aqui sim o termo é usado adequadamente – é reavaliar o porquê de não se tomar as rédeas da própria vontade, praticando atos de organização patrimonial que visam resguardar pessoas, bens e situações.

Em outras palavras, a ideia de um planejamento sucessório apto a retratar a vontade do seu autor, de forma simples e organizada, nunca se fez tão presente. A ideia de não postergar o exercício da autonomia da vontade faz com que se reflita agora os reais motivos para adiar medidas, muitas vezes simples e seguras – do ponto de vista jurídico – que permita ao seu titular a manutenção de seu patrimônio, mas já preparando seus sucessores para atos de gestão do exercício de titularidades que lhes serão apresentadas.

O ato de planejar é, acima de tudo, o ato de fazer escolhas. Escolhas que estão já dispostas em nossa Lei Civil e que nos permitem mudar o rumo genérico que o legislador desenhou para aqueles que deixam de fazer suas escolhas, ainda que de forma consciente, para que a lei, de forma simétrica, fizesse de igual forma para todos.

O ato de planejar não é apenas organizar, antecipadamente, a transferência patrimonial *post mortem*; é possível que a eficácia desta sucessão se dê ainda com a vida do seu titular e inclusive, para que seja possível sua correção, sua revisão, adequando-a a novas circunstâncias, especialmente, como esta que agora se apresenta.

A função desta revisitação ao tema do planejamento sucessório neste momento de morte quase súbita, para muitas das famílias não tem um contexto fúnebre; muito ao contrário, trata-se de melhor extrair do patrimônio as verdadeiras intenções do seu titular, funcionalizando sua vontade e compatibilizando-a com as necessidades de seus sucessores.

E, antes que se pense que o planejamento sucessório é ato restrito a grandes fortunas, reforça-se aqui seu caráter acessível, prático e possível dentro de uma realidade brasileira com uma desconcertante, senão inexistente distribuição de renda; seria arriscado preconizar sobre planejamento sucessório apenas para uma única e restrita classe de elevado poderio econômico[23].

Igualmente, precisa-se vencer um segundo preconceito que é achar que o planejamento sucessório é sempre feito com a finalidade de fraude: fraudar a legítima; fraudar um dos herdeiros; fraudar o regime de bens.

O planejamento sucessório para além de quebrar os paradigmas de elitista e de meio de fraudar a legítima é forma de esclarecer os cidadãos a reconhecerem-se na lei civil e ver o quanto é possível trazê-la para sua realidade, como verdadeira aliada à realização de sua vontade e, acima de tudo, de seu bem-estar, convidando a todos a repensar a sua existência, revendo as urgências que uma nova e inesperada realidade mundial impôs a se aceitar.

---

23. O Brasil tem a segunda maior concentração de renda no Mundo, segundo divulgado pela ONU no Relatório do Desenvolvimento Humano 2019. O 1% mais rico concentra 28,3% da renda total no país, sendo superado apenas pelo Catar, cujo ´percentual é de 29%. PNUD/RDH. 2019. Relatório do desenvolvimento humano. p. 303. Disponível em: http://hdr.undp.org/sites/default/files/hdr_2019_pt.pdf. Acesso em: 2/05/2020.

Falar em planejamento sucessório é, acima de tudo, tratar do exercício de autodeterminação do sujeito e de realização de sua vontade enquanto vertente da dignidade humana.

A realização desta vontade, frise-se, não está afeta apenas a acontecimentos após a morte do autor do planejamento (sucessão *post mortem*), mas, e, também, sob o enfoque de eficácia imediata, ainda a ser experimentada com a vida do autor.

E a *vontade* nada mais é do que a realização concreta do *justo* na acepção do autor do planejamento, mas acompanhada da indispensável análise jurídica, buscando organizar o justo com a indispensável legalidade, exatamente, para que a vontade seja realizável, do ponto de vista jurídico.

A possibilidade de autodeterminação coloca o sujeito no centro do ordenamento jurídico, voltando o foco na realização de sua autonomia provada.[24]

A partir da apuração das "vontades" do autor do planejamento oferecer-se-á um instrumento hábil para sua transformação em uma realidade jurídica, capaz de assegurar-lhe a finalidade buscada.

Estes instrumentos de planejamento sucessório, utilizados de forma autônoma ou combinados entre si permitirão a estruturação da realização da transferência de relações jurídicas, quiçá ainda em vida do autor para que o assista e gerencie os atos de gestão de seus sucessores.

E no agravamento da situação pandêmica causado pelo poderoso vírus, a equivocada complexidade do planejamento sucessório – na falsa premissa, repita-se, de ser medida inalcançável para a maioria das pessoas – tornar-se-ia um óbice – falso óbice, repise-se – para sua necessária realização, transformando a vontade do seu autor em asseguradas medidas de organização de bens e direitos do seu titular para terceiros.

A ideia é, justamente, combatendo a falsa premissa do caráter elitista do planejamento sucessório, incitar o sujeito a refletir sobre o exercício de sua autodeterminação na transferência de seus bens, provocado pela temerosa pandemia viral que assombra, de maneira democrática, todos os países, todas as nações.

4. INSTRUMENTOS MAIS ACESSÍVEIS E FLEXÍVEIS DE PLANEJAMENTO SUCESSÓRIO

Os instrumentos buscados não vêm apenas do direito sucessório que, como trazido linhas acima, não carrega a contemporaneidade multifacetária das mais variadas formas de família, sujas matizes não solucionam toda a diversidade nos arranjos familiares, ainda exacerbando o viés patrimonial em desprestígio às relações formadas a partir do afeto.

Destaque-se, ainda, que o sistema sucessório brasileiro guarda uma rigidez incompatível com a dinâmica das relações familiares, mantendo estruturas que res-

---

24. TEIXEIRA, Daniele Chaves. Autonomia Privada e a flexibilização dos pactos sucessórios no ordenamento jurídico brasileiro. In: TEIXERA, Daniele Chaves. *Arquitetura do Planejamento Sucessório*. Belo Horizonte: Fórum, 2019, p. 142.

tringem a vontade do autor da herança e limitam sua autodeterminação, enquanto ente criativo e com vistas a definir sua substituição no que toca a titularidade de seu patrimônio.

Por isso o planejamento sucessório se faz cada vez mais importante. Para que o seu autor possa – dentro de um espectro de liberdade de autorregulamentação – ser o legislador de sua vida.

A estruturação de um planejamento sucessório começa por uma série de questionamentos a serem levantados com o titular do patrimônio. O primeiro deles é entender qual a vontade do autor, ou melhor, o que ele pretende obter ou o que pretende resguardar, com o planejamento.

Ato seguinte é o levantamento da base familiar do titular do patrimônio, o que implica saber sobre seu estado civil, sobre seu regime de bens que ele ou os envolvidos estejam, eventualmente, atrelados, sobre a existência ou não de herdeiros necessários (art. 1.845, do Código Civil), existência de incapazes (artigos. 3º e 4º, do Código Civil) e a escolha dos representantes legais para estes incapazes.

O próximo ato é entender de quais categorias de bens é composto o patrimônio do titular. Para além da clássica categorização de bens móveis ou imóveis, corpóreos ou incorpóreos, temos que pensar no desafio dos bens digitais – a herança digital – indissociável de cada indivíduo e que, certamente, será o futuro do planejamento sucessório, na necessária equalização na transmissão de direitos de tamanha projeção.

Diante desta plêiade de possibilidades, os instrumentos de planejamento sucessórios devem se mostrar amplos, dinâmicos e compatíveis com todo modelo de sucessão – quer seja *inter vivos*, quer seja *causa mortis* –, mas, e, especialmente, para todos os tamanhos de patrimônio, para todas as fortunas, aqui entendida como o conjunto de bens e direitos acumulados pelo indivíduo, independente de seu valor monetário e de um valor comparativo.

Por isso, faz-se necessária a revisão dos instrumentos de planejamento sucessório para que deles se ocupem também, pequenas riquezas ou mesmo, um único bem que represente esta fortuna, mas que do ponto de vista de seu titular, carrega todo o acúmulo de esforços de uma vida inteira. Um planejamento sucessório que não sirva à toda a sociedade acaba por não cumprir seu escopo social, ficando restrito a uma parcela ínfima da população.

Passando dos mais ordinários até os mais complexos, vários são os instrumentos de planejamento sucessório capazes de fazer frente à necessidade específica do interessado em ver sua autonomia da vontade revelada por seguros e hígidos institutos jurídicos.

Desde o mais simples Testamento até a complexidade de uma *Holding*, incorporando patrimônio transnacional e institutos ainda não retratados na legislação brasileira como o *trust*, o planejamento sucessório vem se revelando numa crescente necessidade de organização familiar.

Nesta toada, a análise aqui pretendida, visa contextualizar o momento de urgência pandêmica com a possibilidade de um planejamento sucessório urgente e acessível, sem se desconectar com a segurança jurídica indispensável.

Por isso, a par da diversidade de ferramentas para a organização do planejamento sucessório, a escolha doutrinária aqui proposta é selecionar, dentre vários, aqueles instrumentos que tenham como viés comum a acessibilidade, a simplicidade de alcançar uma parcela significativa da população que, resumidamente, concentra seu patrimônio em único bem imóvel, geralmente, aquele no qual habita, adicionado por uma pequena monta de dinheiro, geralmente investido numa aplicação ou modesta "poupança", fruto de um investimento de uma vida toda. Esta é a realidade brasileira, para longe da estrutura societária moldada nas mais diferentes pessoas jurídicas.

Nesta toda, seriam eles: o contrato de doação, o usufruto, o testamento, o codicilo, o seguro de vida, plano de previdência privada, apenas para citar alguns diante da limitação que o texto impõe[25].

Iniciando-se pelo Contrato de Doação[26], que, a despeito da forte polêmica frente ao questionamento de sua natureza jurídica pode ser definido como a iniciativa do doador em transmitir seu patrimônio para o donatário (art. 538, do Código Civil), sem qualquer contraprestação, destacando-se o seu conteúdo de liberalidade, senão, sua essência, na qual o doador, regra geral, despoja-se gratuitamente de seus bens, empobrecendo na exata medida em que o donatário enriquece.

A celeridade da doação reside na imediata vontade do doador contemplada pelo contrato que transfere ao beneficiário a quem quer "enriquecer" uma parte ou a totalidade de seu patrimônio[27].

Questões importantes e inafastáveis do contrato de doação precisam ser analisadas – e daí a importância dos passos iniciais na estruturação do planejamento sucessório – a fim de saber do elemento subjetivo da doação. Isto porque tratando-se do contrato de doação importa destacar a regra do art. 544, do Código Civil ao dar-se à doação o contorno de adiantamento de legítima e que, portanto, deverá ser levado à colação no momento da sucessão.[28]

Então, há que se cogitar da facilidade deste instrumento, que pode ser determinado tanto para bens móveis, imóveis, corpóreos ou incorpóreos, transferindo, desde logo ao donatário, a titularidade destes bens, facilitando sua imediata fruição (em verdade, todos os poderes de domínio).

A ideia aqui em destaque é ampliar ainda mais o alcance da doação para que atinja todos os bens e ou parte de seus bens; aqueles que o doador queira desde logo se despojar para a sorte do donatário que passará a ser seu titular e, desde logo, exercer seus poderes sobre a coisa.

---

25. Seria possível citar-se vários outros instrumentos, igualmente, acessíveis, como pacto antenupcial, alteração do regime de bens, contrato de união estável, dentre outros.
26. Não é o foco deste artigo conceituar os institutos aqui tratados; sem desviar a atenção para análise da polêmica em torno da natureza jurídica do contrato de doação, se consensual ou real, se bilateral ou unilateral, como se ocupa, acertadamente, a doutrina.
27. Não se olvide a nulidade contida no art. 548, do Código Civil na qual o doador está impedido de doar a totalidade de seu patrimônio criando para si uma situação de penúria e de insubsistência.
28. Possível, entretanto, que esta doação seja extraída da parte disponível do patrimônio do doador, de modo que seja dispensada a colação.

Para tanto, a doação também pode ser instrumento apto à transferência de bens digitais que tenham ou não conteúdo patrimonial, como fotos, vídeos, conteúdo em plataformas digitais de armazenamento entre outras, com a indispensável ciência de que ao doar tais conteúdos, deixará o doador de ser seu titular, transferindo para o beneficiário (o donatário) a titularidade destes conteúdos digitais e, portanto, da possibilidade de sua eventual exploração comercial.

Ressalte-se, que, por vezes, o conteúdo sigiloso e delicado dos bens digitais justificam a doação, já que através deste ato, de efetiva e imediata transferência do bem, o doador tem o controle de quem passará a ser o titular – e o responsável pela divulgação ou não do conteúdo – algo que na herança fica ao alvedrio da sucessão legítima (caso não tenha o autor optado pelo testamento) e sabendo que mesmo morto, há que se zelar pela proteção da honra do falecido.

Ainda dentro de um modelo de planejamento sucessório factível à maioria da população brasileira, importante destacar a combinação entre o contrato de doação e o usufruto– modalidade de doação na qual o doador reserva para si os poderes de usar e fruir a coisa, transferindo para o donatário apenas o poder de disposição[29].

A questão aqui faz refletir à exigência formal, não apenas do instrumento público, mas também do registro do usufruto, como direito real que é, dependendo sua constituição, deste registro que onerará o bem.

Destaque-se a natureza alimentar do usufruto, garantindo ao doador a sobrevivência a partir da coisa doada, já que poderá usá-la ou frui-la, extraindo dela recursos para seu sustento.

Sob o viés da sucessão *post mortem*, o instrumento mais comum e de mais fácil alcance é, sem sombra de dúvidas, o testamento, não obstante, culturalmente, não sejamos preparados para o ato de testar.

O testamento é negócio jurídico unilateral, contando apenas com a vontade do testador; gratuito, porque não há contraprestação exigível por parte dos beneficiários; personalíssimo[30], não sendo possível fazê-lo por qualquer tipo de representação e, finalmente, revogável, mostrando que uma vez elaborado, ainda que sob forte emoção como imposto pelo atual momento pandêmico, posteriormente, poderá ser revisto ou, simplesmente, revogado.

A diversidade nas modalidades de testamento ordinário (público, cerrado e particular) permite que o testador escolha aquele que melhor se coaduna à sua premência atual.

Frise-se que o conteúdo do testamento não precisa se ater a aspectos patrimoniais. E esta acessibilidade afasta a falsa premissa de que o testamento só faz sentido para aqueles que têm o que "deixar", aqui, evidentemente, num pensamento reducionista de que a cédula testamentária só comporta disposições de cunho patrimonial.

Muito ao contrário, o testamento pode tratar de cláusulas que digam respeito à transferência do patrimônio do doador combinadas com cláusulas de cunho eminente-

---

29. MUCILO, Daniela de Carvalho. "O usufruto como instrumento de planejamento sucessório". *In* (Coord. Daniele Teixeira). *Arquitetura do Planejamento Sucessório*. 2ª.ed. Fórum: Belo Horizonte, 2019, p. 417-432.
30. Art. 1.858, do Código Civil.

mente existencial, ou, ainda, apenas existencial, conforme expressamente previsto no parágrafo 2º do art. 1.857, do Código Civil.

Sob o viés, eminentemente, existencialista, o testador poderá efetivar o reconhecimento de filiação[31], cláusula esta irrevogável[32], a despeito de posterior caducidade ou revogação do testamento.

Mais importante ainda, é a possibilidade de pai e mãe (ou ambos), nomear tutor[33] para o filho, através do testamento, para atuar na eventual situação de orfandade bilateral[34].

Ora, diante da real possibilidade de pai e mãe acometidos por grave doença, nada melhor que a escolha da pessoa encarregada dos cuidados com o filho parta da vontade dos genitores, os mais indicados à proteção da prole. Ainda que, obrigatoriamente, a tutela passe pelo crivo judicial, certamente, a escolha testamentária norteará o juiz na designação apontada pelo genitor[35].

Apenas por tal aspecto – o da possibilidade de tutela testamentária –, o testamento já se mostra imperioso e rápido instrumento de proteção dos interesses do autor do planejamento, como forte mecanismo de autorregulamentação e que nada tem de patrimonial, contrariando a falsa crença de que o testamento, repita-se, só atende a grande massa patrimonial (ou mesmo à pessoas idosas ou que estejam em fase terminal).

Além da escolha do tutor, pode também o testador, ao delegar patrimônio ao menor, nomear curador especial, que assumirá encargos específicos em favor do incapaz, convivendo harmoniosamente com a figura do tutor.[36]

Ainda para demonstrar a facilidade do ato de testar em tempos de restrição na circulação de pessoas, está o art. 1.879, do Código Civil que afasta a necessidade de testemunhas dando eficácia para a vontade do testador que, diante de circunstâncias excepcionais declaradas na cédula testamentária, impeçam-no de testar pelas vias ordinárias.

Ainda sobre testamento, por que não se imaginar, a possibilidade de uma pessoa que esteja contaminada pela Covid-19, portanto, em completo estado de isolamento, possa fazer seu testamento utilizando-se de recursos tecnológicos, de áudio e vídeo, para assegurar que sua vontade é livre e feita afastada de qualquer vício ou interferência de terceiros.

O presente já é digital e a pandemia da Covid-19 apenas mostrou ao mundo como a tecnologia promove o bem estar e equilibra a comunicação. Como não imaginar, todos os meios digitais em prol da obtenção da vontade do testador, revestindo o ato de testar da segurança, quanto à capacidade do testador em fazer uso da declaração de última vontade e também quanto à certeza de que sua vontade está inexoravelmente ligada ao conteúdo que restou determinado na cédula testamentária.

Frise-se que o rigorismo na observância dos requisitos do testamento vem sendo mitigado em situações tais em que se possa aferir a exata vontade do testador, a despeito

---

31. Art. 1.609, inc. II, do Código Civil.
32. Art. 1.610, do Código Civil.
33. Art. 1.634, inc. VI, do Código Civil e art. 1.729, parágrafo único, do Código Civil.
34. Ou ainda na situação na qual um dos pais já seja pré morto ou mesmo tenha sido afastado da autoridade parental.
35. Tutela Testamentária, como forma de constituição da tutela, ao lado da tutela legítima e da tutela dativa.
36. Art. 1.733, parágrafo 2º, do Código Civil.

da ausência de algum dos requisitos – vício sanável – do instrumento, sobrepondo-se a finalidade do ato, apurado como hígido, sobre uma formalidade que, em algumas situações, não condizem com a real vontade do testador[37].

Fato é que mesmo a geração que hoje já galga os primeiros passos no acúmulo de bens – em sua maioria, bens digitais – poderá também testar sobre todo o conteúdo produzido, constituindo a chamada herança digital dando origem aos chamados testamentos digitais[38].

São inúmeros os bens digitais capazes de serem distribuídos por ato de última vontade do testador, bastando aqui, para citar alguns, do conteúdo em massa produzido por cada titular de uma conta nas redes sociais mais acessadas, tais como, mas não apenas, *Facebook, Instagram, Whatssap, YouTube* entre outras.

Esta mesma tecnologia, que para além de ser objeto do testamento, pode ser um importante instrumento para aferição da vontade do testador, já que toda a formalidade do ato de testar tem o escopo de captar, com precisão, a vontade do testador, eivada de qualquer mácula. Certamente, uma tecnologia que possa, para além da escrita, também filmar, gravar ou criptografar o ato de testar, há que ser trazida como solução viável para ratificar a vontade testamentária.

Ainda, seguindo a proposta de oferecer, em meio à crise pandêmica, alternativas para um planejamento sucessório mais acessível, o Codicilo ganha um contorno de grande importância.

Conceitualmente, o Codicilo é também uma espécie de declaração de última vontade onde o seu autor dispõe sobre bens móveis de pouco valor material (na maioria dos casos, com maior valor sentimental), joias, igualmente, não valiosas, esmolas, roupas e demais objetos de uso pessoal. Também é possível, pelo Codicilo, dispor acerca da cerimônia fúnebre do seu autor, relegando a terceiros a função de observar tais ritos de passagem.

Pode ainda, tratar de bens, móveis ou, igualmente, de uso pessoal, para que sejam entregues à determinada instituição assistencial, abrigo para pessoas desamparadas, asilos, ONG's entre outras.

Em situações de extrema complexidade, como é esta do isolamento social, o codicilo é alternativa rápida, barata e simples para que alguém, acometido – mas não apenas –

---

37. REsp n. 1.633.254-MG, Rel. Nancy Andrighi: "... 6. Em uma sociedade que é comprovadamente menos formalista, na qual as pessoas não mais se individualizam por sua assinatura de próprio punho, mas, sim, pelos seus tokens, chaves, logins e senhas, ID's, certificações digitais, reconhecimentos faciais, digitais e oculares e, até mesmo, pelos seus hábitos profissionais, de consumo e de vida captados a partir da reiterada e diária coleta de seus dados pessoais, e na qual se admite a celebração de negócios jurídicos complexos e vultosos até mesmo por redes sociais ou por meros cliques, o papel e a caneta esferográfica perdem diariamente o seu valor e a sua relevância, devendo ser examinados em conjunto com os demais elementos que permitam aferir ser aquela a real vontade do contratante" (STJ, 2ª seção, por maioria de votos, conheceu e deu provimento ao Recurso Especial para restabelecer a sentença que confirmou testamento particular sem a assinatura do testador, apenas com sua digital).

38. "uma vez mais se torna imperioso destacar que a herança e o testamento digital têm por objetivo reconhecer e regular a disposição do patrimônio virtual, seja ele existencial ou econômico, dos quais o primeiro é inegavelmente mais delicado, complexo e sensível do que o segundo, haja vista que busca tutelar aquilo que o ser humano tem de mais essencial na natureza humana, que é a sua dignidade", Gabriel Honorato de Carvalho e Adriano Marteleto Godinho, *Planejamento Sucessório e Testamento Digital: a proteção dinâmica do patrimônio virtual, in* Arquitetura do Planejamento Sucessório, p. 185.

do risco de morte, possa fazer realizar seu desejo de beneficiar certas pessoas, sempre, repise-se, com bens de pouco valor material, inclusive para pessoas que não herdariam, dentro da vocação legítima disposta no art. 1.829, do Código Civil, aquele determinado bem, obrigando seu titular a dispor a seu favor.

Sua forma é a particular e sua regulamentação está no art. 1.881, do Código Civil, sendo dispensada a presença de testemunhas, mas exigida sua escrita à mão. Os mesmos comentários já apostos ao testamento particular valem para o codicilo, no sentido de ser preterida a formalidade de sua escrita à mão, caso o seu autor o faça de maneira que fique inequívoca sua vontade, repisando-se a tecnologia como forte aliada à manifestação volitiva do seu autor[39].

Ainda nesta esteira, de desmistificar a aplicabilidade de um planejamento sucessório possível, os planos de previdência privada (PGBL e VGBL)[40] e, também, os seguros de vida[41], em suas mais diversas formas mostram-se aptos a oferecer ao titular uma gama de produtos que possa atender ao perfil do contratante.

A contratação do seguro de vida e também a previdência privada aberta contam com uma contratação, geralmente, simples e rápida, na qual o contratante confere uma renda a um determinado beneficiário, por ele indicado na apólice contratada, para receber, independente de seu ingresso pela via do inventário[42].

Estes são, em suma, os instrumentos mais simples e de alcance mais comum à grade parte da sociedade que se vê envolta à extraordinária situação de uma doença que envolveu todos os países, não deixando ninguém imune a olhar para sua própria finitude ou de alguém que o cerca.

A sociedade é forçada a olhar para um eventual futuro, quase imediato, onde talvez não esteja-se presente, deixando descendentes, ascendentes, cônjuges ou companheiros à mercê de toda sorte e, principalmente, de um inevitável procedimento de inventário que, se não poderia ser afastado, poderia ser muito simplificado com a transmissão antecipada e organizada de bens mediante planejamento sucessório personalizado que atenda aos novos anseios de seu titular em meio às novas configurações da família em que a sucessão legítima nem sempre é a melhor solução para dirimir conflitos familiares e individuais tão distintos, reunidos em uma única sucessão.

5. CONCLUSÃO

Atualmente, o direito sucessório encontra-se em desacordo com a sociedade brasileira. As transformações socioeconômicas abalaram os alicerces do direito das sucessões,

---

39. Vale destacar a lição: "Por essa razão, o codicilo só poderá ser realizado por aqueles que saibam e possam escrever no momento de sua lavratura", in *Direito das Sucessões*, TEPEDINO, Gustavo,, NEVARES, Ana Luiza Maia e MEIRELES, Rose Melo Vencelau, v. 7, p. 151, Editora Gen.

40. Indicação de leitura artigo GIRARDI, Viviane; MOREIRA, Luana Maniero. A previdência privada aberta como instrumento ao planejamento sucessório *In* (Coord. Daniele Teixeira). *Arquitetura do Planejamento Sucessório*. 2ª.ed. Fórum: Belo Horizonte, 2019, p. 629-646.

41. Indicação de leitura artigo de CARLINI, Angélica, Seguro de vida na aplicação do planejamento sucessório. *In* (Coord. Daniele Teixeira). *Arquitetura do Planejamento Sucessório*. 2ª.ed. Fórum: Belo Horizonte, 2019, p. 403-416.

42. Não se olvide que, eventualmente, pode-se fazer uso inadvertido destes modelos de planos de previdência privada e também de contratos de seguro de vida, para fraudar a legítima, na medida que verte o patrimônio do contratante, do autor da herança, em capital a ser direcionado a terceiro em clara burla à lei.

que são a família e a propriedade. A falta de autonomia no direito das sucessões enrijece-o, conservando-o com um perfil de uma sociedade oitocentista. Principalmente nos dias de hoje, pois se deve interpretar os institutos do direito civil de uma forma mais funcionalizada do que estrutural.

A necessidade de que se revejam certos dogmas do direito sucessório em razão das transformações das famílias que demandam atualizações da legislação sucessória. Como também os bens, que sofreram grandes modificações, surgiram novos bens, que constitui hoje, o patrimônio de diversas formas de riquezas, não só mais na propriedade.

O artigo, buscou, portanto, demonstrar a importância e as vantagens do planejamento sucessório na atualidade brasileira, tendo em vista a necessidade de se rever todo o direito das sucessões, devido a seu descompasso com a sociedade. Por isso, o planejamento sucessório se torna tão relevante e necessário para a funcionalização do direito das sucessões com base nos princípios da autonomia e da solidariedade familiar.

De extrema importância, desmistificar o planejamento sucessório, como se ele seja somente para quem tem um patrimônio mais sofisticado. A finalidade do planejamento sucessório é servir à toda a sociedade que necessite fazer a transferência de seu patrimonial para sua família ou mesmo para terceiros. A ideia, é, portanto, desconstruir este pressuposto, exatamente, valorizando o patrimônio de quem tem menos, sendo, por isso mesmo, tão relevante a organização desta transferência para que não ocorra uma dilapidação patrimonial.

O Covid-19 trouxe para dentro da sociedade a questão da finitude humana, tão evitada pela cultura brasileira, já que não está dentre os hábitos nacionais o costume de testar, de fazer codicilo, o de tratar sobre aspectos relevantes a partir da morte. O brasileiro não exercer a sucessão testamentária, onde o autor da herança pode dispor totalmente de seu patrimônio para quem o desejar, em não havendo herdeiros necessários. Ou quando for o caso, de ter herdeiros necessários, podendo livremente dispor de metade de seu patrimônio.

Assim, apresentou-se alguns dos instrumentos mais acessíveis a sociedade como um todo e que com o planejamento sucessório pode-se evitar litígios judiciais por brigas entre os herdeiros. No atual momento, de extraordinária dificuldade na manutenção da saúde assolada que foi pelo indefectível vírus, que impôs, ainda, como consequência, um forçado isolamento social, deve-se buscar ferramentas que viabilizem a vontade do autor da herança, nos limites da legalidade, por meio de um planejamento sucessório efetivo e eficaz. Neste momento de tantas inseguranças, deve-se buscar no planejamento sucessório a segurança jurídica da transmissibilidade do patrimônio.

6. REFERÊNCIAS

BAUMAN, Zygmunt. *Modernidade líquida*. Tradução de Plínio Dentzien. Rio de Janeiro: Jorge Zahar, 2001.

CRUZ, Elisa; AZEVEDO, Lilibeth. Planejamento sucessório. In: TEPEDINO, Gustavo; FACHIN, Luiz Edson (Orgs.). *Diálogos sobre direito civil*. Rio de Janeiro: Renovar, 2012.

MAMEDE, Gladston; MAMEDE, Eduarda Cotta. *Planejamento sucessório*: introdução à arquitetura estratégica – patrimonial e empresarial – com vistas à sucessão *causa mortis*. São Paulo: Atlas, 2015.

MORAES, Maria Celina Bodin de. A família democrática. In: MORAES, Maria Celina Bodin de. *Na medida da pessoa humana* – Estudos de direito civil-constitucional. Rio de Janeiro: Renovar, 2010.

MUCILO, Daniela de Carvalho. "O usufruto como instrumento de planejamento sucessório". *In* (Coord. Daniele Teixeira). *Arquitetura do Planejamento Sucessório*. 2ª.ed. Fórum: Belo Horizonte, 2019, p. 417-432.

PEREIRA, Caio Mario da Silva. *Instituições de direito civil*: direito das sucessões. 15. ed. rev. e atual. por Carlos Roberto Barbosa Moreira. Rio de Janeiro: Forense, 2005.

REBOLLEDO VARELA, Ángel Luis. La actualización del derecho sucesorio espanõl ante los cambios sociológicos y jurídicos de la familia: conclusiones de una investigación. In: REBOLLEDO VARELA, Ángel Luis (Coord.). *La familia en el derecho de sucesiones*: cuestiones actuales y perspectivas de futuro. Madrid: Dykinson, 2010.

RELATÓRIO DO DESENVOLVIMENTO HUMANO. "O Brasil tem a segunda maior concentração de renda no Mundo, segundo divulgado pela ONU no Relatório do Desenvolvimento Humano 2019. O 1% mais rico concentra 28,3% da renda total no país, sendo superado apenas pelo Catar, cujo ´percentual é de 29%. PNUD/RDH. 2019. Disponível em: http://hdr.undp.org/sites/default/files/hdr_2019_pt.pdf. Acesso em: 2/05/2020.

ROUDINESCO, Elizabeth. *A família em desordem*. Tradução de André Telles. Rio de Janeiro: Jorge Zahar, 2003.

TEIXEIRA, Daniele. "Autonomia Privada e a flexibilização dos pactos sucessórios no ordenamento jurídico brasileiro" *In* (Coord. Daniele Teixeira). *Arquitetura do Planejamento Sucessório*. 2ª.ed. Fórum: Belo Horizonte, 2019, p. 137-154.

TEIXEIRA, Silvia Maria Benedetti. Planejamento sucessório: uma questão de reflexão. *Revista Brasileira de Direito de Família*, Porto Alegre, ano VIII, n. 31, p. 5-18, ago./set. 2005.

TEPEDINO, Gustavo. Livro (eletrônico) e o perfil funcional na experiência brasileira. In: VICENTE, Dário Moreira *et al.* (Orgs.). *Estudos de direito intelectual em homenagem ao Prof. Doutor José de Oliveira Ascensão*. 1. ed. Coimbra: Almedina, 2015.

EPEDINO, Gustavo. Regime jurídico dos bens no Código Civil. In: VENOSA, Sílvio de Salvo; GAGLIARDI, Rafael Villar; NASSER, Paulo Magalhães (Coords.). *10 anos do Código Civil*: desafios e perspectivas. São Paulo: Atlas, 2012.

TEPEDINO, Gustavo; NEVARES, Ana Luiza Maia e MEIRELES, Rose Melo Vencelau. *Direito das Sucessões*. v. 7. Editora Gen: São Paulo, 2020.

Vida líquida. Tradução de Carlos Alberto Medeiros. Rio de Janeiro: Jorge Zahar, 2007.

VIEIRA, Liszt. *Cidadania e globalização*. 5. ed. Rio de Janeiro: Record, 2001.

COMO TESTAR EM MOMENTO DE PANDEMIA E ISOLAMENTO SOCIAL?

Ana Luiza Maia Nevares

Doutora e Mestre em Direito Civil pela UERJ. Professora de Direito Civil da PUC-Rio e Coordenadora do Curso de Pós-Graduação lato senso de Direito das Famílias e das Sucessões da PUC-Rio. Vice-Presidente da Comissão de Estudos Constitucionais da Família do IBDFAM e Membro do IBDFAM-RJ. Membro do IBDCivil e do IAB. Advogada.

Sumário: 1. O testamento e suas características. A forma para testar no Direito Brasileiro. 2. Como testar em momento de pandemia e isolamento social? 3. Qual o futuro das formalidades testamentárias?

1. O TESTAMENTO E SUAS CARACTERÍSTICAS. A FORMA PARA TESTAR NO DIREITO BRASILEIRO

A sucessão hereditária dá-se por lei ou por disposição de última vontade (CC, art. 1.786), sendo no primeiro caso conforme a ordem de vocação hereditária (CC, art. 1.829) e no segundo conforme a manifestação de vontade do testador expressa a partir das disposições testamentárias. O testamento, portanto, é negócio jurídico que regula a sucessão de uma pessoa para o momento posterior à sua morte.

A permissão para as disposições de bens *mortis causa* decorre da garantia constitucional à propriedade privada (CR, art. 5º, incisos XXII e XXIII), consagrando, no Direito Sucessório, a autonomia privada. No regime do Código Civil, as disposições de bens para depois da morte só podem ocorrer pelo testamento ou codicilo. De fato, o Código Civil, ao contrário de outros ordenamentos jurídicos, não permite que seja objeto de contrato herança de pessoa viva, vedando os pactos sucessórios (CC, art. 426). Além disso, as doações *mortis causa*, admitidas no direito anterior em uma única hipótese, qual seja, quando feitas nos contratos antenupciais em benefício do cônjuge e de sua prole (CC16, art. 314), não foram previstas na vigente codificação.

O Código Civil de 1916 definia o testamento como o ato revogável pelo qual alguém, de conformidade com a lei, dispõe no todo ou em parte, de seu patrimônio, para depois da sua morte (CC16, art. 1.626). Tal conceito era considerado muito restrito, já que se limitava ao aspecto patrimonial do ato de última vontade, quando o testamento pode conter outras disposições de cunho não patrimonial, como o reconhecimento de filhos, a nomeação de tutor, o destino ao corpo do falecido, ou uma disposição que simplesmente revogue o testamento anterior.

Na esteira da aludida crítica, o Código Civil não fornece conceito de testamento, estabelecendo apenas a sua função no ordenamento jurídico: ato através do qual são instituídas disposições de última vontade, quer de cunho patrimonial, quer de cunho não patrimonial. Na definição clássica de Clovis Bevilaqua, "testamento é o ato personalíssimo, unilateral, gratuito, solene e revogável, pelo qual alguém, segundo as prescrições da lei, dispõe, total ou parcialmente, de seu patrimônio para depois da sua morte; ou nomeia tutores para seus filhos; ou reconhece filhos naturais; ou faz outras declarações de última vontade"[1]. Realmente, o testamento serve a diversos objetivos do testador, de natureza patrimonial ou não, tendo como elemento comum de suas disposições a eficácia *post mortem*.

O Código Civil, em seu art. 1.858, estabeleceu alguns caracteres do ato testamentário. Trata-se de ato personalíssimo, pois só pode emanar da vontade individual e única do testador, que deve ser declarada por ele próprio, não sendo admitido que a última vontade seja manifestada através de representantes, convencionais ou legais. Além disso, determina, ainda, o citado art. 1.858 que o testamento pode ser mudado a qualquer tempo. Com efeito, o ato testamentário contém disposições de última vontade, só produzindo efeitos após a morte do testador, sendo certo que não importa o tempo decorrido entre o testamento e o óbito do disponente. Até tal evento, a vontade pode ser alterada e, por esta razão, o testamento é na sua essência um ato revogável[2].

Para a constituição do testamento, é preciso uma única manifestação de vontade, sendo por isso mesmo negócio jurídico unilateral. O testamento revela-se ainda negócio jurídico gratuito, configurando uma liberalidade.

Além disso, é ato formal, já que sua validade depende da forma prescrita na lei. Trata-se de forma *ad solemnitatem*, acarretando a nulidade do ato em caso de inobservância ou omissão de uma das solenidades estabelecidas na legislação civil para a cédula testamentária. Segundo tradicionalmente registrado em doutrina, as formalidades testamentárias têm tríplice função. A primeira delas seria a função preventiva, pois pretende evitar que o testador seja vítima de captações, dolo, fraude ou violências. Já a segunda seria uma função probante, uma vez que pela forma assegura-se a demonstração da última vontade do testador. A forma do testamento desempenha, ainda, uma função executiva, eis que fornece aos beneficiários do testamento um instrumento para o exercício dos respectivos direitos[3].

Por sua extraordinária importância jurídica e por não mais ser possível esclarecer a vontade do testador, qualquer omissão ou imprecisão nas formalidades previstas na lei para o ato de última vontade acarretará a nulidade do ato. Tal aspecto suscita verdadeiro conflito entre interesses juridicamente relevantes: as formalidades testamentárias são instituídas para garantir a vontade do testador, que por vezes resta prejudicada justamente por não se terem observado algumas das solenidades previstas para a validade do testamento. Por esta razão, em diversas situações, o rigor das formas testamentárias

---

1. Clovis Bevilaqua, *Código Civil dos Estados Unidos do Brasil commentado*, vol. VI, Rio de Janeiro: Livraria Francisco Alves, 5ª edição, 1944, p. 89.
2. A despeito de sua revogabilidade intrínseca, algumas declarações, por seus efeitos existenciais, podem ser consideradas irrevogáveis, como ocorre com a declaração, inserida em cláusula testamentária, contendo o reconhecimento de filho. Neste caso, conforme preceitua o art. 1.610 do Código Civil, a manifestação de vontade, por atribuir o *status filiae* à pessoa, alcançando diretamente à dignidade humana, tem-se por irrevogável. Vale dizer, mesmo revogado o testamento, a declaração se mostra insuscetível de revogabilidade, preservando-se a sua eficácia jurídica.
3. Cunha Gonçalves, *Tratado de Direito Civil*, vol. IX, t. II, n. 1.352, 2ª ed., p. 595.

resta atenuado, quando se mostra inequívoca a higidez da manifestação de vontade do testador, privilegiando-se o princípio do *favor testamentis*. Nesta direção, o Superior Tribunal de Justiça já se manifestou no sentido de que "todas essas formalidades não podem ser consideradas de modo exacerbado, pois a sua exigibilidade deve ser acentuada ou minorada, em razão da preservação dos dois valores a que elas se destinam – razão mesma de ser do testamento –, na seguinte ordem de importância: o primeiro, para assegurar a vontade do testador, que já não poderá mais, após o seu falecimento, por óbvio, confirmar a sua vontade ou corrigir distorções, nem explicitar o seu querer que possa ter sido expresso de forma obscura ou confusa; o segundo, para proteger o direito dos herdeiros do testador, sobretudo dos seus filhos"[4].

Importante registrar que as formas testamentárias são aquelas expressamente previstas na lei e cada modelo tem um conjunto de solenidades que o integra. Não é possível combinar as formalidades de cada espécie testamentária, criando um novo tipo de testamento. Uma vez escolhida a forma testamentária, devem ser observadas as solenidades próprias para aquele tipo de testamento, sob pena de nulidade do ato.

Dividem-se as formas testamentárias em ordinárias e especiais. As primeiras são aquelas que podem ser utilizadas por qualquer pessoa capaz. São testamentos ordinários o testamento público, o cerrado e o particular.

O testamento público é aquele celebrado perante tabelião de notas e na presença de duas testemunhas (CC, arts. 1.864 e seguintes). Uma vez celebrado, através de escritura pública, a cédula constará do livro do Cartório de Notas e, uma vez aberta a sucessão, qualquer interessado, exibindo o traslado ou a certidão de testamento público, poderá requerer ao juiz que ordene o seu cumprimento (CPC, art. 736).

Já o testamento cerrado configura ato jurídico complexo, uma vez que pressupõe dois momentos: o primeiro no qual o testador elabora a cédula testamentária e o segundo que consiste na aprovação de dita cédula pelo tabelião em solenidade que deve contar com a presença de duas testemunhas (CC, arts; 1.868 e seguintes). O auto de aprovação do testamento cerrado será lançado no Livro de Notas. Assim, depois de aprovado e cerrado, será o testamento entregue ao testador, e o tabelião lançará, no seu livro, nota do lugar, dia, mês e ano em que o testamento foi aprovado e entregue (CC, art. 1.874). Uma vez falecido o testador, será designada uma audiência para a abertura do testamento, sendo certo que, uma vez não encontrados vícios externos, o juiz determinará o seu cumprimento (CC, art. 1.875 e CPC, art. 735).

Por fim, o testamento particular é aquele escrito de próprio punho ou mediante processo mecânico pelo próprio testador, na presença de pelo menos 03 (três testemunhas), que assinarão o ato em conjunto com o testador (CC, arts. 1.876 e seguintes). Aberta a sucessão, as testemunhas deverão confirmar em juízo a lavratura do ato, sendo certo que, se faltarem testemunhas, por morte ou ausência, e se pelo menos uma delas reconhecer o testamento, este poderá ser confirmado se, a critério do juiz, houver prova suficiente de sua veracidade (CC, art. 1.880, arts. 1.877 e 1.878).

---

4. STJ, 4ª T, REsp 302767/PR, Rel. Min. Cesar Asfor Rocha, DJ 24/09/2001.

Pode-se afirmar que no Brasil, comumente celebram-se testamentos públicos. Já os cerrados são os mais raros.

Os testamentos especiais são aqueles utilizados por pessoas capazes que estejam em determinadas situações excepcionais, estando impossibilitadas de testar por uma das formas ordinárias, compreendendo o testamento marítimo, o aeronáutico e o militar. Não se admitem outros testamentos especiais senão aqueles previstos na lei (CC, art. 1.887). De fato, em virtude das circunstâncias extraordinárias em que são elaborados, os testamentos especiais são caracterizados pela simplificação de suas formalidades, bem como pela sua caducidade após 90 (noventa) dias da cessação das circunstâncias excepcionais que o ensejaram (CC, arts. 1.891 e 1.895).

Vale ponderar que não há hierarquia entre as formas testamentárias. Qualquer testamento tem o mesmo valor, podendo o testamento particular revogar o público, ou o marítimo revogar o cerrado[5].

2. COMO TESTAR EM MOMENTO DE PANDEMIA E ISOLAMENTO SOCIAL?

Em virtude da pandemia do coronavírus, estamos vivenciando um momento de isolamento social, com restrições para sair de casa e interagir socialmente com outras pessoas. Nossos anseios e angústias, porém, não estão em isolamento social e continuam a permear nossos pensamentos.

O desejo de planejar a sucessão hereditária está presente no íntimo de muitas pessoas. De fato, a maior longevidade da população brasileira e o fenômeno sempre crescente das famílias recompostas são fatores que muito contribuem para a necessidade de um planejamento sucessório. A partir do planejamento da sucessão hereditária, objetiva-se evitar conflitos, assegurar que aspirações fundamentais da vida da pessoa sejam executadas após o seu falecimento, garantir a continuidade de empresas e negócios, permitir uma melhor distribuição da herança entre os sucessores, bem como buscar formas de gestão e de transmissão do patrimônio que tenham a menor carga tributária possível.

Ocorre que todas as modalidades de testamentos ordinários pressupõem a presença do testador em conjunto com outras pessoas. Como afirmado acima, no caso do testamento público, este é lavrado perante o tabelião, na presença de duas testemunhas. Já o testamento cerrado pressupõe que o testador elabore a cédula num primeiro momento, levando-a para aprovação posteriormente também perante o tabelião, na presença de duas testemunhas. Por fim, o testamento particular deve ser lavrado na presença de pelo menos três testemunhas. Além disso, não se está diante das circunstâncias excepcionais que autorizam a lavratura de testamentos especiais.

Nessa direção, nenhuma das modalidades de testamentos ordinários são adequadas em momento em que as autoridades públicas recomendam o isolamento social em virtude de uma pandemia viral, não sendo o caso dos testamentos especiais. Some-se a isso o fato de alguns Estados terem regulado nesse período a prática de atos e a recepção

---

5. Clovis Bevilaqua, *Código Civil dos Estados Unidos do Brasil commentado*, vol. VI, Rio de Janeiro: Livraria Francisco Alves, 5ª edição, 1944, p. 228.

de documentos de forma remota e eletrônica nos Serviços Notariais e de Registros, como ocorreu no Estado do Rio de Janeiro, com o provimento 31/2020, mas nada terem disposto sobre a possibilidade de lavrar testamentos de forma remota ou mediante assinatura digital ou leitura virtual.

Dessa forma, aquele que deseja testar nesse momento, deve se valer do disposto no art. 1.879 do Código Civil. Dito dispositivo prevê que, a critério do juiz, podem ser admitidos testamentos escritos sem a presença de testemunhas, se o testador se encontrar em circunstâncias excepcionais que sejam *expressamente declaradas na cédula*. Este artigo está previsto no capítulo referente aos testamentos particulares, sendo, portanto, um testamento ordinário, que por se referir a *circunstâncias excepcionais* de forma ampla, pode ser utilizado em diversas situações. Aliás, *de lege ferenda*, todos os testamentos especiais deveriam se resumir ao previsto no citado artigo 1.879, uma vez que não se conhecem no Direito Brasileiro hipóteses de testamentos marítimos, aeronáuticos ou militares.

É verdade que a confirmação do referido testamento dependerá de crivo judicial, ficando a critério do juiz avaliar a possibilidade de sua eficácia. No entanto, a situação atual vivenciada de pandemia viral se encaixa perfeitamente na hipótese do citado art. 1.879 do Código Civil, razão pela qual deverá o Judiciário ter sensibilidade em analisar as situações que se descortinam nesse momento.

Vale registrar que apesar de o art. 1.879 do Código Civil nada dispor sobre a caducidade do testamento em virtude da cessação das circunstâncias excepcionais que o ensejaram, boa doutrina considera que se aplica ao caso o aludido prazo de 90 (noventa) dias previsto nos artigos 1.891 e 1.895 do Código Civil, relativos, respectivamente, aos testamentos marítimos e aeronáuticos e militares. Nesse sentido, foi aprovado o n. 611 nas VII Jornadas de Direito Civil, ocorridas no âmbito do Conselho Nacional de Justiça, assim ementado: "O testamento hológrafo simplificado, previsto no art. 1.879 do Código Civil, perderá sua eficácia se, nos 90 dias subsequentes ao fim das circunstâncias excepcionais que autorizaram a sua confecção, o disponente, podendo fazê-lo, não testar por uma das formas testamentárias ordinárias".

A prevalecer o referido entendimento, se o testador não falecer no curso do isolamento social e nem nos 90 (noventa) dias subsequentes, o referido testamento particular excepcional caducará. Por conseguinte, dito ato deverá ser reproduzido por uma das formas ordinárias tão logo as autoridades públicas admitam o fim do isolamento social, sem prejuízo de se defender o oposto, já que o art. 1.879 está inserido dentre os testamentos ordinários.

3. QUAL O FUTURO DAS FORMALIDADES TESTAMENTÁRIAS?

Não há dúvida de que a vivência de uma pandemia viral, que atingiu todo o mundo, ensejará mudanças no modo de viver da sociedade.

Especificamente quanto ao testamento no Brasil, como acima explicitado, muito antes da Covid-19, já vinha ocorrendo na jurisprudência uma flexibilização do rigor das formalidades testamentárias, na esteira de um movimento de simplificação da forma do ato de última vontade, operado pelas disposições do Código Civil, que em comparação com o Diploma de 1916, diminuiu as solenidades de cada tipo testamentário, prevendo, ainda, o citado artigo 1.879, que instituiu um testamento sem testemunhas em circunstâncias excepcionais. Dito dispositivo, portanto, deve ser festejado nesse momento.

No entanto, deve o legislador brasileiro ser mais "ousado" quanto à forma de testar? A atenção deveria estar voltada para a possibilidade de um testamento digital? E aqui não se está a falar da *herança digital*, que consiste no acervo digital deixado por uma pessoa após a sua morte, mas sim no fato de as disposições *mortis causa* estarem contidas em substrato digital.

O que seria, portanto, um testamento digital? Esta designação pode identificar desde um simples testamento digitado pelo testador em seu computador e armazenado em seu disco rígido até um testamento assinado pelo testador por um certificado digital, testemunhado e autenticado através de uma *webcam* e armazenado por uma empresa com fins lucrativos, criada para este propósito[6]. Nessa direção, poder-se-ia pensar num testamento escrito no bloco de notas do celular, enviado via mensagem eletrônica ou encaminhado pelas redes sociais para grupo de amigos ou familiares. Sem dúvida, nossa vida tem sido cada vez mais digital. Muitas informações são armazenadas no celular e nos computadores e cada vez menos guarda-se papel.

O desafio do testamento do futuro é não descuidar das funções da forma testamentária. Apesar de ser pertinente e necessário refletir sobre formalidades testamentárias que se adequem à rotina digital da sociedade, especialmente invocadas em momento em que se está interagindo essencialmente *online*, em virtude da recomendação de isolamento social, a segurança do testamento deve ser o norte.

A forma dos negócios jurídicos não pode ser um fim em si mesma, mas atender a relevantes interesses que sejam merecedores de tutela. Em virtude da natureza *post mortem* do testamento, bem como pelo fato de este, majoritariamente, dispor de bens de forma gratuita, não se pode deixar o testamento *livre* de formalidades. Este deve revestir substrato que atenda à tríplice função acima mencionada, de prevenir que o testador seja vítima de captações e violências, de assegurar a prova da manifestação da vontade e, ainda, de fornecer aos beneficiários instrumento para a execução de seus direitos. É sempre nessa direção que se deve analisar a questão da forma do testamento.

Uma série de encontros, a partir de 2016, entre membros da diretoria do Instituto Brasileiro de Direito de Família – IBDFAM culminou em um anteprojeto de reforma do Direito das Sucessões, resultando no Projeto de Lei nº 3799/2019, de autoria da senadora Soraya Thronicke (PSL/MS), formulado em parceria com o IBDFAM. A partir deste Projeto, propõe-se uma adequação dos testamentos aos meios digitais. Nessa direção, no artigo 1.862 do Código Civil, que enumera os testamentos ordinários, propôs-se a inclusão de um parágrafo único, admitindo que que os testamentos ordinários sejam

---

6. DEVELOPMENTS in the Law – More Data, More Problems. 131 Harvard Law Review 1715, 1790. Publicado em 10.4.2018. Disponível em: https://harvardlawreview.org/2018/04/what-is-an-electronic-will/. Acessado em 03.05.2020.

escritos ou gravados, desde que gravadas imagens e voz do testador e das testemunhas, por sistema digital de som e imagem e, então, em cada modelo testamentário, suas solenidades foram adequadas para também contemplar a possibilidade do testamento digital[7].

Talvez dito projeto jamais se torne lei, mas já plantou a semente de uma adequação das formalidades testamentárias aos tempos atuais. Como já registrado, não se pode descuidar da segurança do testamento e todas as formalidades devem ao fim e ao cabo desaguar nas funções preventiva, probante e executiva do negócio testamentário.

---

7. Integra do Projeto em https://legis.senado.leg.br/sdleg-getter/documento?dm=7973456&ts=1562112856248&-disposition=inline.

MORTES INVISÍVEIS EM TEMPOS INSÓLITOS DA PANDEMIA DA COVID-19: IMPACTOS SOFRIDOS PELAS FAMÍLIAS

Heloisa Helena Barboza

Professora Titular de Direito Civil da Faculdade de Direito da Universidade do Estado do Rio de Janeiro (UERJ). Diretora da Faculdade de Direito da Universidade do Estado do Rio de Janeiro (UERJ). Doutora em Direito pela UERJ e em Ciências pela ENSP/FIOCRUZ. Especialista em Ética e Bioética pelo IFF/FIOCRUZ.

Vitor Almeida

Doutor e Mestre em Direito Civil pela Universidade do Estado do Rio de Janeiro (UERJ). Discente do Estágio Pós-Doutoral do Programa de Pós-Graduação em Direito da Universidade do Estado do Rio de Janeiro (PPGD-UERJ). Professor Adjunto de Direito Civil da Universidade Federal Rural do Rio de Janeiro (ITR/UFRRJ). Professor do Instituto de Direito da PUC-Rio.

A propósito, não resistiremos a recordar que a morte, por si mesma, sozinha, sem qualquer ajuda externa, sempre matou muito menos que o homem.[1]

Sumário: 1. Introdução. 2. Notas sobre a morte como fato social. 3. A morte em tempos de Covid-19. 4. A morte "a Sul da quarentena". 5. Considerações finais: solidão e morte em tempos de pandemia da Covid-19. 6. Referências.

1. INTRODUÇÃO

A morte do ser humano é matéria que desde tempos bíblicos se encontra em pauta e foi objeto de estudo não apenas por diferentes campos do saber, como também de apreciação pelas Artes, como se constata nas artes plásticas, na literatura e na música. As religiões, em particular, se preocupam em explicar o que ocorre depois da morte, e apresentam diferentes concepções sobre a "vida após a morte", que influenciam fortemente, através dos séculos, a cultura dos povos, e se expressam de modo variado nas diversas sociedades.

Dentre as áreas do conhecimento interessam ao presente a Medicina e o Direito, que mantem, de longa data, vínculos importantes no que respeita à ocorrência da morte e seus efeitos. A título de exemplo, vale lembrar que compete à Medicina declarar quem está morto, os efeitos sociais dessa morte serão, em sua maioria, ditados pelo Direito. É certo que os avanços da ciência médica têm retardado a morte, em muitos casos. A possibilidade de "vencer" a morte, se por um lado acena com vidas mais longas, se não

---

1. SARAMAGO, José. *As intermitências da morte.* São Paulo Companhia das Letras, 2005, p. 104-105.

com a sonhada vida "eterna", por outro faz surgir para o Direito uma série de novos questionamentos, como a autonomia sobre a própria morte, do quando e como morrer, reascendendo debates existentes desde a antiguidade como a admissibilidade ou não da eutanásia. Como se vê, a temática é complexa e exige aprofundamento, que se desenvolve de forma constante na contemporaneidade.

O momento atual apresenta um aspecto incomum da morte, em sua atuação cotidiana: o surgimento abrupto de um número assustador de óbitos, em curto prazo, em razão da pandemia provocada pelo denominado novo coronavírus, causador da Covid-19, doença que assola a humanidade desde fins de 2019. Mas, para além da quantidade, a morte decorrente dessa doença se reveste de um aspecto novo, quando se considera a família e amigos dos que falecem: a invisibilidade do morto.

Em razão da fácil contaminação por um vírus novo e desconhecido, para o qual não há, ainda, medicação específica ou vacina, a pessoa contaminada deve entrar em quarentena e, em caso de agravamento, ser hospitalizada em regime de isolamento e não raro, encaminhada para o CTI (Centro de Terapia Intensiva), do qual nem todos retornam. Desse modo, o doente ao ser hospitalizado se afasta dos familiares, que não mais podem vê-lo ou tocá-lo. Em caso de óbito, as regras sanitárias do Ministério da Saúde sobre "Manejo dos corpos no contexto do novo coronavírus (Covid-19)" determinam a embalagem do corpo em três camadas e sua acomodação em urna a ser lacrada antes da entrega aos familiares ou responsáveis. Após lacrada, a urna não deverá ser aberta, em razão da possibilidade de contaminação.[2]

Como se constata, a interrupção do contato com o doente que vem a falecer, embora indispensável para preservação da saúde de todos, sejam familiares, responsáveis, pessoal da saúde e da sociedade em geral, impede não só o acompanhamento, mais próximo, do processo de morte, como também a realização cerimônias fúnebres culturalmente adotadas até o sepultamento ou cremação do falecido. Não há, em síntese, a despedida daquele que parte, do modo usual no Brasil. A morte torna-se, como indicado, invisível.

A Covid-19 atinge, indistintamente, todas as camadas sociais. Certamente, porém, a ocorrência de óbito será mais complexa, se não cruel, para as populações mais carentes, quando se considera a notória precariedade do atendimento médico-hospitalar no Brasil, mesmo em condições normais. Não obstante o – igualmente notório – esforço empreendido por todas as equipes de saúde e pela administração estatal e municipal nesta situação extraordinária, os desmandos e orientações equivocadas vindas do poder federal só tem contribuído para agravar o número de óbitos, principalmente nas famílias mais vulneráveis, que infelizmente se veem privadas do consolo, talvez único, do último adeus.

O presente trabalho, elaborado a partir de pesquisa documental e bibliográfica em fontes administrativas oficiais e doutrina, objetiva, ainda que de modo breve e singelo, contribuir para a reflexão sobre os impactos provocados pelas mortes invisíveis nas famílias brasileiras, em especial as mais vulneráveis.

---

2. BRASIL. Ministério da Saúde. Secretaria de Vigilância em Saúde. Departamento de Análise em Saúde e Vigilância de Doenças não Transmissíveis. *Manejo de corpos no contexto do novo coronavírus* – Covid-19. Versão 1, Brasília, 2020. Disponível: https://www.saude.gov.br/images/pdf/2020/marco/25/manejo-corpos-coronavirus-versao-1-25mar20-rev5.pdf. Acesso em 15 maio de 2020.

MORTES INVISÍVEIS EM TEMPOS INSÓLITOS DA PANDEMIA DA COVID-19 | **361**

2. NOTAS SOBRE A MORTE COMO FATO SOCIAL

"A morte é um problema dos vivos", afirma Norbert Elias[3]. Um problema ainda mais tormentoso e desafiador em razão da pandemia do coronavírus, novo agente descoberto em 31 de dezembro de 2019[4], após casos registrados na província de Wuhan, na China, e que rapidamente se espalhou pelo mundo. A Organização Mundial da Saúde (OMS) declarou, em 30 de janeiro de 2020[5], que o surto da Covid-19, doença causada pelo SARS-CoV-2, vírus que causa infecções respiratórias pertencente à família de coronavírus, constituía uma Emergência de Saúde Pública de Importância Internacional – o mais alto nível de alerta da Organização, conforme previsto no Regulamento Sanitário Internacional. Em 11 de março de 2020, a Covid-19 foi caracterizada pela OMS como uma pandemia.[6]

A morte, em geral, é um tabu em tempo de normalidade civilizatória, um tema evitado, se não rejeitado pela maioria das pessoas. Há quem acredite que a simples menção ao assunto já a atrai. Cada comunidade tem seus rituais, que observam uma série de ritos para permitir que a transição entre o viver e o morrer ocorra da forma correta, de acordo com as tradições e costumes de cada região. Além disso, os ritos funerários amenizam a dor e o sofrimento dos familiares, a partir de um processo de luto individual indispensável para a percepção da trajetória da vida do falecido e de novos rumos a serem tomados por aqueles que perdem seus entes queridos. À morte atribui-se uma eficácia ritual que revela seu poder temível e negativo. José Carlos Rodrigues observa que "o morto, como as coisas insólitas, anormais ou ambíguas, constitui um ser impuro cujo contato representa perigo para o mundo das normas"[7]. Em tempos de pandemia, como a vivenciada em razão do novo coronavírus, a morte apresenta uma face desconhecida, talvez mais temível, que é o distanciamento daquele que vai "partir", uma lacuna entre o vivo e o morto, que jamais será preenchida. A ausência dos rituais que marcam o início do luto impossibilita a externalização da dor e do sofrimento, segundo os ritos e crenças individuais e coletivos. Os rituais da morte são modificados ou suspensos, alterando, quando não suprimindo, a resposta das pessoas e da sociedade à morte.

Apesar da certeza da finitude como um destino comum da humanidade, a experiência da morte é específica e variável de acordo com cada comunidade. Norbert Elias

---

3. ELIAS, Norbert. *A solidão dos moribundos*. Tradução: Plínio Dentzien. Rio de Janeiro: Jorge Zahar Editor, 2001, p. 10.
4. Disponível em: https://coronavirus.saude.gov.br/sobre-a-doenca#o-que-e-covid. Acesso em: 25 mar. 2020.
5. Disponível em: https://www.paho.org/bra/index.php?option=com_content&view=article&id=6101:covid19&Itemid=875. Acesso em: 25 mar. 2020.
6. No Brasil, o Decreto n. 7.616, de 17 de novembro de 2011, dispõe sobre a declaração de Emergência em Saúde Pública de Importância Nacional – ESPIN. Nos termos do seu art. 2º, a "declaração de Emergência em Saúde Pública de Importância Nacional – ESPIN ocorrerá em situações que demandem o emprego urgente de medidas de prevenção, controle e contenção de riscos, danos e agravos à saúde pública". A declaração de ESPIN será efetuada pelo Poder Executivo federal, por meio do ato do Ministro de Estado da Saúde, conforme determina o seu art. 4º. A Portaria MS n. 188, de 3 de fevereiro de 2020, declara Emergência em Saúde Pública de Importância Nacional (ESPIN) em decorrência da Infecção Humana pelo novo Coronavírus (2019-nCoV). A Portaria MS 188 também estabeleceu o Centro de Operações de Emergências em Saúde Pública (COECOVID-19) como mecanismo nacional da gestão coordenada da resposta à emergência no âmbito nacional, ficando sob responsabilidade da Secretaria de Vigilância em Saúde (SVS/MS) a gestão do COE-COVID-19.
7. RODRIGUES, José Carlos. *Tabu do corpo*. 7. ed., rev., Rio de Janeiro: Editora FIOCRUZ, 2006, p. 52.

observa que o problema não é a morte, mas o seu conhecimento que atinge os seres humanos[8]. O medo da morte é amenizado, para muitos, pela "fantasia coletiva de uma vida eterna em outro lugar"[9]. Medo e dor permeiam a transitoriedade da vida. O medo não é uma novidade para a humanidade, que o conheceu desde o seu princípio. "É por isso que *ser humano significa também experimentar o medo*"[10]. A maior das ameaças é o fim, abrupto e terminal, e a morte constitui o arquétipo desse fim. O medo nos lembra diariamente da transitoriedade humana e que estamos, ao mesmo tempo, "atrelados ao tempo e limitados pelo tempo".[11]

A morte é rechaçada silenciosamente na vida cotidiana, embora esteja "presente em todos os momentos, nas mitologias, no ritual, no inconsciente". A tentativa de dar invisibilidade à morte é derrotada pelo fascínio que ela exerce sobre as pessoas e, por isso, torna-se "ambicionada mercadoria jornalística". Nos veículos de comunicação de massa, como os jornais, e no cinema a morte é incansavelmente reverberada, "vendendo para cada um de nós um sentimento que está reprimido na profundidade de cada alma"[12]. Em tempos de pandemia, a temível morte é desnudada, torna-se mais próxima. A ameaça do fim torna-se concreta, real e palpável. O poder negativo da morte é potencializado pelo medo das pessoas e pelas notícias sobre o número de óbitos provocados pela Covid-19, atualizado diariamente em todos os veículos de comunicação. Fato é que a exaltação da morte, em tempos de pandemia, é reforçada, enquanto sua "silenciosa dissimulação na vida cotidiana" se dissipa com o aumento do número de mortes provocados pela nova doença. A morte já não é mais tão banida das conversas, obscurecida por metáforas e "escondida das crianças".[13]

É preciso compreender que a "pessoa" não termina com a morte que atinge seu corpo biológico, quer para efeitos jurídicos, quer para efeitos culturais. A memória da trajetória de vida permanece e repercute na construção da subjetividade dos membros da comunidade. De fato, a "morte não pode ser esquecida com facilidade"[14]. A pandemia assusta à medida em que os processos de morte e de luto são transformados. Cenários hipotéticos e excepcionais tornam-se comuns e diários. A possibilidade de sepultamento sem o registro do óbito, a cremação para fins de interesse da saúde pública, as restrições aos velórios e enterros, são questões importantes, que se somam à solidão dos pacientes terminais da Covid-19 e à impossibilidade da despedida antes do fim da vida, situação das mais delicadas nessa pandemia.

Embora muitas vezes invisível e repugnante, a morte é uma vicissitude inerente à vida e seu processo integra a própria condição humana. Em "As intermitências da Mor-

---

8. ELIAS, Norbert. *A solidão dos moribundos*. Tradução: Plínio Dentzien. Rio de Janeiro: Jorge Zahar Editor, 2001, p. 11.
9. ELIAS, Norbert. *A solidão dos moribundos*. Tradução: Plínio Dentzien. Rio de Janeiro: Jorge Zahar Editor, 2001, p. 44.
10. BAUMAN, Zygmunt. *Vida em fragmentos*: sobre ética pós-moderna. Trad. Alexandre Werneck. Rio de Janeiro: Zahar, 2011, p. 143-144. (grifo no original)
11. BAUMAN, Zygmunt. *Vida em fragmentos*: sobre ética pós-moderna. Trad. Alexandre Werneck. Rio de Janeiro: Zahar, 2011, p. 144. (grifo no original)
12. RODRIGUES, José Carlos. *Tabu do corpo*. 7. ed., rev., Rio de Janeiro: Editora FIOCRUZ, 2006, p. 52.
13. RODRIGUES, José Carlos. *Tabu do corpo*. 7. ed., rev., Rio de Janeiro: Editora FIOCRUZ, 2006, p. 52.
14. RODRIGUES, José Carlos. *Tabu do corpo*. 7. ed., rev., Rio de Janeiro: Editora FIOCRUZ, 2006, p. 54.

te", José Saramago demonstra que a imortalidade pode se tornar um problema e o que ambíguo sentimento de repulsa e fascínio diante da morte é inerente ao ser humano. Na situação ficcional criada pelo genial autor na obra citada, a "falta de falecimentos logo se revela um problema, e não só para as agências funerárias. Os hospitais ficam lotados de pacientes agonizantes impedidos de 'passar desta para melhor'. E os idosos avançam na decrepitude sem esperança de descanso (nem para eles, nem para as suas famílias)"[15]. A morte em tempos pandêmicos, surgidos de forma abrupta, é inesperada e, acima de tudo, gera o medo profundo de se morrer solitariamente entubado, na frieza de um CTI (Centro de Terapia Intensiva). O drama da finitude da vida se torna repentinamente exposto, atingindo todos a um só tempo, fato que põe em xeque os modos de viver e agrava os dilemas da existência.

A solidão da morte não é, contudo, uma exclusividade dos períodos de pandemia. Como se sabe, na contemporaneidade, o processo da morte foi altamente medicalizado. No passado, era comum as pessoas morrerem em casa rodeadas por seus familiares. Um discurso mais racional e higiênico da morte impõe que os pacientes internados tenham pouco, como regra nenhum, contato com os familiares. Nesse sentido, já se observou que "nunca antes as pessoas morreram tão silenciosas e higienicamente como hoje nessas sociedades, e nunca em condições tão propícias à solidão"[16]. O que a Covid-19 descortina é mais do que uma situação criada pela racionalidade médica. Trata-se em verdade de um dilema, visto que, no caso, o isolamento forçado de pacientes graves e em risco de vida serve para salvar outras pessoas, ainda que a um custo altíssimo para os moribundos e os familiares.

Há de se destacar, ainda, que as constantes interferências da medicina no processo de morte dos seres humanos têm possibilitado, de modo crescente, o prolongamento, o adiamento e o gerenciamento do fim da vida, inclusive pelo próprio indivíduo. Em tempos atuais e de normalidade, a vida é mais longa, e a morte é retardada. Com a pandemia do novo coronavírus, a geração atual se depara com uma doença ainda sem cura, de fácil transmissão e que assola todo o planeta. O desconhecimento do modo de atuação do novo vírus e da amplitude dos efeitos por ele causados limitam a atuação da medicina e reduzem a possibilidade do adiamento da morte.

Nesse cenário, a obtenção do consentimento livre e esclarecido de pacientes hospitalizados em razão da Covid-19, bem como a observância de suas decisões previamente declaradas em diretivas antecipadas tornam-se desafios. É imperioso considerar que, além da emergência, que em geral determina a hospitalização, está em jogo a saúde daqueles que prestam atendimento e da população em geral. Assim sendo, parece razoável admitir que o consentimento e as diretivas de uma pessoa que tenha Covid-19 somente sejam observados nos limites do possível, ou seja, se não causarem sabida contaminação de terceiros. Não seria razoável, por exemplo, permitir que um paciente em estado muito grave, em que haja alto nível de contaminação, seja transferido para sua residência, ape-

---

15. SARAMAGO, José. *As intermitências da morte*. São Paulo Companhia das Letras, 2005. Trecho retirado da orelha do livro.
16. ELIAS, Norbert. *A solidão dos moribundos*. Tradução: Plínio Dentzien. Rio de Janeiro: Jorge Zahar Editor, 2001, p. 98.

nas para atender seu desejo de morrer em casa, mesmo que houvesse concordância de seus familiares. Neste caso, para além dos familiares, o risco atingiria, além do pessoal da saúde, eventuais empregados, porteiros e vizinhos.

Na verdade, a pandemia torna importante, mais do que nunca, se debater a "desmitologização" da morte, o que requer uma "consciência muito mais clara de que a espécie humana é uma comunidade de mortais e de que as pessoas necessitadas só podem esperar ajuda de outras pessoas"[17]. Este é o momento de abrir um franco diálogo sobre as mortes, suas condições e consequências, em lugar de tornar o tema silencioso e esquecido. A morte pandêmica deixa de ser uma questão particular, familiar, e se torna coletiva, isto é, um problema social. Todavia, como alerta Norbert Elias, o "problema social da morte é especialmente difícil de resolver porque os vivos acham difícil identificar-se com os moribundos"[18]. A pandemia da Covid-19 atinge todos, vulnerados ou não, o que exige uma postura solidária e de alteridade. Contudo, na verdade, cada sociedade apresenta uma resposta à morte a partir das contingências históricas, o que descortina os valores centrais de sua estrutura social.

Cabe lembrar, por outro lado, que a morte é um processo, assim como o nascimento, "uma sequência de ocorrências, das quais uma é escolhida para caracterizar o termo inicial da produção ou cessação de efeitos jurídicos"[19]. Compreender a morte como um momento estático para fins jurídicos reduz o fenômeno e impede uma análise de todas as consequências que tal fato produz, o que adquire maior relevância em tempos de pandemia com índices de mortes significativos. Por isso, "não é só uma questão do fim efetivo da vida, do atestado de óbito e do caixão"[20]. Uma visão da morte como processo descortina a necessidade de proteção dos momentos anteriores ao fim da vida, bem como do respeito à fase de luto dos viventes. Isso permite visualizar que "muitas vezes a partida começa muito antes".[21]

O Código Civil estabelece a morte como o fim da existência da pessoa natural, conforme o art. 6º[22]. Em outros termos, a morte extingue a personalidade, a qualidade de pessoa reconhecida aos seres humanos que nascem com vida, e que têm, como tal, aptidão para titularizar direitos e contrair obrigações. Não há na Lei Civil requisitos para se caracterizar, de modo geral, a morte[23]. Compete aos médicos atestar a morte

---

17. ELIAS, Norbert. *A solidão dos moribundos*. Tradução: Plínio Dentzien. Rio de Janeiro: Jorge Zahar Editor, 2001, p. 98.
18. ELIAS, Norbert. *A solidão dos moribundos*. Tradução: Plínio Dentzien. Rio de Janeiro: Jorge Zahar Editor, 2001, p. 9.
19. BARBOZA, Heloisa Helena. Autonomia em face da morte: alternativa para a eutanásia? In: PEREIRA, Tânia da Silva; MENEZES, Rachel Aisengart; BARBOZA, Heloisa Helena (orgs.). Vida, Morte e Dignidade Humana. Rio de Janeiro: GZ Editora, 2010, p. 33.
20. ELIAS, Norbert. *A solidão dos moribundos*. Tradução: Plínio Dentzien. Rio de Janeiro: Jorge Zahar Editor, 2001, p. 8.
21. ELIAS, Norbert. *A solidão dos moribundos*. Tradução: Plínio Dentzien. Rio de Janeiro: Jorge Zahar Editor, 2001, p. 8.
22. Lei 10.406/2002, Art. 6º. A existência da pessoa natural termina com a morte; presume-se esta, quanto aos ausentes, nos casos em que a lei autoriza a abertura de sucessão definitiva.
23. A Lei 9.434/1997 (Lei de Transplantes) estabelece o critério da morte encefálica para fins de transplante *post mortem*: "Art. 3º A retirada *post mortem* de tecidos, órgãos ou partes do corpo humano destinados a transplante ou tratamento deverá ser precedida de diagnóstico de morte encefálica, constatada e registrada por dois médicos não participantes das equipes de remoção e transplante, mediante a utilização de critérios clínicos e tecnológicos definidos por resolução do Conselho Federal de Medicina".

e preencher a Declaração de Óbito, conforme requisitos regulamentares[24]. De acordo com o art. 9º, I, do Código Civil, c/c art. 77 a 88, da Lei n. 6.015/1973, os óbitos devem ser registrados no Registro Civil de Pessoas Naturais competente. A certidão extraída desse registro é prova bastante da morte, para todos os fins. Além disso, nos termos do citado art. 77, nenhum sepultamento será feito sem certidão do oficial de registro do lugar do falecimento ou do lugar de residência do *de cujus*, quando o falecimento ocorrer em local diverso do seu domicílio, extraída após a lavratura do assento de óbito, em vista do atestado de médico. A cremação de cadáver, contudo, somente será feita daquele que houver manifestado a vontade de ser incinerado ou no interesse da saúde pública e se o atestado de óbito houver sido firmado por 2 (dois) médicos ou por 1 (um) médico legista e, no caso de morte violenta, depois de autorizada pela autoridade judiciária, a teor do § 2º, do mesmo artigo.

A partir da morte extinguem-se, em regra, as relações jurídicas existenciais, como o vínculo de casamento e de união estável, e patrimoniais da pessoa que falece, havendo a transmissão do patrimônio do falecido para seus sucessores, na forma prevista no Código Civil. Outros efeitos podem decorrer da morte, como o pagamento de seguro de vida e a instituição de pensão previdenciária, nos termos da Lei.

Como se constata, as preocupações são eminentemente patrimoniais, e não há normatização legal quanto à morte em si, sobre o que pode ou não a própria pessoa decidir, ou quanto a direitos e/ou deveres dos familiares em relação aos restos mortais.[25]

3. A MORTE EM TEMPOS DE COVID-19

A severidade dos efeitos da pandemia de Covid-19 no Brasil acabou por mobilizar o legislador diante das situações de exceção, especialmente no que diz respeito aos óbitos. Talvez tenha sido lembrado o cenário mefistofélico de colapso dos serviços funerários, presenciado durante a epidemia de gripe espanhola. No Rio de Janeiro, registros históricos revelam que "pouco a pouco, as ruas da cidade se transformaram em um mar de insepultos, pela falta de coveiros para enterrar os corpos e de caixões onde sepultá-los".[26]

---

24. Resolução CFM 1.779/2005 regulamenta a responsabilidade médica no fornecimento da Declaração de Óbito. Os arts. 83 e 84 do Código de Ética Médica (Res. CFM 2.217/2018) vedam ao médico "atestar óbito quando não o tenha verificado pessoalmente, ou quando não tenha prestado assistência ao paciente, salvo, no último caso, se o fizer como plantonista, médico substituto ou em caso de necropsia e verificação médico-legal" e "deixar de atestar óbito de paciente ao qual vinha prestando assistência, exceto quando houver indícios de morte violenta".

25. A Lei n. 9.434/1997 (Lei de Transplantes) prevê o seguinte sobre a disposição do corpo após a morte: "Art. 4º A retirada de tecidos, órgãos e partes do corpo de pessoas falecidas para transplantes ou outra finalidade terapêutica, dependerá da autorização do cônjuge ou parente, maior de idade, obedecida a linha sucessória, reta ou colateral, até o segundo grau inclusive, firmada em documento subscrito por duas testemunhas presentes à verificação da morte". A respeito do aparente conflito com o art. 14 do Código Civil, foi aprovado o Enunciado n. 277 do Conselho da Justiça Federal com o seguinte teor: "O art. 14 do Código Civil, ao afirmar a validade da disposição gratuita do próprio corpo, com objetivo científico ou altruístico, para depois da morte, determinou que a manifestação expressa do doador de órgãos em vida prevalece sobre a vontade dos familiares, portanto, a aplicação do art. 4º da Lei n. 9.434/97 ficou restrita à hipótese de silêncio do potencial doador". Cf., por todos, TEIXEIRA, Ana Carolina Brochado; KONDER, Carlos Nelson. Autonomia e solidariedade na disposição de órgãos para depois da morte. *Revista da Faculdade de Direito da UERJ*, v. 18, 2010.

26. GOULART, Adriana da Costa. Revisitando a espanhola: a gripe pandêmica de 1918 no Rio de Janeiro. In: *História, Ciências, Saúde – Manguinhos*, v. 12, n. 1, p. 101-42, jan./abr. 2005, p. 104.

Em 06 de fevereiro de 2020, portanto, poucos dias depois da Declaração de Emergência em Saúde Pública de Importância Internacional pela OMS, que data de 30 de janeiro de 2020, foi promulgada a Lei n. 13.979, dispondo sobre as medidas para enfrentamento da emergência de saúde pública de importância internacional decorrente do coronavírus responsável pelo surto de 2019, estabelecendo em seu art. 3º, inciso V, a possibilidade das autoridades públicas, no âmbito de suas competências, adotarem como medida a exumação, a necropsia, a cremação e o manejo de cadáveres.

Em 28 de abril de 2020 foi assinada, pelo Corregedor Nacional de Justiça e pelo Ministro da Saúde, a Portaria Conjunta n. 2, para estabelecer procedimentos excepcionais para sepultamento de corpos durante a situação de pandemia do Coronavírus, com a utilização da Declaração de Óbito emitida pelas unidades notificadoras de óbito, na hipótese de ausência de familiares, de pessoa não identificada, de ausência de pessoas conhecidas do obituado e em razão de exigência de saúde pública. Esta Portaria revogou a Portaria Conjunta n. 1, de mesma origem, datada de 30 março de 2020, que tratava da mesma matéria, com alterações que merecem destaque.

O confronto de ambas as Portarias revela, já na ementa da Portaria Conjunta n. 2, um pouco mais de clareza quanto aos casos em que é possível o sepultamento com a utilização da Declaração de Óbito, emitida pelas unidades notificadoras de óbito: (*a*) ausência de familiares; (*b*) pessoa não identificada; (*c*) ausência de pessoas conhecidas do obituado; e (*d*) exigência de saúde pública.

Contudo, de acordo com art. 1º [27], da Portaria Conjunta n. 2, na hipótese de ausência de familiares ou pessoas conhecidas do obituado ou em razão de exigência de saúde pública, está autorizado o encaminhamento dos corpos à coordenação cemiterial do município, para o sepultamento, com a prévia lavratura do registro civil de óbito e quando não for possível, apenas com a declaração de óbito (DO) devidamente preenchida. Vale dizer: o óbito será registrado e o sepultamento poderá ser feito ainda que ausentes familiares ou conhecidos do obituado ou por exigência sanitária.

Embora não haja referência à pessoa não identificada no *caput* do art. 1º, da Portaria em exame, cabe lembrar que é possível o registro do óbito em tal caso, nos termos do art. 81, da Lei 6.015/1973, a partir de elementos identificadores, indicados no próprio artigo[28] e nos §§ 2º, 3º e 5º, do art. 1º, da Portaria Conjunta n. 2.

Constata-se, portanto, que o sepultamento – apenas com a declaração de óbito devidamente preenchida, conforme art. 1º, da Portaria Conjunta n. 2, está autorizado "quando não for possível" o prévio registro do óbito, o que possivelmente se dará mormente por razões dos cuidados de biossegurança e manutenção da saúde pública, ou, em hipóteses mais restritas, por falta de condições materiais para sua realização, como

---

27. "Art. 1º Autorizar as unidades notificadoras de óbito, na hipótese de ausência de familiares ou pessoas conhecidas do obituado ou em razão de exigência de saúde pública, a encaminhar à coordenação cemiterial do município, para o sepultamento, os corpos com a prévia lavratura do registro civil de óbito e quando não for possível, apenas com a declaração de óbito (DO) devidamente preenchida".

28. "Art. 81. Sendo o finado desconhecido, o assento deverá conter declaração de estatura ou medida, se for possível, cor, sinais aparentes, idade presumida, vestuário e qualquer outra indicação que possa auxiliar de futuro o seu reconhecimento; e, no caso de ter sido encontrado morto, serão mencionados esta circunstância e o lugar em que se achava e o da necropsia, se tiver havido".

MORTES INVISÍVEIS EM TEMPOS INSÓLITOS DA PANDEMIA DA COVID-19 **367**

por exemplo, falta de pessoal para tomar as providências necessárias ao registro, ausência de meio eletrônico, inexistência ou distanciamento excessivo do Cartório. Observe-se que o prazo, para lavratura dos registros civis de óbito dos casos de que trata a Portaria Conjunta n. 2, foi dilatado e esses podem ser realizados em até sessenta dias após a data do óbito, a teor de seu art. 2º.[29]

Possível concluir, diante de tais disposições, que a regra geral, contida na Lei n. 6.015/1973, de exigência do prévio registro do óbito para sepultamento, foi mantida, mas por exceção, nas hipóteses acima ventiladas, poderá ser feito o sepultamento apenas com a declaração de óbito devidamente preenchida.

Alteração de grande importância diz respeito à proibição de cremação dos restos mortais de pessoas não identificadas ou que, identificadas, não tiverem seus corpos reclamados por familiares. Os restos mortais em tais casos devem ser sepultados para possibilitar exumação para eventual posterior confirmação de identidade, conforme § 7º[30], do art. 1º, da Portaria Conjunta n. 2. Assegurou-se, desse modo, o legítimo direito dos familiares do falecido de providenciarem a inumação. Observa-se, contudo, que o § 2º do art. 77 da Lei n. 6.015/1973 permite a cremação de cadáver no interesse da saúde pública se o atestado de óbito houver sido firmado por dois médicos e um médico legista[31]. O dispositivo não restringiu tal hipótese aos cadáveres identificados ou não. A Portaria Conjunta n. 2 parece ter proibido a cremação de corpos não identificados durante a pandemia da Covid-19 para permitir futura inumação para fins de identificação.

Por outro lado, tal disposição atende à necessidade de se garantir a plena identificação de pessoas no sistema carcerário e a identificação correta dos corpos das pessoas privadas de liberdade, em razão da ocorrência de desaparecimentos no sistema prisional brasileiro, como indica o relatório apresentado pelo Mecanismo Nacional de Combate e Prevenção da Tortura e pelo Comitê Nacional de Prevenção e Combate à Tortura, em 28 de novembro de 2018. De igual modo é atendida a Nota Técnica 2/2020[32] – CDDF Covid-19, emitida em 17 de abril de 2020 pela Comissão de Defesa dos Direitos Fundamentais do Conselho Nacional do Ministério Público, que sugere divulgação e a ampliação do uso do Sistema Nacional de Localização e Identificação de Desaparecidos (SINALID), para fins de colaboração com os procedimentos de identificação e localização de familiares dos pacientes hospitalizados em razão da pandemia do novo Coronavírus (Covid-19).

---

29. "Art. 2º Os registros civis de óbito dos casos de que trata o presente ato terão seu prazo de lavratura diferido, e deverão ser realizados em até sessenta dias após a data do óbito, cabendo às unidades notificadoras de óbito, o envio, preferencialmente, por meio eletrônico, das Declarações de Óbito, cópia de prontuários e demais documentos necessários à identificação do obituado para as Corregedorias-Gerais de Justiça dos Estados e do Distrito Federal, a fim de que estas providenciem a devida distribuição aos cartórios de Registro Civil competentes para a lavratura do registro civil de óbito".

30. "Art. 1º. [...] § 7º Os restos mortais de pessoas não identificadas ou que, identificadas, não tiverem seus corpos reclamados por familiares, não deverão ser levados a cremação, mas sepultados, o que possibilitará exumação para eventual posterior confirmação de identidade".

31. Cuida-se de norma de direito material, eis que não repercute na esfera do registro. Por "interesse da ordem pública" entende-se aquele ligado às epidemias por moléstias infectocontagiosas, de caráter especialíssimo e raro e que depende imprescindivelmente da assinatura de dois médicos ou do exercente da função oficial de médico-legista. CENEVIVA, Walter. *Lei dos registros públicos comentada*. 20. ed., São Paulo: Saraiva, 2010, p. 46-470.

32. Disponível em: https://www.cnmp.mp.br/portal/images/CDDF/NT-2.pdf. Acesso em: 25 abr. 2020.

Nessa linha, a Portaria Conjunta n. 2 determina em seu art. 3º a realização de necropsia pelo Instituto Médico-Legal, nos casos de suspeita de morte violenta e em caso de morte natural, inclusive por Covid-19, de pessoas que estavam sob custódia do Estado, em estabelecimento penal, unidade socioeducativa, hospital de custódia, tratamento psiquiátrico e outros espaços correlatos, devendo ser cumpridas as normas de biossegurança[33]. Essa disposição ganha relevância especialmente quando se considera o aumento da violência doméstica[34] durante o período de quarentena.[35]

Os efeitos das mortes ocorridas durante a pandemia afetam todas as pessoas, como já destacado, mas certamente as famílias mais vulneráveis, especialmente quando se considera a sobreposição das identidades sociais, baseadas na cor, no gênero, nas escolhas de gênero e nas diferenças, muitas vezes abissais, das condições socioeconômicas existentes na sociedade brasileira. Essas interseccionalidades agravam o impacto sofrido pelas famílias, que têm diminuído, quando não restringido, o acesso ao tratamento necessário para a Covid-19, a hospitais, e – principalmente – a informações sobre seus doentes, que entram nos hospitais e, não raro, nunca mais são vistos, uma vez que, ocorrendo seu falecimento, os familiares, ressalvada a pessoa que houver feito a identificação do corpo, retirarão do hospital uma urna lacrada.

O Ministério da Saúde, em seu Manual Para Manejo dos Corpos-Covid-19[36], preocupou-se com o apoio à família, estabelecendo ser "necessário fornecer explicações adequadas aos familiares/responsáveis sobre os cuidados com o corpo do ente falecido", mas recomendando, de modo destacado, que "a comunicação do óbito seja realizada aos familiares, amigos e responsáveis, preferencialmente, por equipes da atenção psicossocial e/ou assistência social", o que "inclui o auxílio para a comunicação sobre os procedimentos referentes à despedida do ente".

Certamente as dedicadas equipes de saúde cumprirão essa determinação. Menos certo é que haja integrantes dessas equipes em número suficiente para fazê-lo.

4. A MORTE "A SUL DA QUARENTENA"

A questão, acima abordada, do agravamento severo da vulnerabilidade em razão da pandemia, é bem esclarecida por Boaventura de Sousa Santos, em sua obra "A cruel

---

33. Observe-se que a Portaria altera a orientação contida no manual de manejo de corpos no contexto do novo coronavírus – Covid-19, segundo o qual – "A autópsia NÃO deve ser realizada e é desnecessária em caso de confirmação *ante-mortem* da Covid-19". BRASIL. Ministério da Saúde. Secretaria de Vigilância em Saúde. Departamento de Análise em Saúde e Vigilância de Doenças não Transmissíveis. *Manejo de corpos no contexto do novo coronavírus – COVID-19*. Versão 1, Brasília, 2020, p. 5. Disponível: https://www.saude.gov.br/images/pdf/2020/marco/25/manejo-corpos-coronavirus-versao1-25mar20-rev5.pdf. Acesso em 15 maio de 2020.
34. O Conselho Nacional de Justiça (CNJ) criou um grupo de trabalho, por meio da Portaria n. 70/2020, destinado à elaboração de estudos para a indicação de sugestões voltadas à prioridade de atendimento das vítimas de violência doméstica e familiar ocorrida durante o isolamento social em decorrência da pandemia do novo coronavírus – Covid-19.
35. Lei n. 13.979/202: "Art. 2º Para fins do disposto nesta Lei, considera-se: I – [...]; II – quarentena: restrição de atividades ou separação de pessoas suspeitas de contaminação das pessoas que não estejam doentes, ou de bagagens, contêineres, animais, meios de transporte ou mercadorias suspeitos de contaminação, de maneira a evitar a possível contaminação ou a propagação do coronavírus".
36. BRASIL. Ministério da Saúde. Secretaria de Vigilância em Saúde. Departamento de Análise em Saúde e Vigilância de Doenças não Transmissíveis. *Manejo de corpos no contexto do novo coronavírus – Covid-19*. Versão 1, Brasília, 2020, p. 6. Disponível: https://www.saude.gov.br/images/pdf/2020/marco/25/manejo-corpos-coronavirus-versao1-25mar20-rev5.pdf. Acesso em 15 maio de 2020.

pedagogia do vírus". Segundo o autor, "qualquer quarentena é discriminatória, mais difícil para uns grupos sociais do que para outros e impossível para um vasto grupo de cuidadores, cuja missão é tornar possível a quarentena ao conjunto da população". Refere-se Boaventura de Sousa Santos aos grupos que "padecem de uma especial vulnerabilidade que precede a quarentena e se agrava com ela"[37]. Esses grupos compõem o que o autor chama de Sul, que em sua concepção:

> [...] o Sul não designa um espaço geográfico. Designa um espaço-tempo político, social e cultural. É a metáfora do sofrimento humano injusto causado pela exploração capitalista, pela discriminação racial e pela discriminação sexual.[38]

Com acuidade, Boaventura de Sousa Santos analisa a quarentena a partir da perspectiva de alguns desses grupos, selecionados dentre muitos outros, a saber: (*a*) as mulheres; (*b*) os trabalhadores precários, informais, "ditos autônomos"; (*c*) os trabalhadores da rua; (*d*) as populações de rua; (*e*) os moradores nas periferias pobres das cidades, favelas etc.; (*f*) os internados em campos de internamento para refugiados, imigrantes "indocumentados" ou populações deslocadas internamente; (*g*) os deficientes; (*h*) os idosos; (*i*) os presos; (*j*) as pessoas com problemas de saúde mental.[39]

Embora o trabalho de Boaventura de Sousa Santos seja dirigido à quarentena, é possível identificar todos os grupos mencionados na sociedade brasileira, na verdade bem conhecida e citada pelo autor, para não só aproveitar seus precisos conceitos, mas algumas de suas "primeiras lições", fruto da "intensa pedagogia do vírus", como fonte de reflexão sobre os impactos das mortes invisíveis nas famílias brasileiras.

A complexidade do tema escapa aos modestos limites deste trabalho, mas algumas linhas são indispensáveis para demonstrar a dimensão dos efeitos das mortes que ocorrem ao que se pode denominar "morte a Sul da quarentena", porque ocorrem num "espaço-tempo político, social e cultural" fora da quarentena: muitos, se não todos, os integrantes dos grupos a Sul não fazem ou não podem fazer quarentena. Muitos dos que morrem só ouviram dela falar. Na verdade, as pessoas que integram esses grupos vivem em quarentena, que por definição diz respeito à "restrição de atividades ou separação de pessoas", uma quarentena social que só termina com a morte.[40]

A partida, sem adeus, do ente querido deixa uma lacuna que dificilmente será preenchida e que, em muitos casos, afetará a própria sobrevivência da família e o destino dos filhos, em todas as camadas da sociedade. Contudo, as mortes a Sul desnudam irremediavelmente a crueldade das diferenças sociais.

---

37. SANTOS, Boaventura de Souza. *A cruel pedagogia do vírus*. Coimbra: Almedina, 2020, n. p. Disponível em: file:///C:/Users/55219/Downloads/Livro%20Boaventura%20-%20A%20pedagogia%20do%20%20virus.pdf.pdf. Acesso em 05 maio 2020.

38. SANTOS, Boaventura de Souza. *A cruel pedagogia do vírus*. Coimbra: Almedina, 2020, n. p. Disponível em: file:///C:/Users/55219/Downloads/Livro%20Boaventura%20-%20A%20pedagogia%20do%20%20virus.pdf.pdf. Acesso em 05 maio 2020.

39. SANTOS, Boaventura de Souza. *A cruel pedagogia do vírus*. Coimbra: Almedina, 2020, n. p. Disponível em: file:///C:/Users/55219/Downloads/Livro%20Boaventura%20-%20A%20pedagogia%20do%20%20virus.pdf.pdf. Acesso em 05 maio 2020.

40. SANTOS, Boaventura de Souza. *A cruel pedagogia do vírus*. Coimbra: Almedina, 2020, n. p. Disponível em: file:///C:/Users/55219/Downloads/Livro%20Boaventura%20-%20A%20pedagogia%20do%20%20virus.pdf.pdf. Acesso em 05 maio 2020.

5. CONSIDERAÇÕES FINAIS: SOLIDÃO E MORTE EM TEMPOS DE PANDEMIA DA COVID-19

No mundo todo, há esforços em andamento para o adequado gerenciamento e contingenciamento dos serviços funerários para evitar o seu colapso. Ainda assim, algumas cenas são consternadoras mundo afora. Em especial, a situação do Equador é desoladora. Com o colapso dos sistemas de saúde e funerário, cadáveres demoram a ser recolhidos, o que tem levado os familiares a abandonarem os corpos em vias públicas. Uma força-tarefa composta pelo exército e policiais militares foi criada para recolher os corpos abandonados por todo país. Após o acúmulo de corpos de vítimas do coronavírus pelas ruas da cidade equatoriana de Guayaquil, epicentro da pandemia no país, há notícias de corpos sendo queimados nos cemitérios e, segundo autoridades municipais, "não há espaço nem para vivos, nem para mortos" nos hospitais e cemitérios da cidade. Há relatos de familiares que não conseguem localizar os parentes que estavam internados e morreram.[41]

O estado norte-americano de Nova Iorque, em razão do elevadíssimo número de mortes, começou a cavar valas comuns para sepultamento em massa das vítimas da Covid-19 em *Hart Island*, no distrito do *Bronx*, um lugar tradicionalmente usado na cidade de Nova Iorque para sepultar aqueles cujas famílias não podem arcar com um funeral ou um jazigo.[42]

No Brasil, a situação inspira cuidados com a curva de crescimento da epidemia e o número já significativo de mortes. No maior cemitério da América Latina – cemitério da Vila Formosa –, localizado na zona leste da cidade de São Paulo, no início de abril uma imagem estampou o *The Washington Post* com a abertura de dezenas de covas[43]. Em Manaus, os serviços funerários já apresentam sinais de colapso e cenas desoladoras com enterros noturnos, caixões empilhados e covas em vala comum separados apenas por uma tábua[44]. A preocupação sobre um colapso funerário já mobilizou até as Forças Armadas, que enviaram um ofício a algumas prefeituras do Estado Rio de Janeiro com a solicitação do número de sepulturas disponíveis para traçar um plano emergencial nas localidades que apontarem déficits[45]. Constata-se, portanto, que em diversas capitais brasileiras o sistema funerário já apresenta sinais de colapso e um tratamento indigno às famílias e vilipendioso aos cadáveres.

Diante desse quadro, de todo indispensável pensar em formas seguras de amenizar a solidão dos pacientes terminais por meios eletrônicos, e, principalmente, permitir, ainda que minimamente, rituais por familiares sempre que possível e com a segurança

---

41. Disponível em: https://agenciabrasil.ebc.com.br/saude/noticia/2020-04/sistema-funerario-do-equador-entra-em--colapso-por-mortes-pela-covid-19. Acesso em 30 abr. 2020.
42. Disponível em: https://noticias.uol.com.br/ultimas-noticias/ansa/2020/04/10/nova-york-comeca-a-cavar-fossas--comuns-para-vitimas-de-virus.htm. Acesso em 16 maio 2020.
43. Disponível em: https://veja.abril.com.br/brasil/covas-abertas-em-cemiterio-de-sp-viram-destaque-no-washington-post/. Acesso em 10 maio 2020.
44. Disponível em: https://g1.globo.com/am/amazonas/noticia/2020/04/28/com-aumento-de-mortes-cemiterio-em--manaus-passa-a-ter-enterros-noturnos-e-caixoes-empilhados-fotos.ghtml. Acesso em 17 maio de 2020.
45. Disponível em: https://veja.abril.com.br/brasil/epidemia-ameaca-provocar-crise-no-sistema-funerario-em-diver-sas-capitais/. Acesso em 05 maio de 2020.

necessária. O respeito aos mortos e aos seus familiares impõe tais medidas de alento e cuidado com os familiares em período tão difícil de pandemia.

Um alerta fundamental é impedir que os moribundos – portanto, ainda vivos – se sintam excluídos do mundo dos viventes[46]. É preciso ter afeição recíproca até o fim da vida. Pensar em formas de amenizar a dor e a solidão dos pacientes internados por causa da Covid-19. São simbólicas as cenas de despedidas dos familiares por meio de celulares ou outro meio virtual. Se a presença física se torna arriscada em razão da contaminação, meios eletrônicos permitem amenizar a agonia do fim. A necessidade de isolamento não deve silenciar inexoravelmente o fim da vida dessas vítimas, sem que se tente atenuar sua solidão. Como alerta Norbert Elias, a "morte não é terrível" e "não tem segredos"[47]. Dentre os terrores que cercam a morte, a solidão no fim da vida é acaçapante.

Emocionante história circulou na internet, envolvendo Dona Maria Silva, de 90 anos. Seu filho foi vítima de complicações pela Covid-19 e ela não se conformou por não ter velado e sepultado o corpo. No entanto, a funerária atendeu seu pedido de mudar o percurso do carro funerário, que levava o caixão até o cemitério, e passou em frente de sua casa, para que a mãe de despedisse do filho pela última vez, mesmo que à distância.[48]

Em "Antígona", Sófocles narra a saga da personagem título para obter o direito a uma sepultura digna de seu irmão Polinice, considerado traidor por seu tio Creonte, que como vingança determina que o corpo fosse abandonado exatamente no lugar onde havia sido morto, impedindo qualquer um de enterrá-lo. "Antígona" retrata a busca pelo direito sagrado e natural de enterrar os insepultos com dignidade para permitir a entrada no reino dos mortos. A tragédia grega ilustra a importância das solenidades e rituais fúnebres para honrar a memória dos mortos e respeitar o luto dos vivos.[49]

É imperioso, ao menos, respeitar as milhares de perdas, ter empatia com a dor e sofrimento dos familiares e amigos. As mortes causadas por uma pandemia dessa magnitude não são apenas números para fins estatísticos, mas histórias de vida abreviadas e desperdiçadas. A morte não se resume ao fim da personalidade de um indivíduo, uma vez que transborda sua existência e alcança o grupo social em que conviveu. Assim sendo, a "sociedade tem de se apropriar desse processo natural porque, se os indivíduos morrem, ela [a morte], pelo contrário, sobrevive"[50]. É preciso compreender, mesmo em tempos que escapam à normalidade do cotidiano, que o "que se teme da morte é exatamente o que ela tem de morte e o que nela se cultua é o amor à vida"[51]. A morte, afinal, "não pode ser esquecida com facilidade", pois representa dor e solidão para as pessoas que sobrevivem e uma ameaça à própria organização da vida social.[52]

---

46. ELIAS, Norbert. *A solidão dos moribundos*. Tradução: Plínio Dentzien. Rio de Janeiro: Jorge Zahar Editor, 2001, p. 76.
47. ELIAS, Norbert. *A solidão dos moribundos*. Tradução: Plínio Dentzien. Rio de Janeiro: Jorge Zahar Editor, 2001, p. 76-77.
48. Disponível em: <https://www.uol.com.br/universa/videos/2020/04/13/para-mim-ele-nao-morreu-diz-mae-de-90-anos-que-nao-pode-enterrar-corpo.htm>. Acesso em 18 abr. 2020.
49. SÓFOCLES. *Antígona*. São Paulo: Martins Claret, 2014, *passim*.
50. RODRIGUES, José Carlos. *Tabu do corpo*. 7. ed., rev., Rio de Janeiro: Editora FIOCRUZ, 2006, p. 61.
51. RODRIGUES, José Carlos. *Tabu do corpo*. 7. ed., rev., Rio de Janeiro: Editora FIOCRUZ, 2006, p. 62.
52. RODRIGUES, José Carlos. *Tabu do corpo*. 7. ed., rev., Rio de Janeiro: Editora FIOCRUZ, 2006, p. 54.

Em tempos de pandemia se apropriar do processo da morte é extremamente difícil, mas necessário para oferecer um tratamento digno e humano aos pacientes terminais da Covid-19, além de conforto e respeito pelo luto dos familiares e demais entes queridos. A neutralidade emocional, o desprezo e especialmente o gracejo diante dos mortos pela Covid-19 ou dos pacientes em estágio terminal evidenciam, de forma contundente, não como a sociedade reage e responde aos mortos, mas como trata os vivos.

6. REFERÊNCIAS

BARBOZA, Heloisa Helena. Autonomia em face da morte: alternativa para a eutanásia? In: PEREIRA, Tânia da Silva; MENEZES, Rachel Aisengart; BARBOZA, Heloisa Helena (orgs.). *Vida, Morte e Dignidade Humana*. Rio de Janeiro: GZ Editora, 2010.

BRASIL. Ministério da Saúde. Secretaria de Vigilância em Saúde. Departamento de Análise em Saúde e Vigilância de Doenças não Transmissíveis. *Manejo de corpos no contexto do novo coronavírus* – COVID-19. Versão 1, Brasília, 2020. Disponível: https://www.saude.gov.br/images/pdf/2020/marco/25/manejo-corpos-coronavirus-versao1-25mar20-rev5.pdf. Acesso em 15 maio de 2020.

CENEVIVA, Walter. *Lei dos registros públicos comentada*. 20. ed., São Paulo: Saraiva, 2010.

ELIAS, Norbert. *A solidão dos moribundos*. Tradução: Plínio Dentzien. Rio de Janeiro: Jorge Zahar Editor, 2001.

GOULART, Adriana da Costa. Revisitando a espanhola: a gripe pandêmica de 1918 no Rio de Janeiro. In: *História, Ciências, Saúde – Manguinhos*, v. 12, n. 1, p. 101-42, jan./abr. 2005.

RODRIGUES, José Carlos. *Tabu do corpo*. 7. ed., rev., Rio de Janeiro: Editora FIOCRUZ, 2006.

SANTOS, Boaventura de Souza. *A cruel pedagogia do vírus*. Coimbra: Almedina, 2020. Disponível em: file:///C:/Users/55219/Downloads/Livro%20Boaventura%20-%20A%20pedagogia%20do%20%20virus.pdf.pdf. Acesso em 05 maio 2020.

SARAMAGO, José. *As intermitências da morte*. São Paulo Companhia das Letras, 2005.

SÓFOCLES. *Antígona*. São Paulo: Martins Claret, 2014.

TEIXEIRA, Ana Carolina Brochado; KONDER, Carlos Nelson. Autonomia e solidariedade na disposição de órgãos para depois da morte. *Revista da Faculdade de Direito da UERJ*, v. 18, 2010.

MORTE INDIVIDUAL, MORTE COLETIVA: UM ENSAIO

Eroulths Cortiano Junior

Professor da Faculdade de Direito da UFPR. Pós-doutor em Direito pela Università degli Studi di Torino. Líder do Núcleo de Pesquisas em Direito Civil Constitucional – Grupo Virada de Copérnico. Colíder da Rede de Pesquisas Agendas de Direito Civil-Constitucional. Associado do IAP. IBDCIVIL, IBDCONT, IBDFAM e IBERC. Advogado e Procurador do Estado do Paraná. ecortiano@cpc.adv.br.

1. A morte[1] é o fim absoluto. *"Quando morrer eu, morre tudo. O mundo zorbesco inteirinho ruirá totalmente"*[2]. Se, para Epicuro, quando a morte existe, nós não mais existimos, Sêneca vai mais longe: depois da morte tudo acaba, mesmo a morte. *Mors omnia solvit.* E ela, a indesejada das gentes, é inevitável: *"O que me angustia é a inexorável conversão individual ao nada, a dissolução do eu que não admite adiamentos e nem negociações"*[3].

2. A morte da qual nós falamos é sempre a do outro, afinal, nós não conseguimos sequer saber da nossa própria morte. *"A morte como entrada no nada, onde toda possibilidade acaba, não pode jamais ser experimentada"*[4]. Ao morrer, o outro nos deixa, e, sem aquele que perdemos, *"(...) o que resta? A tarefa difícil de reflexão sobre o significado da morte e da postura dos vivos diante desta".*[5] A isso se propõe este ensaio: tentar compreender como os sobrevivos e o Direito se portam diante da morte individual e da morte coletiva.

3. No Direito, a morte extingue a personalidade jurídica da pessoa natural (CC, art. 6º). Se a toda pessoa, apenas pelo fato de existir, é reconhecida personalidade jurídica, a morte encerra nossa aptidão para sermos titulares de direitos e deveres. Falecida a pessoa, os direitos de que ela era titular não encontram base para se fixar e, como regra geral, os direitos extrapatrimoniais se extinguem e os direitos patrimoniais passam aos sucessores.

4. Não bastasse a morte extinguir a personalidade jurídica, ela repercute em vários institutos civis. A morte marca a validade da disposição do corpo e suas partes (CC, art. 14); legitima o Ministério Público a exigir a execução de encargo em doação (CC, art. 553); encerra o contrato de prestação de serviços (CC, art. 607); faz cessar o mandato (CC, art.

---

1. Este ensaio, apesar de girar em torno do evento morte, assume a importância da vida: se fala da morte porque se quer, no fim e ao cabo, falar da vida. Tal qual Brás Cubas, entretanto, inverte-se a fala e se principia com a morte. *"Algum tempo hesitei se devia abrir estas memórias pelo princípio ou pelo fim, isto é, se poria em primeiro lugar o meu nascimento ou a minha morte".* MACHADO DE ASSIS, Joaquim Maria. *Memórias Póstumas de Brás Cubas*, São Paulo: Ed. Abril, 2010, p. 21.
2. KAZANTZAKIS, Nikos. *Zorba o Grego.* São Paulo: Círculo do Livro, s/d, p. 71.
3. FAUSTO, Boris. *O brilho do Bronze.* São Paulo: Cosac Naify, 2014, p. 230.
4. CORRÊA, José de Anchieta. *Morte.* São Paulo: Globo, 2008, p. 101.
5. HIRONAKA. Giselda Maria Fernandes Novaes. *Morrer e suceder. Passado e presente da transmissão sucessória concorrente.* 2º ed. rev. São Paulo: Ed. RT, 2014, p. 45.

682); é parte ontológica de uma modalidade de contrato de seguro, aquela sobre a vida ou a morte de outrem (CC. arts. 789 e ss.); limita temporalmente a responsabilidade dos herdeiros pela fiança prestada pelo morto (CC, art. 836); é considerada dano indenizável e influencia no valor da indenização (CC, art. 948); determina a liquidação da quota do empresário morto (CC, art. 1.028); extingue o usufruto (CC, art. 1.410); faz terminar a sociedade conjugal e dissolve o casamento (CC, art. 1.571); é critério para a presunção de paternidade (CC, art. 1.597); extingue o poder familiar (CC, art. 1.635); estabelece o termo final do regime matrimonial de bens (CC, art. 1.685); acarreta a transmissão do deve de prestar alimentos (CC, art. 1700); acarreta a transmissão do poder de aceitar a herança (CC, art. 1.809); serve de critério para estabelecer o direito sucessório do cônjuge sobrevivente (CC, art. 1.830); é termo inicial do direito do legatário aos frutos da coisa legada (CC, art. 1.923) e do legado em renda vitalícia ou pensão periódica (art. 1.926); é relevante para o fideicomisso (CC, art. 1.951); e, especialmente, marca a abertura da sucessão (CC, art. 1.784) e autoriza a eficácia do testamento (CC, art. 1.857).

5. Todo este regime jurídico da morte pressupõe a sociedade como um conjunto de indivíduos isolados, titulares de seus direitos também individuais. Assim nos enxerga a ordem jurídica moderna: átomos isolados que constituem, entre si, relações interpessoais, jurídicas ou não. A morte de que o Direito se ocupa é a morte de um desses átomos, de um desses indivíduos. A morte é, então, o fim de uma vida individual. *"A mortalidade dos homens reside no fato de que a vida individual, com uma história vital identificável desde o nascimento até a morte, advém da vida biológica"*[6].

6. Na modernidade ocidental, cada pessoa que morre é uma única vida que desaparece. Morte coletiva (*rectius*: morte plural) é apenas a soma de várias mortes individuais. Mesmo que, como dizia John Donne ao se perguntar por quem os sinos dobram, a morte de qualquer homem nos diminua porque somos parte do gênero humano, a atenção dos vivos volta-se para a vida individual e para as perdas individuais. A coletividade – o gênero humano de Donne – continua existindo, agora com uma vida a menos.

7. Se nada podemos fazer em relação ao eterno sono do outro, é necessário ainda viver. *"(...) A história da morte é ainda uma história da vida; vale dizer, é uma história da vida daqueles que sobrevivem ao morto, é uma história daquilo que é feito diante da morte e de quem morre"*[7]. A morte vai, a vida fica.

8. A morte, até aqui e agora, é, então, a morte de *um* (o indivíduo) que é o *outro* (o que não sobreviveu).

9. Cada um de nós vê a morte de um lugar, e por isso cada um se comporta diferentemente diante da morte do outro, como aconteceu em determinado momento num café: *"Quando o enterro passou/ Os homens que se achavam no café / Tiraram o chapéu maquinalmente / Saudavam o morto distraídos / Estavam todos voltados para a vida / Absortos na vida / Confiantes na vida. Um no entanto se descobriu num gesto largo e demorado/ Olhando*

---

6. ARENDT, Hannah. *A condição humana*. Trad. Roberto Raposo. Rio de Janeiro: Forense Universitária, 1987. p. 27.
7. HIRONAKA, Giselda Maria Fernandes Novaes. *Morrer e suceder. Passado e presente da transmissão sucessória concorrente*. 2. ed. rev. São Paulo: Ed. RT, 2014, p. 98.

MORTE INDIVIDUAL, MORTE COLETIVA: UM ENSAIO **375**

o esquife longamente / Este sabia que a vida é uma agitação feroz e sem finalidade / Que a vida é traição / E saudava a matéria que passava /Liberta para sempre da alma extinta."[8].

10. A morte individual é a morte do outro. *"E, depois desse raciocínio, PIotr Ivánovitch acalmou-se e começou a perguntar com interesse os pormenores acerca do falecimento de Ivan Ilitch, como se a morte fosse uma aventura própria de Ivan Ilitch, mas completamente alheia a ele próprio"*[9].

11. Sendo individual e sendo do outro, a morte mantém a vida, mesmo que vivida dolorosamente e com a memória do falecido. Bem por isso, temos que fazer o luto e cuidar das coisas daquele que morreu. Com o luto, mantemos em nós o vivo que se foi. *"O nosso maior desconsolo é a perda do ser amado. Só superamos a tristeza quando entendemos que perder não é sinônimo de não ter. Que quem morreu já não está no mundo, mas pode existir em nós. Fazer o luto é entender que a morte não anula a existência e que, sem estar, o morto ainda está"*[10].

12. É preciso viver o luto para se ficar vivo. E a vivência do luto passa por vários momentos ou etapas. No luto, é urgente e imperioso cuidar dos restos materiais daquele que viveu, e agora está morto. Morto o outro, é preciso dar fim ao corpo para que a vida siga. *"Quando entrei o corpo já tinha chegado e havia mesmo alguns parentes ao seu redor. Nós, que até há pouco lhe havíamos dedicado todos os cuidados, agora precisávamos nos livrar dele imediatamente"*[11]. *"Foi o último gesto: enterrar a mãe"*[12].

13. Mas não se trata de apenas destinar o corpo de quem foi, mas cuidar do que ela foi. *"Descansa, pai, dorme pequenino, que levo o teu nome e as tuas certezas e os teus sonhos no espaço dos meus. Descansa, não vou deixar que te aconteças mal. Não se aflija, pai"*[13].

14. Bem cuidar do corpo de quem não mais existe é necessário para cumprir o luto diante da perda acontecida. Sem a certeza da destinação dos restos, o luto não se completa. *"Estudos empíricos mostram que mortes violentas e inesperadas, em que o corpo é desfigurado ou em que não é encontrado, ou que pareçam especialmente difíceis de "explicar" tendem a produzir lutos mais difíceis"*[14]. É necessária a cerimônia do enterro ou da cremação do corpo do morto, para separar os vivos dos mortos.

15. Na decisão sobre o corpo do morto os sobreviventes se aproximam da morte: (*"Pela primeira vez, em dois dias, a ideia aceitável de minha própria morte"*[15]), conspiram contra a morte e buscam fugir dessa revelada ameaça à continuidade da vida. *"A verdade do luto é muito simples: agora que mam. está morta, sou empurrado para a morte (dela, nada me separa, a não ser o tempo)"*[16]. Por isso, a construção solene da despedida final aos mortos.

---

8. BANDEIRA, Manuel. Momento num café. *50 poemas escolhidos pelo autor*. São Paulo: Cosac Naify, 2006. p. 42.
9. TOLSTÓI, Lev. *A morte de Ivan Ilitch*. Alfragide: Leya, 2008.
10. MILAN, Betty. O desconsolo da perda. *Revista Veja*, 01/09/2010.
11. ARAÚJO, Mário. *Restos*. Rio de Janeiro: Bertrand Brasil, 2008. p. 20.
12. PEREIRA, Rogério. Toda cicatriz desaparece. *Jornal Rascunho*, fevereiro/2020, p. 31.
13. PEIXOTO, José Luiz. *Morreste-me*. Porto Alegre: Dublinense, 2015. p. 60.
14. SCHWARTSMAN, Hélio. Amor e dor. *Folha de São Paulo*, 11/06/2009.
15. BARTHES, Roland. *Diário de luto*. Trad. Leyla Perrone-Moysés. São Paulo: WMF Martins Fontes, 2011, p. 12.
16. BARTHES, Roland. *Diário de luto*. Trad. Leyla Perrone-Moysés. São Paulo: WMF Martins Fontes, 2011, p. 127

EROULTHS CORTIANO JUNIOR

"E a solenidade com que funerais e túmulos são cercados, a ideia de que deve haver silêncio em torno deles, de que se deve falar em voz abafada nos cemitérios para evitar perturbar a paz dos mortos – tudo isso são realmente formas de distanciar os vivos dos mortos, meios de manter à distância uma sensação de ameaça"[17].

16. Mas a morte do outro é também o sinal de nossa individual. Havemos que estar prontos para ela, porque ela sempre está pronta para nós. *"Assim tenho vivido. Entre o passado que assoma, carregado de culpas, de frustrações e de buracos, e o futuro de enigma insondável, sorvo, no presente, o duvidoso privilégio de chorar todos os dias a minha própria morte"* [18].

17. Com a morte do outro, esperamos a nossa, no depois: *"Não podemos nos esquecer de uma outra experiência tão comum na qual o homem vê o não, o limite, inscrito em seu próprio corpo. Isso acontece ao ler na pedra do túmulo de um amigo ou próximo a inscrição de duas barras: o dia de seu nascimento e a data de sua morte. Então, de um golpe, descobrirá que essas mesmas duas barras já estão desde sempre inscritas também no seu próprio corpo, de resto no corpo de todo homem"*[19].

18. No luto (que não tem medida de tempo predefinida, podendo durar toda a vida daquele que ficou) segue a vida. Cada sobrevivente caminha em direção à sua própria morte, agora com a lembrança dos afetos perdidos. Envelhece-se em direção à própria morte porque se sabe morte do outro. *"Antes, todos os caminhos iam / Agora todos os caminhos vêm / A casa é acolhedora, os livros poucos / E eu mesmo preparo o chá para os fantasmas"*[20].

19. O luto é individual e a morte é individual. Essa morte individual é a morte apreendida pelo Direito. Ela põe fim ao casamento, porque um cônjuge sobrevive. Ela faz dividir a herança, porque os herdeiros sobrevivem. O corpo é enterrado ou cremado, de acordo com a vontade individual do morto ou dos parentes. A decisão da eutanásia também é individual, pelo próprio adoecido ou por seus familiares. Direito das sucessões: destinações individuais do fenômeno morte; assim é porque ela é a morte de um só.

20. Foi dito: a morte é individual, e é sempre a morte dos outros. Só é nossa quando nos deparamos com a morte de nossos amigos, parentes e amados ou a nossa mesma. *"Somos então obrigados a nos dar conta desse enigma do qual não podemos mais fugir"*[21].

21. Mas há uma outra realidade: a morte coletiva. A morte coletiva vai além da morte individual, porque ela é, ao mesmo tempo, a morte de nossos amigos, de nossos parentes, de nossos amados e de nós mesmos. A morte coletiva é mais do que a soma de mortes individuais, ela é uma outra coisa.

22. A morte coletiva está, por exemplo, na peste de Atenas, em 430 a. C: *"Com efeito, não havendo casas disponíveis para todos e tendo eles, portanto, de viver em tendas que o verão tornava sufocantes, a peste os dizimava indiscriminadamente. Os corpos dos moribundos se*

---

17. ELIAS, Norbert. *A solidão dos moribundos*. Trad. Plínio Dentzien. Rio de Janeiro: Jorge Zahar, 2001. p. 40.
18. BEIRÃO, Nirlando. *Meus começos e meu fim*. São Paulo: Cia. das Letras, 2019, p. 13.
19. CORRÊA, José de Anchieta. *Morte*. São Paulo: Globo, 2008, p. 100.
20. QIUNTANA, Mário. Envelhecer. *80 anos de poesia*. 2ª ed. São Paulo: Globo, 1987, p 61.
21. CORRÊA, José de Anchieta. *Morte*. São Paulo: Globo, 2008, p. 8.

amontoavam e pessoas semimortas rolavam nas ruas e perto de todas as fontes em sua ânsia por água. Os templos nos quais se haviam alojado estavam repletos dos cadáveres daqueles que morriam dentro deles, pois a desgraça que os atingia era tão avassaladora que as pessoas, não sabendo o que as esperava, tornavam-se indiferentes a todas as leis, quer sagradas, quer profanas. Os costumes até então observados em relação aos funerais passaram a ser ignorados na confusão reinante, e cada um enterrava os seus mortos como podia. Muitos recorreram a modos escabrosos de sepultamento, porque já haviam morrido tantos membros de suas famílias que já não dispunham de material funerário adequado. Valendo-se das piras dos outros, algumas pessoas, antecipando-se às que as haviam preparado, jogavam nelas seus próprios mortos e lhes ateavam fogo; outros lançavam os cadáveres que carregavam em alguma já acesa e iam embora"[22].

23. A morte coletiva não distingue quem morre e quem vive. A morte coletiva é a morte de todos. *"Já não havia então destinos individuais, mas uma história coletiva que era a peste e sentimentos compartilhados por todos"*[23]. Ela não faz as pessoas individuais morrerem, ela ameaça e mata todos. Dela não há fuga, como foi durante a Espanhola: *"Muitas famílias saíram da cidade, com medo da gripe. Quem podia, saía. Mas ir para onde? As outras cidades também estavam doentes"*[24].

25. A morte coletiva não é a soma de várias mortes individuais, mas a morte de toda a coletividade. A morte coletiva é a morte que traz o colapso definitivo, é a morte da resignação oculta, é a morte das cidades desertas. *"Famílias inteiras. Não houve casa que não tivesse alguém doente. Parecia a cidade dos mortos"*[25]. A morte coletiva é a natureza expulsando o homem do seu ambiente. É o fim absoluto da humanidade. Não é a morte da tristeza, porque não haverá quem ficar triste. Se ela vencer, não haverá luto, porque não haverá enlutados.

26. Para enfrentar a morte coletiva atual, que se nos apresenta pelo coronavírus, o luto deve ser outro e o Direito deve ser outro, mas não sabemos bem o que. *"Com a Covid-19, entramos numa era cheia de perguntas sem respostas"*[26]. E nunca estamos preparados para a morte coletiva. *"Nossos concidadãos não eram mais culpados que os outros. Apenas se esqueciam de ser modestos e pensavam que tudo ainda era possível para eles, o que pressupunha que os flagelos eram impossíveis. Continuavam a fazer negócios, preparavam viagens e tinham opiniões. Como poderiam ter pensado na peste, que suprime o futuro, os deslocamentos e as discussões? Julgavam-se livres, e nunca alguém será livre enquanto houver flagelos"*[27].

27. A Covid-19 trouxe, consigo, a preocupação com a morte coletiva. *"Primeiro pensei que fosse medo da morte, e sim, ainda penso, é claro que era medo da morte. Um medo*

---

22. http://funag.gov.br/biblioteca/download/0041-historia_da_guerra_do_peloponeso.pdf.
23. CAMUS, Albert. *A peste*. Trad. Valery Rumjanek. São Paulo: Círculo do Livro, s/d, p. 117.
24. NICULITCHEFF, Valêncio Xavier. *O Mez da Grippe*. Curitiba: Fundação Cultural de Curitiba, Casa Romário Martins, 1991. p. 37.
25. NICULITCHEFF, Valêncio Xavier. *O Mez da Grippe*. Curitiba: Fundação Cultural de Curitiba, Casa Romário Martins, 1991, p. 17.
26. PEREIRA, Humberto. Vem aí o pós-ódio. *Folha de São Paulo*, 23/04/2020.
27. CAMUS, Albert. *A peste*. Trad. Valery Rumjanek. São Paulo: Círculo do Livro, s/d, p. 31.

que surgiu num ponto ignorado de Wuhan e logo tomou conta de toda a cidade, afugentando seus habitantes e com eles se alastrando mundo afora. Não era um medo qualquer, me pareceu, tinha a sua peculiaridade. Era mais que medo: em sua expressão mais aguda veio a tornar-se uma inconformidade, uma inaceitação da finitude da vida, própria ou alheia, a rejeição mais coletiva e sumária da morte de que já se teve notícia"[28].

28. E o medo da morte coletiva nos faz refletir, como o fez a peste em Oran ao Dr. Rieux: *"Foi a partir desse momento que começou o medo e com ele a reflexão"*[29].

29. Na morte coletiva, o aparato sanitário entra em colapso, já que as estruturas hospitalares e humanas não dão conta da demanda. O corpo médico vai se deparar com escolhas trágicas[30]. Há que se pensar critérios de internamento e tratamento. A morte será, definitivamente, um *"fenômeno burocrático e técnico"*[31]. Os esforços terapêuticos que buscam responder a velha questão do "curar ou cuidar?" serão em vão. Eutanásia, distanásia e ortotanásia merecerão releituras e ressignificados. O papel dos agentes de saúde não os confina apenas no dever de curar, mas o de lembrar a todos a necessidade de enfrentamento conjunto da peste. *"Com efeito, os que se dedicaram às equipes sanitárias não tiveram um mérito tão grande em fazê-lo, pois sabiam que era a única coisa a fazer, e não se decidir fazê-lo é que teria sido incrível. Essas equipes ajudaram nossos concidadãos a penetrar mais na peste e persuadiram-nos, em parte, de que uma vez que a doença existia, deviam fazer o necessário para lutar contra ela. Uma vez que a peste se tornava o dever de alguns, ela surgiu realmente como era, isto é, como o problema de todos"*[32].

30. A documentação da morte precisa ser repensada. A morte coletiva impõe uma nova atenção na confecção da Declaração de Óbito: a falta de zelo acontecerá, diante da excessiva mortandade simultânea, e isso repercutirá no Sistema de Informações sobre Mortalidade do Ministério da Saúde e no Atestado de Óbito do Registro Civil. Em declarações preenchidas às pressas, a hora da morte não será bem apanhada (basta pensar nas mortes sucessivas e rápidas dentro de uma UTI), a causa da morte não será bem registrada, o nome dos herdeiros será relegado, até porque eles podem também estar morrendo. A comoriência, instituto relegado ao desuso, voltará a se apresentar como nos tempos antigos. A herança jacente passará a ser figura presente.

31. A morte coletiva não põe fim a um ou a vários casamentos, mas acaba com a própria instituição da conjugalidade, qualquer forma que ela admita. O aumento da violência é filho da peste: todos os países registram aumento das ocorrências (diz a imprensa

---

28. FUKS, Julián. *Ensaio: Falência do tempo – Pandemia provoca a ilusão de um futuro desfeito.* https://www.uol.com.br/ecoa/colunas/opiniao/2020/04/17/ensaio-a-rejeicao-mais-coletiva-da-morte-ja-registrada-na-historia.htm.

29. CAMUS, Albert. *A peste.* Trad. Valery Rumjanek. São Paulo: Círculo do Livro, s/d, p. 21.

30. O Jornal Folha de São Paulo publicou, em sua edição de 23/04/2020 uma reportagem cujo título expõe seu conteúdo: *Na linha de frente, profissionais vivem entre medo de morrer e frustração de não salvar.* A reportagem traz quatro depoimentos de agentes de saúde, os quais revelam as dores e escolhas da profissão diante da pandemia: *"Me vejo atormentada com pensamentos de morte, da perda de parentes"* (Ayesha Sunavala, médica na Índia); *"Minha sogra foi minha paciente. Ela morreu, e eu não pude fazer nada"* (Stenio Cevallos, médico no Equador); *"Se for infectada, estarei no grupo dos que morrem ou dos que sobrevivem?"* (Precious Chikura, médica na África do Sul); e *"É muita responsabilidade ser a última pessoa que alguém vê antes de morrer"* (Aurelio Filippini, enfermeiro na Itália).

31. CORRÊA, José de Anchieta. *Morte.* São Paulo: Globo, 2008, p. 34.

32. CAMUS, Albert. *A peste.* Trad. Valery Rumjanek. São Paulo: Círculo do Livro, s/d, p. 93.

que no Reino Unido o número de telefonemas ao serviço nacional de denúncia cresceu 65%; na Espanha, o número de emergência para violência aumentou 18%; na França, a polícia registrou um aumento nacional de cerca de 30% na violência doméstica; no Brasil, esse aumento está em torno de 18%). É certo que casamentos irão se recompor, mas conjugalidades também irão se derreter.

32. Ser proprietário não significa muita coisa, e os contratos precisarão ser redesenhados. Em situações normais, as pessoas podem gerenciar sua herança. *"A gente morre de uma hora para outra e não deve deixar essas coisas rolando"*[33]. Mas como organizar a sucessão se não há tempo hábil – a morte coletiva chega de repente e sem avisar – para testar, nem quem queira ouvir a última declaração, e a burocracia testamentária prevalece?

33. O isolamento social, por seu confinamento, igualará todos na imobilidade. *"Na verdade, uma das consequências mais importantes do fechamento das portas foi a súbita separação em que foram colocados seres que para isso não estavam preparados. Mães e filhos, esposos, amantes que tinham julgado proceder, alguns dias antes, a uma separação temporária, que se tinham beijado na plataforma da nossa estação, com duas ou três recomendações, certos de se reverem dentro de si alguns dias ou algumas semanas, mergulhados na estúpida confiança humana, momentaneamente distraídos de suas ocupações habituais por essa partida, viram-se, de repente, irremediavelmente afastados, impedidos de se encontrarem ou de se comunicarem"*[34].

34. Como lidar com a importante solenidade da despedida do corpo, se não é possível acompanhar o féretro e a cova é coletiva? Na morte coletiva, os mortos se misturam: *"Quem iria ao cemitério reivindicar um morto que não era seu?"*[35]. Se o adeus ao corpo do morto é parte da superação do luto, e revela nossa escolha pela vida, como fazer diante de leis que impedem velórios e os amigos e familiares já não podem se despedir de seu ente querido? Na morte coletiva, as leis que governam os funerais são degradadas, e isso mata nosso luto, impede diferenciar entre viver e morrer.

35. É a dupla morte que chega com a morte coletiva. *"A dupla morte, modo como alguns italianos têm definido, deixará marcas psicológicas em milhares de pessoas impedidas de viver o luto. O ritual do velório, quando se olha para o corpo de alguém morto para a despedida, é a maneira de se compreender que de fato aquela pessoa se foi (...). Em contextos extremos como esses, analisa Christian Dunker, sem rituais de despedida e luto, altera-se não só o cotidiano mas a cadeia da qual fazemos parte"*[36].

36. A morte coletiva que vem nos esporos do coronavírus traz notáveis mudanças ao nosso viver. Nada podemos contra ela, senão tentar sobreviver, senão tentar transformar uma morte coletiva em uma soma de mortes individuais.

---

33. ANDRADE, Rodrigo M. F. de. *Velórios*. 3ª ed. São Paulo: Cosac Naify, 2004. p. 39.
34. CAMUS, Albert. *A peste*. Trad. Valery Rumjanek. São Paulo: Círculo do Livro, s/d, p. 49.
35. MARTINS, Alberto. *A história dos ossos*. São Paulo: Ed. 34, 2005, p. 44.
36. ARAÚJO, Mateus. Covid-19 e a dupla morte: como lidar com a dor de um luto sem despedida. Mateus Araújo, *TAB*, 01/04/2020.

37. A morte coletiva pune o passado, atormenta o presente e acaba com o futuro. O Dr. Rieux nos fotografa nela: *"Impacientes com o presente, inimigos do passado e privados do futuro"*[37]. E a privação do futuro é a privação da humanidade, que morre na morte coletiva.

38. Nem pode dizer que ela é um problema dos vivos, porque na morte coletiva todos estão mortos. *"A morte não tem segredos. Não abre portas. É o fim de uma pessoa. O que sobrevive é o que ela ou ele deram às outras pessoas, o que permanece nas memórias alheias. Se a humanidade desaparecer, tudo o que qualquer ser humano tenha feito, tudo quilo pelo qual as pessoas viveram e lutaram, incluídos todos os sistemas de crenças seculares e sobrenaturais, torna-se sem sentido"*[38].

39. Por isso se disse várias vezes que a morte coletiva é uma coisa diferente de várias mortes individuais. A morte da humanidade é diferente da morte de todas as pessoas. Extinguindo-se a humanidade, nossos valores, culturas, pensamentos, fomes e amores desaparecem para todo o sempre. E é preciso lutar contra essa extinção. *"Pois enquanto a morte do indivíduo é inevitável, a extinção pode ser evitada; embora toda pessoa deva morrer, a humanidade pode ser salva"*[39].

40. A vitória sobre a morte coletiva há de vir da solidariedade perdida num mundo consumista. *"Será necessário mostrar também como, nos dais atuais, estabeleceu-se entre nós uma verdadeira cultura da morte em meio a uma sociedade individualista que caminha na direção de dissolver as solidariedades e desobrigar o cidadão de toda responsabilidade pelo futuro dos indivíduos e do próprio país"*[40]. *"Em meio a tanto caos, luto e dor, surge um homem civilizado, mais solidário"*[41].

41. Para sobreviver, além da solidariedade, não se pode resignar. *"Mas o que é verdade em relação aos males deste mundo é também verdade em relação à peste. Pode servir para engrandecer alguns. No entanto, quando se vê a miséria e a dor que ela traz é preciso ser louco, cego ou covarde para se resignar á peste"*[42].

42. São horas de escolher. Escolher um Direito que dê conta da nova realidade, e escolher pela solidariedade no combate da morte coletiva. Lutar contra essa morte é não aceitar morrer. Como fez o impertinente Quincas, de Jorge Amado: Na sua hora última *"ouviu-se Quincas dizer: – Me enterro como entender, na hora que resolver. Podem guardar seu caixão pra melhor ocasião. Não vou deixar me prender em cova rasa no chão"*.

---

37. CAMUS, Albert. *A peste*. Trad. Valery Rumjanek. São Paulo: Círculo do Livro, s/d. p. 53.
38. ELIAS, Norbert. *A solidão dos moribundos*. Trad. Plínio Dentzien. Rio de Janeiro: Jorge Zahar, 2001, p. 77.
39. SCHEELL, Jonathan. *O destino da terra*. Trad. Antônio C. G. Penna. Rio de Janeiro: Record, 1982, p. 192.
40. CORRÊA, José de Anchieta. *Morte*. São Paulo: Globo, 2008, p. 12.
41. PEREIRA, Humberto. Vem aí o pós-ódio. *Folha de São Paulo*, 23/04/2020.
42. CAMUS, Albert. *A peste*. Trad. Valery Rumjanek. São Paulo: Círculo do Livro, s/d, p. 89.